KB125154

1일 1로그
100일 완성
IT지식

Understanding
the Digital World

1일 1로그 100일 완성 IT 지식

하드웨어, 소프트웨어, 통신, 데이터, 4가지 IT 근육으로 디지털 문해력 기르기

초판 1쇄 발행 2021년 12월 31일 **6쇄 발행** 2023년 9월 21일 **지은이** 브라이언 W. 커니핸 **옮긴이** 하성창 **펴낸이** 한기성 **펴낸곳** (주)도서출판인사이트 **편집** 김지희, 나수지 **영업마케팅** 김진불 **제작·관리** 이유현, 박미경 **용지** 월드페이퍼 **출력·인쇄** 예림인쇄 **후가공** 이지앤비 **제본** 예림바인딩 **등록번호** 제2002-000049호 **등록일자** 2002년 2월 19일 **주소** 서울특별시 마포구 연남로5길 19-5 **전화** 02-322-5143 **팩스** 02-3143-5579 **이메일** insight@insightbook.co.kr **ISBN** 978-89-6626-330-1 책값은 뒤표지에 있습니다. 잘못 만들어진 책은 바꾸어 드립니다. 이 책의 정오표는 https://blog.insightbook.co.kr에서 확인하실 수 있습니다.

1일 1로그 100일 완성 IT 지식

하드웨어, 소프트웨어, 통신, 데이터,
4가지 IT 근육으로 디지털 문해력 기르기

브라이언 W. 커니핸 지음 / 하성창 옮김

인사이트

메그에게 이 책을 바친다.

1일1로그100일 완성 IT 지식

메타버스 시대 IT 기초체력 기르기 챌린지, 시작해 볼까요?
먼저 각 챕터를 언제 읽을 것인지, 퀘스트 날짜를 적어 주세요.

DAY	001	002	003	004	005	006	007	008	009	010
퀘스트 날짜								☆		
결과										

DAY	011	012	013	014	015	016	017	018	019	020
퀘스트 날짜			☆							
결과										

DAY	021	022	023	024	025	026	027	028	029	030
퀘스트 날짜	☆							☆		
결과										

DAY	031	032	033	034	035	036	037	038	039	040
퀘스트 날짜										
결과										

DAY	041	042	043	044	045	046	047	048	049	050
퀘스트 날짜					☆					
결과										

☆: 난이도 상

계획한 날짜에 읽었다면 퀘스트 성공!
하루하루 성공 기록을 쌓다 보면 어느새 든든한 IT 근육을 갖게 될 거예요.

DAY	051	052	053	054	055	056	057	058	059	060
퀘스트 날짜	☆									
결과										

DAY	061	062	063	064	065	066	067	068	069	070
퀘스트 날짜					☆					
결과										

DAY	071	072	073	074	075	076	077	078	079	080
퀘스트 날짜									☆	
결과										

DAY	081	082	083	084	085	086	087	088	089	090
퀘스트 날짜				☆						
결과										

DAY	091	092	093	094	095	096	097	098	099	100
퀘스트 날짜							☆			
결과										

차례

들어가며 xiv

서문 xxvi

I부 IT 근육 하나 하드웨어 1

001 컴퓨터의 논리와 구조 8

002 프로세서 속도와 심장 박동수 12

003 HDD와 SSD의 차이 17

004 가로세로 1cm 프로세서 칩 22

005 50년 넘게 유지된 무어의 법칙 27

006 요약 30

007 연속과 불연속 33

008 아날로그 정보를 디지털로 바꾸기 36

009 0과 1의 세계 46

010 비트 모아 데이터 50

011 요약 57

012 프로세서와 계산기의 다른 점 59

013 모형 컴퓨터로 더하기 프로그램 만들기 60

014 프로세서는 무조건 빠른 게 좋을까? 71

015 캐시가 뭔가요? 76
016 슈퍼컴퓨터부터 사물인터넷까지 78
017 요약 83

II부 IT 근육 둘 소프트웨어 89

018 알고리즘과 초콜릿 케이크 레시피 95
019 반에서 가장 키 큰 사람 찾기: 선형 알고리즘 97
020 10억 개 전화번호에서 이름 찾기: 이진 검색 101
021 검색을 쉽게 만드는 정렬: 선택 정렬 vs 퀵 정렬 104
022 10개 도시를 최단거리로 여행하는 법 111
023 요약 117

024 알고리즘은 이상, 프로그래밍은 현실 120
025 다른 프로그램을 처리하기 위한 프로그램 122
026 고수준 언어에서 프로그램 실행까지 124
027 작문과 비슷한 프로그래밍 130
028 구글 같은 서비스는 어떻게 개발할까? 137
029 구글과 오라클의 저작권 소송 146
030 기술 표준의 중요성 156
031 자유로운 소프트웨어, 오픈소스 158
032 요약 162

033 컴퓨터를 작동하게 만드는 운영체제 164
034 가상 운영체제와 가상 머신 171
035 운영체제가 일하는 법 176

036 파일 시스템과 블록 182
037 파일을 휴지통에 넣을 때 일어나는 일 188
038 여러 작업을 수행하는 애플리케이션 194
039 소프트웨어의 계층 구조 198
040 요약 202

041 자바스크립트와 파이썬 204
042 프로그래밍 언어의 주요 개념 207
043 자바스크립트로 Hello, World 출력하기 208
044 사용자 이름 입력받아 출력하기 211
045 루프와 조건문 213
046 자바스크립트로 구글 지도에 위치 표시하기 218
047 자바스크립트는 어떻게 작동할까? 220
048 파이썬으로 Hello, World 출력하기 222
049 더하기 프로그램 만들기 224
050 파이썬으로 그래프 그리기 227
051 파이썬은 어떻게 작동할까? 231
052 요약 232

III부 IT 근육 셋 통신 239

053 전화부터 와이파이까지, 네트워크의 기본 속성 248
054 삐- 삐- 추억의 모뎀 소리 249
055 킬로바이트에서 메가바이트로 251
056 학교나 회사에서 사용하는 근거리 네트워크, 이더넷 255
057 와이파이는 상표 이름 259

058 휴대전화가 영어로 셀룰러폰인 이유 263
059 3G, LTE, 4G, 5G 268
060 ZIP 파일로 압축할 때 270
061 오류를 검출하고 수정하는 알고리즘 275
062 요약 278

063 표준과 프로토콜의 세계, 인터넷 280
064 인터넷이 가능한 메커니즘 282
065 나만의 도메인이 갖고 싶다면? 287
066 출발지에서 목적지까지, 인터넷 경로 확인하기 296
067 데이터를 전송하는 핵심 프로토콜 TCP/IP 300
068 최상위 프로토콜: 메일 전송과 파일 공유 306
069 디지털 저작권 논쟁 315
070 보안에 취약한 IoT 기기들 318
071 요약 321

072 월드 와이드 웹은 무료다 326
073 URL의 의미 329
074 HTML과 CSS로 간단한 웹페이지 만들기 331
075 쿠키를 삭제하시겠습니까? 335
076 어도비 플래시는 왜 퇴출됐을까? 337
077 이메일 첨부파일을 함부로 클릭하면 안 되는 이유 341
078 바이러스 전파 344
079 곳곳에 도사리는 위험 348
080 웹에서 나를 지키는 3단계 방어책 363
081 요약 369

IV부 (IT 근육 넷) 데이터 373

082 제타바이트 시대 377

083 검색 엔진과 타깃 광고 379

084 내가 인터넷을 보면 인터넷도 나를 본다 386

085 트윗을 올리기 전에 400

086 메타데이터에 관한 불편한 진실 406

087 클라우드와 프라이버시 411

088 요약 420

089 인간의 영역에 들어온 컴퓨터 422

090 인공지능의 겨울 425

091 머신러닝의 학습 알고리즘 427

092 인간 뇌를 모방한 신경망과 딥 러닝 432

093 인공지능과 사람이 쓴 시를 구별할 수 있을까? 436

094 요약 442

095 숨길 게 없다면 괜찮을까? 447

096 둘이서만 공유하는 비밀 키 암호 기법 449

097 공개 키 암호 기법과 닫힌 자물쇠 455

098 인터넷에 흔적을 남기지 않고 거래할 수 있을까? 463

099 요약 473

100 사람은 빠르게 변하지 않는다 477

용어 해설 486
옮긴이의 글 503
찾아보기 506

들어가며

1999년부터 거의 매년 가을, 프린스턴 대학Princeton University에서 '우리 세상의 컴퓨터들Computers in Our world'이라는 과목을 가르치고 있다. 과목 이름이 조금 애매한데, 어느 날 5분 내로 이름을 정해야 했고, 나중에 바꾸기 어려워졌기 때문이다. 그렇지만 어느새 이 과목을 가르치는 일이 즐거운 교수 생활 중에서도 가장 재미있는 일이 됐다.

이 수업은 우리 주변이 온통 컴퓨터와 컴퓨팅 기술로 뒤덮여 있다는 관찰에서부터 시작되었다. 어떤 컴퓨팅 기술은 확연히 눈에 띈다. 요즘 학생들이 사용하는 노트북의 성능은 내가 대학원생이던 1964년 당시 캠퍼스 전체의 업무를 처리하던 IBM 7094 컴퓨터(가격이 수백만 달러에 달했고, 냉방 시설이 있는 매우 큰 방을 가득 채울 정도로 부피가 컸다)* 한 대보다 월등히 높다. 지금 누구나 갖고 있는 휴대전화 성능 또한 그 컴퓨터보다 훨씬 좋다. 학생들 모두 고속 인터넷에 접속할 수 있는 상태인데, 전 세계 인구 중 많은 이가 그럴 것이다. 모두 온라인으로 검색과 쇼핑을 하고, 친구나 가족과 연락하기 위해 이메일, 문자 메시지, SNS를 이용한다.

하지만 이는 빙산의 일각에 불과하며, 컴퓨팅의 대부분은 수면 아래에 숨어 있다. 우리는 가전제품, 자동차, 항공기뿐만 아니라 스마트TV, 스마트 온도조절기, 스마트 도어락, 음성 인식기, 피트니스 기기, 무선 이어폰, 장난감, 게임기처럼 자연스럽게 사용하는 전자 기기에도 컴퓨터가 숨어 있을 것이라고 인지하지 못한다. 또한 전화망, 방송 시스템, 항공 교통 관

* IBM 7094에는 약 150KB의 RAM이 장착되어 있었고, 클록 속도는 500kHz였으며, 가격이 거의 300만 달러였다. *en.wikipedia.org/wiki/IBM_7090*

제, 전력망, 은행과 금융 서비스 같은 인프라가 컴퓨팅에 얼마나 의존하는지 별로 생각하지 않는다.

인터넷으로 완전히 연결된 세상에서 일어나는 일

대부분의 사람들은 그런 시스템을 만드는 데 직접 관여하지 않지만, 모든 사람이 시스템의 영향을 크게 받고 있고 어떤 이들은 시스템과 관련해서 중요한 결정을 내리는 위치에 있을 수도 있다. 정규 교육을 받았다면 최소한 컴퓨팅의 기본 개념은 알아야 한다. 즉, 컴퓨터가 무엇을 할 수 있고 어떤 원리로 그런 기능을 수행하는지, 컴퓨터가 절대 할 수 없는 일은 무엇이고, 당장 수행하기 어려운 일은 무엇인지, 컴퓨터끼리 어떻게 대화하고 그럴 때 무슨 일이 일어나는지, 컴퓨팅과 통신이 세상에 어떻게 영향을 미치고 얼마나 다양한 영향을 미치는지 알아 둘 필요가 있다.

컴퓨팅은 우리의 삶 곳곳에 스며들어 있고, 예상치 못한 방식으로 우리에게 영향을 미친다. 감시 시스템의 강화, 프라이버시 침해, 신분 도용의 위험성에 대해 들은 적은 있어도, 그런 일이 컴퓨팅과 통신 기술 덕에 어디까지 가능해졌는지는 깨닫지 못한다.

2013년 6월, NSANational Security Agency, 미국 국가안보국에서 계약직으로 일하던 에드워드 스노든Edward Snowden은 NSA가 일상적으로 전화 통화, 문자, 이메일, 인터넷 사용 등 전자 매체를 통해 이루어진 통신을 감시하고 정보를 수집해 왔음을 폭로하는 5,000여 개 문건을 언론에 제공했다. 전 세계 거의 모든 사람을 대상으로 정보를 수집했지만, 자국 안보에 그 어떤 위협도 되지 않는 미국 내 거주하는 미국인들도 주요 대상이었다. 스노든의 문서에 따르면 다른 국가도 자국민을 감시 중이었다. 어쩌면 가장 놀라운 점은 처음에 이 사실을 듣고 분노했던 사람들이 이제는 체념하거나 잊고 지낸다는 것이며, 갈수록 더 많은 정부가 감시 활동을 벌인다는 것이다.

기업 또한 우리가 온라인과 현실 세계에서 무엇을 하는지 추적하고 감시한다. 많은 회사의 사업 모델이 광범위한 데이터를 수집하고, 이를 토대로 사람들의 행동을 예측하거나 그들에게 영향을 주는 데 기반을 두고 있다. 방대한 데이터를 사용할 수 있게 되면서 음성 이해, 컴퓨터 비전, 언어 번역 기술이 크게 발전했지만, 그 대가로 우리의 프라이버시를 보호하기는 더 어려워졌고 그 누구도 익명으로 지내기 힘들다.

데이터 저장소를 노리는 각종 해커의 공격은 더 정교해졌다. 해커가 전자 매체를 통해 기업과 정부 기관에 침입하는 사건이 거의 매일 일어난다. 범죄자들은 고객과 직원에 대한 정보를 대량으로 훔쳐서 사기나 신원 도용에 주로 사용한다. 개인을 노린 공격도 흔히 발생한다. 예전에는 수상한 발신인이 보낸 메일을 무시하기만 해도 온라인 신용 사기로부터 안전할 수 있었다. 하지만 이제는 표적 공격이 훨씬 교묘해졌고, 구멍 뚫린 회사 컴퓨터가 데이터 유출의 주된 경로 중 하나가 됐다.

페이스북Facebook, 인스타그램Instagram, 트위터Twitter, 레딧Reddit을 비롯한 많은 SNS는 사람들이 서로 관계 맺는 방식을 바꿔 놓았다. 물론 친구나 가족과 연락하고, 뉴스를 보고, 온갖 종류의 오락거리를 즐길 수 있다는 긍정적인 면도 있다. 때로는 사회에 좋은 영향을 미치기도 하는데, 2020년 중반 미 경찰의 폭력 행위를 담은 동영상이 SNS에서 화제가 되면서 블랙 라이브스 매터Black Lives Matter 운동에 모두의 이목이 집중됐던 것이 하나의 사례다.

하지만 SNS는 수많은 부정적인 문제의 원인이 되기도 했다. 신념이나 정치적 입장을 불문하고 인종 차별주의자, 혐오 단체, 음모론자와 다른 정신 나간 사람들이 인터넷상에서 서로 규합하고 조직화하기 쉬워져, 그들의 영향력이 증폭될 수 있다. 표현의 자유를 주장하는 가시 돋친 목소리나 콘텐츠를 관리하는 데서 오는 기술적 어려움 같은 문제 때문에, 혐오감을 드러내거나 터무니없는 내용을 담은 정보가 확산되는 것을 늦추기는 쉽지 않다.

인터넷으로 완전히 연결된 세상에서는 관할권 문제도 까다롭다. 2018년부터 EU유럽 연합는 GDPRGeneral Data Protection Regulation, 일반 데이터 보호 규정을 시행했다. 이 법령은 EU 거주자가 자신의 개인정보의 수집과 사용을 제어할 수 있게 하고, 기업에서 그런 정보를 EU 외부에 전송하거나 저장하는 것을 막아 준다. 개인 프라이버시 문제를 개선하는 데 GDPR이 얼마나 효과적인지는 아직 확실하지 않다. 물론 이 규정은 EU에만 적용되고, 나머지 지역은 규정의 내용이나 법제화 정도에 차이가 있다.

클라우드 컴퓨팅, 즉 개인이나 회사가 아마존Amazon, 구글Google, 마이크로소프트Microsoft 같은 업체에서 제공하는 서버를 사용해서 데이터를 저장하고 컴퓨팅을 수행하는 방식이 빠르게 채택되면서 문제는 한층 더 복잡해졌다. 데이터는 더 이상 소유자가 직접 보유하지 않고 제3자가 보유하며, 업체마다 관심사, 책임의 정도가 다르며, 보안 취약점도 서로 다르다. 그리고 관할권이 달라 법적 요건이 상충할 수도 있다.

또한 모든 종류의 장치가 인터넷에 연결되는 '사물인터넷IoT, Internet of Things' 기술이 급속도로 발전하고 있다. 우리에게 익숙한 스마트폰 외에도 자동차, 보안 카메라, 가전 기기 및 제어 장치, 의료 기기 같은 장치뿐만 아니라 항공 교통 관제, 전력망과 같은 수많은 인프라도 포함된다. 앞으로도 모든 장치를 인터넷에 연결하려는 추세가 계속될 텐데, 인터넷에 연결함으로써 얻는 이점을 뿌리치기 어렵기 때문이다. 안타깝게도 사물인터넷은 보안 위험성이 크다. 일부 장치는 단순히 오락을 위한 것이 아니라 생사와 직결된 시스템을 제어하고, 대개 이러한 장치의 보안성은 더 성숙한 시스템보다 훨씬 약하기 때문이다.

암호 기법은 이 모든 문제에 대한 효과적인 방어책 중 하나다. 비공개로 안전하게 통신하고 데이터를 저장할 방법을 제공한다. 그러나 강력한 암호 기법조차도 끊임없이 공격받고 있다. 정부는 개인, 회사, 또는 테러리스트가 완전히 정부 몰래 통신할 수 있는 상황을 좋아하지 않기 때문에, 정부 기관이 암호화를 해제할 수 있게 암호 기법 알고리즘에 백도어를 넣을 것을 빈번하게 요구한다(물론 '적절한 안전장치 마련'이나 '국가 보안을 위해' 같은 표현을 동원한다). 아무리 좋은 의도라 해도 정말 좋지 못한 발상이다. (스노든 사건을 보고도) 정부가 항상 정직하게 행동하고 비밀 정보가 절대 유출되지 않을 것이라고 믿는다 하더라도, 약화된 암호 기법은 아군뿐만 아니라 적군에게도 도움을 줄 것이다. 그리고 만약 악당이라면 약화된 기법을 사용하지 않을 것이다.

이상은 내 수업을 듣는 학생이나 교양 있는 일반인이 각자의 배경이나 교육 수준과는 무관하게 걱정해야 하는 문제와 쟁점이다.

이 강의를 듣는 학생들은 대부분 과학 기술에 대한 지식이 깊지 않다. 즉, 공학, 물리학, 수학 전공자가 아니다. 대신 그들은 영문학, 정치학, 역사학, 고전학, 경제학, 음악, 미술 전공자들로, 인문학도와 사회과학도가 한데 모여 있다. 종강 무렵에는 이 똑똑한 젊은이들이 컴퓨팅 기술에 관한 신문 기사를 능숙하게 읽고 이해하며, 전보다 더 많은 지식을 얻고 어쩌면 틀린 부분을 지적하게 될지도 모른다. 더 광범위하게는, 학생들뿐만 아니라 이 책의 독자들도 기술에 관해 더 날카롭게 의문을 제기했으면 하고, 기술이 유익하지만 언제나 만병통치약은 아니라는 사실을 알기를 바란다. 역으로, 기술이 때로는 나쁜 영향을 미치기는 해도 순전히 유해한 것은 아니라는 점도 알았으면 한다.

메타버스에서 살아가기 위한 최소한의 IT 지식

리처드 뮬러Richard Muller가 쓴 《대통령을 위한 물리학》*은 각계 지도자가 고심해야 하는 주요 이슈, 즉 핵 위협, 테러 공격, 에너지 문제, 지구 온난화 등과 관련한 과학 기술적 배경을 설명해 준다. 굳이 대통령이 되려는 사람이 아니어도 박식한 사람이라면 이런 주제를 어느 정도 알고 있어야 한다. 뮬러의 비유를 빌려, 내가 이루고자 하는 목표를 담아 이 책을 한마디로 설명하자면, 바로 '미래의 대통령을 위한 컴퓨팅'이다.

미래의 대통령은 컴퓨팅에 대해 무엇을 알고 있어야 할까? 박식한 사람이라면 컴퓨팅에 대해 어떤 것을 알아야 할까? 독자 여러분은 무엇을 알아야 할까?

컴퓨팅을 네 가지 핵심 기술 영역으로 나누어 살펴볼 것이다. 바로 하드웨어, 소프트웨어, 통신, 데이터다.

하드웨어는 가시적인 부분으로, 보고 만질 수 있고, 집이나 사무실에 있으며, 우리가 늘 갖고 다니는 휴대전화에도 들어 있는 컴퓨터를 의미한다. 컴퓨터 내부에는 무엇이 있고, 컴퓨터는 어떻게 작동하고 어떻게 만들어질까? 어떻게 정보를 저장하고 처리할까? 비트와 바이트는 무엇이고 음악이나 영화, 그 밖의 모든 것을 표현하는 데 어떻게 사용될까?

소프트웨어, 즉 컴퓨터에 무엇을 해야 하는지 알려 주는 명령어는 하드웨어와 달리 뚜렷한 실체가 없다. 컴퓨터로 무엇을 계산할 수 있고, 얼마나 빨리 계산할 수 있을까? 컴퓨터에게 할 일을 어떻게 알려 줄 수 있을까? 컴퓨터가 제대로 작동하게 하는 것은 왜 그토록 어려울까? 컴퓨터를 사용하다 보면 까다로운 상황이 자주 발생하는 이유는 뭘까?

* 훌륭한 저서로, 이 책을 쓰는 데 영감을 주었다.

통신은 컴퓨터, 휴대전화, 다른 장치가 서로 대화함으로써 멀리 있는 사람들끼리도 서로 이야기할 수 있게 하는 기술을 뜻한다. 인터넷, 웹, 이메일, SNS가 여기에 해당한다. 이들은 어떻게 작동할까? 통신이 주는 이점은 분명하지만, 이로 인해 우리가 직면하게 되는 위험 요소에는 어떤 것이 있을까? 특히 프라이버시와 보안에는 어떤 위험이 산재하며, 이를 어떻게 완화할 수 있을까?

데이터는 하드웨어와 소프트웨어가 수집, 저장, 처리하고 통신 시스템이 전 세계에 전송하는 모든 정보를 말한다. 그중 일부는 우리가 신중하게 또는 별생각 없이 글, 사진, 비디오를 업로드하여 자발적으로 제공한 것이다. 대부분은 개인정보로, 일상에서 우리가 모르는 상태에서 동의 없이 수집되고 공유된다.

대통령이든 아니든, 컴퓨팅 세계는 여러분에게 직접적으로 영향을 미치므로 이에 대해 알아야 한다. 여러분의 생활과 업무가 기술과 동떨어져 보이더라도 기술 자체나 기술과 관련된 사람과 상호작용해야 한다. 컴퓨팅 장치와 시스템의 작동 방식을 어느 정도 아는 것은 큰 이점이 될 수 있다. 판매원, 전화 상담사, 또는 정치인이 사실을 있는 그대로 말해 주지 않음을 알아채는 것 같은 간단한 일에서조차 말이다.

실제로 몰라서 피해를 입을 수도 있다. 바이러스, 피싱을 비롯한 보안 위협을 이해하지 못하면 좀 더 쉽게 위험에 빠질 수 있다. 여러분이 은밀하게 여기는 정보를 SNS가 어떻게 유출하는지, 심지어 널리 퍼뜨리는지 모른다면 여러분이 알고 있는 정도보다 훨씬 많은 정보를 노출하게 될 가능성이 크다. 사업자들이 당신의 사생활에 대해 알아낸 정보를 이용하려고 앞뒤 가리지 않고 달려드는 것을 눈치채지 못한다면, 작은 이득을 대가로 프라이버시를 포기하는 셈이 된다. 커피숍이나 공항에서 인터넷 뱅킹을 이용하는 것이 왜 위험한지 모르면 돈이나 신원을 도용당하기 쉽다. 데이터가 얼마나 쉽게 조작될 수 있는지 모른다면 가짜 뉴스, 합성된 이미지, 음모론에 속아 넘어갈 가능성이 커진다.

이 책은 처음부터 순서대로 읽도록 구성되어 있지만, 관심 있는 주제부터 먼저 읽고 앞부분을 나중에 읽어도 좋다. 예를 들어 3부에 나오는 네트워크, 휴대전화, 인터넷, 웹, 프라이버시 이슈에 대해 먼저 읽어도 된다. 몇 가지 주제는 앞부분을 읽어야 이해할 수 있지만, 대부분은 무리가 없을 것이다. 숫자가 많이 나오는 부분, 예를 들어 1부 이진수의 작동 원리 부분은 그냥 넘어가도 무방하며, 2부 프로그래밍 언어 세부 사항은 무시해도 된다.

주석에는 내가 좋아하는 책 정보와 보충 자료에 대한 링크가 있다. 마지막 용어 해설에는 중요한 기술 용어와 약어의 간략한 정의와 설명이 포함되어 있다.

컴퓨팅 기술을 다룬 책은 금세 구식이 되기 쉽고, 이 책도 예외는 아니다. 이 책의 1판은 적대적인 집단이 여론을 흔들고 미국과 다른 나라의 선거 결과에 얼마나 큰 영향을 줄 수 있는지 알기 훨씬 전에 출간되었다. 2판은 몇 가지 중요한 새로운 이야기를 포함하며 업데이트됐다. 그중 다수가 프라이버시 및 보안과 관련된 것인데, 지난 몇 년간 그 문제가 더 시급한 이슈로 떠올랐기 때문이다. 인공지능과 머신러닝, 그리고 그 둘을 그토록 효과적으로 만드는 동시에 때때로 매우 위험하게 만드는 빅데이터의 역할에 관한 이야기도 추가했다. 또한 불분명한 설명을 명확히 하려고 노력했으며, 오래된 내용은 삭제하거나 새것으로 대체했다. 그래도 여러분이 이 책을 읽을 때 몇몇 세부 사항은 틀리거나 오래된 정보가 됐을 수도 있겠지만, 앞으로도 계속 의미 있을 만한 부분은 명백히 구분하려고 노력했다.

이 책의 목표는 여러분이 놀라운 기술에 감사하는 마음을 갖고 기술이 어떻게 작동하는지, 어디서 왔는지, 미래에 어디로 갈 것인지를 이해하게 되는 것이다. 그 과정에서 어쩌면 세상을 바라보는 유용한 방법을 찾을 수 있을 것이다. 부디 그렇게 되기를 희망한다.

감사의 글

책의 완성도를 높이는 데 도움을 준 친구와 동료에게 다시 한 번 감사의 뜻을 전한다. 예전에도 자주 도와주었지만, 존 벤틀리는 초고를 여러 차례 세심히 읽고 구성에 관한 의견을 주고, 사실 여부를 확인하며, 새로운 사례를 제시해 주었는데, 모두 소중하게 반영했다. 앨 에이호, 스와티 바트, 조반니 데 페라리, 폴 커니핸, 존 린더만, 마들렌 플라네-크로커, 아놀드 로빈스, 양 송, 하워드 트릭키, 존 웨이트는 전체 원고를 읽고 상세한 의견을 보내 주었다. 또한 파브리치오 드'아모레, 피터 그라보프스키, 아비가일 굽타, 마이아 하민, 제라드 홀츠만, 켄 램버트, 다니엘 로프레스티, 테오도르 마르쿠, 조앤 오딜, 아유시 신하, 윌리엄 우게타, 피터 와인버거와 프란시스카 웨이리시 프레이베르그는 귀중한 제안을 해주었다. 하성창의 1판 한국어 번역 덕분에 2판의 영어 버전도 훨씬 좋아졌다. 해리 루이스, 존 맥코믹, 브라이언 레스패스, 에릭 슈미트는 관대하게도 1판 추천사를 써주었다. 매번 그렇듯이, 프린스턴 대학 출판부의 제작 팀 마크 벨리스, 로레인 도네커, 크리스틴 홉, 디미트리 카레트니코프, 할리 스테빈스와 함께 일할 수 있어 즐거웠다. 특별히 꼼꼼하게 교정과 사실 확인을 해준 메리엘렌 올리버에게도 감사의 말을 전하고 싶다.

COS 109 강의를 시작하고 20년이 지난 지금, 수업을 들었던 학생들은 세상을 이끌거나 적어도 세상이 순조롭게 흘러가도록 돕기 시작했다. 언론인, 의사, 법조인, 교사, 공무원, 회사 설립자, 예술가, 연기자, 또는 사회 활동에 열심히 참여하는 시민으로 살아가고 있다. 정말 자랑스럽다.

COVID-19 위기 상황에서 힘들게 일하고 희생하여, 사람들이 집에서 편안하게 일하고 필수 서비스와 의료 시스템이 계속 작동할 수 있게 해준 많은 사람들에게 우리 모두는 큰 빚을 지고 있다. 말로 다할 수 없이 감사드린다는 메시지를 전한다.

1판 감사의 글

다시금 친구와 동료들이 준 아낌없는 도움과 조언에 깊이 감사드린다. 존 벤틀리는 《디지털의 D D is for Digital》*와 마찬가지로 모든 페이지를 세심히 읽고 유용한 의견을 주었다. 이 책은 그의 기여 덕분에 훨씬 좋아졌다. 또한 스와티 바트, 조반니 데 페라리, 피터 그라보프스키, 제라드 홀츠만, 비키 컨, 폴 커니핸, 에렌 쿠르순, 데이비드 말란, 데이비드 마우스코프, 디파 무랄리다르, 마들렌 플라네-크로커, 아놀드 로빈스, 하워드 트릭키, 자넷 베르테시, 존 웨이트에게서 전체 원고에 대한 소중한 제안, 비평, 교정을 받았다. 아울러 데이비드 돕킨, 앨런 도노반, 앤드류 저드키스, 마크 커니핸, 엘리자베스 린더, 재클린 미슬로, 아빈드 나레이야난, 조나 시노위츠, 피터 와인버거, 토니 워스는 유용한 조언을 해주었다. 프린스턴 대학 출판부의 제작 팀, 마크 벨리스, 로레인 도네커, 디미트리 카레트니코프, 비키 컨과 함께 일할 수 있어 즐거웠다. 이들 모두에게 감사를 전한다.

언제나 환영해 주고, 즐거운 대화와 함께 매주 무료 점심식사를 제공해 준 프린스턴 대학 정보기술정책센터Center for Information Technology Policy에 감사드린다. 멋진 재능과 열정으로 나를 계속 놀라게 하고 영감을 주는 COS

* (옮긴이) 이 책의 전신에 해당하는 책으로, 2011년에 독립 출판으로 출간되었다.

109 수강생 여러분께도 감사의 말을 전한다.

《디지털의 D》 감사의 글

아낌없이 도와주고 조언해 준 친구와 동료들에게 깊이 감사드린다. 특히 존 벤틀리는 여러 차례 초고의 거의 모든 페이지에 대해 상세한 의견을 주었다. 아울러 클레이 바버, 댄 벤틀리, 힐도 비에르마, 스튜 펠드만, 제라드 홀츠만, 조슈아 카츠, 마크 커니핸, 멕 커니핸, 폴 커니핸, 데이비드 말란, 탈리 모레스헤트, 존 리케, 마이크 시, 비야네 스트롭스트룹, 하워드 트릭키, 존 웨이트는 완성된 초안을 매우 세심히 읽고 유용한 제안을 많이 해 주었고, 몇 가지 큰 실수를 바로잡아 주었다. 또한 제니퍼 첸, 더그 클라크, 스티브 엘거스마, 아비 플람홀츠, 헨리 라이트너, 마이클 리, 휴 린치, 패트릭 맥코믹, 재클린 미슬로, 조나단 로셀, 코리 톰슨, 크리스 반 윅이 보내 준 소중한 의견에 감사를 표한다. 모쪼록 그들이 내가 조언을 반영한 많은 부분은 알아보고, 반영하지 않은 몇 부분은 알아채지 못했으면 한다.

데이비드 브레일스포드는 자신이 어렵게 얻은 경험을 바탕으로 자가 출판과 텍스트 포매팅에 대한 유용한 조언을 많이 해주었다. 그렉 돈치와 그렉 윌슨은 출판에 대한 조언을 해주었다. 사진을 제공해 준 제라드 홀츠만과 존 웨이트에게도 감사하다.

해리 루이스는 이 책의 첫 초안 일부가 작성된 2010~2011학년도에 나를 하버드 대학에 초대해 주었다. 비슷한 과목을 가르친 경험*에서 우러나온

* Hal Abelson, Ken Ledeen, Harry Lewis, Wendy Seltzer, *Blown to Bits: Your Life, Liberty, and Happiness After the Digital Explosion 2/e*, Addison-Wesley, 2020. 사회 정치적으로 중요한 주제를 언급하며, 특히 인터넷에 관해 다룬다. 이 책의 내용은 하버드 대학의 비슷한 강의에서 유래했는데, 내가 강의하는 프린스턴 대학 과목에 좋은 영감이 될 것이다.

해리의 조언은 여러 초안에 대한 그의 의견과 더불어 매우 소중한 정보였다. 하버드 대학의 공학 및 응용과학 학부와 인터넷과 사회를 위한 버크먼 센터Berkman Center for Internet and Society는 사무 공간과 편의 시설, 우호적이면서 고무적인 환경, 정기적인 무료 점심식사(정말로 있더군!)를 제공해 주었다.

특히 COS 109, '우리 세상의 컴퓨터들'을 수강한 수백 명의 학생 여러분께 감사하다. 그들의 관심, 열정, 우정은 내게 끊임없는 영감의 원천이 되었다. 몇 년 후, 그들이 세상을 이끌어 갈 때 이 수업에서 배운 내용이 어떤 식으로든 도움이 되기를 바란다.

서문

"최고의 시절이었고, 최악의 시절이었지."

– 찰스 디킨스, 1859*

나와 아내는 2020년 여름 휴가를 영국에서 보내기로 했다. 여기저기 예약을 하고 보증금을 내고 표를 산 다음, 친구에게 집과 고양이를 돌봐 달라고 부탁했다. 하지만 곧 세상이 바뀌었다.

3월 초, COVID-19가 전 세계적으로 중대한 보건 의료 위기가 될 것이 분명해졌다. 프린스턴 대학에서는 오프라인 수업을 중단했고 학생들을 예고 없이 집으로 돌려보냈다. 학생들은 일주일 만에 짐을 챙겨 떠나야 했다. 학교 측은 학생들이 학기 중에 다시 돌아올 일이 없도록 신속히 결정을 내렸다.

수업은 온라인으로 옮겨졌다. 학생들은 모두 원격으로 강의를 시청하고, 과제를 제출하고, 시험을 치르고, 학점을 받았다. 나도 줌Zoom 화상회의 시스템을 전문가 수준은 아니어도 꽤 능숙하게 사용할 수 있게 됐다. 다행히도 정원이 열 명 남짓한 작은 세미나 두 개를 맡아, 수강생들을 한눈에 볼 수 있었고, 적절히 대화를 나눌 수 있었다. 하지만 대규모 강의를 맡은 교수들은 상황이 그리 녹록치 않은 듯했고, 가상 교탁 맞은편에 앉은 학생들에게도 물론 좋지 않은 경험이었을 것이다.

대부분의 학생은 전력 공급이 안정적이고, 인터넷 연결이 원활하며, 가족에게 별다른 문제가 없고, 음식이나 생활용품이 부족할 일 없는 편안한

* Charles Dickens, *A Tale of Two Cities*, chapman and hall, 1859. 《두 도시 이야기》, 창비, 2014.

집으로 돌아갔다. 강요된 거리 두기 때문에 관계가 소원해지거나, 어쩔 수 없이 함께 지내면서 관계가 두터워지는 일이 생겼다(도리어 정반대의 경우도 있을 것이다). 하지만 이는 소소한 문제였다.

훨씬 나쁜 상황에 처해 있는 학생들도 있었다. 어떤 학생은 인터넷 연결이 불안정하거나 아예 되지 않아서 강의 시청은 물론 이메일을 사용할 수 없을 정도였다. 아프거나 장기간 격리된 학생도 있었다. 병든 친척을 돌봐야 하는 학생, 심지어 가족 중에 돌아가신 분이 생긴 학생도 있었다.

매일매일 이루어지는 학교 행정 업무도 온라인으로 옮겨졌다. 복도에서 일상적으로 나누던 대화는 일일 화상 회의로 바뀌었고, 문서 작업은 대부분 이메일로 대체됐다. 줌을 사용하는 데 점차 피로감이 커졌지만, 해커가 줌을 통해 내 온라인 공간을 침범하는 사태는 아직 일어나지 않았다.

세계 곳곳에서 운 좋은 사람들은 온라인으로 직업을 구할 수 있었고, 기업은 재택근무 모드로 신속히 전환했다. 사람들은 화상 회의 배경에 말끔한 책장이나 정돈된 꽃과 사진이 나오도록 꾸몄고, 아이나 동물 또는 다른 가족이 소리를 내거나 화면에 나오지 않도록 하는 데에도 익숙해졌다.

넷플릭스Netflix처럼 이미 잘나가는 비디오 스트리밍 서비스는 더욱더 인기가 높아졌다. 온라인 게임 서비스도 성장했고, 실제 스포츠 경기가 완전히 취소되면서 판타지 스포츠도 급성장했다.

우리는 COVID-19의 빠른 확산과 대비되는 더디고 불규칙적인 억제를 계속해서 목격하며 무력감을 느꼈다. 이 와중에 정치인들이 현실성 없는 생각을 드러내거나 노골적인 거짓말을 쏟아내는 모습을 너무 많이 보아 왔다. 정직하고 능력 있는 지도자는 극히 드물었다. 아울러 우리는 기하급수적이라는 말이 얼마나 빠른 것인지 조금 체감하게 되었다.

밝은 빛에 드리워진 구름

새롭게 살아가는 방식에 적응하는 것은 놀랄 만큼 쉬웠다. 운 좋은 이들은 예전과 거의 다름없이 계속 일하고, 온라인으로 친구나 가족과 연락하고, 음식과 생활용품을 주문할 수 있었다. 인터넷과 모든 인프라가 우리를 연결된 채로 지내도록 해주었다. 일상은 놀라울 정도로 빠른 회복력을 보였다. 전력, 난방, 상하수도 시스템이 그랬듯이 통신 시스템이 이상 없이 돌아간 덕분이다.

기술 시스템이 전 세계적 위기 상황에도 너무나 잘 작동한 탓에, 우리는 이따금 불안해 하는 것 외에는 위기 상황을 잊고 지내는 경향이 있다. 각종 시스템, 그리고 (잘 드러나지 않지만) 배후에서 시스템이 돌아가도록 하는 영웅들의 희생 없이는 지금 같은 생활을 유지할 가망이 거의 없는데도 말이다. 또한 업무 특성상 온라인으로 일을 처리할 수 없다는 이유로 하룻밤 사이 일자리가 사라져 실직 상태가 된 수백만 명에게도 우리는 충분히 관심을 갖지 못했다.

줌은 3월에 처음 사용해 보기 전까지는 그야말로 들어 본 적도 없었다. 줌은 2013년에 출시됐고 마이크로소프트 팀즈Teams나 구글 미트Meet 같은 대형 서비스와 경쟁하는 화상 회의 시스템이다. 줌은 2019년에 나스닥에 상장했고 이 글을 쓰는 2020년 늦가을 기준 약 1천2백5십억 달러로 평가된다.* 더 유명한 회사들, 예를 들어 제너럴 모터스(610억 달러), 제너럴 일렉트릭(850억 달러)보다 훨씬 높고 IBM(1천1백6십억 달러)보다도 높다.

안정적인 고속 인터넷, 카메라와 마이크가 연결된 컴퓨터가 있는 사람들은 업무를 온라인으로 이전할 수 있었다. 인터넷과 클라우드 서비스 제공 업체는 늘어난 트래픽을 처리할 능력이 충분했다. 화상 회의 시스템은

* FTC(Federal Trade Commission, 연방거래위원회)에서 줌이 종단 간 암호화에 대해 거짓말했다는 혐의를 제기한 후 주가가 심하게 타격을 받았지만, 이후에 손실을 대부분 회복했다.

평범하지만 기능이 잘 정리되어 있어, 대부분의 사람들이 편하게 사용할 수 있었다. 이 중 어느 것도 10년 전에는 (있었다 하더라도) 지금처럼 잘 작동하지 못했을 것이다.

요약하면, 도처에 존재하는 최신 기술 덕분에 운 좋은 사람들은 정상적인 삶을 일정 수준까지 회복할 수 있게 됐다. 이런 경험은 기술의 영향력, 즉 기술이 얼마나 깊게 우리 삶의 일부가 되었는지, 어떻게 우리 생활을 온갖 측면에서 향상시키는지 일깨워 준다.

하지만 이 이야기에는 그다지 낙관적이지만은 않은 다른 면도 존재한다.

이미 과대망상, 혐오, 괴상한 이론의 온상인 인터넷은 더 나쁘게 변했다. SNS상에서 정치인과 정부 관료는 사실 여부에 관계없이 '뉴스' 매체의 도움을 받아 거짓을 퍼뜨리고, 국민을 분열시켰으며, 비난을 회피했다. 트위터와 페이스북 같은 사이트는 사상의 자유로운 표현을 존중하는 중립적 플랫폼이 되는 것과 자극적인 게시물이나 노골적인 허위 정보의 포화를 제한하는 것 사이에서 중도를 찾지 못했다.

많은 나라에서 사람들의 생활을 구속하고 행동을 모니터링하거나 통제하기 위해 기술을 사용하면서 감시는 새로운 차원에 도달했다. 예를 들어 중국은 얼굴 인식 기술을 다른 용도 외에도 소수 민족을 추적하는 데 사용한다. COVID-19가 유행하는 동안 중국 정부는 일종의 '면역 여권' 역할을 하는 앱의 설치를 의무화했는데, 이 앱은 사용자의 위치를 경찰에게 알리기도 한다.* 미국과 영국에서는 지역에 따라 법 집행 기관에서 얼굴 인식 장치와 자동차 번호판 판독기 등을 이용하여 사람들을 지속적으로 감시한다.

* 중국의 COVID-19 앱: *www.nytimes.com/2020/03/01/business/china-coronavirus-surveillance.html*

휴대전화는 우리 위치를 끊임없이 모니터링하며, 다양한 이해관계자들은 이 데이터를 모아서 활용할 수 있다. 스마트폰 추적 앱은 기술의 본질적인 양면성을 보여 주는 아주 좋은 예다. 감염 의심자와 동선이 겹쳤는지 알려 주는 COVID-19 접촉자 추적 시스템에 누가 이의를 제기할 수 있겠는가? 하지만 국가에서 여러분이 어디를 다녔고 누구와 대화했는지 알게 하는 기술은 모니터링과 통제를 더 효과적으로 하는 데 도움이 된다. 원래 목적은 질병 추적이었지만, 비폭력 시위자, 반체제 인사, 정적, 내부고발자, 그 외 권력 기관에서 위협적이라고 여기는 인물을 색출하는 것 등의 다른 목적으로 변질되는 것은 마음먹기 나름이다(앱 기반 접촉자 추적이 과연 효과가 있는지도 확실하지 않은데, 거짓양성과 거짓음성 비율이 높을 수도 있기 때문이다*).

온라인 세상과 현실 세계에서 이루어지는 대부분의 상호작용에 대해 무수히 많은 컴퓨터 시스템이 우리가 누구를 상대했는지, 얼마나 지불했는지, 당시 어디에 있었는지 지켜보고 기억한다. 이러한 데이터 수집은 상업적 이용을 주목적으로 하는데, 기업이 우리에 관해 더 많이 알수록 더욱 정확하게 광고 표적으로 삼을 수 있기 때문이다. 대부분의 독자는 그런 데이터가 수집된다는 사실을 알고 있겠지만, 수집되는 데이터의 양과 그 상세한 정도를 알면 놀랄 것이다.

기업이 유일한 관찰자는 아니며, 정부도 감시 활동에 깊이 관여하고 있다. 에드워드 스노든이 폭로한 NSA 이메일, 내부 보고서, 파워포인트 자

* 브루스 슈나이어(Bruce Schneier)가 접촉자 추적 앱의 효과에 대해 작성한 블로그 글: *www.schneier.com/blog/archives/2020/05/me_on_covad-19_.html*
(옮긴이) 국내에서는 앱 기반 접촉자 추적을 사용하지 않고 있으며, 질병관리청의 역학조사에 의존한다. *ko.wikipedia.org/wiki/접촉자_추적*

료는 디지털 시대에 일어나는 염탐 활동에 대해 많은 사실을 보여 준다.*
요지는 NSA가 모든 사람을 대규모로 감시하고 있다는 것이다.

스노든이 밝힌 내용은 충격적이었다. 사람들은 줄곧 NSA가 시인한 것보다 많은 사람을 감시했을 것이라고 의심해 왔지만, 실제로 드러난 규모는 모든 사람의 상상을 뛰어넘었다. NSA는 일상적으로 미국 내에서 이루어진 모든 전화 통화에 대한 메타데이터를 수집했다. 누가 누구한테 전화했는지, 언제 통화했고 얼마나 오래 통화했는지 기록했다. 통화 내용도 기록했을 가능성이 있다. 스카이프로 나눈 대화와 이메일 연락처를 기록했고, 어쩌면 메일 내용도 기록했을 것이다(물론 여러분의 것도 마찬가지다). NSA는 세계 지도자들의 휴대전화를 도청했다. 해저 케이블이 미국으로 들어가고 나오는 지점에 있는 장비에 기록 장치를 설치하여 엄청난 양의 인터넷 트래픽을 가로챘다. 주요 통신 업체와 인터넷 회사에 사용자에 대한 정보를 수집하고 전달하도록 협조를 요청하거나 강요했다. 또한 대량의 데이터를 장기간 저장하면서 그중 일부를 다른 국가의 정보기관과 공유했다.†

상업적 영역으로 돌아오면, 우리는 하루가 멀다하고 회사나 공공 기관에서 보안 침해 사고가 일어났다는 소식을 듣는다. 신원 불명의 해커가 수백만 명의 이름, 주소, 신용카드 번호와 다른 개인정보를 훔친다. 대개 최첨단 기술을 활용한 범죄자의 소행이지만, 때로는 값진 정보를 찾으려는 다른 국가의 간첩 행위일 수도 있다. 가끔은 정보를 관리하는 사람의 어리석거나 부주의한 행동 탓에 우발적으로 비공개 데이터가 노출되기도 한

* 스노든 이야기는 글렌 그린월드(Glenn Greenwald)의 책 《스노든 게이트》, 몇몇 상을 수상한 로라 포이트러스(Laura Poitras)의 영화 〈시티즌포(Citizenfour)〉, 스노든의 자서전인 《영구 기록(Permanent Record)》, 바턴 겔만(Barton Gellman)의 《다크 미러(Dark Mirror)》에서 찾아볼 수 있다.

† *www.npr.org/sections/thetwo-way/2014/03/18/291165247/report-nsa-can-record-store-phone-conversations-of-whole-countries*

다. 유출 방식이 무엇이든 간에, 우리에 대해 수집된 데이터는 너무 자주 노출되거나 도용되어, 우리에게 안 좋은 방향으로 사용될 우려가 있다.

디지털 세상의 4가지 핵심 아이디어

이 책의 목적은 여러분이 이런 시스템이 어떻게 작동하는지 이해할 수 있도록, 배경이 되는 기술을 설명하는 것이다. 사진, 음악, 영화, 여러분의 사생활 같은 정보가 어떻게 금방 전 세계로 전송될 수 있을까? 이메일과 문자 메시지는 어떻게 작동하며, 어느 정도로 개인정보를 지켜 줄까? 스팸 메일은 왜 그렇게 보내기는 쉽고 없애기는 어려울까? 휴대전화는 여러분이 어디에 있는지 항상 보고할까? 누가 여러분을 온라인과 휴대전화상에서 추적하고 있고, 그게 어떤 점에서 문제가 되는 것일까? 군중 속에서 여러분의 얼굴을 인식할 수 있을까? 인식된 얼굴이 '당신'이라는 것을 누가 알까? 해커가 자동차의 제어권을 뺏을 수 있을까? 자율주행 자동차는 어떨까? 프라이버시와 보안을 조금이라도 지킬 수 있을까, 아니면 그냥 포기해야 할까? 이 책이 끝날 무렵 여러분은 컴퓨터와 통신 시스템이 어떻게 작동하는지, 여러분에게 어떻게 영향을 미치는지, 유용한 서비스를 사용하는 일과 프라이버시를 보호하는 일 사이에서 어떻게 균형을 유지할 수 있는지 제법 잘 이해하게 될 것이다.

디지털 세상의 핵심 아이디어는 다음과 같이 몇 가지에 불과하며, 책 전반에 걸쳐 더 자세히 설명할 것이다.

첫 번째는 **정보의 보편적 디지털 표현**이다. 20세기 대부분에 걸쳐 문서, 사진, 음악, 영화 등을 저장하는 데 사용되던 복잡하고 정교한 기계 시스템은 하나의 균일한 저장 메커니즘으로 대체됐다. 이제 정보는 플라스틱 필름에 입혀진 염료나 비닐 테이프의 자성 패턴과 같은 특수한 형태가 아닌 디지털 방식, 즉 숫자 값으로 표현된다. 종이 편지는 디지털 메일로, 종이 지도는 디지털 지도로, 종이 문서는 온라인 데이터베이스로 바뀌었다. 이처럼 서로 전혀 다르게 처리됐던 아날로그 표현은 모든 것이 그저 숫자로 처리되는 공통의 저수준 표현, 즉 디지털 정보로 대체됐다.*

두 번째는 **보편화된 디지털 처리 장치**다. 이 모든 디지털 정보는 단일 범용 장치인 디지털 컴퓨터로 처리할 수 있다. 정보의 균일한 디지털 표현을 처리하는 디지털 컴퓨터는 아날로그 표현을 처리하는 정교하고 복잡한 기계 장치를 대체했다. 차차 살펴보겠지만, 컴퓨터는 무엇을 계산할 수 있는지에 관해서는 모두 동등하고, 작동 속도와 데이터 저장 용량 면에서만 차이가 있다. 스마트폰은 엄청나게 정교한 컴퓨터로, 노트북만큼의 컴퓨팅 성능을 갖추고 있다. 따라서 한때 데스크톱이나 노트북 컴퓨터에 국한되었던 일을 점점 더 많이 휴대전화로도 할 수 있게 됐고, 이러한 융합 과정은 가속화되고 있다.

세 번째는 **보편화된 디지털 네트워크**다. 인터넷은 디지털 표현을 처리하는 디지털 컴퓨터를 서로 연결한다. 즉, 컴퓨터와 휴대전화를 메일, 검색, SNS, 쇼핑, 금융, 뉴스, 오락 및 기타 모든 서비스와 연결해 준다. 세계 인구 다수가 이 네트워크에 접근할 수 있다. 여러분은 상대방의 위치나 메일 접근 방법과 무관하게 누구와도 이메일을 주고받을 수 있다. 휴대전화, 노트북, 태블릿을 이용하여 상품과 서비스를 검색하고 가격이나 사양을 비교한 후 구매할 수 있다. SNS를 이용하면 역시 휴대전화나 컴퓨터로 친구나 가족과 연락을 주고받을 수 있다. 끊임없이 쏟아지는 콘텐츠를 시청할 수 있고, 보통은 무료다. '스마트' 장치는 여러분의 집에 있는 시스템을

* James Gleick, *The Information: A History, A Theory, A Flood*, Pantheon, 2011. 《인포메이션, 인간과 우주에 담긴 정보의 빅히스토리》, 동아시아, 2017. 정보 이론의 아버지 클로드 섀넌을 중심으로 통신 시스템에 대한 흥미로운 내용을 전달한다. 역사를 다룬 부분은 특히 흥미진진하다.

모니터링하고 제어하며, 여러분은 그런 장치에 말을 걸어 뭔가 해달라고 요청하거나 질문을 할 수 있다. 이 모든 서비스가 함께 작동하게 해주는 전 세계적 인프라가 존재한다.

마지막으로, 어마어마한 양의 **디지털 데이터**가 끊임없이 수집되고 분석되고 있다. 세계 대부분 지역의 지도, 항공 사진, 스트리트 뷰가 무료로 이용 가능하다. 검색 엔진은 쿼리(질의)에 효율적으로 대답할 수 있도록 끊임없이 인터넷을 훑어 본다. 수백만 권의 도서 데이터도 디지털 포맷으로 제공된다. SNS는 우리를 위한, 그리고 우리에 관한 엄청난 양의 데이터를 유지 관리한다. 온라인 또는 오프라인 상점과 서비스는 상품에 접근하게 해주는 동시에, 검색 엔진, SNS, 휴대전화의 방조를 받아 우리가 방문했을 때 하는 모든 일을 조용히 기록한다. 인터넷 서비스 제공 업체는 우리가 온라인상에서 맺는 상호작용 모두를 (어쩌면 그 이상을) 기록한다. 정부는 항상 우리를 감시하며, 그 범위와 정밀함은 10~20년 전에는 불가능했을 수준이다.

기술 변화는 고립된 사건이 아니다

이 모든 것이 급속히 변하고 있는 이유는 디지털 기술 시스템이 계속 더 작아지고, 빨라지며, 저렴해지기 때문이다. 더 매력적인 기능과 더 좋은 화면을 갖추고 더 흥미로운 앱을 실행할 수 있는 새로운 휴대전화가 계속 출시된다. 그 밖에도 새로운 기기가 매번 등장하는데, 그중 유용한 기능은 계속 휴대전화로 흡수된다. 이는 디지털 기술이 밟는 자연스러운 수순으로, 어떤 기술 발전이든 디지털 장치를 전반적으로 향상시킨다. 예를 들어 어떤 계기로 데이터를 보다 저렴하고 빠르게, 대량으로 처리할 수 있게 되면 모든 장치가 혜택을 입는다. 결과적으로 디지털 시스템은 세상 곳곳에 스며들어 있으며 우리 생활 전면과 이면에서 필수적인 부분이 됐다.

기술의 발전은 좋은 일임이 분명하고, 대체로 긍정적이다. 하지만 밝은 빛의 주변에는 구름이 드리워지게 마련이다. 개인에게 가장 발생하기 쉽고, 아마도 가장 우려되는 일은 프라이버시에 관한 일이다. 휴대전화를 사용하여 어떤 제품을 검색하고 인터넷 쇼핑몰을 방문할 때, 모든 관계자는 당신이 어디를 방문했고 무엇을 클릭했는지 기록해 둔다. 휴대전화가 당신을 고유하게 식별해 주기 때문에 그들은 당신이 누구인지 안다. 휴대전화가 자신의 위치를 약 100미터 이내까지 항상 보고하기 때문에 그들은 당신이 어디에 있는지 안다. 통신 회사는 이 정보를 기록하고 팔 수도 있다. GPSGlobal Positioning System를 함께 사용하면 당신의 위치를 5~10m 이내 범위까지 찾아낼 수 있다. 게다가 위치 서비스가 켜져 있으면 앱에서 위치 정보를 이용할 수 있게 되며, 앱 개발사 또한 그 정보를 팔 수 있다. 사실 상황은 그보다 더 나쁘다. 위치 서비스를 끄는 것은 앱이 GPS 데이터를 사용하는 것만 막아 줄 뿐, 휴대전화 운영체제가 휴대전화망, 와이파이, 블루투스를 통해 위치 데이터를 수집하고 업로드하는 것은 막지 못한다.*

온라인뿐만 아니라 실생활에서도 무언가 당신을 지켜보고 있다. 얼굴 인식 기술은 거리에서나 매장 내에서 당신을 식별할 수 있다. 교통 카메라는 자동차 번호판을 스캔하여 당신의 차가 어디 있는지 알아낸다. 전자 교통요금 징수 시스템도 마찬가지다. 인터넷에 연결된 스마트 온도조절 장치, 음성 응답기, 도어락, 유아 모니터링 장치, 보안 카메라는 우리가 손수 집으로 초대한 감시 장치다. 우리가 오늘날 별생각 없이 허용하는 추적은 조지 오웰George Orwell의 소설 《1984》에 나오는 감시 체제를 가볍고 얄팍해 보이게 한다.

* 위치 데이터 노출 제한에 대한 NSA의 조언: *media.defense.gov/2020/Aug/04/2002469874/-1/-1/0/CSI_LIMITING_LOCATION_DATA_EXPOSURE_FINAL.PDF*

우리가 어디서 무엇을 하는지에 대한 기록은 아마 매우 오랫동안 남아 있을 것이다. 디지털 저장 비용은 낮고 데이터의 가치는 높아서 정보는 좀처럼 폐기되지 않는다. 부끄러운 내용을 온라인에 게시하거나 나중에 후회할 만한 메일을 보냈다면 이미 늦은 것이다. 당신에 관한 정보는 다양한 출처에서 조합돼서 당신의 삶에 대해 상세한 그림을 그려내고, 당신이 알지 못하거나 허용하지 않았는데도 상업적, 정치적, 범죄적 이익 집단에 이용될 수 있다. 이런 정보는 무기한으로 이용할 수 있는 상태로 유지될 가능성이 크고, 향후 언제든 나타나서 당신에게 해를 끼칠 수 있다.

보편화된 네트워크와 거기서 오가는 보편적 디지털 정보 때문에 우리는 10~20년 전에는 상상조차 못했을 정도로 낯선 이의 공격에 취약해졌다. 브루스 슈나이어는 자신의 책 《당신은 데이터의 주인이 아니다》*에서 다음과 같이 이야기한다. "우리의 프라이버시는 지속적인 감시로부터 맹공격을 받고 있다. 이 현상이 어떻게 발생하는지 이해하는 것은 무엇이 위태로운지 이해하는 데 매우 중요하다."

프라이버시와 재산을 보호하는 사회적 메커니즘은 기술의 발전 속도를 따라잡지 못했다. 30년 전에 나는 지방 은행과 다른 금융 기관에 우편을 보내거나 가끔은 직접 방문하여 거래했다. 내 돈에 접근하는 데는 시간이 걸렸고 많은 문서 흔적을 남겨야 했으므로 누군가 내 돈을 훔치기는 어려웠을 것이다. 오늘날 나는 주로 인터넷으로 금융 업무를 처리한다. 나는 편리하게 데이터에 접근할 수 있지만, 내 쪽에서 어떤 실수를 하거나 금융 회사 중 하나가 일을 잘못 처리한다면 지구 저편에 있는 누군가가 내 계좌를 말소하거나 신원을 도용하거나 신용 등급을 떨어뜨릴 수 있다. 또 무슨 일이 생길지 누가 알겠는가? 이런 일은 눈 깜짝할 새 일어나며, 복구하기

* 권위 있는 서적으로, 충격적인 내용을 담고 있고 잘 쓴 책이다. 여러분을 정당한 이유로 화나게 할 것이다.

위한 수단도 거의 없다.

이 책에는 이런 시스템들이 어떻게 작동하고 어떻게 우리 삶을 바꾸고 있는지 이해하는 데 도움될 만한 내용이 담겨 있다. 이는 당연히 현재의 단면만 포착한 스냅숏이므로, 10년 후에는 오늘날의 시스템이 투박하고 낡아빠져 보일 것이다. 기술 변화는 고립된 사건이 아니라 계속 이어지는 과정으로, 빠르고 지속적으로 진행되며 가속화되고 있다. 다행히도 디지털 시스템의 기본 아이디어는 일정하게 유지될 것이므로, 여러분이 이를 이해해 두면 훗날 등장할 시스템도 이해할 수 있을 뿐더러 미래의 시스템이 제시하는 도전과 기회에 대처하는 데 더 유리한 위치에 서게 될 것이다.

U N D E R S T A N D I N G

T H E D I G I T A L W O R L D

I부 IT 근육 하나 하드웨어

“이 계산을 증기력으로 할 수 있다면 정말 좋을 텐데….”

– 찰스 배비지, 1821*

하드웨어는 컴퓨팅에서 형체가 있고 눈에 보이는 부분이다. 즉, 직접 보고 조작할 수 있는 기기나 장비를 말한다. 컴퓨팅 장치가 만들어진 역사를 살펴보는 일은 언제나 흥미롭지만, 이 책에서는 일부만 소개할 예정이다. 컴퓨터 장치의 역사 중 어떤 장치의 변화 과정은 더 주목할 만하다. 특히 고정된 크기와 가격의 집적회로에 채울 수 있는 회로의 양과 소자의 수가 기하급수적으로 증가하는 현상이 그렇다. 디지털 기기가 더 저렴해지고 성능이 좋아지면서, 서로 이질적이던 기계 시스템은 훨씬 균일한 전자 시스템으로 바뀌었다.

컴퓨팅 장치는 오래전부터 있었지만, 초기에는 주로 천문 현상이나 행성 또는 별의 위치를 예측하는 데 특화된 형태였다. 예를 들어, 아직 증명되지는 않았지만 스톤헨지Stonehenge가 천문대였다고 주장하는 이론이 있다. 기원전 100년경에 만들어진 안티키티라 기계Antikythera mechanism†도 기계적으로 놀랍도록 정교한 천문 계산용 컴퓨터다. 주판 같은 계산 장치는 아시아를 중심으로 수천 년 동안 사용되어 왔다. 계산자slide rule‡는 존 네이

* 해리 윌모트 벅스턴(Harry Wilmot Buxton)의 《찰스 배비지의 삶과 업적에 대한 회고록(Memoir of the Life and Labours of the Late Charles Babbage)》에서 인용했다.

† (옮긴이) 세계 최초의 아날로그 컴퓨터로, 천체의 위치를 계산하고자 설계되었다. 1901년에, 그리스 안티키티라 섬 앞바다에 가라앉은 고대 로마 시대의 난파선을 조사하던 중 발견되었다. *ko.wikipedia.org/wiki/안티키티라_기계*

‡ (옮긴이) 주로 곱셈과 나눗셈에 사용되며 거듭제곱, 제곱근, 로그, 삼각 함수 계산에도 사용되는 기계식 아날로그 계산 장치다. *ko.wikipedia.org/wiki/계산자*

피어John Napier가 로그의 원리를 설명하고 얼마 지나지 않은 1600년대 초에 발명됐다. 나도 1960년대에 학부를 졸업하고 엔지니어로 일하면서 계산자를 사용한 적이 있다. 하지만 계산자는 계산기와 컴퓨터에 자리를 내주면서 이제 진기한 유물이 되었고, 힘들게 익힌 기술은 무용지물이 되고 말았다.

오늘날의 컴퓨터와 가장 근접한 모습을 보인 장치는 자카르 직기Jacquard's loom로, 1800년경 프랑스에서 조제프 마리 자카르Joseph Marie Jacquard가 발명했다. 자카르 직기는 여러 줄의 구멍이 있는 직사각형 모양의 카드를 이용해 직조 패턴을 지정했다. 즉, 천공 카드에 입력된 명령에 따라 다양한 패턴을 짜도록 '프로그래밍'된 것이다. 카드를 바꾸면 직물이 다른 패턴으로 만들어졌다. 직물 생산에 필요한 노동력을 대체하는 기계가 등장하자, 방직공들이 일자리를 잃게 되면서 사회적 혼란이 발생했다. 대표적으로 1811년부터 1816년까지 영국에서 일어난 러다이트 운동Luddite movement은 기계화에 반대하는 폭력 시위였다. 현대의 컴퓨팅 기술도 이와 비슷한 혼란을 가져왔다.*

오늘날과 같은 의미의 컴퓨팅은 19세기 중반 영국의 찰스 배비지Charles Babbage라는 사람에게서 처음 이루어졌다. 배비지는 항해술과 천문학에 관심이 많은 과학자였고, 두 분야 모두 위치를 계산하는 데 숫자 값으로 이루어진 표가 필요했다. 그런 표를 만들고 인쇄까지 하려면 직접 산술 연산을 해야 했는데, 지겹기도 하고 실수하기도 쉬웠다. 앞에 인용된 그의 말에서 수작업 연산에 대한 극심한 스트레스가 드러난다. 수작업을 멈추기 위해 배비지는 계산을 기계적으로 처리하는 장치를 개발하는 데 일생의 많은 시간을 투자했다. 재정적 후원이 끊기는 등 여러 가지 이유로 그의

* James Essinger, *Jacquard's Web: How a Hand-loom Led to the Birth of the Information Age*, Oxford University Press, 2004. 자카르 직기부터 배비지, 홀러리스, 에이컨까지 다룬다.

포부는 결국 실현되지 못했지만, 설계 방식은 타당했다. 배비지가 살던 시대의 도구와 재료를 사용하여 그가 만들던 기계 중 하나인 차분 기관difference engine*의 일부를 현대적으로 구현하기도 했는데, 이 작품은 런던 과학박물관Science Museum과 캘리포니아 마운틴뷰에 있는 컴퓨터 역사 박물관Computer History Museum에서 볼 수 있다(그림 I.1 참고).†

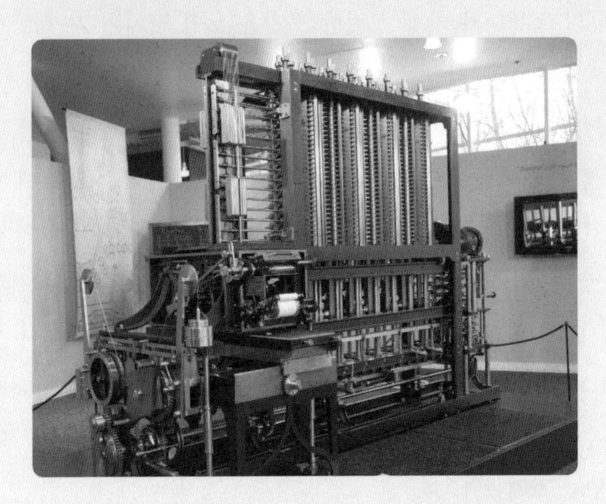

그림 I.1 찰스 배비지가 설계한 차분 기관의 현대적 구현‡

한편, 오거스타 에이다 바이런Augusta Ada Byron이라는 젊은 여성이 이 차분 기관을 보고 강한 흥미를 느꼈고, 배비지는 그런 그녀가 수학을 본격적으로 배우고 자신의 계산 장치를 연구할 수 있도록 돕고 격려해 주었다. 그

* (옮긴이) 다항 함수를 계산하기 위한 기계식 계산기이다. 다항 함수로 로그 함수나 삼각 함수의 근사치를 계산할 수 있으므로 차분 기관은 다양한 공학 및 과학 계산에 사용될 수 있다. *ko.wikipedia.org/wiki/차분기관*

† Doron Swade, *The Difference Engine: Charles Babbage and the Quest to Build the First Computer*, Penguin, 2002. 스웨이드는 1991년에 진행된 배비지의 기계 중 하나를 만드는 과정에 관해서도 기술하고 있으며, 이 기계는 현재 런던의 과학박물관에 보관되어 있다. 2008년도 복제품(그림 I.1)은 캘리포니아 주 마운틴뷰의 컴퓨터 역사 박물관에 있다. *www.computerhistory.org/babbage*

‡ *commons.wikimedia.org/wiki/File:Babbage_Difference_Engine_(1).jpg*

녀는 시인 조지 바이런George Byron의 딸이었으며, 훗날 러브레이스 백작 부인Countess of Lovelace이 된다. 에이다 러브레이스는 배비지의 해석 기관analytical engine(배비지가 구상한 장치 중에서 가장 발전된 형태)*을 과학적 계산에 사용하는 방법을 상세하게 기록했으며, 훗날 이 기계가 작곡 같은 비非수치적 계산도 할 수 있을 것이라고 추측하기도 했다. "예를 들어, 화성학과 곡의 구성 면에서 음높이 간의 근본적인 관계를 이렇게 표현하고 변환할 수 있다고 가정하면, 해석 기관은 그 복잡도나 규모와 무관하게 정교하고 체계적인 음악을 작곡할 수 있을 것이다."† 흔히 에이다 러브레이스를 세계 최초의 프로그래머라고 부른다. 그녀에게 경의를 표하고자 에이다Ada라고 이름 지은 프로그래밍 언어도 있다.‡

그림 I.2 에이다 러브레이스§

19세기 후반에 허먼 홀러리스Herman Hollerith는 미국 인구 조사국US Census Bureau과 협력하여 인구 조사 정보를 수작업보다 훨씬 더 빨리 집계할 수 있는 기계를 설계하고 만들었다. 홀러리스는 자카르 직기의 발상을 활용해서, 빳빳한 종이 카드에 구멍을 뚫어 인구 조사 데이터를 기계에서 처리할 수 있는 형태로 인코딩(부호화)했다. 1880년 인구 조사 집계가 8년 걸

* (옮긴이) 찰스 배비지가 고안한 세계 최초의 범용 자동 디지털 계산기. 1837년에 처음으로 발표되었으며, 1871년 그가 죽기 전까지 설계는 계속되었으나 경제적, 정치적, 법적 문제로 인해 실제로 만들어지지는 못했다. 논리적 설계 자체는 매우 현대적이었으며, 이후 등장할 범용 컴퓨터의 모습을 예측하였다. *ko.wikipedia.org/wiki/해석기관*

† 음악 작곡에 대한 인용문은 루이지 메나브레아(Luigi Menabrea)의 《해석 기관의 개요(Sketch of the Analytical Engine)》를 에이다 러브레이스가 번역하고 주석을 단 글에서 가져온 것이다.

‡ 계산용 소프트웨어 매스매티카(Mathematica)를 만든 스티븐 울프럼(Stephen Wolfram)은 러브레이스의 이력에 대한 길고 유익한 블로그 게시물을 작성했다. *writings.stephenwolfram.com/2015/12/untangling-the-tale-of-ada-lovelace*

§ 마거릿 사라 카펜터(Maargaret Sarah Carpenter)가 1836년에 그린 초상화의 일부다. *commons.wikimedia.org/wiki/File:Carpenter_portrait_of_Ada_Lovelace_-_detail.png*

렸기에 1890년 인구 조사는 10년 이상 걸릴 거라는 예측과 달리, 홀러리스의 천공 카드와 집계 기계 덕분에 불과 1년 만에 처리할 수 있었다. 이후 홀러리스는 회사를 설립했고, 그 회사는 인수 합병을 거쳐 1924년에 'International Business Machines'라는 기업이 되었는데, 바로 우리가 아는 IBM이다.

배비지의 기계는 기어, 휠, 지렛대, 막대가 복잡하게 조립된 형태였다. 20세기에는 전자 기술이 발전하면서 기계 부품에 의존하지 않는 컴퓨터를 구상할 수 있게 됐다. 이렇게 전체가 전자 부품으로 된 컴퓨터 중 첫 번째로 중요한 것은 에니악ENIAC, Electronic Numerical Integrator and Computer이다. 에니악은 1940년대 필라델피아에 있는 펜실베이니아 대학University of Pennsylvania에서 프레스퍼 에커트Presper Eckert와 존 모클리John Mauchly의 설계로 만들어졌다. 공간을 많이 차지하고 많은 양의 전력을 필요로 했으며, 1초에 약 5,000번의 덧셈을 수행할 수 있었다. 에니악은 탄도 계산 등 군사 목적으로 사용될 예정이었지만, 제2차 세계 대전이 끝난 뒤인 1946년에야 완성됐다. 에니악의 일부는 펜실베이니아 대학 무어 공과 대학Moore School of Engineering에 전시되어 있다.*

배비지는 컴퓨팅 장치가 명령어와 데이터를 같은 형태로 저장할 수 있을 것이라고 확신했지만, 에니악은 명령어를 데이터가 있는 메모리에 저장하지 않았다. 그 대신 스위치를 이용해 연결을 설정하고 전선을 다시 연결하는 방식으로 프로그래밍되었다. 실제로 일련의 명령어로 구성된 프로그램과 데이터를 한데 저장한 컴퓨터는 영국에서 처음 만들어졌으며, 대표적으로 1949년에 케임브리지 대학University of Cambridge에서 만든 에드삭EDSAC, Electronic Delay Storage Automatic Calculator이 있다.

* Scott McCartney, *ENIAC: The Triumphs and Tragedies of the World's First Computer*, Walker & Company, 1999.

초기 전자식 컴퓨터는 컴퓨팅 부품으로 진공관을 사용했다. 진공관은 크기와 모양이 원통형 전구와 비슷한 전자 장치(그림 I.9, 25쪽)였는데, 비싸고 내구성이 약한 데다 부피가 크고 전력을 많이 소모했다. 1947년에 트랜지스터가 발명되고, 이후 1958년에 집적회로가 발명되면서 현대 컴퓨팅 시대가 본격적으로 시작됐다. 전자 시스템은 이러한 기술에 힘입어 꾸준히 작아지고 저렴해지고 빨라졌다.

1부에서는 컴퓨터 하드웨어에 관해 설명하며, 하드웨어가 만들어지는 방식 같은 물리적 세부 사항보다는 컴퓨팅 시스템의 논리적 아키텍처에 초점을 둔다. 수십 년 동안 아키텍처는 거의 바뀌지 않았지만, 하드웨어는 놀라울 정도로 변했다. 먼저 컴퓨터의 구조와 구성 요소를 개괄적으로 설명하고, 컴퓨터가 어떻게 비트, 바이트, 이진수로 정보를 표현하는지 보여준다. 그러고 나서 컴퓨터가 실제로 계산을 어떻게 수행하는지, 즉 어떤 일을 수행하기 위해 비트와 바이트를 어떻게 처리하는지 살펴본다.

HARDWARE

001 컴퓨터의 논리와 구조

"완성된 장치가 범용 컴퓨팅 기계가 되려면 산술 연산, 기억-저장, 제어, 운영자와의 연결을 담당하는 특정 주요 기관을 포함해야 한다."

– 아서 벅스, 허먼 골드스타인, 존 폰 노이만, 1946*

컴퓨터가 무엇인지 개괄적으로 정의하면서 하드웨어 이야기를 시작해 보자. 컴퓨터는 적어도 두 가지 측면에서 살펴볼 수 있다. 첫 번째는 논리적 구성(또는 기능적 구성)으로, 컴퓨터가 어떤 부분들로 이루어져 있고 무슨 일을 하며 어떻게 연결되는지에 주목한다. 다음은 물리적 구조로, 각 부분이 어떻게 생겼고 어떻게 만들어지는지를 나타낸다. 컴퓨터가 무엇인지 이해하고, 그 내부를 관찰하고, 각 부분이 무슨 일을 하는지 배운 다음, 무수한 약어와 숫자의 의미에 대해 감을 익히자.

여러분이 사용하는 컴퓨팅 장치를 생각해 보자. 대부분은 'PC'의 한 종류를 갖고 있을 것이다. PC는 IBM이 1981년에 처음 판매한 IBM PC에서 이어져 내려오는 노트북 또는 데스크톱 컴퓨터로, 마이크로소프트가 만든 윈도우Windows 운영체제를 실행한다. 맥OSmacOS† 운영체제를 실행하는 애플 매킨토시Macintosh 컴퓨터(주로 맥이라고 줄여 부른다)를 사용하는 독자도 있을 것이다. 저장과 계산 기능 대부분을 인터넷으로 수행하는 크롬 OSChrome OS를 운영체제로 실행하는 크롬북Chromebook을 갖고 있을 수도 있

* Arthur W. Burks, Herman H. Goldstine, John von Neumann, "Preliminary discussion of the logical design of an electronic computing instrument", 1946, *www.cs.unc.edu/~adyilie/comp265/vonNeumann.html*

† 맥OS는 예전에 맥 OS X(Mac OS X, 이때 X는 10을 의미하며, '텐'이라고 읽는다)으로 알려졌던 애플 운영체제의 현재 이름이다.

다. 스마트폰, 태블릿 PC, 전자책 단말기와 같이 특정 용도에 전문화된 장치도 일종의 고성능 컴퓨터다. 이러한 장치들은 모두 다르게 생겼고 사용하는 느낌도 다르지만, 내부 작동 원리는 근본적으로 똑같다. 왜 그런지 알아보자.

딱 맞아떨어지지는 않아도 자동차에 비유해 볼 수 있다. 기능 면에서 보면 자동차는 100년이 훨씬 넘도록 기능이 똑같이 유지되고 있다. 자동차에는 연료로 작동되고 차를 움직이게 하는 엔진이 있다. 그리고 운전자가 차를 제어할 때 사용하는 핸들이 있다. 또한 연료를 저장할 공간과 탑승자와 물건을 실을 공간이 있다. 하지만 물리적인 면에서 자동차는 한 세기 동안 매우 크게 바뀌었다. 전과 다른 재료가 사용되고, 더 빠르고 안전해졌으며, 훨씬 더 안정감 있고 편안해졌다. 내 첫 번째 차인 1959년형 중고 폭스바겐 비틀Volkswagen Beetle과 페라리Ferrari는 겉으로는 크게 달라 보이지만, 장 본 것을 마트에서 집까지 옮기거나 전국 횡단을 할 수 있다는 점에서는 비슷하다. 이러한 의미에서 두 차는 물리적으로 다르지만 기능적으로 같다. 참고로 나는 페라리를 소유하기는커녕 타본 적도 없어서 식료품이 들어갈 공간이 있는지는 추측한 것이다. 그림 I.3처럼 옆에 주차하기 위해 다가가 본 적은 있다.

그림 I.3 페라리에 가장 가까이 가봤을 때

컴퓨터도 마찬가지다. 논리적 구성 면에서 오늘날의 컴퓨터는 1950년대의 컴퓨터와 매우 유사하지만, 물리적인 차이는 자동차에 있었던 변화를 훨씬 뛰어넘는다. 오늘날의 컴퓨터는 60~70년 전보다 훨씬 작고 저렴하고 빠르고 안정적이며, 일부 속성은 말 그대로 100만 배 더 뛰어나다. 컴퓨터가 이만큼 향상되었기에 그토록 널리, 우리 생활 곳곳에 들어와 있는 것이다.

어떤 사물의 기능과 물리적 속성 간의 차이, 즉 그것이 무엇을 하는지와 내부적으로 어떻게 만들어지고 얼마나 빨리 작동하는지의 차이를 인지하는 것은 중요하다. 컴퓨터에서 '어떻게 만들어지는지' 부분은 경이로운 속도로 변하고 있고 '얼마나 빨리 작동하는지' 부분도 마찬가지지만, '무엇을 하는지' 부분은 꽤 안정적으로 유지되고 있다. 추상적인 기능과 구체적인 구현 간의 구분은 계속 반복해서 다룰 예정이다.

때때로 강의 첫 시간에 설문 조사를 한다. 'PC를 몇 명이나 갖고 있나요?', '맥 사용자는 몇 명인가요?' 같은 질문이다. 2000년대 초에는 PC와 맥 사용자가 10 대 1 정도의 비율로 PC가 우세했지만, 몇 년간 급속히 바뀌어 이제 맥 사용자가 전체의 4분의 3을 훌쩍 넘는 정도가 됐다. 하지만 전 세계적인 현상은 아니고 대체로 PC가 크게 우세한 상태다.

이렇게 비율이 한쪽으로 기우는 까닭이 한쪽이 다른 쪽보다 우수하기 때문일까? 만일 그렇다면 짧은 시간 동안 무엇이 그렇게 극적으로 바뀌었을까? 학생들에게 어떤 종류의 컴퓨터가 더 나은지, 의견을 뒷받침할 만한 객관적인 기준은 무엇인지 물어본다. '지금 쓰는 컴퓨터를 구매한 이유는 뭔가요?'

자연스럽게 나오는 대답 중 하나는 가격이다. PC가 더 저렴한 경향이 있는데, 많은 공급 업체가 시장에서 치열한 경쟁을 벌인 결과다. 게다가 PC는 맥에 비해 폭넓은 하드웨어 확장 장치와 많은 소프트웨어를 지원하며, 관련 노하우를 손쉽게 얻을 수 있다. 이는 경제학자들이 **네트워크 효과**network effect라고 일컫는 현상의 한 예다. 사람들이 A를 더 많이 쓸수록 당신에게도 A의 효용이 더 커지며, 그 효과는 사용자의 수에 대략 비례한다.

맥 사용자의 대답으로는 널리 인지된 신뢰성, 품질, 미적 가치, '그냥 잘 되는 것 같다'는 느낌 등이 있다. 이러한 이유로 많은 소비자가 PC보다 가격이 더 비싸더라도 기꺼이 맥을 구매한다.

토론은 계속 이어지고 어느 쪽도 상대편을 이기지는 못한다. 하지만 그 과정에서 몇 가지 좋은 질문이 나오고, 학생들이 다양한 종류의 컴퓨팅 장치 간에 어떤 차이점이 있는지, 또 어떤 점에서 정말로 똑같은지를 생각해 보도록 하는 데 도움이 된다.

휴대전화도 비슷한 논쟁이 있다. 사람들은 대부분 애플의 앱스토어나 구글 플레이스토어에서 다운로드한 프로그램(앱)을 실행할 수 있는 스마트폰을 갖고 있다. 스마트폰은 브라우저, 메일, 시계, 카메라, 음악과 비디오 재생, 음성 녹음, 지도, 내비게이션, 비교 구매 기능을 제공하고, 가끔은 소통하기 위한 장치로도 이용된다. 강의를 듣는 학생 중 4분의 3가량이 아이폰iPhone을 사용한다. 나머지는 대부분 많은 제조사 중 한 곳에서 만든 안드로이드Android 폰을 사용한다. 아이폰은 더 비싸지만 컴퓨터, 태블릿 PC, 스마트워치, 음악 플레이어, 클라우드 서비스를 포함한 애플 생태계와 더 원활하게 연동할 수 있다는 이점이 있다. 이는 네트워크 효과의 또 다른 사례다. 드물게 '피처폰feature phone'을 사용하는 학생도 있다. 피처폰이란 전화 통화 이상의 기능이 없는 휴대전화를 뜻한다. 내가 조사한 표본은 미국에서 비교적 부유한 환경의 사람들이다. 다른 환경이나 세계 다른 지역에서는 안드로이드폰이 훨씬 더 흔히 사용될 것이다.

사람들이 여러 종류의 휴대전화 중에서 한 가지를 선택하는 데는 기능적, 경제적, 심미적인 측면에서 나름의 이유가 있다. 하지만 PC나 맥과 마찬가지로 휴대전화 내부에서 컴퓨팅을 수행하는 하드웨어는 서로 매우 유사하다. 왜 그런지 살펴보자.

HARDWARE

002 프로세서 속도와 심장 박동수

일반적인 컴퓨터를 단순화한 추상적인 그림, 즉 논리적 또는 기능적 아키텍처를 그려 본다면 맥과 PC 모두 그림 I.4에 있는 다이어그램의 형태를 보일 것이다. 프로세서, 주 기억 장치, 보조 기억 장치, 다른 다양한 구성 요소가 있으며, 그 중간에 정보를 전달하는 버스bus라는 여러 개의 전선이 있어 서로 연결된다.

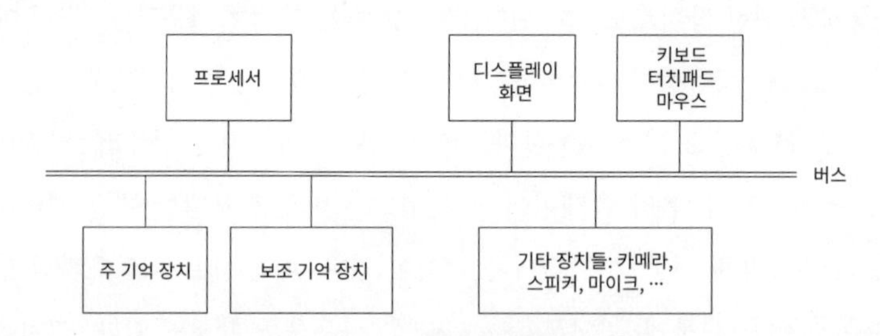

그림 I.4 단순하게 추상화한 컴퓨터 아키텍처 다이어그램

컴퓨터 대신 휴대전화나 태블릿 PC라면 마우스, 키보드, 디스플레이가 화면이라는 하나의 구성 요소로 합쳐지는 점과 여러분의 물리적 위치를 알기 위한 나침반, 가속도계, GPS 수신기 같은 숨은 구성 요소가 추가된다는 점 말고는 비슷하다.

이처럼 프로세서, 명령어와 데이터를 담는 메모리와 저장 장치, 입력과 출력 장치가 있는 기본 구조는 1940년대 이래 이어지는 표준이다. 이러한 구조를 흔히 **폰 노이만 아키텍처**von Neumann architecture라고 하는데, 1946년에 발표된 논문에서 이 구조를 기술한 존 폰 노이만의 이름을 딴 것이다. 비록 다른 사람들이 한 일에 폰 노이만이 너무 많은 공로를 인정받는 게 아니냐는 논쟁이 아직도 가끔 있지만*, 이 논문은 매우 명확하고 통찰력이 있어서 지금도 읽어 볼 가치가 있다. 예를 들어, 8쪽에 나온 인용문이 이 논문의 첫 번째 문장이다. 오늘날의 용어에 대응시켜 보면 프로세서는 산술 연산과 제어 기능을 제공하고, 주 기억 장치와 보조 기억 장치는 기억과 저장을 담당하며, 키보드, 마우스, 디스플레이는 운영자와 상호작용한다.

본론으로 들어가기 전에 용어를 잠깐 짚고 넘어가자. 프로세서는 역사적으로 CPUCentral Processing Unit, 중앙 처리 장치라고 불렸지만, 지금은 그냥 '프로세서'로 더 자주 쓰인다. 주 기억 장치는 흔히 RAMRandom Access Memory, 임의 접근 메모리이라고도 하고, 보조 기억 장치는 다양한 물리적 구현을 반영해서 **디스크**나 **드라이브**라고도 한다. 이 책에서는 프로세서, 메모리, 저장 장치라는 용어를 주로 사용하고, 이따금 예전 용어도 쓸 것이다.

프로세서processor

컴퓨터의 두뇌에 해당한다(컴퓨터에 그런 게 있다고 할 수 있다면 말이다). 프로세서는 산술 연산을 하고, 데이터를 여기저기로 옮기며, 다른 구성 요소의 작업을 제어한다. 프로세서가 수행할 수 있는 기본적인 연산 레

* (옮긴이) 폰 노이만 아키텍처의 상위 개념인 프로그램 내장식 컴퓨터를 누가 처음 주창했는지는 분명하지 않다. 예를 들어, 에니악의 설계자인 프레스퍼 에커트와 존 모클리도 비슷한 시기에 프로그램 내장식 컴퓨터의 개념을 고안했다고 한다. 폰 노이만과 8쪽에 인용된 논문의 공저자인 허먼 골드스타인, 그리고 에커트와 모클리가 논쟁의 대상이다. *archive.siam.org/news/news.php?id=37*

퍼토리는 한정되어 있지만, 눈부실 정도로 빠르게(초당 수십억 회) 연산을 수행한다. 또한 기존 계산 결과를 바탕으로 다음에 수행할 연산을 결정할 수 있어서, 사용자가 일일이 개입할 필요 없이 상당히 독립적으로 작동한다. 프로세서는 정말 중요하므로 뒷부분에서 더 많은 시간을 들여 설명할 예정이다.

컴퓨터를 사러 매장에 가거나 인터넷을 찾아보면 이해하기 힘든 약어와 숫자들이 프로세서와 함께 언급되는 것을 볼 수 있다. 내 컴퓨터를 예로 들면 프로세서가 '2.2GHz 듀얼 코어dual-core 인텔 Core i7'이라고 되어 있는 것을 볼 수 있다. 무슨 뜻일까? 인텔Intel은 프로세서 제조사이고 'Core i7'은 인텔의 프로세서 제품군 중 하나다. '듀얼 코어'라는 것은 하나의 패키지에 처리 장치가 두 개 들어 있다는 의미이다. 여기서 소문자 '코어core'는 프로세서와 동의어가 된다. 코어는 단독으로도 프로세서가 될 수 있지만, 더 빨리 계산하고자 함께 또는 독립적으로 작동하는 코어를 여러 개 포함해 프로세서로 쓸 수도 있다. 따라서 대체로 코어 수와 무관하게 이러한 조합을 프로세서라고 생각하면 된다.

'2.2GHz'가 더 흥미로운 부분이다. 프로세서의 속도는 1초에 수행할 수 있는 연산이나 명령어의 개수를 어림잡아 측정한다. 프로세서는 기본 연산을 단계별로 수행하기 위해 내부 클록clock을 사용하는데, 이는 심장 박동이나 시계의 째깍거림과 꽤 유사하다. 속도의 측정 단위 중 하나는 초당 째깍거리는 횟수다. 초당 한 번 뛰거나 째깍거리는 것을 1Hz(헤르츠, hertz의 축약형)라고 한다. 이 단위는 독일의 공학자인 하인리히 헤르츠Heinrich Hertz의 이름을 딴 것이다. 그는 1888년에 전자기파를 만드는 방법을 발견하여 라디오를 비롯한 무선 시스템이 개발되는 발판을 마련했다. 라디오 방송국은 방송 주파수를 102.3MHz처럼 MHz(메가헤르츠, 100만 헤르츠) 단위로 제공한다. 오늘날의 컴퓨터는 일반적으로 수십억 Hz, 즉 GHz(기가헤르츠) 단위로 작동한다. 내가 쓰는 꽤 평범한 2.2GHz 프로세서도 초당 22억 번씩 빠르게 움직인다. 인간의 심장 박동은 약 1Hz이고 하루에 거의 10만 번 뛰는데, 1년으로 따지면 3천만 번 정도다. 그러니까 내 프로세서에 있는 코어 각각은 70년 동안 뛸 심장 박동이 1초 만에 이루어지는 셈이다.

방금 컴퓨팅에 아주 흔히 쓰이는 메가나 기가처럼 규모를 나타내는 접두사 몇 개를 처음으로 접해 보았다. '메가mega'는 100만, 즉 10^6이다. '기가giga'는 10억, 즉 10^9이다. 조만간 더 많은 단위를 보게 될 텐데, 책 뒷부분 용어 해설에 단위를 정리한 표가 있다.

주 기억 장치primary memory

프로세서와 컴퓨터의 다른 부분이 현재 사용 중인 정보를 저장하는데, 저장된 정보의 내용은 프로세서에 의해 변경될 수 있다. 주 기억 장치는 프로세서가 현재 작업 중인 데이터뿐만 아니라 프로세서가 그 데이터로 무엇을 해야 하는지 알려 주는 명령어도 저장한다. 이 점은 매우 중요하다. 메모리에 다른 명령어를 로드(적재)하여 프로세서가 다른 계산을 수행하게 할 수 있다. 이러한 원리로 프로그램 내장식stored-program 컴퓨터는 범용 장치가 된다. 같은 컴퓨터로 워드프로세서와 스프레드시트를 실행하고, 웹 서핑을 하고, 이메일을 주고받고, 페이스북에서 친구와 연락하고, 세금 처리를 하고, 음악을 재생할 수 있는데, 이 모든 일이 적합한 명령어를 메모리에 배치함으로써 가능해진다. 프로그램 내장식이라는 아이디어는 매우 중요하다.

주 기억 장치는 컴퓨터가 실행되는 동안 정보를 저장할 장소를 제공한다. 주 기억 장치는 워드Word, 포토샵Photoshop, 브라우저 등 현재 활성화된 프로그램의 명령어를 저장한다. 아울러 그러한 프로그램의 데이터, 즉 편집 중인 문서, 화면에 표시된 사진, 웹에서 재생 중인 음악 등을 저장한다. 또한 애플리케이션 여러 개를 동시에 실행할 수 있도록 배후에서 작동하는 운영체제(윈도우, 맥OS, 다른 운영체제)의 명령어도 저장한다. 애플리케이션과 운영체제는 2부에서 이야기할 것이다.

주 기억 장치를 RAM, 즉 '임의 접근 메모리'라고도 부르는 이유는 프로세서가 정보에 접근할 때 메모리에 저장된 위치와 무관하게 같은 속도로 접근할 수 있기 때문이다. 지나친 단순화로 느껴질 수도 있겠지만, 메모리의 어떤 위치에 무작위로 접근하더라도 접근 속도는 거의 비슷하다. 이제 자취를 감추기는 했지만 비디오테이프를 생각해 보자. 비디오테이프로 영화의 마지막 부분을 보려면 시작부터 전체를 '빨리 감기(실제로는 느리다!)' 해야만 했다. 이러한 방식은 순차적 접근sequential access이라고 한다.

대부분의 메모리는 **휘발성**volatile을 띤다. 즉, 전원이 꺼지면 메모리의 내용이 사라지고 현재 활성화된 모든 정보가 없어진다는 뜻이다. 그러므로 컴퓨터로 작업할 때는 자주 저장하는 것이 바람직하다. 특히 데스크톱 컴퓨터가 문제인데, 전선에 발이 걸려 넘어뜨렸다가는 한바탕 난리가 날 수도 있다.

컴퓨터의 주 기억 장치 용량은 고정되어 있다. 메모리 용량은 바이트 단위로 측정된다. 여기서 1바이트byte는 W나 @ 같은 단일 문자, 42 같은 작은 수, 또는 더 큰 값의 일부를 담을 정도의 메모리 크기다. 정보의 표현 방식은 컴퓨팅의 핵심 주제 중 하나이므로 메모리와 컴퓨터의 다른 부분에서 정보가 어떻게 표현되는지 이후에 아날로그와 디지털 정보 표현 방식을 비교하며 살펴볼 것이다. 하지만 당분간 단순하게 메모리는 번호 붙은 작은 상자가 수십억 개 모여 큰 상자 더미를 이룬 것이고, 각 상자는 소량의 정보를 담을 수 있다고 생각하면 된다.

메모리 용량에는 어떤 의미가 있을까? 내가 사용 중인 노트북 메모리는 80억 바이트, 즉 8GB(기가바이트)인데, 그리 크지 않은 편이다. 대개 메모리 용량이 클수록 컴퓨팅 속도가 더 빠르다고 볼 수 있다. 메모리가 작으면 동시에 여러 프로그램을 실행하기에 용량이 충분하지 않고, 비활성화된 프로그램의 일부를 옮겨 새로운 작업을 위한 공간을 만드는 데 시간이 걸리기 때문이다. 만일 컴퓨터가 더 빨리 작동하기를 원한다면 메모리를 추가로 구매하는 것이 최선의 전략이 될 것이다. 물론 그 전에 업그레이드가 가능한지부터 확인해야 한다.

HARDWARE

003 HDD와 SSD의 차이

보조 기억 장치

주 기억 장치는 정보 저장 용량이 한정적인 데다 전원이 꺼지면 내용이 사라져 버린다. **보조 기억 장치**secondary storage는 전원이 꺼져 있을 때도 정보를 유지한다. 보조 기억 장치에는 크게 두 종류가 있다. 첫 번째는 자기 디스크로, 오래된 기술이며 보통 **하드 디스크**hard disk 또는 **하드 드라이브**hard drive라고 부른다. 비교적 최근에 나온 형태는 SSDSolid State Drive라고 한다. 두 종류의 드라이브 모두 메모리보다 많은 정보를 저장하며, 휘발성을 띠지 않아서 드라이브에 저장된 정보는 전력 공급이 없더라도 유지된다. 데이터, 명령어, 다른 모든 정보는 보조 기억 장치에 장기간 저장되고, 주 기억 장치로는 일시적으로만 옮겨진다.

자기 디스크는 회전하는 금속 표면에 있는 자성 물질의 미세한 영역이 자성을 띠는 방향을 설정하여 정보를 저장한다. 데이터는 동심원을 따라 나 있는 트랙에 저장되며, 디스크는 트랙 간에 이동하는 센서를 이용하여 데이터를 읽고 쓴다. 오래된 컴퓨터가 작동할 때 들리는 윙윙거리고 딸깍거리는 소리는 디스크가 센서를 금속 표면의 적절한 위치로 옮기면서 내는 소리다. 디스크 표면은 고속으로(분당 5,400회 이상) 회전한다. 그림 I.5에 있는 일반적인 노트북용 디스크 사진에서 금속 표면과 센서를 볼 수 있다. 여기 보이는 원판은 지름이 2.5인치(6.35cm)다.

그림 I.5 하드 디스크 드라이브 내부

디스크는 용량 면에서 RAM보다 바이트당 100배 정도 저렴하지만, 정보에 접근하는 속도는 더 느리다. 디스크 드라이브가 금속 표면의 특정 트랙에 접근하는 데는 약 100분의 1초가 걸린다. 접근하고 나면 데이터는 초당 약 100MB의 속도로 전송된다.

10년 전 노트북에는 예외 없이 자기 디스크가 장착되어 있었다. 오늘날 거의 모든 노트북에는 SSD가 사용된다. SSD는 회전하는 기계 장치 대신 **플래시 메모리**flash memory를 사용한다. 플래시 메모리는 비휘발성을 띤다. 즉, 전원이 꺼져 있어도 개별 소자에 전하charge를 유지하는 회로에 정보가 전하 형태로 저장된다. 저장된 전하를 읽어 값이 무엇인지 확인할 수 있고, 삭제하고 새 값으로 덮어 쓸 수도 있다. 플래시 메모리는 기존의 디스크 저장 장치보다 더 빠르고 가볍고 안정적이며, 떨어뜨려도 고장이 덜 나고, 전력을 더 적게 사용하므로 휴대전화나 카메라 같은 제품에도 사용된다. 아직은 플래시 메모리가 바이트당 가격이 더 비싸지만, 점차 가격이 낮아지고 있고 이점이 매우 커서 노트북에서는 SSD가 자기 디스크를 거의 대체한 상태다.

일반적인 노트북용 SSD는 250~500GB 정도를 저장한다. USB 소켓으로 연결 가능한 외장 드라이브는 용량이 TB(테라바이트) 단위이며, 아직 회전하는 기계 장치를 기반으로 한다. '테라tera'는 1조, 즉 10^{12}으로 앞으로 자주 보게 될 단위다.

그렇다면 TB나 GB는 얼마나 큰 용량일까? 1바이트는 대부분의 일반적인 영어 텍스트 표현에서 알파벳 문자 한 개를 저장한다. 원서 《오만과 편견Pride and Prejudice》은 종이책으로는 250쪽 정도 되고 약 68만 개 문자로 이루어져 있으므로, 1GB로는 그 책의 사본을 거의 1,500개 담을 수 있다.* 아마도 나는 이 책 사본을 하나 저장한 후, 음악을 더 넣고 싶을 것이다. MP3 포맷으로 된 음악은 분당 1MB 정도이고, 내가 즐겨 듣는 오디오 CD 중 하나인 〈제인 오스틴 송북The Jane Austen Songbook〉의 MP3 버전은 60MB 정도이므로 1GB에는 아직도 15시간 분량의 음악을 더 저장할 공간이 남아

* 《오만과 편견》 온라인 카피: *www.gutenberg.org/ebooks/1342*

있다. 1995년에 BBC에서 제작하고 제니퍼 일리Jennifer Ehle와 콜린 퍼스Colin Firth가 주연한 드라마 〈오만과 편견〉의 2장짜리 DVD는 10GB 미만이므로 1TB로는 용량이 비슷한 영화 100편을 추가로 저장할 수 있다.

디스크 드라이브는 컴퓨터의 논리적 구조와 물리적 구현 간의 차이를 보여 주는 좋은 예다. 윈도우의 파일 탐색기나 맥OS의 파인더Finder 같은 프로그램은 드라이브의 내용을 폴더와 파일의 계층 구조로 표시한다. 하지만 데이터는 회전하는 기계 장치, 움직이는 부품이 없는 집적회로, 또는 완전히 다른 형태의 장치에 저장된다. 컴퓨터에 장착된 드라이브가 어떤 종류인지는 중요하지 않다. 드라이브라는 하드웨어와 파일 시스템이라는 운영체제의 소프트웨어가 합작하여 조직화된 구조를 만들어 낸다. 이 내용은 2부에서 소프트웨어 시스템을 다루며 다시 살펴본다.

이러한 논리적인 구성은 사람들에게 너무나도 잘 맞춰져 있어서(더 그럴듯하게 표현하면, 우리가 여기에 완전히 익숙해져 있어서) 데이터를 저장하는 장치라면 완전히 다른 물리적 수단을 사용하더라도 이와 똑같은 구조를 제공한다. 예를 들어, CD-ROM이나 DVD의 정보에 접근하도록 해 주는 소프트웨어는 정보가 물리적으로 저장되는 방법과 무관하게 계층 구조로 저장된 것처럼 보이게 만든다. USB 장치, 카메라, 이동식 메모리 카드를 사용하는 다른 기기도 마찬가지다. 심지어 이제 완전히 구시대 유물이 된 플로피 디스크도 논리적인 수준에서는 똑같아 보였다. 이는 컴퓨팅 곳곳에 스며들어 있는 아이디어인 **추상화**abstraction의 좋은 예다. 추상화는 물리적인 구현의 세부 사항을 숨긴다. 파일 시스템은 다양한 기술의 물리적 작동 방식과 관계없이 그 내용을 사용자에게 파일과 폴더의 계층 구조로 보여 준다.

다른 장치들

그 밖에도 다른 무수히 많은 장치가 컴퓨터에 연결되어 특별한 기능을 제공한다. 마우스, 키보드, 터치스크린, 마이크, 카메라, 스캐너는 모두 사용자가 컴퓨터에 입력을 할 수 있도록 해준다. 디스플레이, 프린터, 스피커는 사용자에게 출력을 제공한다. 와이파이Wi-Fi나 블루투스Bluetooth 같은 네트워킹 구성 요소는 다른 컴퓨터와 통신하는 용도로 사용된다. 시각, 청각 또는 다른 면에서 접근성 문제를 겪는 사용자를 위한 다양한 보조 장치도 있다.

그림 I.4(12쪽)에 있는 아키텍처 그림은 이러한 모든 구성 요소가 **버스**라는 여러 개의 전선으로 연결된 것처럼 보여 준다. 버스라는 용어는 전기공학에서 빌려 온 것이다. 실제로는 컴퓨터 내부에 여러 가지 버스가 있고, 각각 그 기능에 적합한 속성이 있다. 프로세서와 메모리 사이를 연결하는 버스는 짧고 빠르지만 비싼 반면, 헤드폰 잭에 연결되는 버스는 길고 느리지만 저렴하다. 일부 버스는 외부에 드러나 있기도 하다. 그 예로는 컴퓨터에 장치를 연결하기 위해 어디서나 사용되는 USBUniversal Serial Bus, 범용 직렬 버스를 들 수 있다.

여기서 다른 장치를 자세히 설명하지는 않겠지만, 이따금 상황에 따라 여러 장치를 언급할 것이다. 당장은 여러분의 컴퓨터에 딸려 있거나 연결할 수 있는 다양한 장치들을 나열해 보자. 마우스, 키보드, 터치패드와 터치스크린, 디스플레이, 프린터, 스캐너, 게임 컨트롤러, 헤드폰, 스피커, 마이크, 카메라, 휴대전화, 지문 센서, 다른 컴퓨터로의 연결 장치 등이 있다. 이외에도 아주 많다. 이 모든 장치가 프로세서, 메모리, 디스크 드라이브와 동일한 진화 과정을 거쳤다. 즉, 장치의 물리적인 속성은 대개 더 낮은 가격으로 더 작은 패키지에 더 많은 기능을 제공하는 방향으로 빠르게 변해 왔다.

이러한 장치들이 어떻게 단일 기기로 합쳐지고 있는지에도 주목해야 한다. 휴대전화는 이제 시계, 계산기, 정지 화상 카메라와 비디오카메라, 음악과 영화 재생, 게임 콘솔, 바코드 판독기, 내비게이션, 심지어 손전등 기능까지 제공한다. 스마트폰은 노트북과 추상적인 아키텍처는 같지만, 크기와 소모 전력에 제약이 있어서 구현 방법은 크게 다르다. 휴대전화에는 그림 I.5 같은 하드 디스크는 없는 대신, 전화가 꺼져 있을 때 연락처, 사진, 앱 등의 정보를 저장하기 위한 플래시 메모리가 들어 있다. 외부 장치도 많지는 않지만, 헤드폰 소켓과 USB 커넥터는 달려 있는 편이다. 소형 카메라는 워낙 저렴해서 대부분의 휴대전화에 앞뒤로 하나씩 달려 있다. 아이패드iPad와 경쟁 제품을 비롯한 태블릿 PC도 이러한 기기 간 융합이 잘 이루어진 사례이다. 태블릿 PC 역시 보편적 아키텍처를 기반으로 하면서 비슷한 구성 요소를 갖는 컴퓨터다.

HARDWARE

004 가로세로 1cm 프로세서 칩

수업 시간에 학생들에게 다양한 하드웨어 장치(수십 년간 골동품 더미를 뒤진 결과)를 돌려 보게 한다. 이 장치들은 내부가 드러나 있다. 컴퓨팅에서 너무나 많은 것들이 추상적이라서 디스크, 집적회로 칩, 칩이 제조되는 웨이퍼 등을 직접 보고 만지는 활동은 유익하다. 이 장치들의 과거 모습과 발전된 모습을 비교하는 것 또한 흥미롭다. 예를 들어, 요즘의 노트북용 하드 드라이브는 10~20년 전의 것과 구별하기 어렵다. 용량이 10배 또는

그림 I.6 용량이 매우 차이 나는 SD 카드

100배까지 늘어났지만, 겉보기에는 거의 차이가 없어 보인다. 디지털카메라에 사용되는 SDSecure Digital 카드도 마찬가지다. 요즘 SD 카드 패키지는 몇 년 전과 똑같이 생겼지만(그림 I.6), 용량은 훨씬 크고 가격은 더 저렴하다. 32GB 카드는 10달러도 안 된다.

반면에 컴퓨터 부품이 올라가 있는 회로 기판에서는 발전 양상이 명확히 드러나는데, 요즘에는 부품의 수가 더 적다. 20년 전보다 많은 회로가 부품 내부에 들어가 있고, 배선이 더 미세하며, 연결 핀의 수가 더 많고 훨씬 더 조밀하게 배치되어 있기 때문이다.

그림 I.7은 1990년대 말에 사용되던 데스크톱 PC의 회로 기판이다. 프로세서와 메모리 같은 부품은 기판에 장착되거나 꽂혀 있으며, 회로 기판 반대쪽에 인쇄된 전선으로 연결된다. 그림 I.8은 그림 I.7의 회로 기판 뒷면

그림 I.7 PC 회로 기판, 1998년경. 12×7.5인치(30×19cm)

그림 1.8 인쇄 회로 기판의 버스들

일부를 보여 준다. 나란히 인쇄된 전선들이 바로 다양한 종류의 버스다.

컴퓨터의 전자 회로는 몇 가지 기본 소자가 매우 많이 모여 만들어진다. 가장 중요한 기본 소자로는 **논리 게이트**logic gate를 들 수 있다. 논리 게이트는 한 개나 두 개의 입력 값을 바탕으로 단일 출력 값을 계산해 낸다. 또한 전압이나 전류 같은 입력 신호를 이용하여 전압이나 전류인 출력 신호를 제어한다. 이러한 게이트가 필요한 만큼 적절한 방식으로 연결되면 어떤 종류의 계산도 수행할 수 있다. 찰스 펫졸드Charles Petzold가 쓴 책 《CODE》는 이 주제를 다룬 좋은 입문서다.* 이외에도 수많은 웹사이트에서 논리 회로가 산술 연산과 여타 계산을 수행하는 방법을 그래픽 애니메이션으로 보여 준다.

* Charles Petzold, *Code: The Hidden Language of Computer Hardware and Software*, Microsoft Press, 2000. 《CODE》, 인사이트, 2015. 논리 게이트에서 컴퓨터가 만들어지는 방법에 대한 이야기다. 이 책보다 하나 혹은 두 계층 아래 내용을 다룬다.

회로 소자에서 가장 핵심적인 부분은 **트랜지스터**transistor다. 트랜지스터는 1947년 벨 연구소Bell Labs에서 존 바딘John Bardeen, 월터 브래튼Walter Brattain, 윌리엄 쇼클리William Shockley가 발명했는데, 세 사람은 이 발명으로 1956년 노벨 물리학상을 공동 수상했다. 컴퓨터에서 트랜지스터는 기본적으로 스위치(전압의 제어를 받아 전류를 켜거나 끄는 장치) 역할을 한다. 이 간단한 원리를 이용하면 아무리 복잡한 시스템이라도 구성할 수 있다.

한때는 논리 게이트가 개별 부품으로 만들어지기도 했다. 에니악에서는 전구와 크기가 비슷한 진공관, 1960년대 컴퓨터에서는 지우개 정도 크기의 트랜지스터로 논리 게이트가 만들어졌다. 그림 I.9는 첫 번째 트랜지스터의 복제품, 진공관, 패키지에 들어 있는 프로세서를 보여 준다. 프로세서에서 실제 회로 부분은 중앙에 있고 가로세로 1cm 정도인 데 반해, 진공관은 길이가 약 4인치(10cm) 정도다. 최신 프로세서가 이 정도 크기라면 수십억 개의 트랜지스터가 들어 있을 것이다.

논리 게이트는 **집적회로**IC, Integrated Circuits상에서 만들어진다. 집적회로는

그림 I.9 첫 번째 트랜지스터, 진공관, 패키징된 프로세서 칩(왼쪽부터 시계 방향)

흔히 **칩**chip 또는 **마이크로칩**microchip이라고 한다. 집적회로는 모든 소자와 배선이 단일 평면(얇은 실리콘 판) 위에 들어가 있는데, 이는 개별 부품과 재래식 전선이 없는 회로를 만들기 위해 일련의 복잡한 광학적, 화학적 공정을 거쳐 제조된 것이다. 따라서 집적회로는 개별 부품으로 만들어진 회로보다 훨씬 작고 견고하다. 칩은 지름이 약 12인치(30cm)인 원형 **웨이퍼**wafer상에서 한꺼번에 제조된다. 웨이퍼는 잘려서 각 칩으로 나뉘고, 칩은 하나씩 패키징된다. 일반적인 칩(그림 I.9의 오른쪽 아래)은 시스템의 나머지 부분과 칩을 연결해 주는 수십에서 수백 개의 핀이 있는 더 큰 패키지에 장착된다. 그림 I.10은 패키지에 들어가 있는 집적회로를 보여 준다. 실제 프로세서는 중앙에 있고, 가로세로 길이가 각각 1cm 정도다.

그림 I.10 집적회로 칩

집적회로가 실리콘(규소) 기반으로 만들어진다는 점에 착안해서 집적회로 사업이 처음으로 시작된 캘리포니아 샌프란시스코 남부 지역에 **실리콘밸리**Silicon Valley라는 별명이 붙었다. 이제 실리콘밸리는 그 지역에 있는 모든 첨단 기술 회사를 일컫는 약칭이며, 뉴욕에 있는 실리콘앨리Silicon Alley

나 영국 케임브리지에 있는 실리콘펜Silicon Fen 같은 수십 곳의 추종 지역을 탄생시켰다.

집적회로는 1958년경에 로버트 노이스Robert Noyce와 잭 킬비Jack Kilby가 독자적으로 발명했다. 노이스는 안타깝게도 1990년에 작고했지만, 킬비는 이 공로로 2000년 노벨 물리학상을 공동 수상했다. 집적회로가 디지털 전자 장치의 핵심 요소이기는 하지만, 다른 기술도 함께 사용된다. 디스크에는 자기 저장 기술, CD와 DVD에는 레이저, 네트워킹에는 광섬유가 사용된다. 이들 모두가 지난 50~60년 동안 크기, 용량, 비용 면에서 극적으로 개선됐다.

HARDWARE 005 50년 넘게 유지된 무어의 법칙

훗날 인텔을 공동 창립하고 오랫동안 최고경영자CEO로 재임한 고든 무어Gordon Moore는 1965년에 〈집적회로에 더 많은 부품 집어넣기Cramming more components onto integrated circuits〉라는 제목의 짧은 글을 게재했다.* 무어는 매우 적은 데이터 포인트를 기반으로 추정하면서, 기술이 향상됨에 따라 일정한 크기의 집적회로에 들어갈 수 있는 트랜지스터의 수가 매년 대략 두 배가 된다고 관측했다. 나중에 그는 이 비율을 2년마다 두 배로 수정했고, 어떤 이들은 18개월마다 두 배로 잡았다.† 트랜지스터의 수는 컴퓨팅 성능을 간접적으로 나타내는 지표이므로 위 내용은 적어도 2년마다 컴퓨팅

* *newsroom.intel.com/wp-content/uploads/sites/11/2018/05/moores-law-electronics.pdf*

† (옮긴이) 인텔의 임원이었던 데이비드 하우스(David House)가 언급한 것으로 알려져 있다.

성능이 두 배로 증가한다는 것을 의미했다. 20년이 지나면 두 배로 증가하는 일이 열 번 일어나므로, 부품의 수는 2^{10}배로 증가하게 되어 약 1,000배가 된다. 40년 후에는 100만 배 이상이 된다.

무어의 법칙 Moore's Law이라고 부르는 기하급수적인 증가 양상은 거의 60년 동안 계속 진행됐고, 이제 집적회로에는 1965년에 비해 100만 배가 훨씬 넘는 트랜지스터가 들어 있다. 특히 프로세서 칩에 무어의 법칙이 작용함을 보여 주는 그래프를 보면, 트랜지스터 수가 1970년대 초 인텔 8008 프로세서에서 수천 개였던 것이 지금은 저가형 노트북 프로세서에서도 수십억 개로 늘어났음을 알 수 있다.

회로의 규모를 특징짓는 대표적인 척도로는 집적회로의 배선 폭, 즉 회로 선폭이 사용된다(반도체 업계에서는 이를 피처 크기feature size라고도 한다). 이 수치는 오랫동안 꾸준히 줄어들어 왔다. 1980년에 내가 처음으로(그리고 유일하게) 설계한 집적회로는 3.5마이크로미터 선폭을 사용했다. 2021년의 많은 집적회로에서 최소 선폭은 7나노미터, 즉, 7×10^{-9}(10억 분의 1)미터이고, 그다음 단계는 5나노미터가 될 것이다. '밀리milli'는 1,000분의 1, 즉 10^{-3}이고, '마이크로micro'는 100만 분의 1, 즉 10^{-6}이다. '나노nano'는 10억 분의 1, 즉 10^{-9}이며 나노미터nanometer는 nm으로 축약 표기된다. 비교하자면, 종이 한 장이나 사람의 머리카락의 두께는 약 100마이크로미터 또는 10분의 1밀리미터다.

집적회로의 선폭이 1,000배 줄어들면 주어진 영역에 들어가는 소자의 수는 그 제곱만큼, 즉 백만 배 늘어난다. 이 비율이 적용되면서 기존 기술로 트랜지스터 1,000개를 집적하던 것을 새로운 기술로는 십억 개까지 집적할 수 있게 된 것이다.

집적회로의 설계와 제조는 극도로 정교한 기술이 필요한 사업이며 경쟁도 매우 치열하다. 제조 공정(팹 라인fabrication line)도 비용이 많이 든다. 공장을 새로 지으려면 수십억 달러가 족히 들 수도 있다. 기술적으로나 재무적으로 뒤처지는 회사는 경쟁에서 불이익을 안게 되며, 이러한 기술 자원이 없는 국가는 다른 국가에 기술적으로 의존해야 하는데, 전략적으로 심각한 문제가 될 가능성이 있다.

무어의 법칙은 자연의 법칙이 아니라 반도체 산업에서 목표를 설정하기 위한 일종의 가이드라인이다. 미래 어떤 시점에는 더 이상 이 법칙이 적용되지 않을 것이다. 과거에도 무어의 법칙이 한계에 부딪힐 거라는 예측이 자주 나왔지만, 아직까지는 다양한 기술 연구를 통해 계속 한계를 극복해왔다. 하지만 이제 일부 회로에는 개별 원자가 단 몇 개만 들어갈 수 있는 수준에 이르렀는데, 이 수준은 제어하기에는 크기가 너무 작다.

프로세서 속도는 예전만큼 빨리 증가하지는 않으며, 더 이상 2년마다 두 배가 되지는 않는다. 한 가지 이유는 칩이 너무 빨라져 열을 너무 많이 발생시키기 때문이다. 하지만 메모리 용량은 여전히 증가하고 있다. 한편, 프로세서는 칩 하나에 프로세서 코어를 두 개 이상 배치함으로써 더 많은 트랜지스터를 활용할 수 있고, 컴퓨터 시스템에는 흔히 프로세서 칩이 여러 개 들어간다. 즉, 개별 코어의 실행 속도가 빨라진다기보다는 장착 가능한 코어의 개수가 늘면서 성능이 향상된다고 볼 수 있다.

오늘날의 PC를 1981년에 나온 최초의 IBM PC와 비교해 보면 차이가 두드러진다. 최초의 PC에는 4.77MHz 프로세서가 장착되어 있었지만, 최근 컴퓨터의 2.2GHz 프로세서 코어의 클록 속도는 그보다 거의 500배 빠른데다 코어가 2~4개 장착되어 있을 가능성이 크다. 최초의 PC에는 64KB RAM이 달려 있었지만, 요즘 컴퓨터의 8GB RAM은 그보다 용량이 12만 5천 배 크다('킬로kilo'는 1,000을 의미하며 'K'로 축약 표기된다). 최초의

PC에는 최대 750KB의 플로피 디스크 저장 장치가 달려 있었고 하드 디스크가 없었지만, 요즘의 노트북에 달린 저장 장치의 용량은 그 100만 배까지 늘어났다. 최초의 PC에는 검은색 바탕에 녹색 글자로 영어 알파벳을 80개씩 24행 표시할 수 있는 11인치 모니터가 달려 있었지만, 이 책은 1,600만 가지 색을 지원하는 24인치 모니터로 작성됐다. 64KB 메모리와 160KB 플로피 디스크 한 개가 있는 최초의 PC는 1981년 기준 3,000달러였는데, 지금으로 따지면 10,000달러에 해당한다. 요즘에는 2GHz 프로세서, 8GB RAM, 256GB SSD가 달린 노트북을 몇 백 달러면 살 수 있다.

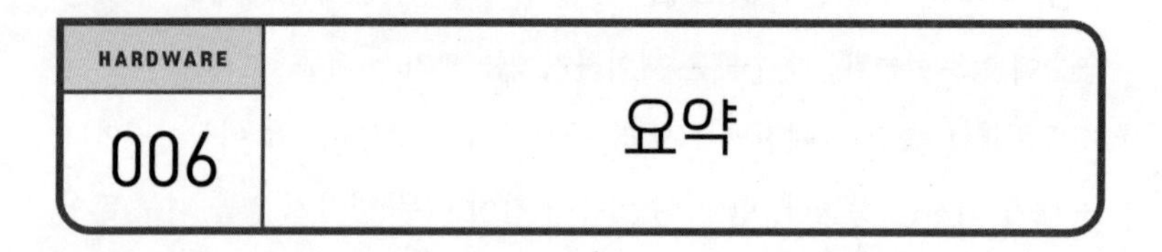

요약

컴퓨터 하드웨어는 그야말로 모든 종류의 디지털 하드웨어를 아우르며, 집적회로의 발명을 시작으로 60년 동안 기하급수적으로 성능이 향상됐다. '기하급수적'이라는 단어는 자주 오해되고 오용되지만, 이 경우에는 정확히 들어맞는다. 일정한 기간마다 회로는 꾸준히 특정 비율로 더 작아지거나 저렴해지거나 성능이 높아졌다. 이 현상을 가장 간단하게 설명하는 법칙이 무어의 법칙으로, 약 18개월마다 특정한 크기의 집적회로에 들어갈 수 있는 소자의 수가 약 두 배가 된다는 것이다. 이토록 엄청난 성능 향상이 우리의 삶을 그토록 많이 바꿔 놓은 디지털 혁명의 주된 원인이다.

성능과 용량의 증가는 컴퓨팅과 컴퓨터에 대한 인식도 바꾸어 놓았다. 최초의 컴퓨터는 탄도 계산, 무기 설계, 기타 과학이나 공학용 연산에 적합한 고속 계산 장치로 여겨졌다. 이후 급여 계산, 송장 생성 등의 사무 데이터 처리 같은 용도로 사용되었고, 점차 저장 장치가 더 저렴해짐에 따라 급여와 청구 금액을 계산하는 데 필요한 정보를 기록하는 데이터베이스 관리 목적으로 사용됐다. 개인용으로 보급된 PC가 출현하면서 컴퓨터의 가격이 충분히 저렴해져, 집집마다 한 대씩 두고 개인적인 데이터 처리, 가계 재무 관리, 편지 쓰기 같은 문서 작성 용도로도 사용할 수 있게 됐다. 얼마 지나지 않아서 음악 CD를 재생하고 특히 게임을 즐기는 오락 목적으로도 사용되기 시작했다. 인터넷이 나타나면서 컴퓨터는 통신 장치가 되었고, 메일, 웹, SNS 기능을 제공했다.

컴퓨터의 기본 아키텍처, 즉 각 부분이 어떤 것이고 무슨 일을 하고 어떻게 서로 연결되어 있는지는 1940년대 이후로 바뀌지 않았다. 만약 폰 노이만이 살아 돌아와서 요즘 컴퓨터 중 하나를 살펴본다면, 최신 하드웨어의 성능과 응용 분야를 보고 경이로움을 금치 못하겠지만, 아키텍처는 완전히 익숙하다는 사실을 알게 되리라 추측해 본다.

컴퓨터가 냉방이 되는 큰 방을 가득 채울 정도로 물리적으로 거대한 시절도 있었지만, 꾸준히 그 부피가 줄어들었다. 요즘의 노트북은 사용 가능한 범위 내에서 최대한 작아졌다. 휴대전화에 내장된 컴퓨터도 그만큼이나 성능이 강력해졌고, 휴대전화의 크기 또한 사용이 어렵지 않은 수준에서 최대한 줄어들었다. 각종 기기에 내장된 컴퓨터나 기기 그 자체도 매우 작다. 한편으로는, 우리는 어딘가 있는 데이터 센터(냉방이 되는 방의 현대적 재현)에 존재하는 '컴퓨터'와 일상적으로 상호작용한다. 그러한 컴퓨터를 사용해서 쇼핑하고 검색하고 친구와 대화하지만, 컴퓨터가 어디에 있는지 신경 쓰기는커녕 굳이 컴퓨터로 인식하지도 않는다. 그 컴퓨터들은 그저 클라우드 '어딘가'에 있다.

20세기 컴퓨터과학의 위대한 통찰 중 하나는 오늘날의 디지털 컴퓨터, 최초의 PC, 물리적으로 훨씬 더 크지만 성능은 낮았던 원조 컴퓨터, 도처에 존재하는 휴대전화, 스마트 기기, 클라우드 컴퓨팅을 제공하는 서버의 논리적 속성 또는 기능적 속성은 모두 같다는 사실이다. 속도와 저장 용량 같은 실질적인 측면을 무시하면 이 모든 기기가 똑같은 것을 계산할 수 있다. 이처럼 하드웨어 성능의 향상은 우리가 현실적으로 무엇을 계산할 수 있는지에는 큰 영향을 미치지만, 이론상 계산 가능한 것에는 놀랍게도 어떤 근본적인 변화도 일으키지 않는다.

HARDWARE

007 연속과 불연속

"어떤 단위의 기수가 2라면 그 단위는 이진 숫자, 더 줄여서 비트bit라고 할 수 있는데, 이는 존 투키John Tukey가 제안한 단어다."

– 클로드 섀넌, 1948*

컴퓨터가 정보를 표현하는 방식에 관해 다음 세 가지 기본 아이디어를 바탕으로 살펴보겠다.

첫째, 컴퓨터는 디지털 처리 장치다. 즉, 컴퓨터는 불연속적인 덩어리로 입력받고, 불연속적인 값을 갖는 정보를 저장하고 처리한다. 디지털 정보는 기본적으로 수에 불과하다. 반면 아날로그 정보는 연속적으로 변하는 값을 뜻한다.†

둘째, 컴퓨터는 정보를 비트로 표현한다. 비트는 이진 숫자로, 0 또는 1인 수이다. 컴퓨터 내부의 모든 것은 사람들에게 익숙한 십진수가 아닌 비트로 표현된다.

셋째, 비트는 모여서 더 큰 정보를 표현한다. 숫자, 문자, 단어, 이름, 소리, 사진, 영화부터 이러한 정보를 처리하는 프로그램을 구성하는 명령어에 이르기까지 모두 비트가 모여 표현된다.

* Claude Shannon, "A Mathematical Theory of Communication", 1948.

† (옮긴이) 일반적으로 디지털 시스템에서 다루는 값의 '불연속성'을 흩어져 있다는 뜻의 '이산적(discrete)'이라고도 표현한다(컴퓨터 관련 학과에서 전공 과목에 포함되는 '이산 수학'의 '이산'도 같은 의미다). 반면 아날로그 시스템은 '연속적(continuous)'인 값을 다룬다. 디지털 시스템의 입력이 되는 디지털 신호는 연속적인 아날로그 신호를 시간 단위로 쪼개어 불연속적인 신호로 변환한 것이다. (그림 1.15, 41쪽)

여기 쓰인 숫자를 모두 자세하게 알 필요는 없지만, 기본 개념을 이해하는 것은 중요하다.

아날로그와 디지털

아날로그와 디지털을 구별 지어 살펴보자. 아날로그analog는 '유사하다'는 뜻의 'analogous'와 어원이 같고, 다른 어떤 것이 변함에 따라 연속적으로 변하는 값이라는 개념을 전달하는 단어다. 현실에서 우리가 다루는 사물 대부분은 아날로그 방식으로, 수도꼭지나 자동차 핸들을 예로 들 수 있다. 운전을 할 때 방향을 살짝 바꾸고 싶다면 핸들을 조금 돌리면 된다. 즉, 원하는 만큼 조금씩 조정할 수 있다. 반면 방향 지시등을 떠올려 보자. 방향 지시등은 켜져 있거나 꺼져 있을 뿐, 중간 상태가 없다. 아날로그 장치에서는 어떤 것이 변화하는 정도에 비례하여 다른 어떤 것이 부드럽게 이어지면서 변한다. 핸들을 돌리는 정도에 비례하여 자동차 방향이 부드럽게 바뀌는 데는 불연속적인 변화 단계가 없으며, 한 값이 조금 변하면 다른 값도 조금 변하게 된다.

디지털 시스템은 불연속적인 값을 다루므로 가능한 값의 수가 정해져 있다. 방향 지시등은 좌측 또는 우측 등이 켜져 있거나 양쪽 모두 꺼져 있다. 어떤 것이 조금 변하면, 다른 어떤 것은 변하지 않거나 한 값에서 다른 값으로 갑자기 변한다.

시계를 생각해 보자. 아날로그 시계에는 시침, 분침, 그리고 1분에 한 바퀴를 도는 초침이 있다. 최신 시계는 내부적으로 디지털 회로로 제어되기는 하지만, 시침과 분침은 시간이 흐름에 따라 연속적으로 움직이면서 가능한 모든 위치를 거쳐 간다. 이와는 대조적으로 디지털 시계나 휴대전화 시계는 시간을 숫자로 표시한다. 매초 디스플레이가 바뀌고, 매분 새로운

분 값이 나타나며, 소수점이 포함된 초 값은 없다.

다음으로 자동차 속도계를 떠올려 보자. 내 차에 있는 아날로그 속도계는 차의 속도에 정비례하여 바늘이 연속적으로 위아래로 움직인다. 속도가 연속적으로 변하고 중간에 끊기지 않으므로, 시속 65km와 66km 사이 어느 속도로 달리는 시점도 있을 수 있다. 디지털 디스플레이도 달려 있는데, 속도를 시간당 거리의 근사치로 표시해 준다. 약간 빠르게 운전하면 디스플레이는 시속 65km에서 66km로 바뀌고, 약간 느리게 운전하면 다시 65km로 바뀐다. 65.5km를 표시하는 일은 없다.

온도계는 어떨까? 붉은 액체(보통은 색깔을 입힌 알코올)나 수은 기둥이 들어 있는 온도계는 아날로그다. 액체는 온도 변화에 정비례하여 팽창하거나 수축하므로 온도가 조금 변하면 기둥의 높이도 비슷하게 조금 변한다. 하지만 빌딩 밖에서 현재 기온이 20도라고 표시해 주는 표지판은 디지털이다. 예를 들어, 19.5도와 20.5도 사이의 모든 온도는 20도로 표시된다.

아날로그와 디지털 방식의 차이 때문에 조금 이상한 상황이 발생하기도 한다. 몇 년 전에 미국 고속도로에서 자동차로 라디오를 듣고 있었는데, 거리상으로 캐나다의 신호도 수신할 수 있는 위치였다. 방송 진행자는 청취자에게 도움을 주려는 의도에서 "화씨Fahrenheit 온도는 지난 한 시간 동안 1도 상승했습니다. 섭씨Celsius 온도는 변하지 않았네요."라고 말했다.

왜 아날로그 대신 디지털 방식을 사용할까? 우리가 사는 세상은 아날로그 세상이고, 시계나 속도계 같은 아날로그 장치는 값을 한번에 이해하기도 쉽다. 그런데도 최신 기술은 디지털로 이루어져 있고, 이 책에서도 디지털에 초점을 두고 이야기한다. 소리나 영상, 움직임, 온도 등 외부 세계에서 수집된 데이터는 입력단에서 최대한 일찍 디지털 형태로 변환되고, 출력단에서 최대한 늦게 아날로그로 다시 변환된다. 왜냐하면 컴퓨터 입장에서는 디지털 데이터가 다루기 쉽기 때문이다. 디지털 데이터는 기존 출처와는 무관하게 다양한 방식으로 저장되고, 전송되고, 처리될 수 있다. 디지털 정보는 불필요하거나 중요하지 않은 정보를 버리는 방식으로 압축될 수 있어 네트워크를 통해 전송할 때 효과적이다. 또한 보안과 개인정보 보호를 위해 암호화되고, 다른 데이터와 병합되고, 그대로 복사되고, 인터넷을 통해 어디로든 옮겨지고, 한없이 다양한 장치에 저장될 수 있다. 이러한 처리는 대부분 아날로그 정보에는 적용하기 어렵거나 심지어 불가능하다.

아날로그에 비해 디지털 방식이 갖는 또 다른 장점은 훨씬 쉽게 확장할 수 있다는 것이다. 내가 쓰는 디지털 시계는 스톱워치 모드에서 경과된 시간을 100분의 1초 단위까지 표시할 수 있다. 이 기능을 아날로그 시계에 추가하는 것은 매우 어려운 일이다. 아날로그 시스템도 장점은 있다. 점토판, 석각石刻, 양피지, 종이, 사진 필름 같은 기존 매체는 디지털 형태가 아마도 버티기 어려운 방식으로 세월의 시험을 견뎌 왔다.

HARDWARE 008

아날로그 정보를 디지털로 바꾸기

아날로그 정보를 디지털 형태로 변환하려면 어떻게 해야 할까? 몇 가지 기본적인 예를 살펴보자. 먼저 사진과 음악을 다루겠다. 이 부분에서 가장 중요한 개념이 나온다.

이미지 디지털화하기

이미지는 아날로그를 디지털 형태로 변환하는 과정을 보여 주는 가장 간단한 예다. 집 고양이의 사진을 찍는다고 가정해 보자(그림 I.11).

그림 I.11 집 고양이(2020년 작)

아날로그 카메라는 화학 물질을 입힌 플라스틱 필름에 있는 감광感光 영역을 피사체에서 오는 빛에 노출하여 영상을 만들어 낸다. 영역마다 서로 다른 색의 빛을 각기 다른 양으로 받아들이고, 받아들인 빛은 필름 내 염료에 영향을 미친다. 필름은 복잡한 화학 처리 단계를 거쳐 종이 위에 현상되고 인화된다. 이때 색상은 착색 염료의 양에 따라 다르게 표시된다.

디지털카메라에서는 렌즈가 적색, 녹색, 청색 필터 뒤에 놓인 미세한 광검출 소자의 직사각형 배열에 영상의 초점을 맞춘다. 각 검출 소자는 소자에 들어오는 빛의 양에 비례하는 양으로 전하를 저장한다. 저장된 전하는 수치로 변환된다. 사진의 디지털 표현은 이렇게 계산되어 빛의 강도를 나타내는 수를 배열한 것이다. 검출 소자가 더 많고 전하가 더 정밀하게 측정될수록 디지털화된 영상은 피사체 원형을 더 정확하게 담아낸다.*

* 디지털카메라 작동 원리에 대한 훌륭한 설명: *www.irregularwebcomic.net/3359.html*.

센서 배열의 각 요소는 적색red, 녹색green, 청색blue 빛의 양을 측정하는 세 개의 검출 소자로 구성된다. 각 요소는 화소picture element라는 뜻에서 픽셀pixel이라고 한다. 영상이 4,000×3,000픽셀이면 1천2백만 화소 또는 12메가픽셀인데, 요즘 디지털카메라로 치면 적은 편이다. 픽셀의 색은 보통 픽셀이 담고 있는 적색, 녹색, 청색의 강도를 기록한 세 개의 값으로 표현된다. 따라서 12메가픽셀 영상에는 빛의 강도 값이 총 3천6백만 개 있다. 디스플레이 화면은 미세한 적색, 녹색, 청색 빛 요소가 모여 구성된 배열에 영상을 표시하며, 각 요소는 픽셀에서 해당하는 수준에 따라 밝기 수준이 정해진다. 휴대전화, 컴퓨터, TV의 화면을 돋보기로 보면 그림 I.12에 표시된 것과 비슷한 색상 점을 쉽게 볼 수 있다. 경기장 화면이나 디지털 광고판에서도 일정 거리 이내에서는 이와 같은 것을 볼 수 있다.

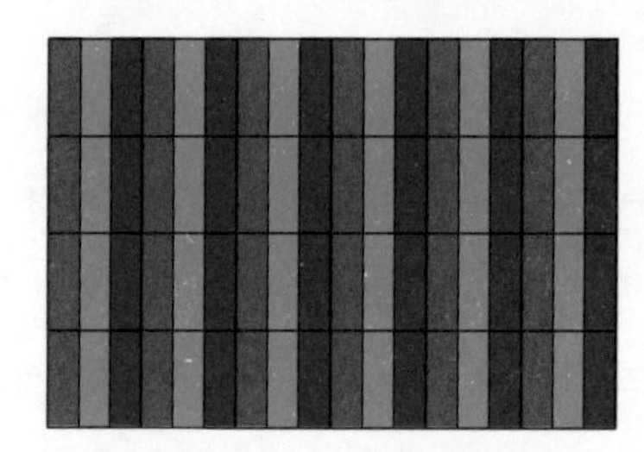

그림 I.12 RGB 픽셀들

음향 디지털화하기

다음으로는 아날로그 소리를 디지털 형태로 변환하는 예를 알아보자. 특히 음악을 중심으로 살펴볼 것이다. 디지털 음악이 여러모로 좋은 예인데, 디지털 정보의 특성이 사회적, 경제적, 법적으로 중대한 영향을 미치기 시작한 첫 번째 분야이기 때문이다. 바이닐 레코드나 카세트테이프와 달리 디지털 음악은 무료로 원하는 횟수만큼 집에 있는 컴퓨터로도 완벽하게 복제할 수 있다. 또한 인터넷을 통해 무료로 오류 없이 어디로든 사본을 전송할 수 있다. 음반 업계에서는 이를 심각한 위협으로 여기고, 복제를 금지하는 법적, 정치적 조치를 마련하기 위한 활동을 펼쳤다. 이 전쟁은 아직 끝나지 않았고, 아직도 법정이나 정치권에서 충돌이 벌어지곤 한다. 하지만 스포티파이Spotify 같은 음악 스트리밍 서비스가 등장하면서 문제가 줄어들었다. 이 내용은 3부에서 다시 살펴볼 예정이다.

소리란 무엇일까? 소리의 근원인 음원音源에서 발생한 진동이 공기에 압력 변화를 일으켜 파동의 형태로 전파되어 고막을 진동시키면 신경 활동으로 변환되는데, 뇌에서 이것을 소리로 받아들인다. 1870년대에 토머스 에디슨Thomas Edison은 '축음기'라는 장치를 만들었다. 이 장치는 기압 변동을 왁스 실린더(양초보다 단단한 원기둥 모양의 밀랍)에 있는 가느다란 홈의 패턴으로 변환했고, 나중에 이 패턴을 이용해서 기압 변동을 재현할 수 있었다. 여기서 소리를 홈의 패턴으로 변환하는 과정을 '녹음'이라 하고, 패턴을 기압 변동으로 변환하는 과정을 '재생'이라고 한다. 에디슨의 발명 이후 녹음 기술이 빠르게 개선되어, 1940년대에 이르러서는 장시간 연주 레코드, 즉 LPLong-Playing 레코드(그림 I.13)로 진화했다. LP는 요즘도 사용되고 있고, 주로 음악 애호가들이 즐겨 듣는다.

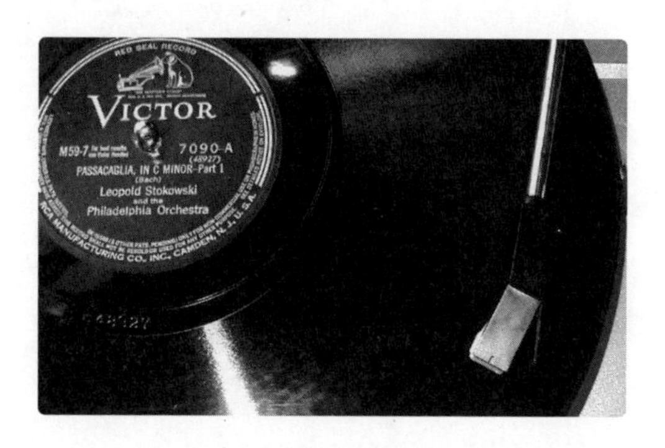

그림 I.13 LP 레코드

LP는 시간에 따른 음압音壓의 변화를 패턴으로 새긴 나선형의 홈이 있는 비닐 원판이다. 소리가 만들어질 때 마이크가 음압의 변화를 측정하고, 이 측정값은 나선형 홈에 패턴을 만드는 데 사용된다. LP가 재생될 때, 가는 바늘이 홈의 패턴을 따라가고 그 움직임은 값이 변동하는 전류로 변환된다. 이 전류는 증폭되어 스피커나 이어폰처럼 표면을 진동시켜 소리를 만들어 내는 장치를 구동하는 데 이용된다.

그림 I.14와 같이 시간에 따라 기압이 어떻게 변하는지를 그래프로 그려 보면 소리를 쉽게 시각화할 수 있다. 기압은 수많은 물리적 방법으로 표현된다. 즉, 전자 회로의 전압이나 전류, 빛의 밝기, 또는 에디슨이 애초에 만들었던 축음기처럼 순수하게 기계적인 시스템 등 여러 가지로 나타낼 수 있다. 음압 파장의 y축은 음의 강도나 세기를 나타내고, x축은 시간이다. 초당 지나가는 파동의 개수가 음의 높이 또는 주파수가 된다.

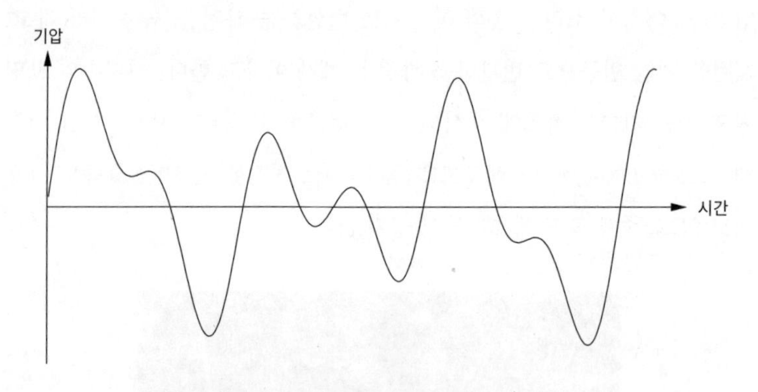

그림 I.14 소리의 파형

곡선의 높이(아마도 마이크에서 측정한 기압)를 일정한 시간 간격으로 측정한다고 가정해 보자. 이렇게 측정한 값은 그림 I.15에 있는 수직선들처럼 나타난다.

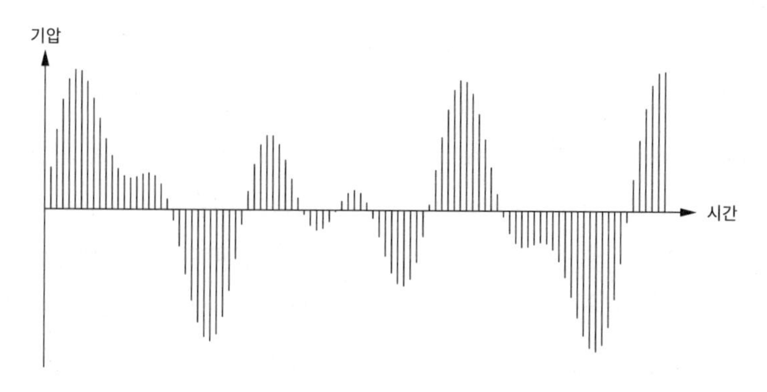

그림 I.15 소리의 파형 샘플링

측정값은 모아 두면 곡선의 값에 가까운 일련의 수치가 된다. 더 자주, 더 정밀하게 측정할수록 근사치는 더욱 정확해진다. 이렇게 얻은 일련의 수가 파형의 **디지털 표현**digital representation이며, 이는 저장되고, 복사되고, 조작되고, 다른 곳으로 전송될 수 있다. 일련의 수를 해당 수치에 맞는 전압과 전류 패턴으로 변환하고, 스피커나 이어폰을 구동하고, 다시 소리로 표현하는 장치로 음악을 재생할 수 있다. 파형에서 수로 변환하는 과정이 아날로그에서 디지털로의 변환 과정이며, 변환을 수행하는 장치를 A/D 변환기라고 한다. 반대 방향은 물론 디지털에서 아날로그로의 변환, 즉 D/A 변환이다. 변환은 결코 완벽하지 않고 각 방향으로 변환될 때 일부 정보를 잃게 된다. 보통 사람에게 이러한 정보의 손실은 감지할 수 없을 정도이지만, 오디오 애호가들은 디지털 음악의 음질이 LP만큼 훌륭하지 않다고 주장한다.

오디오 콤팩트디스크Compact Disc, 즉 CD는 1982년쯤 등장했고 디지털 음향이 소비자에게 전달된 첫 번째 사례였다. LP 레코드의 아날로그 홈 대신 CD는 디스크의 한쪽 면에 있는 긴 나선형 트랙에 숫자들을 기록한다. 트랙을 따라 나 있는 각 점들은 표면이 평평하거나 미세하게 파여 있다. 이 파여 있거나 평평한 점들이 파장의 수치를 인코딩하는 데 사용된다. 각 점은 단일 비트이고, 일련의 비트가 모여 이진 인코딩의 수치를 표현한다. 그 표현 방법은 9일차에 살펴보겠다. 디스크가 회전함에 따라 레이저가 트랙을 비추고 광전光電 센서가 빛이 반사되는 양의 변화를 감지한다. 반사되는 빛의 양이 많지 않다면 파인 부분에 해당하고, 반사되는 빛의 양이 많다면 평평한 부분에 해당한다. CD용 표준 인코딩은 초당 44,100개의 샘플을 이용한다. 각 샘플은 두 개의 진폭 값(스테레오를 위한 왼쪽 채널과 오른쪽 채널)으로, 각각 65,536, 즉 2^{16}의 정확도까지 측정된 값이다. 점들은 현미경으로만 보일 정도로 매우 작다. DVD도 이와 유사하지만, 저장용량이 700MB 정도인 CD에 비해 더 작은 점과 더 짧은 파장의 레이저를 이용하여 거의 5GB까지 저장할 수 있다.

오디오 CD는 LP를 거의 사라지게 할 뻔했다. 거의 모든 측면에서 훨씬 우수했기 때문이다. 레이저가 트랙을 읽는 방식이라 물리적인 접촉이 없어 마모되지 않고, 먼지나 긁힘에 영향을 적게 받고, 내구성이 좋고, 부피가 확실히 작았다. 그런데 LP는 간헐적으로라도 재조명을 받는 반면, 대중음악 CD는 심각한 하락세를 보인다. 아무래도 인터넷을 통해 음악을 다운로드하는 것이 더 쉽고 저렴하기 때문이다. 이후 CD는 소프트웨어와 데이터의 저장과 배포용 매체라는 다른 용도로 활용되었지만 곧 DVD로 대체되었고, 이 또한 결국 인터넷 저장과 다운로드로 거의 대체됐다. 많은 독자에게 오디오 CD는 어쩌면 LP만큼이나 골동품처럼 보일 것이다. 그래도 나는 음악을 모두 CD로 소장하고 있다는 점에 만족한다(외장 하드 드라이브에 MP3 포맷으로도 저장돼 있기는 하다). 그 음악들은 전적으로 내 소유지만 '클라우드'에 있는 음악 컬렉션은 그렇지 않다. 정식 제조된 CD

는 수십 년을 버티겠지만, 복제된 CD는 그렇지 않을 수도 있다. 왜냐하면 복제된 CD에서는 시간에 따라 특성이 변할 가능성이 있는 감광 염료가 화학적 변화를 일으키면서 영향을 줄 수 있기 때문이다.

소리와 영상은 사람이 인지할 수 있는 것보다 많은 세부 정보를 담고 있기 때문에 **압축**compression할 수 있다. 음악은 MP3MPEG Audio Layer 3나 AAC Advanced Audio Coding 같은 압축 기술을 사용하여 압축된다. 두 기술은 사람이 감지할 만한 음질 저하를 거의 발생시키지 않으면서 원본의 10분의 1 정도로 용량을 줄인다. 사진에서 가장 널리 쓰이는 압축 기술은 JPEG으로, 이 표준을 정의한 단체인 Joint Photographic Experts Group의 이름을 딴 것이다. 이 기술 또한 사진의 용량을 10분의 1 이하로 줄인다. 압축은 디지털 정보에는 적용할 수 있지만, 아날로그 정보에는 적용이 불가능하지는 않더라도 극히 어려운 기술 중 하나다. 압축은 3부에서 더 자세히 알아본다.

영화 디지털화하기

영화는 어떨까? 1870년대에 영국인 사진가 에드워드 마이브리지Eadweard Muybridge는 일련의 정지 영상을 차례대로 빠르게 연속해서 보여 줌으로써, 사물이 움직이는 것처럼 보이는 착시 현상을 만드는 방법을 시연했다. 오늘날 영화는 초당 24프레임frame의 비율, TV는 초당 25프레임 또는 30프레임의 비율로 이미지를 보여 주며, 이는 인간의 눈이 일련의 장면을 연속적인 움직임으로 인지할 정도로 충분히 빠른 속도다. 비디오 게임은 일반적으로 초당 60프레임을 사용한다. 옛날 영화는 초당 12프레임만 사용하여 눈에 띌 정도의 깜박거림flicker이 있었다. 영화를 뜻하는 오래된 단어인 'flicks'와 오늘날 넷플릭스Netflix라는 이름에 그 흔적이 남아 있다.

영화의 디지털 표현은 음향과 영상 요소를 결합하고 동기화한다. 표준

동영상 표현 기술인 MPEGMoving Picture Experts Group 같은 압축 기술을 사용하면, 저장에 필요한 용량을 줄일 수 있다. 실제로 비디오를 표현하는 것이 오디오보다 복잡하다. 처리해야 하는 정보량이 많아 더 까다로운 탓도 어느 정도 있지만, 비디오 기술의 많은 부분이 TV 방송용 표준에 기초하고 있는데 TV 방송이 예전에는 거의 아날로그였기 때문이기도 하다. 아날로그 TV는 세계 대부분의 지역에서 단계적으로 사용이 중단되고 있다. 미국에서는 TV 방송이 2009년에 디지털로 전환됐다. 다른 국가는 서로 다른 전환 단계를 밟고 있다.*

영화와 TV 프로그램은 영상과 음향을 결합한 것이고, 상업적인 영화나 프로그램은 음악보다 제작비가 훨씬 많이 든다. 하지만 완벽한 디지털 사본을 만들어 전 세계에 무료로 보내기는 음악만큼이나 쉽다. 저작권과 관련된 이해관계가 음악보다 복잡하고, 연예 산업에서 복제 반대 활동을 계속하는 것은 바로 이 때문이다.

텍스트 디지털화하기

어떤 종류의 정보는 추가적인 변환 과정 없이 디지털로 어떻게 표현할지 합의하기만 하면 되므로 디지털 변환이 쉽다. 이 책에 있는 글자, 숫자, 구두점 같은 일반적인 텍스트를 생각해 보자. A는 1, B는 2 같은 식으로 각 문자에 고유한 번호를 부여할 수 있다. 이대로도 괜찮은 디지털 표현이 된다. 실제로도 이 방법이 그대로 사용되고 있는데, 미국에서 표준화한 표현법에서는 A부터 Z가 65부터 90, a부터 z는 97부터 122, 숫자 0부터 9가 48부터 57, 구두점 등의 다른 문자는 다른 값을 갖는다는 점만 차이가 있다.

* (옮긴이) 위키피디아에 정리된 국가별 디지털 방송 전환 현황을 보면 아날로그 방송에서 디지털 방송으로 전환이 진행되고 있거나 아직 전환 작업을 시작하지 않은 나라가 적지 않음을 알 수 있다. 우리나라에서는 2012년 12월 31일에 아날로그 방송이 공식적으로 종료되었다고 한다. *en.wikipedia.org/wiki/Digital_television_transition*

이 표현 방식은 **아스키코드**ASCII, American Standard Code for Information Interchange라고 하며, 1963년에 표준화되었다.

표 I.1은 아스키코드 일부를 보여 준다. 표에서 생략된 처음 네 행은 탭, 백스페이스를 비롯한 비인쇄 문자를 포함하는 부분이다.

32	space	33	!	34	“	35	#	36	$	37	%	38	&	39	’
40	(	41	)	42	*	43	+	44	,	45	-	46	.	47	/
48	0	49	1	50	2	51	3	52	4	53	5	54	6	55	7
56	8	57	9	58	:	59	;	60	<	61	=	62	>	63	?
64	@	65	A	66	B	67	C	68	D	69	E	70	F	71	G
72	H	73	I	74	J	75	K	76	L	77	M	78	N	79	O
80	P	81	Q	82	R	83	S	84	T	85	U	86	V	87	W
88	X	89	Y	90	Z	91	[	92	\	93	]	94	^	95	_
96	`	97	a	98	b	99	c	100	d	101	e	102	f	103	g
104	h	105	i	106	j	107	k	108	l	109	m	110	n	111	o
112	p	113	q	114	r	115	s	116	t	117	u	118	v	119	w
120	x	121	y	122	z	123	{	124	|	125	}	126	~	127	del

표 I.1 아스키코드 문자와 숫자 값

다양한 지역 또는 언어권마다 많은 문자 집합 표준이 있지만, 전 세계적으로는 **유니코드**Unicode라는 단일 표준으로 수렴하고 있다. 유니코드는 모든 언어에 있는 모든 문자에 고유한 숫자 값을 지정한다. 그렇게 하면 방대한 집합이 되는데, 인간이 문자 시스템을 만드는 데 매우 창의적이기는 했지만 그다지 체계적이지는 않았기 때문에 이런 상태가 되었다. 유니코드에는 14만 개가 넘는 문자가 있고 그 수는 꾸준히 늘고 있다. 예상대로 중국어 같은 아시아 문자가 상당 부분을 차지하지만, 그 밖에도 무수한 문자가 포함되어 있다. 유니코드 웹사이트(*unicode.org*)에는 모든 문자를 보여 주는 도표가 있다. 매우 흥미로운 사이트이므로 시간 내어 방문해 보기 바란다.

결론적으로, 디지털 표현은 이 모든 종류의 정보와 더불어 숫자 값으로 변환될 수 있는 어떤 것이든 나타낼 수 있다. 또한 숫자에 불과하므로 디지털 컴퓨터로 처리될 수 있다. 게다가 보편화된 디지털 네트워크인 인터넷을 통해 다른 어떤 컴퓨터로도 복사될 수 있다.

HARDWARE 009

0과 1의 세계

"세상에는 오직 10가지 사람들이 존재한다. 이진수를 이해하는 사람들과 그렇지 않은 사람들."

디지털 시스템은 모든 유형의 정보를 숫자 값으로 표현한다. 의외라고 느낄 수 있겠지만, 디지털 시스템 내부에서는 우리에게 익숙한 십진수(기수가 10인 수) 체계를 사용하지 않는다. 그 대신 이진수binary number, 즉 기수가 2인 수를 사용한다.

모두들 산수는 어렵지 않게 하지만, 경험에 의하면 사람들은 때때로 수의 의미를 정확하게 이해하지 못하기도 한다. 적어도 기수 10(완전히 익숙하다)과 기수 2(사람들 대부분이 익숙하지 않다) 사이의 유사점을 도출하는 일이라면 그렇다. 여기에서는 이 문제를 고쳐 보려고 시도할 것이다. 만일 뭔가 혼란스럽다고 느껴지면 계속해서 스스로 되뇌어라. '보통 숫자

들과 똑같은데, 10 대신 2를 쓰는 것뿐이다.'

비트

디지털 정보를 표현하는 가장 기본적인 방식은 비트를 이용하는 것이다. 7일 차 인용문에서 언급한 것처럼 **비트**bit라는 단어는 **이진 숫자**라는 뜻의 binary digit를 축약한 것으로, 1940년대 중반에 통계학자 존 투키가 만들어냈다. 전해지는 바에 따르면, 수소 폭탄의 아버지로 아주 잘 알려진 에드워드 텔러Edward Teller는 '비짓bigit'을 선호했지만, 다행히 이 단어는 인기를 얻지 못했다고 한다.

'이진'이라는 단어는 두 개의 값을 가졌음을 암시하고(접두사 'bi'는 2를 의미한다), 이는 비트에도 그대로 적용된다. 비트는 0 또는 1 중 하나의 값을 사용하고 다른 값은 사용하지 않는 숫자다. 이는 십진수에서 0부터 9까지 10개의 값을 사용할 수 있는 것과 대조적이다.

두 개의 값 중 하나를 선택하는 정보라면 무엇이든 비트 한 개로 인코딩하거나 표현할 수 있다. 켜짐/꺼짐, 참/거짓, 예/아니요, 높음/낮음, 안/밖, 위/아래, 왼쪽/오른쪽, 북쪽/남쪽, 동쪽/서쪽 등과 같이 이진 선택의 경우의 수는 매우 많다. 둘 중 어느 쪽이 선택됐는지 식별하는 데 비트 한 개면 충분하다. 예를 들어, 꺼짐에 0을, 켜짐에 1을 할당하거나 그 반대로 할당할 수 있는데, 어느 값이 어떤 상태를 나타내는지 모두 합의하기만 하면 된다.

그림 I.16 켜짐/꺼짐 스위치와 표준 켜짐/꺼짐 기호

그림 I.16은 내가 사용하는 프린터 전원 스위치와, 많은 장치에서 볼 수 있는 표준 켜짐-꺼짐

기호를 보여 준다. 이 기호는 유니코드 문자에도 포함되어 있다.

단일 비트로도 켜짐/꺼짐, 참/거짓 또는 유사한 이진 선택을 충분히 나타낼 수 있지만, 우리는 더 많은 선택지를 표시하거나 더 복잡한 정보를 표현할 방법이 필요하다. 그러기 위해서는 비트를 여러 개 사용하여, 0과 1로 만들 수 있는 다양한 조합에 의미를 할당하면 된다. 예를 들어, 비트 두 개를 사용하여 미국 대학의 네 개 학년을 신입생(00), 2학년(01), 3학년(10), 졸업반(11)처럼 표현할 수 있다. 만일 대학원생이 추가되어 카테고리가 하나 더 생기면 비트 두 개로는 부족한데, 표현해야 할 값은 다섯 개지만 비트 두 개로는 네 개의 다른 조합만 가능하기 때문이다. 대신 비트가 세 개라면 다섯 학년을 표현하기에 충분하고, 총 여덟 가지 종류를 표현할 수 있어 교수, 직원, 박사 후 과정까지 포함할 수 있다. 이 경우 비트 조합은 000, 001, 010, 011, 100, 101, 110, 111이 된다.

비트의 개수와 비트로 레이블을 붙일 수 있는 항목의 개수에는 일정한 관계가 있다. 그 관계는 간단하다. 만일 비트가 N개 있다면 표시할 수 있는 비트 패턴의 개수는 2^N으로, 즉 $2 \times 2 \times \cdots \times 2$(2를 N번 곱함)이고, 표 I.2와 같다.

비트의 개수	값의 개수	비트의 개수	값의 개수
1	2	6	64
2	4	7	128
3	8	8	256
4	16	9	512
5	32	10	1,024

표 I.2 2의 거듭제곱으로 늘어나는 값의 개수

이 관계는 십진 숫자와 매우 유사하다. 십진 숫자 N개로 표현할 수 있는 숫자 패턴(우리가 보통 '수'라고 부르는 것)의 개수는 10^N으로, 표 I.3과 같다.

자릿수	값의 개수	자릿수	값의 개수
1	10	6	1,000,000
2	100	7	10,000,000
3	1,000	8	100,000,000
4	10,000	9	1,000,000,000
5	100,000	10	10,000,000,000

표 I.3 10의 거듭제곱으로 늘어나는 값의 개수

2의 거듭제곱과 10의 거듭제곱

컴퓨터 내부에서는 모든 것이 이진수로 처리되므로 크기와 용량 같은 속성이 2의 거듭제곱으로 표현되는 경향이 있다. 비트가 N개 있다면 2^N개의 값이 가능하므로 2의 거듭제곱을 일정한 값, 가령 2^{10} 정도까지 알아 두면 편리하다. 그 이상의 값은 굳이 외울 필요가 없다. 다행히도 표 I.4에 적절한 근사치를 얻을 수 있는 손쉬운 방법이 나와 있다. 2의 거듭제곱 중 일부는 10의 거듭제곱에 가까운 값이고, 기억하기 쉽게 규칙적이다. 표 I.4에는 '페타peta'라는 처음 보는 접두사가 나오는데, 이는 10^{15}를 말한다. '용어 해설'에 더 많은 단위가 나와 있으니 참고하기 바란다.

수가 커짐에 따라 값의 오차가 커지기는 하지만, 10^{15}에 가서야 12.6% 정도 차이 날 뿐이다. 따라서 이 연관 관계는 상당히 폭넓게 유용하다. 사람들이 2의 거듭제곱과 10의 거듭제곱 간의 구별을 모호하게 만들려는 걸 종종 볼 수 있는데(때때로 그들이 주장하는 바를 유리하게 하는 방향으

2^{10} = 1,024	10^3 = 1,000 (킬로)
2^{20} = 1,048,576	10^6 = 1,000,000 (메가)
2^{30} = 1,073,741,824	10^9 = 1,000,000,000 (기가)
2^{40} = 1,099,511,627,776	10^{12} = 1,000,000,000,000 (테라)
2^{50} = 1,125,899,906,842,624	10^{15} = 1,000,000,000,000,000 (페타)
…	

표 1.4 2의 거듭제곱과 10의 거듭제곱

로), '킬로' 또는 '1K'는 1,000을 의미할 수도 있고 2^{10}이나 1,024를 의미할 수도 있다. 보통 이 정도는 작은 차이이므로 2와 10의 거듭제곱을 연관지어 기억하면 비트와 관련된 큰 수를 암산하기에 좋다.

HARDWARE

010 비트 모아 데이터

이진수

일련의 비트가 주어졌을 때, 각 자리의 숫자들을 10 대신 2를 기수로 하는 자릿값으로 해석하면 어떤 수를 나타낼 수 있다.

그 전에 십진수부터 생각해 보자. 0부터 9까지 10개의 숫자는 최대 10개 항목에 레이블을 붙이기에 충분하다. 항목이 10개가 넘는다면 더 많은 숫자를 사용해야 한다. 두 자리 십진 숫자로는 00부터 99까지 최대 100 항목에 레이블을 붙일 수 있다. 100개를 넘는 항목을 처리하려면 세 자리로 넘어가야 하는데, 000부터 999까지 1,000개가 가능하다. 일반적으로 수를 표기할 때 유효 숫자(0을 제외한 1에서 9까지의 숫자) 앞에 오는 0은 보통 생략하지만, 암묵적으로 존재한다. 일상생활에서도 우리는 0이 아닌 1부터 레이블을 붙이기 시작한다.

십진수는 10의 거듭제곱의 합을 줄여 표기한 것이다. 예를 들어, 1867은 $1 \times 10^3 + 8 \times 10^2 + 6 \times 10^1 + 7 \times 10^0$으로, $1 \times 1000 + 8 \times 100 + 6 \times 10 + 7 \times 1$, 즉 $1000 + 800 + 60 + 7$이다. 초등학교에서 이를 1의 열, 10의 열, 100의 열처럼 불렀을 수도 있다. 이젠 너무 익숙해서 거의 생각하지 않는 부분이다.

이제 이진수를 살펴보자. 이진수는 기수가 10 대신 2이고 사용되는 숫자가 0과 1뿐이라는 점을 빼면 똑같다. 11101 같은 이진수는 $1 \times 2^4 + 1 \times 2^3 + 1 \times 2^2 + 0 \times 2^1 + 1 \times 2^0$으로 해석되며, 기수 10으로 표현하면 $16 + 8 + 4 + 0 + 1$, 즉 29다.

0과 1로 이루어진 일련의 비트를 수로 해석할 수 있다는 점은, 여러 개의 항목에 이진 레이블을 차례로 할당할 수 있음을 뜻한다. 항목을 값의 순서대로 정렬해 보라. 앞에서 신입생, 2학년 등을 위한 레이블이 00, 01, 10, 11이 되는 것을 봤는데, 십진수로는 0, 1, 2, 3의 값에 해당한다. 한 자리 더 늘려 보면 000, 001, 010, 011, 100, 101, 110, 111이 되고 0부터 7까지의 값에 해당한다.

여러분이 이해했는지 확인할 수 있는 연습 문제가 있다. 우리 모두 손가락으로 열까지 세는 것에는 익숙하다. 그런데 십진수가 아닌 이진수를 사용한다면 손가락으로 얼마까지 셀 수 있을까? 즉, 각 손가락이 이진 숫자를 표현한다면 말이다. 값의 범위는 어떻게 될까? 1023을 이진수로 변환해 보면 알게 될 것이다.

예상할 수 있듯이, 이진수를 십진수로 변환하기는 쉽다. 비트가 1인 자릿

값에 해당하는 2의 거듭제곱을 합산하기만 하면 된다. 십진수를 이진수로 변환하는 것은 더 까다롭지만, 아주 어렵지는 않다. 십진수를 2로 나누기를 반복하라. 나눌 때마다 0 또는 1이 되는 나머지 값을 적고, 몫은 다음 나누기를 위한 값으로 사용한다. 몫이 0이 될 때까지 나누기를 계속한다. 그러고 나서 나머지 값을 역순으로 나열하면 해당 십진수에 대한 이진수가 된다.

표 I.5는 십진수 1867을 이진수로 변환하는 과정을 보여 준다. 나머지에 해당하는 비트를 거꾸로 읽으면 11101001011이고, 2의 거듭제곱을 합산해 보면 검산할 수 있다. 1024+512+256+64+8+2+1=1867.

수	몫	나머지
1867	933	1
933	466	1
466	233	0
233	116	1
116	58	0
58	29	0
29	14	1
14	7	0
7	3	1
3	1	1
1	0	1

표 I.5 십진수 1867을 이진수 11101001011로 변환하는 과정

이는 시간을 계산하는 과정과 비교해 볼 수 있다. 매우 큰 수로 표시된 초(예를 들면 95,440초)를 일, 시, 분, 초 단위로 나누어 표시하는 과정과 유사하다. 먼저 초 값을 60으로 나누면 분 값을 구할 수 있다(몫은 분, 나머

지 값은 초이므로 1590분 40초). 그 몫을 60으로 나누면 시 값을 구할 수 있다(26시간 30분 40초). 그 몫을 24로 나누면 일의 값을 구할 수 있다(1일 2시간 30분 40초). 시간을 변환할 때는 기수가 60과 24 두 가지라는 점이 다를 뿐, 이진수를 구하는 방법도 같은 원리이다.

원래 수에서 2의 거듭제곱을 하나씩 내려가면서 뺌으로써 십진수를 이진수로 변환할 수도 있다. 수가 포함하는 가장 큰 2의 거듭제곱부터 시작하면 된다(1867의 경우에는 2^{10}). 거듭제곱 값을 뺄 때마다 1을 쓰고, 남은 값보다 거듭제곱 값이 크다면 0을 쓴다(위 예제에서는 2^7, 즉 128을 뺄 때가 그렇다). 이렇게 해서 만들어지는 1과 0의 배열이 그 수의 이진수 값이다. 이 접근 방식은 어쩌면 더 직관적이지만, 기계적으로 처리하기에 그리 좋지는 않다.

이진 연산은 간단하다. 다루는 숫자가 두 개뿐이므로 덧셈 표와 곱셈 표에는 표 I.6과 같이 두 개의 행과 두 개의 열만 있다. 여러분이 직접 이진 연산을 할 일은 거의 없겠지만, 이 표의 단순함을 보면 왜 이진 연산용 컴퓨터 회로가 십진 연산용으로 설계된 것보다 훨씬 단순한지 짐작할 수 있다.

+	0	1
0	0	1
1	1	0과 올림수 1

×	0	1
0	0	0
1	0	1

표 I.6 이진 덧셈 표와 곱셈 표

바이트

모든 최신 컴퓨터에서 데이터 처리와 메모리 구성의 기본 단위는 8비트로, 이는 하나의 단위로 취급된다. 비트 여덟 개의 모음은 **바이트**byte라고 한다. 바이트는 IBM에 근무하던 컴퓨터 설계자인 베르너 부흐홀츠Werner

Buchholz가 1956년에 만든 단어다. 단일 바이트로는 256개의 구별되는 값(2^8, 0과 1 여덟 개로 이루어진 모든 조합)을 인코딩할 수 있다. 인코딩된 값은 0과 255 사이의 정수이거나, 7비트 아스키코드 문자 집합(1비트는 다른 용도로 남겨 둔다) 중 하나의 문자이거나, 뭔가 다른 것일 수 있다. 어떤 바이트는 더 크거나 복잡한 것을 나타내는 큰 그룹의 일부일 때가 많다. 바이트 두 개는 총 16비트이며, 0에서 $2^{16}-1$까지, 즉 65,535까지의 값을 나타낼 수 있다. 또한 유니코드 문자 집합에 있는 문자 한 개를 나타낼 수 있다. 가령 '세계'를 나타내는 아래 두 유니코드 문자 중 하나를 나타낼 수 있는데, 각 문자가 2바이트다.

世界

바이트 네 개는 32비트로, 아스키코드 문자 네 개, 유니코드 문자 두 개, 또는 $2^{32}-1$, 즉 43억 개 정도까지의 수를 나타낼 수 있다. 일련의 바이트로 표현할 수 있는 정보의 종류에는 제한이 없다. 하지만 프로세서 자체에는 정보의 종류별로 몇 개의 특정 그룹들이 정의돼 있고, 각각의 그룹을 처리하기 위한 명령어가 따로 있다.

한 개 이상의 바이트가 나타내는 숫자 값을 적고자 할 때, 정말로 숫자형이라면 십진수 형태로 표현하는 편이 사람들이 이해하기에 더 좋을 것이다. 반면 개별 비트를 확인하기 위해 이진수로 쓸 수도 있다. 만일 비트별로 다른 종류의 정보를 인코딩한다면, 이진 표기 방식이 더 필요할 것이다. 하지만 이진수는 십진수 형태보다 세 배 이상 길어서 너무 많은 공간을 차지하므로 **십육진수**hexadecimal라는 대안 표기법을 일반적으로 사용한다. 십육진수는 16을 기수로 사용하여 16개의 숫자로 표시한다(십진수에 10개의 숫자, 이진수에 두 개의 숫자를 쓰듯이). 그 숫자는 0, …, 9, A, B,

C, D, E, F다.* 각 십육진 숫자가 네 개의 비트를 표현하는데, 표 I.7에 십육진 숫자와 대응하는 이진수 값을 정리했다.

0	0000	1	0001	2	0010	3	0011
4	0100	5	0101	6	0110	7	0111
8	1000	9	1001	A	1010	B	1011
C	1100	D	1101	E	1110	F	1111

표 I.7 십육진 숫자와 각 이진수 값 표

프로그래머가 아니라면 십육진수를 볼 수 있는 곳은 많지 않다. 예를 들면 웹페이지의 색상에 십육진수가 사용된다. 앞서 언급한 것처럼, 컴퓨터에서 색상을 표현하는 가장 일반적인 방법은 각 픽셀에 3바이트를 사용하는 것으로, 각 바이트는 적색의 양, 녹색의 양, 청색의 양을 표현하는 데 쓰인다. 이 방법을 RGB 인코딩이라고 한다. 각 색상 성분이 단일 바이트에 저장되므로 적색의 양을 256개 표현할 수 있고, 그 각각에 대해 녹색의 양을 256개 표현할 수 있고, 또 그 각각에 대해 청색의 양을 256개 표현할 수 있다. 다 합치면 256 × 256 × 256개의 색상을 표현할 수 있는데, 상당히 많은 것처럼 보인다. 이게 얼마나 많은지 빨리 어림셈을 해보려면 표 I.4(50쪽)에 있는 2와 10의 거듭제곱 간의 관계를 이용하면 된다. 이 값은 $2^8 \times 2^8 \times 2^8$으로, 2^{24}, 즉 $2^4 \times 2^{20}$이 되며, 환산하면 약 16×10^6으로 1천6백만이 된다. 아마도 컴퓨터 디스플레이 장치를 광고하는 데 이 숫자가 사용되는 것을 보았을 수도 있다(1천6백만 색 이상!).† 이 값은 실제보다 약 5퍼센트 정도 작다. 2^{24}의 실제 값은 16,777,216이다.

* 라이프니츠(Leibnitz)는 1670년대에 이진수뿐만 아니라 십육진수도 연구했다. 그는 십육진수에서 여섯 개의 나머지 숫자로 음악의 계이름(우트(도에 해당), 레, 미, 파, 솔, 라)을 사용했다.

† 1천6백만 색이 얼마나 많은지 보여 주는 재미있는 사이트(*colornames.org*)가 있다.

짙은 적색 픽셀은 FF0000으로 표현되며, 십진수로 255인 적색 최댓값(FF), 녹색 없음(00), 청색 없음(00)으로 구성된다. 웹페이지에서 볼 수 있는 링크의 색상처럼 진하지 않고 밝은 청색은 0000CC로 표현된다. 노란색은 적색과 녹색을 합한 것이므로 FFFF00이 가장 밝은 노란색이 될 것이다. 회색 음영은 같은 양의 적색, 녹색, 청색으로 구성되므로, 중간 느낌의 회색 픽셀은 808080이 되어 적색, 녹색, 청색의 양이 같다. 검은색과 흰색은 각각 000000, FFFFFF다.

유니코드 코드표에서도 문자를 식별하고자 십육진수를 사용한다. 다음 문자열은 4E16 754C에 해당한다.

世界

십육진수는 뒤에 '네트워크' 주제에서 다룰 이더넷 주소에서도 볼 수 있고, '웹'에 쓰이는 URL에서 특수 문자를 표현하는 데도 사용된다.

컴퓨터 광고에서 '64비트'라는 문구를 본 적이 있을 것이다('마이크로소프트 윈도우 10 홈Home 64비트'처럼). 무엇을 의미하는 것일까? 컴퓨터는 내부적으로 데이터를 다양한 크기의 덩어리 단위로 조작한다. 이런 덩어리는 수와 주소를 포함하며, 수로는 32비트와 64비트가 편리하게 사용되고 주소는 메모리상에 있는 정보의 위치다. 여기서 관련된 것은 후자인 주소 속성이다. 30년 전에 16비트 주소 체계에서 32비트 주소 체계로 이행이 이루어졌는데, 32비트면 최대 4GB 메모리에 접근하기에 충분한 크기다.* 지금은 범용 컴퓨터에서 32비트에서 64비트로 이행이 거의 완료됐다.† 64비트에서 128비트로의 이행이 언제 일어날지 예측해 보지는 않았지만,

* 32비트로 표현 가능한 항목의 수가 2^{32}가지이다. 표 I.4(50쪽)에서 '2의 거듭제곱과 10의 거듭제곱'의 관계를 이용하면 $2^2 \times 2^{30} \fallingdotseq 4 \times 10^9 = $ 4GB(40억 바이트)이므로, 32비트로 최대 4GB 메모리에 접근 가능하다고 어림잡을 수 있다.

† 애플 맥OS의 경우 2019년 말에 발표된 카탈리나(Catalina) 버전부터 32비트 프로그램을 지원하지 않는다.

한동안은 이대로 괜찮을 것이다.

비트와 바이트에 대한 논의에서 기억해야 할 가장 중요한 사실은 비트 모음의 의미가 상황에 따라 결정된다는 것이다. 그저 보이는 것만 가지고 비트가 무엇을 의미하는지 식별할 수는 없다. 바이트 한 개는 참 또는 거짓을 나타내는 비트 한 개와 사용되지 않는 비트 일곱 개로 이루어져 있을 수도 있고, 작은 정수 또는 # 같은 아스키코드 문자를 저장한 것일 수도 있다. 혹은 다른 표기 체계에서 문자 한 개의 일부이거나, 2바이트, 4바이트, 또는 8바이트로 표현되는 큰 수의 일부이거나, 사진이나 음악 작품의 일부분이거나, 프로세서가 실행할 명령어의 일부일 수 있고, 이외에도 다양한 가능성이 있다(이 점은 십진 숫자도 마찬가지로, 맥락에 따라 세 자리 십진 숫자는 미국의 전화 지역 번호, 도로 번호, 야구 타율, 그 밖에도 다양한 것을 나타낼 수 있다).

어떤 프로그램의 데이터는 다른 프로그램의 명령어가 되기도 한다. 프로그램이나 앱을 다운로드할 때 그것은 단지 데이터로서, 무작정 복사되는 비트들이다. 하지만 프로그램을 실행할 때는 그 비트들이 CPU에 의해 처리되면서 명령어로 취급된다.

HARDWARE

011 요약

컴퓨터는 왜 십진수 대신 이진수를 사용할까? 물리적인 장치를 만들 때 켜짐과 꺼짐이라는 두 가지 상태만 갖도록 하는 것이 열 가지 상태를 갖도록 하는 것보다 훨씬 쉽기 때문이다. 이러한 상대적인 단순성은 많은 기술에서 활용되고 있다. 예를 들면 전류(흐름 또는 흐르지 않음), 전압(높음 또는 낮음), 전하(있음 또는 없음), 자성(N극 또는 S극), 빛(밝음 또는 어두움), 반사율(반사율이 높음 또는 반사율이 낮음) 등이 있다. 폰 노이만은 이 점을 명확히 인식했고, 1946년 논문에서 다음과 같이 이야기했다. "우리가 설계한 시스템에서 기억의 기본 단위는 자연스럽게 이진 체계로 맞춰져 있다. 우리가 전하량의 연속적인 변화를 측정하려고 하지 않기 때문이다."

왜 이진수를 이해하고 관심 가져야 할까? 한 가지 이유는 익숙하지 않은 기수로 이루어진 수를 사용해 보는 것이 친숙한 십진수의 작동 원리를 더 잘 이해하는 데 도움을 주기 때문이다. 이는 일종의 수리 추론quantitative reasoning에 해당한다. 더 나아가서 비트의 개수는 필요한 공간, 시간, 또는 복잡도와 일정하게 연관되어 있으므로, 이진수는 또한 중요하다. 게다가 근본적으로 컴퓨터는 이해할 가치가 있고, 이진수와 이진 연산은 컴퓨터의 작동에서 핵심 개념이다.

이진 연산은 컴퓨팅과 무관한 현실 상황에서도 나타난다. 아마도 무게, 길이 등을 두 배로 만들거나 반으로 줄이는 것이 사람들에게 자연스러운 연산이기 때문일 것이다. 예를 들어, 도널드 커누스Donald Knuth의 《컴퓨터 프로그래밍의 예술》 2권에서는 1300년대에 사용되던 13개의 이진 등급으로 된 영국식 와인 용기 단위를 설명한다. 2질gill은 1쇼팬chopin이고 2쇼팬은 1파인트pint, 2파인트는 1쿼트quart, 이러한 식으로 하여 2배럴barrel은 1혹스헤드hogshead, 2혹스헤드는 1파이프pipe, 2파이프는 1턴tun이 된다. 이들 단위 중 절반 정도는 아직도 영국식 액체 측량 체계에서 흔히 사용되지만, 퍼킨firkin과 킬더킨kilderkin(2퍼킨 또는 1/2배럴) 같은 흥미로운 단어들은 이제 거의 눈에 띄지 않는다.

HARDWARE

012 프로세서와 계산기의 다른 점

"기계에 전달된 명령이 숫자형 코드로 변환되고 기계가 일정한 방식으로 수와 명령을 구분할 수 있다면, 기억 기관은 수와 명령 둘 다 저장하는 데 사용될 수 있다."

– 아서 벅스, 허먼 골드스타인, 존 폰 노이만, 1946*

앞에서 프로세서 또는 CPU가 컴퓨터의 '두뇌'라고 말한 바 있다. 그 표현이 타당하지 않다는 단서를 달기는 했지만 말이다. 이제 프로세서를 더 상세하게 살펴볼 차례다. 프로세서는 컴퓨터에서 가장 중요한 구성 요소로, 그 특성을 충분히 알아 둬야 이 책의 나머지 부분을 잘 이해할 수 있다.

프로세서는 어떻게 작동할까? 무엇을 처리하며 어떻게 처리할까? 간략히 이야기하자면 프로세서에는 수행할 수 있는 기본 연산들의 레퍼토리가 있다. 우선 산술 연산을 할 수 있어서 계산기처럼 수를 더하고 빼고 곱하고 나눌 수 있다. 다음으로, 메모리에서 연산을 수행할 데이터를 가져오거나 연산 결과를 메모리에 저장할 수 있는데, 계산기에 있는 메모리 기능과 비슷하다. 또한 프로세서는 컴퓨터의 나머지 부분을 제어한다. 즉, 버스로 전송되는 신호를 통해 마우스, 키보드, 디스플레이, 기타 전기적으로 연결된 모든 장치에 대한 입력과 출력을 조직화하고 조정한다.

중요한 점은 프로세서가 비록 단순하긴 해도 결정을 내릴 수 있다는 것이다. 수나 다른 종류의 데이터에 대해 '이 수가 저 수보다 큰지', '이 정보가 저 정보와 동일한지' 등 비교를 수행할 수 있고, 그 결과에 기초하여 다

* Arthur W. Burks, Herman H. Goldstine, John von Neumann, "Preliminary discussion of the logical design of an electronic computing instrument", 1946.

음에 무슨 일을 할지 결정할 수 있다. 이 특성이 무엇보다도 중요하다. 프로세서가 계산기보다 훨씬 다양한 작업을 수행하지는 못하지만, 계산기와 달리 사람의 개입 없이도 작동할 수 있음을 뜻하기 때문이다. 벅스, 골드스타인, 폰 노이만이 논문에 쓴 표현을 빌리자면 "기계는 특성상 완전히 자동이 되어야 한다. 즉, 계산이 시작된 후에는 운영자에 독립적이어야 한다."

프로세서는 현재 처리 중인 데이터를 기반으로 다음에 무슨 일을 할지 결정할 수 있으므로 스스로 전체 시스템을 운영할 수 있다. 기본 연산은 가짓수가 많거나 복잡하지는 않지만, 프로세서는 초당 수십억 번의 연산을 수행할 수 있어서 고도로 정교한 계산이 가능하다.

HARDWARE 013

모형 컴퓨터로 더하기 프로그램 만들기

물리적으로 존재하지 않는 컴퓨터를 가지고 프로세서가 어떻게 작동하는지 알아보자. 여기서 다룰 만들어 낸 컴퓨터, 또는 상상의 컴퓨터는 실제 컴퓨터와 같은 아이디어를 사용하지만 훨씬 단순하다. 이 컴퓨터는 이론상으로만 존재하므로, 실제 컴퓨터가 어떻게 작동하는지 설명하는 데 적합한 방식이라면 어떤 방식으로든 설계할 수 있다. 또한 이론상의 설계를 **모방하여 작동하는**simulate 프로그램을 만들 수 있어 상상의 컴퓨터를 위한 프로그램을 작성하고 어떻게 실행되는지 볼 수 있다.

이렇게 만들어 낸 컴퓨터를 '모형' 컴퓨터Toy computer라고 부르려고 한다. 진짜는 아니지만 실제 컴퓨터의 속성을 많이 갖추고 있기 때문이다. 이 컴퓨터는 1960년대 말에 사용되던 미니컴퓨터minicomputer 정도의 수준이며, 벅스, 골드스타인, 폰 노이만의 논문에 제시된 설계와 어느 정도 비슷하다. 모형 컴퓨터에는 명령어와 데이터를 저장하기 위한 메모리가 있고, 한 개의 수를 담을 만한 용량의 부가적인 저장 영역인 **누산기**accumulator가 있다. 누산기는 계산기에서 사용자가 가장 최근에 입력한 수나 가장 최근의 계산 결과를 담고 있는 디스플레이와 유사하다. 모형 컴퓨터에는 앞서 설명했던 기본 연산을 수행하기 위한 약 10개의 명령어 레퍼토리가 있다. 표 I.8은 첫 번째 여섯 개를 보여 준다.

GET	키보드에서 수를 입력받은 후 누산기에 넣는다(누산기의 기존 내용을 덮어 쓴다).
PRINT	누산기의 내용을 출력한다(누산기의 내용은 변하지 않는다).
STORE M	누산기 내용의 복사본을 메모리 위치 M에 저장한다(누산기의 내용은 변하지 않는다).
LOAD M	메모리 위치 M의 내용을 누산기에 적재한다(M의 내용은 변하지 않는다).
ADD M	메모리 위치 M의 내용을 누산기의 내용에 더한다(M의 내용은 변하지 않는다).
STOP	실행을 중지한다.

표 I.8 모형 컴퓨터의 대표적인 명령어

각 메모리 위치에 한 개의 수 또는 한 개의 명령어가 담겨 있으므로, 프로그램은 메모리에 저장된 일련의 명령어와 데이터 항목으로 구성된다. 작동을 시작하면 프로세서는 첫 번째 메모리 위치에서 시작해서 다음과 같이 단순한 사이클을 반복한다.

인출Fetch: 메모리에서 다음 명령어를 가져온다.

해석Decode: 명령어가 무슨 일을 하는지 알아낸다.

실행Execute: 명령어를 실행한다.

인출 단계로 되돌아간다.

첫 번째 모형 프로그램

모형 컴퓨터를 위한 프로그램을 만들려면 원하는 작업을 수행할 일련의 명령어를 작성하고 메모리에 넣은 후, 프로세서에 그 명령어들을 실행하라고 지시해야 한다. 예를 들어, 메모리가 정확히 다음 명령어들을 담고 있다고 가정해 보자. 이 명령어들은 메모리에 이진수로 저장될 것이다.

```
GET
PRINT
STOP
```

실행이 시작되면 첫 번째 명령어는 사용자에게 수를 입력하도록 요청하고, 두 번째 명령어는 그 수를 출력하며, 세 번째 명령어는 프로세서에 중지하라고 명령할 것이다. 엄청나게 단조롭기는 하지만, 프로그램이라는 것이 어떻게 생겼는지 보여 주는 데는 충분하다. 진짜 모형 컴퓨터가 주어진다면 이 프로그램을 실행해 볼 수도 있다.

다행히도 작동하는 모형 컴퓨터가 있다.* 그림 I.17은 모형 컴퓨터가 작동하는 모습을 보여 준다. 이 모형 컴퓨터는 어떤 브라우저에서든 작동하도록 자바스크립트JavaScript로 작성된 시뮬레이터다. 자바스크립트는 2부에서 다시 설명할 예정이다.

왼쪽 박스에 GET, PRINT, STOP을 넣고 RUN 버튼을 누르면 `GET` 명령어가 실행되면서 그림 I.18에 있는 대화 상자가 표시된다. 123이라는 수는 사용자가 입력한 것이다.

* (옮긴이) 이 책의 모형 컴퓨터용 프로그램 코드는 프린스턴 대학 COS 109 강의에 쓰이는 '모형 컴퓨터 시뮬레이터(Toy Machine Simulator)'에서 실행해 볼 수 있다. *https://www.cs.princeton.edu/courses/archive/fall21/cos109/toysim.html*

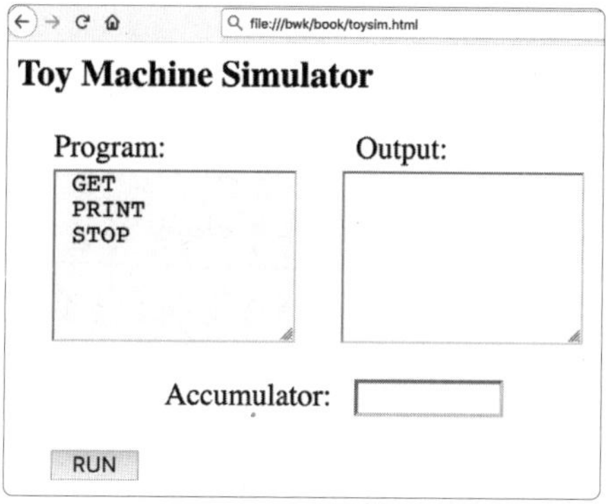

그림 I.17 프로그램 실행 준비가 된 모형 컴퓨터 시뮬레이터

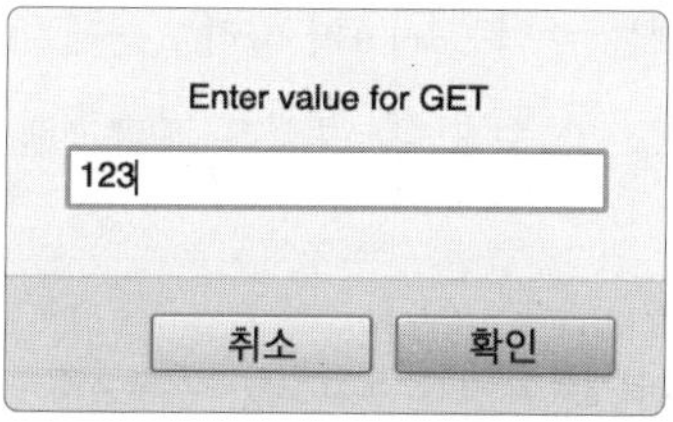

그림 I.18 모형 컴퓨터 시뮬레이터 입력 대화 상자

사용자가 수를 입력하고 OK를 누르면 시뮬레이터가 실행되고 그림 I.19처럼 결과를 화면에 보여 준다. 설계한 대로 프로그램은 수 입력을 요청하고, 그 수를 출력한 다음, 작동을 멈춘다.

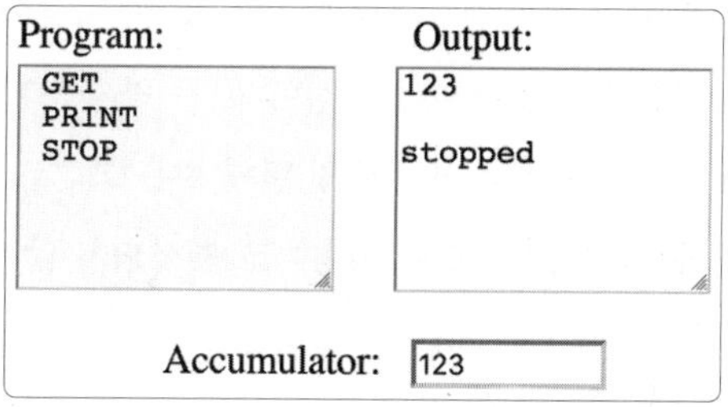

그림 I.19 짧은 프로그램을 실행한 후 모형 컴퓨터 시뮬레이터

두 번째 모형 프로그램

예제 I.1은 좀 더 복잡한 프로그램으로, 새로운 아이디어가 추가됐다. 메모리에 값을 저장한 후 그 값을 가져오는 것이다. 수를 입력받아 누산기에 넣고, 메모리에 저장하고, 두 번째 수를 입력받아 누산기에 넣고(누산기에 있는 첫 번째 수를 덮어 쓴다), 첫 번째 수를 누산기 값에 더하고(첫 번째 수는 미리 저장해 둔 메모리에서 가져온다), 두 수의 합을 출력한 다음 작동을 멈춘다.

프로세서는 프로그램의 처음부터 시작해서 명령어를 한 번에 한 개씩 가져온다. 그러면서 각 명령어를 차례차례 실행하고 다음 명령어로 넘어간다. 각 명령어 옆에는 **주석**comment이 따라오는데, 프로그래머에게 도움을 주는 해설 자료라고 할 수 있다. 주석은 프로그램 자체에는 아무런 영향을 미치지 않는다.

예제 I.1 두 수를 더하고, 그 합계를 출력하는 모형 컴퓨터 프로그램

```
    GET                첫 번째 수를 입력받아 누산기에 넣는다.
    STORE FirstNum     FirstNum이라는 메모리 위치에 첫 번째 수를 저장한다.
    GET                두 번째 수를 입력받아 누산기에 넣는다.
    ADD FirstNum       첫 번째 수를 누산기에 있는 값에 더한다.
    PRINT              결과 합계 값을 출력한다.
    STOP               프로그램 실행을 중지한다.
FirstNum:              첫 번째 입력 수를 담을 메모리 위치
```

단 한 가지 까다로운 부분은 메모리에 데이터 값, 즉 나중에 사용할 첫 번째 수를 담을 공간을 확보해야 한다는 점이다. 두 번째 GET 명령어를 실행하면 값을 덮어 써야 하므로 누산기에 첫 번째 수를 그대로 둘 수 없다. 그 값은 명령어가 아닌 데이터이므로 명령어로 해석되지 않을 메모리 공간 어딘가에 저장해 두어야 한다. 데이터 값을 모든 명령어 다음에 오도록 프

로그램의 끝에 두면 프로세서는 절대로 데이터 값을 명령어로 해석하려고 시도하지 않는다. 거기에 도달하기 전에 STOP할 것이기 때문이다.

또한 프로그램의 명령어가 메모리 위치를 필요로 할 때, 그 위치를 나타낼 방법이 있어야 한다. 한 가지 방법은 데이터가 일곱 번째 메모리 위치에(여섯 개의 명령어 다음에) 오도록 하는 것으로, 이렇게 하면 STORE 7이라고 쓸 수 있다. 실제로 프로그램 내부적으로는 이러한 형태로 저장될 것이다. 하지만 프로그램이 수정되면 데이터 위치가 바뀔 수도 있으므로 고정된 번호를 사용하는 것은 바람직하지 않다.

해결책은 데이터 위치에 이름을 부여하는 것이다. 2부에서 프로그래밍 언어를 다루며 다시 살펴보겠지만, 어떤 프로그램은 이름을 적절한 숫자형 위치로 바꾸어, 데이터가 메모리 어디에 있는지 파악하는 업무를 처리한다. 예제 I.1의 FirstNum이라는 이름은 '첫 번째 수'임을 암시하고자 붙인 것이다. 이름은 임의로 정할 수 있지만, 목적이나 의미를 내포하도록 짓는 것이 좋은 습관이다. 데이터 위치 이름 뒤에는 콜론을 붙여서 레이블임을 나타낸다. 관례상 코드를 작성할 때 명령어는 안쪽으로 약간 들여 쓰지만, 명령어나 메모리 위치에 붙은 이름은 들여 쓰지 않는다. 모형 컴퓨터 시뮬레이터가 이 모든 세부 사항을 처리한다.

분기 명령어

예제 I.1의 프로그램을 확장해서 세 개의 수를 더하도록 하려면 어떻게 해야 할까? 일련의 STORE, GET, ADD 명령을 한 번 더 추가하는 것으로 충분하다(명령어를 두 군데 삽입하면 된다). 하지만 그런 방법으로는 1,000개의 수를 더하도록 확장하기는 힘들 테고, 몇 개의 수를 더해야 하는지 모르는 상황에서는 통하지 않을 것이다.

해결책은 프로세서의 명령어 레퍼토리에 일련의 명령어를 재사용하게 하는 새로운 종류의 명령어를 추가하는 것이다. 종종 '분기' 또는 '점프'라고 불리는 GOTO 명령어는 바로 다음 명령어가 아니라 GOTO가 지정하는 위치로 이동하여 명령어를 실행하도록 프로세서에 지시한다.

GOTO 명령어를 사용하면 프로세서가 프로그램의 앞부분으로 돌아가서 명령어 처리를 반복하도록 할 수 있다. 간단한 예는 어떤 수가 입력될 때마다 출력해 주는 프로그램이다. 이는 입력한 값을 옮겨 쓰거나 화면에 표시하는 프로그램을 만들 때 필요하며, 이를 통해 GOTO 명령어가 무슨 일을 하는지 간단히 살펴볼 수 있다. 예제 I.2를 보자. 첫 번째 명령어에 Top이라는 레이블을 지정했는데, 이는 그 역할을 암시하기 위해 임의로 붙인 이름이다. 마지막 명령어는 프로세서가 첫 번째 명령어로 돌아가게 한다.

예제 I.2 끝없이 실행되는 데이터 출력 프로그램

```
Top: GET          수를 입력받아 누산기에 넣는다.
     PRINT        수를 출력한다.
     GOTO Top     Top으로 돌아가서 다른 수를 입력받는다.
```

그런데 이걸로는 충분하지 않다. 명령어를 재사용할 수는 있지만, 아직 중대한 문제가 남아 있다. 이대로는 반복되는 일련의 명령어, 즉 **루프**loop가 무한정 계속되는 것을 멈출 방법이 없다. 루프를 멈추려면 또 다른 종류의 명령어가 필요한데, 명령어를 무작정 계속 실행하도록 하지 않고 조건을 검사하여 다음에 수행할 작업을 결정하는 명령어다. 이러한 종류의 명령어는 **조건부 분기**conditional branch 또는 **조건부 점프**conditional jump라고 한다. 모든 컴퓨터에서 할 수 있는 방법으로, 값이 0인지 검사하여 만일 그렇다면 특정한 명령어로 건너뛰는 명령어를 사용하는 것이다. 다행히도 모형 컴퓨터에는 IFZERO라는 명령어가 있다. 이는 누산기의 값이 0이면 특정 명령어로 분기하며, 그렇지 않으면 바로 다음 명령어부터 실행을 계속한다.

IFZERO 명령어를 사용하여 0 값이 입력될 때까지 입력 값을 받고 출력해 주는 프로그램(예제 I.3)을 작성할 수 있다.

예제 I.3 0이 입력되면 실행을 멈추는 데이터 출력 프로그램

```
Top: GET            수를 입력받아 누산기에 넣는다.
     IFZERO Bot     누산기 값이 0이면 Bot 레이블이 붙은 명령어로 이동한다.
     PRINT          누산기 값이 0이 아니므로 그 값을 출력한다.
     GOTO Top       Top으로 돌아가서 다른 수를 입력받는다.
Bot: STOP
```

이 프로그램은 사용자가 숫자를 입력하다가 질려 결국 0을 입력할 때까지 데이터를 계속 가져와 출력한다. 0이 입력되면 프로그램은 '맨 끝bottom'을 의미하는 Bot 레이블이 붙은 STOP 명령어로 건너뛰고 실행을 종료한다(IFZERO STOP이라고 작성하고 싶을 수도 있겠지만, IFZERO 다음에는 명령어가 아닌 메모리 위치가 와야 하므로 그렇게 하면 작동하지 않는다).

프로그램이 입력의 끝을 알리는 0을 출력하지 않는다는 사실에 주목하라. 실행을 멈추기 전에 0을 출력하고 끝내도록 하려면 프로그램을 어떻게 수정하면 될까? 그리 까다로운 질문은 아니며 답은 명확하다. 그렇지만 이 질문은 두 명령어의 위치를 약간 바꾸어 놓는 일이 프로그램의 기능에 미묘한 차이를 야기하거나, 프로그램이 의도와는 다른 일을 하게 만들 수 있음을 보여 주는 좋은 예다.

GOTO와 IFZERO를 조합하면 어떤 명시된 조건이 참이 될 때까지 명령어 실행을 반복하는 프로그램을 작성할 수 있다. 프로세서는 기존 계산 결과에 따라 계산의 흐름을 바꿀 수 있다. (IFZERO가 있는데 GOTO가 왜 필요한지 궁금할 수도 있다. IFZERO와 다른 명령어를 조합해서 GOTO처럼 작동하게 할 수 있을까?) 쉽게 이해되지 않겠지만, 이것이 어떤 디지털 컴퓨터든 지원 범위 내에서 계산할 수 있는 모든 것을 계산하는 데 필요한 전부다. 어떤 계산이든 작은 단계로 나누면 기본 명령어만으로 수행할 수 있다.

명령어 레퍼토리에 IFZERO가 추가된 모형 프로세서는 이제 이론상으로는 말 그대로 '어떠한' 계산이든 수행할 수 있도록 프로그래밍될 수 있다.

여기서 '이론상으로'라고 표현한 것은 실제로는 프로세서 속도, 메모리 용량, 컴퓨터가 표현할 수 있는 수의 크기가 한정되어 있을 가능성 등을 무시할 수 없기 때문이다. 그렇지만 모든 컴퓨터가 이론상 동등하다는 아이디어는 핵심적인 개념이므로 이후에도 계속 살펴볼 것이다.

예제 I.4는 IFZERO와 GOTO를 사용한 또 다른 예로, 여러 개의 수를 합산하다가 숫자 0이 입력되면 실행을 멈추는 프로그램이다. 입력 시퀀스를 끝맺기 위해서는 특정 값을 사용하는 것이 일반적이다. 이 예제에서는 종료를 나타내는 값으로 0이 적절하다. 왜냐하면 수를 합산하는 프로그램에서 0인 데이터 값을 더하는 것은 무의미하기 때문이다.

예제 I.4 일련의 수를 합산하는 모형 컴퓨터 프로그램

```
Top: GET          수를 입력받는다.
     IFZERO Bot   입력된 수가 0이면 Bot으로 간다.
     ADD Sum      가장 최근의 값에 누적 합계를 더한다.
     STORE Sum    결과를 새로운 누적 합계로 저장한다.
     GOTO Top     Top으로 돌아가서 다른 수를 입력받는다.
Bot: LOAD Sum     누적 합계를 누산기에 적재한다.
     PRINT        그리고 출력한다.
     STOP
Sum: 0            누적 합계를 담을 메모리 위치
                  (프로그램이 시작할 때 0으로 초기화됨.)
```

모형 컴퓨터 시뮬레이터는 이 프로그램의 마지막 줄 Sum: 0 같은 '명령어'를 '메모리 위치에 이름을 할당하고 프로그램이 실행을 시작하기 전에 그

위치에 특정한 숫자 값을 넣어라'라고 해석한다. 이는 실제 명령어가 아니라 시뮬레이터가 프로그램 실행을 시작하기 전에 프로그램 텍스트를 처리하는 과정에서 해석되는 '유사 명령어'에 가깝다.

값이 계속 더해지는 동안 누적 합계를 담고 있을 메모리상의 위치가 필요하다. 계산기에서 메모리를 비우고 시작하는 것과 마찬가지로 그 메모리 위치는 0 값인 상태에서 시작해야 한다. 또한 프로그램의 다른 부분에서 지칭하는 데 사용하도록 그 메모리 위치를 가리키는 이름이 필요하다. 이름은 임의로 지을 수 있지만 Sum이 괜찮은 선택이다. 왜냐하면 그 메모리 위치의 역할(합계)을 암시하기 때문이다.

이 프로그램이 잘 작동하는지 확인하려면 어떻게 검사해야 할까? 겉으로 보기에는 괜찮아 보이고 간단한 테스트 케이스에는 맞는 답을 출력해 내지만, 발견하지 못한 문제점이 있을 수 있으므로 체계적으로 테스트하는 것이 중요하다. 핵심은 '체계적으로' 하는 것이다. 그냥 무작위 입력을 프로그램에 던져 주는 것은 효과적이지 않다.

가장 단순한 테스트 케이스는 무엇일까? 입력을 끝맺는 0 말고 아무런 수도 입력하지 않았다면 합계는 0이 되어야 한다. 이 예는 첫 번째 테스트 케이스로 적당하다. 두 번째로 시도해 볼 테스트 케이스는 한 개의 수를 입력하는 것으로, 합계는 그 수가 될 것이다. 다음은 우리가 이미 합을 아는 두 개의 수를 입력하는 것으로, 1과 2를 입력하여 결과가 3이 되는지 보는 것이다. 이러한 테스트를 몇 번 해보면 여러분은 프로그램이 잘 작동하고 있다고 거의 확신할 수 있다. 신중한 성격이라면 코드를 컴퓨터로 옮겨 실행하기 전에 직접 명령어를 하나씩 신중히 따라가 보면서 코드를 테스트하는 것도 좋다. 훌륭한 프로그래머는 작성하는 모든 프로그램을 이런 식으로 점검한다.

메모리 내부 표현

지금까지 프로세서가 어떻게 동작하는지 간단히 살펴보았지만 명령어와 데이터가 메모리 내부에서 정확히 어떻게 표현되는지는 설명하지 않았다. 과연 어떻게 작동하는 것일까?

간단히 생각해 보자. 각 명령어가 각자의 숫자형 코드를 저장하는 데 메모리 위치를 한 개 사용하며, 명령어가 메모리를 참조하거나 데이터 값을 사용하면 바로 다음 위치도 사용한다고 가정하자. 즉, GET은 메모리 위치를 한 개 사용하지만, 다른 메모리 위치도 참조하는 IFZERO와 ADD 같은 명령어는 메모리 두 칸을 차지하고, 두 번째 칸은 참조하는 위치에 해당한다.

그리고 어떤 데이터 값이든 한 개의 메모리 위치에 들어간다고 가정하자. 단순화한 형태기는 해도 실제 컴퓨터에서 일어나는 일과 아주 동떨어져 있진 않다. 마지막으로, 명령어의 숫자 값이 각각 다음과 같다고 가정하자. GET = 1, PRINT = 2, STORE = 3, LOAD = 4, ADD = 5, STOP = 6, GOTO = 7, IFZERO = 8.

예제 I.4에 있는 수 합산하기 프로그램에 이를 적용해 보자. 프로그램이 시작되는 시점에 메모리의 내용은 그림 I.20과 같을 것이다. 이 그림은 또한 실제 메모리 위치, 세 개의 메모리 위치에 붙은 레이블, 메모리 내용에 해당하는 명령어와 주소를 보여 준다.

모형 컴퓨터 시뮬레이터는 자바스크립트로 작성되었지만 다른 언어로도 작성 가능하다. 시뮬레이터는 기능을 확장하기 쉽다. 예를 들어, 여러분이 컴퓨터 프로그램을 처음 봤더라도 곱셈 명령어나 다른 종류의 조건부 분기 명령어를 간단히 추가할 수 있다. 코드는 프린스턴 대학 COS 109 강의 웹사이트에서 연결되는 모형 컴퓨터 시뮬레이터Toy Machine Simulator 페이지*에서 브라우저의 '페이지 소스 보기'로 확인할 수 있다.

위치	메모리	레이블	명령어
1	1	Top:	GET
2	8		IFZERO Bot
3	10		
4	5		ADD Sum
5	14		
6	3		STORE Sum
7	14		
8	7		GOTO Top
9	1		
10	4	Bot:	LOAD Sum
11	14		
12	2		PRINT
13	6		STOP
14	0	Sum:	0 [데이터, 0으로 초기화됨]

그림 I.20 수 합산하기 프로그램의 메모리 표현

HARDWARE 014 프로세서는 무조건 빠른 게 좋을까?

앞에서는 프로세서를 매우 단순화해 보았는데, 초기 컴퓨터나 소형 컴퓨터와 비교하면 꽤나 그럴듯하다. 하지만 오늘날 사용되는 실제 프로세서는 성능을 중심으로 세부 사항이 훨씬 복잡하게 구성되어 있다.

* (옮긴이) *www.cs.princeton.edu/courses/archive/fall21/cos109/toysim.html*

프로세서는 인출, 해석, 실행 사이클을 계속 반복 수행한다. 우선 메모리에서 다음에 처리할 명령어를 인출한다. 보통은 다음 메모리 위치에 저장된 명령어지만, GOTO나 IFZERO가 명시하는 위치에 있는 명령어일 수도 있다. 이어서 가져온 명령어를 해석한다. 즉, 명령어가 무슨 일을 하는지 파악하고 명령어를 수행하는 데 필요한 모든 준비를 마치는 것을 의미한다. 다음으로 명령어를 실행한다. 명령어 실행은 메모리에서 정보를 가져오고, 산술 연산이나 논리 연산을 수행하며, 그 결과를 저장하는 일련의 작업을 명령어에 따라 적절하게 조합함으로써 이루어진다. 그러고 나서 인출 단계로 되돌아간다. 실제 프로세서의 인출, 해석, 실행 사이클에는 전체 과정이 빨리 돌아가게 하는 정교한 메커니즘이 사용되지만, 이 사이클의 핵심도 13일 차 예제에 사용한 것 같은 루프에 불과하다.

실제 컴퓨터에는 모형 컴퓨터보다 많은 명령어가 있지만, 기본 명령어의 유형은 같다. 그러나 실제 컴퓨터에는 데이터를 옮기고 산술 연산을 수행하거나 다양한 크기와 종류의 수로 연산하고, 비교 또는 분기하고, 컴퓨터의 나머지 부분을 제어하는 방법이 더 많다. 일반적으로 프로세서에는 수십 개에서 수백 개의 명령어가 있고, 명령어와 데이터는 여러 개의 메모리 위치를 차지한다(보통 2~8바이트). 실제 프로세서에는 누산기가 여러 개(보통 16개 또는 32개) 있어서, 초고속 메모리 역할을 하는 누산기에 중간 결과를 하나 이상 담을 수 있다.

실제 프로그램은 앞서 나왔던 모형 컴퓨터 예제에 비하면 방대하며, 흔히 명령어 수백만 개로 이루어진다. 2부에서 그런 프로그램이 어떻게 작성되는지 살펴볼 것이다.

컴퓨터 아키텍처는 프로세서 설계와 더불어 프로세서와 컴퓨터 나머지 부분 간의 연결 방식 설계를 다루는 분야다. 대학에서 컴퓨터 아키텍처는 흔히 컴퓨터과학과 전기 공학 및 전자 공학의 경계에 있는 하위 분야다.

컴퓨터 아키텍처 분야의 주요 관심사 중 하나는 명령어 집합instruction set이다. 명령어 집합이란 프로세서가 제공하는 명령어 레퍼토리를 뜻한다. 폭넓고 다양한 종류의 계산이 처리되도록 많은 수의 명령어가 있는 것이 좋을까? 반대로 작성하기 쉽고 더 빨리 실행되도록 더 적은 수의 명령어가 있는 것이 좋을까? 컴퓨터 아키텍처는 기능성, 속도, 복잡도, 전력 소모 정도, 프로그램 가능성programmability 등 상충하는 요구 간 복잡한 트레이드오프tradeoff를 수반한다. 폰 노이만의 말을 다시 인용해 보자. "일반적으로 산술 장치의 내부 자원 운영은 빠른 연산 속도에 대한 욕구와 (중략) 기계의 단순성 또는 저비용에 대한 욕구 사이의 절충으로 결정된다."

프로세서는 메모리를 비롯한 컴퓨터의 나머지 부분과 어떻게 연결되어 있을까? 프로세서 속도는 매우 빨라서 명령어 한 개를 1나노초보다 훨씬 더 짧은 시간 내에 수행한다('나노'가 10억분의 1, 즉 10^{-9}이라는 것을 떠올려 보자). 그에 비해 메모리는 몹시 느리다. 데이터와 명령어를 메모리에서 인출하는 데 10~20나노초 정도 걸린다. 물론 절대적으로는 빠르지만, 프로세서 관점에서는 느리다. 데이터가 도착하기를 기다릴 필요가 없다면 프로세서는 명령어 수십 개를 실행하고도 남을 시간이기 때문이다.

현대 컴퓨터 아키텍처는 **캐시**cache라는 고속 메모리를 몇 개 사용한다. 캐시는 프로세서와 메모리 사이에 있고 최근 사용된 명령어와 데이터를 담고 있다. 캐시에서 찾을 수 있는 정보에 접근하는 편이 메모리에서 정보가 오기를 기다리는 것보다 빠르다. 캐시와 캐싱caching은 15일 차에 설명한다.

컴퓨터 설계자들은 프로세서가 더 빨리 작동하도록 만들기 위해 여러 가지 아키텍처 기법을 동원한다. 인출과 실행 단계가 겹치도록 프로세서를 설계해서 명령어 여러 개가 다양한 단계에 걸쳐 진행되도록 만들 수 있다. 이를 파이프라이닝pipelining이라고 하며, 자동차가 조립 라인을 따라 이동하는 것과 개념적으로 비슷하다. 명령어 한 개가 완료되는 데는 여전히 같은 시간이 걸리지만, 여러 개의 명령어를 동시에 처리하므로 전체적인 처리 속도는 빨라진다. 또 다른 기법은 명령어들이 서로 간섭하거나 의존하지 않는다면 다수의 명령어를 병렬적으로 실행하는 방법이다. 차량 생산에 비유하자면 병렬 조립 라인을 사용하는 것과 비슷하다. 명령어들이 상호 작용하지 않는다면 가끔 명령어의 순서를 바꿔 실행하는 일도 가능하다.

그 밖에도 프로세서 여러 개가 동시에 작업하도록 하는 기법도 있다. 오늘날 노트북과 휴대전화에서 표준으로 사용되는 기술이다. 2015년에 제조된 내 컴퓨터에 있는 인텔 프로세서는 단일 집적회로 칩에 코어가 두 개 있지만, 요즘은 단일 칩에 더 많은 프로세서 코어를 담거나, 컴퓨터마다 두 개 이상의 칩을 넣는 경향이 크다. 집적회로의 선폭이 작아질수록 칩에 트랜지스터를 더 많이 넣을 수 있는데, 보통 더 많은 코어와 캐시 메모리를 넣는 데 사용된다. 개별 프로세서는 더 이상 빨라지지 않지만, 더 많은 코어를 쓸 수 있어서 실질적인 연산 속도는 꾸준히 증가하고 있다.

사용 분야에 따라 프로세서를 설계할 때 다양한 종류의 트레이드오프가 이루어진다. 오랜 기간 동안 프로세서는 전력과 물리적 공간이 비교적 넉넉한 데스크톱 컴퓨터에서 주로 사용되어 왔다. 전력이 충분하고 팬으로 열을 분산시킬 방법이 있었기에, 설계자들은 프로세서가 가능한 한 빨리 작동하도록 만드는 데 집중할 수 있었다. 하지만 노트북이 등장하면서 트레이드오프의 양상이 크게 바뀌었다. 물리적 공간이 협소한 데다가, 전원이 연결되지 않은 노트북은 무겁고 비싼 배터리에서 전력을 공급받아야 하기 때문이다. 다른 조건이 같다는 가정하에 노트북용 프로세서는 데스크톱용 프로세서보다 더 느리고 전력을 더 적게 쓰는 경향이 있다.

휴대전화, 태블릿 PC와 기타 휴대성 높은 기기는 크기, 무게, 전력에 제약이 훨씬 심하다. 여기서는 기존 설계를 약간 수정하는 것으로는 불충분하다. 데스크톱과 노트북용 프로세서에서는 인텔과 그 주된 경쟁자인 AMD가 지배적인 공급자이지만, 휴대전화와 태블릿 PC는 대부분 'ARM'이라는 프로세서 설계를 사용한다. ARM 프로세서 설계는 전력을 적게 사용하도록 특별히 설계된 방식으로, 영국 회사인 Arm 홀딩스Arm Holdings*에서 라이선스를 관리한다.

프로세서 간에 속도를 비교하는 것은 어려울 뿐만 아니라 그다지 의미도 없다. 산술 연산 같은 기본적인 작업조차 일대일로 비교하기 어려울 만큼 서로 다른 방식으로 처리되기도 한다. 예를 들어, 어떤 프로세서는 두 수를 더하고 다른 위치에 결과를 저장하기 위해 모형 프로세서처럼 세 개의 명령어가 필요하다. 다른 프로세서는 두 개의 명령어만 필요하고, 또 다른 프로세서는 그 연산을 단일 명령어로 처리한다. 하나의 프로세서가 몇 개의 명령어를 병렬적으로 처리하거나 겹쳐서 실행함으로써 명령어 처리가 단계적으로 진행되도록 할 수도 있을 것이다. 프로세서가 전력 소모를 낮추고자 빠른 실행 속도를 포기하기도 하며, 심지어 전력이 배터리에서 공급되는지 아닌지에 따라 속도를 동적으로 조정하기도 한다. 일부 프로세서는 고속 코어와 저속 코어의 조합으로 구성되며, 코어 유형별로 서로 다른 작업을 할당하기도 한다. 그러므로 어떤 프로세서가 다른 것보다 '빠르다'는 주장은 조심스럽게 받아들여야 한다. 요구사항에 따라 차이가 있을 수 있다.

* (옮긴이) 영국 회사였지만 2016년에 일본 소프트뱅크(Softbank)에 매각되었고, 이후 미국 회사인 엔비디아(Nvidia)에서 매각 협상을 진행했으나 2022년에 협상이 결렬되었다. *en.wikipedia.org/wiki/Arm_Ltd*

HARDWARE

015 캐시가 뭔가요?

"그러므로 우리는 메모리를 계층 구조로 만들 가능성이 있음을 결국 인식하게 된다. 여기서 각 단계의 메모리는 앞 단계보다 용량은 더 크고 접근 속도는 느리다."

– 아서 벅스, 허먼 골드스타인, 존 폰 노이만, 1946*

잠시 본론에서 벗어나 캐싱에 대해 이야기해 보자. 캐싱은 컴퓨팅 이외에도 여러 분야에 폭넓게 적용 가능한 아이디어다. 프로세서에서 캐시는 용량이 작고 속도가 빠른 메모리로, 용량이 더 크지만 훨씬 느린 주 기억 장치에 매번 접근하는 것을 피하고자 최근에 사용된 정보를 저장하는 데 사용된다. 프로세서는 일반적으로 여러 그룹의 데이터와 명령어에 짧은 간격으로 잇달아 여러 번 접근한다. 예를 들어, 그림 I.20(71쪽)에 있는 프로그램에서 루프에 있는 명령어 다섯 개는 입력된 수 각각에 대해 한 번씩 실행된다. 만일 그 명령어들이 캐시에 저장되면 루프가 실행되는 동안 매번 메모리에서 인출하지 않아도 되고, 프로그램은 메모리 작업을 기다릴 필요가 없어져서 더 빨리 실행될 수 있을 것이다. 이와 유사하게 Sum을 데이터 캐시에 유지하는 것도 접근 속도를 높여 주기는 하겠지만, 실제로 이 프로그램에서 진짜 병목 현상은 데이터를 가져오는 과정에서 발생한다.

일반적인 프로세서에는 캐시가 2~3개 있는데, 흔히 L1, L2, L3 레벨이라고 부르고 뒤로 갈수록 용량은 크지만 속도는 더 느리다. 가장 큰 캐시는 데이터를 몇 MB 정도 담을 수 있다(내 노트북은 256KB짜리 L2 캐시가

* Arthur W. Burks, Herman H. Goldstine, John von Neumann, "Preliminary discussion of the logical design of an electronic computing instrument", 1946

각각의 코어에 있고, 4MB짜리 L3 캐시가 하나 있다). 캐싱이 효과적인 이유는 최근에 사용된 정보가 곧 다시 사용될 가능성이 크기 때문이다. 캐시에 정보를 포함하고 있다는 사실은 메모리 작업을 기다리는 데 시간을 덜 쓴다는 것을 뜻한다. 캐싱 과정에서는 대개 정보를 블록 단위로 동시에 불러온다. 예를 들어 단일 바이트에 대한 요청이 들어오면, 연속된 메모리 위치를 포함한 블록을 불러온다. 그 이유는 인접한 정보라면 곧 사용될 가능성이 높으므로, 미리 불러와 두면 필요할 때 캐시에서 바로 꺼내 쓰기 쉽기 때문이다. 그렇게 되면 근처에 있는 정보를 참조할 때 기다리지 않고 바로 볼 수 있을 것이다.

캐싱은 성능을 크게 높이는 경우를 제외하면 사용자에게 거의 드러나지 않는다. 하지만 캐싱은 우리가 뭔가를 사용하고 있고 그것을 곧 다시 쓸 가능성이 있거나 근처에 있는 뭔가를 사용할 가능성이 있을 때 언제든지 활용할 수 있는 훨씬 더 일반적인 개념이다.* 프로세서에 있는 여러 개의 누산기는 실행 속도를 높인다는 점에서는 사실상 일종의 캐시다. 주 기억장치는 디스크를 보완하는 캐시가 될 수 있고, 메모리와 디스크는 네트워크에서 오는 데이터를 빠르게 꺼낼 수 있다는 점에서 둘 다 캐시가 된다. 네트워크에서는 멀리 떨어져 있는 서버에서 오는 정보 흐름의 속도를 높이려고 캐시를 사용할 때가 많고, 서버 자체에도 캐시가 있다.

웹 브라우저에서 '캐시를 삭제한다'라는 문장을 본 적 있을 것이다. 브라우저는 어떤 웹페이지에 포함된 이미지나 비교적 용량이 큰 다른 데이터의 로컬 사본을 유지하고 있다. 사용자가 페이지를 재방문했을 때 데이터를 다시 다운로드하는 것보다 로컬 사본을 사용하는 편이 더 빠르기 때문이다. 단, 캐시 용량이 무한정 커질 수는 없으므로 브라우저는 새 데이터

* (옮긴이) '곧 다시 쓸 가능성'을 시간적 지역성(locality), '근처에 있는 뭔가를 사용할 가능성'을 공간적 지역성이라 한다. *ko.wikipedia.org/wiki/캐시*

를 위한 공간을 만들기 위해 오래된 항목부터 조용히 제거한다. 사용자가 캐시 항목 전체를 직접 제거할 수도 있다.

여러분도 가끔은 캐시의 효과를 직접 관찰할 수 있다. 예를 들어, 워드나 파이어폭스Firefox 같은 큰 프로그램을 실행한 후 디스크에서 로딩이 완료되고 사용할 준비를 마치기까지 걸리는 시간을 측정해 보자. 그런 다음 프로그램을 종료했다가 즉시 재시작해 보자. 보통은 두 번째로 실행했을 때 로딩 시간이 확실히 짧다. 그 이유는 프로그램의 명령어가 아직 메모리에 있고, 메모리가 디스크에 대한 캐시로 사용되기 때문이다. 시간이 흐르고 다른 프로그램들을 사용하면서 메모리는 다른 명령어와 데이터로 채워지고, 원래 프로그램은 더 이상 캐싱되지 않을 것이다.

워드나 엑셀Excel 같은 프로그램에 있는 최근에 사용된 파일 목록도 일종의 캐싱이다. 워드는 가장 최근에 사용한 파일을 기억하고 있다가 메뉴에 그 이름을 표시해서 사용자가 파일을 찾기 위해 검색할 필요가 없게 해준다. 더 많은 파일을 열면, 한동안 접근하지 않은 파일의 이름은 더 최근에 사용한 파일의 이름으로 대체될 것이다.

HARDWARE

016 슈퍼컴퓨터부터 사물인터넷까지

컴퓨터 하면 대부분 노트북이나 데스크톱 컴퓨터를 떠올린다. 아무래도 주위에서 가장 많이 볼 수 있는 기종이기 때문이다. 그러나 그 밖에도 크고 작은 컴퓨터가 있다. 이러한 컴퓨터들은 모두 논리적 구조, 즉 무엇을 계산할 수 있는지에 대해서는 공통된 핵심 속성을 가지고 있으며, 비슷한 아키텍처를 갖추고 있지만, 가격, 소모 전력, 크기, 속도 등에서 서로 다른 트레이드오프를 보인다.

휴대전화와 태블릿 PC도 일종의 컴퓨터로, 운영체제를 실행하며 풍부한 컴퓨팅 환경을 제공한다. 우리 주변에 가득한 디지털 기기에는 거의 전부 훨씬 작은 시스템이 내장되어 있다. 기기 종류는 카메라, 전자책 단말기, 건강 추적기, 가전 제품, 게임 콘솔 등 헤아릴 수 없이 많다. 이른바 사물인터넷, 즉 네트워크에 연결된 온도 조절 장치, 보안 카메라, 스마트 조명, 음성 인식 장치를 포함한 수많은 기기도 프로세서를 기반으로 작동한다.

슈퍼컴퓨터supercomputer는 과학기술 연산을 비롯한 다양한 분야에 사용되는 고속 컴퓨터로, 보통 많은 수의 프로세서와 대량의 메모리를 사용한다. 사용되는 프로세서 자체도 종래 프로세서보다 특정 종류의 데이터를 훨씬 빨리 처리하는 명령어로 구성되어 있다. 요즘의 슈퍼컴퓨터는 전용 하드웨어를 사용하는 대신, 속도는 빨라도 기본적으로는 평범한 프로세서로 구성된 클러스터를 기반으로 구현된다. Top500 사이트는 6개월마다 세계에서 가장 빠른 컴퓨터 500개의 목록을 새로 발표한다. 최고 속도가 얼마나 빨리 높아지는지를 보면 놀라울 따름이다. 몇 년 전에 상위권에 있던 컴퓨터가 이제는 목록에서 아예 보이지 않을 수도 있다. 2020년 11월 기준으로 가장 빠른 컴퓨터는 일본 후지쯔Fujitsu에서 만든 것으로, 코어가 760만 개 있고 최대 초당 537×10^{15}번의 산술 연산을 수행할 수 있다.* 슈퍼컴퓨터의 속도는 **플롭스**flops, 즉 초당 수행할 수 있는 부동 소수점 연산 횟수floating point operations per second로 측정된다. 부동 소수점 연산이란 소수 부분

* 2020년 11월 top500 목록: *top500.org/lists/top500/2020/11*
이 슈퍼컴퓨터는 2021년 11월 순위까지 1위를 유지하다가 2022년 6월 순위부터 미국의 휴렛 팩커드 엔터프라이즈(HPE)에서 만든 프런티어(Frontier)에게 자리를 내주었다. *top500.org/lists/top500/2021/11/*

을 포함하는 수에 대한 산술 연산을 뜻한다. 따라서 Top500 목록의 최상위 컴퓨터는 537페타플롭스, 500위에 해당하는 컴퓨터는 2.4페타플롭스다.

GPUGraphics Processing Unit는 범용 CPU보다 그래픽 관련 계산을 훨씬 빠르게 수행하는 그래픽 전용 프로세서다. 원래 GPU는 게임에 필요한 고속 그래픽 처리를 위해 개발되었고, 휴대전화용 음성 처리나 신호 처리에도 사용된다. 또한 GPU는 일반 프로세서가 특정한 종류의 작업을 빠르게 처리하는 데 도움을 준다. GPU는 간단한 산술 연산을 병렬로 대량 처리할 수 있다. 따라서 일부 계산 작업이 병렬 처리 가능한 연산을 포함하며, 이를 GPU로 넘겨 줄 수 있다면, 전체 계산이 훨씬 더 빨라진다. GPU는 특히 머신러닝(4부 참고)에 유용하다. 머신러닝에서는 큰 데이터셋의 여러 부분에 같은 계산을 독립적으로 수행할 일이 많기 때문이다.

분산 컴퓨팅distributed computing은 네트워크로 연결되어 서로 독립적으로 작동하는 여러 대의 컴퓨터를 일컫는 말이다. 분산 컴퓨팅 시스템은 메모리를 공유하지 않고 물리적으로 넓게 흩어져 있다. 심지어 전 세계의 다양한 지역에 퍼져 있기도 하다. 컴퓨터가 흩어져 있을수록 통신이 잠재적 병목 현상을 일으킬 가능성이 커질 수도 있지만, 사람과 컴퓨터가 공간적으로 멀리 떨어져 있어도 상호 협력해서 일할 수 있다는 장점이 있다. 검색엔진, 온라인 쇼핑, SNS, 일반적인 클라우드 컴퓨팅 같은 대규모 웹 서비스가 분산 컴퓨팅 시스템으로 이루어져 있고, 수천 대의 컴퓨터가 많은 사용자에게 결과를 빨리 제공하고자 상호작용한다.

이 모든 컴퓨터는 동일한 핵심 원칙을 갖는다. 즉, 한없이 다양한 작업을 수행하도록 프로그래밍될 수 있는 범용 프로세서에 기반을 둔다. 각 프로세서에는 산술 연산을 하고, 데이터 값을 비교하고, 기존 계산 결과에 기초하여 다음에 수행할 명령어를 선택하는 간단한 명령어로 이뤄진 한정된 레퍼토리가 있다. 전반적인 아키텍처는 1940년대 후반 이래로 크게 바뀌지 않았지만, 물리적인 구조는 놀랍도록 빠르게 진화를 거듭해 왔다.

믿기 힘들 수도 있지만, 모든 컴퓨터는 논리적인 면에서 같은 능력을 갖추고 있고, 속도와 메모리 요구사항 같은 현실적인 문제를 제외하면 정확히 똑같은 것을 계산할 수 있다. 이는 1930년대에 몇 명의 사람들이 독자적으로 증명해 냈는데, 영국의 수학자 앨런 튜링Alan Turing도 그중 하나다. 튜링의 접근 방식은 비전문가가 이해하기에 가장 쉽다. 그는 단순한 컴퓨터를 묘사하고(이 책에 나온 모형 컴퓨터보다도 훨씬 단순하다), 그 컴퓨터가 매우 상식적인 수준에서 계산 가능한 것이면 어떤 것이든 계산할 수 있다는 것을 증명했다. 오늘날 이러한 종류의 컴퓨터를 **튜링 머신**Turing machine이라고 한다.* 이어서 그는 다른 어떤 튜링 머신이라도 모방하여 작동할 수 있는 튜링 머신을 만드는 방법을 보여 주었다. 지금은 이를 **범용 튜링 머신**universal Turing machine이라고 한다. 범용 튜링 머신인 것처럼 작동하는 프로그램을 작성하기는 쉽고, 실제 컴퓨터인 것처럼 작동하는 범용 튜링 머신용 프로그램을 작성하는 것도 (쉽지는 않지만) 가능하다. 이러한 이유로, 모든 컴퓨터는 얼마나 빨리 계산할 수 있느냐에 대해서는 차등이 있더라도, 무엇을 계산할 수 있느냐에 대해서는 서로 동등하다.

제2차 세계 대전 동안에 튜링은 이론을 현실로 옮겼다. 그는 독일 군용 통신 암호 해독에 전문화된 컴퓨터 개발에 핵심적인 역할을 했다. 이 내용은 4부에서 다시 다룰 예정이다. 튜링이 전시에 했던 작업 내용에 예술적 허용이 많이 더해져 영화가 제작되기도 했다. 대표적인 작품으로는 1996년작 〈코드 해독하기Breaking the Code〉와 2014년작 〈이미테이션 게임〉이 있다.

1950년에 튜링은 〈계산 기계와 지능Computing Machinery and Intelligence〉이라는

* 튜링 머신은 계산을 수행하는 추상적인 모델이다. 유튜브 채널에서 튜링 머신을 놀랍도록 구체적으로 구현한 영상을 찾아볼 수 있다. *www.youtube.com/watch?v=E3keLeMwfHY*

논문을 발표했다. 이 논문에서 그는 컴퓨터가 인간 수준의 지적 능력을 보여 줄 수 있는지를 평가하는 데 사용할 테스트를 제안했다. 지금은 이 테스트를 **튜링 테스트**Turing test라고 한다.* 질문자가 키보드와 화면만 가지고 두 상대방과 의사소통한다고 생각해 보자. 한쪽은 컴퓨터고 다른 한쪽은 인간이다. 질문자는 대화를 통해 어느 쪽이 컴퓨터인지 알아낼 수 있을까? 튜링은 질문자가 인간과 컴퓨터를 확실히 구분할 수 없다면, 컴퓨터가 인간 수준의 지적 행동을 수행하는 것이라고 보았다. 4부에서 살펴보겠지만 컴퓨터는 이제 일부 영역에서는 인간 수준 혹은 그 이상으로 작동한다. 하지만 그렇다고 인간의 종합적인 지능을 모방하는 것은 확실히 아니다.

튜링의 이름은 약간 억지로 만들어진 듯한 **캡차**CAPTCHA라는 약어의 일부가 되었다. 캡차는 '컴퓨터와 인간을 구별하기 위한 완전 자동화된 공개 튜링 테스트Completely Automated Public Turing test to tell Computers and Humans Apart'의 약자다. 캡차는 그림 I.21에 나오는 것처럼 왜곡된 문자 패턴으로서, 웹사이트 사용자가 프로그램이 아니라 인간임을 확인할 용도로 폭넓게 사용된다. 캡차는 **역 튜링 테스트**reverse Turing test의 한 사례인데, 일반적으로 사람이 컴퓨터보다 시각적인 패턴을 더 잘 식별할 수 있다는 점을 이용하여 인간과 컴퓨터를 구별하려는 시도이기 때문이다. 물론 캡차는 시각 장애가 있는 사용자는 풀 수가 없다.

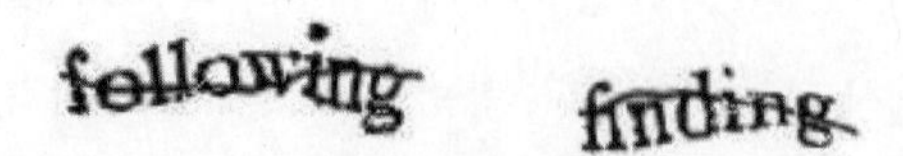

그림 I.21 캡차(CAPTCHA)†

* Alan Turing, "Computing Machinery and Intelligence". 《디 애틀랜틱(The Atlantic)》에 튜링 테스트에 대한 유익하고 재미있는 글이 실려 있다. *www.theatlantic.com/magazine/archive/2011/03/mind-vs-machine/308386/*

† *en.wikipedia.org/wiki/File:Modern-captcha.jpg*

튜링은 컴퓨터과학 분야에서 가장 중요한 인물 중 한 명으로, 우리가 컴퓨터와 계산을 이해하는 데 크게 기여했다.* 컴퓨터과학 분야의 노벨상에 해당하는 튜링상Turing Award은 그를 기념하여 이름 지어졌다.† 튜링상 수상으로 이어진 몇 가지 중요한 컴퓨팅 발명에 관해 책 전반에 걸쳐 계속 다룰 예정이다.

비극적이게도 튜링은 1952년에 당시 영국에서 불법이었던 동성애 행위로 기소된 후 1954년에 세상을 떠났는데, 자살한 것으로 알려져 있다.

HARDWARE 017 요약

컴퓨터는 범용 기계다. 컴퓨터는 메모리에서 명령어를 가져오고, 사용자는 메모리에 다른 명령어를 넣음으로써 컴퓨터가 수행하는 계산을 바꿀 수 있다. 명령어와 데이터는 맥락에 따라서만 구별할 수 있다. 즉, 어떤 이의 명령어는 다른 이의 데이터다.

최신 컴퓨터에서는 다수의 코어가 장착된 단일 칩을 사용할 가능성이 크고, 여러 개의 프로세서 칩을 사용할 수도 있다. 또한 메모리에 더 효율적으로 접근하고자 집적회로에 캐시가 여러 개 들어 있다. 캐싱은 컴퓨팅에서 핵심적인 개념으로, 프로세서에서부터 인터넷 구성 방식에 이르기까지 모든 수준의 컴퓨팅에서 찾아볼 수 있다. 캐싱에는 대상에 더 빨리 접근

* 튜링의 홈페이지는 앤드루 호지스(Andrew Hodges)가 관리하고 있다. 호지스는 앨런 튜링에 대한 거의 완벽한 전기 《앨런 튜링의 이미테이션 게임》을 집필하기도 했다. *www.turing.org.uk/turing*

† ACM 튜링상: *amturing.acm.org/*

하고자 시간적 지역성 또는 공간적 지역성을 활용하는 기법이 활용된다.

컴퓨터의 명령어 집합 아키텍처를 정의하는 데는 많은 방식이 있고, 속도, 전력 소모, 명령어 자체의 복잡성 같은 요인 간의 복잡한 트레이드오프를 수반한다. 이러한 세부 사항은 하드웨어 설계자에게는 지극히 중요하지만, 컴퓨터 프로그램을 작성하는 사람들 대부분에게는 덜 중요하고, 일부 기기에서 프로그램을 사용하기만 하는 이들에게는 전혀 중요하지 않다.

튜링은 기기의 종류와 무관하게 이 같은 구조로 된 컴퓨터라면 모두 정확히 같은 것을 계산할 수 있다는 의미에서 계산 능력이 같음을 증명했다. 물론 컴퓨터의 성능은 서로 크게 다를 수 있지만, 모든 컴퓨터가 속도와 메모리 용량 문제를 제외하면 동등한 능력을 갖추고 있다. 아주 작고 단순한 컴퓨터라도 이론상으로는 더 큰 컴퓨터가 계산할 수 있는 어떤 것이든 계산할 수 있다. 정말로 어떤 컴퓨터든 다른 모든 컴퓨터를 모방하여 작동하도록 프로그래밍될 수 있는데, 튜링이 자신의 연구 결과를 사실상 이런 식으로 증명했다.

> **"다양한 컴퓨팅 처리를 하기 위해 새 기계를 여러 대 설계할 필요는 없다. 각 용도에 적합하게 프로그래밍된 하나의 디지털 컴퓨터로 모두 처리할 수 있다."**
>
> – 앨런 튜링, 1950*

* Alan Turing, "Computing Machinery and Intelligence", *Mind*, 1950.

지금까지 하드웨어에 대해 알아보았다. 이후에도 하드웨어는 어떤 기기나 장치에 관해 이야기할 때 이따금 언급될 것이다. 1부에서 여러분이 기억해야 하는 핵심 아이디어는 다음과 같다.

먼저 디지털 컴퓨터에는 한 개 이상의 프로세서와 다양한 종류의 메모리가 들어 있다. 데스크톱, 노트북, 휴대전화, 태블릿 PC, 전자책 단말기, 기타 많은 장치가 모두 디지털 컴퓨터다. 프로세서는 단순한 명령어들을 매우 빠르게 실행한다. 게다가 기존 계산 결과와 외부 입력에 기초하여 다음에 무슨 일을 할지 결정할 수 있다. 메모리는 데이터뿐만 아니라 데이터 처리 방식을 결정하는 명령어도 담고 있다.

컴퓨터의 논리적 구조는 1940년대 이후로 그다지 바뀌지 않았지만, 물리적 구조는 엄청나게 변했다. 50년 넘게 유효한 법칙이었고 이제 거의 예언대로 실현된 무어의 법칙은 회로 구성 요소의 크기와 가격이 급격히 줄어들고 낮아지면서 일정한 공간과 자본으로 구현 가능한 컴퓨팅 성능이 기하급수적으로 높아진다는 법칙이다. 무어의 법칙이 10년 후쯤엔 끝날 거라는 경고는 수십년 전부터 언급되어 온 단골 주제다.* 회로 소자의 크기가 계속 줄어들어서 이제 원자 몇 개 크기 정도가 되었기에 집적회로 기술이 위기에 봉착한 것은 분명하다. 그렇지만 사람들은 그동안 놀랍도록 창의적이었기에, 아마도 어떤 새로운 발명이 나타나서 무어의 법칙 곡선이 계속 이어질 수 있게 해줄 것이다.

디지털 장치는 이진수로 작동한다. 가장 낮은 수준에서 정보는 두 개의

* 무어의 법칙의 종말에 대한 많은 기사 중 하나: *https://www.technologyreview.com/2020/02/24/905789/were-not-prepared-for-the-end-of-moores-law*

상태를 갖는 장치로 표현된다. 가장 만들기 쉽고 가장 안정적으로 작동하는 방식이기 때문이다. 모든 정보는 비트가 모여서 표현된다. 다양한 유형의 수(정수, 실수, 과학적 기수법*)는 1, 2, 4, 8바이트로 표현되며, 이는 컴퓨터가 하드웨어에서 자연스럽게 처리하는 크기다. 이 말은 일반적인 상황에서 수는 크기가 유한하며 정밀도가 제한돼 있음을 뜻한다. 적절한 소프트웨어를 사용하면 비일상적으로 크거나 매우 정밀한 정도까지 지원할 수도 있지만, 그런 소프트웨어를 사용하는 프로그램은 더 느리게 작동할 것이다.

자연 언어에서 사용되는 문자 같은 정보도 일정한 수의 바이트로 표현된다. 아스키코드는 영어를 처리하기에는 충분하며 문자 한 개당 1바이트를 사용한다. 더 넓은 언어권을 고려하면 유니코드를 사용하여 모든 문자 집합을 처리할 수 있지만 공간을 약간 더 사용한다. 유니코드에는 몇 가지 인코딩 방식이 있다. UTF-8 인코딩은 유니코드의 가변 길이 인코딩 방식으로, 시스템 간 정보 교환을 위해 만들어졌다. UTF-8은 아스키코드 문자에는 1바이트를, 나머지 문자에는 2바이트 또는 그 이상을 사용한다.

실제 측정값 같은 아날로그 정보는 디지털 형태로 변환됐다가 다시 아날로그로 변환된다. 음악, 사진, 영화를 비롯한 여러 종류의 정보는 특정 형식에 맞춰진 일련의 측정값을 이용해서 디지털 형태로 변환됐다가 사람이 사용할 수 있도록 다시 아날로그로 변환된다. 우리는 이러한 변환 과정에서 정보가 일부 손실된다는 점을 예상하고, 이런 특성을 데이터를 압축하는 데 활용한다.

하드웨어가 기본적으로 연산 장치이고 하드웨어가 하는 일 전부가 연산이라는 내용을 읽다 보면 이런 의문이 들 수도 있다. '프로세서가 프로그

* (옮긴이) 유효 숫자와 10의 거듭제곱과의 곱으로 수를 표현하는 방식으로, 과학 분야에서 매우 크거나 매우 작은 수를 표현하는 방법으로 주로 사용된다. *ko.wikipedia.org/wiki/과학적_기수법*

램 가능한 고속 계산기에 불과하다면 어떻게 하드웨어가 음성을 이해하고 우리가 좋아하는 영화를 추천하고 사진에 친구를 태그할 수 있는 건가요?' 좋은 질문이다. 간단히 답하면, 아무리 복잡한 처리 과정이라도 매우 작은 계산 단계로 나눌 수 있기 때문이다. 이 주제는 소프트웨어를 다루는 2부와 그 이후에도 계속 다룰 예정이다.

마지막으로 언급할 이야기가 하나 있다. 지금 다룬 모든 컴퓨터는 **디지털**digital 컴퓨터다. 즉, 모든 것이 결국 비트로 환원되고, 비트는 하나씩 또는 모여서 어떤 종류의 정보든 수로 표현한다. 비트의 해석은 맥락에 따라 달라진다. 비트로 바꿀 수 있는 정보라면 어떤 것이든 디지털 컴퓨터가 표현하고 처리할 수 있다. 하지만 비트로 인코딩하거나 컴퓨터로 처리하기 어려운 것도 아주 많다는 점을 명심하라. 그중 대부분은 인생에서 중요한 것들이다. 창조력, 진실, 아름다움, 사랑, 명예, 가치. 한동안은 컴퓨터로 이런 것들을 표현할 수 없을 거라고 본다. 이를 '컴퓨터'로 처리하는 방법을 안다는 사람이 있다면 반드시 의심해 봐야 한다.

UNDERSTANDING

THE DIGITAL WORLD

II부 IT 근육 둘

소프트웨어

소프트웨어로 들어가기 전에 알아 둬야 할 좋은 소식과 나쁜 소식이 있다.

좋은 소식은 컴퓨터가 어떤 계산이라도 수행할 수 있는 범용 기계라는 점이다. 활용할 수 있는 명령어의 종류는 몇 가지뿐이지만, 컴퓨터는 명령어를 매우 빨리 처리할 수 있고 자신의 동작을 대부분 제어할 수 있다.

나쁜 소식은 컴퓨터는 무엇을 해야 할지 누군가가 극도로 상세하게 알려 주지 않는다면 스스로 아무것도 하지 않는다는 점이다. 컴퓨터는 궁극적인 마법사의 제자라고 할 수 있다. 지칠 줄 모르고 실수없이 명령을 따르지만, 해야 할 일을 설명해 주려면 공들여 정확을 기해야 한다.

소프트웨어software는 컴퓨터가 뭔가 유용한 일을 하게 해주는 일련의 명령어를 의미하는 일반적인 용어다. 소프트웨어는 '딱딱한hard' 하드웨어와는 대조적으로 '부드럽다soft'. 형체가 없고, 손에 쉽게 잡히지 않기 때문이다. 하드웨어는 형체가 있어서, 만일 발 위에 노트북을 떨어뜨린다면 바로 알아챌 수 있지만 소프트웨어는 그렇지 않다.

2부에서는 소프트웨어, 다시 말해 컴퓨터에게 무엇을 해야 할지 알려 주는 방법에 관해 이야기할 것이다. 먼저 알고리즘에 초점을 맞춰 소프트웨어의 추상적인 측면을 살펴본다. 알고리즘은 특정 과제를 해결하기 위한 이상적인 절차라고 할 수 있다. 다음으로는 프로그래밍과 프로그래밍 언어에 대해 이야기한다. 프로그래밍 언어는 컴퓨터가 수행하기를 원하는 일련의 계산 단계를 표현하려고 사용하는 언어다. 그런 다음 우리 모두에게 익숙한 주요 소프트웨어 시스템에 대해 설명한다. 마지막으로 요즘 가장 인기 있는 언어인 자바스크립트와 파이썬으로 프로그래밍하는 방법을 간략히 소개한다.

그 전에 유념해야 할 점이 있다. 최신 기술 시스템은 범용 하드웨어, 즉 프로세서, 메모리, 외부 환경과의 연결 장치를 점점 더 많이 사용하고, 구체적인 작동 방식은 소프트웨어로 구현하는 추세다. 소프트웨어가 하드웨어보다 더 저렴하고, 유연하고, 바꾸기 쉽다는 통념이 있다. 특히 어떤 기기가 공장에서 출고되고 나면 그렇다. 예를 들어, 컴퓨터가 자동차의 동력과 브레이크가 작동하는 방식을 제어한다면 잠김 방지 제동anti-lock braking이나 전자식 주행 안정 제어electronic stability control 같은 다양한 기능은 분명히 소프트웨어가 담당할 것이다.

기차, 선박, 항공기에서 소프트웨어가 차지하는 비중도 점점 더 커지고 있다. 유감스럽게도 시스템의 물리적 작동 방식을 바꾸는 데 소프트웨어를 사용하는 일은 항상 간단하지만은 않다. 일례로 2018년 10월과 2019년 3월에 일어난 두 건의 보잉 737 맥스Boeing 737 MAX 여객기 추락 사고에서 346명이 사망했고, 이 사고의 여파를 다룬 기사에서 항공용 소프트웨어가 많이 언급됐다.

항공기 제작사 보잉은 1967년 보잉 737을 생산하기 시작했고, 이 모델은 오랫동안 꾸준히 진화했다. 2017년에 비행을 시작한 737 맥스는 737을 대대적으로 수정한 모델로, 더 크고 효율적인 엔진이 장착되었다.

새 엔진이 탑재되면서 737 맥스의 비행 특성은 크게 달라졌다. 작동 방식을 기존 모델에 가깝게 유지해야 했는데, 공기역학적 수정을 하는 대신 MCASManeuvering Characteristics Augmentation System, 조종 특성 증강 시스템라는 자동화된 비행 제어 소프트웨어 시스템을 개발하는 방법을 택했다. MCAS를 만든 목적은 맥스가 737과 동일한 방식으로 비행하도록 함으로써, 모델이 재인증을 받거나 조종사가 재훈련을 받을 필요가 없도록 하는 것이었다. 비용을 절약하기 위한 방법이었다. 그래서 보잉은 소프트웨어로 새 기종을 이

전 기종과 흡사하게 만들려고 했다.

이후 일어난 복잡한 상황을 단순화해서 설명하자면, 더 무거워지고 엔진 위치가 바뀐 탓에 맥스의 비행 특성이 바뀌었다. 일정한 조건에서 항공기의 기수가 너무 높아 속력을 잃는 상태일 수 있다고 판단하면 MCAS가 자동으로 기수를 낮췄다. 기체에 기수를 감지하는 센서가 두 개 있었지만, MCAS는 센서 하나의 감지만으로도 결정을 내렸고 센서 오작동에도 기수 조정이 이뤄졌다. 게다가 조종사가 기수를 높이려고 하면 MCAS는 조작을 무시했다. 그 결과 일련의 상하 진동이 발생했고 결국 치명적인 추락 사고를 일으켰다. 설상가상으로 보잉이 MCAS의 존재를 밝히지 않았기에 조종사들은 잠재적인 문제를 인식하지 못했고, 이에 대처하기 위한 적절한 훈련을 받지 못했다고 한다.*

두 번째 추락 사고가 일어나고 얼마 지나지 않아 전 세계 항공 당국에서는 737 맥스 운항을 금지시켰다. 보잉의 평판은 심하게 훼손됐고 손실 추정액은 200억 달러 이상에 달했다. 2020년 11월 말에 미국 연방 항공국이 조종사 훈련과 기체 자체의 변경을 조건으로 맥스의 운항 금지를 해제했지만, 언제 다시 정식으로 서비스를 재개할지는 확실하지 않다.

컴퓨터는 필수 시스템critical system†에서 핵심을 차지하며, 소프트웨어가 필수 시스템을 제어한다. 자율주행 자동차뿐만 아니라 최신 자동차가 제공하는 운전자 보조 기술만 해도 소프트웨어로 제어된다. 간단한 예로, 내가 모는 스바루 포레스터Subaru Forester에는 앞 유리창 밖을 내다보는 두 대의 카메라가 장착돼 있다. 이 모델은 컴퓨터 비전 기술을 이용해서 운전자

* 737 맥스 사고 상황을 소프트웨어 관점에서 기술한 글: *spectrum.ieee.org/aerospace/aviation/how-the-boeing-737-max-disaster-looks-to-a-software-developer*

† (옮긴이) 안정성이 매우 중요하고, 시스템이 업그레이드되더라도 무리한 비용 투입 없이 안정성을 유지해야 하는 시스템이다. 안전 필수, 임무 필수, 사업 필수, 보안 필수 네 가지로 구분된다. *en.wikipedia.org/wiki/Critical_system*

가 방향 지시등을 켜지 않고 차선을 변경하거나 자동차나 사람이 너무 가까이 있는 것이 감지되면 경고한다. 이 기능은 잦은 오탐지 때문에 도움보다는 방해가 될 때가 많지만, 몇 차례 나를 구해 주기도 했다.

의료 영상 시스템은 컴퓨터로 신호를 제어하고 의사들이 해석할 영상을 만들어 낸다. 이러한 시스템에서 필름은 디지털 영상으로 대체되었다. 항공 교통 관제 시스템, 항법 보조 장치, 전력망이나 전화통신망 같은 인프라도 컴퓨터를 이용하여 제어된다.

한편 비용 절감과 집계 속도 향상을 위해 도입된 전자 투표 기계에는 그동안 심각한 결함이 발견됐다. 2020년 초 미국 아이오와주에서 치러진 민주당의 대선 예비선거는 시스템 장애로 집계 결과 발표가 지연되었고, 문제를 고치는 데 며칠이나 걸리면서 낭패스러운 사건으로 기록됐다.* COVID-19 범유행 시기에 떠오른 아이디어인 인터넷 투표는 선거 담당 공무원이 시인한 수준보다 훨씬 위험하다. 투표의 익명성을 유지하는 동시에 보안을 지킬 수 있는 시스템을 만들기는 매우 어렵다.†

무기와 병참 지원을 위한 군용 시스템은 컴퓨터에 전적으로 의존하며, 전 세계의 금융 시스템도 마찬가지다. 사이버 전쟁과 사이버 스파이 활동은 실제 위협으로 작용한다. 2010년에 있었던 스턱스넷Stuxnet 웜 공격은 이란의 우라늄 농축 원심분리기를 파괴했다. 2015년 12월에 우크라이나에서 일어난 대규모 정전 사태는 러시아에서 만들어진 악성코드 때문에 발생했지만, 러시아 정부는 사건과의 연관성을 부인했다.‡ 2년 후에 페트야Petya라는 랜섬웨어를 사용한 두 번째 공격이 있었고, 우크라이나의 여

* 아이오와주 민주당 대선 예비선거 대실패: *www.nytimes.com/2020/02/09/us/politics/iowa-democratic-caucuses.html*

† COVID-19에 대한 우려로 촉발된 인터넷 투표의 위험성: *www.politico.com/news/2020/06/08/online-voting-304013*

‡ *www.cnn.com/2016/02/03/politics/cyberattack-ukraine-power-grid*

러 서비스 운영에 지장을 주었다. 2017년에 워너크라이WannaCry로 알려진 랜섬웨어 공격은 전 세계에 수십억 달러의 피해를 입혔다.* 미국 정부는 이 공격이 북한의 소행이라고 공식적으로 비난했다. 2020년 7월에는 러시아 사이버 스파이 그룹이 여러 국가에서 COVID-19 백신 개발 정보를 빼내려고 했다는 혐의를 받았다.†

국가의 후원을 받은 것이든 범죄자의 소행이든 사이버 공격은 폭넓은 대상에게 가해질 수 있다. 사용하는 소프트웨어가 신뢰할 만하거나 견고하지 않다면 우리는 많은 문제에 노출될 것이고, 소프트웨어 의존도가 커질수록 상황이 더 악화될 것이다. 앞으로 살펴보겠지만 완전히 신뢰할 수 있는 소프트웨어를 작성하기는 어렵다. 논리나 구현에 어떤 오류나 간과한 부분이 있다면 프로그램이 잘못된 방식으로 작동하거나, 정상적인 사용 시나리오에는 문제가 없더라도 공격자가 파고들 틈을 남길 수도 있다.

* *en.wikipedia.org/wiki/WannaCry_ransomware_attack*

† *thehill.com/policy/national-security/507744-russian-hackers-return-to-spotlight-with-vaccineresearch-attack*

SOFTWARE

018 알고리즘과 초콜릿 케이크 레시피

파인만 알고리즘

1. 문제를 적는다.

2. 골똘히 생각한다.

3. 답을 적는다.

– 머리 겔만, 1992*

소프트웨어를 설명할 때 음식을 만드는 레시피에 자주 비유하곤 한다. 레시피는 요리에 필요한 재료, 요리사가 수행해야 하는 작업 순서, 그리고 예상되는 결과를 열거한다. 이와 유사하게, 어떤 과제를 수행하는 프로그램은 연산에 필요한 데이터를 명시하고, 데이터에 대해 수행할 작업을 자세히 설명한다. 그러나 실제 레시피는 프로그램에 필요한 수준보다 훨씬 모호해서, 프로그램을 요리에 비유하는 건 썩 좋지 않다. 예를 들어 초콜릿 케이크 레시피는 이런 식이다. '오븐에서 30분, 또는 반죽이 자리 잡을 때까지 구우세요. 표면 위에 손바닥을 살짝 올려서 확인하세요.'† 무엇을 확인해야 할까? 흔들림, 탄력, 혹은 다른 것일까? '살짝'은 얼마나 살짝일까? 굽는 시간은 최소 30분일까, 아니면 30분을 넘겨서는 안 되는 것일까?

* 물리학자 머리 겔만(Murray Gell-Mann)이 말한 것으로 알려져 있다. 미국의 과학 분야 작가 제임스 글릭은 리처드 파인만(Richard Feynman)에 대해 "쇼맨십 약간, 천재성 가득(Part Showman, All Genius)"이라는 제목의 글을 쓰기도 했다. *www.nytimes.com/1992/09/20/magazine/part-showman-all-genius.html*

† Rose Gray, Ruth Rodgers, "The best chocolate cake ever", *The River Cafe Cookbook*, *books.google.com/books?id=INFnzXj81-QC&pg=PT512*

소프트웨어는 요리 레시피보다 납세 신고서에 비유하는 것이 더 적절하다. 납세 신고서에는 무엇을 해야 하는지 극도로 상세하게 설명돼 있다. '29행에서 30행을 빼세요. 만일 값이 0 이하이면 0을 입력하세요. 31행에 0.25를 곱하세요, ….' 여전히 완벽한 비유는 아니지만, 납세 신고서는 레시피보다는 계산적 측면을 훨씬 더 잘 담아낸다. 즉 산술 연산이 필요하고, 데이터 값을 한 곳에서 다른 곳으로 복사하고, 조건을 검사하고, 차후의 계산은 기존 계산 결과에 달려 있다.

세금 계산은 특히 처리 절차가 완전해야 한다. 어떤 상황에서라도 결과, 즉 납부할 세액을 항상 산출해 내야 한다. 절차는 명료해야 하며, 누구든 똑같은 초기 데이터를 갖고 시작하면 똑같은 최종 결과에 도달해야 한다. 또한 절차는 한정된 시간 내에 끝나야 한다. 개인적인 경험으로 말하자면 이러한 명제들은 모두 이상에 불과하다. 용어가 항상 명확하지는 않고, 설명은 세무 당국이 의도한 것보다 더 모호하며, 어떤 데이터 값을 사용해야 하는지 불확실할 때가 자주 있기 때문이다.

알고리즘algorithm은 세심하고 정확하고 명료하게 작성된 레시피나 납세 신고서의 컴퓨터과학 버전이라고 할 수 있는데, 결과를 정확하게 계산하도록 보장된 일련의 단계다. 각 단계는 기본 연산으로 표현되어 있으며, 연산의 의미는 완전히 명시된다. 예를 들면 '두 개의 정수를 더하세요.'처럼. 알고리즘을 이루고 있는 모든 구성 요소의 의미에 한치의 모호함도 있어선 안 된다. 입력 데이터가 어떤 유형이어야 하는지도 제공해야 한다. 알고리즘은 모든 가능한 상황을 다루어야 하며, 다음에 무엇을 해야 할지 모르는 상황이 발생하면 안 된다. 더 꼼꼼한 컴퓨터과학자들은 조건 하나를 더 추가한다. '알고리즘은 결국 멈춰야 한다'는 것이다. 따라서 정석대로라면 '거품을 내고, 헹구고, 반복하라' 같은 우리가 잘 알고 있는 샴푸 사용법은 '알고리즘'이 아니다.

효율적인 알고리즘의 설계, 분석, 구현은 컴퓨터과학이라는 학문에서도 매우 핵심적인 부분이고, 알고리즘에는 현실에서도 중요하게 활용되는 것들도 있다. 여기서는 어떤 알고리즘을 콕 집어서 설명하거나 자세히 표현하지는 않겠지만, 한 가지 개념만큼은 전달하려고 한다. 알고리즘은 지능이나 상상력이 없는 개체가 수행하더라도 연산의 의미와 수행 방법에 의심의 여지가 없을 정도로 상세하고 정확하게 일련의 연산을 명시해야 한다는 것이다. 그리고 알고리즘의 효율성에 대해서도 설명할 텐데, 알고리즘의 효율성은 처리 데이터 양에 따라 계산에 소요되는 시간을 표현하는 방법을 말한다. 친숙하고 쉽게 이해할 수 있는 기본적인 알고리즘 몇 개를 가지고 효율성을 따져 보자.

알고리즘에 관한 세부 사항과 공식을 모두 이해할 필요는 없지만, 기본적인 아이디어는 알아 두는 것이 중요하다.

SOFTWARE 019 반에서 가장 키 큰 사람 찾기: 선형 알고리즘

반에서 가장 키 큰 사람이 누구인지 알고 싶다고 해보자. 그냥 둘러봐도 어림짐작할 수 있겠지만, 알고리즘은 바보 같은 컴퓨터도 이해할 수 있을 정도로 실행 단계를 명확하고 상세하게 설명해야 한다. 기본적인 접근 방식은 한 명 한 명 차례로 키가 몇인지 묻고, 지금까지 확인한 사람 중에 가장 키 큰 사람이 누군지 계속 체크하는 것이다. 사람들에게 돌아가며 다음과 같이 물어볼 수 있다. "존, 키가 몇이니?" 만일 존에게 처음으로 키를 물어본 것이라면 지금까지는 존이 가장 키 큰 사람이다. "메리, 키가 몇이니?" 존 다음으로 메리에게 키를 물어봤는데 메리가 더 크다면 이제 메리가 가장 키 큰 사람이고, 그렇지 않다면 존이 순위를 유지한다. 어떻든 세 번째 사람에게도 이어서 질문하고, 이런 식으로 절차의 끝까지 도달하여 모든 학생에게 물어보면 가장 키 큰 사람과 그의 키를 알 수 있다. 이 방법으로 알아낼 수 있는 것으로는 재산이 가장 많은 사람, 알파벳순으로 이름이 가장 앞에 오는 사람, 또는 생일이 가장 느린 사람 등이 있다.

다른 조건이 추가되면 상황이 복잡해진다. 만약 중복되는 값이 있을 땐 어떻게 다뤄야 할까? 예를 들어, 두 명 이상의 학생이 키가 같다면? 먼저 물어본 사람을 기록해야 할지, 나중에 물어본 사람을 기록해야 할지, 아니면 임의로 선택해야 할지, 아니면 모두 기록해야 할지 정해야 한다. 가장 키 큰 사람을 찾는 게 아니라, 키가 같은 사람들의 무리 중에서 사람 수가 가장 많은 무리를 찾는 일은 훨씬 더 어려운 문제라는 점에 주목하자. 왜냐하면 키가 같은 사람 모두의 이름을 기억해야 하기 때문이다. 이 경우 입력 끝에 가서야 최종 명단에 누가 있는지 알게 될 것이다. 이런 문제를 해결하려면 **자료 구조**data structure가 필요하다. 자료 구조는 계산 과정에서 필요한 정보를 표현하는 방법이다. 자료 구조는 많은 알고리즘에서 중요하게 고려해야 할 사항이지만, 여기서 자세히 설명하지는 않겠다.

전체 키의 평균을 계산하고 싶다면 어떻게 해야 할까? 각 사람에게 키를 물어보고, 입수한 키의 값을 합산하고(아마도 일련의 수를 합산하는 모형 컴퓨터 프로그램을 사용하여), 마지막에 총 합계를 사람 수로 나눠서 평균을 구할 수 있을 것이다. 종이에 N명의 키 목록이 쓰여 있다면 이 예제를 더 '알고리즘적으로' 다음처럼 표현할 수 있다.

```
set sum to 0                      // sum을 0으로 설정한다.
for each height on the list       // 목록에 있는 각 height에 대해
    add the height to sum         // sum에 height를 더한다.
set average to sum / N            // average를 sum / N으로 설정한다.
```

하지만 컴퓨터에 이 작업을 요청하려면 더 신중해야 한다. 예를 들어, 종이에 아무런 수도 쓰여 있지 않다면 어떻게 될까? 만일 사람이 이 작업을 한다면 할 일이 없다는 것을 금방 알아차릴 수 있기 때문에 문제가 되지 않는다. 반면, 컴퓨터에게는 아무것도 쓰여 있지 않을 가능성에 대해 검사해야 한다고, 또 실제로 그런 경우가 발생했을 때 어떻게 해야 하는지도 알려 줘야 한다. 검사가 수행되지 않으면 결과적으로 합계를 0으로 나누려고 시도하게 될 텐데, 이는 정의되지 않은 연산이다. 알고리즘과 컴퓨터는 모든 가능한 상황을 처리해야 한다. 만약 여러분이 한 번이라도 '0원'으로 발행된 수표나 0원을 납부하라는 고지서를 받아 보았다면 모든 경우를 제대로 검사하지 못한 예를 만난 것이다.

보통 그렇듯이, 데이터 항목이 몇 개인지 미리 알 수 없다면 어떻게 해야 할까? 이 경우에는 합계를 계산하면서 항목의 개수도 세어야 한다.

```
set sum to 0                                 // sum을 0으로 설정한다.
set N to 0                                   // N을 0으로 설정한다.
repeat these two steps for each height:      // 각 height마다
                                             // 다음 두 단계를 반복한다.
    add the next height to sum          // sum에 다음 height를 더한다.
    add 1 to N                          // N에 1을 더한다.
if N is greater than 0                  // N이 0보다 크다면
    set average to sum / N              // average를 sum / N으로 설정한다.
otherwise                                    // 그렇지 않다면
    report that no heights were given   // 주어진 height가 없다고 알린다.
```

위 알고리즘은 처리하기 곤란한 경우를 명시적으로 검사함으로써 잠재적

으로 발생할 수 있는 '0으로 나누기' 문제를 해결하는 한 가지 방법을 보여 준다.

알고리즘에서 중요한 특성 하나는 얼마나 효율적으로 작동하느냐다. 알고리즘의 효율성은 '알고리즘이 빠른가, 느린가?', '주어진 양의 데이터를 처리하는 데 시간이 얼마나 걸릴 것으로 예상되는가?'와 같은 질문에 대한 답이다. 앞의 예제에서 수행할 단계의 수, 또는 컴퓨터가 이 작업을 하는 데 걸리는 시간은 처리해야 하는 데이터의 양에 정비례한다. 만약 방 안에 있는 사람의 수가 두 배이면 가장 키 큰 사람을 찾거나 평균 키를 계산하는 데 두 배의 시간이 걸릴 것이고, 사람의 수가 10배라면 처리하는 데 10배의 시간이 걸릴 것이다. 계산 시간이 데이터의 양에 정비례하거나 선형적으로 비례할 때, 그 알고리즘은 **선형 시간**linear-time 또는 단순히 **선형**linear이라고 한다. 데이터 항목의 수를 x축으로 놓고 실행 시간을 y축으로 해서 그래프를 그려 보면 오른쪽 위를 향하는 직선이 될 것이다. 일상생활에서 접하는 많은 알고리즘은 선형이다. 왜냐하면 어떤 데이터에 대해 동일한 기본 연산을 수행해야 하는데, 데이터 수가 많아지면 곧 그에 정비례하게 많은 일이 필요하기 때문이다.

많은 선형 알고리즘이 동일한 기본 형태를 갖는다. 먼저 초기화가 필요하다. 예를 들면 누적 합계를 0으로 설정하거나, 가장 큰 키를 어떤 작은 값으로 설정하는 것이다. 다음으로, 각 항목을 차례로 검사하고, 항목에 대해 간단한 계산을 수행한다. 수를 세거나, 이전 값과 비교하거나, 간단한 방식으로 변환하거나, 아마 출력할 것이다. 마지막에는 작업을 끝내기 위한 어떤 단계가 필요하다. 예를 들면 평균을 계산하거나 합계나 가장 큰 키를 출력하는 일이다. 만약 각 항목에 대한 연산에 거의 같은 시간이 걸린다면 소요되는 전체 시간은 항목의 수에 비례한다.

SOFTWARE

020

10억 개 전화번호에서 이름 찾기: 이진 검색

선형 시간 알고리즘보다 더 나은 방법은 없을까? 이름과 전화번호가 적힌 리스트나 명함 다발이 많이 있다고 가정해 보자. 이름이 순서 없이 섞여 있는 상태에서 '마이크 스미스'의 전화번호를 찾으려 한다면, 그 이름을 찾을 때까지 리스트를 전부 확인해야 할 것이고 아예 그 이름을 찾지 못할 수도 있다. 하지만 이름이 알파벳순으로 되어 있다면 더 쉽게 찾을 수 있다.

종이로 된 옛날 전화번호부에서 이름을 찾는 방법을 생각해 보자. 보통은 전화번호부 중간쯤부터 보기 시작한다. 만일 찾는 이름이 중간 페이지에 있는 이름보다 알파벳순으로 앞에 있으면 책의 뒤쪽 절반은 완전히 무시하고 앞쪽 절반의 중간(전체의 1/4 지점)을 펼쳐 본다. 그렇지 않으면 책의 앞쪽 절반은 무시하고 뒤쪽 절반의 중간(전체의 3/4 지점)을 확인한다. 이름이 알파벳순으로 나열되어 있으므로, 다음 단계에 어느 쪽 절반을 찾아야 할지 알 수 있다. 결국 우리는 그 이름이 있는 지점에 도달하거나 목록에 이름이 없음을 확실히 알게 된다.

이 검색 알고리즘을 **이진 검색**binary search이라고 한다. 각 확인 또는 비교 단계를 거치면서 항목들이 두 그룹으로 나뉘고, 그중 한쪽 그룹은 다음 고려 대상에서 제외될 수 있기 때문이다. 이진 검색은 **분할 정복**divide and conquer이라는 일반적인 전략의 한 가지 예다. 그 속도는 얼마나 빠를까? 각 단계마다 남아 있는 항목의 절반이 제외되므로, 단계의 수는 전체 항목의 크기를 2로 계속 나눠 항목 크기가 1에 도달하게 되는 횟수에 해당한다.

이름 1,024개로 시작한다고 가정해 보자. 이 수는 수월한 계산을 위해 선택된 값이다. 한 번 비교하면 절반인 512개를 검색 대상에서 제외할 수 있다. 한 번 더 비교하면 256개, 이어서 단계별로 128, 64, 32, 16, 8, 4, 2, 마지막으로 1이 된다. 세어 보면 10번의 비교가 일어났다. 여기서 2^{10}이 1,024라는 것은 결코 우연이 아니다. 여기서 비교 횟수는 2를 거듭제곱했을 때 전체 항목의 수가 되도록 하는 지수다. 각 단계 항목의 개수를 역순으로 1부터 2, 4, …, 1,024까지 따라가 보면 매번 2를 곱하고 있음을 알 수 있다.

학교에서 배운 로그를 기억한다면(기억하는 사람이 많지는 않을 것이다. 여기서 로그를 볼 것이라고 누가 생각이나 했겠는가?), 어떤 수의 로그는 그 수에 도달하기 위해 밑수(여기서는 2)에 붙는 지수라는 것을 아마 기억할 것이다. 따라서 밑수 2에 대한 1,024의 로그($\log_2 1024$)는 10이 된다. 2^{10}이 1,024이기 때문이다. 알고리즘 맥락에 맞춰 이야기하자면 로그는 어떤 수를 2로 나눠서 1에 도달하기까지의 횟수, 또는 2를 거듭제곱해서 그 수까지 도달하기까지의 횟수다. 이 책에서 로그는 항상 밑수 2인 로그를 의미한다. 정밀도나 소수까지는 고려할 필요가 없다. 어림값과 정수값만 보아도 충분한데, 많이 단순화한 것이다.

이진 검색에서 중요한 점은 수행해야 하는 일의 양이 데이터의 양이 증가하는 것에 비해 천천히 증가한다는 것이다. 알파벳순으로 정렬된 이름 1,000개가 있을 때, 특정 이름을 찾으려면 이름 10개를 확인해야 한다. 이름이 2,000개 있다면 이름 11개만 확인하면 된다. 왜냐하면 첫 번째로 이름을 확인하는 즉시 2,000개 중 1,000개가 검색 대상에서 제외되어, 두 번째 검사부터는 1,000개만 가지고 확인하면 되기 때문이다. 즉 이름은 1,000개 늘었지만 검사 횟수는 1번 늘어났을 뿐이다. 이름이 100만 개 있다고 하자. 100만은 1,000의 1,000배이므로 검사를 10번 하면 1,000개까지 검색 대상을 줄일 수 있고, 다시 검사를 10번 하면 검색 대상이 한 개가 되므로 총 20번의 검사가 일어난다. 100만은 10^6으로 2^{20}에 가깝기 때문에 100만의 로그는 약 20이 된다.

이상에서, 이름이 10억 개 담긴 전화번호부(거의 전 세계 전화번호부가 되겠다)에서 이름을 찾으려 한다면 10억은 약 2^{30}이기 때문에 30번만 이름을 비교하면 된다는 것을 알 수 있다. 이러한 이유로 작업의 양이 데이터의 양에 비해 천천히 증가한다고 하는 것이다. 데이터의 양이 1,000배 많아지더라도 10번의 단계만 더 필요하다.

정말인지 확인해 보기 위해, 내 친구 해리 루이스Harry Lewis를 하버드 대학 종이 전화번호부에서 검색해 본 적이 있다. 당시 이 전화번호부는 총 224쪽이었고, 약 20,000개의 이름을 포함하고 있었다(물론 종이 전화번호부는 오래 전에 사라져서 이제 이 실험을 할 수 없다). 절반인 112쪽에서 시작해 보니 로런스Lawrence라는 성이 나왔다. '루이스Lewis'는 알파벳순으로 그 이후라서 뒤쪽 절반에 있으므로 112와 224의 중간인 168쪽을 다음으로 확인했고 리베라Rivera가 나왔다. 루이스는 알파벳순으로 그 전이라서 140쪽(112와 168쪽 중간)을 확인했고 모리타Morita가 나왔다. 다음으로 126쪽(112와 140쪽 중간)을 확인했고 마크Mark가 나왔다. 다음 시도는 119쪽의 리틀Little, 다음은 115쪽의 라이트너Leitner, 다음은 117쪽의 리Li, 마지막으로 116쪽에 도달했다. 116쪽에는 이름이 90개 정도 있어서 같은 면에서 다시 7번의 비교를 거쳤고, 여남은 수의 루이스 중에서 해리를 찾아냈다. 이 실험에는 총 14번의 검사가 필요했다. 이는 예상에 근접한 값인데, 20,000은 2^{14}(16,384)와 2^{15}(32,768) 사이에 있기 때문이다.

실생활에서 이런 이진 나눗셈을 어렵지 않게 찾아볼 수 있는데, 스포츠 경기에 자주 사용되는 단계별 토너먼트 같은 상황이 이에 해당한다. 토너먼트는 많은 수의 경쟁자들로 시작한다. 예를 들면 윔블던Wimbledon 테니스 대회에서 남자 단식 경기는 128명으로 시작한다. 각 회전에서 경쟁자들이 절반씩 탈락해서 결승에서는 선수 두 명만 남고, 이 중에서 단독 승자가 나온다. 우연치 않게 128은 2의 거듭제곱(2^7)이라서 윔블던에는 7번의 회전이 있다. 전 세계인이 모여서 하는 단계별 토너먼트를 상상해 볼 수도 있을 것이다. 70억 명의 참가자가 있더라도 승자를 결정하는 데는 단지 33번의 회전이 필요하다. 1부에서 2와 10의 거듭제곱에 대해 이야기했던 것을 떠올린다면 간단한 암산으로 확인할 수 있다.

SOFTWARE 021 검색을 쉽게 만드는 정렬: 선택 정렬 vs 퀵 정렬

애초에 어떻게 하면 이름을 알파벳순으로 배치할 수 있을까? 그런 예비 단계 없이는 이진 검색을 사용할 수 없다. 여기서 또 다른 핵심적인 알고리즘 문제인 **정렬**sorting이 등장한다. 정렬은 항목을 순서대로 배열해서 검색이 빨리 실행될 수 있도록 해준다.

이진 검색으로 효율적으로 찾을 수 있도록 사전에 이름을 알파벳순으로 정렬하고 싶다고 가정해 보자. 먼저 살펴볼 알고리즘은 **선택 정렬**selection sort이다. 이렇게 불리는 까닭은 아직 정렬되지 않은 항목 중에서 다음 이름을 계속 선택하기 때문이다. 이는 앞서 보았던 방 안에서 가장 키 큰 사람을 찾는 기법에 바탕을 두고 있다.

우리에게 익숙한 16개의 이름을 알파벳순으로 정렬하면서 실제로 확인해보자.

Intel Facebook Zillow Yahoo Pinterest Twitter Verizon Bing
Apple Google Microsoft Sony PayPal Skype IBM Ebay

앞부분부터 시작하자. 인텔Intel이 맨 앞에 나오므로 지금까지는 알파벳순으로 인텔이 첫 번째다. 다음 이름인 페이스북Facebook과 비교해 보자. 페이스북이 알파벳순으로 앞에 오기 때문에 새로운 첫 번째 이름이 된다. 질로우Zillow는 알파벳순으로 페이스북보다 앞이 아니고 버라이즌Verizon까지는 페이스북이 가장 첫 번째 이름이었다가 빙Bing이 나오자 페이스북 대신 첫 번째 이름이 된다. 이어서 애플Apple에 자리를 뺏긴다. 나머지 이름을 검사해 봐도 애플 앞에 오는 이름은 없어서 애플이 목록에서 진짜 첫 번째 이름이 된다. 애플을 가장 앞으로 옮기고 나머지 이름은 원래 상태 그대로 둔다. 목록은 이제 다음처럼 된다.

Apple

Intel Facebook Zillow Yahoo Pinterest Twitter Verizon Bing
Google Microsoft Sony PayPal Skype IBM Ebay

이제 두 번째 이름을 찾기 위해 과정을 반복한다. 정렬되지 않은 무리 중 첫 번째 이름인 인텔부터 시작한다. 다시금 페이스북이 자리를 빼앗고 유사하게 진행된 후 빙이 첫 번째 요소가 된다. 두 번째 훑어보기 이후 결과는 다음과 같다.

Apple Bing

Intel Facebook Zillow Yahoo Pinterest Twitter Verizon

Google Microsoft Sony PayPal Skype IBM Ebay

14번의 단계를 더 진행하면 이 알고리즘은 알파벳순으로 완전히 정렬된 목록을 만들어 낸다.

선택 정렬에는 얼마나 많은 일이 필요할까? 남아 있는 항목들 전체를 반복하여 검사하면서 매번 알파벳순으로 다음에 오는 이름을 찾는다. 이름이 16개 있으면 첫 번째 이름을 찾기 위해 16개의 이름을 확인해야 한다. 두 번째 이름을 찾는 데는 15번의 단계가 필요하고, 세 번째 이름은 14번의 단계, 이러한 식으로 반복한다. 결국, $16+15+14+\cdots+3+2+1$, 총 136번 이름을 확인해야 한다. 물론 똑똑한 정렬 알고리즘은 이름이 이미 순서대로 되어 있는 경우 미리 알아챌 수도 있겠지만, 알고리즘을 연구하는 컴퓨터과학자들은 비관론자라서 지름길 없이 모든 작업을 수행해야 하는 최악의 경우를 가정한다.

이름을 훑어보는 횟수는 원래 항목의 수에 정비례한다(이 예제에서는 16, 일반적으로는 N). 하지만 훑어볼 때마다 항목의 수가 한 개씩 줄어들기 때문에 일반적으로 필요한 일의 양은 다음과 같이 계산된다.

$$N+(N-1)+(N-2)+(N-3)+\cdots+2+1$$

이 수열의 합계는 $N\times(N+1)/2$이 되고(양 끝의 수를 두 개씩 짝지어 더해 나간다고 보면 이해하기 쉽다), 풀어서 계산하면 $N^2/2+N/2$이 된다. 2로 나누는 걸 무시하면 일의 양은 N^2+N에 비례한다. N이 커짐에 따라

N^2은 금방 N보다 훨씬 큰 값이 되므로(예를 들어, N이 1,000이면 N^2은 100만이다), 결과적으로 일의 양은 N^2, 즉 N의 제곱에 거의 비례하게 되는데, 이러한 증가율을 **2차**quadratic라고 한다. 2차는 선형보다 효율이 훨씬 더 낮다. 만약 정렬할 항목의 수가 2배가 되면 4배의 시간이 걸릴 것이고, 10배라면 100배의 시간이 걸릴 것이다. 항목의 수가 1,000배라면 1,000,000배의 시간이 걸린다! 썩 좋지 않다.

다행스럽게도 훨씬 더 빨리 정렬하는 방법이 있다. 한 가지 기발한 방법을 살펴보자. 바로 **퀵 정렬**Quicksort이라는 알고리즘으로, 영국인 컴퓨터과학자인 토니 호어Tony Hoare가 1959년경에 고안했다(호어는 퀵 정렬을 포함한 몇 가지 공로를 인정받아 1980년에 튜링상을 받았다). 퀵 정렬은 명쾌한 알고리즘으로, 분할 정복의 훌륭한 사례다.

다시 한 번 정렬되지 않은 상태에서 시작하자.

Intel Facebook Zillow Yahoo Pinterest Twitter Verizon Bing
Apple Google Microsoft Sony PayPal Skype IBM Ebay

선택 정렬보다 단순화된 형태의 퀵 정렬을 사용하여 이름을 정렬하려면, 먼저 이름을 한 번 훑어보면서 첫 글자가 A에서 M까지인 이름을 한 그룹으로 모으고 N에서 Z까지인 이름을 다른 그룹으로 모은다. 이렇게 하면 그룹이 두 개 생기고, 각각에 절반 정도의 이름이 들어가 있다. 여기서는 각 단계에서 양쪽 그룹에 이름의 절반 정도씩 들어갈 정도로 분포가 고르다고 가정한다. 이 예제에서 지금까지는 두 그룹에 각각 여덟 개의 이름이 들어간다.

Intel Facebook Bing Apple Google Microsoft IBM Ebay

Zillow Yahoo Pinterest Twitter Verizon Sony PayPal Skype

이제 A-M 그룹을 훑어보면서 A부터 F까지를 하나로, G부터 M까지를 하나로 모은다. 그리고 N-Z 그룹을 훑어보면서 N부터 S까지를 하나로, T부터 Z까지를 하나로 모은다. 이 시점까지 이름 전체를 두 번 훑어보았고, 네 개의 그룹으로 나누었으며, 각각의 그룹은 전체 이름의 1/4 정도를 담고 있다.

Facebook Bing Apple Ebay

Intel Google Microsoft IBM

Pinterest Sony PayPal Skype

Zillow Yahoo Twitter Verizon

다음으로는 각 그룹을 훑어보면서 A-F 그룹을 ABC와 DEF로 분리하고, G-M 그룹은 GHIJ와 KLM으로 분리하고, N-S와 T-Z 그룹에 대해서도 같은 식으로 나눠 준다. 이 시점에서 각각 두 개 정도의 이름을 담은 여덟 개의 그룹이 생긴다.

Bing Apple

Facebook Ebay

Intel Google IBM

Microsoft

Pinterest PayPal

Sony Skype

Twitter Verizon

Zillow Yahoo

물론 이름의 첫 번째 문자만 확인할 수는 없는데, 예를 들면 IBM이 Intel 앞에, Skype가 Sony 앞에 오도록 해야 하기 때문이다. 하지만 한두 번 더 훑어보면 이름을 한 개씩 담은 16개의 그룹을 갖게 되고, 이름들은 알파벳 순이 될 것이다.

퀵 정렬에는 얼마나 많은 일이 필요했을까? 우리는 앞에서 단계마다 16개의 이름 각각을 확인했다. 만일 매번 이름들이 딱 떨어지게 나뉘었다면 각 그룹에는 여덟 개, 다음으로 네 개, 다음은 두 개, 마지막으로 한 개의 이름이 담길 것이다. 단계의 수는 16이 1이 될 때까지 2로 나누는 횟수다. 이 값은 밑수 2에 대한 16의 로그로, 4가 된다. 따라서 일의 양은 16개의 이름에 대해서 $16\log_2 16$다. 만일 데이터 전체를 네 번 훑어본다면 연산이 64번 일어나는 것이고, 이는 선택 정렬에서 연산이 136번 일어나는 것보다 현저히 적다. 이는 이름이 16개일 때 이야기며, 이름이 더 많아지면 퀵 정렬의 장점은 훨씬 더 커진다. 그림 II.1에서 확인할 수 있다.

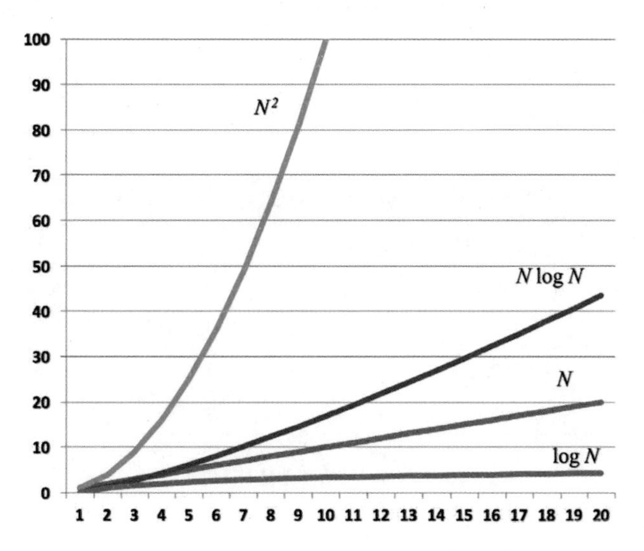

그림 II.1 log *N*, *N*, *N* log *N*, N^2의 실행 시간 증가 그래프

이 알고리즘, 항상 데이터를 정렬하지만 그룹을 나눌 때마다 거의 같은 크기의 덩어리로 나눠야만 효율적이다. 실제 데이터를 대상으로 할 때, 퀵 정렬은 매번 거의 같은 크기의 두 그룹으로 나눌 수 있도록 중간 데이터 값을 추측해야만 한다. 실제로는 몇 개 항목에 대해 표본 조사를 함으로써 이 값을 충분히 잘 추정할 수 있다. 일반적으로 퀵 정렬로 N개 항목을 정렬하려면 약 $N\log N$번의 연산이 필요하다. 즉, 작업의 양은 $N \times \log N$에 비례한다. 선형보다는 효율이 낮지만 심하지는 않고, N이 조금이라도 크다면 2차, 즉 N^2보다 훨씬 효율적이다.

앞의 그림 II.1의 그래프는 데이터(N)의 양이 늘어남에 따라 작업량인 $\log N$, N, $N\log N$, N^2이 어떻게 증가하는지 보여 준다. 항목 1개부터 20개까지 그래프를 나타냈는데, 2차 그래프는 10개까지만 표시된 상태로, 항목이 그 이상 늘면 그래프를 뚫고 나간다.

시험 삼아 미국 사회보장번호와 유사한 아홉 자릿수 1천만 개를 무작위로 생성하여, 선택 정렬(N^2, 2차)과 퀵 정렬($N\log N$) 방법으로 다양한 크기의 그룹을 정렬하는 데 얼마나 걸리는지 재보았다. 결과는 표 II.1에 나와 있다. 표 중에서 '-(대시)' 표시는 실행하지 않은 경우다.

수의 개수(N)	선택 정렬 시간(초)	퀵 정렬 시간(초)
1,000	0.047	-
10,000	4.15	0.025
100,000	771	0.23
1,000,000	-	3.07
10,000,000	-	39.9

표 II.1 선택 정렬과 퀵 정렬 시간 비교

짧게 돌아가는 프로그램의 실행 시간을 정확하게 측정하기는 어렵다는 점을 감안하기 바란다. 그렇더라도 퀵 정렬의 실행 시간이 예상대로 $N\log N$ 비율로 증가하는 것을 볼 수 있고, 선택 정렬은 10,000개 정도까지는 실행 가능한 수준이라는 것도 확인할 수 있다. 모든 단계에서 선택 정렬은 퀵 정렬보다 성능이 압도적으로 뒤처지며, 경쟁이 되지 않는 수준이다.

선택 정렬이 100,000개의 항목을 처리하는 데 걸리는 시간이 10,000개를 처리하는 시간에 비해 100배 클 것으로 예상했지만 실제로는 거의 200배(771초 대 4.15초) 크다는 점을 알아챘을지도 모르겠다. 미리 고려하지 못했지만 캐싱의 영향일 수 있다. 수가 캐시에 모두 들어가지 못하면서 정렬이 느려진 것이다. 이 현상은 계산 과정을 이론적으로 추상화한 것과 프로그램이 실제로 계산을 수행하는 상황 간의 차이를 잘 보여 준다.

SOFTWARE 022

10개 도시를 최단거리로 여행하는 법

지금까지 알고리즘 '복잡도complexity', 또는 실행 시간의 스펙트럼을 따라가며 몇 가지 알고리즘을 살펴봤다. 먼저 효율이 높은 알고리즘으로는 $\log N$의 복잡도를 갖는 이진 검색 등이 있는데, 데이터의 양이 증가함에 따라 일의 양이 천천히 늘어난다. 가장 일반적인 경우는 선형, 즉 단순히 N의 복잡도를 가지며, 일의 양이 데이터 양에 정비례한다. 퀵 정렬 같은 알고리즘은 $N\log N$의 복잡도를 갖는데, N보다는 효율이 낮지만(일의 양이 더 빨리 증가하지만), 로그 인자가 상당히 느리게 증가하므로 큰 N 값에도 대단히 효과적으로 활용할 수 있다. 다음으로 N^2, 즉 2차는 일의 양이 너무 빨리 늘어나서 실행하기 고역스러운 수준이거나 아예 활용 불가능한 수준 그 사이에 있다.

이 밖에 다른 복잡도를 갖는 알고리즘도 많고, 몇 가지는 이해하기 어렵지 않다. 예컨대 N^3, 즉 3차는 2차보다 효율이 낮지만 발상은 같다. 다른 복잡도 개념은 너무 심오해서 전문가들만 관심을 가지는 정도다. 하지만 한 가지는 알고 넘어갈 만한데, 실생활에서 자주 등장하지만 효율이 특히 낮고 중요하기 때문이다. 이는 **지수**exponential 복잡도로, 2^N의 비율로 증가한다 (N^2과는 다르다). 지수 알고리즘에서는 일의 양이 유난히 빠르게 늘어난다. 한 개의 항목을 추가하면 수행해야 할 일의 양이 '두 배'가 된다. $\log N$에서는 항목의 수를 두 배로 만들어도 일의 단계는 한 개만 늘어나므로 어떤 의미에서 지수 알고리즘은 $\log N$ 알고리즘과 정반대라고 볼 수 있다.

지수 알고리즘은 사실상 모든 가능한 경우를 하나씩 시도해 봐야만 하는 상황에서 발생한다. 다행히도 지수 알고리즘이 필요한 문제가 있기에 긍정적인 면도 있다. 몇몇 알고리즘, 특히 암호 기법에 사용되는 알고리즘은 특정 계산 과제를 수행하는 일이 지수 복잡도를 갖도록 하는 데 기반을 둔다. 그런 알고리즘을 활용할 때는 은밀한 지름길을 모르고서는 문제를 바로 푸는 일이 계산상 실행 불가능할 정도로 큰 N을 선택하여(지름길을 모르면 시간이 너무 오래 걸릴 것이다) 적의 공격을 방지한다. 4부에서 암호 기법을 살펴볼 예정이다.

지금쯤 여러분은 어떤 문제는 처리하기 쉽지만, 다른 문제는 더 어려워 보인다는 것을 직관적으로 이해했을 것이다. 더 정확하게 구분하는 방법이 있다. '쉬운' 문제는 복잡도 면에서 '다항'이다. 즉, 실행 시간이 N^2 같은 어떤 다항식으로 표현되는데, 만일 지수가 2보다 크면 적용하기 어려울 수 있다(다항식이 뭔지 잊어버렸더라도 걱정하지 마라. 여기서는 단순히 N^2이나 N^3 같은 어떤 변수의 정수 거듭제곱 꼴로 생각하면 된다). 컴퓨터과학자들은 이러한 부류의 문제를 '다항Polynomial'을 의미하는 'P'라고 부르는데, 다항 시간 내에 해결할 수 있기 때문이다.

실제로 발생하는 많은 문제나 그런 문제들의 근본이 되는 문제를 해결하려면 지수 알고리즘이 필요하다. 즉, 이러한 문제는 우리가 아는 다항 알고리즘으로는 풀 수 없다. 이를 'NP' 문제라고 한다. NP 문제는 해결책을 빨리 찾을 수는 없지만, 어떤 해결책을 알고 있다면 그것이 맞는지는 빨리 입증할 수 있다.* NP는 '비결정적 다항Nondeterministic Polynomial'을 의미한다. 이 말은 결정을 내려야 할 때 항상 옳게 추측하는 알고리즘이 있다면 NP 문제가 그 알고리즘에 의해 다항 시간 내에 해결될 수 있다는 뜻이다. 현실에서는 항상 올바른 선택을 할 정도로 운이 좋은 경우는 거의 없으므로 이는 단지 이론적인 개념일 뿐이다.

많은 NP 문제가 상당히 기술적이지만, 한 가지 문제는 설명하기 쉽고 실제 응용 사례도 생각해 볼 수 있다. 바로 **여행하는 외판원 문제**traveling salesman problem다.† 이 문제에서 외판원은 자신이 사는 도시에서 출발해 어떤 순서로든 다른 도시를 모두 방문하고 나서 다시 출발점으로 돌아와야 한다. 여기서 목표는 각 도시를 정확히 한 번씩(반복 없이) 방문하고, 전체 여행한 거리를 최소로 만드는 것이다. 이 문제는 통학 버스나 쓰레기차가 다니는 경로를 효율적으로 만드는 일과 아이디어가 같다. 오래전에 여행하는 외판원 문제를 연구했을 때, 이 문제는 회로 기판에 어떻게 구멍을

* (옮긴이) P 문제와 NP 문제에 대한 더 자세한 설명은 《컴퓨터과학이 여는 세계》 4장을 참고하기 바란다.

† William Cook, *In Pursuit of the Traveling Salesman*, Princeton University Press, 2012. 여행하는 외판원 문제의 역사와 최신 기술을 이해하기 쉽게 설명하고 있다.

뚫을지 계획하는 일부터 멕시코만Gulf of Mexico의 몇몇 장소에서 물 샘플을 채취하고자 보트를 보내는 일까지 매우 다양한 과제에 활용됐다.

그림 II.2는 무작위로 생성한 도시 10개짜리 여행하는 외판원 문제이다. 그림에는 직관적으로 와닿는 '최근접 이웃' 휴리스틱*으로 찾은 해법이 표시되어 있다. 즉, 한 도시에서 시작해서 매번 아직 방문하지 않은 도시 중 가장 가까운 도시로 이동하는 방식이다. 이 여행의 총 거리는 12.92이다. 시작하는 도시가 바뀌면 여행 경로가 바뀔 수 있다는 점에 주의해야 한다. 그림 II.2는 그중 거리가 가장 짧은 경로를 보여 준다.

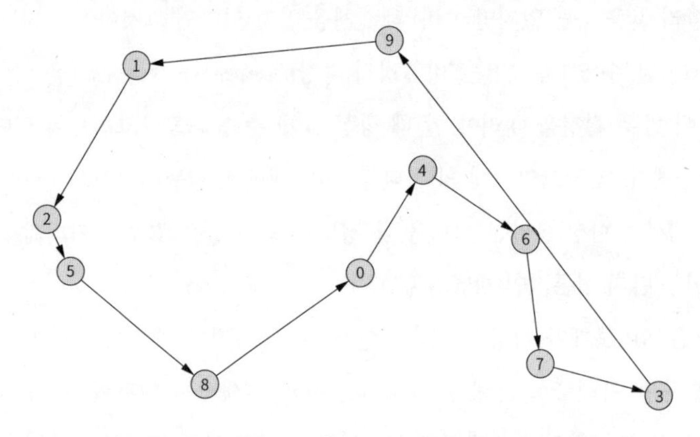

그림 II.2 최근접 이웃 해법으로 푼 도시 10개짜리 여행하는 외판원 문제(여행 거리 12.92)

여행하는 외판원 문제는 1800년대에 처음으로 등장하였고 오랫동안 집중적으로 연구되었다. 이제는 더 큰 규모의 문제도 능숙하게 해결할 수 있지만, 아직도 최단 경로를 찾는 방법은 모든 가능한 경로를 시도해 보는 것밖에 없으며, 예전보다 좀 더 기발해졌을 뿐이다. 비교해 보자면, 그림 II.3은

* (옮긴이) 휴리스틱(heuristics)은 발견법이라고도 하며, 문제 해결 시 시간이나 정보가 불충분해 꼭 합리적인 해법을 찾을 수 없을 때, 또는 굳이 가장 이상적인 해답을 쓸 필요가 없을 때 현실적으로 정답에 가까운 해결책을 찾기 위해 설계된 기법이다.

약 18만 개 경로 전체를 완전 탐색해서 찾아낸 최단 경로를 보여 준다.* 여행의 거리는 11.86으로, 가장 짧은 최근접 이웃 경로보다 약 8퍼센트 짧다.

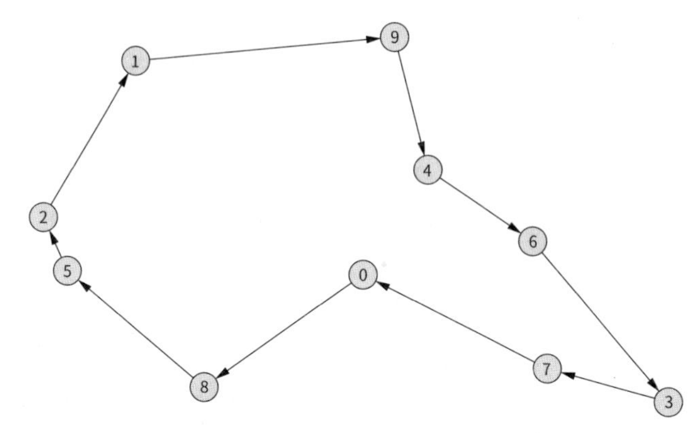

그림 II.3 최상의 해법으로 푼 도시 10개짜리 여행하는 외판원 문제(여행 거리 11.86)

다른 다양한 문제에서도 이와 마찬가지다. 즉, 가능한 모든 해법을 완전 탐색하는 것보다 더 효율적으로 풀 방법이 없다는 말이다. 이는 알고리즘을 연구하는 사람들에게 좌절감을 준다. 문제가 본질적으로 난해해서인지, 아니면 우리가 덜 똑똑해서 아직 해결책을 알아내지 못한 것인지 모르겠지만, 오늘날에는 '본질적으로 난해하기 때문'인 것으로 의견이 기울고 있다.

1971년에 스티븐 쿡Stephen Cook이 놀라운 수학적 연구 결과를 발표했다.† 그는 이런 문제 중 다수가 서로 동등하다는 것을 증명했다. 만일 우리가 그 문제 중 어느 한 문제를 해결하는 다항 시간 알고리즘(N^2 등)을 찾을 수 있다면, 이 모든 문제에 대한 다항 시간 알고리즘을 찾아낼 수 있다는 것이다. 쿡은 이 연구로 1982년 튜링상을 받았다.

* (옮긴이) 제시된 문제는 대칭형(두 도시 간 양방향으로 비용이 동일한) 여행하는 외판원 문제이며, 경로의 수를 구하는 공식은 (n−1)!/2이다. 10개 도시에 대해서는 (10−1)!/2=181440이 된다.

† (옮긴이) 스티븐 쿡은 1971년에 발표한 "정리 증명 절차의 복잡성(The Complexity of Theorem Proving Procedures)"이라는 논문에서 이 내용을 증명했다.

2000년에 클레이 수학 연구소Clay Mathematics Institute는 일곱 가지 미해결 문제*에 대해 문제 하나당 100만 달러의 상금을 걸었다. 이 가운데 하나는 P가 NP와 같은지 밝히는 것으로, 다시 말하자면 난해 문제가 쉬운 문제와 정말로 같은 부류인지 증명하는 문제다.† 또 다른 문제인 푸앵카레 추측Poincaré Conjecture은 1900년대 초에 등장했다. 이 문제는 러시아 수학자인 그리고리 페렐만Grigori Perelman이 풀었고 2010년에 상이 수여됐지만 페렐만은 수상을 거절했다. 지금은 여섯 문제 남았다. 다른 사람이 먼저 풀기 전에 서두르는 편이 좋을 것이다.

이런 종류의 복잡도를 다룰 때 명심해야 할 점이 몇 가지 있다. P=NP 문제가 중요하기는 하지만 현실적인 사안이라기보다는 이론적인 주제다. 컴퓨터과학자가 말하는 복잡도란 대부분 **최악의 경우**worst case에 대한 것이지만 보통은 최악의 경우까지 가지 않는다. 다시 말해, 어떤 문제는 답을 계산하는 데 극한의 시간이 필요하겠지만 모든 문제를 그렇게 난해하게 접근할 필요는 없다. 또한 복잡도의 결과는 N이 큰 값일 때만 적용되는 **점근적**asymptotic 척도다.‡ 현실에서는 이러한 점근적 작동 방식이 문제가 되지 않을 정도로 N이 작을 수도 있다. 예를 들어 여러분이 수십 또는 수백 개의 항목만 정렬한다고 생각해 보자. 복잡도가 2차인 선택 정렬은 $N \log N$인 퀵 정렬보다 점근적으로는(즉, 항목의 수가 무한대에 가까워지는 것을 가정한 척도에서는) 훨씬 효율이 낮다. 하지만 이 주어진 작업에 대해서는 실행 속도가 충분히 빠를 수 있다. 여행하는 외판원 문제에서 도

* (옮긴이) 밀레니엄 문제(Millennium Prize Problems)라고 한다.

† 미국 드라마 〈엘리멘트리〉 시리즈의 2013년 에피소드는 P=NP 문제를 중심으로 전개된다. *www.imdb.com/title/tt3125780/*

‡ (옮긴이) 점근적 분석은 데이터의 개수가 무한대에 가까워짐에 따라 수행 시간이 증가하는 비율을 가지고 알고리즘의 복잡도를 분석하는 방식이다. 예를 들어 어떤 작업의 수행 시간을 나타내는 함수가 $f(n) = n^2 + 3n$이면 n이 매우 커질수록 항 $3n$은 n^2에 비해 무의미해지며, 함수 $f(n)$은 "n이 무한대에 가까워짐에 따라 n^2와 점근적으로 동일하다"고 한다. *en.wikipedia.org/wiki/Asymptotic_analysis*

시를 10개만 방문한다면 모든 가능한 경로를 시도해 보는 것이 실행 가능하겠지만, 도시 100개는 실행 가능하지 않고 도시 1,000개는 확실히 불가능할 것이다. 실제 상황에서는 대부분 근사치만 구하는 것으로도 충분하다. 완전히 최적인 해법을 구할 필요는 없다.

반면, 암호 시스템 같은 일부 중요한 응용 분야는 특정 문제는 정말로 풀기 어려울 것이라는 믿음에 기반한다. 따라서 단기적으로는 실효성이 없어 보이는 공격이라도, 그 공격에 반격해 내는 건 대단히 중요하다.

SOFTWARE 023 요약

컴퓨터과학 분야에서는 오랜 기간 '얼마나 빨리 계산할 수 있는가?'에 관한 개념을 정리해 왔다. N, $\log N$, N^2, $N\log N$과 같이 데이터의 양과 관련해서 실행 시간을 표현하는 아이디어는 그런 생각을 정제한 결과다. 이 방법은 어떤 컴퓨터가 다른 컴퓨터보다 빠른지, 여러분이 나보다 나은 프로그래머인지에는 관심이 없다. 대신 바탕이 되는 문제나 알고리즘의 복잡도를 잘 포착해 내는 데 관심을 두며, 알고리즘끼리 비교하거나 어떤 계산의 실행 가능성을 추론하는 좋은 방법이다. 어떤 문제의 본질적인 복잡도와 그 문제를 풀기 위한 알고리즘의 복잡도가 같을 필요는 없다. 예를 들어, 정렬은 본질적으로 $N\log N$ 문제다.* 이 문제를 푸는 데 사용되는 퀵

* (옮긴이) 어떤 문제를 풀 때 본질적 복잡도보다 더 나은 성능을 낼 수는 없다. 본문의 $N\log N$은 일반적인 비교 정렬(comparison sort) 알고리즘에만 해당하며, 특정 데이터형에만 수행 가능한 비교하지 않는 정렬(non-comparison sort) 알고리즘은 $N\log N$의 제한을 받지 않는다. 비교하지 않는 정렬 알고리즘의 예로는 기수 정렬(radix sort)이 있다. *ko.wikipedia.org/wiki/정렬_알고리즘*

정렬은 $N \log N$ 알고리즘이지만, 선택 정렬은 N^2 알고리즘이다.

알고리즘과 복잡도 연구는 컴퓨터과학의 주요 영역으로, 이론과 실제 적용 모두 중요한 연구 대상이다. 컴퓨터과학에서는 어떤 문제가 계산 가능하고 어떤 것이 그렇지 않은지, 어떻게 하면 빨리 계산할 수 있는지, 메모리를 필요 이상으로 사용하지 않고 계산할 수 있는지, 혹은 처리 속도와 메모리 소비 간 균형을 유지하면서 계산할 수 있는지에 관심을 둔다. 컴퓨터과학에서는 근본적으로 새롭고 더 나은 계산 방법을 찾아낸다. 오래전에 나오기는 했지만, 퀵 정렬이 좋은 사례다.

많은 알고리즘이 이 책에서 다룬 기본적인 검색이나 정렬 알고리즘보다 복잡하고 전문화된 형태다.* 예를 들어, 압축 알고리즘은 텍스트, 음악(MP3, AAC), 이미지와 사진(PNG, JPEG), 동영상(MPEG)이 기억 장치에서 차지하는 용량을 줄이려고 시도한다. 오류 검출과 수정 알고리즘 또한 중요하다. 데이터는 저장되고 전송되면서 손상될 가능성이 있다. 예를 들면 긁힌 CD에 저장되거나 노이즈가 심한 무선 채널로 전송되는 경우가 그렇다. 데이터에 세심히 관리된 여분의 정보를 추가하는 알고리즘을 이용하면 몇몇 종류의 오류를 검출하고 심지어 수정까지 할 수 있게 된다. 이러한 알고리즘은 3부에서 다시 살펴볼 텐데, 통신 네트워크와 관련이 깊기 때문이다.

암호 기법, 즉 목표 수신자만 읽을 수 있도록 비밀 메시지를 보내는 기술은 알고리즘에 크게 의존한다. 암호 기법은 컴퓨터가 비공개 정보를 안전한 방식으로 주고받는 것과 관련성이 높으며 4부에서 설명할 것이다.

빙Bing과 구글 같은 검색 엔진에서도 알고리즘이 결정적인 역할을 한다. 이론상으로는 검색 엔진이 하는 일은 대부분 간단하다. 웹페이지를 수집

* 존 맥코믹(John MacCormick)의 《미래를 바꾼 아홉 가지 알고리즘》에서는 검색, 압축, 오류 수정, 암호 기법을 포함한 몇 가지 주요 알고리즘을 이해하기 쉽게 설명한다.

하고, 검색하기 쉽게 정보를 조직화하고, 효율적으로 정보를 검색하는 것이다. 문제는 작업의 규모다. 웹페이지가 수십억 개 존재하고 매일 쿼리query가 수십억 개씩 만들어지는 상태라면 $N \log N$의 성능도 충분하지 않다. 그래서 검색 엔진이 웹과 검색의 증가 속도에 맞춰 충분히 빨리 실행되게 하고자 영리한 알고리즘과 프로그래밍 기법이 이용된다. 검색 엔진은 4부에서 더 이야기하겠다.

알고리즘은 또한 음성 이해, 얼굴과 영상 인식, 언어의 기계 번역 같은 서비스에서 핵심을 차지한다. 이런 서비스 모두 관련된 특징을 발굴할 수 있는 데이터를 최대한 많이 보유하는 것이 중요하므로, 사용되는 알고리즘은 선형 이상의 성능을 지녀야 하고 보통은 개별 처리 작업이 다수의 프로세서에서 동시에 실행될 수 있도록 병렬화가 가능해야 한다. 이 내용도 4부에서 더 알아보자.

SOFTWARE

024 알고리즘은 이상, 프로그래밍은 현실

"여생의 대부분을 내가 작성한 프로그램의 에러를 찾아내는 데 쓰게 될 것 같다는 깨달음이 강하게 밀려왔다."

– 모리스 윌크스, 1985*

알고리즘은 추상적이고 이상적인 절차를 기술한 것으로, 구현에 필요한 세부 사항과 현실적인 고려 사항을 무시한다. 알고리즘은 정확하고 명료한 레시피이다. 의미가 완전히 알려져 있고 구체적으로 명시된 기본 연산으로 표현된다. 이러한 기본 연산을 사용하여 각 단계를 상세히 설명하고 모든 가능한 상황을 다룬다. 그리고 알고리즘은 결국 멈춰야 한다.

이와 대조적으로 **프로그램**program은 추상적인 것과는 거리가 멀다. 프로그램은 실제 컴퓨터가 과제를 완료하기 위해 수행해야 하는 모든 단계를 구체적으로 서술한다. 알고리즘과 프로그램 간의 차이는 청사진과 건물 간의 차이와 비슷하다. 한쪽은 이상적인 것이고, 다른 쪽은 실재하는 것이다.

프로그램을 하나 이상의 알고리즘이 컴퓨터가 직접 처리할 수 있는 형태로 표현된 것이라고도 생각해 볼 수 있다. 프로그램은 알고리즘과 달리 실질적인 문제도 신경 써야 한다. 불충분한 메모리, 제한된 프로세서 속도, 유효하지 않거나 악의적으로 잘못된 입력 데이터, 하드웨어 결함, 네트워크 연결 불량, 그리고 (배후에서 작용하고 종종 다른 문제를 악화시키는) 인간적인 약점 등의 문제가 포함된다. 따라서 알고리즘이 이상적인 요

* Maurice Wilkes, *Memoirs of a Computer Pioneer*, MIT Press, 1985.

리 레시피라고 하면, 프로그램은 적군의 공격을 받는 동안 군인들이 먹을 1개월치 식사를 로봇에게 준비하도록 하는 상세한 명령어 모음이라고 할 수 있다.

비유는 이 정도로 충분하다. 이제 실제 프로그래밍에서 무슨 일이 일어나는지 여러분이 이해할 수 있을 만큼 상세하게 설명하려고 한다. 그렇다고 전문적인 프로그래머가 되기에 충분하지는 않을 것이다. 누군가에겐 프로그래밍이 어렵게 느껴질 수도 있다. 신경 써야 하는 세부 사항도 많고, 작은 실수가 큰 오류로 이어질 수도 있기 때문이다. 하지만 프로그래밍은 결코 불가능한 영역이 아니며, 매우 재미있을 뿐만 아니라 취업 시장에서 유리하게 만들어 주기도 한다.

세상에는 아직 프로그래머가 충분히 많지 않아서, 우리가 원하고 필요로 하는 모든 것을 컴퓨터가 수행하도록 프로그래밍할 수 없다. 그래서 컴퓨팅 분야에서 계속 거론되는 화제 중 하나는 컴퓨터가 프로그래밍 세부 사항을 더욱 많이 처리하도록 하는 것이다. 이는 프로그래밍 언어에 대한 논의로 이어진다. 프로그래밍 언어는 컴퓨터가 어떤 과제를 수행하는 데 필요한 계산 단계를 사람에게도 어느 정도 자연스러운 형태로 표현하도록 해주는 언어다.

컴퓨터 자원을 관리하는 일 또한 어렵다. 특히 최신 하드웨어의 복잡성을 고려해 보면 더욱 그렇다. 그래서 컴퓨터가 자신의 동작을 직접 제어하도록 하며, 이는 운영체제로 이어진다. 프로그래밍과 프로그래밍 언어를 살펴본 후, 이어서 소프트웨어 시스템, 그중에서 특히 운영체제를 다루겠다. 그런 다음 중요한 언어 두 가지인 자바스크립트와 파이썬Python을 더 자세히 살펴볼 것이다.

이때 프로그래밍 예제에 있는 구문 세부 사항은 건너뛰어도 무방하다.

그렇지만 계산이 표현되는 여러 방식 간의 공통점과 차이점은 살펴봐 두는 게 좋다.

SOFTWARE 025 다른 프로그램을 처리하기 위한 프로그램

최초로 진정한 프로그래밍이 가능했던 전자식 컴퓨터에서 프로그래밍은 힘든 과정이었다. 프로그래머는 명령어와 데이터를 이진수로 변환하고, 카드나 종이 테이프에 구멍을 뚫어서 그 수를 기계가 판독할 수 있게 만든 다음, 컴퓨터 메모리에 적재해야 했다. 이러한 방법으로는 매우 작은 프로그램을 작성하는 일조차 믿기 힘들 정도로 어려웠다. 우선 처음에 코드를 제대로 작성하는 것부터 힘들었고, 실수를 발견하여 수정해야 하거나 명령어와 데이터를 변경 또는 추가해야 하는 경우에 프로그램을 바꾸기 어려웠다.

앞서 인용된 모리스 윌크스의 말은 프로그래밍할 때 직면하는 어려움을 드러낸다. 윌크스는 첫 번째 프로그램 내장식 디지털 컴퓨터 중 하나인 에드삭을 설계하고 구현했으며, 에드삭은 1949년에 작동 가능해졌다. 윌크스는 이 공로로 1967년에 튜링상을 받았고 2000년에 영국 기사 작위를 받았다.

1950년대 초, 프로그래밍할 때 수반되는 단순한 반복 작업을 처리하기 위한 프로그램이 몇 가지 만들어졌는데, 이 덕분에 프로그래머들은 명령어에 의미 있는 단어(예를 들어 5 대신 ADD)를 붙이고 특정 메모리 위치를 나타내는 이름(14 대신 Sum)을 사용할 수 있었다. 다른 프로그램을 처리하기 위한 프로그램이라는 강력한 아이디어는 소프트웨어에서 가장 중요한 발전을 이루는 데 핵심적인 기여를 했다.

이처럼 특정한 처리를 수행하는 프로그램을 **어셈블러**assembler라고 한다. 원래는 다른 프로그래머가 사전에 작성했던 프로그램에서 필요한 부분을 모으는 역할을 하기도 했기에 붙은 이름이다. 이 프로그램 작성에 사용되는 언어는 **어셈블리 언어**assembly language라고 하고, 이 수준의 프로그래밍은 **어셈블리 언어 프로그래밍**assembly language programming이라고 한다. 1부에서 '모형 컴퓨터'를 기술하고 프로그래밍하기 위해 사용했던 언어가 바로 어셈블리 언어다. 어셈블러는 프로그램을 수정하는 일을 훨씬 쉽게 해준다. 프로그래머가 명령어를 추가하거나 삭제할 때 변경 기록을 직접 관리하는 대신 어셈블러가 각 명령어와 데이터 값이 메모리상 어느 위치에 있을지 파악해 주기 때문이다.*

특정 프로세서 아키텍처에서 사용되는 어셈블리 언어는 그 아키텍처에 특화된 언어다. 어셈블리 언어는 대개 프로세서의 명령어와 일대일로 연결되고, 명령어가 이진수로 인코딩되는 특정한 방식과 메모리에 정보가 배치되는 방식 등을 알고 있다. 즉, 어떤 작업을 수행하기 위해 특정 종류의 프로세서(예를 들면, 맥이나 PC의 인텔 프로세서)의 어셈블리 언어로 작성된 프로그램은 다른 프로세서(휴대전화의 ARM 프로세서)에 맞춰 작성된 어셈블리 언어 프로그램과는 다르다는 뜻이다. 특정 프로세서용 어셈블리 언어 프로그램을 다른 프로세서용으로 변환하고 싶다면 프로그램을 완전히 새로 작성해야 한다.

* (옮긴이) 어셈블러가 만들어지기 전에는 프로그래머가 수기나 암산 등으로 계산하여 변경 기록을 직접 관리해야 했는데, 변경 사항이 있을 때마다 카드나 종이 테이프에 구멍을 뚫어 컴퓨터 메모리에 적재하는 일을 수동으로 다시 해야만 했다.

구체적으로 살펴보자. 모형 컴퓨터에서는 두 개의 수를 더하고 결과를 메모리 위치에 저장하려면 아래와 같이 세 개의 명령어가 필요하다.

```
LOAD X
ADD Y
STORE Z
```

이 코드는 현재 사용되는 여러 프로세서에서도 비슷하게 구현된다. 하지만 명령어 레퍼토리가 다른 프로세서에서는 이 계산을 누산기를 사용하지 않고 메모리 위치에 접근하는 두 개의 명령어로 처리할 수도 있다.*

```
COPY X, Z
ADD Y, Z
```

모형 컴퓨터용 프로그램이 다른 컴퓨터에서 실행되도록 변환하려면 프로그래머는 두 프로세서의 세부 사항을 모두 잘 알고, 한쪽 명령어 집합을 다른 쪽으로 변환할 때 세심히 주의를 기울여야 한다. 어려운 일이다.

SOFTWARE 026 고수준 언어에서 프로그램 실행까지

1950년대 말, 1960년대 초에 컴퓨터가 프로그래머를 대신해서 더 많은 일을 수행하게 되는 또 다른 움직임이 일어났는데, 아마도 프로그래밍의 역사에서 가장 중요한 발걸음이었을 것이다. 바로 특정 프로세서 아키텍처

* (옮긴이) 누산기라는 중간 영역을 사용하지 않고 직접 메모리에 접근하는 방식이므로 COPY 명령어가 X를 Z에 바로 복사하고, ADD 명령어가 Z의 값에 Y를 직접 더하여, Z에 저장된 결과는 X+Y가 된다.

에 독립적인 **고수준 프로그래밍 언어**high-level programming language의 개발이다. 고수준 언어를 쓰면 사람이 표현하는 방식에 가까운 용어로 계산 과정을 작성할 수 있다.

고수준 언어로 작성된 코드는 번역기 프로그램을 통해 대상 프로세서의 어셈블리 언어로 된 명령어로 변환된 다음, 어셈블러에 의해 비트로 변환되어 메모리에 로드되고 실행된다. 여기서 번역기 프로그램은 보통 **컴파일러**compiler라고 불리는데, 그다지 통찰력이나 직관이 느껴지지 않는 역사적 용어다.

일반적인 고수준 언어에서는 두 수 X와 Y를 더하고 결과를 Z에 저장하는 계산이 다음과 같이 표현된다.

```
Z = X + Y
```

이는 'X와 Y라는 메모리 위치에서 값을 가져와서, 두 값을 더하고, Z라는 메모리 위치에 결과를 저장하라'라는 뜻이다. 연산자 '='는 '같다'가 아니라 '대체하다' 또는 '저장하다'라는 뜻으로 쓰인다.

모형 컴퓨터용 컴파일러는 이 코드를 세 개의 명령어로 변환하겠지만, 또 다른 컴퓨터용 컴파일러는 두 개의 명령어로 변환할 수도 있을 것이다. 다음으로, 각 어셈블러는 각자의 어셈블리 언어 명령어를 실제 명령어의 비트 패턴으로 변환하는 일뿐만 아니라 변수 X, Y, Z를 저장할 메모리 위치를 확보하는 일을 담당한다. 비트 패턴은 각각의 컴퓨터에 대해 거의 완전히 다르게 변환된다.

그림 II.4에 이 과정이 나타나 있다. 같은 입력 표현이 두 개의 다른 컴파일러와 각각의 어셈블러를 거치면서 서로 다른 두 가지 명령어와 비트 패턴으로 만들어지는 것을 보여 준다.

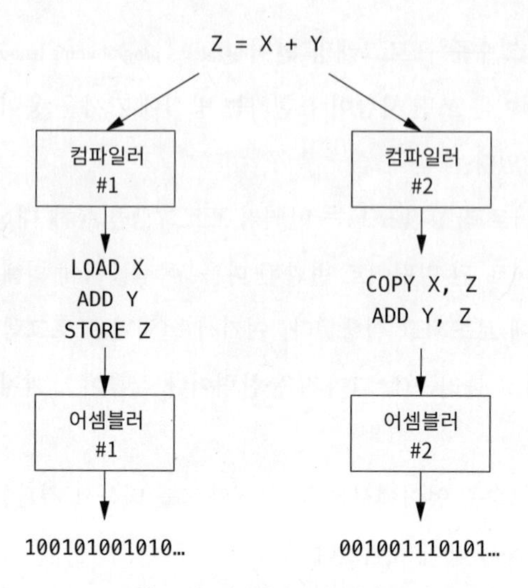

그림 II.4 두 컴파일러의 컴파일 과정

실제로는 컴파일러가 내부적으로 하나의 '프런트엔드(전단부)'와 몇 개의 '백엔드(후단부)'로 나뉠 가능성이 있다. 프런트엔드는 고수준 프로그래밍 언어로 작성된 프로그램을 처리해서 어떤 중간 형태로 만들고, 각 백엔드는 공통된 중간 표현을 특정 아키텍처에 맞는 어셈블리 언어로 변환한다. 이 구조는 완전히 독립적인 여러 개의 컴파일러를 이용하는 것보다 단순하다.

고수준 언어는 어셈블리 언어에 비해 큰 이점을 갖는다. 사람들이 생각하는 방식에 더 가까워 배우고 사용하기 더 쉽다. 고수준 언어에서는 프로그램을 효율적으로 짜기 위해 특정 프로세서의 명령어 레퍼토리를 알아야 할 필요가 없다. 따라서 더 많은 이들이 더 빨리 프로그래밍을 할 수 있게 해준다.

또한 고수준 언어로 작성된 프로그램은 특정 아키텍처에 종속되지 않는다. 그래서 같은 프로그램이 여러 아키텍처상에서 실행될 수 있다. 보통은 코드를 변경할 필요도 없으며, 그림 II.4에서처럼 다른 컴파일러로 컴파일하기만 하면 된다. 프로그램을 한 번만 작성하면 다양한 컴퓨터에서 실행할 수 있다. 이렇게 하면 프로그램 개발 비용을 여러 종류의 컴퓨터(심지어 아직 출시되지 않은 기종까지 포함하여)에서 발생하는 수익으로 나누어 메울 수 있다.

또한 컴파일 단계는 몇 가지 명백한 에러를 미리 점검하게 해준다. 여기에는 철자 오류, 괄호 불일치 같은 구문 오류, 정의되지 않은 변수에 대한 연산 같은 것들이 포함되며, 실행 프로그램이 만들어지려면 프로그래머가 이러한 에러를 반드시 고쳐야만 한다. 반면 어셈블리 언어 프로그램에서는 구문 오류 이외의 에러는 검출하기 어렵다. 어셈블러는 명령어의 실행 순서까지는 상관하지 않아서 논리적인 흐름이나 전후 관계를 파악하지 못하기 때문이다(물론 고수준 언어에서도 구문상 올바르다고 판단되는 프로그램이 여전히 컴파일러가 검출할 수 없는 에러로 가득할 수도 있다. 가령 프로그래머가 곱하기 대신 나누기 연산자를 사용한 것과 같은 의미 체계 오류가 남아 있는 것처럼 말이다). 이와 같이 고수준 언어의 중요성은 아무리 강조해도 지나치지 않다.

프로그래밍 언어 간의 유사점과 차이점을 살펴볼 수 있도록 가장 중요한 고수준 프로그래밍 언어 여섯 가지(포트란Fortran, C, C++, 자바Java, 자바스크립트, 파이썬)*로 작성된 동일 기능의 프로그램을 보여 주려고 한다. 각 프로그램은 앞서 만든 모형 컴퓨터 프로그램과 동일한 계산을 수행한다. 일련의 정수를 합산하다가 0 값이 입력되면 합계를 출력하고 작동

* (옮긴이) 가장 중요한 여섯 가지 고수준 프로그래밍 언어는 다른 프로그래밍 언어 설계나 구문에 영향을 미친 정도나 실제 업계나 학계에서 사용되는 정도를 바탕으로 선정된 것으로 보이며, 작가의 주관적인 기준도 어느 정도 반영된 것으로 추측된다.

을 멈춘다. 프로그램들은 모두 같은 구조로 되어 있다. 프로그램이 사용하는 변수에 이름을 붙이고, 누적 합계를 0으로 초기화한 다음, 수를 읽으면서 0을 만나기 전까지는 누적 합계에 더하고, 마지막으로 합계를 출력한다. 구문 세부 사항은 신경 쓰지 않아도 된다. 언어가 어떻게 생겼는지 경험하는 것이 중요하다. 언어별 예제 코드를 최대한 비슷하게 보이도록 한 것에 유의하기 바란다. 이 말은 여기 나온 코드가 각 언어로 해당 프로그램을 작성하기에 가장 좋은 방법이 아닐 수도 있다는 뜻이다.

초기 고수준 언어들은 특정 응용 분야에 집중된 형태였다. FORTRAN은 초창기 언어 중 하나인데, '수식 변환Formula Translation'에서 이름이 유래했고 오늘날에는 '포트란Fortran'으로 표기한다. 포트란은 존 배커스John Backus가 이끈 IBM 팀에서 개발했고, 과학과 공학 분야에서 계산을 표현하는 데 매우 성공적으로 사용됐다. 많은 과학자와 공학자들은(나를 포함해서) 첫 프로그래밍 언어로 포트란을 배웠다. 포트란은 오늘날에도 건재하다. 1958년 이래로 몇 번의 진화 단계를 거쳤지만, 같은 언어라고 쉽게 알아볼 수 있을 정도다. 배커스는 포트란 개발 공로를 인정받아 1977년 튜링상을 받았다.

예제 II.1은 일련의 수를 합산하는 포트란 프로그램이다.

예제 II.1 수 합산하기 포트란 프로그램

```
   integer num, sum
   sum = 0
10 read(5,*) num
   if (num .eq. 0) goto 20
   sum = sum + num
   goto 10
20 write(6,*) sum
   stop
   end
```

이 코드는 포트란 77로 작성됐다. 그 이전이나 이후 버전(최신 버전은 포트란 2018이다)에서는 조금 달라 보일 수 있다. 이 코드에 쓰인 산술 표현과 연산 순서를 모형 어셈블리 언어로 어떻게 변환할 수 있을까? `read`와 `write` 작업은 명백히 `GET`과 `PRINT`에 해당하며, 네 번째 행은 확실히 `IFZERO` 조건 검사에 해당한다.

두 번째로 소개할 주요 고수준 언어는 1950년대 후반에 등장한 코볼COBOL, Common Business Oriented Language이다. 코볼은 어셈블리 언어를 대체할 고수준 언어를 만들기 위한 그레이스 호퍼Grace Hopper의 작업 결과물에 큰 영향을 받았다.* 호퍼는 하워드 에이컨Howard Aiken과 함께 초기 기계식 컴퓨터인 하버드 마크Harvard Mark I과 II 개발 팀에서 일했으며, 다음으로 유니박 I UNIVAC I 개발에 참여했다. 그는 고수준 언어와 컴파일러의 잠재력을 처음으로 알아본 사람 중 한 명이었다. 코볼은 특히 사무 데이터 처리 목적으로 사용되었고, 재고 관리, 송장 작성, 급여 계산 등에 사용되는 자료 구조와 계산을 쉽게 표현할 수 있는 언어적 특징이 있었다. 코볼도 아직까지 사용되는 언어인데, 모습이 많이 바뀌었지만 아직 알아볼 만하다. 오래전에 개발되어 계속 사용되는 코볼 프로그램은 많지만, 코볼 프로그래머는 많지 않다. 2020년에 뉴저지주에서 실업수당 청구를 처리하는 낡은 코볼 프로그램이 COVID-19 때문에 늘어난 작업량에 대응하지 못하는 문제가 발생했는데, 코볼 프로그램을 업그레이드할 숙련된 프로그래머를 필요한 만큼 구하지 못한 일도 있었다.

당시의 또 다른 언어인 베이직BASIC, Beginner's All-purpose Symbolic Instruction Code

* Kurt Beyer, *Grace Hopper and the Invention of the Information Age*, MIT Press, 2009. 《그레이스 호퍼: 정보시대를 발명한 여인》, 지식함지, 2017. 호퍼는 뛰어난 인물로, 영향력이 큰 컴퓨팅 개척자이자 79세에 퇴역 당시 미국 해군에서 가장 나이 많은 장교였다. 그는 전문적인 내용을 일상적인 일화나 비유를 통해 쉽게 설명하는 데 재능이 있었는데, 즐겨 썼던 레퍼토리는 빛의 이동 거리를 설명할 때 30cm 길이의 전선을 보여 주며 "이게 나노초(10억분의 1초)입니다."라고 하는 것이었다. *blog.lgcns.com/1021*

은 1964년에 다트머스Dartmouth 대학에서 일하던 존 케메니John Kemeny와 톰 커츠Tom Kurtz가 개발했다. 베이직은 프로그래밍 교육을 위한 쉬운 언어로 만들어졌다. 베이직은 특히 간단하면서 컴퓨팅 자원을 적게 필요로 해서 개인용 컴퓨터에서 사용할 수 있는 첫 번째 고수준 언어였다. 마이크로소프트 창업자인 빌 게이츠Bill Gates와 폴 앨런Paul Allen은 1975년에 알테어Altair 마이크로컴퓨터용 베이직 컴파일러를 만들면서 사업을 시작했는데, 이게 마이크로소프트의 첫 번째 제품이었다. 베이직의 주요한 변종인 마이크로소프트 비주얼 베이직Visual Basic이 오늘날에도 활발하게 지원되고 있다.

초창기에는 컴퓨터가 비싸고, 느리고, 성능에도 한계가 있어, 고수준 언어로 작성된 프로그램이 매우 비효율적일 것이라는 우려가 있었다. 컴파일러가 숙련된 어셈블리 언어 프로그래머가 작성한 것만큼 작고 효율적인 어셈블리 코드를 잘 만들지 못했기 때문이다. 컴파일러 개발자들은 손으로 작성한 것만큼 좋은 코드를 생성하고자 열심히 노력했으며, 이는 프로그래밍 언어를 확립하는 데 도움이 됐다. 지금은 컴퓨터가 수백만 배 빠르고 메모리가 풍족해졌기에 프로그래머가 개별 명령어 수준의 효율성까지 걱정하는 경우는 드물다. 그래도 컴파일러와 컴파일러 개발자들은 여전히 여기에 신경 쓰고 있음이 분명하다.

SOFTWARE

027 작문과 비슷한 프로그래밍

포트란, 코볼, 베이직이 성공했던 이유 중 하나는 특정 응용 분야에 집중했기 때문이다. 이 언어들은 굳이 모든 프로그래밍 과제를 처리하려고 하지 않았다. 1970년대에 '시스템 프로그래밍' 용도로, 즉 어셈블러, 컴파일러, 텍스트 편집기 같은 프로그래머 도구와 심지어 운영체제까지 작성할 목적으로 사용할 언어들이 만들어졌다. 그중 단연코 가장 성공적이었던 것은 C 언어다. C는 1973년에 벨 연구소에서 일하던 데니스 리치Dennis Ritchie가 개발했고, 아직도 폭넓게 사용되며 가장 인기 있는 언어 중 하나다. C는 개발 이후 미미하게 변경돼서 오늘날의 C 프로그램은 30년~40년 전의 코드와 거의 비슷해 보인다. 다른 언어와 비교할 수 있도록 예제 II.2에 C로 작성된 '수 합산하기' 프로그램을 추가했다.

예제 II.2 수 합산하기 C 프로그램

```
#include <stdio.h>
int main() {
    int num, sum;
    sum = 0;
    while (scanf("%d", &num) != EOF && num != 0)
        sum = sum + num;
    printf("%d\n", sum);
    return 0;
}
```

1980년대에 들어서는 규모가 매우 큰 프로그램의 복잡성 관리를 도울 의도로 설계된 언어들이 개발되었고, C++가 대표적이다. C++는 비야네 스트롭스트룹Bjarne Stroustrup이 개발했는데, 그 또한 벨 연구소에서 일했다. C++는 C에서 진화했고 C 프로그램은 대부분 C++ 프로그램에서도 유효하지만(예제 II.2의 프로그램이 그렇다), 그 반대는 그렇지 않다. 예제 II.3은 C++로 작성된 '수 합산하기' 프로그램 예제로, 이 방법 말고도 작성 코드는 다양하다.

예제 II.3 수 합산하기 C++ 프로그램

```
#include <iostream>
using namespace std;
int main() {
    int num, sum;
    sum = 0;
    while (cin >> num && num != 0)
        sum = sum + num;
    cout << sum << endl;
    return 0;
}
```

오늘날 컴퓨터에서 사용되는 주요 프로그램 대부분은 C나 C++로 작성됐다. 이 책은 맥 컴퓨터로 쓰고 있는데, 대부분의 맥 소프트웨어는 C, C++와 오브젝티브-CObjective-C(C의 변종)로 작성된다. 원고 초안은 C와 C++ 프로그램인 워드로 작성했고, C와 C++로 작성된 프로그램으로 편집, 서식 정리, 출력을 하고, C++로 만든 브라우저 파이어폭스, 크롬Chrome, 엣지Edge로 웹 서핑을 하면서 유닉스Unix와 리눅스Linux 운영체제(둘 다 C 프로그램)에 백업 사본을 만든다.

1990년대에는 인터넷과 월드 와이드 웹의 성장에 대응하여 더 많은 언어가 개발됐다. 컴퓨터에는 계속해서 더 빠른 프로세서와 용량이 큰 메모리가 장착되었고, 프로그래밍을 빠르고 편하게 하는 것이 컴퓨터가 효율적으로 돌아가도록 하는 것보다 더 중요해졌다. 자바와 자바스크립트 같은 언어는 의도적으로 이러한 트레이드오프에 맞춰 설계됐다.

자바는 1990년대 초에 썬 마이크로시스템즈Sun Microsystems에서 일하던 제임스 고슬링James Gosling이 개발했다. 원래 자바의 적용 대상은 속도는 그다지 중요하지 않지만 유연성이 중요한 가전 제품과 전자 기기 같은 작은 임베디드 시스템이었다. 이후 자바는 웹페이지상에서 실행할 용도로 변경되었지만 별로 인기를 얻지 못했고, 대신 웹 서버에 널리 사용되고 있다. 예를 들어 사용자가 이베이eBay 같은 웹사이트를 방문하면 사용자의 컴퓨터는 웹페이지를 표시하기 위해 C++와 자바스크립트를 실행하겠지만, 이베이는 방문자의 브라우저로 전송할 페이지를 생성하는 데 자바를 사용할 가능성이 크다. 자바는 안드로이드 앱을 작성하는 주요 언어이기도 하다. 자바는 C++보다 단순하지만(비슷하게 복잡한 방향으로 진화하고 있기는 하다), C보다는 더 복잡하다. 또한 C보다 더 안전하기는 한데, 몇몇 위험한 특성을 제거했고 메모리에서 복잡한 자료 구조를 관리하는 일처럼 에러가 발생하기 쉬운 작업을 처리할 내장 메커니즘을 갖추고 있기 때문이다. 그래서 프로그래밍 수업에서 처음 배우는 언어로도 인기가 높다.

예제 II.4는 자바로 작성된 '수 합산하기' 프로그램이다. 이 프로그램은 다른 언어로 된 코드보다는 조금 긴데, 자바의 특성상 그런 면이 있지만 몇 개의 계산을 합치면 2~3행 더 줄일 수 있다.

예제 II.4 수 합산하기 자바 프로그램

```
import java.util.*;
class Addup {
    public static void main (String [] args) {
        Scanner keyboard = new Scanner(System.in);
        int num, sum;
        sum = 0;
        num = keyboard.nextInt();
        while (num != 0) {
            sum = sum + num;
            num = keyboard.nextInt();
        }
        System.out.println(sum);
    }
}
```

방금 했던 이야기에서 프로그램과 프로그래밍에 관해 보편적으로 중요한 사항을 이끌어 낼 수 있다. 특정 작업을 하는 프로그램을 작성하는 데는 항상 많은 방법이 있다는 것이다. 이러한 의미에서 프로그래밍은 작문과 비슷하다. 문체와 적절한 어휘 사용 등은 글을 쓸 때도 중요하지만 프로그램을 작성할 때도 중요하다. 프로그램을 어떻게 작성했는지를 보고 훌륭한 프로그래머인지 판단할 수도 있다. 다른 사람이 작성한 코드 중에 자신에게 필요한 작업을 수행하는 코드를 어렵지 않게 찾을 수 있어서, 다른 프로그램을 복사한 프로그램을 심심찮게 찾아볼 수 있다. 모든 프로그래밍 강의를 시작할 때 이 점을 강조하지만, 변수 이름이나 행의 배치를 바꾸는 정도로 표절을 숨길 수 있다고 생각하는 학생들이 가끔 있다. 미안하지만 그걸로는 안 된다.

자바스크립트는 C에서 시작된 광범위한 언어군에 속하지만 다른 언어들과 차이점이 많다. 자바스크립트는 1995년에 넷스케이프Netscape에서 근무하던 브렌던 아이크Brendan Eich가 만들었다. 이름의 일부가 겹친다는 점을 제외하면 자바스크립트는 자바와 아무 관계가 없다. 자바스크립트는 처음부터 웹페이지의 동적인 효과를 구현하기 위해 브라우저 내부에서 사용할 목적으로 설계되었고, 오늘날 거의 모든 웹페이지는 자바스크립트 코드를 어느 정도 포함하고 있다. 자바스크립트는 뒤에서 따로 설명하겠지만, 다른 언어와 비교할 수 있도록 예제 II.5에 '수 합산하기' 프로그램의 자바스크립트 버전을 제시했다.

예제 II.5 수 합산하기 자바스크립트 프로그램

```
var num, sum;
sum = 0;
num = prompt("Enter new value, or 0 to end");
while (num != '0') {
```

```
  sum = sum + parseInt(num);
  num = prompt("Enter new value, or 0 to end");
}
alert(sum);
```

자바스크립트는 시험 삼아 무언가 만들어 보기 쉽다. 우선 언어 자체가 단순하다. 그리고 컴파일러가 모든 브라우저에 내장되어 있어 별도로 다운로드하지 않아도 된다. 또한 계산한 결과를 바로 볼 수 있다. 이 예제에 몇 행을 추가한 다음 웹페이지에 올리면 전 세계 누구라도 이 프로그램을 볼 수 있다.

파이썬은 네덜란드 암스테르담의 CWICentrum Wiskunde & Informatica, 네덜란드 국립 수학 정보과학 연구소에서 일하던 귀도 반 로섬Guido van Rossum이 개발해서 1991년에 처음 발표한 언어다. 파이썬은 C, C++, 자바, 자바스크립트와 구문 규칙 면에서 약간 다른데, 가장 눈에 띄는 부분은 문장을 그룹화하는 데 중괄호 대신 들여쓰기를 사용한다는 점이다.

파이썬은 처음부터 가독성에 초점을 두고 설계되었다. 파이썬은 배우기 쉽고, 생각할 수 있는 거의 모든 프로그래밍 과제에 필요한 라이브러리(141쪽 참고)를 풍부하게 제공해서 가장 널리 사용되는 언어 중 하나로 자리 잡았다. 배우거나 가르칠 언어를 하나만 골라야 한다면, 파이썬을 선택할 것이다. 파이썬은 뒤에서 따로 상세히 설명한다. 예제 II.6은 수 합산하기 프로그램의 파이썬 버전이다.

예제 II.6 수 합산하기 파이썬 프로그램

```
sum = 0
num = input()
while num != '0':
    sum = sum + int(num)
    num = input()
print(sum)
```

프로그래밍 언어는 앞으로 어떻게 발전할까? 짐작건대 우리는 더 많은 컴퓨터 자원을 우리에게 유용한 방향으로 사용함으로써 프로그래밍을 계속해서 쉽게 만들 것이다. 또한 프로그래머가 더 안전하게 사용할 수 있는 언어를 만드는 방향으로 나아갈 것이다. 예를 들어, C 언어는 매우 예리한 도구다. C 언어로는 늦게까지 검출되지 않는 프로그래밍 에러를 무심코 만들기 쉬운데, 이런 에러는 어쩌면 이미 흉악한 목적으로 이용된 다음에야 발견될 수도 있다. C 이후에 나온 언어들은 이러한 에러를 일부 방지하거나 검출하기 쉽게 되어 있지만, 더 느리게 실행되거나 메모리를 더 많이 차지하는 등의 희생이 따른다. 대체로는 이런 방향으로 나아가는 것이 정당한 트레이드오프지만, 자원을 덜 쓰면서 빠른 코드를 작성하는 것이 매우 중요해서 C처럼 효율성이 높은 언어가 계속 사용될 응용 분야가 분명히 아직 많다. 예를 들면 자동차, 항공기, 우주선, 무기 등에 있는 제어 시스템이 그렇다.

각 언어가 튜링 머신을 모방하여 작동하거나, 튜링 머신이 각 언어를 모방하여 작동하는 데 사용될 수 있다는 점에서 모든 프로그래밍 언어는 형식상 동등한 관계에 있다.* 그러나 모든 언어는 절대 모든 프로그래밍 작업에 대해 똑같이 효율적이지는 않다. 복잡한 웹페이지를 제어하는 자바스크립트 프로그램을 작성하는 일과 자바스크립트 컴파일러를 구현하는 C++ 프로그램을 작성하는 일 사이에는 막대한 차이가 있다. 이 두 작업 모두 완전히 전문적으로 할 수 있는 프로그래머를 찾기란 어려울 것이다. 경험이 풍부한 전문 프로그래머가 프로그래밍 언어 여남은 개를 수월하게 다루고 그런대로 능숙하게 프로그래밍할 수는 있겠지만, 모든 언어에 똑같은 수준의 전문성을 갖추고 있지는 않을 것이다.

* (옮긴이) 어떤 프로그래밍 언어가 튜링 머신과 동등한 계산 능력을 가지면 '튜링 완전(turing complete)' 하다고 표현한다. 이는 튜링 머신으로 풀 수 있는 계산 문제를 그 프로그래밍 언어로 풀 수 있고, 그 역도 성립한다는 의미이다. 오늘날 거의 모든 프로그래밍 언어는 '튜링 완전'하다. *en.wikipedia.org/wiki/Turing_completeness*

현재 널리 사용되는 언어는 100개 미만이지만, 지금까지 수천 개의 프로그래밍 언어가 발명되었다. 왜 그렇게 많을까? 앞서도 얼마간 이야기했듯이 각 언어는 효율성, 표현력, 안전성, 복잡성 같은 문제 간 트레이드오프를 고려해서 만들어진 결과다. 많은 언어는 분명히 기존 언어가 가진 약점을 인식하면서 그에 대한 반작용으로 나타나고, 기존 언어에서 배운 교훈과 더 좋아진 컴퓨팅 성능을 반영하며, 설계자의 개인적인 취향에 크게 영향을 받는다. 새로운 응용 분야가 생기면 새로운 영역에 주안점을 둔 새 언어가 만들어지기도 한다.

프로그래밍 언어는 확실히 컴퓨터과학에서 중요하고 매력적인 부분이다. 미국의 언어학자인 벤자민 워프Benjamin Whorf에 따르면 "언어는 우리가 생각하는 방식을 형성하고, 생각할 수 있는 범위를 결정한다." 과연 이 명제가 자연 언어에 적용되는지에 대해서는 언어학자들 사이에서 논쟁이 이어지고 있지만, 컴퓨터에게 할 일을 지시하기 위해 만든 인공 언어에는 정말로 적용되는 것처럼 보인다.

SOFTWARE

028 구글 같은 서비스는 어떻게 개발할까?

현실에서 프로그래밍은 대규모로 이루어지는 경향이 있다. 이때 사용되는 전략은 책을 쓰거나 다른 큰 프로젝트에 착수할 때와 비슷하다. 무엇을 해야 할지 파악하고, 넓은 명세부터 시작해서 점차 작은 부분으로 적절히 나누고, 각 부분을 작업하면서 전체적으로 일관되어 있는지 확인해야 한다.

프로그래밍에서 작업 하나의 크기는 보통 한 사람이 프로그래밍 언어로 정확한 처리 단계를 작성할 수 있는 정도다. 다른 프로그래머들이 작성한 부분들이 함께 잘 작동하는지 확인하는 일은 어려운데, 이걸 바로잡지 못하면 에러가 발생할 소지가 크다. 예를 들어, 1999년에 미국항공우주국NASA의 화성 기후 궤도선이 고장을 일으킨 사건이 있었다. 비행 시스템 소프트웨어는 추진력을 계산할 때 미터법 단위를 사용했지만 궤도 수정용 데이터는 영국식(야드파운드법) 단위로 입력되었고, 이 때문에 궤도 계산이 잘못되어 궤도선이 행성 표면에 너무 가까이 접근해서 일어난 사고였다.*

앞에서 다양한 언어로 작성된 수 합산하기 예제는 10줄 내외였다. 프로그래밍 입문 수업에서 작성할 만한 작은 프로그램은 수십에서 수백 행의 코드로 되어 있다. 내가 작성한 첫 번째 '진짜' 프로그램은(상당수의 인원이 사용했던) 약 1,000줄짜리 포트란 코드였다. 논문의 서식을 맞추고 출력하기 위한 매우 간단한 문서 처리기였는데, 학사 팀이 이를 인계받았고 내가 졸업한 이후에도 5년 정도 더 사용됐다. 좋은 시절이었다!

오늘날 유용한 작업을 하기 위해 만들어진 더 큰 프로그램은 아마 수천에서 수만 행 정도일 것이다. 내가 강의하는 프로젝트 수업에서는 학생들이 몇 명씩 모여 조별 프로젝트를 진행한다. 다른 과목에 뒤처지지 않고 교외 활동도 하면서, 시스템을 설계하고 새로운 언어 한두 개를 배우면서도 보통 8~10주 만에 2,000에서 3,000줄의 코드를 만들어 낸다. 자주 보이는 프로젝트 결과물로는 대학 내 데이터베이스에 쉽게 접속하도록 하는 웹 서비스나 생활의 편의를 높여 주는 스마트폰 애플리케이션 등이 있다.

컴파일러나 웹 브라우저는 코드가 수십만에서 수백만 행에 이를 것이다. 대규모 시스템은 수백만 행, 심지어 수천만 행의 코드로 되어 있고, 수

* NASA 화성 기후 궤도선(Mars Climate Orbiter) 보고서: *llis.nasa.gov/llis_lib/pdf/1009464main1_0641-mr.pdf*

백에서 수천 명의 사람이 동시에 작업할 수 있으며, 시스템의 수명도 수십 년에 이른다. 회사 측에서는 프로그램의 규모를 밝히는 데 대체로 조심스럽지만, 믿을 만한 정보를 가끔 밝힌다. 예를 들어, 2015년 구글 행사에 있었던 발표에 따르면 당시 구글의 전체 코드 규모는 약 20억 행이었다고 한다.* 지금은 그 두 배 이상 됐을 가능성이 있다.

이 정도 규모의 소프트웨어를 개발하려면 프로그래머, 테스트 담당자, 문서 작성자로 이루어진 팀이 여럿 필요하다. 프로젝트의 진행을 위해서는 일정과 마감 시한을 정하고, 여러 계층에 걸쳐 관리가 이루어져야 하며, 끊임없는 회의를 거쳐야 한다. 사정을 잘 알 만한 위치에 있던 동료 한 명은 중대한 시스템을 작업했을 당시 코드 한 행에 한 번씩 회의가 있었다고 호소하곤 했다. 그 시스템이 수백만 행의 코드로 되어 있었으니 아마도 과장이 섞였겠지만, 경험이 풍부한 프로그래머라면 '그렇게 많지도 않네'라고 말할지도 모르겠다.

라이브러리, 인터페이스, 개발 키트

여러분이 당장 집을 지으려고 한다고 생각해 보자. 나무를 베어서 통나무를 만들고, 찰흙을 파내서 벽돌을 만드는 것부터 시작하지는 않는다. 그 대신 문, 창문, 배관 설비, 난로, 온수기같이 미리 만들어진 부품을 산다. 집을 짓는 것은 여전히 큰일이지만, 그래도 할 만하다는 생각이 드는 까닭은 다른 이들이 만들어 놓은 것을 가져다 쓸 수도 있고, 도움이 되는 인프라(실제로는 전체 산업)에 의존할 수 있기 때문이다.

프로그래밍도 마찬가지다. 어떤 중요한 프로그램도 완전히 처음부터 새로 만들어지지는 않는다. 다른 사람들이 만들어 놓은 여러 가지 구성 요소

* *www.wired.com/2015/09/google-2-billion-lines-codeand-one-place*

를 바로 구해서 사용할 수 있다. 예를 들어, 윈도우나 맥OS용 프로그램을 작성하려고 한다면 사전에 제작된 메뉴, 버튼, 그래픽 연산, 네트워크 연결, 데이터베이스 접근 등에 필요한 코드를 구한다. 프로그래밍 작업의 대부분은 이미 있는 구성 요소를 이해하고 자신만의 방식으로 이어 붙이는 것이다. 물론 구성 요소들은 단계적으로 더 단순하고 기본적인 구성 요소로 이루어져 있는데, 보통 몇 개의 층위를 갖는다. 그 기저에는 운영체제가 있어 모든 구성 요소가 그 위에서 돌아간다. 운영체제는 하드웨어를 관리하고 일어나는 모든 일을 제어하는 프로그램으로, 2부 후반부에서 따로 다룰 예정이다.

가장 단순한 수준에서 프로그래밍 언어는 **함수**function 메커니즘을 제공한다. 함수 메커니즘은 어떤 프로그래머가 유용한 작업을 수행하는 코드를 작성하면 다른 프로그래머가 그 내부 작동 방식을 모르더라도 프로그램에 사용할 수 있는 형태로 코드를 패키지화할 수 있게 해준다. 예를 들어, 수 합산하기 C 프로그램에는 다음과 같은 행이 나온다.

```
while (scanf("%d", &num) != EOF && num != 0)
    sum = sum + num;
printf("%d\n", sum);
```

이 코드는 C 언어에 있는 두 개의 함수를 '호출한다(사용한다)'. scanf는 입력 소스에서 데이터를 읽는데, 모형 컴퓨터의 GET과 유사하다. printf는 모형 컴퓨터의 PRINT처럼 결과를 출력한다. 함수는 이름이 있고, 작업을 수행하는 데 필요한 입력 데이터 값을 받는다. 함수는 계산을 수행하며, 프로그램 내에서 함수를 호출한 부분으로 계산 결과를 돌려줄 수도 있다. 여기에 쓰인 구문과 세부 사항은 C 언어 특유의 것이고 언어에 따라 약간씩 다르겠지만, 기본 아이디어는 동일하다. 함수를 이용하면 따로 만들어진 구성 요소를 필요에 따라 적절하게 조합하여 프로그램을 만들 수 있다.

연관된 함수들의 모음을 보통 **라이브러리**library라고 한다. 예를 들어, C 언어에는 디스크나 다른 위치에서 데이터를 읽고 쓰는 함수로 구성된 표준 라이브러리가 있고, `scanf`와 `printf`도 이에 속한다.

함수 라이브러리가 제공하는 서비스는 **애플리케이션 프로그래밍 인터페이스**Application Programming Interface, 즉 API로 프로그래머에게 제공된다. API는 포함하는 함수와 더불어 함수의 용도가 무엇인지, 함수를 어떻게 사용해야 하는지, 어떤 입력 데이터를 요구하는지, 어떤 값을 만들어 내는지 나열한다. 또한 API는 시스템 내부에서 주고받는 데이터의 구조를 의미하는 자료 구조와 기타 세부 사항도 기술할 수 있다. 이 모든 것이 모여 프로그래머가 서비스를 요청하기 위해 무엇을 해야 하고 결과적으로 무엇이 계산될지 정의한다. 이러한 명세는 상세하고 정확해야 한다. 결국 프로그램을 해석하는 것은 친절하고 협조적인 사람이 아니라 말도 안 통하고 명령을 곧이곧대로 받아들이는 컴퓨터이기 때문이다.

API는 구문과 관련된 기본 명세뿐만 아니라 시스템을 효과적으로 사용하도록 돕는 지원 문서도 포함한다. 요즘 대규모 시스템은 프로그래머들이 복잡한 소프트웨어 라이브러리를 잘 다룰 수 있도록 **소프트웨어 개발 키트**Software Development Kit, 즉 SDK를 포함한다. 예를 들어, 애플은 아이폰과 아이패드 코드를 작성하는 개발자를 위해 개발 환경과 지원 도구를 제공한다. 구글은 안드로이드용 SDK를 제공한다. 마이크로소프트는 윈도우 코드를 여러 가지 장치에 대해 다양한 언어로 작성할 수 있는 폭넓은 개발 환경을 제공한다. SDK 자체도 대형 소프트웨어 시스템이다. 예를 들어, 안드로이드 개발 환경인 안드로이드 스튜디오Android Studio는 용량이 1.6GB이고 애플 개발 환경인 Xcode는 그보다 훨씬 크다.

버그

안타깝게도 프로그램이 일정 규모 이상 커지면 한 번에 제대로 작동하지 않는다. 인생은 너무 복잡하고 프로그램은 인생의 복잡성을 반영한다. 프로그래밍은 세부 사항까지 완벽하게 주의를 기울여야 하는데, 그렇게 할 수 있는 사람은 적다. 크든 작든 모든 프로그램에는 결함이 있다. 컴퓨터는 시키지도 않은 엉뚱한 일을 하거나 잘못된 답을 내놓기도 한다. 이러한 결함을 **버그**bug라고 한다. 이 용어는 그레이스 호퍼가 만들었다고 흔히 알려져 있다. 1947년에 호퍼의 동료들은 작업 중이던 기계식 컴퓨터인 하버드 마크 II에서 말 그대로 벌레(죽은 나방)를 발견했고, 호퍼는 동료들이 컴퓨터를 '디버깅debugging'하고 있다고 말했다고 한다. 그 벌레는 보존되어 불멸의 존재처럼 되었고, 워싱턴 D.C.에 있는 스미스소니언Smithsonian 협회의 미국사 박물관American History museum에서 찾아볼 수 있다. 그림 II.5가 바로 그 벌레다.

하지만 '버그'라는 단어를 이런 의미로 쓴 것은 호퍼가 처음이 아니다.

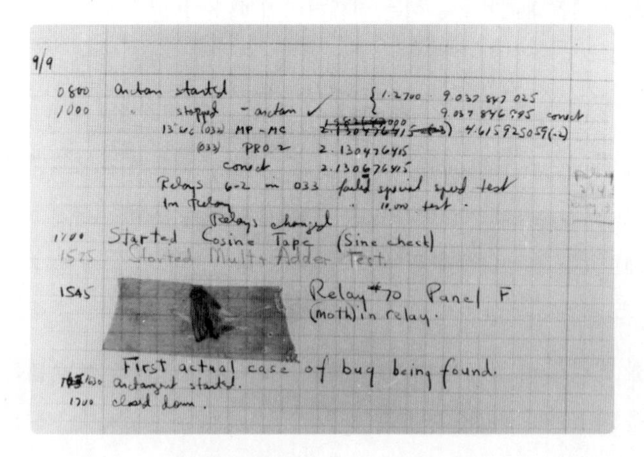

그림 II.5 하버드 마크 II에서 나온 버그(bug)*

* *www.history.navy.mil/our-collections/photography/numerical-list-of-images/nhhc-series/nh-series/NH-96000/NH-96566-KN.html*

옥스퍼드 영어 사전 제2판에 따르면 1889년에 먼저 쓰였음을 알 수 있다.

> **bug**: 기계, 계획 등에 생긴 흠이나 결함(유래: 미국). 어려운 문제를 해결했음을 나타낸 표현으로, 상상의 곤충이 몰래 숨어들어서 문제를 일으킨다는 것을 뜻함.
>
> 예문: 에디슨 씨가 축음기에서 '버그a bug'를 찾느라 이틀 밤을 새웠다고 들었습니다.
>
> (1889년 《팔 말 가제트Pall Mall Gaz.》*, 3월 11일)

버그는 너무나 다양한 방식으로 발생하기 때문에 제대로 설명하려면 책이 매우 두꺼워질 것이다(그리고 이미 그런 책이 실제로 있다). 버그를 일으키는 수많은 원인으로는, 발생할 수 있는 경우를 깜박하고 처리하지 못했거나, 어떤 조건을 평가하기 위한 논리 테스트나 산술 테스트를 잘못 작성했거나, 잘못된 공식을 사용했거나, 프로그램이나 프로그램의 특정 부분에 할당된 영역 밖에 있는 메모리에 접근했거나, 특정 종류의 데이터에 잘못된 연산을 적용했거나, 사용자 입력이 적합한지 검사하지 못한 경우 등이 있다.

예제 II.7은 섭씨온도를 화씨온도로, 또 그 반대로 변환하는 자바스크립트 함수 한 쌍을 보여 준다(*와 / 연산자는 각각 곱셈과 나눗셈을 수행한다). 이 함수 중 하나에는 에러가 있다. 찾을 수 있겠는가?

예제 II.7 섭씨온도와 화씨온도로 변환하는 두 함수

```
function ctof(c) {
    return 9/5 * c + 32;
}
function ftoc(f) {
    return 5/9 * f - 32;
}
```

테스트는 실제로 프로그래밍에서 큰 부분을 차지한다. 소프트웨어를 개발

* (옮긴이) 영국에서 19세기 후반부터 20세기 초까지 발행된 석간 신문이다. 이 신문에 난 기사를 발췌해 예문으로 썼다.

하는 기업에는 흔히 구현 코드보다 테스트 코드가 더 많고, 프로그래머보다 테스터가 더 많다. 소프트웨어가 출시되기 전에 가능한 한 많은 버그를 발견하기 바라기 때문이다. 버그를 완전히 없애는 건 어렵겠지만 적어도 드물게 발생하도록 만들 수는 있다.

여러분이라면 예제 II.7에 있는 온도 변환 함수를 어떻게 테스트하겠는가? 틀림없이 이미 답을 알고 있는 간단한 테스트 케이스 몇 개를 시도할 것이다. 예를 들어 섭씨온도 0과 100을 넣어 보고 화씨온도 값이 32와 212가 나오는지 확인한다. 이 케이스에는 이상이 없다.

하지만 반대로 화씨온도를 섭씨온도로 변환하는 것을 테스트해 보면 그다지 잘 작동하지 않는다. `ftoc` 함수는 화씨 32도를 섭씨 -14.2도로, 화씨 212도를 섭씨 85.8도로 변환하는데, 둘 다 완전히 틀렸다. 5/9를 곱하기 전에 화씨온도 값에서 32를 빼야 하는데, 이렇게 하려면 괄호가 필요하다. 따라서 `ftoc` 함수의 내용을 다음과 같이 정정해야 한다.

```
return 5/9 * (f - 32);
```

다행히 이런 함수는 테스트하기 쉽다. 하지만 수백만 행으로 된 프로그램에서 잘못된 부분이 어디인지 명확하지 않다면, 테스트하고 디버깅하는 데 얼마나 많은 노력이 필요할지는 상상에 맡기겠다.

그나저나 예제 II.7의 두 함수은 서로 역함수 관계인데(2^n과 $\log_2 n$처럼), 이런 관계를 이용하면 테스트가 쉬워진다. 만일 어떤 값을 역함수 관계인 두 함수에 차례로 통과시키면, 결과는 원래 값이 되어야 한다. 컴퓨터가 정수 아닌 수를 완벽한 정밀도로 표현하지 못한다는 점 때문에 미세한 불일치가 생길 수 있다는 것만 제외하면 말이다.

버그는 시스템을 공격에 취약하게 만들기도 하는데, 버그 때문에 종종 공격자가 메모리에 악성코드를 심어 놓기 쉬워지기도 한다. 악용될 수 있는 버그를 취급하는 시장은 활발하다. 선량한 해커white hat는 문제를 해결하고, 악의적인 해커black hat는 문제를 악용한다. 중간에는 미국 국가안보국NSA 같은 정부 기관이 공격 방법을 나중에 이용하거나 해결할 용도로 비축해 두는 애매한 회색 영역이 존재한다.*

업데이트가 잦다는 것은 그만큼 취약점이 널리 퍼져 있다는 것을 뜻한다. 웹 브라우저처럼 많은 해커의 이목이 집중되어 있는 중요한 프로그램이 그렇다. 견고한 프로그램을 작성하는 일은 어려우며, 악당들은 언제나 공격할 틈이 생기기를 호시탐탐 노리고 있다. 소프트웨어가 패치될 때 보안 취약점security hole이 수정되므로 일반 사용자들은 소프트웨어를 최신 상태로 유지하는 것이 중요하다.

소프트웨어 개발에 복잡함을 더하는 또 다른 요인은 급변하는 환경이다. 환경은 항상 변하고 프로그램은 거기에 발 빠르게 대응해야 한다. 새로운 하드웨어가 개발되면 새로운 소프트웨어가 필요한데, 이 때문에 시스템을 변경해야 할 수도 있다. 새로운 법이나 기타 요구사항이 등장하면 프로그램의 사양이 바뀐다. 일례로 터보택스TurboTax† 같은 프로그램은 서로 다른 관할권에서 세법이 바뀔 때마다 대응해야 한다. 컴퓨터 기종, 각종 툴, 프로그래밍 언어, 물리적 장치가 구식이 되면 교체되어야만 한다. 데이터 형식이 구식이 되기도 한다. 예를 들어 1990년대 초에 작성된 워드 파일은 최신 버전의 워드 프로그램에서 열 수 없다. 한 분야의 전문 직종도 환경이 바뀌면서 사람들이 점차 퇴직하고, 죽고, 사업 축소로 해고되면서 사라지게 된다. 대학에서 학생이 만든 시스템도 담당자가 졸업하면 같

* *www.theregister.co.uk/2015/09/04/nsa_explains_handling_zerodays*

† (옮긴이) 미국에서 납세 신고 처리에 사용하는 소프트웨어로, 해당 분야에서는 시장 점유율이 가장 높다고 한다. *en.wikipedia.org/wiki/TurboTax*

은 방식으로 어려움을 겪는다.

끊임없는 변화에 뒤처지지 않고 따라가는 것은 소프트웨어 유지보수에서 매우 중요하며, 반드시 수행해야 하는 일이다. 그렇지 않으면 프로그램은 '비트 부식'을 겪게 되어, 머지않아 재컴파일할 수 없게 되거나 몇몇 라이브러리가 너무 많이 바뀌어 더 이상 작동하지 않거나, 업데이트할 수 없는 상태가 되어 버린다. 한편으로는, 프로그램의 문제를 해결하려는 시도나 새 기능을 추가하려는 시도가 의도치 않게 새로운 버그를 만들어 내거나, 사용자에게 익숙한 방식을 바꾸어 버리는 결과를 낳기도 한다.

SOFTWARE 029 구글과 오라클의 저작권 소송

지적 재산권intellectual property이라는 용어는 발명이나 저작(책, 음악, 그림, 사진 등) 같은 개인의 창작 활동에서 생겨난 다양한 종류의 무형 자산을 일컫는다. 소프트웨어는 지적 재산권의 중요한 예다. 우선, 무형이지만 가치가 높다. 대량의 코드를 작성하고 유지보수하려면 지속적으로 노력을 기울여야 한다. 그러나 무제한으로 복제해서 전 세계로 배포하는 데 비용이 들지 않으며, 손쉽게 수정할 수 있고, 근본적으로 눈에 보이지 않는다.

소프트웨어 소유권은 법적 문제와 복잡하게 얽혀 있다. 개인적으로는 하드웨어보다 문제가 더 까다롭다고 생각하는데, 프로그래머로서 갖는 편견일지도 모르겠다. 소프트웨어는 하드웨어보다 훨씬 나중에 등장한 분야다. 1950년 무렵 이전에는 소프트웨어가 없었고, 소프트웨어가 단독으로 주요 경제 부문으로 자리 잡은 것은 40년 정도밖에 되지 않았다. 결과적으로 관련 법률, 상관례commercial practice, 사회 규범이 발달할 시간이 부족했다. 여기서는 지적 재산권과 관련된 몇 가지 문제를 논하고, 적어도 다양한 관점에서 상황을 이해할 수 있도록 약간의 기술적 배경을 설명하고자 한다. 참고로 미국 법률을 기준으로 작성된 것이며, 다른 나라에도 비슷한 제도가 있지만 많은 차이가 있음을 감안해야 한다.

소프트웨어에는 지적 재산권을 보호하는 몇 가지 법적 메커니즘이 있는데, 실제 적용 가능 여부는 조금씩 차이가 있다. 여기에는 영업 비밀, 상표, 저작권, 특허, 라이선스가 포함된다.

영업 비밀trade secret

개념이 가장 명확하다. 지적 재산권은 소유자만 그 비밀을 보유하고, 기밀 유지 협약서 같은 법적 구속력이 있는 계약에 의해서만 다른 이에게 공개된다. 간단하고, 보통은 효과적이지만 혹시라도 비밀이 드러났을 때 대처할 만한 수단이 거의 없다고 볼 수 있다. 다른 분야의 사례지만, 코카콜라Coca-Cola의 제조법은 영업 비밀의 대표적인 사례다. 만약 제조법이 공공 지식이 되면, 누구나 똑같은 제품을 만들 수 있게 된다. 그래도 코카콜라나 코크Coke라고 부르지는 못하는데, 제품 이름이 또 다른 형태의 지적 재산권인 상표로 등록되어 있기 때문이다. 소프트웨어에서는 파워포인트나 포토샵 같은 주요 시스템의 구현 코드가 영업 비밀에 해당한다.

상표trademark

회사의 상품이나 서비스를 구별해 주는 단어나 문구, 이름, 로고, 특정한 색상을 의미한다. 예를 들어, 광고에서 흘림체로 나타나는 Coca-Cola라는 단어, 코카콜라 클래식 유리병 모양, 이 두 가지 다 상표다. 맥도날드McDonald's의 골든아치Golden Arches 로고는 맥도날드를 다른 패스트푸드 브랜드와 구별해 주는 상표다.

컴퓨팅 분야에도 무수한 상표가 있다. 맥 노트북 표면의 빛나는 음각 로고는 애플의 상표다. 마이크로소프트의 운영체제, 컴퓨터, 게임 컨트롤러에 나타나는 4색 로고 또한 상표의 예다.

저작권copyright

창작 표현물을 보호한다. 저작권은 문학, 미술, 음악, 영화에 관해 이야기할 때 친숙한 단어다. 적어도 이론상으로 보면 저작권은 다른 이들이 복제하지 못하도록 창작물을 보호하며, 창작자에게 제한된 기간에 걸쳐 작품을 활용하고 수익을 얻을 권리를 준다. 미국에서 예전에는 그 기간이 최초 28년이었고, 이후에 한 번 더 같은 기간만큼 갱신할 수 있었지만, 지금은 작가의 사후 70년까지이고, 다른 많은 국가에서는 작가의 사후 50년까지이다. 2003년에 미국 대법원은 작가의 사후 70년까지가 '제한적'이라고 판결을 내렸다.* 엄밀히 말하면 맞기는 하지만, 실제로는 '영원히'와 그리 다르지 않다. 미국의 저작권자들은 전 세계의 저작권 보호 기간을 미국 법률에 따라 연장하도록 하는 방안을 강하게 추진하고 있다.

디지털 자료의 저작권을 보호하는 일은 어렵다. 얼마든지 전자 사본을 만들어서 온라인 세상에 비용을 들이지 않고 배포할 수 있기 때문이다. 저작권이 있는 자료를 암호화나 다른 형태의 **디지털 저작권 관리**Digital Rights Management, 즉 DRM으로 보호하려는 시도는 한결같이 실패했다. 암호화는

* 1998년 소니 보노(Sonny Bono) 저작권 보호 기간 연장법(Copyright Term Extension Act)의 합헌성을 확인하는 대법원 판결. 이미 충분히 긴 미키 마우스와 다른 디즈니 캐릭터에 대한 저작권 보호 기간을 연장했던 터라, 이를 비꼬기 위해 미키 마우스 보호법(Mickey Mouse Protection Act)으로 불리기도 했다. *en.wikipedia.org/wiki/Eldred_v._Ashcroft*

보통 풀 수 있는 것으로 드러났고, 풀지 못한다 해도 콘텐츠가 재생되는 동안 재기록할 수 있다(이를 '아날로그 홀analog hole'이라고 한다). 예를 들면 극장에서 영화를 몰래 녹화하는 일 따위가 여기에 해당한다. 개인 창작자는 물론이고 심지어 큰 단체라도 저작권 침해에 대한 법적 조치를 효과적으로 계속 밀고 나가기는 어렵다. 이 주제는 3부에서 다시 설명하겠다.

저작권은 소프트웨어 프로그램에도 적용된다. 마치 내가 쓴 소설이 내 소유가 되듯이, 내가 작성한 프로그램은 내 소유다. 다른 누구도 내게 저작권이 있는 프로그램을 내 허가 없이 사용할 수 없다. 꽤 간단하게 들리지만, 항상 그렇듯이 세부 사항이 문제가 된다. 여러분이 내 프로그램의 작동 방식을 연구해서 자신만의 버전을 만든다면, 내 저작권을 침해하지 않으면서 어디까지 비슷하게 할 수 있을까? 프로그램의 서식과 모든 변수의 이름만 바꾼다면 아직 침해에 해당한다. 하지만 더 교묘하게 변경하면 침해 여부가 모호해지고, 이러한 쟁점은 값비싼 법적 절차를 통해서만 해결할 수 있다. 여러분이 내 프로그램의 작동 방식을 연구해서 철저하게 이해한 다음 완전히 새롭게 구현한다면 유효한 창작이 될 수도 있다. 실제로 **클린 룸 개발**clean room development이라는 기법에서는 프로그래머들이 복제하려는 속성을 포함하는 코드에 접근할 방법이나 코드에 대한 정보가 전혀 없다. 프로그래머들은 원본과 동일한 방식으로 작동하지만 복제한 게 아니란 것을 입증할 수 있는 새로운 코드를 작성한다. 그렇다면 법적 문제는 클린 룸이 정말로 깨끗했고 아무도 원본 코드에 노출돼서 오염되지 않았는지 증명하는 것이 된다.

특허patent

발명에 대한 법적 보호를 제공한다. 특허는 저작권과는 대비되는데, 저작권은 표현물(코드가 작성된 방식)만 보호하고 코드가 포함할 수 있는 어떤 독창적인 아이디어도 보호하지 않기 때문이다. 주로 하드웨어인 조면기 cotton gin, 전화, 트랜지스터, 레이저 등에 특허가 많고, 무수한 공정, 장치, 개선안 등도 여기에 포함된다.

애초엔 소프트웨어, 즉 알고리즘과 프로그램은 특허를 받을 수 없었다. 소프트웨어는 '수학'이라고 여겨져, 특허법의 범위에 들지 않았기 때문이다. 어느 정도 수학적 배경지식이 있는 프로그래머인 나는 알고리즘이 수학과 연관되어 있긴 하지만 수학은 아니라고 생각한다(예를 들어 퀵 정렬은 요즘에는 충분히 특허를 받을 수 있다). 또 다른 관점에서는 많은 소프트웨어 특허가 특별한 것이 아닌, 누구에게나 자명한 내용이라고 보기도 한다. 그저 컴퓨터를 이용해 몇몇 간단하거나 잘 알려진 과정을 수행하려는 것에 불과하며, 독창성이 부족하므로 특허로 인정되어서는 안 된다고 주장한다. 나는 이 입장에 훨씬 더 동조하는데, 다시 말하지만 법조인이 아닌 비전문가로서 갖는 생각이다.

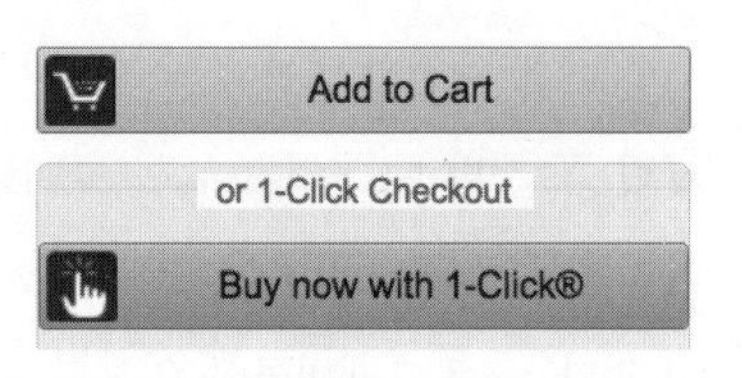

그림 II.6 아마존 원클릭(1-Click®)

소프트웨어 특허의 전형적 사례는 아마존Amazon의 '원클릭1-Click' 특허일 것이다.* 1999년 9월에 아마존닷컴 Amazon.com의 창업자이자 CEO인 제프 베조스Jeff Bezos를 포함한 발명자 네 명이 미국 특허 5960411의 승인을 받았다. 이 특허는 '인터넷을 통해 물품을 주문하는 방법과 시스템'을 다룬다. 특허 청구된 내용은 등록된 고객이 마우스 클릭 한 번으로 주문할 수 있게 하는 방법이었다(그림 II.6). '원클릭'은 아마존의 등록 상표이므로 1-Click®로 표시된다는 점에 유의하자.

* 아마존 원클릭 특허: *https://patents.google.com/patent/US5960411A/en*

원클릭 특허는 거의 20년간 논쟁과 쟁송의 대상이었다. 아마도 대부분의 프로그래머는 그 아이디어가 자명하다고 보는 것 같지만, 특허법에 따르면 발명은 나온 당시에 '해당 기술 분야에서 통상의 지식을 가진 자'에게 '자명하지 않아야' 한다. 이 특허가 발명된 것은 1997년으로 웹 상거래의 초창기였다. 이 특허의 일부 청구항은 미국 특허청에서 거부됐으나, 다른 청구항은 항소를 통해 인정됐다. 그동안 애플에서 아이튠즈iTunes 온라인 스토어용으로 사용할 때를 비롯하여 다른 회사에서 이 기능을 사용할 때면 이 특허에 대한 라이선스를 받았고, 아마존은 원클릭 아이디어를 허가 없이 사용한 회사에 대해 사용 금지 명령을 할 수 있는 권한을 받아 냈다. 물론 국가마다 상황에 차이가 있었다. 다행히도 특허의 기간은 20년이고, 이 특허는 이제 만료되었기에 지금은 별로 중요하지 않은 문제가 되었다.

소프트웨어 특허를 받는 일이 너무 쉬워지면서 생긴 문제 중 하나는 이른바 **특허 괴물**patent troll, 순화해서 표현하면 '특허 관리 전문 사업자non-practicing entity'의 증가다. 특허 괴물은 발명을 사용하려는 것이 아니라 (자기들이 주장하기로) 허가 없이 특허를 침해 중인 다른 기업에 소송을 제기하기 위해 특허에 대한 권리를 취득한다. 특허 괴물은 주로 원고 쪽에 판결이 유리한 경우, 즉 자기 쪽에 유리할 때 소송을 제기한다. 특허 소송에 직접 드는 비용은 높고, 패소했을 때 드는 비용도 매우 크다. 특히 작은 회사 입장에서는 특허 괴물에게 항복하고 라이선스 사용료를 내는 편이 더 간단하고 안전한데, 특허 청구의 내용이 약하고 침해 여부가 명확하지 않더라도 그렇다.*

법적 상황은 비록 느리기는 해도 변하고 있어 이런 종류의 특허 관련 문제가 줄어들긴 하겠지만, 여전히 중대한 문제다.

* 위키피디아에 특허 괴물에 대한 좋은 논고가 있다. *en.wikipedia.org/wiki/Patent_troll*

라이선스license

제품을 사용할 권한을 승인하는 법적 합의다. 어떤 소프트웨어의 새 버전을 설치할 때 모든 컴퓨터 사용자에게 익숙한 단계가 하나 있다. 바로 '최종 사용자 라이선스 동의End User License Agreement', 즉 EULA다. 대화 상자가 나타나서 작은 활자로 된 방대한 덩어리 위에 작은 창을 보여 주며, 이 법적 문서의 조건에 동의해야만 다음 단계로 진행할 수 있다고 한다. 사람들은 대부분 그냥 넘어가기 위해 읽지도 않고 클릭을 하는데, 이로써 원칙적으로, 그리고 아마도 실제 합의 조건에 따라 법적 의무를 지게 된다.

여러분이 그 내용을 정말로 읽어 본다면, 일방적인 조건이라는 것을 알게 되는 것은 별로 놀랄 일은 아니다. 공급자는 모든 보증과 법적 책임을 부인하고, 사실은 소프트웨어가 뭐라도 해줄 것이라는 약속조차 하지 않는다. 아래 문구는 내 맥에서 실행되는 운영체제인 맥OS 모하비Mojave용 EULA의 일부를 발췌한 것이다.*

> B. 귀하는 준거법이 허용하는 범위에서, 귀하의 전적인 책임하에서 Apple 소프트웨어 및 Apple 소프트웨어에 의하여 수행되고 접근되는 서비스를 사용하며 품질에 대한 만족도, 성능, 정확도 및 노력에 대한 전적인 책임 역시 귀하에게 있다는 것을 명시적으로 인정하고 이에 동의합니다.
>
> C. 준거법이 허용하는 최대의 범위에서, Apple 소프트웨어 및 서비스는 매수인의 책임으로 또한 기타 다른 종류의 보증없이 "있는 그대로"의 상태 및 "이용 가능한 상태"로 제공됩니다. 또한 Apple과 Apple이 사용권을 부여한 자(제7조와 제8조와의 관련상 총칭하여 "Apple"이라고 함)는 이로써 명시적이든 묵시적이든 또는 법규상의 것이든, 상품으로서의 적합성, 품질에 대한 만족도, 특정한 목적을 위한 적합성, 정확성, 문제없는

* EULA는 맥OS의 [이 Mac에 관하여] 〉 [지원] 〉 [중요 정보…] 〉 [소프트웨어 사용권 계약]에서 가져온 것이다. 10쪽 정도 된다.

사용에 대한 묵시적 보증이나 조건 및 제3자의 권리를 침해하지 아니할 것 등의 Apple 소프트웨어 및 서비스와 관련된 모든 보증이나 조건에 대하여 책임이 없습니다.

D. Apple은 Apple 소프트웨어에 포함된 기능 또는 Apple 소프트웨어에 의하여 수행되거나 제공되는 서비스가 귀하가 요구하는 사항을 충족시킨다거나 Apple 소프트웨어가 귀하의 Apple 소프트웨어와 서비스의 작동이 방해되지 않을 것이고 오류가 없을 것이라는 점, 어떠한 서비스가 계속 이용 가능할 것이라는 점, Apple 소프트웨어나 서비스가 제3자 소프트웨어, 애플리케이션 또는 제3자 서비스 또는 기타 다른 Apple 제품이나 서비스와 호환되거나 함께 작동될 것이라는 점 및 Apple 소프트웨어 또는 서비스의 결함이 수정될 것이라는 점 등 귀하가 Apple 소프트웨어 및 서비스를 사용하는 데에 대한 장애에 대하여 보증하지 않습니다. 본 Apple 소프트웨어의 설치는 Apple 제품 및 서비스뿐만 아니라 제3자 소프트웨어, 애플리케이션 또는 제3자 서비스의 이용 가능성 및 유용성에 영향을 미칠 수 있습니다.

대부분의 EULA에는 여러분이 소프트웨어 때문에 손해를 입더라도 피해에 대해 소송을 제기할 수 없다고 되어 있다. 소프트웨어가 어떤 목적으로 사용될 수 있는지에 대한 조건이 나와 있고, 여러분은 그 소프트웨어를 리버스 엔지니어링reverse engineering하거나 역어셈블disassemble하려고 시도하지 않겠다고 동의한다.* 특정 국가로는 소프트웨어를 출하할 수 없고 핵무기를 개발하는 데 사용해서는 안 된다는 조항도 있다(정말이다).† 변호사 친구들의 말로는 조건이 지나치게 불합리하지 않다면 그런 라이선스는 일반적으로 유효하고 시행 가능하다고 하는데, 무엇이 합리적인 것인지 의문

* (옮긴이) 리버스 엔지니어링 또는 역공학(逆工學)은 장치나 시스템의 기술적인 원리를 그 구조분석을 통해 발견하는 과정이다. *ko.wikipedia.org/wiki/리버스_엔지니어링*. 역어셈블은 기계어 코드를 분석하여 어셈블리 언어 코드를 만들어 내는 작업이다. *ko.wikipedia.org/wiki/역어셈블러*

† 맥OS 모하비 EULA에 다음과 같은 문장이 있다. '또한 귀하는 핵무기, 미사일 혹은 생화학 무기 등의 개발, 기획, 제조 혹은 생산을 망라하여 미국법에 의하여 금지된 어떠한 목적을 위하여도 Apple 소프트웨어를 사용하지 않을 것을 동의한다.'

을 갖게 만든다.

또 다른 조항은 약간 놀랍게 느껴질 수 있다. 소프트웨어를 오프라인 판매점이나 온라인 매장에서 구매한 경우에는 특히 그럴 것이다. 바로 '이 소프트웨어는 사용권이 부여된 것이지, 판매된 것은 아닙니다.'라는 조항이다. 대부분의 구매에 대해 '최초 판매first sale'라고 하는 법적 원칙에는 여러분이 뭔가를 사면 소유하는 것이라고 되어 있다. 여러분이 인쇄된 책을 사면 그것은 여러분이 가진 사본이고 다른 이에게 주거나 재판매할 수 있다. 물론 또 다른 사본을 만들고 배포해서 저자의 저작권을 침해해서는 안 된다. 하지만 디지털 상품 공급자는 거의 항상 동봉된 라이선스하에 상품을 '판매'하는데, 이 라이선스는 상품의 소유권을 공급자가 보유하도록 하며 여러분에게 '여러분의' 사본을 제한적으로 이용하도록 한다.

이 문제를 잘 보여 주는 사건이 2009년 7월에 일어났다. 아마존은 킨들Kindle 전자책 단말기용으로 많은 책을 '판매'하는데, 사실 이 책들은 라이선스가 부여된 것일 뿐 판매된 것은 아니다. 어느 시점에 아마존은 허가받지 않은 몇몇 책이 유통되고 있다는 것을 알아차렸고, 모든 킨들 버전에서 그 책들을 사용할 수 없도록 함으로써 '판매를 철회했다'. 아이러니하게도 회수된 책 중 하나는 조지 오웰의 디스토피아 소설인 《1984》의 여러 판 중 하나였다. 그가 이 킨들 이야기를 좋아했을 것이라 확신한다.

API도 흥미로운 법적 문제와 관련 있는데, 대부분 저작권에 관한 것이다. 가령 내가 엑스박스Xbox나 플레이스테이션PlayStation 같은 게임 시스템의 제작자라고 하자. 나는 더 많은 사람이 내가 만든 게임기를 구매하기를 원할 것이고, 게임기에서 실행 가능한 좋은 게임이 많을수록 구매 가능성이 클 것이다. 하지만 도저히 그 모든 게임 소프트웨어를 직접 만들 수는 없기에, 프로그래머들이 내 게임기용 게임을 만들 수 있도록 하는 적절한

API를 신중히 정의해야 한다. 게임 개발자들에게 도움이 되도록 엑스박스의 XDK 같은 SDK를 제공할 수도 있다. 운이 좋으면 게임기를 많이 팔아서 돈을 많이 벌고 행복하게 은퇴할 것이다.

API는 사실상 서비스 사용자와 서비스 제공자 간의 계약이다. API는 인터페이스의 양쪽에서 무슨 일이 일어나는지 정의한다. 즉, API는 서비스가 어떻게 구현되었는지에 대한 세부 사항이 아니라, 각 함수가 프로그램에서 사용될 때 무슨 일을 하는지를 확실히 정의한다. 이 말은 경쟁 업체가 내 것과 똑같은 API를 제공하는 게임기를 만들어서 서비스 제공자 역할을 할 수도 있다는 것을 뜻한다. 그들이 클린 룸 기법을 사용했다면 내 구현 방식을 어떤 식으로도 복제하지 않았음이 확실해질 것이다. 만약 경쟁 업체가 이 일을 더 솜씨 좋게 해내서 내 게임기와 똑같은 기능을 제공하는 동시에 다른 면에서 더 낫다면(예를 들어 가격이 더 저렴하거나 외관 디자인이 더 매력적이라면) 나는 사업을 접게 될 수도 있다. 부자가 되기를 바라는 나에게는 나쁜 소식이다.

이때 나는 법적 권리를 어떻게 보장받을 수 있을까? 이 API에 특허를 받을 수는 없는데, 독창적인 아이디어가 아니기 때문이다. 게임 개발자들이 사용할 수 있게 공개해야 하므로 영업 비밀도 아니다. 하지만 만일 API를 정의하는 일이 창의적인 활동이라면, 다른 사람이 나에게서 라이선스를 받아야만 쓸 수 있게 해서 저작권 보호를 받을 수는 있다. SDK를 제공하더라도 마찬가지일 것이다. 그렇게 하면 과연 충분히 보호받을 수 있을까? 이러한 법적 의문과 더불어 여러 문제들이 아직 제대로 해결되지 않은 상태다.

API의 저작권 문제는 가설로만 존재하는 게 아니다. 2010년 1월에 오라클Oracle이 자바 프로그래밍 언어를 만든 회사인 썬 마이크로시스템즈를 인수했다. 얼마 후 2010년 8월에 오라클은 구글이 자바 코드를 실행하는 안드로이드폰에서 자바 API를 불법적으로 사용하고 있다고 주장하면서 구글에 소송을 제기했다.

이 복잡한 소송의 전개 과정을 매우 간단하게 이야기해 보겠다. 처음에 지방 법원은 API가 저작권을 취득할 수 있는 대상이 아니라는 판결을 내렸다. 오라클은 항소했고 결정이 뒤집혔다. 구글은 사건의 심리를 위한 진정서를 미국 대법원에 제출했지만, 2015년 6월에 대법원이 심리 진행을 거부했다. 다음 공판에서 오라클이 손해 보상금으로 90억 달러 이상을 요구했지만, 배심원단은 구글의 API 사용이 '공정 사용fair use'이고 따라서 저작권법 침해가 아니라고 결정을 내렸다. 이 특정 소송에 대해서는 대부분의 프로그래머가 구글의 주장에 동의할 것이라고 생각하지만, 사안은 아직도 해결되지 않았다(미리 밝혀 두자면, 나는 구글의 입장을 지지한 전자 프런티어 재단Electronic Frontier Foundation, EFF이 제출했던 법정조언자 의견서amicus brief에 두 차례 서명했다). 더 많은 법적 절차를 거친 후 대법원이 2020년 10월에 사건을 다시 심리했다.*

SOFTWARE 030 기술 표준의 중요성

표준standard은 어떤 기술적 산물이 어떻게 만들어지고 어떻게 작동하도록 되어 있는지 명확하고 상세하게 기술한 것이다. 워드의 .doc와 .docx 파

* *en.wikipedia.org/wiki/Oracle_America,_Inc._v._Google,_Inc.*
(옮긴이) 2021년 4월에 미국 대법원은 API가 저작권 취득 대상이 될 수 있지만 구글의 자바 API 사용은 '공정 사용'의 범위에 들기 때문에 저작권법 위반에 해당하지 않는다는 최종 판결을 내렸다.

일 포맷 같은 어떤 표준은 '사실상의' 표준으로, 공식적으로 정해지지는 않았지만 모든 이들이 그 기술을 사용한다. '표준'이라는 용어는 무언가가 어떻게 만들어지고 작동하는지 정의하는 정규화된 표현을 뜻한다고 보는 것이 적합하며, 보통은 정부 기관이나 컨소시엄 같은 준準중립적인 단체에 의해 개발되고 유지된다. 표준으로 정의된 내용은 개별 주체들이 의사소통하고 독자적으로 구현할 수 있을 만큼 완전하고 정확하다.

주변에 얼마나 많은지 알아채지 못할 수도 있겠지만, 우리는 항상 하드웨어 표준의 혜택을 누리고 있다. TV를 예로 들어 보자. 새 TV를 사면 집에 있는 콘센트에 바로 전원 플러그를 연결할 수 있다. 이는 플러그의 크기와 모양, 제공하는 전압에 대한 표준 덕분이다(물론 다른 국가에서는 그렇지 않을 수 있다. 유럽으로 휴가를 가려면 영국과 프랑스의 소켓에 북미용 전원 공급 장치를 연결할 수 있도록 해주는 몇 가지 특이한 어댑터를 갖고 가야만 한다). TV가 신호를 수신해서 방송 화면을 보여 줄 수 있는 이유는 방송과 케이블 TV에 관한 표준이 있기 때문이다. HDMI, USB, S-Video 같은 표준 케이블과 커넥터를 사용하여 TV에 다른 장치를 연결하기도 한다. 하지만 리모컨은 표준화되지 않았으므로 모든 TV에는 거기에 맞는 리모컨이 필요하다. 이른바 '통합' 리모컨이라는 것도 가끔씩만 작동한다.

서로 경쟁 관계에 있는 표준도 간혹 있는데, 오히려 역효과를 낳을 때가 많다(컴퓨터과학자 앤디 타넨바움Andy Tanenbaum은 "표준의 좋은 점은 고를 수 있는 대상이 아주 많다는 점이다."라고 역설한 바 있다). 역사적 사례를 들어 보면 비디오테이프에서 베타맥스Betamax 대 VHS 간의 경쟁이 있었고, 고해상도 비디오디스크에서 HD-DVD 대 블루레이Blu-ray 간의 경쟁이 있었다. 이 두 경우 모두 결국 한쪽 표준이 이겼지만, 다수의 표준이 공존할 수도 있다. 미국에서 2020년경까지 사용된 두 가지 호환되지 않는 휴대전화 기술이 그렇다.*

소프트웨어에도 많은 표준이 있다. 여기에는 아스키코드와 유니코드 같은 문자 집합, C와 C++ 같은 프로그래밍 언어, 암호화와 압축 알고리즘, 네트워크를 통해 정보를 교환하기 위한 프로토콜이 포함된다.

표준은 상호운용성을 보장하고 공개경쟁이 이루어지도록 하는 데 결정적인 요소다. 표준은 독자적으로 만들어진 기술이 상호 협력할 수 있게 하고 여러 공급자가 경쟁할 공간을 마련해 주지만, 독점 시스템은 모두를 잠가 버리는 경향이 있다. 당연히 독점 시스템의 소유권자는 잠그는 편을 선호한다. 표준에도 단점은 존재한다. 어떤 표준의 수준이 낮거나 시대에 뒤처졌는데 모든 사람에게 그 기술을 쓰도록 강요한다면 발전이 저해된다. 그러나 이는 표준의 장점에 비하면 소소하다.

SOFTWARE 031

자유로운 소프트웨어, 오픈소스

프로그래머가 작성하는 코드는 어셈블리 언어든 고수준 언어든 **소스 코드** source code라고 한다. 소스 코드를 프로세서에서 실행하기에 적합한 형태로 컴파일한 결과는 **오브젝트 코드** object code라고 한다. 이런 구분이 너무 현학적으로 보일지 모르겠지만, 용어 정의를 명확히 하는 것은 중요하다. 소스 코드는 약간의 수고가 따르더라도 프로그래머가 읽을 수 있는 형태라서,

* (옮긴이) 미국에서는 2G와 3G용으로 CDMA와 GSM 두 가지 표준이 함께 사용되었으나, 2022년까지 2G와 3G가 서비스 종료되고 단일 표준 기반의 4G나 5G로 모두 전환될 예정이라고 한다. *https://www.pcmag.com/news/cdma-vs-gsm-whats-the-difference*

코드를 연구하여 상황에 맞춰 수정할 수 있고 코드에 포함된 혁신적인 기법이나 아이디어를 읽어 낼 수도 있다. 이와 달리 오브젝트 코드는 너무 많은 변환 과정을 거쳤기 때문에, 원래 소스 코드와 조금이라도 비슷하게 복원한다든지, 변종을 만들거나 작동 방식을 이해하기 위해 이용할 수 있는 형태로 추출하는 것조차 대개 불가능하다. 그래서 대부분의 상용 소프트웨어는 오브젝트 코드 형태로만 배포된다. 소스 코드는 가치가 큰 비밀 정보이므로 비유적으로 혹은 말 그대로 자물쇠를 채워서 간수된다.

오픈소스open source는 연구와 개선 활동을 위해 다른 사람들도 소스 코드를 자유롭게 사용할 수 있도록 하는 대안을 일컫는 용어다.

과거에는 대부분의 소프트웨어가 회사에서 개발되었고, 대부분의 소스 코드는 개발한 회사의 영업 비밀이라서 입수할 수 없었다. MIT에서 일하던 프로그래머 리처드 스톨만Richard Stallman은 자신이 사용하는 프로그램의 소스 코드가 회사가 독점한 것이라 접근할 수 없어서, 프로그램을 고치거나 개선할 수 없다는 점에 불만을 가졌다. 1983년에 스톨만은 GNU('GNU's Not Unix(GNU는 유닉스가 아니다)'의 약자, *gnu.org* 참고)라는 프로젝트를 시작했다. GNU의 목적은 운영체제와 프로그래밍 언어용 컴파일러 같은 중요한 소프트웨어 시스템의 무료 공개 버전을 만드는 것이었다. 또한 그는 오픈소스를 지원하기 위해 자유 소프트웨어 재단Free Software Foundation이라는 비영리 단체를 만들었다. 이 단체의 목적은 비독점적이고, 구속적인 소유권에 얽매이지 않는다는 의미에서 영구히 '자유로운' 소프트웨어를 만들어 내는 것이다. 이는 GNU GPLGNU General Public License, GNU 일반 공중 사용 라이선스이라는 기발한 저작권 라이선스에 따라 구현을 배포하는 방식으로 이루어졌다.

GPL의 전문은 다음과 같다.

"대부분의 소프트웨어와 기타 실용적인 저작물의 라이선스는 저작물을 공유하고 변경할 자유를 박탈하도록 설계되어 있습니다. 그에 반해 GPL은 프로그램이 모든 사용자에게 자유로운 소프트웨어로 계속 남을 수 있도록, 프로그램의 모든 버전을 공유하고 변경할 수 있는 자유를 여러분에게 보장하려는 의도로 만들어졌습니다."

GPL은 라이선스가 적용된 소프트웨어를 자유롭게 사용할 수 있다고 명시하는데, 만약 소프트웨어가 다른 누군가에게 배포되면 그 배포판도 똑같이 '어떤 용도로도 자유로운' 라이선스를 적용해서 소스 코드를 사용할 수 있게 해야 한다. GPL은 이제 충분히 강력해져서 그 조건을 위반한 회사는 법원 판결에 의해 코드 사용을 중단하거나, 라이선스가 적용된 코드를 기반으로 하는 소스 코드를 배포하도록 강제된 바 있다.

GNU 프로젝트는 기업, 단체, 개인에게서 지원을 받고 있다. 또한 수많은 프로그램 개발 도구와 애플리케이션을 만들어 냈는데, 모두 GPL이 적용된다. 다른 오픈소스 프로그램과 문서에도 이와 비슷한 라이선스가 있다. 위키피디아의 많은 이미지에 적용되는 크리에이티브 커먼즈Creative Commons가 한 가지 예다. 때때로 오픈소스 버전은 독점 상용 버전의 비교 평가 기준으로 작용한다. 파이어폭스와 크롬 브라우저는 오픈소스고, 가장 흔히 사용되는 웹 서버 두 가지인 아파치Apache와 엔진엑스Nginx도 그렇다. 스마트폰에 사용되는 안드로이드 운영체제도 오픈소스다.

이제 프로그래밍 언어와 지원 도구는 거의 항상 오픈소스로 만들어진다. 오로지 독점 방식만 있다면 새로운 프로그래밍 언어를 확립하기가 실로 어려울 것이다. 지난 10년 사이 구글은 고Go 언어를, 애플은 스위프트Swift를, 모질라Mozilla는 러스트Rust를 만들어 공개했으며, 마이크로소프트는 C#과 F#을 공개했는데, 이 중 일부는 수년간 독점 방식이었다.*

* (옮긴이) 스위프트와 C#만 이에 해당한다.

아마도 가장 눈에 띄는 오픈소스 프로젝트는 리눅스 운영체제일 것이다. 리눅스는 개인 개발자뿐만 아니라 구글 같은 대규모 영리 기업에서도 널리 사용되며, 구글은 인프라 전체를 리눅스상에서 운영하고 있다. 리눅스 운영체제 소스 코드는 커널 사이트(*kernel.org*)에서 무료로 다운로드할 수 있다. 자신만의 용도로 사용하거나 원하는 방식으로 수정 가능하다. 하지만 어떤 형태로든 배포하고자 한다면, 예를 들어 운영체제를 새로운 기기에 내장하려고 한다면, GPL에 따라 소스 코드를 공개해야 한다. 우리 집에 있는 자동차 두 대는 제조사가 다르지만 둘 다 리눅스를 실행한다. 화면에 표시되는 메뉴 시스템을 찾아 들어가면 GPL 성명서와 링크가 있다. 그 링크를 따라 들어가 코드를 다운로드할 수 있었는데(차량에서 바로 받은 것은 아니다!), 거의 1GB짜리 리눅스 소스 코드였다.*

오픈소스는 호기심을 불러일으킨다. 소프트웨어를 공짜로 나눠 주면 어떻게 돈을 벌 수 있을까? 프로그래머들은 왜 오픈소스 프로젝트에 자발적으로 기여할까? 자발적으로 참여한 프로그래머들이 작성한 오픈소스 코드가 체계화된 전문가로 구성된 대규모 팀에서 개발한 독점 소프트웨어보다 나을 수 있을까? 소스 코드의 입수 가능성이 국가 안보에 위협을 끼칠까?

이런 질문은 계속해서 경제학자와 사회학자의 관심을 끌지만, 일부 질문에 대한 답은 명확해지고 있다. 예를 들어, 레드햇Red Hat은 1993년에 창립되었고 1999년에는 뉴욕 증권 거래소에서 거래되는 공개 기업이 되었다. 2019년에 레드햇은 340억 달러에 IBM에 인수되었다. 레드햇은 인터넷에서 무료로 받을 수 있는 리눅스 소스 코드를 배포하는 것과 별개로, 기술 지원, 교육, 품질 보증, 시스템 통합과 기타 서비스 이용에 요금을 청구함으로써 수익을 얻는다. 많은 오픈소스 프로그래머는 오픈소스를 사용

* 내 차에 사용된 소스 코드: *www.fujitsu-ten.com/support/source/oem/14f*

하고 오픈소스 문화에 기여하는 회사의 정규 직원이다. IBM, 페이스북, 구글이 주목할 만한 사례지만 물론 이외에도 더 있다. 마이크로소프트는 이제 오픈소스 소프트웨어 프로젝트의 주요 기여 주체 중 하나가 됐다. 이러한 기업은 프로그램의 발전에 기여할 뿐만 아니라 다른 사람들이 버그를 수정하고 코드를 개선하도록 허용함으로써 이득을 본다.

오픈소스 소프트웨어가 전부 최상급인 것은 아니며, 몇몇 소프트웨어의 오픈소스 버전은 원래 모델로 삼은 상용 시스템보다 뒤떨어지기도 한다. 그럼에도 불구하고 핵심 프로그래밍 도구와 시스템에서 오픈소스의 영향력은 매우 크다.

SOFTWARE 032

요약

프로그래밍 언어는 컴퓨터에 무엇을 해야 할지 알려 줄 때 쓰는 언어다. 너무 비약적인 생각일 수도 있지만, 코드를 작성하기 쉽게 하고자 발명한 인공 언어와 자연 언어 간에는 유사점이 있다. 한 가지 명백한 유사점은 그동안 수천 가지의 프로그래밍 언어가 등장했지만, 그중 수백 개 이하의 프로그래밍 언어만이 흔히 사용되고, 그중에서도 스무 개 남짓한 프로그래밍 언어만이 오늘날 작동하는 프로그램 대부분을 구현하는 데 사용된다는 점이다.

물론 프로그래머들은 자신이 지지하는 특정 언어가 가장 우수하다고 강하게 주장하기도 한다. 하지만 프로그래밍 언어가 그토록 많은 이유 중 하나는 어떤 언어도 단독으로 모든 프로그래밍 과제에 이상적이지는 않기 때문이다. 더 적합한 언어가 새로 등장해 프로그래밍을 전보다 훨씬 더 쉽고 생산적으로 만들어 줄 것이라는 느낌이 언제나 있다.

또한 프로그래밍 언어는 꾸준히 증가하는 하드웨어 자원을 활용하도록 진화해 왔다. 오래전에는 가용 메모리에 프로그램을 집어넣기 위해 공을 들여야만 했다. 요즘은 이런 면이 별로 문제되지 않고, 프로그래머가 거기에 신경을 덜 쓰도록 언어 자체에서 메모리 사용을 자동으로 관리하는 메커니즘을 제공한다.

소프트웨어와 관련된 지적 재산권 문제는 도전적인 과제다. 특히, 특허는 특허 괴물이라는 부정적인 세력이 강하게 자리 잡고 있어서 더욱 어렵다. 저작권은 더 간단해 보이지만, 이것조차도 API의 저작권 문제 같은 주요한 법적 이슈가 해결되지 않은 상태다. 흔히 그렇듯이 법률은 새로운 기술에 빨리 대응하기 어렵고, 대응이 이루어지더라도 국가마다 다소 차이가 있다.

SOFTWARE

033 컴퓨터를 작동하게 만드는 운영체제

"프로그래머의 작업은 시인과 마찬가지로 순수한 사고의 산물에 가깝다. 허공에 공기로 성을 쌓고, 상상력을 동원하여 자신의 성을 창조해 나간다. 이토록 유연하며 다듬기 쉽고, 웅장한 개념적 구조를 손쉽게 실현할 수 있는 표현 수단은 찾아보기 힘들다."
– 프레더릭 브룩스, 1975*

소프트웨어의 두 가지 주요한 유형인 운영체제와 애플리케이션을 살펴보려고 한다. 앞으로 알아보겠지만 **운영체제**operating system는 컴퓨터 하드웨어를 관리하고 다른 프로그램을 실행할 수 있게 하는 소프트웨어의 기초 구조물이며, 그 위에서 실행되는 프로그램을 **애플리케이션**application이라고 한다.

집이나 학교, 사무실에서 컴퓨터를 쓸 때 이용할 수 있는 프로그램은 매우 다양하다. 브라우저, 워드프로세서, 음악과 영화 재생 프로그램, 세무 처리용 소프트웨어, 바이러스 검사 프로그램, 다양한 게임들, 파일을 검색하거나 폴더를 탐색하는 일상적인 작업 도구 등이 있다. 세부 사항이 다르기는 해도 휴대전화에서도 상황은 비슷하다.

그런 프로그램을 일컫는 전문 용어가 애플리케이션이다. 짐작하건대 프로그램이 컴퓨터를 어떤 작업에 '응용'하는 것이라는 데서 나온 말인 것 같다. 애플리케이션은 어느 정도는 자립적이고 단일한 작업을 처리하는 데 초점이 맞춰진 프로그램을 뜻하는 표준 용어다. 예전에는 컴퓨터 프로그래머가 사용하던 용어였지만, 아이폰용 애플리케이션을 판매하는 애플의 앱

* Frederick P. Brooks, *The Mythical Man-Month*, Addison-Wesley, 1975. 《맨먼스 미신》, 인사이트, 2015.

스토어가 순식간에 성공을 거두면서 축약형인 앱app은 일상 어휘가 됐다.

새 컴퓨터나 스마트폰을 살 때, 기본 프로그램이 어느 정도는 이미 설치되어 있고, 사용하면서 프로그램을 구매하거나 다운로드하여 추가한다. 이런 의미에서 앱은 사용자에게 중요하며, 기술적인 관점에서도 몇 가지 흥미로운 특성을 갖는다. 앱에 대해 짧게 이야기하고, 그중 브라우저를 집중적으로 살펴보겠다. 브라우저는 모두에게 익숙한 대표적인 앱이지만 예상외로 운영체제와 비슷한 면도 있으며, 아직도 풀리지 않은 의문점이 몇 가지 남아 있다.

애플리케이션을 사용할 수 있도록 배후에서 작동하는 프로그램인 운영체제부터 알아보자. 시작하기 전에 거의 모든 컴퓨터, 즉 노트북, 휴대전화, 태블릿, 미디어 재생용 단말기, 스마트워치, 카메라, 기타 다른 기기도 하드웨어를 관리하기 위한 운영체제를 포함하고 있다는 것을 명심하기 바란다.

1950년대 초에는 애플리케이션과 운영체제 간에 구별이 없었다. 컴퓨터는 한 번에 한 개의 프로그램만 실행할 수 있을 정도로 성능이 제한적이었고, 그 프로그램이 컴퓨터 전체를 점유했다. 실제로 프로그래머들은 자신이 짠 프로그램 한 개를 실행하기 위해 시간대별로 컴퓨터 사용 예약을 해야만 했다(일반 학생이라면 한밤중에나 사용할 수 있었다). 컴퓨터가 더 복잡해짐에 따라, 비전문가가 프로그램을 실행하는 일이 너무 비효율적이라고 느껴져서 전문 운영자에게 맡겨졌고, 운영자는 프로그램을 컴퓨터에 입력하고 결과를 배부했다. 운영체제는 운영자가 이런 작업을 자동화할 수 있도록 돕는 프로그램에서 시작됐다.

운영체제는 자신이 제어하는 하드웨어가 발전됨에 따라 꾸준히 더 정교해졌다. 하드웨어 성능이 더 좋아지고 복잡해지면서, 운영체제가 하드웨어를 제어하는 데 더 많은 자원을 투입할 수 있게 되었다. 처음으로 널리 사용된 운영체제는 1950년대 후반과 1960년대 초반에 등장했는데, 보통은 하드웨어를 만드는 회사가 이를 같이 제공했고 어셈블리 언어로 작성되어 하드웨어와 강하게 결부되었다. 이렇게 하여 IBM과 더불어 DECDigital Equipment Corp, 데이터 제너럴Data General Corp 같은 작은 회사들이 자사 하드웨어를 위한 자체 운영체제를 제공했다. 앞에서 인용문에 언급한 프레더릭 브룩스는 1965년부터 1978년까지 IBM의 시스템/360System/360 컴퓨터 시리즈와 당시 IBM의 최상위 운영체제인 OS/360 개발을 관리했다. 브룩스는 컴퓨터 아키텍처, 운영체제, 소프트웨어 공학 분야에 기여한 공로로 1999년 튜링상을 받았다.

운영체제는 또한 학계와 산업계의 연구 대상이었다. MIT가 선구자 역할을 했는데, 1961년에 CTSSCompatible Time-Sharing System, 호환 시분할 시스템라는 운영체제를 만들었다. CTSS는 그 당시 특히 성능이 뛰어났고 업계의 경쟁 제품과 달리 사용하기에도 좋았다. 다음으로 1969년에 벨 연구소에서 일하던 켄 톰프슨Ken Thompson과 데니스 리치가 유닉스 운영체제를 만들었다.* 그 전에 두 사람은 CTSS보다 정교했으나 성공을 거두진 못했던 후속작 멀틱스Multics 개발에 참여했다. 마이크로소프트 제품을 제외하고 오늘날 대부분의 운영체제는 벨 연구소 유닉스에서 파생되었거나, 유닉스와 호환되지만 독자적으로 개발된 리눅스에서 파생된 것이다. 리치와 톰프슨은 유닉스를 만든 공로로 1983년 튜링상을 공동 수상했다.

최신 컴퓨터는 실로 복잡한 물건이다. 그림 I.4(12쪽)에서 본 것처럼 프로세서, 메모리, 보조 기억 장치, 디스플레이, 네트워크 인터페이스 등 많은 부분을 포함한다. 구성 요소를 효과적으로 사용하려면 다수의 프로그

* 《유닉스의 탄생》은 유닉스 역사에 대한 내 개인적인 기록과 의견을 담은 책이다. 유닉스의 탄생 현장에 있었지만 직접적으로 기여한 바 없는 입장에서 쓴 이야기다.

램을 동시에 실행할 수 있어야 한다. 이 중 일부는 무언가 일어나기를 기다리고 있고(웹페이지가 모두 다운로드되기를 기다리기), 어떤 것은 즉각적인 반응을 요구하고(마우스의 움직임을 추적하거나 게임을 할 때 디스플레이 업데이트하기), 또 일부는 다른 프로그램에 지장을 준다(이미 초만원 상태인 메모리에 공간이 필요한 새 프로그램 시작하기). 복잡하기 이를 데 없다.

이처럼 정교한 곡예를 다루려면 프로그램을 이용해 제어하는 수밖에 없는데, 이는 컴퓨터가 자신의 작동을 돕는 또 다른 사례다. 이런 역할을 하는 프로그램을 운영체제라고 한다. 집이나 사무실에 있는 컴퓨터에서는 마이크로소프트 윈도우가 가장 흔히 사용되는 운영체제이며, 다양한 발전 단계를 거쳐 왔다. 일상생활에서 보는 데스크톱 또는 노트북 컴퓨터의 80~90퍼센트 정도가 윈도우를 실행한다. 애플 컴퓨터는 맥OS를 실행한다. 배후에서 작동하는 많은 컴퓨터는(그리고 눈에 띄는 컴퓨터 일부도) 리눅스를 실행한다. 휴대전화도 운영체제를 실행하는데, 처음에는 전용 운영체제를 이용했지만 오늘날에는 흔히 유닉스나 리눅스의 작은 버전을 실행한다. 예를 들어, 아이폰과 아이패드는 iOS를 실행하는데, iOS는 맥OS에서 파생된 운영체제고, 맥OS의 핵심 부분은 유닉스의 변종이다. 안드로이드폰은 리눅스를 실행하며, 우리 집 TV와 티보TiVo, 아마존의 킨들, 구글 네스트Nest도 그렇다. 심지어 안드로이드폰에 로그인해서 기본적인 유닉스 명령어를 실행할 수도 있다.

운영체제는 컴퓨터의 자원을 제어하고 할당한다. 첫째로, 프로세서를 관리하면서 현재 사용 중인 프로그램을 스케줄링하고 프로그램 간의 관계를 조정한다. 또한 특정 시점에 활발히 연산하는 프로그램 간에 프로세서의 초점을 전환해 준다. 여기에는 애플리케이션뿐만 아니라 바이러스 검사 프로그램 같은 백그라운드 프로세스도 포함된다. 운영체제는 사용자가 대화 상자에서 확인 버튼을 클릭하는 것 등의 특정 이벤트를 기다리는 프로그램을 대기 상태로 바꿔 준다. 또한 특정한 프로그램이 자원을 독차지하는 것을 막아 준다. 만일 어떤 프로그램이 프로세서 시간을 너무 많이 차지하면 운영체제는 다른 작업도 일정한 몫을 나눠 받을 수 있도록 그 프로그램의 속도를 낮춰 준다.

일반적인 운영체제에서는 프로세스 수백 개가 동시에 실행된다. 일부는 사용자가 실행한 프로그램이지만, 대부분은 일반 사용자에게는 보이지 않는 시스템 작업이다. 무슨 일이 일어나고 있는지 확인하고 싶다면, 맥OS에서는 활성 상태 보기Activity Monitor, 윈도우에서는 작업 관리자Task Manager, 휴대전화에서는 그와 유사한 프로그램을 이용하면 된다. 그림 II.7은 내가 작업 중인 맥에서 현재 실행되고 있는 프로세스 300여 개 중 일부를 보여

Activity Monitor (All Processes)

CPU | Memory | Energy | Disk | Network | Search

Process Name	% CPU	Real Mem	Rcvd Bytes	Sent Bytes	CPU Time	Threads
WindowServer	18.8	72.2 MB	0 bytes	0 bytes	1:34:44.28	10
Activity Monitor	10.6	192.0 MB	0 bytes	0 bytes	3:39:50.44	5
hidd	6.8	6.0 MB	0 bytes	0 bytes	9:28.23	6
kernel_task	5.0	2.53 GB	4.7 MB	951 KB	4:58:20.23	225
AppleUserHIDDrivers	3.1	2.2 MB	0 bytes	0 bytes	21.84	3
Dock	2.2	15.8 MB	0 bytes	0 bytes	34.92	5
Microsoft Edge Helper (R...	1.9	99.1 MB	0 bytes	0 bytes	13:29.42	24
Firefox	1.6	1.04 GB	25 KB	10 KB	36:40.77	68
FirefoxCP WebExtensions	1.5	381.4 MB	0 bytes	0 bytes	18:37.99	37
launchservicesd	1.3	5.4 MB	0 bytes	0 bytes	4:26.46	7
sysmond	1.2	4.9 MB	0 bytes	0 bytes	3:22:03.58	3
Microsoft Edge	1.2	89.5 MB	5 KB	3 KB	15:57.75	76
corespotlightd	0.6	10.6 MB	0 bytes	0 bytes	37.78	5
tccd	0.4	6.1 MB	0 bytes	0 bytes	14.34	3
launchd	0.4	14.2 MB	0 bytes	0 bytes	1:22:21.27	4
loginwindow	0.3	27.3 MB	0 bytes	0 bytes	2:15.00	5

System:	3.34%	CPU LOAD	Threads:	1,955
User:	5.28%		Processes:	414
Idle:	91.38%			

그림 II.7 맥OS의 프로세서 활동을 보여 주는 활성 상태 보기

준다. 이 프로세스 대부분은 서로 독립적이라서 멀티코어 아키텍처로 처리하기에 적합하다.

둘째로, 운영체제는 주기억 장치를 관리한다. 우선 메모리에 프로그램을 로드해서 프로그램이 명령어 실행을 시작할 수 있게 해준다. 동시에 벌어지는 모든 일을 감당하기에 메모리 용량이 충분하지 않다면 프로그램을 일시적으로 디스크로 복사했다가, 다시 메모리에 공간이 생기면 도로 옮겨 준다. 또한 별개의 프로그램이 서로 간섭하는 것을 막아서 어떤 프로그램이 다른 프로그램이나 운영체제 자체에 할당된 메모리에 접근할 수 없도록 한다. 이는 부분적으로는 온전한 상태를 유지하기 위함이지만, 안전 조치이기도 하다. 그 누구도 악성 소프트웨어나 버그가 있는 프로그램이 건드려서는 안 될 곳을 뒤지고 다니기를 원하지는 않을 것이다(윈도우에서 흔히 볼 수 있었던 '블루스크린'의 발생 원인 가운데 하나는 적절한 보호 장치를 제공하지 못한 것도 있었다).

메모리를 효과적으로 사용하려면 적절한 공학적 기법이 필요하다. 그 한 가지는 필요할 때 프로그램의 일부만 메모리에 가져오고 비활성화 상태일 때는 꺼내서 디스크로 복사해 두는 것인데, 이러한 처리를 **스와핑**swapping이라고 한다. 프로그램은 마치 전체 컴퓨터를 독점하고 메모리가 무제한인 것처럼 작성된다. 소프트웨어와 하드웨어가 결합하여 이러한 추상화를 제공하며, 프로그래밍을 훨씬 쉽게 만든다. 그러고 나면 운영체제는 프로그램의 덩어리를 메모리와 디스크 간에 적절히 옮김으로써 이러한 착시가 계속 일어나도록 배후에서 지원해야 한다. 이 과정에서 하드웨어가 프로그램의 메모리 주소를 실제 메모리상의 진짜 주소로 변환하는 데 도움을 준다. 이 메커니즘은 **가상 메모리**virtual memory라고 한다. '가상'이라는 단어가 사용되는 대부분의 경우가 그렇듯이 진짜가 아닌 환상을 제공하는 것을 뜻한다.

그림 II.8은 내 컴퓨터가 메모리를 어떻게 사용하고 있는지 보여 준다. 각 프로세스가 메모리 사용량 순서대로 정렬돼 있다. 여기서는 브라우저 프로세스가 대부분을 차지한다. 웹 브라우저는 메모리를 많이 차지하므로 흔히 볼 수 있는 일이다. 일반적으로 메모리 용량이 더 클수록 컴퓨터가 더 빠르게 느껴진다. 왜냐하면 메모리와 디스크 간에 스와핑을 하는 데 시간을 덜 쓰기 때문이다. 컴퓨터가 더 빨리 작동하기를 원한다면 메모리를 더 장착하는 것이 비용 효율을 가장 크게 높이는 방법이다. 보통은 물리적으로 추가할 수 있는 용량에 한계가 있거나 메모리 업그레이드를 할 수 없는 컴퓨터도 있지만 말이다.

셋째로, 운영체제는 보조 기억 장치에 저장된 정보를 관리한다. **파일 시스템**file system이라는 운영체제의 주요 구성 요소가 우리가 컴퓨터를 사용

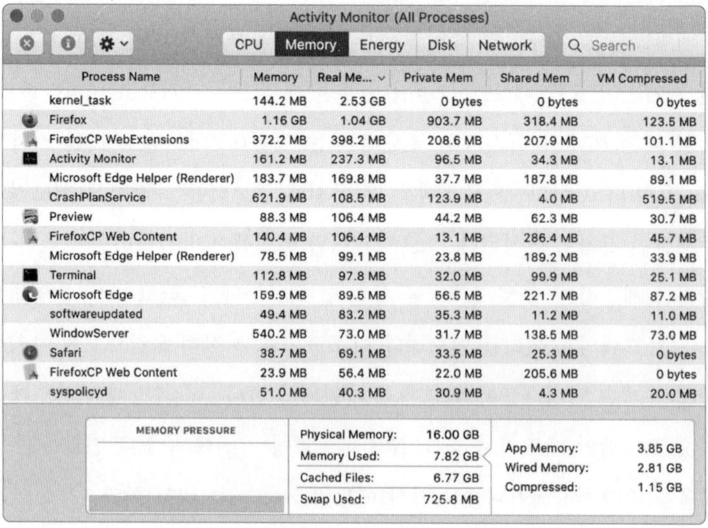

Activity Monitor (All Processes)

CPU Memory Energy Disk Network Search

Process Name	Memory	Real Me...	Private Mem	Shared Mem	VM Compressed
kernel_task	144.2 MB	2.53 GB	0 bytes	0 bytes	0 bytes
Firefox	1.16 GB	1.04 GB	903.7 MB	318.4 MB	123.5 MB
FirefoxCP WebExtensions	372.2 MB	398.2 MB	208.6 MB	207.9 MB	101.1 MB
Activity Monitor	161.2 MB	237.3 MB	96.5 MB	34.3 MB	13.1 MB
Microsoft Edge Helper (Renderer)	183.7 MB	169.8 MB	37.7 MB	187.8 MB	89.1 MB
CrashPlanService	621.9 MB	108.5 MB	123.9 MB	4.0 MB	519.5 MB
Preview	88.3 MB	106.4 MB	44.2 MB	62.3 MB	30.7 MB
FirefoxCP Web Content	140.4 MB	106.4 MB	13.1 MB	286.4 MB	45.7 MB
Microsoft Edge Helper (Renderer)	78.5 MB	99.1 MB	23.8 MB	189.2 MB	33.9 MB
Terminal	112.8 MB	97.8 MB	32.0 MB	99.9 MB	25.1 MB
Microsoft Edge	159.9 MB	89.5 MB	56.5 MB	221.7 MB	87.2 MB
softwareupdated	49.4 MB	83.2 MB	35.3 MB	11.2 MB	11.0 MB
WindowServer	540.2 MB	73.0 MB	31.7 MB	138.5 MB	73.0 MB
Safari	38.7 MB	69.1 MB	33.5 MB	25.3 MB	0 bytes
FirefoxCP Web Content	23.9 MB	56.4 MB	22.0 MB	205.6 MB	0 bytes
syspolicyd	51.0 MB	40.3 MB	30.9 MB	4.3 MB	20.0 MB

MEMORY PRESSURE

Physical Memory:	16.00 GB
Memory Used:	7.82 GB
Cached Files:	6.77 GB
Swap Used:	725.8 MB

App Memory:	3.85 GB
Wired Memory:	2.81 GB
Compressed:	1.15 GB

그림 II.8 맥OS의 메모리 활동을 보여 주는 활성 상태 보기

할 때 보는 폴더와 파일의 익숙한 계층 구조를 제공한다. 뒷부분에서 파일 시스템을 다시 살펴볼 텐데, 더 많은 분량을 할애해서 논의할 만큼 흥미로운 특성을 갖기 때문이다.

마지막으로, 운영체제는 컴퓨터에 연결된 장치들의 활동을 관리하고 조정한다. 프로그램은 다른 창과 겹치지 않는 창 전체에 그래픽을 온전히 표시하는 것처럼 구현된다. 운영체제는 디스플레이상에 있는 여러 개의 창을 관리하는 복잡한 작업을 수행하면서 각 프로그램 정보가 해당하는 창에 정확하게 표시되도록 하며, 창이 이동하거나, 크기가 바뀌거나, 숨겨졌다 다시 표시될 때 정보가 제대로 복구되도록 한다. 운영체제는 키보드와 마우스를 통해 들어오는 입력이 그 정보를 기다리고 있는 프로그램으로 전달되도록 해준다. 또한 유무선 네트워크 연결로 주고받는 통신을 처리한다. 프린터로 데이터를 보내고 스캐너에서 데이터를 가져오기도 한다.

SOFTWARE

034 가상 운영체제와 가상 머신

운영체제가 프로그램이라고 말했던 것에 주목해 보자. 운영체제는 앞에서 살펴본 수 합산하기 같은 간단한 프로그램과 마찬가지로 그저 하나의 프로그램이고, 그런 프로그램과 같은 종류의 프로그래밍 언어로 작성되며 대부분 C나 C++로 구현된다. 초기 운영체제는 크기가 작았는데, 메모리도 더 작고 작업이 더 단순했기 때문이다. 초창기의 운영체제는 한 번에 한 개의 프로그램만 실행했으므로 스와핑이 제한적으로 이루어졌다. 게다가 할당할 메모리도 100KB 미만으로 많지 않았다(그림 II.8(170쪽)을 보면 오늘날 프로그램 하나가 차지하는 메모리는 MB나 GB 단위로, 이보다 훨씬 크다). 다뤄야 할 외부 장치도 적었고, 오늘날처럼 종류가 다양하지 않았다. 지금은 운영체제가 매우 크고 복잡한데(코드가 수백만 행 이상이다), 그만큼 다양하고 복잡한 일을 처리하기 때문이다.

비교해 보자면, 많은 운영체제의 조상 격인 유닉스 운영체제 6판은 1975년에 두 명이 작성했고 C와 어셈블리 언어 9,000행으로 이루어져 있었다. 오늘날 리눅스는 1천만 행이 훨씬 넘고, 수십 년간 수천 명이 작업한 결과물이다. 윈도우 10은 정확한 규모가 공개된 적은 없지만 5천만 행 정도로 추측된다. 어쨌든 이 수치를 일대일로 직접 비교할 수는 없다. 최신 컴퓨터는 한결 더 정교하고, 훨씬 복잡한 환경에서 훨씬 더 많은 장치를 다루기 때문이다. 운영체제가 어떤 구성 요소를 포함해야 하는지에 대한 관점도 유닉스 시절과 지금은 차이가 있다.

운영체제는 단지 프로그램이므로 이론상으로는 여러분이 직접 작성할 수 있다. 실제로 리눅스는 핀란드 대학생이었던 리누스 토르발스Linus Torvalds가 1991년에 유닉스를 자신만의 버전으로 밑바닥부터 새로 만들기로 결심하면서부터 시작됐다. 그는 인터넷에 10,000행이 조금 안 되는 초안을 게시했고*, 다른 이들에게 써보고 도움을 달라고 요청했다. 그때 이후로 리눅스는 소프트웨어 산업에서 막대한 영향력을 가진 운영체제가 되었고, 많은 대형 기업과 수많은 중소기업에서 사용되고 있다. 앞에서 언급한 것처럼 리눅스는 오픈소스이므로 누구든 사용하고 기여한다. 오늘날에는 수많은 리눅스 기여자가 있고, 그 중심에 전업 개발자들이 있다. 토르발스는 여전히 전반적인 통제권을 유지하고 있으며 기술적 결정의 최종 결정

* 최초의 리눅스 원본 소스 코드는 다음 페이지에서 찾아볼 수 있다. *www.kernel.org/pub/linux/kernel/Historic*

권자다.

하드웨어 개발 시 원래 의도했던 것과는 다른 운영체제를 실행하기도 한다. 윈도우를 사용하려고 했던 컴퓨터에서 리눅스를 실행하는 것이 좋은 예다. 디스크에 몇 개의 운영체제를 저장해 두고 컴퓨터를 켤 때마다 어느 것을 실행할지 결정할 수 있다. 이 '멀티 부트multiple boot' 기능은 애플에서도 부트 캠프Boot Camp라는 이름으로 지원하는데, 맥이 맥OS 대신 윈도우를 실행하면서 시스템을 시작할 수 있도록 한다.

심지어 다른 운영체제의 관리하에 어떤 운영체제를 **가상 운영체제**virtual operating system로 실행할 수도 있다. VM웨어VMware, 버추얼박스VirtualBox, 오픈소스인 젠Xen 같은 가상 운영체제 프로그램은 호스트 운영체제(가령 맥OS)에서 어떤 운영체제(윈도우나 리눅스)를 게스트 운영체제로 실행할 수 있게 해준다. 호스트는 게스트가 생성하는 요청 중 파일 시스템 접근이나 네트워크 접근 등 운영체제 권한이 필요한 요청을 가로챈다. 호스트는 작업을 수행한 다음 게스트로 되돌아간다. 호스트와 게스트가 둘 다 같은 하드웨어에 맞게 컴파일되면 게스트 운영체제는 대개 하드웨어가 낼 수 있는 최고 속도로 실행되고, 거의 실제 컴퓨터상에서 직접 실행되듯 반응하는 것처럼 느껴진다.

그림 II.9는 호스트 운영체제에서 가상 운영체제가 어떻게 실행되는지를 도식화한 것이다. 게스트 운영체제는 호스트 운영체제 입장에서 보면 보통의 애플리케이션이다.

그림 II.9 가상 운영체제의 구성

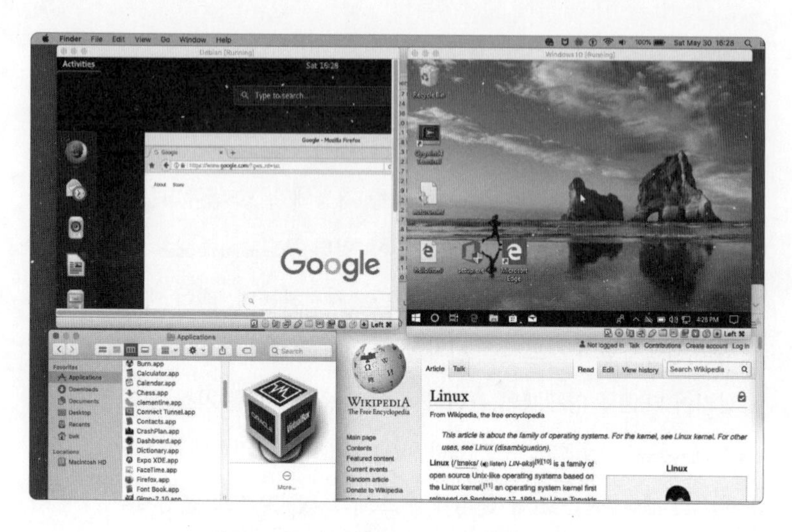

그림 II.10 리눅스와 윈도우 가상 머신을 실행하는 맥OS

그림 II.10은 버추얼박스를 실행하는 맥 컴퓨터의 스크린샷이다. 여기서 버추얼박스는 두 개의 운영체제를 실행 중이다(왼쪽 상단이 리눅스, 오른쪽 상단이 윈도우 10).

가상 운영체제에 관해 몇 가지 흥미로운 소유권 문제가 존재한다. 만약 회사가 한 대의 물리적 컴퓨터로 많은 수의 가상 윈도우 인스턴스를 실행한다면, 회사는 마이크로소프트에서 몇 개의 윈도우 라이선스를 구매해야 할까? 법적인 문제를 무시하면 한 개만 구입해도 실행 가능하지만, 마이크로소프트의 윈도우 라이선스는 비용을 내지 않고 합법적으로 실행할 수 있는 가상 인스턴스 사본의 총 개수를 제한하고 있다.

'가상'이라는 단어가 사용되는 또 다른 사례를 잠깐 살펴보자. 진짜 컴퓨터든 모형 컴퓨터 같은 상상의 컴퓨터든 간에, 컴퓨터인 것처럼 작동하는 프로그램을 흔히 **가상 머신**virtual machine이라고 한다. 즉, 이 컴퓨터는 소프트웨어로만 존재하지만 마치 하드웨어인 것처럼 그 작동 방식을 모방하는 프로그램이다.

이런 가상 머신은 흔하다. 브라우저에는 자바스크립트 프로그램을 해석하기 위한 한 개의 가상 머신이 있고, 자바 프로그램용으로 별도의 가상 머신이 있기도 하다. 안드로이드폰에도 자바 가상 머신이 있다. 가상 머신이 사용되는 이유는 물리적 장비를 만들어서 출하하는 것보다 프로그램을 작성해서 배포하는 것이 더 쉽고 더 유연하기 때문이다.

클라우드 컴퓨팅은 가상 머신에 의존한다. 클라우드 서비스 제공 업체는 저장 공간과 네트워크 대역폭이 충분한 물리적 컴퓨터를 대량으로 보유하고 있고, 이런 자원을 이용해 고객에게 컴퓨팅 성능을 제공한다. 고객들은 몇 개의 가상 머신을 사용하는데, 이 가상 머신은 그보다 더 적은 수의 물리적 컴퓨터의 지원을 받는다. 멀티코어 프로세서가 이런 종류의 작업에 적합하다.

아마존 웹 서비스Amazon Web Services, 즉 AWS는 최대 클라우드 컴퓨팅 제공 업체이며, 마이크로소프트 애저Microsoft Azure와 구글 클라우드 플랫폼Google Cloud Platform이 그 뒤를 잇는다. AWS는 특히 성공적인데 아마존 영업이익의 절반 이상을 차지한다. 이들은 모두 고객의 작업량 변화에 맞게 서비스의 성능과 용량을 늘리거나 줄여 제공한다. 개별 사용자가 사용 규모를 즉각 확대하거나 축소할 수 있을 만큼 충분한 컴퓨팅 자원을 보유하고 있기에 가능한 일이다. 넷플릭스 같은 대형 업체를 비롯해서 많은 회사가 자체 서버를 운영하는 것보다 클라우드 컴퓨팅을 활용하는 것이 비용 면에서 더 효율적이라고 여긴다. 규모의 경제, 작업량 변화에 대한 높은 적응성, 내부 직원의 필요성 감소 덕분이다.

SOFTWARE

035 운영체제가 일하는 법

프로세서는 컴퓨터가 켜졌을 때 영구 기억 장치에 저장된 약간의 명령어를 실행해서 작동을 시작하도록 구성되어 있다. 그런 다음 이 명령어로 작은 플래시 메모리에서 명령어를 읽는데, 여기에는 디스크상의 알려진 위치, USB 메모리, 또는 네트워크 연결에서 더 많은 명령어를 읽는 코드가 포함돼 있다. 그렇게 해서 플래시 메모리에서 읽은 명령어는 최종적으로 유용한 작업을 하기에 충분한 코드가 로드될 때까지 더욱더 많은 명령어를 읽는다. 이렇게 컴퓨터가 작동을 시작하는 과정은 원래 '자력으로 해내다pulling oneself up by one's bootstraps'라는 오래된 표현에서 나온 '부트스트래핑bootstrapping'이라고 불렸는데, 지금은 그냥 **부팅**booting이라고 한다. 프로세서마다 세부 사항은 다르지만 기본 아이디어는 같다. 약간의 명령어는 더 많은 명령어를 찾기에 충분하고, 또 한층 더 많은 명령어로 이어진다.

부팅 과정에는 메모리와 다른 구성 요소를 점검해서 올바르게 작동하는지 확인하는 절차가 포함된다. 또한 컴퓨터에 어떤 외부 장치가 연결되어 있는지(예를 들어 프린터나 스캐너가 있는지) 알아내고자 하드웨어에 질문하기도 한다. 연결된 장치를 운영체제가 사용할 수 있도록 관련된 소프트웨어 구성 요소(드라이버)를 로드할 수도 있다. 이 모든 일에는 어느 정도 시간이 걸리며, 이때 우리는 컴퓨터가 뭔가 유용한 작업을 시작할 수 있는 상태가 되기를 초조하게 기다린다. 컴퓨터가 예전보다 훨씬 빨라졌지만 부팅하는 데 아직도 1~2분 정도가 걸리는 것은 불만스러운 일이다.

운영체제는 일단 실행되면 꽤 간단한 작업 사이클을 집중적으로 수행하며, 실행할 준비가 됐거나 관심이 필요한 각 애플리케이션에 차례로 통제권을 준다. 만일 워드프로세서에서 텍스트를 타이핑하거나, 메일을 확인하거나, 이리저리 웹 서핑을 하거나, 백그라운드에서 음악을 재생하면 운영체제는 프로세서가 이 프로세스 각각에 차례로 관심을 갖고 처리하게 하고, 필요에 따라 프로세스 간에 초점을 전환한다. 각 프로그램은 짧은 시간 조각time slice을 할당받는데, 시간 조각은 프로그램이 시스템 서비스를 요청하거나 프로그램에 할당된 시간이 다 되면 끝난다.

운영체제는 음악이 끝에 도달하거나, 메일을 받거나, 웹페이지를 다운로드하거나, 키가 눌리는 것 등의 이벤트에 반응한다. 운영체제는 각 이벤트에 대해 필요한 어떤 일이든 수행하며, 보통은 그런 이벤트가 발생했다는 사실을 해당 이벤트를 처리해야 하는 애플리케이션에 전달한다. 사용자가 화면에 표시된 창을 재배치하기로 했다면 운영체제는 디스플레이에 각각의 창을 어디에 놓을지 알려 주고, 각 애플리케이션에는 애플리케이션 창의 어느 부분이 화면에 보여야 하는지 알려 주어 애플리케이션이 창을 다시 그리도록 한다. 사용자가 메뉴에서 [파일] 〉 [종료]를 선택하거나 창의 위쪽 모서리에 있는 작은 x를 클릭해서 애플리케이션을 종료하면 운영체제는 애플리케이션에 곧 끝나야 된다고 통보해서 애플리케이션이 남은 일을 정리할 기회를 준다. 예를 들면, 사용자에게 '파일을 저장하시겠습니까?'라고 묻는 식이다. 그러고 나서 운영체제는 프로그램이 사용하던 모든 자원을 회수하고, 화면에 창이 노출될 다른 애플리케이션에 창을 다시 그려야 한다고 알려 준다.

시스템 콜

운영체제는 하드웨어와 다른 소프트웨어 간의 인터페이스를 제공한다. 운영체제는 하드웨어가 실제보다 상위 레벨의 서비스를 제공하는 것처럼 보이게 함으로써 프로그래밍을 더 쉽게 할 수 있도록 한다. 전문 용어를 사용하면 운영체제는 애플리케이션이 구축될 수 있는 **플랫폼**platform을 제공한다. 이는 추상화의 또 다른 예로, 구현상 들쑥날쑥한 부분이나 관련 없는 세부 사항을 감추는 인터페이스 또는 외관을 제공한다.

운영체제는 애플리케이션에 제공하는 작업이나 서비스의 집합을 정의한다. 여기에는 파일로 데이터를 저장하거나 파일에서 데이터 가져오기, 네트워크 연결 맺기, 키보드로 입력된 내용 가져오기, 마우스 움직임과 버튼 클릭 알리기, 디스플레이에 그리기가 포함된다.

운영체제는 이러한 서비스를 표준화된 방식 또는 합의된 방식으로 이용할 수 있게 하고, 애플리케이션은 운영체제의 특정 부분에 통제권을 넘겨주는 특별한 명령어를 실행함으로써 서비스를 요청한다. 운영체제는 요청에 포함된 어떤 일이든 처리하고, 통제권과 처리 결과를 애플리케이션에게 돌려준다. 운영체제에 서비스를 요청하는 이 진입점을 시스템 콜system call이라고 하며, 시스템 콜의 세부 명세에서 그 운영체제가 무엇인지를 규정한다. 최신 운영체제에는 보통 수백 개의 시스템 콜이 있다.

디바이스 드라이버

운영체제와 프린터나 마우스 같은 특정 종류의 하드웨어 장치 간에 가교 역할을 하는 코드다. 드라이버 코드는 특정 장치가 어떤 일을 하도록 하는 방법을 자세히 알고 있다. 여기에는 마우스나 트랙패드에서 오는 움직임과 버튼 정보를 이용하는 방법, 드라이브가 집적회로나 회전하는 자성 표면에서 정보를 읽고 쓰게 하는 방법, 프린터가 종이에 인쇄하게 하는 방법, 특정 무선 칩이 전파 신호를 보내고 받게 하는 방법 등이 포함된다.

디바이스 드라이버는 특정 장치의 특이한 속성에서 시스템의 나머지 부분을 분리한다. 예를 들어, 키보드처럼 종류는 다양하지만 동일한 역할을 하는 장치에는 운영체제가 필요로 하는 기본 속성과 동작이 있는데, 드라이버 인터페이스는 운영체제가 서로 다른 장치에 균일한 방식으로 접근하도록 해서 장치를 전환하기 쉽게 해준다.

프린터를 생각해 보자. 운영체제는 일반적인 요청을 하고 싶어 한다. 가령 어떤 텍스트를 페이지의 어떤 위치에 출력하고, 어떤 이미지를 그리고, 다음 페이지로 넘어가고, 어떤 기능을 지원하는지 설명하고, 상태를 알리는 등의 작업을 어떤 프린터에든 균일한 방식으로 요청한다. 하지만 프린터마다 지원하는 기능에 차이가 있다. 예를 들어 컬러 인쇄, 양면 인쇄, 다양한 종이 크기 등의 지원 여부가 다르고, 인쇄할 정보를 종이로 옮기는 메커니즘도 다르다. 특정 프린터용 드라이버는 운영체제의 요청을 해당 프린터가 그 일을 수행하는 데 적합한 형태로 변환한다. 예를 들어, 흑백 인쇄만 지원하는 프린터라면 컬러를 그레이스케일로 변환해야 한다. 실제로는 운영체제가 추상적이거나 이상화된 장치에 포괄적인 요청을 하고, 드라이버가 특정 장치에 맞게 요청을 구체적으로 구현한다. 컴퓨터에 여러 대의 프린터를 연결해서 사용해 보면 이 메커니즘을 확인할 수 있는데, 인쇄 대화 상자에서 다양한 프린터에 대해 서로 다른 옵션을 제공하는 것을 볼 수 있다.

범용 운영체제에는 많은 디바이스 드라이버가 있다. 예를 들면 윈도우는 소비자들이 사용할 가능성이 있는 매우 다양한 장치를 위한 드라이버를 이미 설치한 상태로 출하하고, 모든 장치 제조사는 새로 나왔거나 업데이트된 드라이버를 다운로드할 수 있도록 웹사이트를 관리한다.

부팅 시에는 시스템에 현재 가용 장치에 필요한 드라이버를 불러오는 작업도 이루어진다. 장치의 수가 많을수록 시간이 더 오래 걸린다. 또한 새로운 장치가 갑자기 연결되는 일도 흔하다. 외부 디스크가 USB 소켓에 연결되면 운영체제는 새 장치를 인식하고 그게 디스크라는 것을 알아내며, 이후에 디스크와 통신하도록 USB 디스크의 드라이버를 로드한다. 보통은 새로운 드라이버를 찾을 필요가 없다. 이 메커니즘은 너무나 표준화되어 있어서 운영체제는 이미 필요한 것을 갖추고 있고, 장치를 구동하기 위한 세부 사항은 장치 내부의 프로세서에 내장되어 있기 때문이다.

그림 II.11은 디바이스 드라이버, 운영체제, 시스템 콜, 애플리케이션 간의 관계를 보여 준다. 안드로이드나 iOS 같은 스마트폰 시스템도 비슷할 것이다.

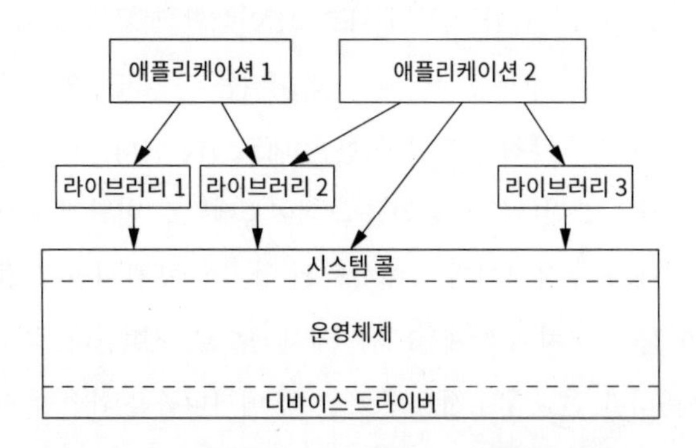

그림 II.11 디바이스 드라이버, 운영체제, 시스템 콜 인터페이스

다양한 디지털 장치와 운영체제

전자 부품이 꾸준히 저렴해지고 작아지면서 장치 하나에 더 많은 하드웨어를 넣을 수 있게 됐다. 그 결과, 많은 장치의 처리 성능과 메모리 용량이

상당히 높아졌다. 디지털카메라를 '렌즈가 달린 컴퓨터'라고 부르는 것도 터무니없는 표현은 아니다. 처리 성능과 메모리 용량이 높아지면서 카메라는 예전보다 훨씬 더 많은 기능을 갖추게 됐다. 내가 쓰는 중저가 콤팩트 카메라로도 고화질 비디오를 녹화하고, 와이파이를 통해 컴퓨터나 휴대전화로 사진을 전송한다. 휴대전화 자체도 좋은 사례다. 모두 알다시피 카메라와 휴대전화는 하나로 합쳐지고 있다. 렌즈 품질에 따라 다르겠지만 요즘 출시되는 휴대전화는 전부 내 첫 번째 디지털카메라보다 훨씬 높은 화소를 지원한다.

기술 발달 덕분에 장치들은 전반적으로 앞에서 살펴봤던 범용 컴퓨터와 비슷한 모습을 띠고 있다. 성능이 좋은 프로세서와 용량이 큰 메모리가 내장되어 있고, 카메라 렌즈와 디스플레이 같은 주변 장치가 여러 개 달려 있다. 정교한 사용자 인터페이스user interface를 제공하기도 하고, 흔히 다른 시스템과 통신할 수 있도록 네트워크 연결도 가능하다. 휴대전화는 이동통신망과 와이파이를 사용하는 반면, 게임 컨트롤러는 적외선 통신과 블루투스를 사용한다. 임시로 가끔 연결하는 장치는 USB를 이용한다. 사물인터넷도 동일하다. 온도 조절 장치, 조명, 보안 시스템 등은 내장된 컴퓨터에 의해 제어되고, 인터넷에 연결되어 있다.

이런 추세가 계속되면서 별도의 운영체제를 만들기보다는 범용 운영체제를 사용하는 방식이 더 타당하다. 사용 환경이 특수한 경우가 아니라면 자신만의 전용 시스템을 개발하거나 값비싼 상용 제품의 라이선스를 얻는 것보다는 리눅스에서 불필요한 부분을 뺀 버전을 사용하는 편이 더 쉽고 저렴하다. 리눅스는 견고하고, 개조하기 용이하고, 이식 가능하고, 무료이기 때문이다. 단점은 GPL 같은 라이선스에 따라 결과물 코드 일부를 공개해야 될 수도 있다는 점이다. 이 측면은 장치에 포함된 지적 재산권의 보호에 관한 논쟁을 불러일으킬 수 있지만, 킨들과 티보를 비롯한 많은 장치의 사례를 보면 적절히 대처할 수 있는 것으로 보인다.

SOFTWARE

036 파일 시스템과 블록

파일 시스템은 운영체제에서 하드 디스크, CD와 DVD, 다른 이동식 메모리 장치 같은 물리적인 저장 매체를 파일과 폴더의 계층 구조처럼 보이게 하는 부분이다. 파일 시스템은 논리적 구성과 물리적 구현 간의 분리를 보여 주는 훌륭한 사례다. 파일 시스템은 다양한 종류의 장치에 정보를 조직화하고 저장하지만, 운영체제는 모두 동일한 인터페이스로 표시한다. 앞으로 살펴보겠지만, 파일 시스템이 정보를 저장하는 방식은 실생활에 영향을 미칠 뿐더러 법적인 영향력도 가진다. 따라서 파일 시스템에 대해 배우는 것은 '파일 제거하기'가 왜 해당 내용이 영원히 사라졌음을 의미하지 않는지 이해하기 위해서이기도 하다.

여러분 대부분은 윈도우 파일 탐색기나 맥OS 파인더를 사용해 봤을 것이다. 각 프로그램에서는 최상위(예를 들면, 윈도우의 C: 드라이브)부터 시작하는 계층 구조를 보여 준다. **폴더**는 다른 폴더와 파일의 이름을 담고 있다. 폴더를 탐색해 보면 더 많은 폴더와 파일이 나타난다(유닉스 계열 운영체제에서는 전통적으로 폴더 대신 **디렉터리**directory라는 용어를 사용한다). 폴더는 조직화된 구조를 제공하는 반면, 파일은 문서, 사진, 음악, 스프레드시트, 웹페이지 등의 실질적인 내용을 담고 있다. 컴퓨터가 보유하는 모든 정보는 파일 시스템에 저장되고, 사용자는 파일 시스템을 통해 정보에 접근한다. 여기에는 데이터뿐만 아니라 워드와 크롬 브라우저 같은 프로그램의 실행 파일, 라이브러리, 환경 설정 정보, 디바이스 드라이버, 그리고 운영체제 자체를 구성하는 파일들이 포함된다. 파일의 양은 놀라울 만큼 많다. 내가 쓰고 있는 평범한 맥북에 파일이 90만 개 넘게 있는 것을 알고 놀란 적도 있다. 친구 한 명은 자신의 윈도우 컴퓨터에 파일이 80만 개 넘게 있다고 했다. 그림 II.12는 내 맥북에서 홈 디렉터리에 있는 사진 파일로 이어지는 다섯 단계의 계층 구조를 보여 준다.

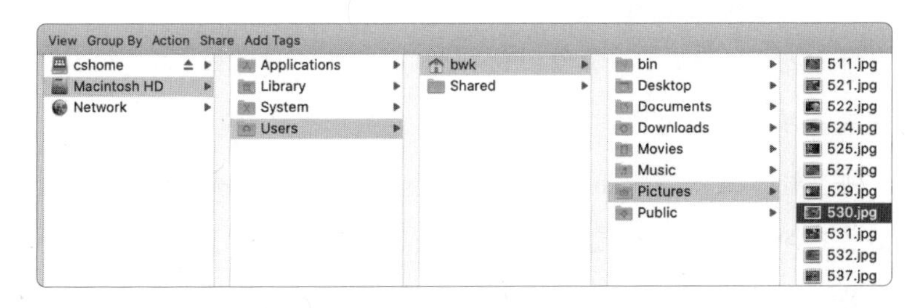

그림 II.12 맥OS의 파일 시스템 계층 구조

이름과는 달리, 파인더와 파일 탐색기는 파일이 어디 있는지 이미 알 때 가장 유용하다. 언제든지 파일 시스템 계층 구조의 루트, 즉 최상위에서부터 탐색해 볼 수 있다. 파일이 어디 있는지 모른다면 맥OS의 스포트라이트Spotlight 같은 검색 도구를 사용해야 한다.

파일 시스템은 이 모든 정보를 관리하면서 애플리케이션이나 운영체제의 나머지 부분이 정보를 읽고 쓸 수 있도록 접근 가능하게 만든다. 또한 파일에 대한 접근이 효율적으로 수행되고 서로 간섭하지 않도록 조정하는 역할을 하고, 데이터의 물리적인 위치를 계속 파악한다. 각각의 데이터 조각을 반드시 서로 분리해 알 수 없는 이유로 이메일의 일부가 스프레드시트나 납세 신고서에서 발견되지 않도록 한다. 다수의 사용자를 지원하는 시스템에서는 프라이버시와 보안을 강하게 적용해서 한 사용자가 다른 사용자의 파일에 권한 없이 접근할 수 없게 하며, 사용자마다 사용할 수 있는 공간의 용량에 한도를 부과할 수 있다.

파일 시스템 서비스는 가장 낮은 레벨의 시스템 콜을 통해 사용할 수 있으며, 파일 시스템 서비스를 만들 때 공통적인 부분은 라이브러리에 제공되어 있어 프로그래밍하기 쉽다.

보조 기억 장치 파일 시스템

파일 시스템은 매우 다양한 물리적 시스템이 균일한 논리적 구조로 나타나게 하는 방법을 보여 주는 훌륭한 사례다. 과연 어떻게 작동하는 것일까?

예를 들어 보자. 500GB 드라이브는 5천억 바이트를 담을 수 있다. 하지만 드라이브 자체의 소프트웨어는 이것을 각각 1,000바이트 덩어리 또는 **블록**block 5억 개로 표시한다(실제 컴퓨터에서는 이 크기가 2의 거듭제곱값이다. 여기서는 관계를 쉽게 파악하도록 십진수를 사용한 것이다). 가령 작은 메일 메시지 같은 2,500바이트 크기의 파일은 1,000바이트짜리 블록 세 개에 저장된다. 두 개에 들어가기에는 너무 크지만 세 개면 충분하다.

파일 시스템은 한 파일이 사용하는 바이트를 다른 파일이 사용하는 바이트와 같은 블록에 저장하지 않는다. 그러므로 마지막 블록이 완전히 꽉 차지 않는다면 약간의 공간이 낭비된다. 방금 든 예에서 세 번째 블록의 500바이트는 사용되지 않았다. 그 정도면 손수 관리해야 하는 수고를 상당히 덜어 주는 대가로는 크지 않다. 특히 보조 기억 장치가 너무 저렴하기 때문이다.

이 파일에 대한 폴더 엔트리folder entry*는 파일 이름, 2,500바이트라는 크기, 생성되거나 변경된 날짜와 시간, 다른 각종 정보(권한, 파일 유형 등으로, 운영체제에 따라 다르다)를 담고 있다. 이 모든 정보를 파일 탐색기나 파인더 같은 프로그램에서 확인할 수 있다.

폴더 엔트리는 또한 그 파일이 드라이브 어디에 저장되어 있는지, 즉 5억 개의 블록 중 어느 것이 파일의 바이트를 담고 있는지 정보를 넣고 있다. 파일의 위치 정보를 관리하는 방법은 다양하다. 폴더 엔트리가 블록 번호 목록을 담고 있거나, 블록 번호 목록을 담고 있는 블록을 참조하기도 하고, 또는 첫 번째 블록 번호를 담고 있어서 차례로 두 번째 블록 번호, 다음 블록 번호를 계속해서 구하는 방법도 있다.

그림 II.13은 블록 목록을 참조하는 블록들의 구조를 개략적으로 보여주며, 종래의 하드 드라이브에서 찾아볼 수 있는 형태다. 같은 파일을 나눠 담고 있는 블록들이 하드 드라이브에서 물리적으로 인접해 있지 않아도 된다. 적어도 용량이 큰 파일에서는 블록들이 실제로 인접해 있지 않을

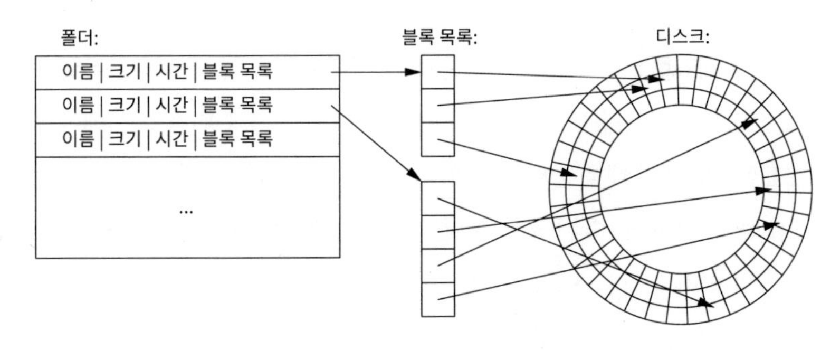

그림 II.13 하드 디스크 파일 시스템 구조

* (옮긴이) 주로 디렉터리 엔트리(directory entry)라고 하며, 디렉터리를 표현하는 데 쓰이는 자료 구조이다. 파일 시스템에 따라 구성하는 항목이 달라지는데, 일반적으로는 파일 이름, 파일 속성 등 디렉터리 내부 파일에 대한 여러 가지 정보가 저장된다. 이 책에서는 윈도우와 맥OS에 맞춰 설명하기 위해 '폴더 엔트리'라는 용어를 사용한 것으로 보인다. *ko.wikipedia.org/wiki/디렉토리_엔트리*

공산이 크다. 1MB 파일이라면 1,000개의 블록을 차지하며 블록들은 어느 정도 흩어져 있다. 폴더와 블록 목록 자체는 같은 드라이브상의 블록에 저장되는데, 그림에 이 점이 드러나지는 않는다.

SSD는 물리적 구현은 크게 다르겠지만 하드 드라이버와 기본 아이디어는 같다. 앞서 언급했듯이 요즘은 대부분의 컴퓨터에서 SSD를 사용한다. 바이트당 가격이 비싸기는 해도 더 작고 훨씬 안정적이고 가벼우며 전력 소모가 적기 때문이다. 사실 파인더나 파일 탐색기 같은 프로그램에서 보면 차이가 전혀 없다. 하지만 SSD 장치는 하드 드라이브와는 다른 드라이버를 사용하며, 장치 자체에 정보가 어느 위치에 있는지 기억하기 위한 정교한 코드가 들어 있다. 이는 SSD 장치의 각 영역이 사용될 수 있는 횟수에 제한이 있기 때문이다. SSD 내부 소프트웨어는 각 물리적 블록이 몇 번 사용되었는지 파악하고, 각 블록이 거의 같은 횟수로 사용되도록 데이터를 옮긴다. 이러한 처리를 **웨어 레벨링**wear leveling*이라고 한다.

폴더는 다른 폴더와 파일이 어디에 있는지 정보를 담고 있는 파일이다. 파일 내용과 구조에 대한 정보가 정확해야 하고 완벽하게 일치해야 하므로 파일 시스템은 폴더의 내용을 관리하고 유지하기 위한 권리를 독점적으로 보유한다. 사용자와 애플리케이션은 파일 시스템에 요청을 해야만 간접적으로 폴더 내용을 바꿀 수 있다.

어떤 관점에서는 폴더 또한 파일이다. 파일 시스템이 폴더 내용에 완전히 책임을 지고 있고, 애플리케이션이 그 내용을 직접 바꿀 방법이 없다는 점을 제외하면 폴더와 파일이 저장되는 방법에는 차이가 없다. 하지만 가장 낮은 레벨에서 보면 폴더는 그저 블록이며, 모두 같은 메커니즘으로 관리된다.

* (옮긴이) 우리말로는 '마모 평준화'라고도 한다.

프로그램이 기존 파일에 접근하려 할 때, 파일 시스템은 계층 구조의 최상위부터 시작해서 파일 경로명의 각 요소를 해당하는 폴더에서 찾으면서 파일을 검색해야 한다. 예를 들어, 맥 컴퓨터에서 찾으려는 파일 경로가 /Users/bwk/book/book.txt라면 파일 시스템은 파일 시스템의 최상위에서 Users를 찾고, 다음으로 그 폴더에서 bwk를 찾고, 다음으로 그 폴더에서 book을, 이어서 그 폴더에서 book.txt를 찾을 것이다. 윈도우에서는 파일 이름이 C:\My Documents\book\book.txt 같은 꼴이 될 수 있고, 검색 과정은 비슷하다.

이 방식은 효율적인 전략인데, 경로에서 폴더를 찾아 들어갈 때마다 그 폴더 이하에 있는 파일과 폴더에 수행되는 검색의 범위가 좁아지기 때문이다. 해당되지 않는 파일과 폴더는 검색 대상에서 제외된다. 여러 파일이 경로의 일부를 공유할 수는 있지만 전체 경로명이 유일무이해야 한다는 조건을 반드시 충족해야 한다. 실제로는 프로그램과 운영체제가 현재 사용되는 폴더를 계속 파악하기 때문에 검색이 매번 최상위에서 시작할 필요는 없다. 또한 시스템이 작업 속도를 높이기 위해 자주 사용되는 폴더를 캐싱하기도 한다.

프로그램이 새 파일을 생성하려고 할 때, 파일 시스템에 요청을 한다. 파일 시스템은 적절한 폴더에 새로운 엔트리를 넣으면서 이름, 날짜 등을 넣고, 크기를 0으로(완전히 새로운 파일에는 아직 어떤 블록도 할당되지 않았으므로) 표시한다. 나중에 프로그램이 파일에 데이터를 쓰면(가령 메일 메시지에 텍스트를 추가하면) 파일 시스템은 요청된 정보를 담기에 충분한 수의 미사용 블록free block을 찾아서 데이터를 복사해 넣고, 폴더의 블록 목록에 그 블록들을 삽입하고, 애플리케이션으로 되돌아간다.

이 점은 파일 시스템이 드라이브상에서 현재 사용되지 않는, 즉 어떤 파일의 일부가 아닌 모든 블록의 목록을 유지하고 있다는 것을 암시한다. 새로운 블록에 대한 요청이 도착하면 미사용 블록의 목록에서 가져온 블록으로 요청을 만족시킨다. 파일 시스템에서 관리하는 미사용 블록 목록에는 운영체제만 접근할 수 있고 애플리케이션은 접근할 수 없다.

SOFTWARE 037

파일을 휴지통에 넣을 때 일어나는 일

파일 제거하기

파일이 제거될 때는 앞에서와 정반대 일이 일어난다. 파일의 블록이 미사용 목록으로 돌아가고 파일의 폴더 엔트리는 삭제돼서 파일이 사라진 것처럼 보인다. 하지만 실제는 이와 꽤 다르고, 여기에 몇 가지 흥미로운 점이 있다.

파일이 윈도우나 맥OS에서 제거되면 '휴지통'으로 간다. 휴지통은 일부 속성이 조금 다르다는 점을 제외하면 그저 또 다른 폴더처럼 보인다. 사실 휴지통이 바로 그런 것이다. 파일이 제거되기로 하면 그 파일의 폴더 엔트리와 전체 이름이 현재 폴더에서 휴지통이라는 폴더로 복사되고 원래 폴더 엔트리는 지워진다. 파일의 블록과 그 내용은 전혀 바뀌지 않는다. 휴지통에서 파일을 복원할 때는 이 과정을 정반대로 수행해서, 엔트리를 원래 폴더로 복구한다.

'휴지통 비우기'가 원래 의도했던 제거 작업에 더 가깝다. 이 작업을 요청하면 휴지통에 있는 폴더 엔트리가 지워지고 블록은 미사용 목록에 진짜로 추가된다. 이 절차는 휴지통 비우기가 명시적인 요청에 의해 수행되든, 파일 시스템이 빈 공간이 부족하다는 것을 알고 사용자가 모르는 상태에서 조용히 진행되든 마찬가지로 적용된다.

'휴지통 비우기'를 클릭해서 명시적으로 휴지통을 비운다고 가정해 보자. 그렇게 하면 휴지통 폴더 자체에 있는 폴더 엔트리는 삭제되고 해당 블록이 미사용 목록에 들어가지만, 그 내용은 아직 삭제되지 않은 상태다. 원래 파일에 할당된 각 블록의 모든 바이트는 아직 그대로 있다. 그 블록이 미사용 목록에서 꺼내져서 새로운 파일에 할당되기 전까지는 새로운 내용으로 덮어 쓰이지 않는다.

이렇게 삭제가 바로 일어나지 않는다는 것은 여러분이 제거했다고 생각한 정보가 아직 존재하고, 누군가 그 정보를 찾을 방법을 안다면 손쉽게 접근할 수 있음을 뜻한다. 물리적 블록 단위로 드라이브를 읽는 프로그램, 즉 파일 시스템 계층 구조를 통하지 않고 디스크를 읽는 프로그램이라면 예전 내용을 확인할 수 있다. 2020년 중반에 마이크로소프트가 발표한 윈도우 파일 복구Windows File Recovery라는 무료 툴은 정확히 이러한 방식으로 수많은 파일 시스템과 저장 매체에 파일 복구를 수행한다.*

여기에는 잠재적인 이점이 있다. 디스크에 뭔가 이상이 생겨 파일 시스템이 엉망이 되었을 때도 아직 정보를 복원할 수 있을지 모른다. 하지만 파일을 제거해도 데이터가 완전히 사라졌다는 보장이 없는 점은 데이터에 사적인 내용이 있거나 여러분이 뭔가 나쁜 일을 꾸미고 있어 진짜로 정보가 제거되기를 바란다면 좋지 않은 일이다. 솜씨 좋은 적수나 법 집행 기관은 그런 정보를 복원하는 데 전혀 어려움이 없을 것이다. 만일 범죄 행위를 계획하고 있거나 그냥 집착이 심한 성격이라면 블록이 미사용 상태

* *www.microsoft.com/en-us/p/windows-file-recovery/9n26s50ln705*

가 된 후에도 정보를 지우는 프로그램을 사용해야만 한다.

실제로는 그보다 더 꼼꼼히 처리해야 할 수도 있다. 정말로 끈질긴 적수인 데다 자원도 풍부하다면 기존 정보가 새로운 정보로 덮어 쓰였대도 약간이라도 남아 있는 정보를 추출할지도 모른다. 군 조직에서는 블록을 무작위 패턴으로 된 0과 1 값을 여러 번 덮어 씌움으로써 파일을 제거한다. 더 좋은 방법은 하드 디스크를 강한 자석 근처에 놓아 자성을 없애 버리는 것이다. 최선의 방법은 물리적으로 파괴하는 것이며, 저장한 정보를 확실히 사라지게 하는 유일한 방법이다.

하지만 이마저 충분하지 않을 수 있다. 만일 데이터가 항상 자동으로 백업되고 있거나 (직장에서의 컴퓨터가 그렇듯이) 자신의 드라이브 대신 네트워크 파일 시스템이나 '클라우드' 어디엔가에 파일이 보관되고 있다면 말이다(오래된 컴퓨터나 휴대전화를 팔거나 양도할 때 데이터가 복구될 수 없게끔 확인해야 할 수도 있다).

폴더 엔트리 자체에도 어느 정도 비슷한 상황이 적용된다. 파일을 제거할 때 파일 시스템은 폴더 엔트리가 더 이상 유효한 파일을 가리키지 않는다는 점에 주목할 것이다. 파일 시스템이 폴더에 '이 엔트리는 사용 중이지 않습니다'를 뜻하는 비트를 설정해서 그렇게 할 수 있다. 이후 폴더 엔트리 자체가 재사용되기 전까지는 재할당되지 않은 모든 블록의 내용을 포함해 파일에 대한 원래 정보를 복원하는 것이 가능하다. 이 메커니즘은 1980년대에 마이크로소프트의 MS-DOS 시스템에 사용된 상용 파일 복원 프로그램의 핵심 원리로, 파일 이름의 첫 번째 문자를 특별한 값으로 설정함으로써 미사용 항목을 표시했다. 이 방식 덕분에 파일이 제거되고 얼마 지나지 않아 복원 시도가 이루어지면 전체 파일을 쉽게 복원할 수 있었다.

파일을 만든 사람이 파일이 삭제됐다고 생각한 후에도 한참 동안 그 내용이 남아 있을 수 있다는 사실은 디스커버리 제도*나 문서 보존 같은 법적 절차에 대한 시사점을 제공한다. 예를 들어, 밝혀지면 곤란하거나 의심을 살 만한 내용을 담은 과거 이메일 메시지가 갑자기 나타나는 일은 몹시 흔하다. 만일 기록이 종이 문서로만 존재한다면 잘 파쇄하여 모든 사본을 없앨 가능성도 있겠지만, 디지털 기록은 빠르게 확산되고 이동식 장치로도 손쉽게 복사되며 많은 곳에 숨겨진다. '이메일에서 ~가 밝혀짐emails reveal', '유출된 이메일leaked email' 같은 문구로 검색해 보면, 메일 보낼 때뿐만 아니라 그야말로 컴퓨터에 기록하는 모든 정보에 무슨 말을 쓸지 신중해야 한다는 것을 알 수 있다.†

다른 파일 시스템

지금까지 보조 기억 장치 드라이브에 사용되는 종래의 파일 시스템에 대해 설명했다. 대부분의 정보가 그곳에 저장되며 컴퓨터에서 가장 자주 볼 수 있는 장치이다. 하지만 파일 시스템의 추상화는 다른 저장 매체에도 적용된다.

CD-ROM과 DVD도 마찬가지로 폴더와 파일 계층 구조로 되어 있는 파일 시스템처럼 정보에 접근하게 한다. USB 드라이브와 SD 카드(II.14, 192쪽)의 플래시 메모리 파일 시스템은 매우 흔히 사용된다. 이들 저장 매체를 윈도우 컴퓨터에 연결하면 또 다른 디스크 드라이브로 나타난다. 저장된 내용을 파일 탐색기로 탐색할 수 있고, 내장 드라이브와 똑같이 파일

* (옮긴이) 디스커버리(discovery) 제도는 미국과 영국 등에서 재판이 개시되기 전에 당사자 양측이 가진 증거와 서류를 서로 공개해 쟁점을 명확히 하는 제도로, 의료기관이나 기업, 국가기관을 상대로 손해배상 소송을 낼 때 개인인 원고의 증거 확보권을 보장하는 것을 목적으로 한다. *http://terms.naver.com/entry.nhn?docId=2456476&cid=43667&categoryId=43667*

† 구글 검색에서 나온 6천5백만 건의 결과 중 하나는 다음과 같다. "유출된 백악관 이메일에서 COVID-19 대응과 관련하여 클로로퀸에 대한 막후 다툼이 있었음이 밝혀졌습니다."

을 읽고 쓸 수 있다. 유일한 차이는 용량이 더 작고 접근 속도가 다소 느릴 수 있다는 점이다.

그림 II.14 SD 카드 플래시 메모리

동일한 장치를 맥 컴퓨터에 연결하면 마찬가지로 폴더로 나타나고, 파인더로 탐색할 수 있으며, 파일 전송도 가능하다. 유닉스나 리눅스 컴퓨터에도 연결할 수 있고, 역시 그 운영체제의 파일 시스템에 나타난다. 소프트웨어는 물리적인 장치가 파일 시스템처럼 보이게 하며, 다양한 운영체제에서도 동일하게 추상화된 폴더와 파일 구조로 나타나게 한다. 내부적인 구성 방식은 널리 사용되는 '사실상의' 표준인 마이크로소프트 FATFile Allocation Table 파일 시스템일 가능성이 높지만, 경우에 따라 다르므로 확실히는 알 수 없고 알 필요도 없다. 추상화는 완벽하기 때문이다. 하드웨어 인터페이스와 소프트웨어 구조의 표준화 덕분에 이러한 추상화가 가능하다.

내 첫 번째 디지털카메라는 사진을 내부 파일 시스템에 저장했고, 사진을 가져오려면 카메라를 컴퓨터에 연결하고 제조사에서 제공하는 소프트웨어를 설치해 실행해야만 했다. 그 이후에 나온 모든 카메라에는 그림 II.14와 유사한 이동식 SD 메모리 카드가 장착되어 있어, 카드를 카메라에서 꺼내 컴퓨터에 장착하면 사진을 옮길 수 있다. 이 방식은 예전보다 훨씬 빠른 데다가, 사용성이 형편없고 불안정한 제조사 소프트웨어를 사용하지 않아도 된다. 어설프고 독자적인 소프트웨어와 하드웨어 대신에 표준화된 매체를 이용해 친숙하고 균일한 인터페이스를 사용할 수 있게 됐다. 제조사도 더 이상 전용 파일 전송 소프트웨어를 제공하지 않아도 돼서 편할 것이다.

같은 아이디어를 적용한 다른 사례를 하나 더 살펴보자. 바로 네트워크 파일 시스템으로, 학교와 회사에서 흔히 사용된다. 네트워크 파일 시스템은 소프트웨어를 활용해서 다른 컴퓨터의 파일 시스템이 마치 자신의 컴퓨터에 있는 것처럼 파일 탐색기, 파인더, 또는 다른 프로그램을 사용하여 접근하게 해준다. 네트워크상의 다른 컴퓨터에 있는 파일 시스템은 사용 중인 로컬 컴퓨터와 같은 종류일 수도 있고(예컨대 둘 다 윈도우 컴퓨터) 다른 종류일 수도 있다(맥OS나 리눅스). 플래시 메모리 기반 장치와 마찬가지로, 소프트웨어가 차이점은 숨기고 균일한 인터페이스를 제공함으로써 파일 구조가 로컬 컴퓨터에 있는 일반 파일 시스템처럼 보이게 한다.

네트워크 파일 시스템은 주된 파일 저장소로도 사용되지만 백업 용도로도 자주 쓰인다. 파일의 이전 버전 여러 개를 서로 다른 위치에 있는 보관용 저장 매체로 복사해 둔다. 이렇게 하면 랜섬웨어 공격이나 중대한 기록의 원본을 훼손할 우려가 있는 화재 같은 재난에서 데이터를 지킬 수 있다. 어떤 디스크 시스템은 또한 RAIDRedundant Array of Independent Disks, 복수 배열 독립 디스크 기법을 활용한다. 이 기술은 디스크 중 하나가 고장 나더라도 정보를 복원할 수 있게 하는 오류 수정 알고리즘을 이용하여 여러 개의 디스크에 데이터를 기록한다. 물론 이러한 시스템은 정보의 모든 흔적을 확실히 지우기 어렵게 만드는 요인이 되기도 한다.

4부에서 더 자세히 이야기할 클라우드 컴퓨팅 시스템은 지금까지 설명한 것과 몇 가지 속성은 같지만, 일반적으로 콘텐츠를 파일 시스템 인터페이스로 제공하지 않는다.

SOFTWARE

038 여러 작업을 수행하는 애플리케이션

애플리케이션은 운영체제를 플랫폼으로 삼아 작업을 수행하는 온갖 종류의 프로그램이나 소프트웨어 시스템을 총칭하는 용어다. 애플리케이션은 조그마할 수도 있고 클 수도 있다. 하나의 특정 과제에 집중할 수도 있고 폭넓은 기능을 처리할 수도 있다. 판매될 수도 있고 무료로 배포될 수도 있다. 애플리케이션의 코드는 소유권이 강하게 보호되거나, 자유롭게 사용할 수 있는 오픈소스이거나, 사용에 아무런 제한이 없기도 한다.

애플리케이션의 크기는 천차만별이다. 한 가지 기능만 수행하는 조그만 독립적인 프로그램부터 워드나 포토샵처럼 여러 가지 복잡한 작업을 수행하는 대형 프로그램까지 다양하다.

간단한 애플리케이션의 예로 date라는 유닉스 프로그램을 보도록 하자. 이 프로그램은 현재 날짜와 시간을 출력해 준다.

```
$ date
Fri Nov 27 16:50:00 EST 2020
```

date 프로그램은 맥OS를 비롯한 유닉스 계열 시스템에서는 같은 방식으로 작동하고, 윈도우에서도 유사하게 작동한다. date의 구현 코드는 간단하다. 현재 날짜와 시간을 내부 형식으로 제공하는 시스템 콜(time)과 날짜를 형식화하고 텍스트를 출력하기 위한 라이브러리(각각 ctime과 printf)를 기반으로 작성되기 때문이다. C로 된 완전한 구현 코드는 다음과 같다. 얼마나 짧은지 한번 보기 바란다.

```
#include <stdio.h>
#include <time.h>
int main() {
    time_t t = time(0);
    printf("%s", ctime(&t));
    return 0;
}
```

유닉스 시스템에는 디렉터리 내의 파일과 폴더를 나열하는 ls라는 프로그램이 있다. 이는 윈도우 파일 탐색기와 맥OS 파인더 같은 프로그램과 유사하지만 골자만 남은 텍스트 전용 프로그램이다. 이외에도 파일을 복사하고, 이동하고, 이름을 바꾸는 등의 작업을 수행하는 다른 프로그램들이 있고, 파일 탐색기와 파인더에는 상응하는 기능이 그래픽으로 구현된다. 이 프로그램들도 역시 폴더 내용에 대한 기본 정보에 접근하기 위해 시스템 콜을 사용하며, 정보를 읽고 쓰고 형식화하고 화면에 표시하기 위해 라이브러리를 이용한다.

워드 같은 애플리케이션은 파일 시스템 탐색용 프로그램보다 훨씬 더 규모가 크다. 사용자가 파일을 열고, 내용을 읽고, 파일 시스템에 문서를 저장할 수 있도록 파일 시스템 코드 일부가 분명히 포함될 것이다. 복잡한 알고리즘을 이용할 텐데, 예를 들면 텍스트가 바뀜에 따라 디스플레이를 계속해서 갱신하기 위한 알고리즘이 필요하다. 또한 정보를 화면에 표시하고, 글자 크기, 글꼴, 색상, 레이아웃 등을 조정하는 방법을 제공하는 정교한 사용자 인터페이스를 지원한다. 워드를 비롯해서 상업적 가치가 높은 대형 프로그램은 새로운 기능이 추가되면서 지속적으로 발전한다. 워드의 소스 코드가 얼마나 큰지는 모르겠지만, C, C++와 다른 언어로 된 코드 1천만 행 정도라도 놀랍지 않을 것 같다. 특히 윈도우, 맥, 휴대전화와 브라우저 버전의 코드까지 고려한다면 더욱 그렇다.

브라우저는 규모가 크고 무료이며 간혹 오픈소스로 개발되는 애플리케이션으로, 어떤 측면에서는 다른 애플리케이션보다 훨씬 더 복잡하다. 여러분은 적어도 파이어폭스, 사파리Safari, 엣지나 크롬 중 한 가지는 확실히 써봤을 테고, 많은 사람들이 일상적으로 그중 몇 가지를 사용한다. 3부 후반부에서 웹에 대해, 그리고 브라우저가 정보를 가져오는 방법에 대해 더 이야기하겠다. 여기서는 브라우저라는 크고 복잡한 프로그램에 녹아 있는 아이디어에 집중하려고 한다.

외부에서 보면 브라우저는 웹 서버에 요청을 보내고 화면에 표시할 정보를 웹 서버에서 받아 온다. 어떤 점이 복잡한 것일까?

우선 브라우저는 **비동기적**asynchronous 이벤트를 처리해야 한다. 비동기적 이벤트란 예측할 수 없는 시점에 일정한 순서를 따르지 않고 발생하는 이벤트를 뜻한다. 예를 들어, 사용자가 링크를 클릭하면 브라우저는 페이지에 대한 요청을 보내는데, 브라우저는 해당 응답을 기다리고 있을 수만은 없다. 그 사이에 사용자가 현재 페이지를 스크롤하면 즉각 반응해야 하고, 뒤로 가기 버튼을 누르거나 다른 링크를 클릭하면 요청된 페이지가 오는 중일지라도 요청을 취소해야 한다. 사용자가 창의 모양을 바꾸면 디스플레이를 갱신해야 하고, 데이터가 오는 동안에 사용자가 이리저리 모양을 계속 바꾸면 계속해서 갱신해 줘야 한다. 페이지에 소리나 동영상이 포함돼 있다면 브라우저는 그러한 미디어의 재생도 처리해야 한다. 비동기적인 시스템을 프로그래밍하는 것은 항상 어려운데, 브라우저는 많은 비동기성을 다뤄야만 한다.

브라우저는 정적인 텍스트부터 페이지의 내용을 계속해서 바꾸려고 하는 대화형 프로그램에 이르기까지 많은 종류의 콘텐츠를 지원해야 한다. 이 중 일부는 확장 프로그램에 콘텐츠 처리를 위임할 수 있는데, PDF나

동영상 같은 표준 포맷을 처리하는 데는 이 방식이 일반적이다. 하지만 이를 위해 브라우저는 해당하는 확장 프로그램을 시작하고, 데이터 자체와 데이터에 대한 요청을 보내고 받고, 처리된 데이터를 디스플레이에 표시하기 위한 메커니즘을 제공해야 한다.

브라우저는 여러 개의 탭과 여러 개의 창을 관리하는데, 이들 각각은 아마도 앞서 말한 작업 중 일부를 수행하고 있을 것이다. 브라우저는 수행한 작업의 이력과 함께 북마크, 즐겨찾기 등의 다른 데이터를 유지한다. 업로드, 다운로드, 이미지 캐싱을 하기 위해 로컬 파일 시스템에 접근하기도 한다.

브라우저는 여러 수준에서 기능을 확장하기 위한 플랫폼을 제공한다. 어도비 플래시Adobe Flash 같은 플러그인, 자바스크립트용 가상 머신, 애드블록 플러스Adblock Plus와 고스터리Ghostery 같은 애드온 프로그램 등이 확장 기능에 해당한다. 내부적으로 브라우저는 모바일 기기를 포함해서 다수 운영체제의 여러 버전에서 작동해야 한다.

이 모든 기능을 수행하기 위한 복잡한 코드를 포함하고 있기 때문에, 브라우저는 자체 구현 코드나 자신이 활성화하는 프로그램에 있는 버그를 이용한 공격에 취약하다. 사용자의 순진함, 무지함, 무분별한 행동도 브라우저가 공격을 받는 데 한몫한다. 대부분의 사용자는(이 책의 독자를 제외하고) 무슨 일이 일어나는지 또는 어떤 위험이 있을지조차 거의 이해하지 못한다. 쉬운 일이 아니다.

앞의 내용을 되짚어 보면 뭔가 떠오르지 않는가? 브라우저는 운영체제와 비슷하다. 자원을 관리하고, 동시에 일어나는 활동을 제어하고 조정한다. 또한 다수의 출처에 정보를 저장하고 가져오며, 애플리케이션 프로그램이 실행될 수 있는 플랫폼을 제공한다.

한동안 브라우저를 운영체제로 사용하는 것이 가능해 보였고, 그래서 아래에 있는 하드웨어를 제어하는 운영체제와 독립적으로 작용할 수 있을 것처럼 보였다. 그럴듯한 아이디어였지만 10~20년 전까지만 해도 현실적인 장애물이 너무 많았다. 오늘날 이 아이디어는 실행 가능한 대안이 됐다. 이미 수많은 서비스가 오로지 브라우저 인터페이스로만 접근할 수 있고(이메일, 달력, 음악, 비디오, SNS가 명백한 사례다), 이러한 추세는 계속될 것이다. 구글은 웹 기반 서비스에 주로 의존하는 크롬 OS라는 운영체제를 제공한다. 크롬북은 크롬 OS를 실행하는 컴퓨터로, 로컬 저장 장치의 용량은 제한적이며 대부분의 저장 기능은 웹을 사용한다. 또한 구글 문서Google Docs 같은 브라우저 기반 애플리케이션만 실행한다. 4부에서 클라우드 컴퓨팅에 대해 이야기할 때 이 주제를 다시 살펴보자.

SOFTWARE

039 소프트웨어의 계층 구조

컴퓨팅 분야의 다른 많은 것과 마찬가지로 소프트웨어는 계층으로 구성된다. 계층은 지질학에서 배운 지층과 유사하며, 이 계층은 서로의 관심사를 구분 짓는다. 계층화는 프로그래머가 복잡성을 처리하는 데 도움이 되는 중요한 아이디어 중 하나다. 각 계층은 맡은 기능을 구현하고, 그 상위 계층이 서비스에 접근하는 데 사용할 수 있도록 추상화를 제공한다.

가장 밑바닥에는 하드웨어가 있다(적어도 오늘 내용의 의도에 맞춰 설명하자면 그렇다). 시스템이 실행 중이더라도 버스를 이용하여 장치를 추가하고 제거할 수 있다는 점을 제외하면 하드웨어는 거의 변경할 수 없다.

다음 계층은 엄밀한 의미의 운영체제로, 그 핵심적인 기능을 암시하기 위해 흔히 **커널**kernel이라고 한다.* 운영체제는 하드웨어와 애플리케이션 사이에 있는 계층이다. 하드웨어의 종류와 무관하게 운영체제는 하드웨어의 특수한 속성을 숨기고, 애플리케이션에는 특정 하드웨어의 여러 가지 세부 사항과 독립된 인터페이스 또는 외관을 제공한다. 인터페이스가 잘 설계되어 있으면, 동일한 운영체제 인터페이스를 다양한 종류의 프로세서에서 이용할 수 있고, 여러 공급 업체가 동일한 인터페이스를 제공하기도 한다.

유닉스와 리눅스 운영체제 인터페이스도 마찬가지다. 유닉스와 리눅스는 온갖 종류의 프로세서에서 작동하고, 각각의 프로세서에 동일한 운영체제 서비스를 제공한다. 사실상 운영체제는 원자재가 됐다. 밑에 있는 하드웨어는 가격과 성능을 제외하면 크게 문제되지 않고, 위에 있는 소프트웨어는 하드웨어에 독립적으로 작동한다(이를 증명하는 한 가지 증거는 내가 '유닉스'와 '리눅스'를 자주 섞어서 사용한다는 점인데, 대부분의 경우 둘을 구분하는 것이 의미가 없기 때문이다). 조심스럽게 이야기하자면, 프로그램을 새로운 프로세서로 옮기는 데 필요한 작업은 적합한 컴파일러로 컴파일하는 일뿐이다. 물론 프로그램이 특정 하드웨어 속성에 더 단단히 결부돼 있을수록 이 작업은 더 어려워지겠지만, 많은 프로그램에 충분히 실행 가능하다.

이러한 작업이 대규모로 진행된 사례를 보자. 애플은 2005~2006년 사

* (옮긴이) 'kernel'이라는 단어는 견과류나 씨앗 등의 알맹이, 또는 핵심적인 부분을 의미한다. 유닉스 운영체제를 공동 개발하고 C 언어를 만든 데니스 리치가 커널을 일컬어 '엄밀한 의미의 운영체제(operating system proper)'라고 표현했다고 한다. *https://www.reddit.com/r/linux/comments/3n5m04/the_kernel_or_operating_system_proper_dennis/*

이 1년도 안 되는 기간에 자사 소프트웨어를 IBM 파워PCPowerPC 프로세서 기반에서 인텔 프로세서 기반으로 변환했다. 2020년 중반에 애플은 같은 작업을 다시 할 예정이라고 발표했는데, 휴대전화, 태블릿, 컴퓨터 전체에 인텔 프로세서 대신 ARM 프로세서를 사용하겠다고 했다.* 이 사례는 소프트웨어가 특정 프로세서 아키텍처에 대체로 독립적이라는 점을 다시금 보여 준다.

윈도우는 이야기가 조금 다르다. 윈도우는 1978년 인텔 8086 프로세서를 시작으로 많은 발전 단계에 걸쳐 다년간 인텔 아키텍처와 상당히 밀접하게 결부된 상태였다(인텔 프로세서 제품군은 흔히 'x86'이라고 하는데, 수년간 인텔 프로세서의 제품 번호가 80286, 80386, 80486처럼 86으로 끝났기 때문이다). 그 연관성이 너무 강해서 인텔 프로세서에서 실행되는 윈도우는 가끔 '윈텔Wintel'이라고 불릴 정도였다. 그렇지만 요즘은 윈도우도 ARM 프로세서상에서 실행된다.†

운영체제 다음 계층은 라이브러리 집합으로, 프로그래머 개개인이 기능을 새로 만들어 낼 필요가 없도록 일반적으로 유용한 서비스를 제공한다. 라이브러리는 API를 통해 사용할 수 있다. 어떤 라이브러리는 낮은 수준으로, 기본적인 기능을 처리한다(예를 들면, 제곱근이나 로그 같은 수학적 기능을 계산하거나, date 명령어가 처리하는 날짜와 시간 계산이 있다). 다른 라이브러리는 훨씬 더 복잡하다(암호 기법, 그래픽, 압축 등이 있다). GUI(그래픽 사용자 인터페이스) 구성 요소, 즉 대화 상자, 메뉴, 버튼, 체크박스, 스크롤 바, 탭이 있는 분할된 창 등은 많은 코드를 필요로 한다.

* 2020년 6월에 애플 개발자 행사에서 발표한 내용으로, 애플의 모든 제품을 ARM 아키텍처 기반 자체 설계 프로세서로 전환한다고 발표했다. 이후 2023년 6월까지 모든 데스크톱과 노트북 컴퓨터 제품을 자체 설계 프로세서로 전환하는 작업을 완료했다. *https://en.wikipedia.org/wiki/Mac_transition_to_Apple_silicon*

† ARM 프로세서에서 작동하는 마이크로소프트 윈도우: *docs.microsoft.com/en-us/windows/uwp/porting/apps-on-arm*

일단 GUI 구성 요소가 라이브러리에 있으면 누구나 사용할 수 있어서 균일한 디자인을 보장하는 데 도움이 된다. 그래서 대부분의 윈도우 애플리케이션이나 기본 그래픽 구성 요소가 비슷해 보이는 것이다. 맥은 훨씬 더 그렇다. 그래픽 구성 요소를 다시 만들고 재구현하는 것은 대부분의 소프트웨어 공급 업체에 지나치게 많은 일을 요구하며, 무의미하게 겉모습만 다르게 만들어 봤자 사용자에게 혼란을 줄 뿐이다.

가끔은 커널, 라이브러리, 애플리케이션 간의 구분이 앞서 이야기했던 것처럼 명확하지 않다. 소프트웨어 구성 요소를 만들고 연결하는 방법에는 경우의 수가 많기 때문이다. 예를 들면, 커널은 더 적은 서비스만 제공하고, 상위 계층에 있는 라이브러리가 대부분의 일을 하도록 할 수 있다. 혹은 반대로 커널이 더 많은 일을 떠맡고 라이브러리에 덜 의존하기도 한다. 운영체제와 애플리케이션 사이의 경계는 뚜렷하게 정의되어 있지 않다.

그 경계선은 어디일까? 완벽하지는 않아도 유용한 지침이 있다. 어떤 애플리케이션이 다른 애플리케이션의 동작에 간섭하지 않도록 하는 데 필요한 것은 무엇이든 운영체제의 역할에 속한다는 것이다. 메모리 관리, 즉 프로그램이 실행되는 동안 RAM의 어느 위치에 프로그램을 둘지 결정하는 일은 운영체제의 일이다. 이와 비슷하게, 보조 기억 장치의 어느 위치에 정보를 저장할지 결정하는 파일 시스템은 매우 중요한 기능이다. 주변장치 제어도 마찬가지다. 두 개의 애플리케이션이 프린터를 동시에 작동시키는 일은 있어서는 안 되고, 중간 조정 없이 디스플레이에 값을 출력해서도 안 된다. 그 중심에서 프로세서를 제어하는 일은 운영체제의 기능인데, 나머지 모두 잘 작동하도록 보장하는 데 필요한 일이기 때문이다.

브라우저는 운영체제의 일부가 아니다. 왜냐하면 어떤 브라우저든 공유된 자원이나 제어 기능에 간섭하지 않으면서 하나 또는 여러 개가 동시에 실행될 수 있기 때문이다. 기술적 세부 사항에 불과한 사소한 이야기로 들릴 수 있지만, 이는 IT 역사에 한 획을 그은 소송의 법리적 해석에 중대한 영향을 미친 주제였다. 1998년에 시작해서 2011년에 끝난 미국 법무부 대 마이크로소프트 간의 반독점 소송은 부분적으로는 마이크로소프트의 브라우저 IE(인터넷 익스플로러)가 운영체제의 일부인지 단지 애플리케이션인지 다툰 논쟁이었다. 마이크로소프트가 주장한 대로 IE가 운영체제의 일부라면 제거될 수 없는 것이 타당했고, 마이크로소프트는 IE의 사용을 요구할 권리가 있다. 하지만 IE가 그냥 애플리케이션이라면 굳이 IE를 쓸 필요가 없는 이들에게 불법적으로 강요하는 상황이 된다. 물론 소송은 이보다 복잡했지만, 어디에 선을 그을지에 대한 논쟁이 중요했다. 사실을 짚고 넘어가자면, 법정은 브라우저가 운영체제의 일부가 아니라 애플리케이션이라고 판결 내렸다. 사건의 재판장이었던 토머스 잭슨Thomas Jackson 판사는 "웹 브라우저와 운영체제는 별개의 제품이다."라고 말했다.*

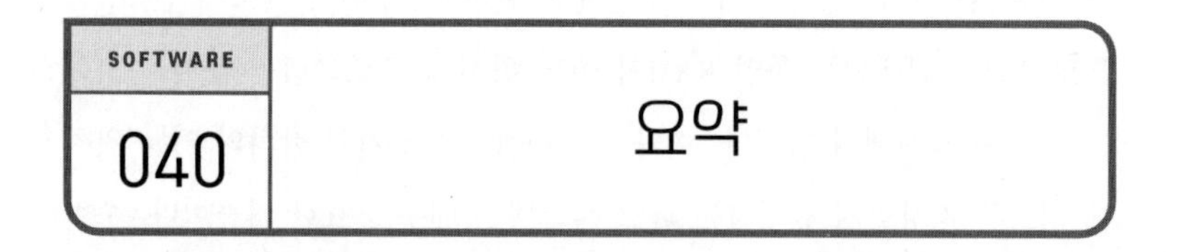

애플리케이션은 사용자가 원하는 작업을 처리한다. 운영체제는 애플리케이션이 자원(프로세서 시간, 메모리, 보조 기억 장치, 네트워크 연결, 기타 장치)을 효율적이고 공평하게 공유하면서 서로 간섭하지 않을 것을 보장하는 조정자 또는 교통경찰 역할을 한다. 기본적으로 오늘날 사용되는 모

* 1999년 법원의 사실 확정 154절: *www.justice.gov/atr/cases/f3800/msjudgex.htm*. 이 소송은 마이크로소프트의 자율 준수에 대한 최종 감독이 끝난 2011년에 마침내 종료됐다.

든 컴퓨터에는 운영체제가 있고, 전용 시스템보다는 리눅스 같은 범용 시스템을 사용하는 추세다. 특이한 상황이 아니라면 원래 있는 코드를 사용하는 것이 새로 작성하는 것보다 쉽고 비용이 적게 들기 때문이다.

주로 개인 소비자용 애플리케이션 측면에서 살펴보았지만, 겉으로 잘 드러나지 않고 배후에서 작동하는 대형 소프트웨어 시스템도 많다. 여기에는 전화통신망, 전력망, 운송 서비스, 금융 서비스 같은 인프라를 운영하는 프로그램이 포함된다. 비행기와 항공 교통 관제, 자동차, 의료 기기, 군용 무기 등도 모두 대형 소프트웨어 시스템 기반으로 작동한다. 사실 지금 쓰이는 중요한 기술 중에서 주요 소프트웨어 구성 요소를 갖지 않는 것을 생각해 내기는 어렵다.

소프트웨어 시스템은 크고 복잡하며, 종종 버그가 있다. 끊임없이 변경이 일어나면서 더 복잡해지고 버그는 증가한다. 대형 시스템에 얼마나 많은 양의 코드가 있는지 정확히 추정하기는 어렵지만, 우리가 의존하는 주요 시스템은 최소 몇 백만 행으로 이루어져 있다. 이 때문에 악용될 수 있는 중대한 버그가 생기는 일이 불가피하다. 시스템이 복잡해질수록 이러한 상황은 좋아지기보다는 나빠질 가능성이 크다.

SOFTWARE

041 자바스크립트와 파이썬

"스마트폰을 갖고 놀지만 말고 프로그램을 만들어 보세요!"

– 버락 오바마, 2013*

강의에서 프로그래밍을 조금 가르친다. 교양 있는 사람이라면 프로그래밍에 대해 어느 정도 아는 게 중요하다고 생각하기 때문이다. 학생들은 간단한 프로그램도 제대로 작동하게 하기가 의외로 어렵다는 점이라도 알 필요가 있다. 그러기 위해서는 컴퓨터와 직접 씨름하는 것이 가장 좋은 방법이다. 게다가 자신이 만든 프로그램이 처음으로 제대로 작동하면 멋진 성취감을 맛볼 수도 있다. 또한 프로그래밍을 충분히 경험해 보아야 프로그래밍이 쉽다거나 프로그램에 에러가 없다고 말하는 사람을 보았을 때 신중하게 판단할 수 있다. 10줄의 코드가 돌아가게 하기 위해 하루 종일 고생해 봤다면 100만 행으로 된 프로그램을 버그 없이 제때 내놓을 수 있다고 단언하는 사람을 만났을 때 의심을 품는 것이 당연하다. 반면에 모든 프로그래밍 과제가 다 어렵지는 않다는 사실을 아는 게 도움이 될 때도 있다. 예를 들면 컨설턴트를 고용할 때가 그렇다.

프로그래밍 언어는 엄청나게 많다. 어느 것부터 배우는 게 좋을까? 오바마 대통령이 권유한 것처럼 스마트폰 애플리케이션을 작성하고 싶다면 안드로이드폰용으로는 자바가 필요하고, 아이폰용으로는 스위프트가 필요

* 버락 오바마(Barack Obama) 미국 전 대통령. 2013년 12월 유튜브에서 방송된 오바마 대통령의 코딩 장려 발언은 컴퓨터과학 교육 주간을 기념한 캠페인의 일환이었다. *www.whitehouse.gov/blog/2013/12/09/don-t-just-play-your-phone-program-it*

하다. 두 언어 모두 초보자도 배울 수 있지만 편하게 사용하기는 어렵고, 스마트폰 앱을 만들 때는 신경 써야 할 세부 사항이 많다. MIT에서 만든 시각적 프로그래밍 시스템인 스크래치Scratch는 어린이들이 배우기에 특히 좋지만, 더 크고 복잡한 프로그램으로 확장하기에는 적합하지 않다.

이 책에서는 두 가지 프로그래밍 언어, 자바스크립트와 파이썬에 대해 간략히 이야기하려고 한다. 둘 다 아마추어 또는 전문 프로그래머 사이에서 널리 사용된다. 초보자 수준에서 배우기 쉽고, 더 큰 프로그램으로 확장하기에도 용이하고, 폭넓게 적용 가능하다.

자바스크립트는 모든 브라우저에 포함되어 있어 소프트웨어를 별도로 다운로드하지 않아도 된다. 프로그램을 작성하여 웹페이지에 적용하면 친구와 가족에게 바로 보여 줄 수 있다. 언어 자체가 간단하고, 비교적 경험을 조금 쌓아도 썩 괜찮은 코드를 작성할 수 있다. 또한 자바스크립트는 놀라울 만큼 유연하다. 거의 모든 웹페이지가 자바스크립트 코드를 어느 정도 포함하고 있고, 그 코드는 브라우저 내에서 페이지 소스 보기를 통해 확인할 수 있다(브라우저에 따라 찾기 조금 까다로운 경우도 있다). 자바스크립트로 웹페이지에 다양한 효과를 주기도 한다. 구글 문서나 다른 회사에서 만든 비슷한 프로그램도 자바스크립트를 사용한다. 자바스크립트는 트위터, 페이스북, 아마존 등의 웹 서비스에서 제공하는 API를 위한 언어이기도 하다.

단점도 있다. 자바스크립트 언어에는 가끔 어색한 부분도 있으며, 의도와 다른 동작을 일으킬 때도 있다. 브라우저 인터페이스는 우리가 원하는 만큼 표준화되어 있지 않아서 프로그램이 서로 다른 브라우저에서 항상 같은 방식으로 작동하지는 않는다. 그래도 이 책에서 다루는 수준에서는 문제가 되지는 않고, 전문 프로그래머 입장에서 보기에도 이는 계속 개선되고 있다.

자바스크립트 프로그램은 일반적으로 웹페이지의 일부로 실행되지만, 브라우저가 아닌 환경에서도 점점 더 많이 사용되고 있다. 브라우저 환경에서 자바스크립트를 사용하려면 약간의 HTMLHypertext Markup Language을 배워야 한다. HTML은 웹페이지의 레이아웃을 묘사하는 언어다(4부에서 웹을 다룰 때 조금 살펴볼 예정이다). 이러한 사소한 불편함에도 불구하고, 노력을 들여 자바스크립트를 조금 배워 둘 가치는 충분하다.

함께 살펴볼 또 다른 언어는 파이썬이다. 파이썬은 매우 폭넓은 응용 분야에 활용 가능하며 일상적으로 프로그래밍하기에 아주 좋다. 지난 몇 년 사이 파이썬은 프로그래밍 입문 수업이나 데이터 과학, 머신러닝에 초점을 맞춘 강의에서 표준 언어가 되었다. 보통은 파이썬을 여러분의 컴퓨터에서 직접 실행하겠지만, 요즘은 파이썬 프로그램을 웹에서 실행할 수 있게 해주는 웹사이트가 있어서 별도의 소프트웨어를 다운로드하거나 명령줄 인터페이스 사용법을 배울 필요가 없다. 프로그래밍 언어를 처음 배우는 사람을 대상으로 프로그래밍을 가르친다면 나는 파이썬을 사용할 것이다.

이어질 내용을 시험 삼아 따라 해보면 적어도 기본적인 수준에서 프로그램을 만드는 방법을 배울 수 있는데, 보유할 만한 가치가 있는 기술이다. 여기서 습득한 지식은 다른 언어를 배울 때도 적용되어 그 언어를 더 쉽게 배울 수 있다. 더 심화된 내용을 알고 싶거나 다른 것도 시도해 보고 싶다면 웹에서 자바스크립트나 파이썬 튜토리얼을 검색해 보기 바란다. 코드카데미Codecademy, 칸 아카데미Khan Academy, W3스쿨즈W3Schools 등 초보자가 프로그래밍을 배울 수 있는 유용한 사이트가 많다.

이렇게 이야기하긴 했지만, 내용을 가볍게 훑어보고 구문상의 세부 사항은 지나쳐도 무방하다. 이 책의 나머지 내용을 이해하는 데는 지장 없다.

SOFTWARE

042 프로그래밍 언어의 주요 개념

프로그래밍 언어는 모두 계산을 일련의 단계로 풀어서 상세히 설명하기 위한 표기법이므로, 몇 가지 기본 아이디어를 공유한다. 모든 프로그래밍 언어가 입력 데이터를 읽고, 산술 연산을 하고, 계산이 진행됨에 따라 중간 값을 저장하고 가져오며, 이전에 계산한 값을 기반으로 어떻게 진행할지 결정하고, 그 과정에서 결과를 표시하고, 계산이 완료되면 결과를 저장하기 위한 방법을 제공한다.

언어에는 **구문 규칙**syntax, 즉 문법적으로 무엇이 맞고 무엇이 틀리는지 정의하는 규칙이 있다. 프로그래밍 언어는 문법 면에서 까다롭다. 정확하게 표현해야 하고, 그렇게 하지 않으면 불평을 들을 것이다. 언어에는 **의미 체계**semantics도 있는데, 이는 해당 언어로 표현할 수 있는 모든 것에 대해 명확히 정의된 의미이다.

이론상으로는 특정 프로그램이 구문상 정확한지, 만약 그렇다면 그 의미가 무엇인지 모호함이 없어야 한다. 불행히도 항상 이렇게 이상적이지는 않다. 프로그래밍 언어는 대개 단어로 정의되고, 자연 언어로 작성된 다른 문서와 마찬가지로 단어의 정의에는 모호성이 있어서 다르게 해석할 수 있는 여지가 있다. 게다가 언어 개발자가 실수를 하기도 하며, 시간이 흐르면서 언어가 점진적으로 변하기도 한다. 예를 들어 자바스크립트 구현은 브라우저마다 다소 차이가 있고, 심지어 같은 브라우저라도 버전별로 다르기도 하다. 파이썬에는 크게 두 가지 버전이 있는데, 대부분 호환되지만 약간 거슬릴 정도의 차이가 존재한다. 다행히도 파이썬 버전 2는 버전 3로 대체되면서 퇴출되는 중이므로 이런 문제는 사라질 것이다.*

대부분의 언어는 세 가지 측면에서 살펴볼 수 있다. 첫 번째는 언어 그 자체다. 즉, 컴퓨터에 산술 연산을 수행하고, 조건을 검사하고, 계산을 반복하라고 지시하는 문장이다. 두 번째로, 다른 이들이 작성했지만 프로그램을 만들 때 사용할 수 있는 코드 라이브러리가 있다. 라이브러리는 직접 작성하지 않아도 되는 사전 제작된 부품으로, 대표적인 예로는 수학 연산, 날짜 계산, 텍스트 검색과 조작을 위한 함수가 있다. 세 번째는 프로그램 실행 환경에 접근하는 기능이다. 브라우저에서 실행되는 자바스크립트 프로그램은 사용자에게서 입력을 받고, 사용자가 버튼을 누르거나 폼에 타이핑하는 것 같은 이벤트에 반응하며, 브라우저가 다양한 콘텐츠를 표시하거나 다른 웹페이지로 가게 만들 수 있다. 파이썬 프로그램은 실행되는 컴퓨터상의 파일 시스템에 접근할 수 있는데, 이는 브라우저에서 실행되는 자바스크립트 프로그램에서는 브라우저에 따라 제한적으로 지원되는 기능이다.†

SOFTWARE 043

자바스크립트로 Hello, World 출력하기

먼저 자바스크립트로 시작하고 다음으로 파이썬을 살펴보자. 자바스크립

* (옮긴이) 파이썬 버전 2는 2020년 1월 1일부터 지원이 종료되었고, 더 이상 보안 패치나 코드 업데이트가 이루어지지 않는다. *https://www.python.org/doc/sunset-python-2/*

† (옮긴이) 아직 자바스크립트 표준으로 정의된 파일 시스템 접근 API는 없고 몇 가지 초안(working draft) API나 비표준 API만 있다. 이러한 API는 일부 브라우저에서만 작동하거나 브라우저마다 작동 방식이 다를 수 있다. *caniuse.com/?search=file*(2021년 11월 기준)

트를 배울 때 나온 아이디어를 알면 파이썬 부분을 읽기가 더 수월하겠지만, 건너뛰고 파이썬 부분부터 읽어도 무방하다. 보통 한 언어를 배우면 나머지는 자연스럽게 익힐 수 있다. 개념을 한 번 이해하면, 새로운 구문 규칙만 익히면 되기 때문이다.

첫 번째 자바스크립트 프로그램은 크기가 정말 작다. 이 프로그램은 웹 페이지가 로드될 때 'Hello, world'라고 쓰여 있는 대화 상자를 띄우기만 한다. 아래에 HTML로 된 전체 페이지 코드가 있다. HTML은 4부에서 만나 볼 것이다. 우선은 `<script>`와 `</script>` 태그 사이에 나타나는 강조 표시된 자바스크립트 코드에 집중하자.

```
<html>
  <body>
    <script>
      alert("Hello, world");
    </script>
  </body>
</html>
```

이 일곱 줄을 메모장 같은 텍스트 편집기에 입력하여 `hello.html` 파일로 저장하고 그 파일을 더블클릭하여 브라우저에 로드하면 그림 II.15 중 하나처럼 결과가 뜰 것이다(코드를 작성할 때 계층 구조를 나타내기 위해 스페이스 바 2칸이나 4칸 등 일정한 간격으로 들여쓰기 하는 습관을 들이는 것이 좋지만, 들여 쓰지 않아도 문제없이 실행된다).

그림 II.15는 파일을 맥OS에서 파이어폭스, 크롬, 엣지, 사파리로 실행한 화면으로, 같은 프로그램이지만 브라우저마다 다른 방식으로 작동할 수 있음을 보여 준다. 예를 들어 사파리는 나머지와 달리 '닫기'를 버튼이 아닌 글씨로만 표시한다. 엣지는 크롬 구현 코드를 기반으로 만들어져서 크롬과 동작이 거의 동일하다.

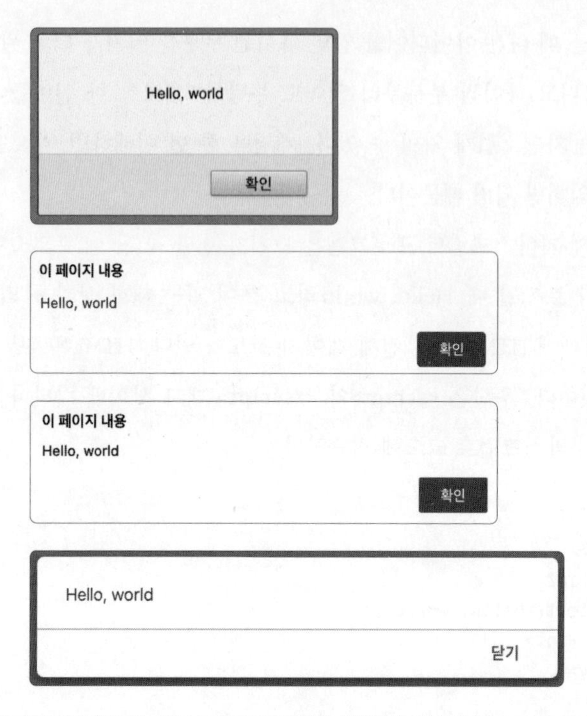

그림 II.15 맥OS에서 첫 번째 자바스크립트 프로그램을 실행한 화면(파이어폭스, 크롬, 엣지, 사파리)

여기에 사용된 `alert` 함수는 브라우저와 상호작용하기 위한 자바스크립트 라이브러리의 일부다. 이 함수는 따옴표 사이에 들어가는 텍스트를 표시하는 대화 상자를 띄우고, 사용자가 '확인'이나 '닫기'를 누르기를 기다린다. 여담이지만, 자바스크립트 프로그램을 직접 만들 때는 일반적인 텍스트에서 볼 수 있는 이른바 스마트 따옴표(" ")가 아닌 표준 큰따옴표(") 문자를 사용해야 한다. 이는 구문 규칙의 간단한 사례다. HTML 파일을 만들 때는 워드 같은 워드프로세서를 사용하지 말고 메모장Notepad 또는 텍스트에디트TextEdit 같은 텍스트 편집기를 사용하고, 파일 확장자가 `.html`이더라도 파일을 일반 텍스트(즉, 서식 정보 없는 일반 아스키코드) 형식으로 저장해야 한다.

'Hello, world' 예제를 작동시키고 나면 더 재미있는 계산을 수행하는 프로그램으로 확장해 볼 수 있다. 지금부터는 HTML 부분은 생략하고, <script>와 </script> 사이에 있는 자바스크립트 코드만 살펴볼 것이다.

SOFTWARE 044 사용자 이름 입력받아 출력하기

두 번째 자바스크립트 프로그램은 사용자가 이름을 입력하도록 요청하고, 맞춤형 인사말을 표시한다.

```
var username;
username = prompt("What's your name?");
alert("Hello, " + username);
```

이 프로그램에는 몇 가지 새로운 구조가 등장하며, 그에 상응하는 주요 개념을 포함한다. 첫째로, var라는 단어는 **변수를 선언한다**declares a variable. 즉, 사용할 변수를 소개한다. 변수는 프로그램이 실행되는 동안 값을 저장할 수 있는 주기억 장치상의 공간을 뜻한다. 프로그램이 무엇을 하는지에 따라 값이 변경될 수 있기 때문에 변수라고 한다. 변수를 선언하는 것은 모형 어셈블리 언어에서 했던 것처럼 메모리 위치에 이름을 지정하는 일의 고수준 언어 버전이다. 비유하자면 선언문은 등장인물dramatis personae, 즉 희곡에 나오는 인물의 목록을 명시한다. 여기서는 변수를 username으로 명명했는데, 이 프로그램에서 맡은 역할을 말해 준다.

둘째로, 이 프로그램은 prompt라는 자바스크립트 라이브러리 함수를 사용한다. 이는 alert와 유사하지만 사용자에게 입력을 요청하는 대화 상자를 띄운다. 사용자가 입력한 텍스트가 무엇이든 간에 prompt 함수가 값을 계산해 프로그램이 이용할 수 있게 한다. 그 값은 아래와 같이 변수 username에 할당된다.

```
username = prompt("What's your name?");
```

등호 =는 '오른쪽에 있는 연산을 수행하고 그 결과를 왼쪽에 있는 이름으로 된 변수에 저장하라'는 의미이다. 이는 모형 컴퓨터에서 누산기 값을 메모리에 저장하는 것과 같다. 등호를 이처럼 해석하는 것은 의미 체계의 한 예다. 이 연산을 **할당**assignment이라고 하며, 여기서 등호는 동등하다는 뜻이 아니라 값을 복사하는 것을 뜻한다. 수학에서의 등호와 혼동할 수도 있지만, 대부분의 프로그래밍 언어에서 할당을 나타내기 위해 등호를 사용한다.

마지막으로, 플러스 기호 +가 alert 문에서 사용된다.

```
alert("Hello, " + username);
```

이는 Hello라는 단어(쉼표와 공백 문자도 포함한다)와 사용자가 입력한 이름을 결합하기 위해 사용된다. 이 또한 혼동을 일으킬 수 있는데, 이 맥락에서 플러스 기호는 수를 더하는 것이 아니라 텍스트 문자로 이루어진 두 문자열을 연결하는 것을 의미하기 때문이다.

이 프로그램을 실행하면 prompt는 그림 II.16(파이어폭스에서 실행한 결과)처럼 여러분이 뭔가를 입력할 수 있는 대화 상자를 표시한다.

'Joe'를 대화 상자에 입력한 다음 확인을 누르면 그림 II.17에 있는 메시지 상자처럼 표시된다.

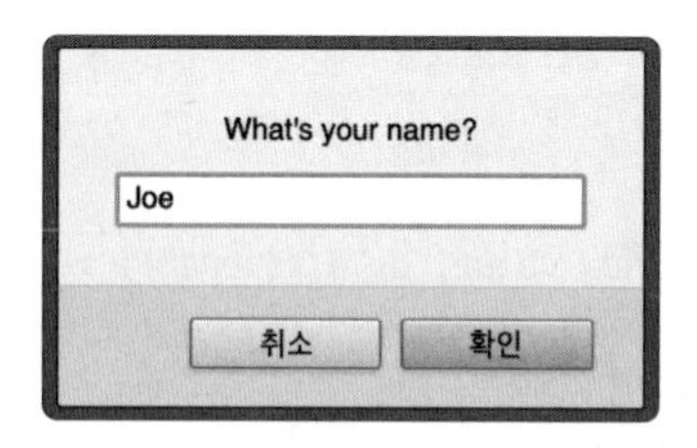

그림 II.16 입력을 기다리는 대화 상자

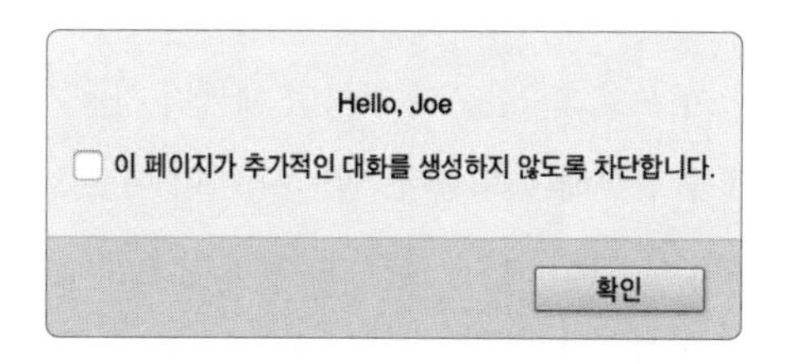

그림 II.17 대화 상자에 확인으로 응답한 결과

이름과 성을 따로따로 입력할 수 있게 하는 것은 간단한 기능 확장이 될 것이고, 실습용으로 다양한 변형을 시도해 볼 수 있다. 'My name is Joe'로 응답하면 결과는 'Hello, My name is Joe'가 된다는 점에 주목하라. 컴퓨터가 더 똑똑하게 작동하기를 바란다면, 원하는 만큼 직접 프로그래밍해야 한다.

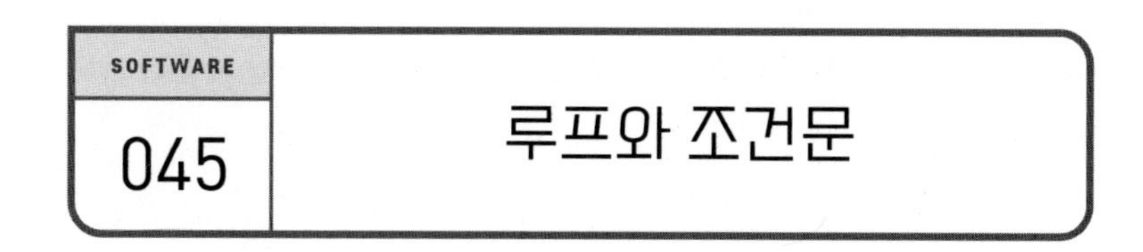

SOFTWARE 045 루프와 조건문

예제 II.5는 일련의 수를 합산하는 프로그램의 자바스크립트 버전이었다. 돌아가서 찾아보지 않도록 예제 II.8에 다시 프로그램을 작성했다.

예제 II.8 수 합산하기 자바스크립트 프로그램

```
var num, sum;
sum = 0;
num = prompt("Enter new value, or 0 to end");
while (num != '0') {
  sum = sum + parseInt(num);
  num = prompt("Enter new value, or 0 to end");
}
alert(sum);
```

다시 설명하자면 이 프로그램은 0이 입력될 때까지 사용자가 입력한 수를 읽은 다음에 전체를 합산해 출력한다. 앞에서 이미 이 프로그램에 쓰인 언어의 특징 몇 가지, 즉 변수 선언, 할당, prompt 함수를 살펴보았다. 첫 번째 행은 프로그램이 사용할 두 개의 변수 num과 sum을 명명하는 변수 선언이다. 두 번째 행은 sum을 0으로 설정하는 할당문이고, 세 번째 행은 num을 사용자가 대화 상자에 입력하는 값으로 설정한다.

이 예제에는 아직 살펴보지 않은 중요한 특징이 있다. 바로 while 루프로, 4행부터 7행에 해당한다. 컴퓨터는 일련의 명령어를 몇 번이고 반복해서 수행하기에 더할 나위 없이 좋은 장치다. 문제는 프로그래밍 언어로 반복을 표현하는 방법이다. 모형 컴퓨터에서 GOTO 명령어와 IFZERO 명령어를 소개한 바 있다. GOTO는 프로그램에서 순서상 바로 다음 명령어가 아닌 다른 곳으로 분기하는 명령어고, IFZERO는 누산기의 값이 0일 때만 분기하는 명령어였다.

이러한 아이디어는 대부분의 고수준 언어에서 **while** 루프라는 문장으로 나타난다. 이 문장은 일련의 작업을 반복하기 위한 더 질서정연하고 절제된 방법을 제공한다. while 문은 괄호 사이에 있는 조건을 검사하고, 만일 조건이 참이면 중괄호 사이에 있는 모든 문장 { … }을 순서대로 실행한다. 그런 다음 돌아가서 조건을 다시 검사한다. 이 사이클은 조건이 참인 동안 계속된다. 조건이 거짓이 되면 실행은 루프의 닫는 중괄호 다음에 오는 문장으로 이어진다.

이 코드는 1부에 있는 모형 컴퓨터 프로그램에서 IFZERO와 GOTO로 작성했던 것과 거의 일치한다. 차이점은 while 루프에서는 레이블을 만들지 않아도 되고, 검사 조건이 참 또는 거짓으로 평가될 수 있는 어떤 표현도 가능하다는 점이다. 여기서 검사하는 것은 변수 num이 문자 0이 아닌지이다. 연산자 !=는 '같지 않다'를 뜻하며, while 문 자체와 마찬가지로 C 언어로부터 이어받은 것이다.

예제 프로그램이 처리하는 데이터의 유형에 대해서는 그다지 규칙을 따지지 않았지만, 컴퓨터는 내부적으로 123 같은 숫자와 Hello 같은 임의의 텍스트를 엄격하게 구분한다. 어떤 언어는 프로그래머가 데이터 유형을 분명하게 구분하여 작성해야 한다. 몇몇 언어는 프로그래머가 유형을 분명하게 구분하지 않더라도 의도한 바를 짐작하려고 한다. 자바스크립트는 후자에 가까운데, 때때로 의도를 분명히 해야 할 때는 데이터 유형과 그 해석 방법을 명시해야 한다.

prompt 함수는 문자(텍스트)를 반환하고 while 문 검사 부분에서는 반환된 문자가 리터럴literal* 0인지 확인한다. 여기 나오는 것처럼 리터럴 문자는 따옴표로 묶어서 표현한다. 따옴표가 없다면 이 값은 '숫자 값' 0이 될 것이다.

parseInt 함수는 텍스트를 정수 연산에 사용할 수 있는 내부 형식으로 변환해 준다. 다시 말해서, 사용자가 입력한 값이 123이라고 가정하면, 이 함수는 입력 데이터를 십진 숫자로 구성된 세 개의 문자가 아니라 정수로 처리한다. parseInt를 사용하지 않으면 num은 첫 번째 prompt가 반환한 그

* (옮긴이) 컴퓨터 프로그램의 소스 코드에서 고정된 문자열 값을 나타내는 용어이다.

대로 텍스트로 해석되고, + 연산자는 그 텍스트를 앞 텍스트의 끝에 이어 붙일 것이다. 그 결과는 사용자가 입력한 모든 숫자를 연결한 문자열이 될 텐데, 어쩌면 흥미로운 값일 수 있겠지만 의도한 바는 아니다.

예제 II.9에 나오는 프로그램은 약간 다른 작업을 수행하는데, 입력된 모든 수 중에서 가장 값이 큰 수를 찾는다. 이 코드는 또 다른 제어 흐름문인 **if-else**를 소개하기 위해 작성한 예제다. if-else는 모든 고수준 언어에서 결정을 내리기 위한 방법으로, 언어마다 일정한 형식으로 나타난다. 실제로 이는 IFZERO의 범용 버전이다. 자바스크립트에서 사용하는 if-else의 형태는 C 언어와 동일하다.

예제 II.9 일련의 수 중에서 가장 큰 수 찾기

```
var max, num;
max = 0;
num = prompt("Enter new value, or 0 to end");
while (num != '0') {
  if (parseInt(num) > parseInt(max)) {
    max = num;
  }
  num = prompt("Enter new value, or 0 to end");
}
alert("Maximum is " + max);
```

if-else 문은 두 가지 형태로 제공된다. 예제 II.9의 코드에는 else 부분이 없다. 괄호 안의 조건이 참이면 다음에 나오는 중괄호 안에 있는 문장들 { … } 이 실행된다. 조건 검사 결과와 무관하게(참이면 중괄호 안의 문장들을 실행하고, 거짓이면 실행하지 않은 다음), 닫는 중괄호 다음에 오는 문장부터 실행이 이어진다. 더 일반적인 형식에서는 조건이 거짓일 때 실행될 일련의 문장을 포함하는 else 부분이 있다. 조건이 참이면 if 문의 중괄호 안에 있는 문장들이, 거짓이면 else 문의 중괄호 안에 있는 문장들이 실행된다. 이후에는 전체 if-else 문 다음에 나오는 문장부터 실행이 계속된다.

예제 프로그램에서 구조가 잘 표시되도록 들여쓰기를 사용했다는 것을 눈치챈 독자도 있을 것이다. while이나 if로 제어되는 문장은 들여쓰기가 되어 있다. 이는 while과 if처럼 다른 문장을 제어하는 문장의 영역을 한 눈에 볼 수 있으므로 좋은 습관이다.

이 프로그램은 웹페이지에서 실행하여 쉽게 테스트할 수 있다. 그러나 전문 프로그래머라면 실행하기 훨씬 전에 확인을 할 텐데, 실제 컴퓨터가 작업을 수행하는 것처럼 프로그램의 문장을 한 번에 하나씩 머릿속으로 실행하며 어떻게 작동할지 따라가 본다. 예를 들어, 입력 시퀀스 1, 2, 0과 2, 1, 0을 시도해 보라. 심지어 더 간단한 입력이 제대로 작동하는지 확인하기 위해 시퀀스 0, 다음으로 1, 0을 먼저 입력해 볼 수도 있다. 그렇게 해 보면(프로그램의 작동 방식을 확실히 이해하기 위한 좋은 습관이다), 프로그램이 입력 값의 모든 시퀀스에 잘 작동한다고 결론 내린다.

그런데 정말 그럴까? 입력에 적어도 한 개의 양수가 포함되어 있으면 제대로 작동하지만, 모두 음수이면 어떻게 될까? 이 경우를 테스트해 보면 프로그램에서 항상 최댓값이 0이라고 대답한다는 것을 알게 될 것이다.

왜 그런지 잠시 생각해 보자. 이 프로그램은 지금까지 본 최댓값을 max라는 변수에 계속 기록한다(방에서 가장 키 큰 사람을 찾는 것과 똑같은 방식이다). 변수는 이후의 수와 비교하기 전에 초깃값을 가져야 하므로 사용자가 수를 제공하기 전에 변수를 처음에 0으로 설정한다. 키처럼 적어도 하나의 입력 값이 0보다 크다면 문제가 없다. 하지만 모든 입력 값이 음수이면 프로그램은 입력된 값 중 가장 큰 음수 값을 출력하지 않고, 대신에 한 번도 업데이트되지 않은 max의 초깃값인 0을 출력해 버린다.

이 버그는 쉽게 해결할 수 있다. 자바스크립트 프로그래밍을 다 배우고 나서 한 가지 해결책을 살펴볼 텐데, 먼저 스스로 해결 방법을 찾아보자.

이 예제는 테스트의 중요성을 시사한다. 테스트는 프로그램에 임의의 값을 입력해 보는 것 이상의 작업을 필요로 한다. 좋은 테스터는 이상하거나 유효하지 않은 입력, 데이터가 아예 없거나 0으로 나누는 것 같은 '엣지' 케이스edge case 또는 '경계' 케이스를 포함하여 무엇이 잘못될 수 있는지 열심히 생각한다. 좋은 테스터는 가능한 모든 부정적인 입력을 고려한다. 문제는 프로그램이 커질수록 모든 테스트 케이스를 생각해 내기가 더욱 어려워진다는 것이다. 특히 임의의 순서로 아무 때나 무작위 값을 입력할 가능성이 있는 사용자를 염두에 두면 더 그렇다. 완벽한 해결책은 없지만, 신중하게 프로그램을 설계하고 구현하는 것이 도움이 된다. 또한 뭔가 문제가 발생하면 프로그램 자체에서 일찍 알아챌 수 있도록 처음부터 프로그램에 일관성 검사와 온전성 검사를 포함하는 것도 유용한 방법이다.

SOFTWARE

046 자바스크립트로 구글 지도에 위치 표시하기

자바스크립트는 정교한 웹 애플리케이션을 만들기 위한 확장 메커니즘으로 중요한 역할을 한다. 구글 지도Google Maps가 좋은 예다. 구글 지도에서는 마우스 클릭뿐만 아니라 자바스크립트 프로그램을 통해 지도 이용을 제어할 수 있도록 라이브러리와 API를 제공한다. 따라서 누구나 구글이 제공하는 지도에 정보를 표시하는 자바스크립트 프로그램을 작성할 수 있다. 이

API는 사용하기 쉽다. 예를 들어, 예제 II.10의 코드는(여기에 HTML 몇 줄을 추가하고 구글에서 인증 키를 얻으면) 그림 II.18과 같은 지도 이미지를 표시한다.

예제 II.10 구글 지도를 이용하기 위한 자바스크립트 코드

```
function initMap() {
  var latlong = new google.maps.LatLng(38.89768, -77.0365);
  var opts = {
    zoom: 18,
    center: latlong,
    mapTypeId: google.maps.MapTypeId.HYBRID
  };
  var map = new google.maps.Map(
              document.getElementById("map"), opts);
  var marker = new google.maps.Marker({
    position: latlong,
    map: map,
  });
}
```

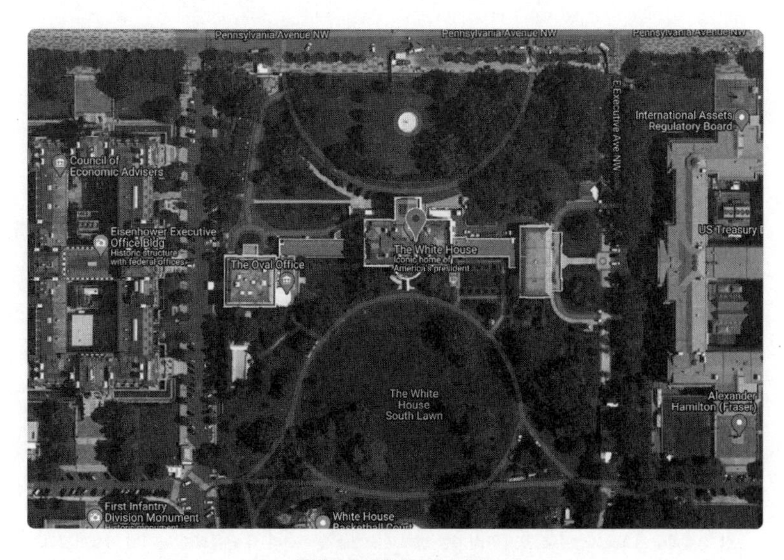

그림 II.18 백악관 구글 지도

웹에서는 구글 지도 API 같은 프로그래밍 인터페이스를 비롯하여 자바스크립트를 점점 더 많이 사용하고 있다. 자바스크립트의 한 가지 단점은 소스 코드를 공개할 수밖에 없어(자바스크립트를 사용한다면 어쩔 수 없다) 지적 재산권을 보호받기 어렵다는 점이다. 누구든지 브라우저에서 페이지의 소스 코드를 볼 수 있다. 일부 자바스크립트는 알아보기 어렵게 난독화* 되어 있다. 이는 의도적일 수도 있고, 코드를 더 빨리 다운로드할 수 있도록 크기를 줄이려는 노력의 부산물일 수도 있다. 난독화된 결과는 누군가 단단히 결심하지 않는다면 아예 해독할 수 없다.

SOFTWARE 047 자바스크립트는 어떻게 작동할까?

앞에서 배운 컴파일러, 어셈블러와 어셈블리 언어의 개념을 떠올려 보자. 자바스크립트 프로그램은 이와 유사한 과정을 거쳐 실행 가능한 형태로 변환되지만, 세부 사항은 크게 다르다. 브라우저가 웹페이지에서 자바스크립트를 발견하면(예를 들어, `<script>` 태그를 만나면) 프로그램의 텍스트를 자바스크립트 컴파일러로 전달한다. 컴파일러는 프로그램에 에러가 있는지 검사하고, 프로그램을 모형 컴퓨터처럼 만들어 낸 컴퓨터(더 다양한 명령어 레퍼토리를 가지며, 운영체제와 함께 설명한 가상 머신에 해당한다)의 어셈블리 언어 명령어로 컴파일한다. 그런 다음, 모형 컴퓨터 같은 시뮬레이터

* (옮긴이) 코드 난독화는 프로그래밍 언어로 작성된 코드를 읽기 어렵게 만드는 작업으로, 코드의 가독성을 낮춰 리버스 엔지니어링에 대한 대비책을 제공한다. 자바스크립트에서는 코드 크기를 줄이기 위한 경량화(minification, 주로 공백을 삭제한 형태로 코드를 변환한다)와 난독화가 동시에 이루어지기도 한다. *ko.wikipedia.org/wiki/난독화*, *en.wikipedia.org/wiki/Minification_(programming)*

를 실행하여 자바스크립트 프로그램이 수행하기로 되어 있는 모든 기능을 수행한다. 시뮬레이터와 브라우저는 밀접하게 상호작용한다. 예를 들어, 사용자가 버튼을 눌렀을 때 브라우저는 시뮬레이터에 버튼이 눌렸음을 알려준다. 시뮬레이터는 대화 상자 띄우기 같은 작업을 하고 싶을 때 alert 또는 prompt 함수를 호출함으로써 브라우저에 작업을 수행하도록 요청한다.

자바스크립트에 관한 이야기는 여기까지가 전부이지만, 더 많은 정보를 찾고 싶다면 좋은 책과 온라인 튜토리얼이 많이 있으니 참고하자. 온라인 튜토리얼에서는 자바스크립트 코드를 그 자리에서 편집하고 결과를 즉시 확인할 수 있다.* 프로그래밍은 때로는 좌절스러울 정도로 어렵기도 하지만 매우 재미있는 일이 되기도 하고, 심지어 이걸로 괜찮은 수입을 거두기도 한다. 누구나 프로그래머가 될 수 있지만, 세부 사항을 놓치지 않는 안목이 중요하며, 미세한 부분에 집중하면서도 큰 그림을 볼 수 있는 능력이 있으면 금상첨화다. 또한 신중하지 않으면 프로그램이 제대로 작동하지 않거나 전혀 작동하지 않을 수 있으므로, 세부 사항을 바로잡지 않고는 못 배기는 습관을 기르는 것도 도움이 된다. 대부분의 분야가 그렇겠지만 아마추어 프로그래머와 진짜 전문가의 차이는 크다.

다음은 앞에서 나온 프로그래밍 문제(217쪽)에 대한 한 가지 가능한 해답이다.

```
num = prompt("Enter new value, or 0 to end");
max = num;
while (num != '0') ...
```

이 코드는 max를 사용자가 제공하는 첫 번째 숫자로 설정한다. 그렇게 하면 양수든 음수든 그 값이 지금까지는 가장 큰 값이다. 그 밖의 부분은 변

* 자바스크립트를 배울 때 참고하면 좋은 사이트: *jsfiddle.net*, *w3schools.com*

경하지 않아도 되고, 이제 프로그램은 모든 입력을 처리한다(0이 입력되면 조기에 종료될 것이다). 심지어 사용자가 값을 전혀 제공하지 않더라도 프로그램은 분별 있는 방식으로 작동한다. 일반적으로 이러한 예외를 잘 처리하려면 prompt 함수에 대해 더 많이 알아야 한다.

SOFTWARE 048 파이썬으로 Hello, World 출력하기

프로그래밍의 기본 개념을 파이썬으로 다시 살펴볼 텐데, 자바스크립트와는 어떤 차이가 있는지에 주목하자.* 몇 년 전과 크게 달라진 점은 이제 파이썬을 브라우저에서 실행하기 쉬워졌다는 것이다. 이 말은 자바스크립트와 마찬가지로 컴퓨터에 뭔가를 다운로드할 필요가 없어졌다는 뜻이다. 다만 다른 곳에 있는 컴퓨터에서 프로그램을 실행하는 것이므로 아직은 접근할 수 있는 대상과 쓸 수 있는 자원에 제약이 있다. 그래도 파이썬 프로그래밍을 시작하기에는 충분하다.

컴퓨터에 이미 파이썬이 설치되어 있다면 맥OS 터미널이나 윈도우 명령 프롬프트($는 입력하지 않는다)를 사용해서 명령줄에서 파이썬을 실행할 수 있다. 전통적인 첫 번째 프로그램은 Hello, world를 화면에 출력하는데, 프롬프트에 다음과 같이 표시된다.

명령줄에 입력하는 내용은 굵은 기울임꼴이고, 컴퓨터가 출력하는 텍스트는 일반적인 고정폭 글꼴이다. >>>는 파이썬 자체 표시 프롬프트다.

* 파이썬은 *python.org*에서 다운로드할 수 있다.

```
$ python
Python 3.7.1 (v3.7.1:260ec2c36a, Oct 20 2018, 03:13:28)
[Clang 6.0 (clang-600.0.57)] on darwin
Type "help" [···] for more information.
>>> print("Hello, world")
Hello, world
>>>
```

파이썬이 컴퓨터에 설치돼 있지 않거나 온라인으로 시도해 보고 싶다면 웹 브라우저에서 파이썬을 실행할 수 있는 다양한 서비스가 있다. 쉬운 방법 중 하나는 구글의 코랩Colab을 쓰는 것이다.* 코랩은 다양한 머신러닝 툴을 편리하게 사용할 수 있는 사이트다. 이 부분에 대해 자세히 다루지는 않겠지만, 코랩은 파이썬 프로그래밍을 시작하기에도 좋다. 코랩 웹사이트에 가서 [파일] 〉 [새 노트]를 선택하고 '+ 코드' 박스에 프로그램을 입력하거나 '+ 텍스트' 박스에 텍스트를 입력하면 그림 II.19와 비슷한 상태가 될 것이다(텍스트 입력은 필수는 아니다). 이 화면은 첫 번째 프로그램을 실행하기 전의 상황을 보여 준다. 어떤 예제인지 한 줄로 설명하는 텍스트(First program: hello world) 다음에 코드가 나타나 있다.

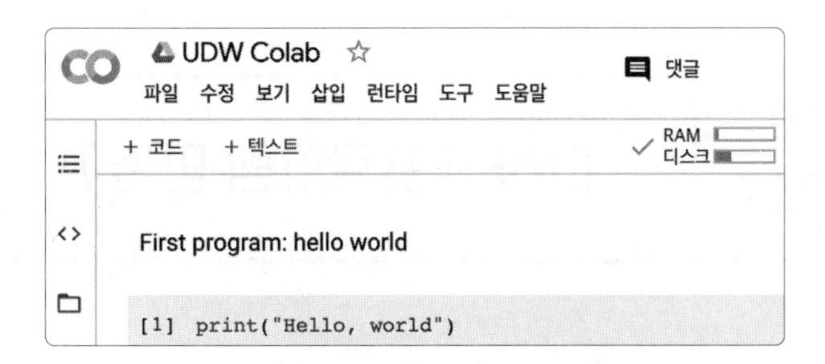

그림 II.19 Hello world 실행 전 화면(코랩)

* 코랩 사이트: *colab.research.google.com*.

코드 왼쪽의 삼각형 아이콘을 클릭하면 프로그램이 컴파일되고 실행된다. 결과는 그림 II.20에 나와 있다.

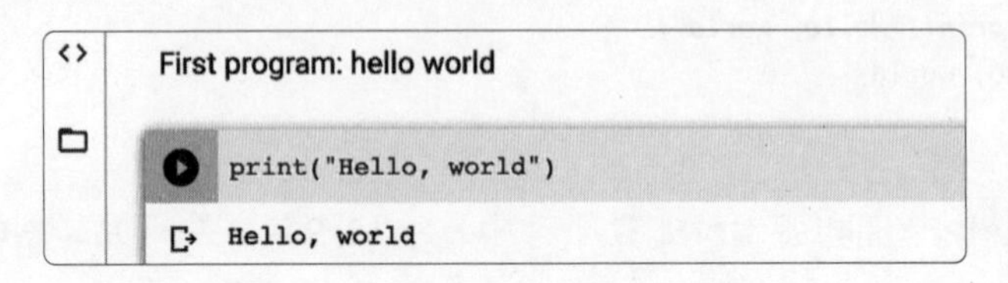

그림 II.20 Hello world 실행 결과(코랩)

텍스트 영역은 각종 문서를 만드는 데 사용되고, 코드는 필요한 만큼 추가한다. 시스템을 개발해 나가면서 텍스트와 코드 섹션을 더 많이 추가할 수도 있다. 코랩은 **주피터 노트북**Jupyter notebook이라는 널리 사용되는 대화형 툴의 클라우드 버전이다. 주피터 노트북은 각종 아이디어, 설명, 실험 결과, 코드와 데이터를 기록하는 노트의 컴퓨터 버전에 해당한다. 이 모두를 단일 웹페이지에서 편집하고 업데이트하고 실행하고 다른 사람에게 배포한다.* 더 자세한 정보는 주피터 사이트(*jupyter.org*)를 참고하기 바란다.

SOFTWARE 049

더하기 프로그램 만들기

두 번째 프로그램은 이미 눈치챘을 것이다. 입력된 수를 더해서 마지막에 합계를 출력하는 프로그램이다. 예제 II.11은 합계와 함께 메시지를 출력

* 주피터 노트북은 라이브 코드, 방정식, 시각화, 설명 텍스트를 포함하는 문서를 만들고 공유할 수 있는 오픈소스 웹 애플리케이션이다.

한다는 점을 제외하면 앞의 수 합산하기 프로그램과 동일하다(컴퓨터에 설치한 파이썬 프롬프트에 이 프로그램을 복사해서 붙여넣기 하면 input 함수 호출이 즉시 해석되어 버리기 때문에 작동하지 않을 것이다. 대신 addup.py 같은 별도의 파일로 저장하고 해당 경로를 지정한 후 파일을 파이썬으로 실행해야 한다).

예제 II.11 수 합산하기 파이썬 프로그램

```
sum = 0
num = input()
while num != '0':
  sum = sum + int(num)
  num = input()
print("The sum is", sum)
```

이 프로그램을 코랩 노트북에 추가해 보자. 그림 II.21은 코드를 입력해 프로그램을 실행한 직후 상태를 보여 준다. 아래쪽 사각형 블록이 더할 숫자인 입력 값을 타이핑하는 부분으로, 자바스크립트에서 썼던 prompt 대화 상자에 해당한다.

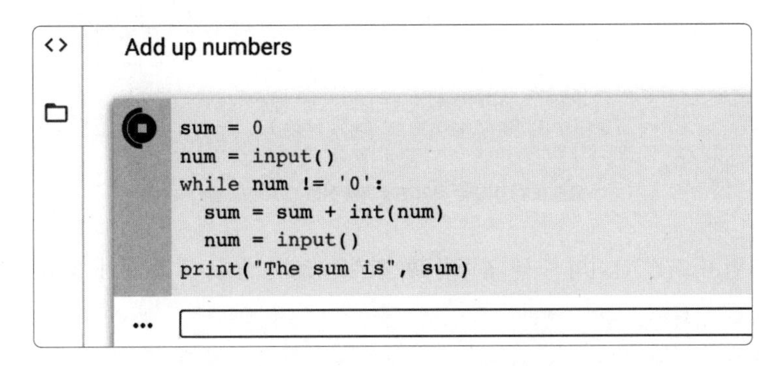

그림 II.21 수 합산하기 프로그램 실행 전 화면(코랩)

그림 II.22는 숫자 1, 2, 3, 4를 각각 입력하고 프로그램을 종료하기 위해 0을 넣은 결과를 보여 준다. 이 프로그램에는 출력된 값을 설명해 주는 텍스트 메시지("The sum is")가 포함돼 있지만, 사용자에게 입력을 요청하는 메시지는 없다. 그 기능을 추가하는 것은 간단하고 유익한 연습 문제다.

```
print("The sum is", sum)

1
2
3
4
0
The sum is 10
```

그림 II.22 수 합산하기 프로그램 실행 결과(코랩)

다음 예제(그림 II.23)는 입력된 수 중에서 최댓값을 구하는 프로그램이다.

Find maximum number

```
[ ] num = input()
    max = num
    while num != '0':
      if int(num) > int(max):
        max = num
      num = input()
    print("The maximum is", max)
```

그림 II.23 최댓값 찾기 프로그램 실행 전 화면(코랩)

그림 II.24는 일련의 수를 입력한 후 결과를 보여 준다. 모든 수가 음수임에도 정확한 답을 구했다.

```
print("The maximum is", max)
```

```
-2
-5
-2
-9
0
The maximum is -2
```

그림 II.24 최댓값 찾기 프로그램 실행 결과(코랩)

프로그램을 조금 바꿔 볼 수도 있다. 정수 값 대신에 부동 소수점 수, 즉 3.14처럼 소수 부분을 포함하는 수를 사용하도록 프로그램을 수정하는 것이다. 변경해야 할 사항은 입력 텍스트를 숫자형으로 변환하는 행에서 int를 float로 바꾸는 것뿐이다.

SOFTWARE 050 파이썬으로 그래프 그리기

파이썬의 뛰어난 강점 중 하나는 프로그래머가 사용할 수 있는 방대한 라이브러리 모음을 제공한다는 점이다. 어떤 응용 분야라도 그 분야의 프로그램을 쉽게 작성할 수 있는 파이썬 라이브러리가 십중팔구 존재한다.

간단한 예로, 그래프를 그리는 데 사용하는 matplotlib 라이브러리를 보도록 하자. 그림 II.1(실행 시간이 데이터 양에 비례해서 증가하는 모습, 109쪽)을 파이썬으로 나타내고 싶다고 가정하자. 그림 II.1은 엑셀로 만들었지만, 파이썬으로도 똑같은 일을 쉽게 할 수 있다. 코랩 노트북을 한 번 더 사용해 보자.

```
[ ] import math
    import matplotlib.pyplot as plt
    log = []; linear = []; nlogn = []; quadratic = []
    for n in range(1,21):
      linear.append(n)
      log.append(math.log(n))
      nlogn.append(n * math.log(n))
      quadratic.append(n * n)
    plt.plot(linear, label="N")
    plt.plot(log, label="log N")
    plt.plot(nlogn, label="N log N")
    plt.plot(quadratic[0:10], label="N * N")
    plt.legend()
    plt.show()
```

그림 II.25 복잡도 종류별 그래프 생성하기

그림 II.25에 있는 코드를 보면 몇 가지 새로운 기능을 접할 수 있다. 1~2행 두 개의 import 문은 파이썬 코드 라이브러리에 접근하는 데 사용되며, 여기서는 수학 라이브러리와 그래프 그리기 라이브러리에 접근한다. 후자는 이름이 길어 관례상 plt라는 짧은 별칭을 부여한다. 계산해서 그래프로 그릴 값은 3행 네 개의 리스트에 저장되며, 처음에는 다음과 같이 빈 상태로 시작한다.

```
log = []; linear = []; nlogn = []; quadratic = []
```

4~8행으로 이어지는 문장은 각 리스트에 새 값을 추가하는데, 1부터 20까지 실행되는 루프를 돌면서 변수 n을 이용하여 각 리스트에 해당하는 값을 차례대로 설정한다(range 함수의 두 번째 인수 21은 범위의 마지막 값인 20보다 1만큼 큰 값이라서 실제 범위는 그 값을 포함하지 않는다. 이는 루프 제어를 단순화해 주는 파이썬 규칙이다).

루프가 끝나고 나면 각 리스트(이제 20개의 항목을 담고 있다)에 plot 함수를 호출하여 그래프를 그릴 수 있다. 결과적으로 plot 함수는 그래프를 그리고 범례에 레이블을 추가한다. 한 가지 예외가 있다. 12행 `quadratic` 리스트는 처음 10개 항목만 그래프로 그려진다는 점이다. 왜냐하면 이 리스트의 값이 너무 빨리 증가해서 나머지 그래프를 잠식해 버릴 수 있기 때문이다. [0:10] 표기법은 리스트의 처음 열 개 항목만 포함하는 **슬라이스** slice*를 선택하며, 각 항목은 0부터 9까지 번호가 매겨진다.

13행 `legend` 함수는 각 그래프에 대한 레이블을 범례로 표시하며, `show` 함수는 그래프를 생성한다(그림 II.26). `matplotlib` 라이브러리에는 더 많은 기능이 있다. 관련 자료를 찾아보면 적은 수고로도 얼마나 다양한 기능을 쓸 수 있는지 알 수 있다.

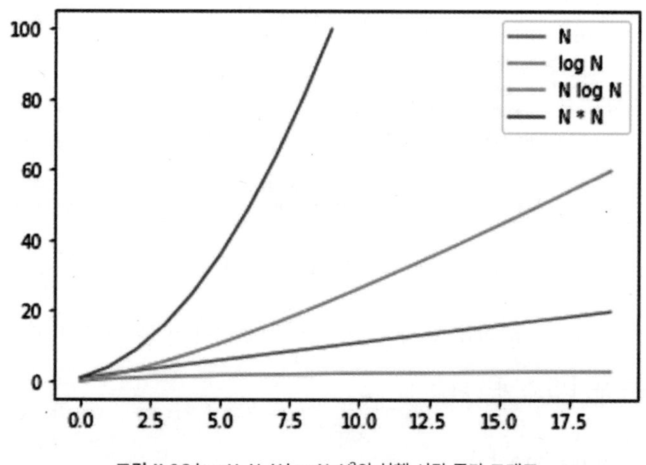

그림 II.26 log N, N, N log N, N^2의 실행 시간 증가 그래프

지금까지 나온 예제 프로그램 대부분이 숫자형 데이터를 다뤄서 어쩌면 프로그래밍이 수를 여러 가지 방식으로 처리하는 것에 국한된다고 생각하기 쉽다. 물론 그렇지 않다. 생활 속에서 숫자가 아닌 데이터를 다루는 온

* (옮긴이) 파이썬에서 리스트나 문자열 같은 연속적인 객체에 범위를 지정해서 일부를 가져오는 방법이나 표기법(슬라이싱이라고도 함) 또는 그렇게 얻어진 자료 구조를 뜻한다.

갖 흥미로운 애플리케이션만 보더라도 그렇다.

파이썬 라이브러리는 텍스트 애플리케이션도 시험 삼아 만들어 보기에 좋다. 그림 II.27에 나오는 코드는 파이썬 requests 라이브러리를 사용해서 구텐베르크 사이트(*gutenberg.org*)에 있는 《오만과 편견》 원문 데이터에 접근하여 유명한 첫 문장을 출력해 준다. 책의 앞부분에는 목차, 제목 등 건너뛰어야 하는 텍스트가 꽤 많이 있다. find 함수는 텍스트에서 어떤 문자열이 처음으로 나타나는 시작 위치를 찾아 준다. 따라서 우리는 그 함수로 첫 문장의 시작 위치와 끝 위치를 찾을 수 있다.

```
1 import requests
2 url = "https://www.gutenberg.org/files/1342/1342-0.txt"
3 pandp = requests.get(url).text
4 start = pandp.find("It is a truth")
5 pandp = pandp[start:]
6 end = pandp.find(".")
7 print(pandp[0:end+1])
```

```
It is a truth universally acknowledged, that a single man in
      possession of a good fortune, must be in want of a wife.
```

그림 II.27 파이썬으로 인터넷 데이터에 접근하기

다음 행은 pandp를 원래 값에서 start 위치부터 문자열 끝까지에 해당하는 부분 문자열로 바꾼다.

```
pandp = pandp[start:]
```

다음으로 find 함수를 다시 사용하여 첫 번째 마침표의 위치를 찾는다. 이 위치가 첫 문장의 끝에 해당한다. 그러고 나서 위치 0부터 end까지의 부분 문자열을 출력한다. 코드에서는 왜 end+1을 사용했을까? 변수 end는 '.'의 위치를 담고 있으므로 마침표까지 포함하려면 1만큼 늘려 줘야 한다.

지금까지 예제에서 기본 아이디어를 단순한 형태로 보여 주기 위해 많은 설명 없이 꽤 다양한 개념을 전달했다. 이만큼의 샘플 코드가 생기면 간단한 실험을 해보기 쉬워진다. 예를 들어 제곱근(sqrt), N^3 또는 심지어 2^N 같은 다른 함수 값을 그래프로 그려 볼 수 있다. 그렇게 하려면 입력 데이터의 범위를 바꿔야만 한다. 또한 matplotlib의 기능을 탐색해 볼 수도 있는데, 여기서 본 것보다 훨씬 많은 기능을 찾을 수 있을 것이다. 아니면 《오만과 편견》 데이터나 다른 텍스트를 추가로 다운로드해서 NLTK나 spaCy 같은 자연어 처리용 파이썬 패키지로 분석하는 것도 가능하다.*

경험상 기존 프로그램으로 실험하는 것이 프로그래밍을 배우는 데 효과적이다. 아울러 코랩이나 다른 사이트에서 제공하는 노트북 기능은 실험한 내용을 한곳에서 계속 관리하기에 편하다.

SOFTWARE 051 파이썬은 어떻게 작동할까?

이전에 다룬 컴파일러, 어셈블러와 어셈블리 언어에 관한 논의와 자바스크립트가 작동하는 방식에 대해 떠올려 보자. 파이썬 프로그램은 이들과 유사한 방법을 거쳐 실행 가능한 형태로 변환되지만, 세부 사항은 크게 다르다. 명령줄 환경에서 python 명령어를 통해서 직접 실행하든 웹페이지에서 제공하는 서비스를 통해 간접적으로 실행하든, 파이썬을 실행할 때는 프로그램의 텍스트가 파이썬 컴파일러로 전달된다.

* (옮긴이) NLTK(*en.wikipedia.org/wiki/Natural_Language_Toolkit*)와 spaCy(*en.wikipedia.org/wiki/SpaCy*)는 자연어 처리용 오픈소스 라이브러리이다.

컴파일러는 프로그램에 에러가 있는지 검사하고, 프로그램을 모형 컴퓨터처럼 만들어 낸 컴퓨터(더 다양한 명령어 레퍼토리를 가지며, 앞서 설명한 가상 머신에 해당한다)의 어셈블리 언어 명령어로 컴파일한다. import 문이 있으면 그 라이브러리의 코드도 포함한다. 그러고 나서 컴파일러는 파이썬 프로그램이 하기로 되어 있는 모든 동작을 수행하고자 가상 머신을 실행한다. 가상 머신은 키보드나 인터넷에서 데이터를 읽거나 화면에 출력을 표시하는 것 같은 작업을 하기 위해 컴퓨터 환경과 상호작용한다.

파이썬을 명령줄 환경에서 실행한다면 고성능 계산기로 사용할 수 있다. 파이썬 문장을 한 번에 하나씩 타이핑하면 각각 컴파일되고 바로 실행된다. 이런 식으로 언어를 시험 삼아 사용해 보면 기본적인 함수가 무슨 일을 하는지 쉽게 파악할 수 있다. 파이썬을 주피터나 코랩 노트북 같은 환경에서 사용하면 더욱더 간단하다.

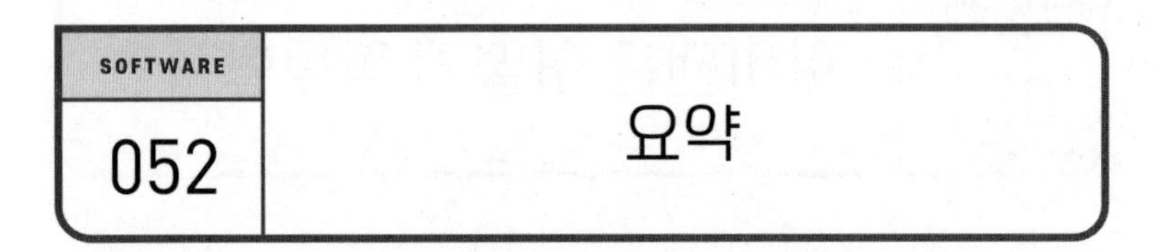

지난 몇 년간 프로그래밍을 배우도록 장려하는 일이 유행이 되었고, 유명하거나 영향력 있는 사람들이 이 흐름에 동참하고 있다.

초등학교나 고등학교에서 프로그래밍을 필수 과목으로 지정해야 할까? 대학에서도 그렇게 해야 할까(수업 중에도 가끔 토론하는 주제다)?

내 입장에서는 누구든 프로그래밍하는 방법을 아는 것이 좋다고 생각한다. 기본적으로 프로그래밍을 배우면 컴퓨터가 무엇을 하고 어떻게 작동하는지 더 잘 이해하는 데 도움이 된다. 프로그래밍은 만족스럽고 보람 있게 시간을 보낼 수 있는 방법이다. 프로그래머의 사고 습관과 문제 해결 접근 방식은 삶의 많은 부분에 유용하다. 그리고 프로그래밍 지식을 갖추면 취업 기회가 더 늘어나므로, 프로그래머가 되어 훌륭한 경력을 쌓으면 높은 보수를 받을 수 있다.

그렇다고 프로그래밍이 모든 사람에게 필요한 기술은 아니며, 모든 사람에게 프로그래밍을 배우도록 강요하는 것은 타당하지 않다고 생각한다. 의무적으로 배워야 하는 독서, 작문, 산수와는 다르다고 본다. 프로그래밍에 흥미를 갖게 하고, 시작하는 것을 돕고, 기회를 충분히 제공하고, 가능한 한 많은 장애물을 제거하고, 순리대로 흘러가도록 두는 것이 최선인 것 같다.

더구나 컴퓨터과학 내에서도 프로그래밍이 중요한 부분이기는 하지만 전부는 아니다. 학문으로서 컴퓨터과학은 앞에서 살짝 보았던 알고리즘과 자료 구조에 대한 이론적이고 실용적인 연구도 포함한다. 더불어 컴퓨터 아키텍처, 프로그래밍 언어, 운영체제, 네트워크, 그리고 다른 학문과 교류하고 협력하는 광범위한 응용 분야를 포함한다. 다시 한번 말하자면 컴퓨터과학은 누군가에게는 훌륭한 학문이며, 이 분야의 많은 아이디어가 폭넓게 응용될 수 있지만, 모든 사람이 정규 컴퓨터과학 교육을 받도록 하는 것은 지나친 일이라고 본다.

2부에서 다룬 가장 중요한 개념들을 간략하게 요약해 보자.

- **알고리즘** 알고리즘이란 정확하고, 모호하지 않은 일련의 작업 단계를 말하며, 과제를 수행하고 나면 멈춰야 한다. 알고리즘은 구현 세부 사항과는 무관한 계산 절차를 표현한다. 각 단계는 명확하게 정의된 기본 연산 또는 단순한 연산을 기반으로 한다. 많은 알고리즘이 있지만 검색과 정렬 같은 필수적인 알고리즘을 집중적으로 살펴보았다.

- **복잡도** 알고리즘의 복잡도는 알고리즘이 하는 일의 양을 추상적으로 나타낸 것으로, 데이터 항목 검사나 비교 같은 기본 연산으로 측정된다. 복잡도는 필요한 연산의 수가 데이터 항목 수가 증가함에 따라 얼마나 빠르게 증가하는지를 표현한 것이다. 복잡도 간에는 계층이 형성되며, 복잡도가 낮은 축에 속하는 로그 복잡도(항목 수가 두 배가 되어도 연산은 하나 추가됨), 선형 복잡도(항목 수가 두 배가 되면 연산 수도 두 배가 됨), 지수 복잡도(항목을 한 개 추가하면 연산 수가 두 배가 됨) 등이 있다.

- **프로그래밍** 알고리즘이 추상적인 반면, 프로그램은 실제 컴퓨터가 실제 과제를 완전히 수행하도록 하는 데 필요한 모든 단계를 구체적으로 표현한 것이다. 프로그램은 제한된 메모리와 시간, 한정된 크기와 정밀도를 갖는 수, 삐딱하거나 악의적인 사용자, 그리고 끊임없이 변화하는

환경에 대응해야 한다.

- **프로그래밍 언어** 프로그래밍 언어는 프로그램의 모든 단계를 표현하는 표기법으로, 사람들이 편하게 작성할 수 있으면서 결국 컴퓨터가 사용하는 이진 표현으로 변환할 수 있는 형태를 갖는다. 변환하는 데는 몇 가지 방법이 있지만, 가장 일반적인 경우 컴파일러가(아마도 어셈블러와 함께) C 언어 등의 프로그래밍 언어로 작성된 프로그램을 이진수로 변환하여 실제 컴퓨터에서 실행되도록 한다. 서로 다른 종류의 프로세서는 명령어 레퍼토리와 표현 방식이 다르므로 각기 다른 컴파일러가 필요하다. 그래도 그러한 컴파일러 구현의 일부는 여러 프로세서에 공통으로 사용된다. 인터프리터 또는 가상 머신은 실제 컴퓨터나 만들어낸 컴퓨터를 모방하여 작동하는 프로그램으로, 이 실행 환경에 맞춰 코드를 컴파일하고 실행할 수 있다. 자바스크립트와 파이썬 프로그램이 일반적으로 이렇게 작동한다.

- **라이브러리** 실제 컴퓨터에서 실행할 프로그램을 작성할 때는 흔한 기능을 추가하는 데에도 복잡한 세부 사항을 고려해야 한다. 라이브러리와 관련 메커니즘은 프로그램을 만들 때 사용할 수 있도록 사전 제작된 구성 요소를 제공하여, 이미 만들어진 요소를 활용하여 새 프로그램을 구축할 수 있게 한다. 오늘날의 프로그래밍에서는 코드를 새로 작성하는 일과 기존 구성 요소를 조합하는 일의 비중이 비슷하다. 라이브러리가 제공하는 구성 요소는 책에서 자바스크립트와 파이썬 프로그램에 사용했던 라이브러리 함수일 수도, 구글 지도와 기타 웹 서비스 같은 대형 시스템일 수도 있다. 라이브러리는 오픈소스이거나 독점 코드이다. 오픈소스라면 어떤 프로그래머든 코드를 읽고 이해하고 개선할 수

있다. 그 내부는 모두 프로그래머가 이 책에 나온 언어나 그와 비슷한 다른 언어로 상세한 명령어를 작성하여 만든 것이다.

- **인터페이스** 인터페이스 또는 API는 어떤 서비스를 제공하는 소프트웨어와 그 서비스를 이용하는 소프트웨어 양자 간의 계약이다. 라이브러리와 구성 요소는 API를 통해 서비스를 제공한다. 운영체제는 시스템 콜 인터페이스를 사용하여 하드웨어를 더 균일하게 보이게 하고 프로그램을 더 용이하게 만든다.

- **추상화와 가상화**virtualization 추상화는 컴퓨팅에서 근본적인 아이디어로, 하드웨어부터 대형 소프트웨어 시스템에 이르기까지 모든 수준에서 찾아볼 수 있다. 추상화는 소프트웨어 설계 및 구현과 특히 관련이 깊은데, 어떤 코드가 하는 일에만 집중할 수 있도록 코드가 실제로 구현되는 방식을 분리해 준다. 즉, 소프트웨어에서 구현의 세부 사항을 숨기거나 실제 작동 방식과 다르게 보이도록 한다. 예로는 가상 메모리, 가상 머신, 인터프리터가 있고, 클라우드 컴퓨팅도 포함된다.

- **버그** 컴퓨터는 잘못을 용납하지 않고, 프로그래밍은 실수 없이 지속적으로 성과를 낼 것을 요구하지만, 프로그래머는 사람이다 보니 실수를 하게 마련이다. 그래서 모든 대형 프로그램에는 버그가 있고, 개발자가 의도한 바를 정확히 그대로 수행하지는 못한다. 일부 버그는 단지 성가신 존재일 뿐이며 실제로 오류보다는 나쁜 설계에 가깝다(프로그래머들은 흔히 '이건 버그가 아니고 기능이야'라고 말한다). 일부는 희귀하거나 예외적인 상황에서만 나타나서 고치기는커녕 재현할 수조차 없다. 하지만 몇 가지 버그는 정말로 중대하여 잠재적으로 보안, 안전, 심

지어 생명을 위태롭게 하는 심각한 결과를 초래하기도 한다. 앞으로는 컴퓨팅 장치와 관련된 법적 책임 문제가 지금까지보다 더 중요하게 대두될 것이다. 특히 필수 시스템에서 소프트웨어의 비중이 갈수록 더 커지고 있기 때문이다. 사적인 컴퓨팅에서 작동하는 '싫으면 말고, 보증은 없음' 모델은 아마도 하드웨어 세계와 마찬가지로 더 합리적인 제품 보증과 소비자 보호로 대체될 것이다.

경험을 통해 더 많은 것을 배우고, 프로그래밍에 검증된 구성 요소가 더 많이 쓰이고, 기존 버그가 해소되면 원칙적으로는 프로그램에서 오류가 점점 더 줄어들어야 한다. 하지만 이러한 발전에도 불구하고, 컴퓨터와 프로그래밍 언어가 진화하고, 시스템에 새로운 요구사항이 생기고, 새로운 기술을 원하는 시장과 소비자의 끈질긴 압박 때문에 변경이 거듭되면서 필연적으로 문제가 발생한다. 이 모든 이유로 인해 더 많은 프로그램이 개발되고 그 규모는 더 커질 것이다. 유감스럽게도 버그는 항상 우리와 함께할 것이다.

UNDERSTANDING

THE DIGITAL WORLD

III부 IT 근육 셋 통신

통신communications은 4부 구성 중에서 하드웨어와 소프트웨어 다음으로 설명하는 세 번째 주제다. 여러 가지 의미로 이 주제를 다루면서 상황이 흥미진진해지기 시작한다(때로는 '흥미진진한 시대를 살기를'*이라는 의미에서). 통신이란 대개 온갖 유형의 컴퓨팅 장치가 우리 대신 대화하는 것을 뜻하지만, 좋지 않은 목적의 대화도 포함하기 때문이다. 요즘 대부분의 기술 시스템은 하드웨어, 소프트웨어, 통신을 결합한 형태이므로, 3부에서는 앞서 이야기한 내용이 종합적으로 나온다. 또한 통신 시스템은 대부분의 사회적 문제가 발생하는 지점이기도 하며, 프라이버시, 보안, 그리고 개인, 기업, 정부 간의 권리 경쟁이라는 복잡한 문제를 야기하기도 한다.

역사적 배경을 조금 살펴보고 네트워크 기술에 관해 이야기한 다음, 인터넷으로 넘어갈 것이다. 인터넷은 전 세계 컴퓨터 간 트래픽의 대부분을 전달하는 네트워크의 집합이다. 그다음으로 월드 와이드 웹을 살펴보겠다. 1990년대 중반 이전까지 인터넷은 주로 기술과 밀접한 일부 사용자들의 전유물이었으나, 이후 등장한 웹 덕분에 모든 사람이 언제 어디서나 사용할 수 있는 서비스로 탈바꿈했다. 더 나아가 메일, 온라인 쇼핑, SNS 등 인터넷을 사용하는 일부 애플리케이션에 관해 설명하고, 보안 위협과 대응책에 대해 살펴보겠다.

사람들은 여러 가지 독창적인 발상과 다양한 물리적 메커니즘을 사용하여 아주 옛날부터 장거리 통신을 했다. 각각의 통신 기법에는 책으로 엮어

* (옮긴이) 역사적으로 볼 때 혼란으로 가득한 시대가 후대에 오히려 흥미를 끈다는 의미로 사용하는 악담. 중국에서 유래했다고 알려져 있지만 중국어로 정확히 같은 표현은 없다고 한다. *en.wikipedia.org/wiki/May_you_live_in_interesting_times*

도 될 만큼 흥미로운 이야기가 담겨 있다.

장거리 주자들은 수천 년 동안 메시지를 전달했다. 기원전 490년 페이디피데스Pheidippides는 아테네가 페르시아와의 전투에서 대승을 거뒀다는 소식을 전하기 위해 마라톤Marathon에 있는 전장부터 아테네까지 42km를 달렸다. 안타깝게도 전설에 따르면 그는 "기뻐하라, 우리가 승리했다."라고 간신히 내뱉은 후 숨을 거뒀다고 한다.

헤로도토스Herodotus는 페르시아 제국 전역에 거의 동시에 메시지를 전달하는 승마 기수 시스템에 관해 기술했다. 그의 묘사는 1914년에 뉴욕 8번가에 있는 구 중앙 우체국 건물에 새겨져 오늘날까지 전해진다. "눈도 비도 열기도 밤의 어둠도, 신속한 순회 우편배달을 막을 순 없다." 미국의 조랑말 속달 우편Pony Express은 승마 배달원이 미주리주 세인트조지프와 캘리포니아주 새크라멘토 간 3,000km를 달려 우편물을 전달하는 서비스였고, 1860년 4월부터 1861년 10월까지 약 2년 정도밖에 운영되지 않고 중단되기는 했지만 미국 서부의 상징으로 남아 있다.

신호등과 봉화, 거울, 깃발, 북, 전령 비둘기, 사람의 목소리까지 모두 장거리 통신에 이용됐다. '목소리가 우렁찬'이라는 뜻의 영단어 stentorian은 좁은 골짜기를 가로질러 큰 목소리로 메시지를 전달하는 사람을 뜻하는 그리스어 'stentor'에서 유래했다.

초기 기계적 시스템 중 하나는 그 중요성에 비해 덜 알려져 있다. 프랑스의 클로드 샤프Claude Chappe가 1792년경에 발명했고, 스웨덴의 아브라함 에델크란츠Abraham Edelcrantz도 발명한 **시각 전신**optical telegraph이다.* 시각 전신은 그림 III.1과 같이 탑에 설치된 기계식 셔터 또는 암arm을 기반으로 한 신호 시스템을 사용했다.

* Gerard Holzmann, Bjorn Pehrson, *The Early History of Data Networks*, IEEE Press, 1994. 시각 전신의 역사를 상세하고 흥미롭게 이야기하고 있다.

전신 운영자는 한쪽 인접한 탑에서 오는 신호를 읽어 반대쪽에 있는 다음 탑으로 전달했다. 암 또는 셔터는 고정된 개수의 위치에만 있으므로 시각 전신은 완전히 디지털 방식이었다. 1830년대까지 유럽의 많은 지역과 미국의 일부 지역에 이 탑으로 이루어진 광대한 통신망이 형성되었다. 탑은 서로 약 10km 떨어져 있었다. 탑 간 전송 속도는 분당 글자 몇 개였고, 어떤 기록에 따르면 릴Lille에서 파리까지(230km) 글자 한 개가 전송되는 데 걸리는 시간이 약 10분이었다고 한다.*

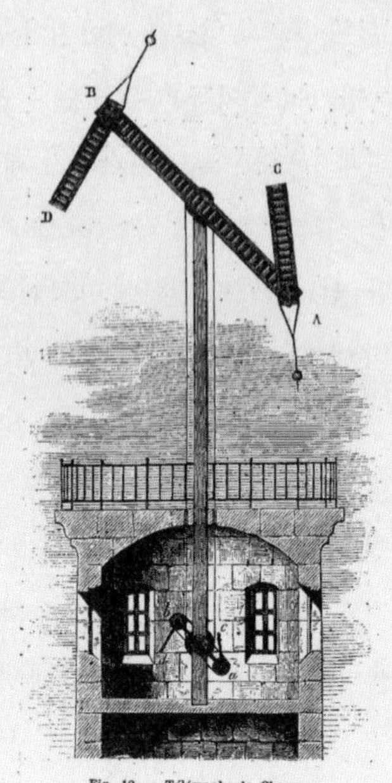

그림 III.1 시각 전신국*

현대 통신 시스템에서 발생하는 문제는 1790년대에도 있었다. 정보를 표현하는 방법, 메시지를 교환하는 방법, 오류를 탐지하고 정보를 복구하는 방법에 대한 표준이 필요했다. 프랑스 한쪽 끝에서 다른 쪽 끝으로 몇 시간 만에 짧은 메시지를 보낼 수는 있었지만, 정보 전송 속도는 항상 문제가 됐다. 예기치 못한 보안과 프라이버시 문제도 발생했다. 1844년에 출간된 알렉상드르 뒤마Alexandre Dumas의 《몬테크리스토 백작》 61장에는 백작이 전신 운영자를 매수해서 파리에 거짓 메시지를 보내도록 하여 사악한 은행가인 당글라르 남작의 재정적 파멸을 초래하는 이야기가 나온다. 이는 **중간자 공격**man-in-the-middle attack(361쪽 참고)의 완벽한 예다.

이런 문제를 차치하더라도 시각 전신은 적어도 한 가지 주요한 운영상의

* *en.wikipedia.org/wiki/File:Télégraphe_Chappe_1.jpg*

문제에서 자유로울 수 없었다. 시각 전신은 밤중이나 날씨가 궂을 때는 사용할 수 없고 가시성이 좋은 때에만 쓸 수 있었다. 1830년대에 새뮤얼 F. B. 모스Samuel F. B. Morse가 발명한 전기 전신은 1840년대에 빛을 본 후, 10년도 채 지나지 않아 시각 전신을 대체했다. 상업용 전기 전신 서비스는 곧 미국의 주요 도시를 연결했다. 첫 번째로는 1844년 볼티모어와 워싱턴 D.C.를 연결하였고, 1858년에는 최초의 대서양 횡단 전신 케이블이 설치됐다. 전기 전신은 인터넷 붐의 초창기나 1990년대 후반 닷컴 붕괴 때 사람들이 경험했던 것과 마찬가지로 많은 희망, 열망, 낙담의 원인이 됐다. 사람들은 거금을 벌거나 잃었고, 사기가 횡행했다. 낙관론자들은 세계 평화와 이해의 시대가 도래한다고 예측했지만, 현실주의자들은 세부 사항이 다르기는 해도 대부분 과거에도 있던 현상이라고 올바르게 상황을 인지했다.* '이번엔 다르다'는 말은 맞을 때도 있지만 거의 사실이 아니다.

전해지는 바에 따르면 1876년에 알렉산더 그레이엄 벨Alexander Graham Bell이 그의 발명품인 전화에 대한 특허를 엘리샤 그레이Elisha Gray보다 불과 몇 시간 먼저 미국 특허청에 신청했다고 한다. 하지만 사건의 정확한 순서는 여전히 불확실하다. 전화는 이후 100년 동안 진화하면서 비록 세계 평화와 이해 어느 쪽으로도 이어지지는 않았지만 통신에는 실로 엄청난 혁신을 일으켰다. 떨어져 있는 사람들이 서로 직접 대화할 수 있게 되었고, 기술을 사용하는 데 전문 지식이 필요하지도 않았다. 또한 전화 회사 간의 표준과 협약을 통해 전 세계 거의 모든 전화를 연결할 수 있게 됐다.

전화 시스템은 다른 기술보다 안정성이 뛰어났던 덕분에 오랫동안 비교우위를 점했다. 전화는 사람의 목소리만 전달했다. 일반적인 통화는 3분 정

* Tom Standage, *The Victorian Internet: The Remarkable Story of the Telegraph and the Nineteenth Century's On-Line Pioneers*, Walker & Company, 1998. 《19세기 인터넷 텔레그래프 이야기》, 한울, 2001. 대단히 흥미롭고 재미있는 책이다.

도 이루어졌으므로 연결되는 데 몇 초가 소요되더라도 문제되지 않았다. 전화번호는 지리적 위치를 꽤 확실하게 나타내는 고유 식별자였다. 사용자 인터페이스는 매우 단순했고, 회전식 다이얼이 달린 평범한 검은색 전화기가 사용됐다. 이러한 전화기는 이제 대부분 사라졌고 '다이얼을 돌리다'라는 언어적 반향만을 남겼다. 이 전화기는 오늘날 스마트폰과는 정반대였다. 모든 처리가 전화망에서 이루어졌기 때문에 사용자가 할 수 있는 일은 전화를 걸기 위해 다이얼로 번호를 돌리거나, 전화기가 울리면 전화를 받거나, 더 복잡한 서비스는 운영자에게 요청하는 것이 전부였다. 그림 III.2는 오랫동안 표준으로 사용됐던 회전식 다이얼 전화기이다.

그림 III.2 회전식 다이얼 전화기(디미트리 카레트니코프Dimitri Karetnikov 제공)

이상은 전화 시스템이 두 가지 핵심 가치, 즉 높은 신뢰성과 보장된 서비스 품질에 집중할 수 있었음을 의미한다. 50년 동안 누군가 수화기를 들면 다이얼 톤(발신음. 또 다른 언어적 반향으로 남아 있다)이 울리고, 통화 호출은 항상 성사되고, 전화가 연결되면 상대방의 목소리를 분명하게 들을 수 있고, 양측 모두 전화를 끊을 때까지 유지되었다. 어쩌면 나는 다른 사람보다 전화 시스템에 대해 지나치게 낙관적인 견해를 갖고 있을지도 모른다. AT&TAmerican Telephone and Telegraph company 산하 벨 연구소에서 30년 이상 근무했고, 활동의 중심부에서 벗어나 있기는 했지만 내부에서 많은 변화를 목격했기 때문이다. 다른 한편으로는 휴대전화가 나오기 전 통신 서비스의 거의 완벽한 신뢰성과 명료함이 정말 그립기도 하다.*

전화 시스템에서 20세기의 마지막 사반세기는 기술적, 사회적, 정치적으로 급속한 변화가 일어난 시기였다. 1980년대에는 팩스가 널리 사용되면서 트래픽 모델이 변경됐다. 컴퓨터 간 통신도 흔해졌는데, 비트를 소리로 변환했다가 그 반대로 변환하는 모뎀을 사용했다. 팩스와 모뎀은 아날로그 전화 시스템을 통해 디지털 데이터를 전달하기 위해 소리를 사용했다. 기술 발전에 힘입어 통화를 더 빨리 연결하고 더 많은 정보를 보내고(광케이블이 특히 이 점을 향상시켰고, 국내와 해외 통신 모두에 영향을 미쳤다) 모든 정보를 디지털 방식으로 인코딩할 수 있었다. 휴대전화는 전화 사용 패턴을 한층 더 극적으로 변화시켰다. 오늘날 많은 사람이 휴대전화 때문에 가정용 유선 연결을 하지 않을 정도로 휴대전화가 전화 통신 영역을 지배하고 있다.

정치적으로는 통신 산업의 제어권이 규제가 엄격한 회사나 정부 기관에서 규제가 풀린 민간 기업으로 이동함에 따라 전 세계적으로 혁명이 일어났다. 이로 인해 공개경쟁이 촉발되어, 전통적인 전화 회사의 수익이 급격히 감소하고 많은 새로운 업체가 성공하거나 실패하는 현상이 일어났다.

오늘날 통신 회사는 주로 인터넷에 기반을 둔 새로운 통신 시스템이 제기하는 위협에 지속적으로 직면하면서 수익과 시장 점유율을 잃어 가는 상황에 놓여 있다. 한 가지 위협은 인터넷 전화에서 비롯된다. 인터넷을 통해 디지털 음성을 보내기는 쉽다. 스카이프Skype 같은 서비스는 한발 더 나아가서

* 나만 휴대전화가 나오기 이전의 생활을 그리워하는 것이 아니다. *www.theatlantic.com/technology/archive/2015/08/why-people-hate-making-phone-calls/401114*

컴퓨터 간 무료 음성 및 영상 통화를 제공할 뿐만 아니라 저렴한 가격으로 인터넷과 기존 전화 간 통화를 제공한다. 기존 전화 회사가 부과하는 요금보다 훨씬 저렴하며, 특히 국제 전화는 더욱더 그렇다. 모든 사람이 예견했던 것은 아니지만 오래전부터 이러한 상황을 예고하는 조짐이 있었다. 1990년대 초에 동료 한 명이 AT&T 경영진에게 미국 국내 장거리 통화 요금이 분당 1센트로 떨어질 것이라고 말했다가(당시 AT&T 요금은 분당 10센트에 달했다) 비웃음을 받았던 일을 기억한다.

마찬가지로 컴캐스트Comcast 같은 케이블 회사는 넷플릭스, 아마존, 구글 등 많은 업체에서 제공하는 스트리밍 서비스로부터 위협을 받고 있다. 이 서비스는 모두 인터넷을 기반으로 하며, 그간 케이블 회사가 하던 일을 단지 다른 업체 서비스의 비트를 옮기는 것에 불과한 수준으로 단순화하고 있다.

물론 기존 업체들은 기술적, 법적, 정치적 수단을 동원해서 수익과 사실상의 독점을 유지하기 위해 분투한다. 한 가지 방법은 경쟁 업체의 서비스가 주택 내 유선 전화 연결을 사용할 때마다 요금을 청구하는 것이다. 또 다른 방식은 인터넷 전화Voice over IP, VoIP 서비스나 다른 서비스를 제공하는 경쟁 업체의 통신 경로에 대역폭 제한과 속도 저하를 가하는 것이다.

이러한 대응은 **망 중립성**net neutrality*이라는 보편적인 문제에 관한 논의로 이어진다. 인터넷 서비스 제공 업체가 네트워크의 효율적 관리처럼 순수하게 기술적인 이유 이외의 목적으로 트래픽을 간섭하거나, 저해하거나, 차단할 수 있게 허용해야 할까? 전화 회사와 케이블 회사는 모든 사용자에게 같은 수준의 인터넷 서비스를 제공해야 할까, 아니면 경쟁 업체 서비스와 사

* (옮긴이) 망 중립성은 모든 네트워크 사업자와 정부는 인터넷에 존재하는 모든 데이터를 동등하게 취급하고, 사용자, 내용, 플랫폼, 장비, 전송 방식에 따른 어떠한 차별도 하지 않아야 한다는 뜻이다. 이 용어는 2003년에 컬럼비아 대학의 미디어 법 교수인 팀 우(Tim Wu)가 만들었다.

용자를 차별하도록 허용해야 할까? 만일 그렇다면 어떤 근거로 그렇게 해도 되는 걸까? 예를 들어 전화 회사가 경쟁 업체, 가령 보네이지Vonage 같은 VoIP 회사의 트래픽 속도를 낮추는 것을 허용해야 할까? 컴캐스트 같은 케이블과 엔터테인먼트 회사가 경쟁 관계에 있는 넷플릭스 같은 인터넷 스트리밍 서비스에 대한 트래픽 속도를 낮추는 것을 허용해야 할까? 서비스 제공 업체는 업체 소유자가 동의하지 않는 사회적, 정치적 견해를 지지하는 사이트의 트래픽을 방해할 수 있을까? 늘 그렇듯이, 양쪽 모두 각자 나름대로 주장이 있다.

망 중립성 문제의 해결은 인터넷의 미래에 크게 영향을 미칠 것이다. 지금까지 인터넷은 일반적으로 간섭이나 제한 없이 모든 트래픽을 전송하는 중립적인 플랫폼을 제공했다. 이 원칙은 모든 사람에게 유익했고, 나는 이 상태를 유지하는 것이 매우 바람직하다고 본다.

한편 인터넷에는 잘못된 정보, 가짜 뉴스, 편견과 여성 혐오, 각종 혐오 발언, 음모 이론, 명예 훼손을 비롯한 바람직하지 않은 활동을 허용하는 토론의 장 역할을 하는 다양한 사이트가 존재한다. 미국에서는 트위터와 페이스북 같은 SNS 서비스와 관련해 다음과 같은 논쟁이 계속되고 있다. 전화 회사가 사용자의 통화 내용에 책임이 없듯이 SNS도 단지 의사소통을 위한 플랫폼에 불과하며 호스팅하는 콘텐츠에 책임이 없는가? 아니면 게재되는 내용에 일부 책임을 져야 하는 인터넷 신문처럼 SNS 서비스도 정보 게시자로 보아야 하는가? 당연히 SNS 기업은 어떤 문제를 회피할 수 있는지에 따라 입장을 달리하지만, 대개 정보 게시자로 생각되지 않기를 원한다.

COMMUNICATIONS

053

전화부터 와이파이까지, 네트워크의 기본 속성

"왓슨—이리 와 보게—좀 보세나."

– 알아들을 수 있는 첫 전화 메시지, 알렉산더 그레이엄 벨, 1876*

일상생활에서 직접 접하는 네트워크 기술을 이야기하려 한다. 여기에는 전화, 케이블, 이더넷 같은 전통적인 유선 네트워크, 그리고 와이파이와 휴대전화가 대표적인 사례인 무선 네트워크가 포함된다. 대부분의 사람들은 이러한 네트워크를 통해 인터넷에 연결한다. 인터넷은 별도의 주제로 살펴볼 예정이다.

모든 통신 시스템은 기본적인 속성을 공유한다. 보내는 쪽에서는 정보를 매체를 통해 전송할 수 있는 표현으로 변환한다. 받는 쪽에서는 그 표현을 사용할 수 있는 형태로 다시 변환한다.

대역폭bandwidth은 모든 네트워크의 가장 기본적인 속성으로, 네트워크가 데이터를 얼마나 빨리 전송할 수 있는지를 의미한다. 대역폭의 범위는 초당 몇 비트(전력이나 환경적 제약이 극심한 상태에서 작동하는 시스템)부터 초당 몇 테라비트(대륙과 대양을 가로질러 인터넷 트래픽을 전송하는 광케이블 네트워크)까지 다양하다. 대부분의 사용자에게 대역폭은 가장 중요한 속성이다. 대역폭이 충분하면 데이터가 빠르고 원활하게 전달되지만, 그렇지 않다면 통신이 멈추거나 속도 저하가 반복되는 불만스러운 경험을 하게 된다.

* 벨이 쓴 문서는 온라인에 있다. *memory.loc.gov/mss/magbell/253/25300201/0022.jpg*

레이턴시latency 또는 **지연**delay은 일정한 단위의 정보가 시스템을 통과하는 데 걸리는 시간을 측정한 값이다. 레이턴시가 높다고 반드시 대역폭이 낮음을 의미하는 것은 아니다. 트럭에 디스크 드라이브를 가득 싣고 전국을 가로질러 운전한다고 하면 지연은 높아도 대역폭은 어마어마할 것이다.

지터jitter는 지연의 변동성을 뜻하며, 일부 통신 시스템에서는 중요한 속성이다. 특히 음성과 비디오를 다루는 시스템에서 중요하게 여겨진다.

범위range는 주어진 기술로 네트워크가 지리적으로 얼마나 확장될 수 있는지를 정의한다. 어떤 네트워크는 최대 몇 미터로 근거리 범위이지만, 어떤 네트워크는 말 그대로 전 세계에 걸쳐 있다.

라디오처럼 여러 수신자가 한 발신자의 신호를 수신하는 구조인 브로드캐스트broadcast 방식, 특정 발신자와 수신자를 짝지어 주는 점대점point-to-point 방식 중에 어떤 방식을 취하는지도 고려해야 할 네트워크의 속성이다. 브로드캐스트 네트워크는 본질적으로 도청 가능성이 높아 보안에 취약하다. 사용자는 어떤 종류의 오류가 발생하며 어떻게 처리할 수 있는지 신경 써야 한다. 네트워크에서 고려해야 할 기타 요인으로는 하드웨어와 인프라 비용, 전송 데이터 양 등이 있다.

COMMUNICATIONS

054 삐- 삐- 추억의 모뎀 소리

전화망은 대규모로 성공을 거둔 전 세계적 네트워크다. 처음에는 음성 트래픽을 전달하는 것으로 시작했지만, 결국 상당량의 데이터 트래픽까지 전송하는 방향으로 진화했다. 초창기 가정용 컴퓨터는 사용자 대부분이 전화선을 통해 온라인에 연결했다.

주택용 유선 전화 시스템은 여전히 데이터보다는 아날로그 음성 신호를 주로 전달한다. 따라서 디지털 데이터를 보내려면 비트를 소리로 변환했다가 다시 비트로 변환하는 장치가 필요하다. 신호에 정보 전송용 패턴을 적용하는 과정을 **변조**modulation라고 한다. 반대쪽에서는 패턴을 원래 형태로 다시 변환해야 하는데, 이 과정을 **복조**demodulation라고 한다. 변조와 복조를 수행하는 장치는 **모뎀**modem이다. 한때 전화 모뎀은 전자 장치로 구성된 별도의 상자 형태로 크고 값비쌌지만, 오늘날은 단일 칩이고 사실상 무료다. 그럼에도 불구하고 이제 유선 전화를 사용하여 인터넷에 연결하는 일은 드물고, 모뎀이 달린 컴퓨터는 거의 없다.

데이터 연결을 위해 모뎀을 사용하는 데는 큰 단점이 있다. 우선 전용 전화선이 필요하므로, 집에 전화선이 하나만 있다면 데이터 연결을 할지 음성 통화를 할 수 있게 둘지 선택해야 한다. 하지만 대부분의 사용자에게 더 큰 단점은 모뎀으로 정보를 보내는 속도에 엄격한 제한이 걸려 있다는 점이다. 모뎀으로 하는 데이터 통신의 최대 속도는 약 56Kbps로(초당 56,000비트), 초당 7KB에 해당한다(소문자 'b'는 일반적으로 비트를 나타내며, 대문자 'B'는 바이트를 나타낸다). 따라서 20KB 웹페이지를 다운로드하는 데 3초가 걸리고, 400KB 이미지를 받는 데는 거의 60초가 걸리며, 비디오나 소프트웨어 업데이트를 받는 데는 몇 시간에서 며칠까지 걸릴 수 있다.

COMMUNICATIONS

055 킬로바이트에서 메가바이트로

아날로그 전화선의 신호 전송 속도에 적용되는 56Kbps 제한은 설계 단계에 지정된 것으로, 디지털 전화 시스템으로 처음 넘어가던 60년 전에 이루어진 공학적 결정의 산물이다.* 이번에 이야기하는 두 가지 기술은 전화망보다 최소 100배 더 높은 대역폭으로 대안을 제공한다.

첫 번째는 여러 가정에 케이블 TV 방송을 전송하는 케이블을 사용하는 것이다. 이 케이블은 비디오 채널 수백 개를 동시에 전송할 수 있다. 케이블은 대역폭에 여유가 있어서 가정에서 데이터를 전송하는 용도로도 쓰인다. 케이블 시스템은 다운로드 속도를 요금제에 따라 다양하게 제공하며 보통 수백 Mbps 정도다. 케이블에서 나온 신호를 컴퓨터에서 사용하기 위해 비트로 변환했다가 다시 신호로 변환하는 장치를 **케이블 모뎀**cable modem이라고 부르는데, 전화 모뎀과 똑같이 변조와 복조를 수행하기 때문이다. 케이블 모뎀은 전화 모뎀보다 꽤 빠르게 작동한다.

케이블의 속도가 빠르다는 것은 어떻게 보면 환상에 불과하다. 시청 여부와 무관하게 같은 TV 신호가 모든 집으로 전송된다. 반면, 케이블이 공유 매체이긴 하지만 우리 집으로 오는 데이터는 나를 위한 것이지 같은 시점에 같은 데이터가 여러분의 집으로 가는 것이 아니므로, 여러분과 내가 데이터 내용을 공유할 방법은 없다. 케이블 데이터 사용자 간에 데이터 대역폭을 공유해야 하는데, 내가 대역폭을 많이 사용하고 있다면 여러분은 그만큼 쓰지 못할 것이다. 더 그럴 듯하게 말하면, 결과적으로 둘 다 적게

* *www.10stripe.com/articles/why-is-56k-the-fastest-dialup-modem-speed.php*

받게 될 것이다. 하지만 다행히 서로 그렇게 많이 간섭하고 있지는 않다. 이 방식은 항공사와 호텔에서 의도적으로 정원을 초과해서 예약을 받는 것과 비슷하다. 그들은 모든 사람이 예약 일시에 나타나지는 않는 것을 알기 때문에 마음 놓고 자원을 과도하게 할당한다. 이 방식은 통신 시스템에도 효과가 있다.

대역폭을 크게 걱정하지 않아도 된다는 것을 알았으니 이제 다른 문제를 짚고 넘어가 보자. 우리는 모두 같은 TV 신호를 시청할 가능성이 있지만, 여러분이 자신의 데이터가 우리 집에 가기를 바라지 않는 것처럼 나도 내 데이터가 여러분의 집에 가는 것을 원하지 않는다. 결국, TV 시청 데이터는 사적인 영역이다. 여기에는 이메일, 온라인 쇼핑과 뱅킹 정보, 어쩌면 다른 사람들이 몰랐으면 하는 개인적인 엔터테인먼트 취향까지 포함된다. 이 문제는 다른 사람이 내 데이터를 읽지 못하게 하는 암호화로 대응할 수 있다. 암호화 기술은 4부에서 더 자세히 살펴보자.

아직 또 다른 문제가 남아 있다. 케이블 네트워크는 처음에 단방향이었다. 모든 가정에 신호가 브로드캐스트되고 있었으므로 시스템을 구축하기는 쉬웠지만, 고객에게서 케이블 회사로 정보를 되돌려 보낼 방법이 없었다. 케이블 회사는 고객에게 정보를 받아야 하는 페이퍼뷰pay-per-view를 비롯한 다른 서비스를 가능하게 하려면 어쨌든 처리 방법을 찾아야 했다. 이후 케이블 시스템은 양방향이 되었고, 컴퓨터 데이터를 전송하는 통신 시스템으로도 사용할 수 있게 됐다. 하지만 대부분의 트래픽이 다운로드이므로 업로드 속도(고객 컴퓨터에서 케이블 회사로 데이터를 보내는 속도)가 다운로드 속도보다 훨씬 느린 경우가 대부분이다.

그밖에 가정용으로 꽤 빠른 네트워크 기술 중 하나는 집에 이미 있는 시스템이자 우리가 애용하던 전화를 기반으로 한다. 이 기술은 디지털 가입자 회선Digital Subscriber Loop*, 즉 DSL이라고 한다. 때로는 '비대칭의asymmetric' 라는 의미가 추가된 ADSL로 불리는데, 집으로 들어가는 하향 대역폭이 집에서 나오는 상향 대역폭보다 높기 때문이다. DSL은 케이블과 거의 동일한 서비스를 제공하지만, 내부적으로는 주요한 차이점이 있다.†

DSL은 음성 신호를 간섭하지 않는 기법을 사용해 전화선으로 데이터를 전송하므로, 웹 서핑하는 동안에도 전화로 이야기할 수 있으며 어느 쪽도 다른 쪽에 영향을 미치지 않는다. 이 방식은 잘 작동하지만, 특정 거리까지만 작동한다. 많은 사용자가 그렇듯이 지역 전화 회사 교환국에서 약 5km 이내에 거주한다면 DSL을 사용할 수 있지만, 그보다 더 먼 곳에 산다면 운이 없는 것이다.

DSL의 또 다른 장점은 공유 매체가 아니라는 점이다. 집과 전화 회사 간에 전용선을 사용하므로, 이웃과 전송 대역폭을 공유하지 않을뿐더러 여러분의 비트가 이웃집으로 가지도 않는다. 여러분의 집에 있는 특별한 상자(또 다른 모뎀으로, 전화 회사 건물에 있는 것과 상응한다)가 신호를 전선으로 전송하기에 적합한 형태로 변환해 준다. 그 외에 DSL은 형태와 기능 면에서 케이블과 거의 비슷하다. 적어도 시장에서 경쟁이 이루어진다면 가격도 거의 차이가 없다. 하지만 미국에서 DSL 사용은 점차 줄어들고 있다.

기술이 계속해서 개선되어 이제 가정용 광케이블 통신망 서비스가 구형 동축 케이블이나 구리선을 대체하고 있다. 예를 들면 최근에 버라이즌Verizon이 우리 집으로 들어오는 오래된 구리선을 광케이블로 교체했다. 광케이블은 유지보수 비용이 낮고, 업체에서 인터넷 사용 같은 부가 서비스를

* (옮긴이) 처음 개발되었을 당시의 명칭이며, 이후에 Digital Subscriber Line으로 바뀌었다. *ko.wikipedia.org/wiki/디지털_가입자_회선*

† DSL을 잘 설명한 글: *broadbandnow.com/DSL*

제공해 주기도 한다. 내 입장에서 유일한 단점은(광케이블을 설치하면서 실수로 선을 끊어서 며칠간 서비스를 이용하지 못한 것을 제외하면) 만약에 장시간 정전이 일어나면 전화를 쓰지 못한다는 점이다. 예전에는 전화가 배터리나 전화 회사 설비에 있는 발전기에서 전력을 공급받았기에 정전이 일어나더라도 작동했을 테지만, 광케이블은 그렇지 않다.

광케이블 시스템은 다른 기술보다 훨씬 빠르다. 신호는 전송 손실이 낮은 극히 순수한 유리 섬유를 따라 빛의 펄스pulse로 보내진다. 신호는 수 킬로미터 떨어진 곳까지 전파된 다음에 최대 세기로 다시 증폭될 수 있다. 1990년대 초에 '광케이블을 집안까지fiber to the home'라는 연구 실험에 참여한 적이 있는데, 10년 동안 집에 160Mbps 네트워크가 연결되어 있었다. 꽤나 자랑할 만한 일이기는 했지만 그것 말고는 특별한 게 없었다. 그처럼 높은 대역폭을 활용할 만한 서비스가 없었기 때문이다.

요즘에는 또 다른 지리적 우연 덕분에 집에 기가비트 광케이블이 연결되었지만(버라이즌의 서비스는 아니다), 가정용 무선 공유기의 제약 때문에 유효 속도는 30~40Mbps에 불과하다. 내 사무실에서는 무선 네트워크에 연결된 노트북에서 약 80Mbps 속도가 나오지만, 유선 연결된 컴퓨터는 500~700Mbps가 나온다. 스피드테스트(*speedtest.net*) 같은 사이트에서 네트워크 연결 속도를 알아볼 수 있다.

COMMUNICATIONS

056 학교나 회사에서 사용하는 근거리 네트워크, 이더넷

전화와 케이블은 컴퓨터를 상당히 먼 거리에 있는 대형 시스템과 연결하는 네트워크 기술이다. 역사적으로 또 다른 갈래로 발전이 이루어져 오늘날 가장 흔히 사용되는 네트워크 기술 중 하나를 탄생시켰는데, 바로 이더넷Ethernet이다.

1970년대 초, 제록스Xerox의 팔로알토 연구소Palo Alto Research Center, PARC에서 알토Alto라는 혁신적인 컴퓨터를 개발했다. 알토는 실험 수단으로 사용됐는데, 이후 수많은 혁신으로 이어졌다. 알토에는 최초의 윈도 시스템과 더불어 텍스트보다 많은 것을 표시할 수 있는 비트맵 디스플레이가 쓰였다. 알토는 요즘 같은 개인용 컴퓨터로 쓰이기에는 너무 비쌌지만, PARC의 모든 연구원들은 하나씩 갖고 있었다.

한 가지 문제는 어떻게 알토를 서로 연결하느냐, 또는 프린터 같은 자원을 어떻게 공유하느냐였다. 1970년대 초에 로버트 메트칼프Robert Metcalfe와 데이비드 바그스David Boggs가 발명한 해결책은 **이더넷**이라는 이름의 네트워킹 기술이었다. 이더넷은 단일 동축 케이블에 연결되어 있는 모든 컴퓨터 간에 신호를 전달하는 방식을 사용했다. 이 동축 케이블은 오늘날 케이블 TV를 집으로 전송하는 케이블과 물리적으로 비슷했다. 신호는 전압 펄스로, 그 세기나 극성으로 비트 값을 인코딩했다. 가장 단순한 형태는 비트 값 1을 나타내는 데 양의 전압을 사용하고, 0을 나타내는 데 음의 전압을 사용하는 것이었다.

각 컴퓨터는 고유한 식별 번호가 있는 장치로 이더넷에 연결됐다. 한 컴퓨터가 다른 컴퓨터로 메시지를 보내려면 다른 누군가가 먼저 메시지를 보내고 있지 않은지 확인한 다음, 목표 수신자의 식별 번호와 함께 메시지를 케이블로 브로드캐스트했다. 케이블에 연결된 모든 컴퓨터가 메시지를 수신하는 게 가능하지만, 이 메시지를 받기로 돼 있는 컴퓨터만 메시지를 읽고 처리할 수 있었다.

모든 이더넷 장치에는 나머지 장치와는 다른 48비트 식별 번호가 있는데, 이를 이더넷 주소라고 한다. 이 주소로 총 2^{48}(약 2.8×10^{14})개의 장치를 식별할 수 있다. 여러분이 사용하는 컴퓨터의 이더넷 주소도 찾아볼 수 있다. 가끔은 컴퓨터 하단에 인쇄되어 있기도 하고, 윈도우에서는 `ipconfig` 명령어나 윈도우 설정에서, 맥에서는 `ifconfig` 명령어나 시스템 환경설정에서 확인할 수 있다. 이더넷 주소는 항상 1바이트당 두 자리 십육진수로 표현되므로, 모두 합쳐 12개의 십육진 숫자로 이루어져 있다. `00:09:6B:D0:E7:05`(콜론은 없을 수도 있음)와 비슷한 일련의 십육진 숫자를 찾아보기 바란다. 이 주소는 내 노트북 하나에서 찾은 것이라서 여러분의 컴퓨터에서 정확히 같은 주소를 찾을 수는 없을 것이다.

케이블 시스템에서와 비슷하게, 이더넷에도 프라이버시나 한정된 자원을 둘러싼 경쟁 같은 문제가 있으리라고 예상할 수 있다. 경쟁은 깔끔한 묘책으로 처리된다. 네트워크 인터페이스가 데이터 전송을 시작했는데 다른 사람도 전송 중이라는 것을 감지하면, 중지하고 잠시 기다렸다가 다시 시도한다. 앞 차례의 전송에 드는 시간에 따라 임의의 대기 시간을 가지며, 실패 횟수가 늘어날수록 점진적으로 값이 증가하지만, 결국에는 모든 전송이 이루어진다. 파티에서 대화를 나누는 방식과 비슷하다. 두 사람이 동시에 말하기 시작하면, 일단 둘 다 물러났다가 한 사람이 먼저 다시 말하기 시작한다.

프라이버시는 원래는 걱정거리가 아니었다. 모두 같은 회사의 직원이었고 같은 작은 건물에서 일하고 있었기 때문이다. 그러나 오늘날 프라이버시 문제는 훨씬 중요해졌다. 소프트웨어로 이더넷 인터페이스를 '무차별 모드promiscuous mode'로 설정할 수 있는데, 이 모드에서는 이더넷 인터페이스가 자신이 받기로 명시된 것뿐만 아니라 네트워크상에 있는 모든 메시지의 내용을 읽는다. 이 말은 암호화되지 않은 비밀번호 같은 흥미로운 정보를 찾을 수 있음을 뜻한다. 이렇게 네트워크상에서 데이터를 엿보는 행위인 '스니핑sniffing'은 대학 기숙사의 이더넷 네트워크에서 흔히 발생하는 보안 문제다. 그 해결책은 케이블상의 패킷을 암호화하는 것이며, 요즘은 대부분의 트래픽이 기본적으로 암호화된다.

무선망을 포함해서 이더넷 트래픽 정보를 표시해 주는 와이어샤크Wireshark라는 오픈소스 프로그램을 이용하여 스니핑을 시도해 볼 수 있다. 수업 시간에 학생들이 강의보다 노트북과 휴대전화에 집중하는 것처럼 보일 때면 이따금 와이어샤크 사용법을 보여 준다. 비록 잠깐이기는 해도 확실히 학생들의 관심을 끌 수 있다.

이더넷에서 정보는 패킷으로 전송된다. **패킷**packet은 정확하게 정의된 형식으로 된 정보를 담고 있는 일련의 비트 또는 바이트다. 발신자가 정보를 패킷으로 싸서 보내면 수신자가 패킷을 열어서 정보를 확인할 수 있다. 패킷은 발신자 주소, 수신자 주소, 내용, 여러 가지 기타 정보가 표준 형식으로 구성돼 있는 우편 봉투(또는 아마도 엽서)로 적절히 비유할 수 있는데, 페덱스FedEx 같은 운송 회사에서 이용하는 표준화된 패키지를 떠올리는 것도 괜찮다.

패킷 형식과 내용의 세부 사항은 네트워크에 따라 크게 다르다. 이더넷 패킷(그림 III.3)은 6바이트로 된 출발지 주소와 목적지 주소, 몇 가지 기타 정보, 최대 1,500바이트의 데이터로 구성된다.

출발지 주소	목적지 주소	데이터 길이	데이터(46~1,500바이트)	오류 검사

그림 III.3 이더넷 패킷 형식

이더넷은 아주 크게 성공을 거둔 기술이다. 가장 먼저 상용 제품으로 만들어졌으며(제록스가 아니라 메트칼프가 설립한 회사인 쓰리컴3Com에 의해), 그간 수십억 대의 이더넷 장치가 많은 공급 업체에서 판매됐다. 최초의 이더넷은 3Mbps의 속도였지만, 요즘의 이더넷은 100Mbps에서 10Gbps까지 빨라졌다. 모뎀과 마찬가지로 처음 나온 이더넷 장치는 부피가 크고 비쌌지만, 오늘날 이더넷 인터페이스는 저렴한 단일 칩이다.

이더넷은 수백 미터 이내의 한정된 범위에서 작동한다. 원래 사용되던 동축 케이블은 표준 커넥터가 있는 8선 케이블로 대체되었다. 각 장치가 표준 커넥터로 '스위치'(또는 '허브')에 연결되면 이더넷 스위치는 들어오는 데이터를 다른 연결된 장치에 브로드캐스트한다. 데스크톱 컴퓨터에는 보통 이더넷 표준 커넥터를 연결할 수 있는 소켓이 있고, 이더넷의 작동 방식을 모방하는 무선 공유기와 케이블 모뎀 같은 장치에도 이러한 소켓이 있다. 이 소켓은 무선 네트워킹에 의존하는 최신 노트북에서는 거의 찾아볼 수 없다.

COMMUNICATIONS

057 와이파이는 상표 이름

이더넷에는 한 가지 중대한 결점이 있다. 바로 통신선이 필요하다는 점이다. 물리적인 선이 벽을 따라, 바닥 밑으로, 때로는 (개인적인 경험에서 이야기하자면) 복도를 가로질러, 계단을 따라 내려가서, 그리고 식당과 부엌을 통해 거실까지 구불구불 이어져야 한다. 따라서 이더넷에 연결된 컴퓨터는 자유롭게 이동하기 어려우며, 어딘가 기대어 노트북을 다리 위에 올려놓고 쓰고 싶다면 이더넷 케이블은 골칫거리가 된다.

다행히도 이를 해결할 방법이 있으니, 무선 통신을 이용하는 것이다. 무선 시스템은 무선 전자기파를 사용하여 데이터를 전송하므로 신호가 충분한 장소라면 어디서든 통신할 수 있다. 무선 네트워크의 범위는 보통 수십에서 수백 미터다. TV 리모컨에 사용되는 적외선과 달리 시선이 향하는 방향으로만 사용할 필요도 없다. 전파가 모든 물질은 아니어도 일부 물질을 통과할 수 있기 때문이다. 금속 벽과 콘크리트 바닥은 전파 간섭을 일으키므로 실제 범위는 야외에서보다 좁기는 하다. 다른 조건이 같다면 주파수가 높은 신호가 낮은 신호보다 일반적으로 더 많이 흡수된다.

무선 시스템은 전자기파를 이용하여 신호를 전달한다. 전자기파는 헤르츠Hz 단위로 측정되는 특정 주파수의 파동으로, 우리가 접하는 시스템에서는 라디오 방송국의 103.7MHz처럼 메가헤르츠MHz나 기가헤르츠GHz 단위일 가능성이 높다. 전자기파 변조 과정에서는 반송파carrier wave*에 정보 신

* (옮긴이) 통신에서 데이터 전송에 사용하는 높은 주파수의 파동을 뜻한다. 예를 들면, 목소리나 음악 같은 정보를 이보다 훨씬 높은 주파수 파동에 실어서 전자기파의 형태로 멀리 보낼 때 반송파가 필요하다.

호 패턴을 적용한다. 예를 들어, 진폭 변조Amplitude Modulation, AM는 정보를 전달하기 위해 반송파의 진폭 또는 강도를 변경하며 주파수 변조Frequency Modulation, FM는 반송파의 주파수를 중심 주파수 값 기준으로 변경한다. 수신된 신호의 강도는 송신기에서의 파워 레벨에 정비례하고 송신기에서 수신기까지 거리의 제곱에 반비례한다. 따라서 다른 수신기보다 두 배 멀리 떨어진 수신기는 받는 신호의 강도가 4분의 1에 불과하다.

무선 시스템은 사용할 수 있는 주파수 범위인 **스펙트럼**spectrum과 전송에 사용할 수 있는 전력량에 관한 엄격한 규칙에 따라 작동한다. 스펙트럼 할당은 당사자 간에 상충하는 요구사항이 많아서 열띤 논쟁이 벌어지는 영역이다. 미국에서는 스펙트럼이 FCCFederal Communications Commission 같은 정부 기관에 의해 할당되며, 국제 협약은 유엔 기구인 ITUInternational Telecommunication Union에 의해 조정된다. 미국에서는 사용 가능한 스펙트럼 공간이 새로 생기면(대부분 초단파very high frequency 대역이다) 일반적으로 FCC에서 주관하는 공개 경매를 통해 할당된다.

컴퓨터용 무선 표준은 IEEE 802.11이라는 공식 이름이 있지만, **와이파이**Wi-Fi라는 용어에 더 익숙할 것이다. 와이파이는 산업 단체인 와이파이 연합Wi-Fi Alliance의 등록 상표다. IEEE는 전기전자기술자협회Institute of Electrical and Electronics Engineers라는 전문가 단체로, 여러 가지 활동을 하지만 대표적으로 무선 통신을 비롯한 폭넓고 다양한 전자 시스템 표준을 수립한다. 802.11은 표준의 번호이며, 다양한 속도와 기반 기술에 따라 여남은 개 이상의 버전이 있다. 표준에서 제시한 명목상의 속도는 초당 기가비트에 달하지만, 실제 사용 환경에서 얻을 수 있는 속도는 여기에 미치지 못한다.

무선 장치는 디지털 데이터를 전파에 실어 전달하기에 적합한 형태로 인코딩한다. 일반적인 802.11 시스템은 이더넷처럼 작동하도록 패키지화되어 있다. 범위는 이더넷과 비슷하지만, 통신선을 놓고 경쟁할 필요가 없다는 차이가 있다.

무선 이더넷 장치는 2.4~2.5GHz, 5GHz, 또는 더 높은 주파수에서도 작동한다. 무선 장치가 모두 같은 좁은 주파수 대역을 사용한다면 경쟁이 발생한다. 더군다나 일부 무선 전화, 의료 장비, 심지어 전자레인지를 포함한 다른 장치도 동일한 과밀 대역을 사용한다.

그밖에 광범위하게 사용되는 세 가지 무선 시스템을 간략하게 살펴보자. 첫 번째는 블루투스Bluetooth로, 덴마크 왕 하랄드 블루투스Harald Bluetooth(935~985년경)의 이름을 딴 기술이다. 블루투스는 근거리 애드 혹ad hoc 통신*을 위해 만들어졌으며 802.11 무선 통신과 같은 2.4GHz 주파수 대역을 사용한다. 통신 범위는 파워 레벨에 따라 1~100m이며, 데이터 속도는 1~3Mbps이다. 블루투스는 낮은 전력 소비가 중요한 TV 리모컨, 무선 마이크, 이어버드, 키보드, 마우스, 게임 컨트롤러에 사용된다. 또한 자동차에서 전화를 핸즈프리로 받는 데도 사용된다.

RFIDRadio-Frequency Identification는 전자 도어록, 다양한 상품의 식별 태그, 자동 통행료 징수 시스템, 반려동물에 이식된 칩, 심지어 여권 같은 증명서에 사용되는 저전력 무선 기술이다. RFID 태그는 기본적으로 스트림(연속적으로 전송되는 흐름) 형태로 식별 정보를 브로드캐스트하는 소형 전파 수신기 및 송신기다. 수동 태그는 배터리가 없지만, RFID 센서의 신호를 수신하는 안테나를 통해 전력을 얻는다. 칩이 센서에 충분히 가까이 있을 때(보통 몇 cm 이내) RFID 칩은 식별 정보와 함께 응답을 보낸다. RFID 시스템은 다양한 주파수를 사용하지만, 13.56MHz가 일반적으로 사용된다.

* (옮긴이) 애드 혹(ad hoc)은 '즉석의', '임시방편의'라는 뜻이며, 애드 혹 네트워크는 유선 네트워크 환경에서 제공하는 통신 인프라의 지원을 받을 수 없는 곳에서 이동 단말기 간의 라우팅(네트워크 경로 설정) 절차만으로 데이터의 송수신을 수행하는 무선 네트워크를 뜻한다.

RFID 칩을 사용하면 물건과 사람의 위치를 조용히 모니터링할 수 있다. 반려동물에 칩을 삽입하기도 하는데, 우리 집 고양이도 잃어버렸을 때 식별할 수 있도록 칩을 이식해 두었다. 예상했겠지만 사람에게도 칩을 이식하자는 제안이 있었는데, 좋은 목적도 있었지만 나쁜 의도도 분명 있었다.

GPS는 자동차와 휴대전화 내비게이션 시스템에서 흔히 볼 수 있는 중요한 단방향 무선 시스템이다. GPS 위성은 정확한 시간과 위치 정보를 브로드캐스트하고, GPS 수신기는 3~4개의 위성으로부터 신호가 도착하는데 걸리는 시간을 사용해서 지상에서 자신의 위치를 계산한다. 그러나 GPS에는 수신기에서 위성으로 정보를 보내는 반환 경로가 없다. GPS가 어떤 방식으로든 사용자를 추적한다는 것은 흔히 알려진 오해다. 몇 년 전에 《뉴욕 타임스New York Times》에 이런 기사가 실렸다. "일부 '휴대전화'는 글로벌 포지셔닝 시스템, 즉 GPS에 의존한다. GPS 기술은 사용자가 있는 곳을 거의 정확히 찾아낼 수 있는 위성에 신호를 보낸다." 하지만 이는 틀린 정보다. GPS 기반 추적을 하려면 휴대전화 같은 지상 기반 시스템이 위치를 중계해 줘야 한다. 58일 차에서 설명하겠지만 휴대전화는 기지국과 끊임없이 통신하므로 전화가 켜져 있는 동안은 전화 회사가 사용자의 위치를 정밀하게 파악할 수 있다. 위치 서비스를 활성화하면 앱에서도 위치 정보를 이용할 수 있게 된다.

COMMUNICATIONS

058

휴대전화가 영어로 셀룰러폰인 이유

대부분의 사람들이 가장 흔히 접하는 무선 통신 시스템은 셀룰러폰 또는 휴대전화로, 요즘에는 보통 줄여서 '셀' 또는 '모바일'이라고 한다.* 휴대전화는 1980년대에는 거의 존재하지 않았지만, 이제 전 세계 인구의 절반 이상이 사용하는 기술이다. 휴대전화는 이 책에서 다루는 주제(하드웨어, 소프트웨어, 물론 통신까지 포함해서)와 연관된 흥미로운 연구 대상이며, 아울러 다양한 사회적, 경제적, 정치적, 법적 문제를 불러일으킨다.†

최초의 상용 휴대전화 시스템은 1980년대 초에 AT&T가 개발했는데, 당시에는 무겁고 부피가 컸다. 일례로 휴대전화 사용자가 안테나를 실은 자동차 옆에서 배터리를 넣은 작은 여행 가방을 들고 있는 광고도 있었다.

왜 휴대전화를 셀룰러폰이라고 부를까? 우선 휴대전화용 스펙트럼과 전파의 범위는 모두 제한되어 있어 지리적 영역을 가상의 육각형에 가까운 '셀'로 나눈다(그림 III.4). 각 셀에는 **기지국**base station이 있다. 기지국은 전화 시스템의 나머지 부분에 연결된다. 휴대전화는 가장 가까운 기지국과 통신하고, 한 셀에서 다른 셀로 이동할 때 진행 중인 통화는 이전 기지국에서 새 기지국으로 넘어간다.‡ 대체로 사용자는 이런 일이 일어난다는 사실을 모른다.

* (옮긴이) 이 부분('셀' 또는 '모바일')은 영어 표현에 해당하는 부분이지만 이하 설명의 '셀'과 연결되므로 남겨 두었다.

† Guy Klemens, *Cellphone: The History and Technology of the Gadget that Changed the World*, McFarland, 2010. 휴대전화 발전에 얽힌 역사적, 기술적 사실을 상세하게 다룬다. 어려운 부분도 있지만, 대부분 쉽게 이해할 수 있다. 당연하게 생각하는 시스템이 얼마나 놀라울 정도로 복잡한지 잘 묘사한다.

‡ (옮긴이) 셀과 셀 사이를 이동할 때 통화 연결을 유지하도록 처리하는 기능을 핸드오버(handover)라고 한다.

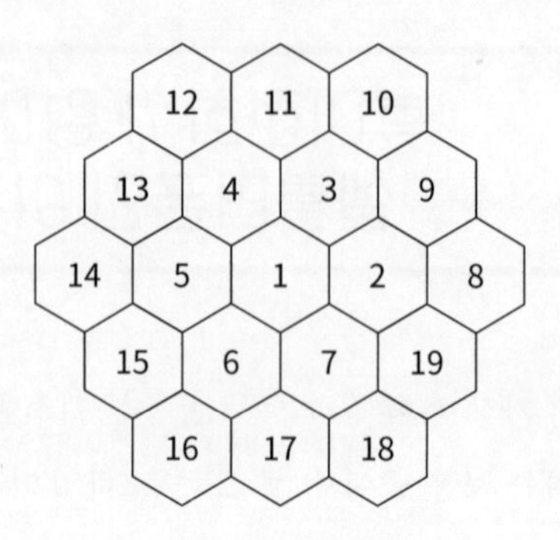

그림 III.4 휴대전화 셀

수신된 신호의 세기는 거리의 제곱에 비례하여 감소하므로, 일정 거리 이상 떨어진 두 셀에서는 서로 간의 간섭이 적어서 동일한 주파수 대역을 사용할 수 있다. 따라서 이러한 거리를 기준으로 나뉜 셀 구조에서 인접하지 않은 셀 간에는 스펙트럼에 포함된 주파수 대역을 큰 간섭 없이 재사용한다. 이 점을 이용해 제한된 스펙트럼을 효과적으로 사용하는 것이다. 예를 들어 그림 III.4 다이어그램에서 기지국 1은 기지국 2~7과 주파수를 공유할 수 없지만 기지국 8~19와는 공유할 수 있는데, 간섭을 피할 수 있을 정도로 멀리 떨어져 있기 때문이다. 안테나 패턴 같은 요인에 따라 세부 사항이 달라지므로 이 다이어그램은 현실과 다소 차이가 있다. 셀의 크기는 교통, 지형, 장애물 등에 따라 지름이 수백 미터에서 수십 킬로미터까지 다양하다.

휴대전화는 일반 전화망의 일부이지만, 전화선 대신 기지국을 통해 무선으로 연결된다. 휴대전화의 핵심은 이동성이다. 휴대전화는 사용자 움직임에 따라 고속으로 장거리 이동을 하기도 하고 아무런 경고 없이 새로운 위치에 나타나기도 하는데, 장시간 비행 후에 다시 켜질 때가 그렇다.

휴대전화 간에는 정보를 전달하기에는 대역폭이 제한된 좁은 무선 주파수 스펙트럼을 나눠 쓴다. 휴대전화는 배터리를 사용하므로 낮은 전파 세기로 작동해야 하며, 다른 기기와 간섭이 일어나지 않도록 송신 파워가 법으로 제한된다. 배터리가 클수록 지속 시간이 길어지지만, 전화가 더 크고 무거워진다. 이는 휴대전화 설계자가 고려해야 하는 또 다른 트레이드오프다.

휴대전화 시스템은 전 세계 다양한 지역에서 서로 다른 주파수 대역을 사용하지만, 일반적으로 900MHz와 1,900MHz 근처 대역이 이용된다. 5G 같은 새로운 휴대전화 표준은 훨씬 높은 주파수를 사용한다. 각 주파수 대역은 여러 채널로 나뉘고, 통화에는 각 방향(휴대전화에서 기지국으로, 기지국에서 휴대전화로)마다 채널이 한 개씩 사용된다. 셀 안에 있는 모든 휴대전화가 신호 전송용 채널을 공유하고, 일부 시스템에서는 이 채널을 문자 메시지와 데이터 송수신 용도로도 사용한다.

각 휴대전화에는 IMEIInternational Mobile Equipment Identity, 국제 모바일 기기 식별코드라는 15자리 고유 식별 번호가 있는데, 이는 이더넷 주소와 비슷하다. 휴대전화가 켜지면 식별 번호를 브로드캐스트하고, 가장 가까운 기지국이 그 정보를 받아 홈 시스템home system*을 통해 전화 유효성을 검사한다. 휴대전화 위치가 여기저기 이동하면 기지국이 그 위치를 홈 시스템에 보고함으로써 전화의 위치 정보를 최신 상태로 유지한다. 누군가가 전화를 걸면 홈 시스템은 현재 어느 기지국이 그 전화와 접촉하고 있는지 알 수 있다.

휴대전화는 가장 강한 신호를 내는 기지국과 통신한다. 휴대전화는 기지국에 가까이 있을 때 더 적은 전력을 사용하도록 지속적으로 파워 레벨을 조정한다. 이렇게 하면 배터리를 더 오래 유지하고 다른 휴대전화에 대한 간섭을 줄일 수 있다. 기지국과 연결을 유지하기만 할 때는 통화할 때보다 전력이 훨씬 적게 든다. 그래서 대기 시간은 일 단위로 측정되는 반

* (옮긴이) 사용자가 가입한 통신사의 이동 통신 시스템으로, 가입자 정보를 관리하고 전화망 간의 통신을 담당한다.

면 통화 시간은 시간 단위로 측정되는 것이다. 하지만 휴대전화가 신호가 약하거나 존재하지 않는 영역에 있으면 부질없이 기지국을 찾느라 배터리를 더 빨리 소모할 것이다.

모든 휴대전화는 데이터 압축을 통해 신호를 최대한 적은 수의 비트로 줄인 다음, 오류 수정 정보를 추가한다. 이 정보는 노이즈가 심한 무선 채널을 통해 간섭을 받으면서 데이터를 보낼 때 불가피하게 발생하는 오류에 대처하기 위해 필요하다. 곧 이에 대해 다시 살펴볼 것이다.

휴대전화는 정치, 사회적 문제를 야기한다. 그중 하나는 스펙트럼 할당이다. 미국은 정부에서 할당된 주파수 사용을 대역당 최대 두 회사로 제한한다. 따라서 스펙트럼은 귀중한 자원이다. 2020년 스프린트Sprint와 T-모바일T-Mobile의 합병을 뒷받침한 원동력 중 하나는 두 회사로 나누어 보유하는 것보다 스펙트럼을 더 잘 활용할 수 있을 것이라는 점이었다.

셀 타워(셀룰러 기지국)의 위치 때문에 갈등이 발생하기도 한다. 휴대전화 셀 타워는 옥외 구조물로서 미관상 보기 좋은 편은 아니다. 예를 들어 그림 III.5는 나무로 어설프게 위장한 셀 타워 '프랑켄파인Frankenpine'*을 보여 준다. 많은 지역 사회 주민들은 고품질의 전화 서비스를 원하면서도 생활 영역에 이러한 구조물이 있는 것을 원하지는 않는다.

그림 III.5 나무로 위장한 셀 타워

휴대전화 트래픽은 통상 **스팅레이** stingray라고 알려진 장치를 사용한 표적

* (옮긴이) 프랑켄슈타인(Frankenstein)과 소나무(pine)의 합성어다.

공격에 취약하다. 이 명칭은 '스팅레이StingRay'라는 상용 제품의 이름을 딴 것이다. 스팅레이는 셀 타워를 모방하여 작동해서 근처에 있는 휴대전화가 실제 셀 타워 대신 자신과 통신하도록 한다. 이 장치는 수동적 감시 또는 휴대전화에 대한 적극적 공격(중간자 공격) 목적으로 사용될 수 있다. 앞서 말했듯이 휴대전화는 가장 강한 신호를 보내는 기지국과 통신하도록 설계됐다. 따라서 스팅레이는 근처에 있는 셀 타워보다 강한 신호를 전달할 수 있는 좁은 영역에서 효력을 발휘한다.

미국의 지역 법 집행 기관은 스팅레이 장치를 점점 더 많이 사용하는 듯하지만, 사용을 숨기거나 적어도 언론에 드러나지 않게 하려고 노력해 왔다. 법 집행 기관이 잠재적인 범죄 활동에 대한 정보를 수집하기 위해 스팅레이를 사용하는 것이 합법적인지는 결코 확실하지 않다.*

사회적으로 보면 휴대전화는 삶의 많은 측면에 혁신을 일으켰다. 이제 휴대전화는 통화보다 온갖 다른 기능에 더 많이 사용된다. 화면이 작기는 해도 웹 브라우징, 메일, 쇼핑, 엔터테인먼트, SNS 기능을 손쉽게 사용할 수 있어 주된 인터넷 접근 수단이 됐다. 게다가 높은 휴대성을 유지하면서도 성능이 꾸준히 향상되어 노트북과 기능이 일부 통합되고 있다. 또한 휴대전화는 다른 장치의 기능을 흡수했는데, 여기에는 시계, 주소록, 카메라, GPS 내비게이션, 건강 추적기, 음성 녹음기, 음악 및 영화 플레이어 등이 포함된다.

휴대전화로 영화를 다운로드하려면 많은 대역폭이 필요하다. 휴대전화 사용이 늘어남에 따라 기존 통신 업체의 부담은 계속 증가할 것이다. 미국의 이동통신사 데이터 요금제의 경우 사용량에 따라 요금을 책정하며 대역폭을 제한한다. 표면적으로는 영화 콘텐츠를 많이 다운로드하는 대역폭

* 스팅레이를 이용하여 획득한 증거를 미국 연방 법원 판사가 인정하지 않은 바 있다. *www.reuters.com/article/us-usa-crime-stingray-idUSKCN0ZS2VI*

독점 사용자를 저지하려는 목적이지만, 대역폭 제한은 트래픽 사용량이 적을 때도 적용된다.

또한 휴대전화의 셀룰러 연결을 통해 컴퓨터가 인터넷에 연결할 수 있게 해주는 **핫스팟**hotspot 용도로 휴대전화를 사용할 수도 있다. 이 기능은 '테더링tethering'이라고도 한다. 핫스팟을 이용할 때도 대역폭을 많이 사용할 수 있으므로 이동통신사는 대역폭 제한과 추가 요금을 적용하기도 한다.

COMMUNICATIONS 059

3G, LTE, 4G, 5G

데이터 전송 최대 속도는 네트워크에서 가장 느린 연결 부분의 영향을 받는다. 트래픽은 여러 곳에서 느려질 수 있는데, 이런 병목 현상은 보통 연결 부분 자체에서 발생하거나 데이터가 지나가는 경로에 있는 컴퓨터의 처리 과정에서 흔히 일어난다. 빛의 속도 또한 데이터 전송 속도를 제한하는 요인이다. 신호는 진공 상태에서 초당 3억 미터로 전파되지만(그레이스 호퍼가 자주 언급했던 것처럼 1나노초에 약 30cm) 전자 회로에서는 더 느리게 전파되므로, 다른 지연 요인이 없더라도 한곳에서 다른 곳으로 신호가 전달되는 데 시간이 더 걸린다. 진공 상태에서 빛의 속도로 미국 동쪽 해안에서 서쪽 해안까지(4,000km) 이동하는 데 걸리는 시간은 약 13밀리초다. 비교하자면, 인터넷에서 신호가 같은 경로로 이동하는 데 일반적으로 걸리는 시간은 약 40밀리초다. 미국 동쪽 해안에서 파리까지는 약 50밀리초, 시드니까지는 110밀리초, 베이징까지는 140밀리초가 걸린다. 걸리는 시간이 물리적 거리에 반드시 비례하지는 않는다.

우리는 일상생활에서 다양한 대역폭을 접한다. 내가 사용한 첫 번째 모뎀은 110bps(비트/초)로 작동했는데, 기계식 타자기 같은 장치로 입력하는 속도에 적절히 대응할 만한 수준이었다. 802.11을 지원하는 가정용 무선 시스템은 이론상 최대 600Mbps까지 작동할 수 있지만, 실제 속도는 훨씬 낮을 것이다. 유선 이더넷은 일반적으로 1Gbps다. 인터넷 서비스 제공업체가 광케이블을 사용한다면 여러분의 집과 인터넷 서비스 제공 업체 간 케이블 연결은 초당 수백 메가비트일 수 있다. 인터넷 서비스 제공 업체는 이론상 100Gbps 이상을 제공할 수 있는 광케이블을 통해 인터넷의 다른 부분과 연결된다.

휴대전화 기술은 매우 복잡하며, 더 높은 대역폭을 확보하기 위해 끊임없이 변화한다. 휴대전화는 유효 대역폭을 평가하기 어려울 정도로 복잡한 환경에서 작동한다. 요즘의 휴대전화는 대부분 4G(4세대)라는 표준을 사용하며, 산업 전반적으로 다음 세대인 5G로 옮겨 가는 중이다. 3G 전화도 아직 존재하지만 미국에서는 멸종 상태에 접어든 것으로 보인다. 최근에 이동통신사에서 문자 메시지로 내 휴대전화 하나가 1년 내로 작동하지 않을 거라고 경고하기도 했다.

4G 휴대전화는 자동차나 기차처럼 이동하는 환경에서는 약 100Mbps, 정지되어 있거나 느리게 움직이는 환경에서는 1Gbps를 제공한다. 이 속도는 실제로 그렇다기보다는 희망 사항이며, 통신 회사가 낙관적인 광고에 주로 이용한다. 그래도 내 4G 휴대전화는 메일 확인, 가끔 하는 웹 브라우징, 대화형 지도 사용처럼 가벼운 작업을 할 때는 속도가 충분하다.

여러분은 가끔 4G LTE라는 용어를 보았을 것이다. LTE는 Long-Term Evolution의 약자로 '장기적인 진화'라는 뜻이며, 표준은 아니고 3G에서

4G로 가는 과정을 말하는 일종의 로드맵이다. 이 단계에 있는 휴대전화는 적어도 4G를 향해 가고 있음을 보여 주기 위해 '4G LTE'라는 메시지를 표시하기도 한다.*

5G는 2019년에 처음으로 서비스되기 시작했다. 5G 표준을 사용하는 휴대전화는 기존 표준보다 더 높은 대역폭을 제공한다. 적어도 적절한 거리에서 적절한 장비에 연결된다면 말이다. 5G의 명목상 속도 범위는 50Mbps에서 10Gbps까지 달한다. 5G 휴대전화는 최대 세 개의 주파수 대역을 사용하며, 낮은 두 개 대역은 4G에도 사용되는 것이라서 이 대역에서는 4G와 유사하다. 대신 근거리 연결(약 100m)에서는 그보다 훨씬 높은 주파수를 사용함으로써 높은 속도를 구현한다. 또한 5G는 일정한 면적 내에서 훨씬 많은 장치를 연결할 수 있는데, 사물인터넷 장치가 5G를 사용하기 시작함에 따라 활용 폭이 넓어질 것으로 기대된다.

COMMUNICATIONS

060 ZIP 파일로 압축할 때

가용 메모리와 대역폭을 더 효율적으로 활용하는 한 가지 방법은 데이터를 압축하는 것이다. 압축의 기본 아이디어는 군더더기 정보, 즉 연결 부분의 반대쪽에서 데이터를 수신했을 때 재현하거나 유추할 수 있는 정보는 저장하거나 보내지 않는 것이다. 압축의 목표는 같은 정보를 더 적은 비트로 인코딩하는 것이다. 어떤 비트는 아무 정보도 전달하지 않아서 완전히

* 4G와 LTE를 잘 설명한 글: *www.digitaltrends.com/mobile/4g-vs-lte*.

제거할 수 있다. 일부 비트는 다른 비트에서 계산될 수 있어 버리기도 한다. 수신자에게 중요하지 않기 때문에 버려도 무방한 비트도 있다.

영어 텍스트를 고려해 보자. 영어에서도 모든 문자가 같은 빈도로 나타나지 않는다. e가 가장 흔하며, 그다음에 대략 t, a, o, i, n 순서로 자주 나온다. z, x, q는 훨씬 적게 사용된다. 텍스트를 아스키코드로 표현할 때 문자 하나는 1바이트, 즉 8비트를 차지한다. 비트를 아끼는 한 가지 방법은 7비트만 사용하는 것이다. 미국 아스키코드에서 8번째 비트(즉, 가장 왼쪽 비트)는 항상 0이므로 아무 정보도 전달하지 않는다.

한 단계 나아가서, 가장 흔히 나타나는 문자에는 더 적은 비트를 사용하고, 자주 사용되지 않는 문자에는 더 많은 비트를 사용하면 총 비트 수를 대폭 줄일 수 있다. 모스 부호morse code가 취하는 방식과 비슷하다. 모스 부호에서는 자주 쓰이는 문자 e를 하나의 점으로, t를 하나의 대시로 인코딩하지만 드물게 쓰이는 q는 대시-대시-점-대시로 인코딩한다.

좀 더 구체적인 예를 보자. 《오만과 편견》 원문에 포함된 텍스트는 121,000단어 또는 680,000바이트를 약간 웃돈다. 가장 흔한 문자는 단어 사이의 공백으로, 거의 110,000개가 있다. 다음으로 흔한 문자는 e(68,600번), t(45,900번), a(31,200번)이다. 가장 드물게 사용되는 문자를 보면 대문자 Z는 세 번 나오고 X는 한 번도 나오지 않는다. 소문자 중에서는 j(551번), q(627번), x(839번) 순서로 드물게 등장한다. 만약 공백 문자와 e, t, a 각각에 2비트를 사용했다면 분명히 많은 비트를 절약할 수 있고, X, Z와 나머지 드물게 나타나는 문자에 8비트 이상을 사용한다 해도 문제되지 않는다. 허프만 코딩huffman coding이라는 알고리즘은 이러한 처리를 체계적으로 수행하여 개별 문자를 인코딩하는 가장 효율적인 압축 방법을 찾는다. 허프만 코딩을 사용해서 《오만과 편견》을 압축하면 원래보다 44% 줄어든

390,000바이트가 되는데, 평균적으로 한 문자에 약 4.5비트가 할당된 셈이다.

단일 문자보다 큰 덩어리, 예를 들어 단어나 구 단위로 압축하고 원래 문서의 특성에 따라 조정하면 더 나은 결과를 얻는다. 이를 잘 수행하는 여러 알고리즘이 있다. 널리 사용되는 ZIP 압축 알고리즘은 《오만과 편견》을 64% 줄여서 249,000바이트로 압축한다. 유닉스 프로그램인 bzip2는 175,000바이트까지 줄이는데, 원래 크기의 겨우 4분의 1 정도다.

이미지도 압축할 수 있다. 가장 흔한 압축 형태는 GIFGraphics Interchange Format와 PNGPortable Network Graphics 두 가지이다. 둘 다 주로 텍스트, 선 그림, 또는 단색 블록으로 구성된 이미지에 사용하려고 만들어진 포맷이다. GIF는 256색만 지원하지만, PNG는 1천6백만 색 이상을 지원한다. 둘 다 사진 이미지용은 아니다.

이상의 기술은 모두 **무손실 압축**lossless compression을 수행한다. 무손실 압축 기법에서는 압축해도 정보가 소실되지 않으므로 압축을 풀면 원본 소스가 정확하게 복원된다. 바로 와닿지 않을 수 있지만, 원본 입력을 정확히 재현하지 않아도 되는 상황도 있다. 다시 말해 원본에 근접한 형태여도 충분한 것이다. 이러한 상황에서는 **손실 압축**lossy compression 기술을 사용하면 훨씬 나은 결과를 얻을 수 있다.

손실 압축은 사람들이 보거나 듣는 콘텐츠를 압축하는 데 가장 흔히 사용된다. 디지털카메라로 찍은 이미지를 압축한다고 생각해 보자. 사람의 눈으로는 서로 가까이 있는 색상을 구별하지 못하므로 입력된 것과 정확히 같은 색상을 보존하지 않아도 된다. 따라서 더 적은 수의 색상으로도 충분히 표현할 수 있기 때문에 이미지를 더 적은 비트로 인코딩한다. 마찬가지로 일부 미세한 세부 정보는 버린다. 최종 이미지는 원본만큼 선명하지는 않겠지만, 눈으로 봐서는 차이를 알아차리지 못하기 때문이다. 미세한 밝기 변화도 마찬가지다. 어디서나 사용되는 JPG 이미지를 생성하는 JPEG 압축 알고리즘은 이런 방법을 사용해서 원본 이미지를 10분의 1 이하로 압축하는데, 육안으로 큰 품질 저하는 알아챌 수 없다.* JPEG을 생성하는 프로그램 대부분은 압축 정도를 조정할 수 있다. 이때, 고품질은 적게 압축하는 것을 뜻한다.

그림 III.6은 그림 I.12(38쪽)를 다시 가져온 것으로, PNG 압축을 사용하기 적합한 이미지의 한 가지 예다. 가로가 약 5cm인 PNG 이미지의 용량은 10KB 정도이다. 한편 원본 이미지를 JPEG으로 압축한 버전은 25KB이며, 확대해서 보면 원본에 없는 시각적 아티팩트(결함 요소)가 분명히 보인다. 반면에 사진 이미지라면 JPEG으로 더 잘 압축될 것이다.

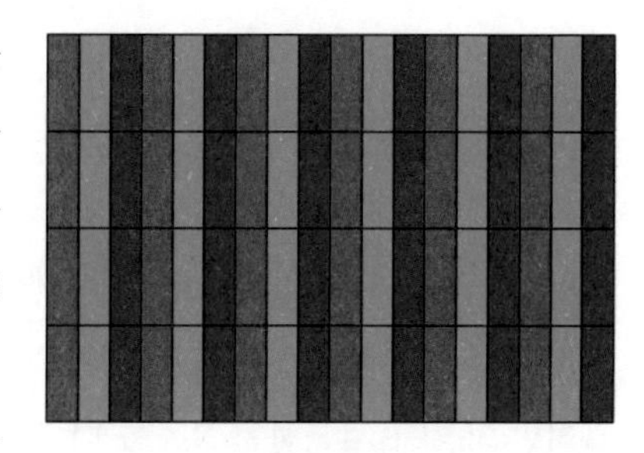

그림 III.6 RGB 픽셀

영화와 TV를 압축하기 위한 MPEG 계열의 알고리즘도 사람의 인지 능력의 한계를 이용한 기법이다. MPEG은 개별 프레임을 JPEG처럼 압축할 뿐만 아니라 한 프레임에서 다음 프레임으로 갈 때 크게 변하지 않는 일련의 블록을 압축한다. 움직임의 결과를 예측하여 변경 사항만 인코딩할 수 있고, 심지어 정적인 배경에서 움직이는 전경을 분리하고 배경에 더 적은 비트를 사용하여 압축하기도 한다.

MP3와 그 뒤를 이은 기술인 AAC는 MPEG의 오디오 부분으로, 음향을 압축하기 위한 **지각 부호화**perceptual coding 알고리즘이다. 무엇보다도 이런

* JPEG의 작동 방식을 실제 사례와 함께 설명하는 글: *parametric.press/issue-01/unraveling-the-jpeg*

알고리즘은 시끄러운 소리가 조용한 소리를 가리고, 사람의 청각이 약 20kHz(이 수치는 나이가 들수록 떨어진다)보다 높은 주파수를 들을 수 없는 점을 이용한다. MP3나 AAC 인코딩은 일반적으로 표준 CD 오디오를 약 10배 비율로 압축한다.

휴대전화도 압축 기술을 많이 사용한다. 음성은 다른 임의의 소리보다 훨씬 더 많이 압축할 수 있다. 주파수 범위가 좁고, 말하는 사람에 따라 성도vocal tract(목소리가 몸 밖으로 나오기까지 거치는 통로)를 다르게 모델링할 수 있기 때문이다. 각 사람의 특성을 이용해 음성 신호에서 불필요한 성분을 제거해 압축 효율을 더 높인다.

어떤 형태든 압축 알고리즘에 담긴 아이디어는 나중에 사용될 가능성이 있는 정보를 전혀 전달하지 않는 비트를 줄이거나 없애는 것이다. 이렇게 하려면 더 자주 발생하는 요소를 더 적은 비트로 인코딩하고, 자주 나타나는 일련의 정보에 대한 사전을 만들고, 반복되는 요소는 그 횟수와 함께 인코딩하면 된다. 무손실 압축을 이용하면 원본을 완벽하게 재구성할 수 있다. 손실 압축은 수신자에게 필요하지 않은 일부 정보를 버리는 것으로, 품질과 압축률 간 트레이드오프가 발생한다.

또 다른 트레이드오프를 고려해야 하는 경우도 있다. 압축할 때의 속도 및 복잡도와 압축 해제할 때의 속도 및 복잡도를 비교하는 것이 하나의 예다. 디지털 TV 영상이 블록 모양으로 깨지거나 음향이 이상하게 들리는 것은 압축 해제 알고리즘이 어떤 입력 오류 상태를 회복하지 못해서 발생하는데, 아마 다음 데이터가 충분히 일찍 도착하지 않았기 때문일 것이다. 마지막으로, 어떤 알고리즘을 사용하든 일부 입력은 크기가 줄어들지 않는데, 더 이상 압축할 정보가 없는데도 압축 알고리즘을 거듭하는 경우가 그렇다. 오히려 불필요한 정보가 추가되어 크기가 더 커지는 경우도 있다.

압축은 엔터테인먼트 소재로 쓰이기도 했다. HBO TV 시리즈인 〈실리콘밸리Silicon Valley〉는 2014년에 처음 방송되고 6시즌 동안 53개 에피소드가 방영되었다. 이 드라마는 새로운 압축 알고리즘을 발명한 주인공이 자신의 아이디어를 훔치려는 대형 회사와 맞서 싸우면서 자신이 만든 스타트업 회사를 지키려는 이야기를 바탕으로 한다.

COMMUNICATIONS 061 오류를 검출하고 수정하는 알고리즘

압축이 군더더기 정보를 제거하는 과정이라면, 오류 검출과 수정은 오류를 검출하고 수정까지 할 수 있게 하는, 신중하게 제어된 여분의 정보를 추가하는 과정이다.

몇 가지 흔히 사용되는 번호는 여분의 정보를 따로 포함하고 있지 않아서, 오류가 있거나 유효하지 않은 숫자임을 감지할 수 없다. 예를 들어, 미국 사회보장번호는 아홉 자리인데, 숫자 아홉 개를 아무렇게나 나열해도 적법한 번호가 된다(의심스러운 누군가 사회보장번호를 물어볼 때는 그냥 지어내라). 하지만 여분의 숫자를 추가하거나 가능한 값을 제한한다면 오류를 검출할 수 있다.

신용카드와 현금인출카드 번호는 16자리이지만, 16자리 숫자라고 해서 모두 유효하지는 않다. 이런 번호는 체크섬checksum 알고리즘을 이용한다. 1954년에 IBM에서 근무하던 한스 피터 룬Hans Peter Luhn이 발명한 알고리즘으로, 단일 숫자 오류와 자리 바뀜 오류(두 숫자가 서로 바뀜)를 대부분 검출한다.* 이 오류들은 실제 발생하는 오류 중 가장 흔하다.

체크섬 알고리즘은 간단하다. 가장 오른쪽 숫자에서 시작하여 왼쪽으로 가면서 각 숫자에 1과 2를 번갈아 곱한다. 만약 곱해서 나온 값이 9보다 크면 거기에서 9를 뺀다. 그렇게 계산된 각 자리 숫자들을 더했을 때 합계가 10으로 나누어떨어져야 한다. 자신의 카드 번호로 테스트해 보고, 카드사에서 광고에 사용하는 번호인 4417 1234 5678 9112로 테스트해 보자. 이 번호로 테스트하면 결과가 9이므로 유효한 번호가 아니지만, 마지막 숫자를 3으로 변경하면 유효한 번호가 된다.

이외에도 책마다 부여되는 번호인 10자리 또는 13자리 ISBNInternational Standard Book Number, 국제 표준 도서 번호에도 유사한 알고리즘을 사용하여 오류를 막아 주는 체크섬이 있다.

이러한 알고리즘은 특수 목적으로 사용되고 십진수에 맞춰져 있다. **패리티 코드**parity code는 비트에 적용되는 범용 오류 검출 기법의 가장 간단한 예다. 하나의 부가적인 **패리티 비트**parity bit가 각 비트 그룹에 붙는다. 가령 패리티 비트의 값은 그룹 내에서 값이 1인 비트의 총 개수가 짝수가 되도록 선택된다. 그런 식으로 해서, 단일 비트 오류가 발생하면 수신자는 1인 비트가 홀수 개인 것을 보고 무언가 손상되었음을 알게 된다. 물론 이것으로는 어느 비트에 오류가 있는지 식별하지는 못하며, 두 개의 오류가 발생하면 검출할 수도 없다.

예를 들어, 표 III.1은 영어 대문자 첫 여섯 개의 아스키코드를 이진수 값으로 보여 준다. 짝수 패리티 열에는 패리티를 짝수로 만들기 위해(각 바이트에 1인 비트가 짝수 개 있도록 하려고) 사용되지 않는 가장 왼쪽 비트가 패리티 비트로 바뀌어 있다. 반면 홀수 패리티 열에는 각 바이트에 1인

* (옮긴이) 룬 알고리즘(Luhn algorithm)이라고도 한다. 지적 재산권 보호 기간이 끝난 퍼블릭 도메인(자유 이용) 저작물에 속하며 오늘날 널리 사용된다. *ko.wikipedia.org/wiki/룬_알고리즘*

비트가 홀수 개 있다. 이들 중 어느 하나의 비트 값이 바뀌면 그 바이트는 패리티가 틀리게 되며, 오류를 검출할 수 있다. 비트 몇 개를 더 사용한다면 이 코드로 단일 비트 오류를 수정하는 것도 가능하다.

문자	원본	짝수 패리티	홀수 패리티
A	01000001	01000001	11000001
B	01000010	01000010	11000010
C	01000011	11000011	01000011
D	01000100	01000100	11000100
E	01000101	11000101	01000101
F	01000110	11000110	01000110
...			

표 III.1 짝수와 홀수 패리티 비트를 추가한 아스키코드 문자

오류 검출과 수정은 컴퓨팅과 통신 분야에서 폭넓게 사용된다. 오류 수정 코드는 임의의 이진 데이터에 사용되지만, 발생 가능한 다양한 오류의 종류에 따라 서로 다른 알고리즘이 선택된다. 예를 들어, 어떤 주기억 장치는 패리티 비트를 사용하여 임의 위치에서 발생하는 단일 비트 오류를 검출한다. CD와 DVD에서는 연속적으로 손상된 비트를 수정하는 코드가 사용된다. 휴대전화는 짧게 집중적으로 발생하는 노이즈 신호에 대처한다. 그림 III.7과 같은 QR 코드는 많은 오류 수정 기능을 갖춘 2차원 바코드다. 압축과 마찬가지로 오류 검출로도 모든 문제를 해결할 수는 없다. 어떤 오류는 항상 그 정도가 너무 심각해서 검출하거나 수정하는 게 불가능하다.

그림 III.7 내 홈페이지(http://www.kernighan.com) QR 코드

COMMUNICATIONS

062 요약

스펙트럼은 무선 통신 시스템에서 대단히 중요한 자원이며, 수요에 비해 결코 충분하지 않다. 당사자들은 스펙트럼 공간을 놓고 경쟁하며, 방송사와 전화 회사처럼 기득권을 쥔 이해관계자는 변화에 저항한다. 여기에 대처하는 한 가지 방법은 기존 스펙트럼을 더 효율적으로 사용하는 것이다. 휴대전화는 원래 아날로그 인코딩 방식이었지만, 아날로그 시스템은 훨씬 적은 대역폭을 사용하는 디지털 시스템으로 교체되면서 오래전에 사용이 중단됐다. 때로는 기존 스펙트럼을 다른 용도로 사용하기도 한다. 일례로 미국에서는 2009년에 방송을 디지털 TV로 전환하면서 다른 서비스들이 서로 경쟁할 만큼 대단위의 유휴 스펙트럼 공간이 생겼던 바 있다. 마지막으로, 더 높은 주파수를 사용할 수도 있지만, 높은 주파수는 보통 범위가 더 좁다. 유효 범위는 주파수의 제곱에 반비례하는데, 이는 2부 알고리즘 복잡도에서 보았던 2차 관계가 적용되는 또 다른 예다(여기서는 N^2분의

1이다).

무선은 브로드캐스트 매체이므로 누구든지 엿들을 수 있다. 암호화만이 접근을 통제하고 전송 중인 정보를 보호하는 유일한 방법이다. 802.11 네트워크의 무선 암호화에 대한 기존 표준인 WEPWired Equivalent Privacy는 심각한 약점이 있음이 드러났고, WPAWi-Fi Protected Access 같은 최신 암호 표준이 더 우수하다. 어떤 이들은 여전히 암호화가 전혀 되지 않은 개방형 네트워크를 운영한다. 이 경우 근처에 있는 누구나 통신을 엿들을 수 있을 뿐 아니라 무선 서비스를 무료로 사용할 수 있다. 들리는 바로는 사람들이 도청과 통신 무임승차 같은 위험에 더 민감해지면서 요즘은 개방형 네트워크 수가 몇 년 전보다 훨씬 적다고 한다.

카페, 호텔, 공항 등에서 제공되는 무료 와이파이 서비스는 예외다. 예를 들어, 카페 주인은 고객이 노트북을 사용하면서 오래 머물러 있기를(그리고 비싼 커피를 주문하기를) 바란다. 사용자가 암호화를 사용하지 않는다면 이러한 네트워크를 통해 전달되는 정보는 모두에게 공개되는 데다, 모든 서버가 요청에 따라 통신을 암호화하지는 않을 것이다. 더군다나 개방형 무선 액세스 포인트*가 모두 적법한 것은 아니며, 때로는 순진한 사용자를 함정에 빠뜨리려는 목적으로 설치되기도 한다. 공개된 네트워크에서는 민감한 정보가 오가는 작업을 해서는 안 되며, 알 수 없는 액세스 포인트를 사용할 때는 특히 주의해야 한다.

유선 연결은 언제까지나 배후의 주요 네트워크 구성 요소로 남을 텐데, 높은 대역폭과 긴 통신 거리가 주된 이유다. 하지만 제한된 스펙트럼과 대역폭에도 불구하고 미래의 네트워킹에서는 무선 연결이 눈에 더 많이 띌 것이다.

* (옮긴이) 무선 액세스 포인트(Wireless Access Point, WAP) 또는 액세스 포인트(AP)는 와이파이를 이용하는 무선 장치를 유선 네트워크에 연결할 수 있게 하는 장치를 뜻한다.

COMMUNICATIONS

063 표준과 프로토콜의 세계, 인터넷

LO

– 첫 번째 아파넷(ARPANET) 메시지, 1969*

앞에서 이더넷과 무선 네트워크 같은 로컬 네트워크 기술을 다뤘다. 전화 시스템은 전 세계의 전화기를 연결한다. 그럼 전 세계의 컴퓨터를 연결하려면 어떻게 해야 할까? 가령 한 로컬 네트워크를 다른 로컬 네트워크와 연결하거나(아마도 건물 내 이더넷을 모두 연결하려고), 우리 집의 컴퓨터를 옆 동네 건물에 있는 컴퓨터와 연결하거나, 캐나다에 있는 회사 네트워크를 유럽에 있는 회사 네트워크와 연결하기 위해 확장하려면 어떻게 해야 할까? 기반 네트워크가 서로 다른 기술을 사용한다면 어떻게 제대로 연결할 수 있을까? 시간이 흐르면서 더 많은 네트워크와 사용자가 연결되고, 통신 거리가 더 늘어나며, 장비와 기술이 변화함에 따라 전체 네트워크가 매끄럽게 확장되도록 하려면 어떻게 해야 할까?

인터넷은 이러한 질문에 대한 한 가지 답이었고, 많은 목적에 '해답'을 제시했을 정도로 매우 성공적이었다. 인터넷은 거대한 네트워크도 거대한 컴퓨터도 아니다. 인터넷은 느슨하고 체계가 없으며 혼란스럽고 임시적인 네트워크 모음으로, 네트워크와 그 위에 있는 컴퓨터가 서로 통신하는 방법을 규정하는 표준으로 묶여 있다.

물리적 특성이 서로 다르고(광섬유, 이더넷, 무선 등) 서로 멀리 떨어져

* 1969년 10월 29일에 UCLA에서 스탠퍼드 연구소(Stanford Research Institute)로 발송됐다. 원래 보내려던 메시지는 LOGIN이었지만, 시스템 충돌(crash)이 발생했다.

있기도 한 네트워크를 어떻게 연결할까? 우선 네트워크와 컴퓨터를 식별하기 위해서 이름과 주소가 필요한데, 전화번호부로 이름과 전화번호를 찾는 것과 유사하다. 다음으로, 직접 연결되지 않은 네트워크 사이의 경로를 찾을 수 있어야 한다. 정보가 이동함에 따라 그 형식을 어떻게 바꿀 것인지, 또한 오류, 지연, 과부하에 대처하는 방법 등 여러 가지 다소 불분명한 문제에 대해서도 합의가 필요하다. 이러한 합의 없이는 통신이 어려워지거나 불가능해질 수도 있다.

모든 네트워크에서, 특히 인터넷에서 오는 데이터를 어떤 형식으로 구성할지, 누가 먼저 말할 것이고 어떤 응답이 이어질 수 있는지, 오류를 어떻게 처리할지 등에 대한 합의는 **프로토콜**protocol로 처리된다. 프로토콜은 일반적인 대화에서 이루어지는 약속과 어느 정도 비슷하다. 즉, 상대방과 소통하기 위한 일련의 규칙이다. 하지만 네트워크 프로토콜은 사회적 관습이 아닌 기술적 고려 사항에 바탕을 두며, 사회 조직에 적용되는 가장 엄격한 규칙보다도 훨씬 더 엄밀하게 정의된다.

잘 이해되지 않을 수도 있지만, 인터넷에서는 그런 규칙이 반드시 필요하다. 정보를 형식화하는 방법, 컴퓨터 간에 정보를 교환하는 방법, 컴퓨터를 식별하고 인가(접근 권한을 부여)하는 방법, 무언가 실패했을 때 해야 할 일 등에 대한 프로토콜과 표준에 모두 동의해야 한다. 프로토콜과 표준에 합의하는 일은 복잡할 수 있는데, 많은 기득권 세력이 존재하기 때문이다. 여기에는 장비를 만들거나 서비스를 판매하는 회사, 특허나 영업 비밀을 보유한 단체, 국경을 넘어 전송되거나 시민들 간에 전달되는 정보를 감시하고 통제하고자 하는 정부까지 포함된다.

무선 서비스 스펙트럼처럼 일부 자원은 공급이 부족하다. 웹사이트의 이름도 무정부 상태로는 관리할 수 없다. 그런 자원은 누가 어떤 기준으로 할당할까? 한정된 자원을 사용하기 위해 누가 누구에게 무엇을 지불할까? 불가피하게 분쟁이 발생하면 누가 판결을 내릴까? 분쟁을 해결하는 데 어떤 법체계가 적용될까? 과연 누가 규칙을 만드는 것일까? 규칙은 정부, 기업, 산업 협회, 또는 유엔의 ITU 같은 명목상 객관적이거나 중립적인 기구가 만들겠지만, 결국 규칙을 준수하는 데 모든 이들의 동의가 필요하다.

이러한 문제가 해결될 여지가 있음은 분명하다. 선례가 될 수 있는 전화 시스템을 보면, 결국 다양한 국가의 서로 다른 장비를 연결하면서도 전 세계적으로 잘 작동하고 있다. 인터넷은 더 새롭고 규모가 크고, 훨씬 더 무질서하고, 더 빠르게 변하기는 해도 거의 비슷하다. 인터넷은 대부분 정부 독점이거나 엄격히 규제된 회사에 의해 운영되었던 전통적인 전화 시스템의 통제된 환경에 비하면 무질서 상태에 가깝다. 그러나 정치적, 상업적 압력 때문에 인터넷은 초창기보다 덜 자유분방해졌고 구속은 더 심해졌다.

COMMUNICATIONS

064 인터넷이 가능한 메커니즘

세부 사항을 살펴보기에 앞서 인터넷의 시작을 간략히 알아보자. 인터넷은 1960년대에 지리적으로 멀리 떨어진 위치에 있는 컴퓨터를 연결하는 네트워크를 구축하려는 시도에서 시작됐다. 프로젝트의 자금을 대부분 미국 국방성의 고등연구계획국Advanced Research Projects Agency, ARPA에서 지원받았고, 이렇게 만들어진 네트워크는 아파넷ARPANET이라고 불리게 됐다. 첫 번째 아파넷 메시지는 1969년 10월 29일에 UCLA에 있는 컴퓨터에서 약

550km 떨어진 스탠퍼드 연구소에 있는 컴퓨터로 전송되었다. 따라서 이 날이 인터넷이 탄생한 날이라고 할 수 있다(초기 실패 원인이 된 버그는 신속하게 해결되었고 다음 전송 시도는 성공했다).

처음부터 아파넷은 네트워크 구성 요소 중 하나에 이상이 생기더라도 견고하게 작동하고, 문제가 발생한 부분을 우회해서 트래픽을 라우팅(경로 지정)하도록 설계됐다. 최초의 아파넷 컴퓨터와 기술은 시간이 흐르면서 더 새로운 컴퓨터와 기술로 교체됐다. 원래 아파넷 자체는 대학교 컴퓨터과학부와 연구 기관을 연결할 목적이었지만, 이후 1990년대에 상업적 영역으로 퍼져 나갔고 언젠가부터 '인터넷'이라 부르게 됐다.

오늘날 인터넷은 느슨하게 연결된 수백만 개의 독립적인 네트워크로 구성되어 있다. 가까이 있는 컴퓨터끼리는 근거리 통신망으로 연결되는데, 주로 무선 이더넷이 사용된다. 다음으로 이 근거리 네트워크들이 **게이트웨이**gateway 또는 **라우터**router를 통해 다른 네트워크에 연결되는데, 게이트웨이와 라우터는 한 네트워크에서 다음 네트워크로 정보 패킷을 라우팅하는 데 전문화된 컴퓨터를 말한다(위키피디아에 따르면 게이트웨이는 더 일반적인 장치이며 라우터는 특수한 장치라고 하는데, 이러한 용어 구분이 보편적인 것은 아니다). 게이트웨이는 라우팅 정보를 서로 교환하여 국지적으로라도 어떤 개체들이 연결되어 있고 접근 가능한지 파악할 수 있다.

각 네트워크는 집, 사무실, 기숙사에 있는 컴퓨터나 전화 등 여러 호스트 시스템을 연결할 수 있다. 가정 내 개별 컴퓨터는 주로 무선 통신으로 라우터*에 연결되고, 라우터는 케이블이나 DSL로 ISPInternet Service Provider, 인터넷 서비스 제공 업체에 연결된다. 반면 사무실에 있는 컴퓨터는 유선 이더넷 연결을 사용하기도 한다.

* (옮긴이) 여기서는 가정용 무선 공유기를 가리킨다.

앞에서 정보는 패킷이라는 덩어리로 네트워크를 통해 이동한다고 했다. 패킷은 형식이 지정된 일련의 바이트다. 다양한 장치는 서로 다른 패킷 형식을 사용한다. 패킷의 일부에는 패킷이 어디서 오고 어디로 향하는지를 알려 주는 주소 정보가 들어 있다. 다른 부분에는 패킷의 길이 같은 패킷 자체에 대한 정보가 들어 있고, 마지막으로는 패킷이 전달하는 정보인 **페이로드**payload가 있다.

인터넷에서 데이터는 IP **패킷**IP packet으로 전달된다. IP 패킷은 모두 같은 형식이다. 어떤 네트워크에서든 IP 패킷은 하나 이상의 물리적 패킷에 실려 전송된다. 큰 IP 패킷은 여러 개의 작은 이더넷 패킷으로 분할되는데, 최대 크기의 이더넷 패킷(약 1,500바이트)이 최대 크기의 IP 패킷(65,000바이트를 조금 넘는다)보다 훨씬 작기 때문이다.

각 IP 패킷은 여러 개의 게이트웨이를 통과한다. 각 게이트웨이는 최종 목적지에 더 가까이 있는 게이트웨이로 패킷을 보낸다. 패킷이 여기저기로 이동하면서 20개 정도의 게이트웨이를 통과하는데, 이 게이트웨이들은 여남은 개의 회사나 기관이 각기 소유하고 운영하고 있어 서로 다른 국가에 있을 확률이 높다. 트래픽은 최단 경로를 따를 필요가 없다. 편의성과 비용 때문에 더 긴 경로로 패킷을 라우팅하기도 한다. 출발지와 목적지가 미국 이외의 지역인 많은 패킷이 미국을 통과하는 케이블을 사용한다. 이 점을 이용하여 NSA가 전 세계의 트래픽을 기록한 것이다.*

여기까지 설명한 내용이 실제로 작동하는 데는 몇 가지 메커니즘이 필요하다.

첫 번째는 **주소**address다. 각 호스트 컴퓨터에는 전화번호처럼 인터넷상의 모든 호스트 중에서 자신을 고유하게 식별할 주소가 있어야 한다. 이

* NSA와 GCHQ(영국 정보기관) 둘 다 해안 지면에 올라와 있는 광섬유 케이블을 도청하고 있다. *www.theatlantic.com/international/archive/2013/07/the-creepy-long-standing-practice-of-undersea-cable-tapping/277855*

식별 번호인 IP **주소**IP address는 32비트(4바이트) 또는 128비트(16바이트)이며, 짧은 주소는 인터넷 프로토콜 버전 4(IPv4)이고 긴 주소는 버전 6(IPv6)이다. IPv4는 오랫동안 사용됐고 여전히 지배적이지만, 이제 사용할 수 있는 IPv4 주소가 거의 소진되었으므로 IPv6로의 전환이 가속화되고 있다.

IP 주소는 이더넷 주소와 비슷하다. IPv4 주소는 관습적으로 4바이트 값의 각 바이트를 십진수로 나타내고 마침표로 구분해서 표기한다. 140.180.223.42(*www.princeton.edu*의 주소) 같은 식이다. 이 특이한 표기법은 점으로 구분된 십진수dotted decimal라고 하며, 순수한 십진수나 십육진수보다 사람들이 기억하기 쉽기 때문에 사용된다. 그림 III.8은 IP 주소를 점으로 구분된 십진수, 이진수, 십육진수 꼴로 보여 준다.

십진수	140	.180	.223	.42
이진수	10001100	10110100	11011111	00101010
십육진수	8C	B4	DF	2A

그림 III.8 IPv4 주소 표기법

IPv6 주소는 관습적으로 16개의 십육진수 바이트를 두 개씩 콜론으로 구분해서 작성하며, 예를 들면 `2620:0:1003:100c:9227:e4ff:fee9:05ec`처럼 표시한다.

이 표기법은 점으로 구분된 십진수보다 덜 직관적이므로 여기서는 IPv4를 예로 사용하겠다. 맥OS의 시스템 환경설정이나 윈도우의 설정에서 IP 주소를 확인할 수 있고, 휴대전화에서는 와이파이를 사용한다면 설정 메뉴에서 IP 주소를 알아낼 수 있다.

중앙에서 주소를 관리하는 기관은 연속적인 IP 주소 블록을 네트워크 관리자에게 할당하고, 네트워크 관리자는 네트워크상의 호스트 컴퓨터에 개별 주소를 할당한다. 따라서 각 호스트 컴퓨터는 자신이 속한 네트워크에 따라 로컬로 할당된 고유한 주소를 갖는다. 이 주소는 데스크톱 컴퓨터에서는 영구적이지만, 모바일 장치에서는 동적이며 장치가 인터넷에 다시 연결될 때마다 바뀐다.

그다음은 **이름**name이다. 사람들이 직접 접근하려고 시도하는 호스트는 사람이 사용하기에 적합한 이름을 가져야 한다. 임의의 32비트 숫자를 기억할 수 있는 사람은 거의 없고, 점으로 구분된 십진수 형태라도 마찬가지이기 때문이다. 이름은 *www.nyu.edu* 또는 *ibm.com*처럼 어디서나 찾아볼 수 있는 형식이며, 이를 **도메인 네임**domain name이라고 한다. 인터넷 인프라에서 필수적인 부분인 **도메인 네임 시스템**Domain Name System, 즉 DNS는 이름과 IP 주소 간 변환을 수행한다.

세 번째는 **라우팅**routing 즉, 각 패킷이 출발지에서 목적지까지의 경로를 찾는 메커니즘이 있어야 한다. 앞서 언급한 게이트웨이가 이 메커니즘을 제공한다. 게이트웨이는 어떤 개체가 어디에 연결되어 있는지 자기들끼리 라우팅 정보를 끊임없이 교환하고, 그 정보를 이용하여 각 수신 패킷을 최종 목적지에 더 가까운 게이트웨이 쪽으로 계속 전달한다.

마지막으로, **프로토콜**protocol이라는, 정보가 한 컴퓨터에서 다른 컴퓨터로 성공적으로 복사되도록 이상의 구성 요소와 나머지 구성 요소 모두가 어떻게 상호 운용되는지 정확하고 자세하게 설명하는 규칙과 절차가 있어야 한다.

IPInternet Protocol라고 하는 핵심 프로토콜은 전송 중인 정보에 대해 균일한 전송 메커니즘과 공통 형식을 정의한다. IP 패킷은 자체 프로토콜을 사용하는 다양한 종류의 네트워크 하드웨어에 의해 전달된다.

IP 바로 위에서는 TCPTransmission Control Protocol, 전송 제어 프로토콜라는 프로토콜이 IP를 사용하여 출발지에서 목적지까지 임의 길이의 바이트 시퀀스를 전송하기 위한 안정적인 메커니즘을 제공한다.

TCP 바로 위에서는 상위 레벨 프로토콜들이 TCP를 사용하여 웹 브라우징, 메일, 파일 공유 등 우리가 '인터넷'이라고 생각하는 서비스를 제공한다. 다른 프로토콜도 많이 있다. 예를 들어, IP 주소를 동적으로 변경하는 것은 DHCPDynamic Host Configuration Protocol, 동적 호스트 구성 프로토콜라는 프로토콜에 의해 처리된다. 이 모든 프로토콜이 합쳐져서 인터넷을 규정한다.

이 매커니즘 각각에 대해 차례로 더 이야기할 것이다.

COMMUNICATIONS 065 나만의 도메인이 갖고 싶다면?

규칙은 누가 만들까? 이름과 번호의 할당은 누가 통제할까? 책임자는 누구일까? 수년 동안 인터넷은 소수의 기술 전문가가 비공식적인 협력을 통해 관리했다. 인터넷의 핵심 기술 대부분은 IETFInternet Engineering Task Force, 국제 인터넷 표준화 기구라는 이름으로 운영되는 느슨한 연합체에 의해 개발됐다. IETF는 인터넷 기술의 작동 방식을 설계하고 기술 표준 문서를 만드는 단체다. 기술적인 사양은 정기적인 회의뿐만 아니라 자주 발표되는 RFCRequests for Comments라는 문서로 상세하게 논의된다. RFC는 여러 번의 수정을 거쳐 결국 표준이 된다. RFC는 웹에서 구할 수 있다(약 9,000개의 문서가 있다). 모든 RFC가 매우 진지한 주제를 다루지는 않는다. 1990년 4월 1일에 발표된 RFC-1149와 1998년 4월 1일에 발표된 RFC-2324를 확인해 보라.*

인터넷의 다른 부분은 인터넷의 기술적인 조정을 담당하는 ICANN, 즉 국제인터넷주소관리기구Internet Corporation for Assigned Names and Numbers, (icann.org)에서 관리한다. ICANN은 도메인 네임, IP 주소, 일부 프로토콜 정보처럼 인터넷이 제대로 작동하려면 고유하게 유지돼야 하는 이름과 번호를 할당한다. ICANN은 또한 도메인 네임 **등록 대행 업체**registrar에 권한을 승인하고, 등록 대행 업체는 개인이나 단체에 도메인 네임을 할당한다. ICANN은 원래 미국 상무부 기관이었지만, 지금은 캘리포니아주에 있는 독립적인 비영리 조직이며, 등록 대행 업체와 도메인 네임 등록에서 얻는 수수료로 자금을 대부분 조달한다.

역시나 ICANN도 복잡한 정치적 문제에서 자유롭지 못하다. 일부 국가는 ICANN이 설립 시점부터 지금까지 미국에 위치해 있다는 점에 불만을 갖고 ICANN을 미국 정부의 도구라고 부르기도 한다. 몇몇 고위 관료들은 ICANN이 유엔이나 다른 국제기구의 일부가 되기를 바라는데, 그렇게 되면 더 쉽게 통제할 수 있기 때문이다.

2020년 초에 있었던 일이다. 에토스 캐피탈Ethos Capital이라는 정체불명의 사모투자 회사가 .org 레지스트리†를 인수하려고 입찰했고 ICANN은 매각에 동의했다. 얼마 지나지 않아 그들의 인수 목적이 레지스트리의 통제권을 확보한 후에 고객 데이터를 판매하여 가격을 높이려는 것임이 분명

* (옮긴이) RFC-1149는 새를 매개로 IP 데이터그램을 전송하기 위한 표준(*tools.ietf.org/html/rfc1149*), RFC-2324는 하이퍼 텍스트 커피 포트 제어 프로토콜(*tools.ietf.org/html/rfc2324*)이다.

† (옮긴이) 도메인 네임 레지스트리(domain name registry)는 최상위 도메인에 등록된 모든 도메인 네임의 데이터베이스이다. *ko.wikipedia.org/wiki/도메인_네임_레지스트리*

해졌다. 다행히도 대중의 격렬한 항의가 이어졌고 캘리포니아주 법무장관이 나서서 조치를 취할 수 있다고 위협했으며, ICANN이 한발 뒤로 물러나면서 거래가 취소되었다.

도메인 네임 시스템

도메인 네임 시스템, 즉 DNS는 *berkeley.edu* 또는 *cnn.com* 같은 이름을 만드는 친숙한 계층적 명명 체계를 제공한다. .com, .edu 등의 이름이나 .us, .ca처럼 두 자로 된 국가 코드를 **최상위 도메인**top-level domain이라고 한다.*
최상위 도메인은 그보다 낮은 수준의 도메인에 관리 책임과 이름을 정의할 책임을 위임한다. 예를 들어 프린스턴 대학은 *princeton.edu*를 관리할 책임을 지고, 해당 범위 내의 서브도메인(하위 도메인) 네임을 정의한다. 가령 고전학과는 *classics.princeton.edu*, 컴퓨터과학과는 *cs.princeton.edu*와 같이 정의할 것이다. 그러면 각 학과 도메인 네임은 *www.cs.princeton.edu* 처럼 정의한다.

도메인 네임은 논리적인 구조를 따라야 하지만 지리적인 의미를 담고 있지는 않다. 예를 들어 IBM은 많은 국가에서 사업을 운영하지만, 회사 컴퓨터는 모두 *ibm.com* 도메인에 포함되어 있다. 단일 컴퓨터가 여러 도메인에 서비스를 제공할 수 있으며, 이는 호스팅 서비스를 제공하는 회사에서 흔히 나타난다. 정반대로 많은 컴퓨터가 단일 도메인에 서비스를 제공하기도 한다. 페이스북이나 아마존 같은 대형 사이트가 그렇다.

도메인 네임에 지리적인 제약이 없다는 점은 몇 가지 흥미로운 결과를

* 현재 최상위 도메인은 거의 1,600개가 있다. *www.iana.org/domains/root/db*
(옮긴이) .com이나 .edu 등 특정한 조직 계열에 따라 사용되는 최상위 도메인을 일반 최상위 도메인(generic Top-Level Domain, gTLD)이라고 하며, .us나 .kr 등 국가 코드로 식별되는 나라 또는 특정 지역을 나타내는 최상위 도메인을 국가 코드 최상위 도메인(country code Top-Level Domain, ccTLD)이라고 한다.

낳는다. 예를 들어, 하와이와 호주의 중간에 있는 남태평양의 작은 군도인 투발루(인구 11,000명)의 국가 코드는 .tv이다. 투발루는 해당 국가 코드에 대한 권리를 사업 관계자들에게 임대하는데, 그들은 만족스럽게 .tv 도메인을 판매할 것이다. 여러분이 원하는 이름이 *news.tv*처럼 상품성이 있다면 후한 값을 치러야 한다. 반면 *kernighan.tv*는 1년에 30달러도 되지 않는다. 언어적 우연성 덕분에 혜택을 본 다른 국가로는 국가 코드가 .md라서 의사(medical doctor)들의 관심을 끄는 몰도바 공화국이 있으며, *play.it* 같은 사이트 이름에 나오는 이탈리아도 있다. 일반적으로 도메인 네임은 영어, 숫자, 하이픈으로 구성된 26자로 제한되지만, 2009년에 ICANN이 다국어 최상위 도메인 네임을 승인했다. 가령 .한국은 한국에 해당하는 .kr 대신 사용될 수 있고 .مصر는 이집트에 해당하는 .eg 대신 쓸 수 있다.

2013년경에 ICANN은 .online 또는 .club 같은 새로운 최상위 도메인을 인가하기 시작했다. 장기적으로 이런 도메인이 얼마나 성공적일지는 분명하지 않지만, .info나 .io 같은 일부 도메인은 인기있는 것으로 보인다. .toyota나 .paris 같은 상업용, 정부용 도메인도 상당한 비용을 지불하면 이용할 수 있는데, ICANN이 이와 같은 도메인을 인가한 동기에 대한 의문이 제기됐다. 이러한 종류의 도메인이 과연 필요한가, 아니면 단지 더 많은 수익을 창출하기 위한 수단인가?

IP 주소

각 네트워크와 거기에 연결된 각각의 호스트 컴퓨터는 다른 개체와 통신할 수 있도록 IP 주소가 있어야 한다. IPv4 주소는 고유한 32비트 값이다. 즉, 인터넷 전체에서 같은 시점에 한 호스트만 해당 값을 사용할 수 있다.

IP 주소는 ICANN이 블록 단위로 할당하며, 그 블록은 해당 블록을 받은 기관이 나눠서 할당한다. 예를 들어, 프린스턴 대학에는 128.112.ddd.ddd와 140.180.ddd.ddd라는 두 개의 블록이 있다. 여기서 각 ddd는 0부터 255까지의 십진수다. 이 블록 각각이 최대 65,536(2^{16})개의 호스트를 허용하므로, 합치면 약 131,000개의 호스트를 사용할 수 있다.

이러한 IP 주소 블록에는 수치적 의미나 지리적 의미가 전혀 없다. 미국 전화 지역 번호 212과 213이 숫자상으론 붙어 있지만, 거리는 하나의 대륙만큼 떨어져 있는 뉴욕과 로스앤젤레스의 번호인 것처럼, IP 주소 블록이 인접해 있다고 물리적으로 가까운 컴퓨터를 나타낸다고 볼 수는 없다. 그러므로 IP 주소만으로는 지리적 위치를 유추할 방법이 없다.* 하지만 다른 정보를 통해 IP 주소가 어디에 해당하는지 추정할 수는 있다. 예를 들어, DNS는 역방향 조회(IP 주소를 이용하여 도메인 네임을 알아내는 기능)를 지원하며, 140.180.223.42는 *www.princeton.edu*라고 알려 주므로 이 IP 주소가 뉴저지주 프린스턴에 있다고 추측하는 것은 합당하다. 그렇지만 서버는 완전히 다른 곳에 있을 수도 있다.

가끔 후이즈whois라는 서비스를 사용하여 도메인 네임 뒤에 누가 있는지 더 자세히 알 수 있다. 이 서비스는 후이즈 사이트(*whois.icann.org*)나 유닉스 명령줄 프로그램 `whois`를 통해 이용 가능하다.

IPv4 주소의 최대 개수는 2^{32}개, 즉 약 43억 개에 불과하다. 이는 지구상의 인구 한 명당 한 개씩 쓰기에 부족하므로, 통신 서비스 사용이 증가하는 속도를 고려하면 언젠가는 다 소진될 것이다. 사실 IP 주소는 블록 단위로 할당되어 그다지 효율적으로 사용되지 않으므로 생각보다 상황은 더 나쁘다(과연 프린스턴 대학에서 동시에 131,000대의 컴퓨터가 사용 중인

* 법 집행 기관은 IP 주소가 어떤 개인을 확정적으로 식별해 주지 않는다는 점을 자주 망각하는 것 같다. *www.eff.org/files/2016/09/22/2016.09.20_final_formatted_ip_address_white_paper.pdf*

때가 있을까?). 어쨌든 약간의 예외는 있겠지만 전 세계 대부분에 모든 IPv4 주소가 할당된 상태다.

여러 개의 호스트를 단일 IP 주소에 편승하게 하는 기법을 사용하면 조금 여유가 생긴다. 가정용 무선 공유기는 일반적으로 **네트워크 주소 변환** Network Address Translation, 즉 NAT 기술을 사용한다. 이 기술은 단일 외부 IP 주소로 여러 개의 내부 IP 주소에 서비스를 제공할 수 있도록 한다. NAT가 지원된다면 모든 가정용 장치는 외부에서 볼 때 같은 IP 주소를 갖는 것처럼 보이며, 장치 내부에 있는 하드웨어와 소프트웨어가 양방향으로 변환을 처리한다. 예를 들어 우리 집에는 IP 주소가 필요한 컴퓨터와 다른 기기가 적어도 여남은 개 있다. 이 모두가 NAT를 이용해서 단일 외부 주소로 서비스를 제공받는다.

전 세계적으로 128비트 주소를 사용하는 IPv6로 전환하고 나면 압박은 줄어들 것이다. IPv6에는 2^{128}, 즉 약 3×10^{38}개의 주소가 있으므로 빨리 소진되지는 않을 것이다.

루트 서버

DNS가 제공하는 매우 중요한 서비스는 도메인 네임을 IP 주소로 변환하는 것이다. 최상위 도메인은 모든 최상위 도메인의 IP 주소를 알고 있는 일련의 **루트 네임 서버**root name server에 의해 처리된다. *mit.edu*를 예로 들어 보자. *www.cs.mit.edu*의 IP 주소를 확인하려면 루트 서버에 *mit.edu*의 IP 주소를 물어본다. 그렇게 해서 MIT까지 닿을 수 있고, 거기에서 MIT 네임 서버에 *cs.mit.edu*에 대해 물어본 다음, *www.cs.mit.edu*에 대해 알고 있는 네임 서버에 도달한다.

DNS는 검색에 효율적인 알고리즘을 사용한다. 최상위에서 처음 실행한 쿼리를 통해 대부분의 주소를 다음 고려 대상에서 즉시 제거한다. 검색이 트리 구조를 따라 내려감에 따라 이러한 패턴은 각 수준에서 똑같이 적용된다. 이는 앞서 계층적 파일 시스템에서 본 것과 같은 아이디어다.

실제로는 네임 서버가 최근에 조회되어 자신을 거쳐 간 이름과 주소에 대해 캐시를 유지하고 있어서, 새로운 요청이 왔을 때 멀리서 찾을 필요 없이 로컬 정보로 응답한다. 내가 *kernighan.com*에 접근하면, 최근에 이 이름을 조회한 사람이 없어서 로컬 네임 서버가 루트 서버에 IP 주소를 물어봐야 할 공산이 크다. 하지만 내가 곧 그 이름을 다시 사용하면 IP 주소가 근처에 캐싱되어 있어서 쿼리가 더 빨리 실행된다. 테스트해 본 바로는 첫 번째 쿼리는 0.25초가 걸렸지만, 몇 초 후 같은 쿼리를 실행했을 땐 그 10분의 1 미만의 시간이 걸렸고 몇 분 후에 다시 쿼리를 실행해도 마찬가지였다.

`nslookup` 같은 명령어로 DNS 실험을 직접 해볼 수 있다. 명령 프롬프트에서 다음 유닉스 명령어를 실행해 보라.

```
nslookup a.root-servers.net
```

이론상으로는 루트 서버가 하나만 있다고 생각할 수도 있을 것이다. 하지만 그럴 경우 루트 서버가 단일 장애 지점single point of failure*이 될 수도 있기 때문에, 이렇게 중대한 시스템에 적용하기에는 매우 나쁜 발상이다. 따라서 전 세계에 13개의 루트 서버가 분포해 있고, 그중 절반 정도는 미국에 있다. 루트 서버 대부분은 서로 멀리 떨어져 있는 여러 대의 컴퓨터로 구성되어 있다. 이 컴퓨터들은 단일 컴퓨터처럼 작동하지만 루트 서버를 구성

* (옮긴이) 시스템 구성 요소 중에서 동작하지 않으면 전체 시스템이 중단되는 요소를 말한다.

하는 컴퓨터 중 가까이 있는 컴퓨터에 요청을 라우팅하는 프로토콜을 사용한다. 루트 서버는 여러 종류의 하드웨어상에서 다양한 소프트웨어 시스템을 실행하므로, 단일 유형으로 구성된 시스템보다 버그와 바이러스에 덜 취약하다. 그럼에도 루트 서버는 때때로 조직화된 공격을 받기 때문에 불운한 상황이 겹치면 루트 서버 전체가 한꺼번에 다운되는 일이 생길지도 모른다.

자신만의 도메인 등록하기

여러분이 원하는 이름을 다른 누군가가 차지하지 않았다면 자신만의 도메인을 쉽게 등록할 수 있다. ICANN이 전 세계적으로 인가한 수백 개의 등록 대행 업체 중에서 하나를 선택하고, 도메인 네임을 고른 다음 비용을 지불하면 사용할 수 있다(대신 매년 갱신해야 한다). 몇 가지 제약 사항이 있지만, 외설적(몇 가지 테스트로 간단히 검증된다)이거나 인신공격적인 이름을 막는 규칙은 없는 것으로 보인다. 오죽하면 기업이나 유명인사들이 자기방어를 위해 이름에 비속어를 붙인 형태, 예를 들어 *bigcorpsucks.com* 같은 도메인을 예방 차원에서 취득할 정도다. 도메인 네임은 63자로 제한되고 일반적으로는 영문자, 숫자, 하이픈만 포함할 수 있지만, 유니코드 문자를 사용할 수도 있다. 아스키코드 이외의 문자가 있으면 퓨니코드Punycode라는 표준 인코딩 방식이 유니코드 문자열을 적절한 영문자-숫자-하이픈 조합으로 변환해 준다.

도메인을 등록했다면 여러분의 사이트를 관리할 **호스트**host, 즉 사이트가 방문자에게 표시할 콘텐츠를 보유하고 제공하는 컴퓨터가 필요하다. 또한 누군가가 여러분 도메인의 IP 주소를 찾으려고 할 때 호스트의 IP 주소로 응답하려면 **네임 서버**name server도 필요하다. 네임 서버는 별도로 갖춰야 할 구성 요소이지만, 대개 등록 대행 업체가 해당 서비스를 제공하거나 그런 일을 처리하는 다른 업체에 쉽게 접근할 수 있게 해준다.

경쟁 덕분에 서비스 가격은 일정 수준을 유지한다. .com 도메인 등록은 최초에는 10~20달러가 들고 도메인 유지를 위한 연간 비용도 비슷하다. 호스팅 서비스는 적은 트래픽 용량으로 가볍게 사용하는 데는 한 달에 5~10달러가 든다. 평범한 웹페이지가 있는 도메인을 단순히 '주차해 두는' 것은 아마도 무료일 것이다. 일부 호스팅 서비스는 무료이고, 사용량이 적거나 짧게 미리 이용해 보는 동안에는 얼마 안 되는 비용이 든다.

누가 도메인 네임을 소유할까? 도메인을 둘러싼 분쟁은 어떻게 해결될까? 다른 사람이 *kernighan.com*을 등록했다면 나는 어떻게 할 수 있을까? 마지막 질문에 대한 답은 간단하다. 주인에게 해당 도메인을 사겠다고 제안하는 것을 빼면 할 수 있는 일이 별로 없다. *mcdonalds.com*이나 *apple.com*처럼 상업적 가치가 있는 이름의 경우, 법원과 ICANN의 분쟁 해결 정책은 세상에 영향력이 더 큰 쪽에 유리한 경향을 보였다. 여러분의 이름이 맥도날드McDonald나 애플Apple이라도 해당 업체와 겨뤄서 도메인을 뺏을 가능성은 별로 없고, 심지어 먼저 취득했더라도 문제가 생길 수 있다. 일례로 2003년에 캐나다의 고등학생 마이크 로우Mike Rowe가 작은 소프트웨어 사업을 위해 *mikerowesoft.com*라는 이름의 웹사이트를 만들었다. 이후 이름이 비슷한 어느 대형 기업이 법적 조치를 취하겠다고 위협했다. 결국 사건은 합의로 해결되었고 로우는 다른 도메인 네임을 선택했다.

COMMUNICATIONS

066 출발지에서 목적지까지, 인터넷 경로 확인하기

라우팅, 즉 출발지에서 목적지까지 경로를 찾는 일은 모든 대규모 네트워크에서 핵심적인 문제다. 어떤 네트워크는 모든 가능한 목적지에 대해 경로상의 다음 단계를 제공하는 정적 라우팅 테이블을 사용한다. 하지만 정적 테이블을 사용하기에 인터넷은 규모가 너무 크고 동적으로 변한다는 문제가 있다. 그래서 인터넷 게이트웨이는 인접한 게이트웨이와 정보를 교환하여 라우팅 정보를 끊임없이 새로 고친다. 이렇게 하면 가능하고 적절한 경로 정보가 비교적 최신 상태로 계속 유지된다.

인터넷의 엄청난 규모만 고려하더라도 라우팅 정보를 관리하기 위한 계층적 구조가 필요하다. 최상위 레벨에서는 수만 개의 **자율 시스템**autonomous system이 있어, 자신이 포함하는 네트워크 라우팅 정보를 제공한다. 일반적으로 자율 시스템은 대형 ISP에 해당한다. 자율 시스템은 내부적으로 라우팅 정보를 로컬로 교환하지만, 외부 자율 시스템에는 통합된 라우팅 정보를 제공한다.

공식적으로 정해지거나 엄격하게 지켜지지는 않지만, 일종의 물리적인 계층 구조도 있다. 사용자 개인은 ISP를 통해 인터넷에 접근하며, ISP는 다시 다른 ISP에 연결된다. 어떤 ISP는 작지만, 일부 ISP는 거대하다(예를 들면 전화 회사와 케이블 회사가 운영하는 ISP가 그렇다). 일부는 회사, 대학, 정부 기관 같은 조직에서 운영하는 반면, 다른 ISP는 유료로 인터넷 접근을 제공한다. 전화 회사와 케이블 회사가 대표적인 사례다. 개인 사용자는 케이블(주택용 서비스로 흔히 사용된다) 또는 전화로 ISP에 연결된다. 회사와 학교에서는 이더넷 또는 무선 연결을 제공한다.

ISP는 게이트웨이를 통해 서로 연결된다. 주요 통신 사업자 간 대용량 트래픽의 경우, 여러 회사의 네트워크 연결이 만나서 네트워크 간 물리적 연결이 이루어지는 IXPInternet eXchange Point를 이용한다. IXP는 한 네트워크의 데이터가 다른 네트워크로 효율적으로 전달되도록 한다. 대형 IXP는 두 네트워크 사이에 초당 수 테라비트를 전달한다. 예를 들어, 세계에서 가장 큰 IXP에 속하는 DE-CIX 프랑크루프트 IXP는 평균 6Tbps 정도를 처리하고 최대 9Tbps를 웃도는 처리량을 보였다. 그림 III.9는 DE-CIX 프랑크루프트 IXP 트래픽의 5년간 그래프를 보여 준다. 꾸준한 증가 추세와 더불어 2020년 초에 시작된 COVID-19 사태로 많은 사람들이 원격 근무를 하게 되면서 트래픽이 크게 늘어난 것을 확인할 수 있다.*

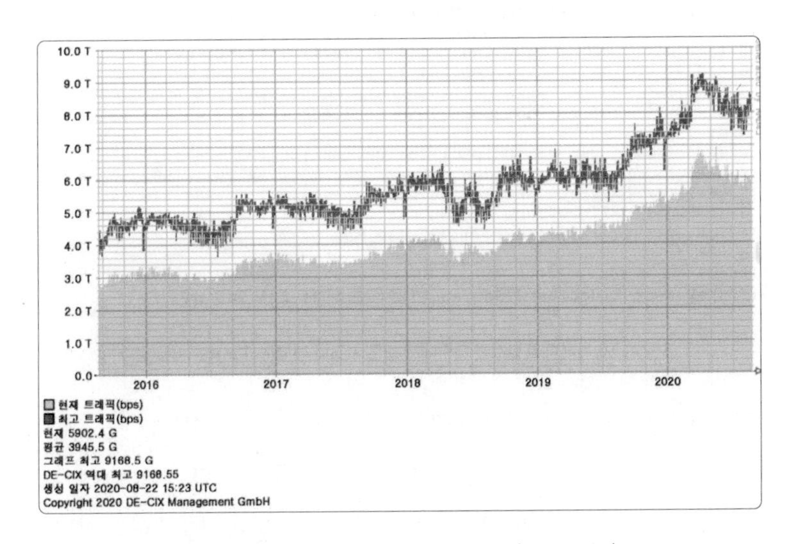

그림 III.9 DE-CIX 프랑크푸르트 IXP의 트래픽(DE-CIX 제공)

* 많은 IXP와 마찬가지로, DE-CIX도 광범위한 트래픽 그래프를 제공한다. *www.de-cix.net*

몇몇 국가는 국내에서 국외로, 또는 국외에서 국내로 접근을 제공하는 게이트웨이를 비교적 적게 두기도 한다. 이처럼 적은 게이트웨이는 정부가 바람직하지 않게 여기는 트래픽을 감시하고 필터링하는 데 사용될 수 있다.

유닉스 시스템(맥 포함)에서는 traceroute, 윈도우에서는 tracert라는 프로그램을 사용하여 라우팅을 탐색할 수 있으며, 웹 기반 버전도 있다.* 그림 III.10은 프린스턴 대학에서 호주 시드니 대학에 있는 컴퓨터까지의 경로를 보여 주며, 지면 관계상 편집된 상태다. 각 행에는 경로상에 있는 다음 홉next hop(목적지 네트워크까지 가기 위한 바로 다음 라우터)의 이름, IP 주소, 거기까지의 왕복 시간이 표시된다.

```
$ traceroute sydney.edu.au
traceroute to sydney.edu.au (129.78.5.8),
          30 hops max, 60 byte packets
 1 switch-core.CS.Princeton.EDU (128.112.155.129) 1.440 ms
 2 csgate.CS.Princeton.EDU (128.112.139.193) 0.617 ms
 3 core-87-router.Princeton.EDU (128.112.12.57) 1.036 ms
 4 border-87-router.Princeton.EDU (128.112.12.142) 0.744 ms
 5 local1.princeton.magpi.net (216.27.98.113) 14.686 ms
 6 216.27.100.18 (216.27.100.18) 11.978 ms
 7 et-5-0-0.104.rtr.atla.net.internet2.edu (198.71.45.6) 20.089 ms
 8 et-10-2-0.105.rtr.hous.net.internet2.edu (198.71.45.13) 48.127 ms
 9 et-5-0-0.111.rtr.losa.net.internet2.edu (198.71.45.21) 75.911 ms
10 aarnet-2-is-jmb.sttlwa.pacificwave.net (207.231.241.4) 107.117 ms
11 et-0-0-1.pe1.a.hnl.aarnet.net.au (202.158.194.109) 158.553 ms
12 et-2-0-0.pe2.brwy.nsw.aarnet.net.au (113.197.15.98) 246.545 ms
13 et-7-3-0.pe1.brwy.nsw.aarnet.net.au (113.197.15.18) 234.717 ms
14 138.44.5.47 (138.44.5.47) 237.130 ms
15 * * *
16 * * *
17 shared-addr.ucc.usyd.edu.au (129.78.5.8) 235.266 ms
```

그림 III.10 뉴저지 프린스턴 대학에서 호주 시드니 대학까지 traceroute 결과

왕복 시간 정보를 보면 미국을 구불구불하게 가로질러 이동한 다음에 태평양을 건너 호주까지 두 차례 큰 홉이 있음을 알 수 있다. 다양한 게이트웨이의 이름에 쓰인 아리송한 약어를 보고 그 위치를 알아내려고 시도하

* traceroute는 1987년에 반 제이콥슨(Van Jacobson)이 만들었다.

는 것은 재미있는 일이다. 한 국가에서 다른 국가로 연결되며 또 다른 국가에 있는 게이트웨이를 통과할 가능성이 꽤 있는데, 여기에는 미국이 주로 포함된다. 이는 트래픽의 속성이나 어느 국가에서 보내고 받는지에 따라 놀랍거나, 어쩌면 달갑지 않을 수도 있다. 그림 III.11에 있는 해저 케이블 지도를 보면 광케이블이 미국, 유럽, 아시아의 육지에 어느 정도로 닿아 있는지 확인할 수 있다. 이 그림에 지상 케이블은 표시되어 있지 않다.

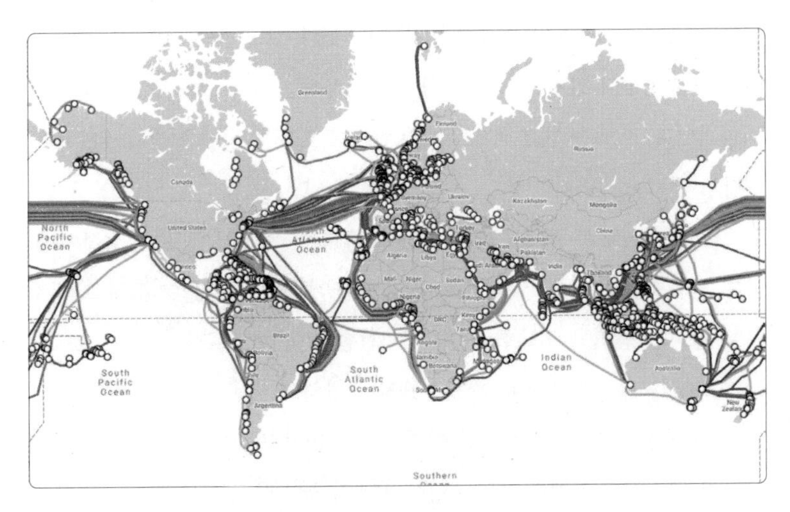

그림 III.11 해저 케이블(submarinecablemap.com 제공)

유감스럽게도 보안 우려 때문에 `traceroute`는 점차 유익한 정보를 덜 전달하게 되었다. 점점 더 많은 웹사이트에서 이 명령어가 잘 작동하는 데 필요한 정보를 제공하지 않으려 하기 때문이다. 예를 들어, 어떤 웹사이트는 이름이나 IP 주소를 표시하지 않는다. 그림 III.10에서 그런 사이트는 별표로 표시되어 있다.

COMMUNICATIONS

067 데이터를 전송하는 핵심 프로토콜 TCP/IP

프로토콜은 양측이 상호작용하는 방식에 관한 규칙을 정의한다. 예를 들면 누가 먼저 악수를 청할지, 어떤 각도로 인사할지, 누가 먼저 문을 통과할지, 도로의 어느 쪽에서 운전할지 등이 있다. 그중 도로 운전 방향에는 법적인 강제성이 있지만, 일상생활에서 사용되는 대부분의 프로토콜은 비공식적이다. 이와는 대조적으로 네트워크 프로토콜은 매우 정확하게 명시된다.

인터넷에는 많은 프로토콜이 있는데 그중 두 가지는 정말 핵심적이다. IP는 **인터넷 프로토콜**Internet Protocol로, 개별 패킷의 형식을 지정하고 패킷을 전송하는 방법을 정의한다. TCP는 **전송 제어 프로토콜**Transmission Control Protocol로, IP 패킷을 데이터 스트림으로 결합하고 서비스에 연결하는 방법을 정의한다. 이 두 프로토콜을 합쳐서 TCP/IP라고 한다.

게이트웨이는 IP 패킷을 라우팅하지만 각 물리적 네트워크에는 IP 패킷을 전달하기 위한 고유한 형식이 있다. 각 게이트웨이는 패킷이 들어오고 나갈 때 네트워크 형식과 IP 형식 간 변환을 수행해야 한다.

IP 레벨 위에서는 TCP가 안정적인 통신을 제공하므로 사용자(실제로는 프로그래머)가 패킷에 관해 생각할 필요가 없다. 패킷은 정보의 스트림에 불과하기 때문이다. 우리가 '인터넷'이라고 생각하는 서비스는 대부분 TCP를 사용한다.

이 프로토콜 위에는 애플리케이션 레벨 프로토콜들이 있고, 주로 TCP를 기반으로 구현된다. 애플리케이션 레벨 프로토콜은 웹, 메일, 파일 전송 등의 서비스를 제공한다. 이처럼 여러 개의 프로토콜 계층이 있는데, 각각은 바로 아래에 있는 프로토콜의 서비스에 의존하고, 바로 위에 있는 프로토콜에 서비스를 제공한다. 이는 2부에서 다룬 소프트웨어가 계층을 이루고 있던 것과 유사한 예다. 계층화를 설명할 때 늘 등장하는 다이어그램(그림 III.12)은 층층이 쌓아 올린 웨딩 케이크와 비슷해 보인다.

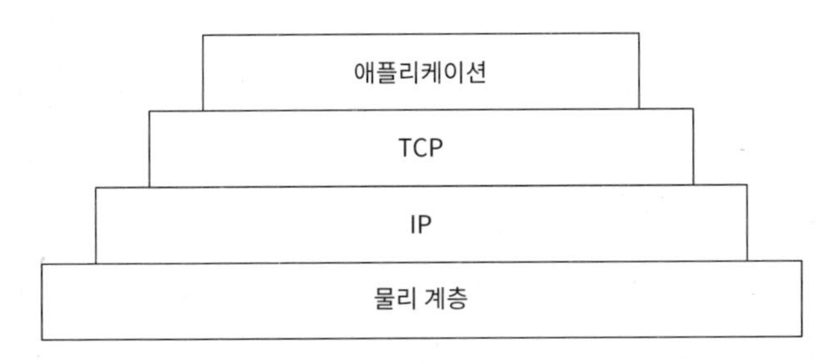

그림 III.12 프로토콜 계층

UDP, 즉 **사용자 데이터그램 프로토콜**User Datagram Protocol은 TCP와 같은 레벨의 또 다른 프로토콜이다. UDP는 TCP보다 훨씬 단순하고, 양방향 스트림이 필요하지 않은 데이터 교환에 사용된다. UDP는 몇 가지 제한된 기능만 제공함으로써 패킷을 효율적으로 전송할 용도로 쓰인다. DNS가 UDP를 사용하고, 비디오 스트리밍, VoIP, 일부 온라인 게임도 UDP를 쓴다.

IP: 인터넷 프로토콜

인터넷 프로토콜인 IP는 신뢰성 없는unreliable 비연결형connectionless인 패킷 전송 서비스를 제공한다. '비연결형'이라는 말은 각 IP 패킷이 자립적이며, 다른 IP 패킷과 관계가 없음을 뜻한다. IP에는 상태를 관리하거나 기억하는 기능이 없다. 즉, 어떤 패킷이 다음 게이트웨이로 전달되고 나면 그 패킷에 대해 아무것도 기억할 필요가 없다.

'신뢰성 없는'이라는 표현은 말 그대로의 뜻과는 다소 다르다. IP는 패킷이 잘 전송되는 것을 보장하지는 않는 '최선형best effort' 프로토콜이라서, 뭔가 잘못되면 처리하기 힘들어진다. 패킷은 분실되거나 손상될 수 있고, 순서가 뒤바뀐 채 전달되기도 하고, 너무 일찍 도착해서 처리하기 어렵거나 너무 늦게 도착해서 쓸모가 없어지는 경우도 있다. 실제로 사용할 때 IP는 매우 신뢰할 만하지만 패킷이 다른 곳으로 새거나 손상되면 복구를 시도하지 않는다. 이는 마치 낯선 장소에 있는 우편함에 엽서를 넣는 것과 같다. 엽서는 아마 배달될 것이다. 하지만 가는 도중 손상될 수도 있고, 아예 도착하지 않거나 예상보다 배달이 훨씬 오래 걸릴 수도 있다(IP에는 엽서에는 없는 실패 모드가 하나 있다. 패킷이 중복으로 전송되어 수신자가 두 개 이상의 사본을 받게 되는 경우다).

IP 패킷의 최대 크기는 약 65KB다. 따라서 긴 메시지는 작은 덩어리로 분할되어 따로따로 전송된 다음 받는 쪽에서 재조합되어야 한다. 이더넷 패킷과 마찬가지로 IP 패킷은 지정된 형식을 갖는다. 그림 III.13은 IPv4 패킷 형식 일부를 보여 준다. IPv6 패킷 형식은 이와 비슷하지만, 출발지 주소와 목적지 주소의 길이가 각각 128비트다.

버전	타입	헤더 길이	전체 길이	TTL	출발지 주소	목적지 주소	오류 검사	데이터 (최대 65KB)

그림 III.13 IPv4 패킷 형식

IP 패킷에서 흥미로운 부분 중 하나는 **타임 투 리브**Time To Live, 즉 TTL이다. TTL은 패킷의 출발지에서 초깃값(보통 40 정도)으로 설정되고, 패킷을 처리하는 각 게이트웨이를 거칠 때마다 1씩 감소되는 1바이트 필드다. 카운트가 0까지 내려가면 패킷은 폐기되고 송신자에게 오류 패킷이 보내진다. 인터넷을 통한 일반적인 이동 경로에는 15~20개의 게이트웨이가 포함된다. 따라서 어떤 패킷이 255개의 홉을 소요한다면 분명히 문제가 있는 것이며, 아마도 순환 상태에 빠졌을 수도 있다. TTL 필드는 순환 상태를 해결해 주지는 않지만, 개별 패킷이 영원히 살아서 돌아다니는 문제는 확실히 방지한다.

IP 프로토콜 자체는 데이터 전송 속도에 대해 아무런 보장을 하지 않는다. 최선형 서비스로서 IP는 전송 속도는 고사하고 정보가 도착할 것이라는 약속조차 하지 않는다. 인터넷은 데이터 전송이 계속되도록 하기 위해 캐싱을 광범위하게 사용한다. 캐싱에 대해서는 이미 네임 서버 부분에서 이야기했다. 웹 브라우저 또한 정보를 캐싱하므로 최근에 봤던 웹페이지나 이미지에 접근하려고 할 때 네트워크가 아닌 로컬 캐시에서 데이터를 가져온다. 주요 인터넷 서버도 응답 속도를 높이고자 캐싱을 사용한다. 아카마이Akamai는 야후Yahoo와 같은 다른 회사에 콘텐츠 배포content distribution 서비스를 제공한다. 콘텐츠 배포 서비스란 수신자에 더 가까운 위치에 콘텐츠를 캐싱하는 일에 해당한다. 검색 엔진도 웹 크롤링 중에 발견한 페이지로 구성된 대규모 캐시를 유지한다. 검색 엔진은 이후에 더 자세히 알아보겠다.

TCP: 전송 제어 프로토콜

IP보다 상위 레벨의 프로토콜들은 이 신뢰성 없는 계층에서 신뢰성 있는 통신을 만들어 낸다. 그중 가장 중요한 프로토콜은 전송 제어 프로토콜인 TCP이다. TCP는 사용자에게 신뢰성 있는 양방향 스트림을 제공한다. 즉 데이터를 한쪽 끝에 넣으면 반대쪽 끝에서 나오며, 전송 지연이 적고 오류 발생 확률은 낮다. 마치 한쪽 끝에서 반대쪽 끝까지 직접 선으로 연결된 것처럼 작동한다.

TCP의 작동 방식을 자세히 설명하지는 않겠지만(세부 사항이 많다), 기본 아이디어는 매우 간단하다. 먼저 바이트 스트림이 여러 조각으로 나뉘어 **세그먼트**segment라고 하는 TCP 패킷에 담긴다. TCP 세그먼트에는 실제 데이터뿐만 아니라 제어 정보를 포함하는 '헤더'도 들어 있다. 제어 정보에는 수신자가 각 패킷이 스트림의 어느 부분을 나타내는지 알 수 있게 해주는 시퀀스 번호가 포함된다. 이렇게 하여 세그먼트 분실이 일어나면 어느 세그먼트인지 알아내서 재전송한다. 또한 세그먼트에는 오류 검출 정보가 포함되어 있어, 손상된 세그먼트도 찾아낼 수 있다. 각 TCP 세그먼트는 IP 패킷에 실려서 전송된다. 그림 III.14는 TCP 세그먼트 헤더의 내용을 보여 준다. 이 헤더 정보는 데이터와 함께 IP 패킷 내부에 실려서 전송된다.

출발지 포트	목적지 포트	시퀀스 번호	확인 응답	오류 검사	기타 정보

그림 III.14 TCP 세그먼트 헤더 형식

수신자는 각 세그먼트에 대해 긍정 또는 부정으로 확인 응답을 보내야 한다. 내가 여러분에게 보내는 각 세그먼트에 대해 여러분은 그것을 받았다는 **긍정 응답**acknowledgment을 나에게 보내야 한다. 적절한 시간 간격 후에 긍정 응답을 받지 못하면 해당 세그먼트가 분실됐다고 추정하고 다시 보낸다. 이와 비슷하게 여러분이 특정 세그먼트를 기다리고 있는데 일정 시간이 지나도 받지 못했다면 **부정 응답**negative acknowledgment을 보내야 하며('세그먼트 27이 도착하지 않음'), 나는 다시 보내야 한다는 것을 알게 된다.

물론 확인 응답 자체가 분실되면 상황은 훨씬 복잡해진다. TCP에는 무언가 잘못됐다고 간주하기까지 얼마나 기다릴지 결정하는 타이머가 여러 개 있다. 어떤 작업이 너무 오래 걸리면 복구를 시도하고, 그러다가 결국 연결이 시간 초과되어 중단된다(아마도 반응이 없는 웹사이트에서 이 문제를 접했을 것이다). 이 모두가 프로토콜의 일부로 명시된 내용이다.

TCP 프로토콜에는 이 절차가 효율적으로 작동하게 하는 메커니즘도 있다. 예를 들어, 발신자는 이전 패킷에 대한 확인 응답을 기다리지 않고 패킷을 보낼 수 있으며, 수신자는 여러 개의 패킷에 단일 확인 응답을 보낼 수 있다. 트래픽이 원활하게 흐르면 확인 응답으로 인한 오버헤드가 줄어든다. 하지만 트래픽이 정체되고 패킷이 분실되기 시작하면 발신자가 신속히 더 낮은 속도로 되돌렸다가 다시 천천히 속도를 올리는 수밖에 없다.

두 호스트 컴퓨터 간에 TCP 연결이 설정되면, 그 연결은 특정 컴퓨터뿐만 아니라 해당 컴퓨터의 특정 **포트**port와도 연결된다. 각 포트는 서로 다른 대화를 나타낸다. 포트는 2바이트(16비트) 숫자로 표현되므로 포트는 최대 65,536개가 있다. 따라서 이론상으로 호스트는 65,536개의 서로 다른 TCP 대화를 동시에 진행할 수 있다. 이 방식은 회사에 단일 전화번호가 있고 직원마다 각자 내선 번호를 갖고 있는 것과 비슷하다.

100여 개의 '잘 알려진' 포트는 표준 서비스에 연결하는 용도로 예약돼 있다. 예를 들어 웹 서버는 80번 포트를 사용하고, 메일 서버는 25번 포트를 사용한다. 브라우저가 야후 웹사이트에 접근하려면 야후의 80번 포트에 TCP 연결을 설정하지만, 메일 프로그램은 야후 메일 서버에 25번 포트를 사용하여 접근한다. 출발지 포트와 목적지 포트는 데이터와 함께 전송되는 TCP 헤더에 포함되어 있다.

더 많은 세부 사항이 있지만, 기본 아이디어는 이 정도이다. TCP와 IP는 빈트 서프Vinton Cerf와 로버트 칸Robert Kahn이 1973년경 처음 설계했고, 이들은 이 공로로 2004년 튜링상을 공동 수상했다. TCP/IP 프로토콜은 지금까지 개선을 거쳐 왔고, 그동안 네트워크 규모와 트래픽 속도가 엄청나게 증가했음에도 본질적으로는 그대로다. 초기 설계가 놀라울 정도로 훌륭한 것이다. 오늘날 TCP/IP는 인터넷상의 트래픽 대부분을 처리한다.

COMMUNICATIONS

068 최상위 프로토콜: 메일 전송과 파일 공유

TCP는 두 컴퓨터 간에 데이터를 주고받는 신뢰성 있는 양방향 스트림을 제공한다. 인터넷 서비스와 애플리케이션은 TCP를 전송 메커니즘으로 사용하지만, 기능별로 특정한 자신만의 프로토콜을 갖는다. 예를 들어, HTTPHypertext Transfer Protocol, 하이퍼텍스트 전송 프로토콜는 웹 브라우저와 서버에 사용되는 특히 간단한 프로토콜이다(329쪽 참고). 사용자가 링크를 클릭하면 브라우저는 서버(가령 *amazon.com*)의 80번 포트에 대해 TCP/IP 연결을 열고 특정 페이지를 요청하는 짧은 메시지를 보낸다. 그림 III.15에서 브라우저는 왼쪽 상단의 클라이언트 애플리케이션이다. 메시지는 프로토콜 체인을 따라 내려가서 인터넷을 가로질러(보통 훨씬 더 많은 단계를 거친다), 반대쪽 끝에서 상응하는 서버 애플리케이션까지 올라간다.

아마존의 서버는 페이지를 준비한 다음, 페이지 인코딩 방식에 대한 정보 같은 약간의 추가 데이터와 함께 사용자에게 보낸다. 돌아오는 경로는 원래 경로와 같을 필요는 없다. 브라우저는 이 응답을 읽고 그 정보를 이용하여 페이지 내용을 표시한다.

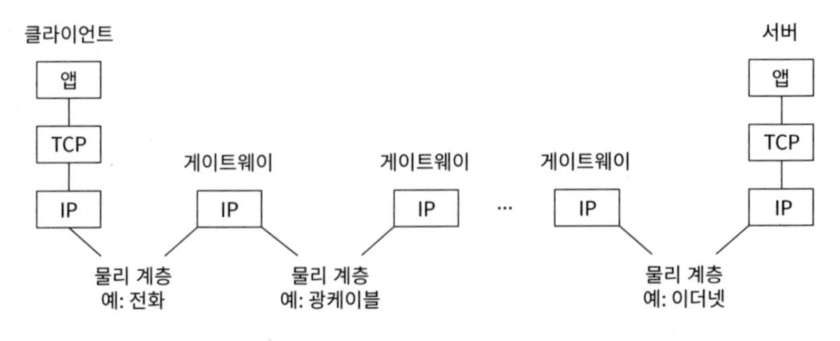

그림 III.15 TCP/IP 연결과 정보 흐름

텔넷과 SSH: 원격 로그인

정보 전달 매개체로 인터넷이 주어지면 무엇을 할 수 있을까? 인터넷이 생겨났을 때부터 있었던 최초의 TCP/IP 애플리케이션 몇 가지를 살펴보겠다. 1970년대 초에 만들어진 이 애플리케이션들이 지금까지 사용되고 있다는 점은 설계의 우수함과 유용성을 증명한다. 이 애플리케이션들은 명령줄 프로그램으로 대부분 사용하기 쉽지만, 일반 사용자보다는 어느 정도 전문가를 대상으로 한다.

텔넷telnet을 사용하면 아마존에 접근할 수 있다.* 텔넷은 다른 컴퓨터에 원격 로그인 세션을 설정하기 위한 TCP 서비스다. 일반적으로 텔넷은 23번 포트를 사용하지만 다른 포트도 쓴다. 명령줄 창에 다음 행을 입력해 보자.

```
$ telnet www.amazon.com 80
GET / HTTP/1.0
    [여기서 Enter를 한 번 더 입력하라]
```

* (옮긴이) 텔넷은 윈도우 10과 맥OS High Sierra 이상 버전에는 기본적으로 설치되어 있지 않다. 설치 방법은 웹으로 검색하면 찾을 수 있다.

그러면 브라우저가 페이지를 표시하는 데 사용할 225,000개 이상의 문자가 응답으로 나타난다.

여기서 GET은 HTTP 요청request 몇 가지 중 하나이고, /는 서버에 기본 파일을 요청하며, HTTP/1.0은 프로토콜 이름과 버전을 나타낸다. 뒤에서 HTTP와 웹에 대해 더 자세히 이야기하겠다.

텔넷은 마치 원격 컴퓨터에 직접 연결돼 있는 것처럼 접근할 수 있도록 한다. 텔넷은 클라이언트의 키 입력을 받아서 서버에 직접 입력된 것처럼 서버로 키 입력을 전달한다. 그러고 나서 서버의 출력을 가로채서 클라이언트로 다시 보낸다. 사용자가 적절한 권한이 있다면 텔넷을 통해 인터넷상의 모든 컴퓨터를 로컬 네트워크에 있는 것처럼 사용할 수 있다. 또 다른 예로, 텔넷을 이용하여 검색을 수행하는 방법은 다음과 같다.

```
$ telnet www.google.com 80
GET /search?q=검색어
    [여기서 Enter를 한 번 더 입력하라]
```

위와 같이 입력하면 110,000바이트 이상의 결과를 출력하는데, 그중 대부분은 자바스크립트 코드와 이미지다. 하지만 유심히 보면 검색 결과를 찾을 수 있다.

텔넷은 아무런 보안 기능을 제공하지 않는다. 원격 시스템이 비밀번호 없이 로그인을 허용한다면 아무 정보도 요청받지 않고 로그인할 수 있다. 원격 시스템에서 비밀번호를 요구한다면, 텔넷은 클라이언트에서 입력한 비밀번호를 변형 없이 전송하므로 데이터 흐름을 관찰하는 누구라도 비밀번호를 볼 수 있다. 이처럼 텔넷은 보안 기능이 전혀 없어서 보안이 중요하지 않은 특별한 상황을 제외하고는 이제 거의 사용되지 않는다. 하지만 텔넷에서 유래한 SSHSecure Shell, 시큐어 셸는 양방향의 모든 트래픽을 암호화하므로 안전하게 정보를 교환할 수 있어서 널리 사용된다. SSH는 22번 포트를 사용한다.

SMTP: 단순 메일 전송 프로토콜

두 번째 프로토콜은 SMTPSimple Mail Transfer Protocol, 단순 메일 전송 프로토콜이다.* 우리는 보통 브라우저 또는 독립 실행형 프로그램을 사용하여 메일을 보내고 받는다. 그러나 인터넷상의 다른 많은 서비스와 마찬가지로 메일 서비스도 표면 아래에 몇 개의 계층이 있으며, 각 계층은 프로그램과 프로토콜로 작동된다. 메일 서비스에는 두 가지 기본 프로토콜이 필요하다. SMTP는 다른 시스템과 메일을 교환하는 데 사용된다. SMTP는 수신자의 메일 처리용 컴퓨터에 있는 25번 포트로 TCP/IP 연결을 설정한 다음, 프로토콜 내용에 따라 발신자와 수신자를 식별하고 메시지를 전송한다. SMTP는 텍스트 기반이다. SMTP 프로토콜이 어떻게 작동하는지 보고 싶다면 25번 포트에 텔넷을 실행해서 확인할 수 있다.† 그렇지만 SMTP에는 여러분의 컴퓨터에서 로컬로 사용하기에도 곤란할 만큼 보안 제약이 있다. 그림 III.16은 로컬 시스템을 이용한 실제 세션에서 나온 대화 샘플이다(분량을 줄이고자 편집한 상태다). 마치 다른 사람에게서 온 것처럼(스팸 메일을 흉내 냈다) 나 자신에게 메일을 보냈다. 내가 타이핑한 부분은 굵은 기울임꼴로 되어 있다.

* SMTP는 1981에 존 포스텔(Jon Postel)이 RFC 788에서 최초로 정의했다.

† SMTP 세션에 대한 설명: *technet.microsoft.com/en-us/library/bb123686.aspx*

```
$ telnet localhost 25
Connected to localhost.
220 davisson.princeton.edu ESMTP Postfix
HELO localhost
250 davisson.princeton.edu
mail from:liz@royal.gov.uk
250 2.1.0 Ok
rcpt to:bwk@princeton.edu
250 2.1.0 Ok
data
354 End data with <CR><LF>.<CR><LF>
Subject: knighthood?

Dear Brian --

Would you like to be knighted?  Please let me know soon.

ER
.
250 2.0.0 p4PCJfD4030324 Message accepted for delivery
quit
```

그림 III.16 SMTP로 메일 보내기

이 터무니없는 메시지는 그림 III.17처럼 때맞춰 내 우편함으로 배달됐다.

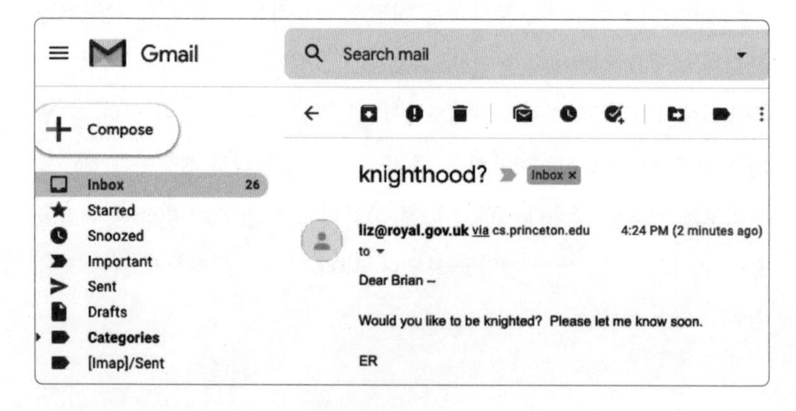

그림 III.17 메일 수신!

SMTP는 메일 메시지가 아스키코드 텍스트일 것을 요구한다. 그래서 다른 종류의 데이터를 텍스트로 변환하는 방법과 여러 개의 조각을 단일 메일 메시지로 결합하는 방법을 기술한 MIMEMultipurpose Internet Mail Extensions, 다목적 인터넷 메일 확장(사실상 또 다른 프로토콜)이라는 표준이 있다. MIME는 사진이나 비디오 같은 첨부 파일을 메일에 포함하는 데 사용되는 메커니즘이며 HTTP에서도 쓰인다.

SMTP는 종단 간end-to-end 프로토콜이지만, TCP/IP 패킷은 출발지에서 목적지로 가는 도중에 15~20개의 게이트웨이를 통과한다. 경로상에 있는 게이트웨이는 얼마든지 패킷을 조사할 수 있고, 나중에 검사할 수 있도록 사본을 만들 수 있다. SMTP 프로토콜 자체로 메일 내용 사본을 만들 수 있으며, 메일 시스템은 메일 내용과 헤더 정보를 계속 파악한다. 메일 내용을 비공개로 유지하려면 출발지에서 암호화해야 한다. 내용을 암호화한다고 해서 발신자와 수신자의 정체가 숨겨지지는 않는다는 점을 명심하라. 트래픽 분석을 하면 누가 누구와 통신 중인지 알 수 있다. 이러한 메타데이터는 실제 내용만큼이나 유용한 정보를 줄 때가 많다. 이 부분은 4부에서 더 이야기한다.

SMTP는 출발지에서 목적지로 메일을 전송하지만, 이후에 메일에 접근하는 일과는 아무 상관이 없다. 일단 메일이 대상 컴퓨터에 도착하면 보통은 수신자가 읽을 때까지 기다린다. 메일을 읽는 과정에서는 일반적으로 IMAPInternet Message Access Protocol, 인터넷 메시지 접근 프로토콜라는 또 다른 프로토콜이 사용된다. IMAP를 사용하면 메일이 서버에 남아 있으므로 수신자가 여러 곳에서 메일에 접근할 수 있다. IMAP는 여러분이 브라우저와 휴대전화에서 메일을 처리할 때처럼 메일을 동시에 여러 명이 읽거나 업데이트하더라도 우편함이 항상 일관된 상태를 유지하도록 한다. 따라서 메시지 사본을 여러 개 만들거나 컴퓨터 간에 복사해서 옮길 필요가 없다.

메일은 흔히 지메일Gmail이나 아웃룩Outlook 같은 시스템에 의해 '클라우드'에서 처리된다. 내부적으로 이러한 시스템은 메일 전송을 위해 SMTP를 사용하고 클라이언트 접근에 대해서는 IMAP처럼 동작한다. 클라우드 컴퓨팅 역시 4부에서 더 이야기하겠다.

파일 공유와 P2P 프로토콜

1999년 6월, 노스이스턴 대학Northeastern University의 신입생이었던 숀 패닝Shawn Fanning은 MP3 포맷으로 압축된 음악을 아주 쉽게 공유하는 프로그램인 냅스터Napster를 공개했다. 냅스터를 내놓은 시기는 매우 적절했다. 당시 대중음악 CD는 널리 이용되었지만 가격이 비쌌다. 개인용 컴퓨터는 MP3 인코딩과 디코딩을 할 수 있을 정도로 충분히 빨랐고, 필요한 알고리즘은 쉽게 구할 수 있었다. 네트워크를 통해 MP3 포맷으로 된 노래를 꽤나 빠른 속도로 전송할 만큼 대역폭도 충분했는데, 특히 기숙사에서 이더넷을 이용하는 대학생들에게는 더욱 넉넉했다. 패닝의 설계와 구현은 훌륭했으며, 곧 냅스터는 삽시간에 퍼져 나갔다. 1999년 중반에 냅스터 서비스를 제공하기 위한 회사가 설립되었고, 가장 잘 나갈 때 사용자가 8천만 명이었다고 한다. 1999년 후반에 냅스터가 저작권이 있는 음악을 대규모로 도용했다는 혐의를 주장한 첫 번째 소송이 제기되었고, 법정 판결에 따라 2001년 중반쯤 냅스터는 사업을 중단했다. 무에서 시작해 겨우 2년 남짓 만에 8천만 명의 사용자를 보유한 서비스가 됐다가 다시 무로 돌아간 것은 당시에 유행했던 표현인 '인터넷 시대'의 모습을 생생하게 보여 준다.

냅스터를 사용하려면 컴퓨터에 냅스터 클라이언트 프로그램을 다운로드해야 했다. 클라이언트는 공유할 파일을 담을 로컬 폴더를 생성했다. 그

다음에 클라이언트가 냅스터 서버에 로그인하면, 클라이언트는 공유 파일의 '이름'을 업로드했고 냅스터는 현재 이용 가능한 파일 이름을 담고 있는 중앙 디렉터리에 그 이름을 추가했다. 중앙 디렉터리는 지속적으로 업데이트됐다. 즉, 새 클라이언트가 연결되면 파일 이름이 추가되었고, 클라이언트가 서버의 조사에 응답하지 못하면 그 클라이언트가 업로드한 파일 이름은 목록에서 제거됐다.

사용자가 중앙 디렉터리에서 노래 제목이나 가수를 검색하면 냅스터는 현재 온라인 상태이면서 해당 파일을 공유할 용의가 있는 다른 사용자의 목록을 제공했다. 사용자가 파일 공급자를 선택하면 냅스터는 IP 주소와 포트 번호를 제공하여 접촉을 주선하고(데이트 서비스와 약간 비슷하게), 사용자 컴퓨터의 클라이언트 프로그램이 공급자와 직접 접촉하여 파일을 가져왔다. 공급자와 사용자는 냅스터에 상태를 보고만 할 뿐, 그 외에는 중앙 서버가 '관여하지 않았다'. 왜냐하면 음악 파일 자체는 전혀 건드리지 않았기 때문이다.

우리는 브라우저(클라이언트)가 웹사이트(서버)에 뭔가 요청하는 클라이언트-서버 모델에 익숙하다. 냅스터는 다른 모델의 사례에 해당한다. 냅스터는 현재 공유할 수 있는 음악 목록을 관리하는 중앙 디렉터리를 제공했지만, 음악 파일 자체는 사용자 컴퓨터에만 저장되어 있었다. 또한 파일이 전송될 때는 중앙 시스템을 통하지 않고 한 냅스터 사용자에서 다른 냅스터 사용자로 직접 전송됐다. 이러한 까닭에 이 구조는 P2Ppeer-to-peer, 피어 투 피어라고 불렸고, 파일을 공유하는 사용자들이 피어에 해당한다. 음악 자체는 피어의 컴퓨터에만 저장되었고 중앙 서버에는 절대 저장되지 않았으므로 냅스터는 저작권 문제를 회피하기를 기대했지만, 그런 세부 사항이 적법한지 여부는 판결에 영향을 주지 못했다.

넵스터 프로토콜은 TCP/IP를 사용했으므로 사실상 HTTP나 SMTP와 동일한 수준의 프로토콜이었다. 패닝의 작업 결과물을 중립적으로 평가하자면(정말 깔끔하게 만들어졌다), 냅스터는 인터넷, TCP/IP, MP3를 포함한 인프라와 그래픽 사용자 인터페이스 구축 도구가 이미 마련된 상태라면 간단하게 만들 수 있는 시스템이다.

합법적이든 아니든 대부분의 최신 파일 공유 서비스는 2001년에 브램 코언Bram Cohen이 개발한 비트토렌트BitTorrent라는 P2P 프로토콜을 사용한다. 비트토렌트는 영화와 TV 프로그램처럼 용량이 크고 인기 있는 파일을 공유할 때 특히 유용하다. 왜냐하면 비트토렌트로 파일을 다운로드하는 각각의 사용자는 같은 파일을 다운로드하려는 다른 사람에게도 본인이 가진 파일 조각을 업로드해야 하기 때문이다. 비트토렌트에서는 분산된 디렉터리를 검색하여 파일을 찾고, 용량이 작은 '토렌트torrent 파일'을 사용해서 누가 어떤 블록을 보내고 받았는지 기록을 유지하는 트래커*를 식별한다. 비트토렌트 사용자는 저작권 침해 탐지에 걸리기 쉽다. 다운로드만 하려는 사람도 프로토콜 요구사항에 따라 파일 조각을 업로드해야 하므로 저작권이 적용되는 자료를 유포하는 과정에서 쉽게 식별되기 때문이다.

P2P 네트워크는 합법성이 의심스러운 파일 공유 이외의 용도로도 쓰인다. 4부에서 이야기할 디지털 통화 및 결제 시스템인 비트코인Bitcoin도 P2P 프로토콜을 사용한다.

* (옮긴이) 비트토렌트에서 트래커(tracker)란 비트토렌트 프로토콜을 사용하는 피어 간의 통신을 지원하는 특별한 유형의 서버를 의미한다. *en.wikipedia.org/wiki/BitTorrent_tracker*

COMMUNICATIONS

069 디지털 저작권 논쟁

1950년대에는 책이나 음반 복제가 현실적이지 않았다. 하지만 이후 복제에 드는 비용이 꾸준히 낮아졌고, 1990년대 들어서는 책이나 음반의 디지털 사본을 만들기 쉬워졌다. 또한 사본을 대량으로 만들어서 별도 비용 없이 고속으로 인터넷을 통해 다른 사람에게 보낼 수 있게 되었다.

엔터테인먼트 업계는 미국음반산업협회RIAA와 미국영화협회MPAA 같은 업계 단체를 통해 저작권 있는 자료의 공유를 막기 위해 끊임없이 노력하고 있다. 여기에는 저작권 침해 혐의가 있는 사람들에 대한 소송과 법적 조치 위협, 그러한 활동을 불법화하는 법률 제정을 지지하는 치열한 로비 활동이 포함된다. 저작권 침해 행위는 앞으로도 계속 일어나겠지만, 기업들은 콘텐츠 품질을 보장하는 만큼 합당한 가격을 청구함으로써 저작권 침해로 인한 손실을 줄이면서 계속 수익을 낼 것이다. 애플의 아이튠즈 뮤직 스토어가 이 점을 입증하고 있고, 넷플릭스와 스포티파이 같은 스트리밍 서비스도 마찬가지다.

미국에서 디지털 저작권 문제를 다루는 주된 법률은 1998년에 제정된 DMCADigital Millennium Copyright Act, 디지털 밀레니엄 저작권법이다. DMCA는 인터넷상에서 저작권 있는 자료를 배포하는 일을 포함하여 디지털 미디어 저작권 보호 기술을 우회하는 것을 불법으로 만들었다. 다른 국가에도 비슷한 법이 있다. DMCA는 엔터테인먼트 업계에서 저작권 침해자를 추적하는 데 사용하는 법적 메커니즘이다.

DMCA는 ISP에 '면책safe harbor' 조항을 제공한다. 저작권자가 ISP에 어떤 사용자가 저작권 있는 자료를 제공하고 있다고 통보한 경우, ISP가 침해자에게 그 자료를 삭제하라고 요구하면 ISP는 저작권 침해에 대한 법적 책임을 지지 않는다. 이 면책 조항은 대학에서 중요한데, 대학이 학생과 교수에게는 ISP 역할을 하기 때문이다. 따라서 미국의 모든 대학에는 저작권 침해 혐의를 다루는 공무원이 몇 명 있다. 그림 III.18은 프린스턴 대학의 DMCA 알림 문구다.

> 프린스턴 대학의 정보 기술 자료 또는 서비스와 관련된 저작권 침해를 신고하려면 미국 공법 105-304 디지털 밀레니엄 저작권법에 따라 지정된 대리인인 [...]에게 통보해 주십시오. 프린스턴 대학 웹사이트에 있는 저작권 침해를 주장하는 신고에 응하고자 조치를 취하고 있습니다.

그림 III.18 프린스턴 대학 웹페이지에 있는 DMCA 알림 정보

DMCA는 좀 더 대등한 쌍방 간의 법적 다툼에도 (양쪽 모두에) 적용된다. 2007년에 주요 미디어 업체인 바이어컴Viacom은 구글의 서비스인 유튜브에 저작권 있는 자료가 돌아다니는 문제에 대해 구글에 10억 달러 규모의 소송을 제기했다. 바이어컴은 DMCA가 단지 면책 조항에 기대어 저작권 있는 자료를 대량으로 도용할 수 있게 둘 의도로 존재하는 것이 아니라고 했다. 구글의 방어 논리 중 일부는 DMCA 삭제take-down 통보가 제대로 오면 자신들은 적절하게 응했지만, 바이어컴이 제대로 통보하지 않았다는 것이었다. 판사는 2010년 6월에 구글에 유리하게 판결을 내렸지만, 항소 법원은 판결의 일부를 뒤집었고, 이후 다른 판사가 유튜브가 DMCA 절차를 적절히 따르고 있다는 이유로 한 번 더 구글에 유리하게 판결을 내렸다. 양

측은 2014년에 합의했지만, 유감스럽게도 합의 조건은 공개되지 않았다.

2004년에 구글은 주로 대학/학술 도서관에서 보유하고 있는 많은 책을 스캔하는 프로젝트를 시작했다. 이에 대해 2005년에 미국 작가 협회Authors Guild가 구글에 소송을 제기했다. 협회는 구글이 작가들의 저작권을 침해함으로써 이익을 얻고 있다고 주장했다. 이 소송은 매우 오래 이어졌지만, 2013년에 구글이 무죄라는 판결이 나왔다. 판결의 근거로는 구글이 이러한 활동을 함으로써 소실될 가능성이 있는 책을 보존하고, 원활한 학문 연구를 위해 자료를 디지털 포맷으로도 이용할 수 있게 했으며, 저자와 출판사를 위해서도 수입을 창출할 가능성이 있다는 것이었다. 항소 법원은 2015년 말에 이 원심 판결을 인용했다. 구글이 각각의 책을 한정된 수량으로만 온라인으로 제공한다는 점이 이러한 결정을 내리는 데 다소 영향을 미쳤다. 미국작가협회는 대법원에 상고했지만, 2016년에 대법원이 이 사건의 심리를 거부하면서 실질적으로 논쟁이 종결됐다.

이 사례는 저작권 관련 분쟁에서 양측 모두 합리적인 주장을 내놓을 수 있음을 보여 준다. 개인적인 입장에서 보면 연구자로서 이러한 서비스는 쉽게 찾아볼 수 없거나 있는지도 몰랐을 책을 검색할 수 있어 필요하겠지만 작가로서 생각해 보면 사람들이 불법 복제판을 다운로드하기보다는 자신이 쓴 책을 합법적으로 구매하기를 바랄 것이다.

DMCA 항의 신고는 간단히 제출할 수 있다. 나는 스크리브드Scribd에 이 책 초판의 불법 복제판이 업로드된 것을 항의하는 신고를 제출한 적이 있고, 그들은 24시간 안에 파일을 삭제했다. 불행히도 이런 책들의 불법 복제판은 대부분 근본적으로 삭제가 불가능하다.

DMCA는 간혹 원래 의도와 맞지 않게 반경쟁적 방식으로 이용되기도 한다. 예를 들어, 필립스Philips는 컨트롤러로 밝기와 색상을 조정할 수 있는 '스마트' 네트워크 연결 전구를 생산한다. 2015년 말에 필립스는 필립스 전구에만 필립스 컨트롤러를 함께 쓸 수 있게 펌웨어를 수정 중이라고 발표했다. DMCA는 다른 사람이 타사의 전구를 필립스 컨트롤러와 함께 사용할 목적으로 소프트웨어를 리버스 엔지니어링하지 못하도록 제한한다. 이후 필립스는 격렬한 항의를 받아 이 특별한 경우에 대해서는 한발 물러났지만, 다른 업체에서는 경쟁을 제한하기 위해 DMCA를 계속 이용하고 있다. 예를 들면 프린터 교체형 토너와 커피 메이커의 교체형 파드 pod에 관해 DMCA가 이용된 사례가 있다.*

COMMUNICATIONS

070 보안에 취약한 IoT 기기들

스마트폰은 표준 전화 시스템을 사용할 수 있는 컴퓨터라고 볼 수 있다. 모든 최신 휴대전화는 이동통신사의 통신망이나 와이파이로 인터넷에 접근한다. 이렇게 휴대전화에서 인터넷에 접근하기 쉬워지면서 전화망과 인터넷의 구분이 모호해지고 있으며 이러한 구분은 결국 사라질 것이다.

오늘날 휴대전화를 세상 곳곳에 퍼지게 했던 것과 동일한 힘이 다른 디지털 장치에도 작용하고 있다. 앞서 말했듯이 많은 기기와 장비에는 강력

* 2015년에 큐리그(Keurig)는 커피 메이커에 사용되는 파드에 DRM을 강제로 적용하려고 했다. 사용자들은 부정적인 반응을 보였고, 판매 실적은 눈에 띄게 악화됐다. *boingboing.net/2015/05/08/keurig-ceo-blames-disastrous-f.html*

(옮긴이) 미국의 프린터 업체 렉스마크(Lexmark)는 타사에서 제작한 교체형 토너를 사용할 수 없도록 특수 칩을 프린터에 장착하여 판매하였는데, 이를 우회하여 타사 토너도 정품으로 인식하도록 하는 스마텍 칩을 제작해 판매한 스태틱 컨트롤사에 DMCA 위반을 근거로 소송을 제기했다. *news.joins.com/article/2128080*

한 프로세서와 메모리가 있고, 흔히 무선 네트워크 연결도 지원된다. 자연스럽게 이러한 장치들을 인터넷에 연결하려고 할 텐데, 필요한 모든 메커니즘이 이미 마련되어 있고 한계 비용이 0에 가까우므로 이는 매우 간단하다. 따라서 와이파이나 블루투스로 사진을 업로드하는 카메라, 위치 정보나 엔진의 원격 측정값을 업로드하는 동안 오락거리를 다운로드하는 자동차, 주변 환경 정보를 측정하고 제어하여 외출 중인 집주인에게 알려주는 온도 조절 장치, 아이와 보모, 방문객을 계속 관찰하는 비디오 모니터, 알렉사 같은 음성 응답 시스템, 그리고 앞에서 언급한 네트워크로 연결된 전구 같은 제품은 모두 인터넷 연결을 기반으로 한다. 이 모두를 일컫는 유행어가 **사물인터넷**, 즉 IoT이다.

여러모로 IoT는 훌륭한 아이디어이며 앞으로 점점 더 많은 종류의 IoT 기기가 생겨날 것임은 확실하다. 그러나 IoT에도 큰 단점이 있다. 이렇게 특정 용도를 가진 장치는 같은 종류의 범용 장치보다 보안 문제에 더 취약하다. 즉 해킹이나 불법 침해를 당해서 손상을 입을 가능성이 더 높다. 사실 IoT 관련 보안과 프라이버시에 대한 관심도 개인용 컴퓨터와 휴대전화와 비교해 매우 낮은 수준이어서 더 위험하다. 일례로, 상당히 많은 장치가 제조 국가에 있는 서버로 정보를 전송하는 방식으로 '집으로 연락'한다.*

다양한 IoT 보안 사고 사례 중 하나를 이야기하자면, 2016년 1월에 한 웹사이트에서 사용자가 웹캠을 검색하여 볼 수 있게 허용했는데, 촬영 영상을 전혀 보호 처리하지 않고 송출했다. 이 사이트는 '마리화나 농장, 은행의 밀실, 아이 방, 부엌, 거실, 차고, 앞마당, 뒷마당, 스키장, 수영장, 대학과 학교, 실험실, 소매점의 금전등록기' 등에 설치된 카메라 영상을 그

* 집으로 연락하는 기기들 이야기: *www.digitaltrends.com/news/china-spying-iot-devices*

대로 노출했다.* 이런 보안 허점이 단순 관음 목적부터 훨씬 나쁜 의도로 사용되는 상황을 고려해 볼 수 있을 것이다.

일부 어린이 장난감은 인터넷 연결을 지원하는데, 이는 또 다른 잠재적 위험을 불러일으킨다. 한 연구에서는 몇몇 장난감에 아이들을 추적하는 데 사용할 수 있는 데이터 분석 코드와, 장난감을 다른 공격의 매개체로 쓸 수 있도록 허용하는 불안정한 메커니즘이 포함되어 있음을 밝혀냈다(이런 장난감 중 하나는 인터넷에 연결되는 물병이었는데, 원래는 수분 공급 상태를 모니터링할 용도였던 것으로 보인다).† 이런 식의 아동 추적은 COPPAChildren's Online Privacy Protection Act, 어린이 온라인 사생활 보호법와 장난감에 명시된 개인정보 보호 정책을 위반하는 것이다.

웹캠 같은 제품은 제조사가 충분한 보안을 제공하지 않아 취약한 경우가 많다. 보안 기능을 추가하면 비용이 너무 많이 들어서, 또는 사용하기가 너무 복잡해진다고 판단해서 넣지 않았거나, 그냥 잘못 구현했을 수도 있다. 예를 들어, 2019년 말에 한 해커가 IoT 기기 50만 개의 IP 주소와 텔넷 비밀번호를 게시한 사건이 있었다. 해커는 22번 포트로 응답하는 장치를 훑어서 조사하고 'admin'이나 'guest' 같은 기본 계정과 비밀번호로 로그인을 시도하여 이 정보를 찾아냈다고 한다.‡

전력, 통신, 운송을 포함한 다양한 인프라 시스템이 보안 면에서 충분히 주의를 기울이지 않은 채로 인터넷에 연결되기도 했다. 일례로 2015년 12월에 보도된 바로는 특정 제조사의 풍력 터빈에 웹 기반 관리 인터페이스

* *arstechnica.com/security/2016/01/how-to-search-the-internet-of-things-for-photos-of-sleeping-babies*

† Gordon Chu, Noah Apthorpe, Nick Feamster, "Security and Privacy Analyses of Internet of Things Children's Toys", 2019.
(옮긴이) 사용자가 등록한 이름, 성별, 생년월일, 몸무게 같은 인적 사항과 프로필 사진 등의 정보를 얻을 수 있었다고 한다.

‡ 텔넷을 이용하여 IoT 장치에 접근하기: *www.schneier.com/blog/archives/2020/07/half_a_million.html*

가 있는데, 매우 간단한 방식으로(단지 URL을 편집함으로써) 공격해서 터빈이 생성하는 전력을 차단할 수 있었다고 한다.*

COMMUNICATIONS

071 요약

인터넷은 겨우 몇 가지 기본적인 아이디어 위에서 작동한다. 비록 상당한 엔지니어링이 뒷받침되어야 하지만 그렇게 적은 메커니즘으로 얼마나 많은 것을 실현할 수 있는지 주목할 만하다.

인터넷은 패킷 네트워크다. 정보는 표준화된 개별 패킷으로 전송되며, 패킷은 규모가 크고 계속 변하는 여러 개의 네트워크를 통과하며 동적으로 라우팅된다. 이는 전화 시스템의 회선 네트워크와는 다른 모델이다. 회선 네트워크에서는 대화마다 전용 회선이 있으며, 개념상으로는 통화하는 두 사람 간에 사설 회선이 있다.

인터넷은 현재 연결된 각 호스트에 고유한 IP 주소를 할당하고 같은 네트워크에 있는 호스트들은 공통 IP 주소 접두사prefix를 공유한다. 노트북과 휴대전화 같은 모바일 호스트는 연결될 때마다 IP 주소가 달라지기도 하고, 위치가 바뀜에 따라 달라지는 경우도 있다. 도메인 네임 시스템, 즉 DNS는 도메인 네임을 IP 주소로 변환하거나 그 반대로 변환하는 대규모 분산 데이터베이스다.

네트워크는 게이트웨이로 연결된다. 게이트웨이는 패킷이 목적지로 나

* 풍력 터빈 공격하기: *news.softpedia.com/news/script-kiddies-can-now-launch-xss-attacks-against-iot-wind-turbines-497331.shtml*

아감에 따라 한 네트워크에서 다음 네트워크로 패킷을 라우팅하는 전문화된 컴퓨터다. 게이트웨이는 라우팅 프로토콜을 이용하여 라우팅 정보를 교환하므로, 네트워크 형태가 바뀌고 연결이 끊겼다 이어졌다 하더라도 패킷이 목적지에 더 가까이 갈 수 있게 패킷을 전달하는 방법을 항상 알고 있다.

인터넷은 프로토콜과 표준에 따라 작동한다. IP는 인터넷의 공통 메커니즘으로, 정보를 교환하기 위한 만국 공통어다. 이더넷과 무선 시스템 같은 특정 하드웨어 기술은 IP 패킷을 캡슐화하여 전송한다. 하지만 IP 레벨에서는 하드웨어 특정 부분의 세부적인 작동 방식이 보이지 않고, 그러한 부분이 관련되어 있는지조차 드러나지 않는다. TCP는 IP를 사용하여 호스트의 특정 포트로 연결되는 안정적인 스트림을 만들어 준다. 상위 레벨 프로토콜은 TCP/IP를 사용하여 서비스를 만들어 낸다.

프로토콜은 시스템을 계층으로 나눈다. 각 계층은 바로 아래 계층에서 제공하는 서비스를 이용하고 바로 위 계층에 서비스를 제공한다. 어느 계층도 모든 일을 처리하려고 하지는 않는다. 이처럼 프로토콜을 계층화하는 것은 인터넷 작동에서 핵심적인 원리다. 계층화는 구현 세부 사항을 숨기면서 복잡성을 조직화하고 통제하는 방법이다. 각 계층은 자신이 잘 아는 일을 집중적으로 수행한다. 하드웨어 네트워크는 네트워크상의 한 컴퓨터에서 다른 컴퓨터로 바이트를 옮기고, IP는 인터넷을 통해 개별 패킷을 옮기며, TCP는 IP로부터 안정적인 스트림을 만들어 내고, 애플리케이션 프로토콜은 스트림상에서 데이터를 보내고 받는다. 각 계층이 제공하는 프로그래밍 인터페이스는 API의 좋은 예다.

이러한 프로토콜의 공통점은 컴퓨터 프로그램 간에 정보를 옮긴다는 점이다. 이를 위해 인터넷을 '무지능 네트워크dumb network'로 사용하는데, 즉 바이트를 해석하거나 처리하려고 하지 않고 한 컴퓨터에서 다른 컴퓨터로 효율적으로 복사하기만 하는 수단으로 사용한다는 뜻이다. 이 점은 인터넷이 갖는 중요한 속성인데, 데이터를 건드리지 않는다는 의미에서 '무지능'이라는 표현을 쓴다. 이를 더 중립적으로 표현하면 인터넷은 **단대단 원칙**end-to-end principle을 따른다고 할 수 있다. 이 말은 지능이 종단점, 즉 데이터를 보내고 받는 프로그램에 있다는 것을 의미한다. 이러한 특성 때문에 인터넷은 전통적인 전화망과 대조를 이룬다. 전화망에서는 모든 지능이 네트워크에 있고, 구식 전화기 같은 종단점은 네트워크에 연결되어 음성을 전달하는 것 이상의 기능은 거의 제공하지 못하는 진짜 바보에 불과했다.

'무지능 네트워크' 모델은 매우 생산적이었다. 좋은 아이디어가 있는 사람이라면 누구나 똑똑한 종단점을 만들고, 바이트를 전달하는 것 같은 단순한 작업은 네트워크에 맡길 수 있다는 것을 의미했기 때문이다. 전화 회사나 케이블 회사가 좋은 아이디어를 구현하거나 지원하기를 기다리는 것은 효과가 없었을 것이다. 예상할 수 있듯이 이동통신사 입장에서는 더 많은 통제권을 가질수록 좋을 텐데, 대부분의 혁신이 네트워크가 아닌 다른 분야에서 이루어지는 모바일 영역에서 특히 그렇다. 아이폰과 안드로이드폰 같은 스마트폰은 주로 인터넷 대신 전화망으로 통신하는 컴퓨터다. 이동통신사는 전화 서비스로 돈을 벌고 싶겠지만, 기본적으로 데이터를 전송해야만 수익을 올릴 수 있다. 초기에는 대부분의 휴대전화가 데이터 서비스에 월별 정액 요금제를 적용했지만, 적어도 미국에서는 오래전부터 사용량에 따라 더 많은 요금을 청구하는 구조로 바뀌었다. 영화를 대량으로 다운로드하는 등 데이터 서비스를 남용하는 사용자에게 높은 가격과 대역폭 제한을 적용하는 것은 합당해 보이지만, 문자 메시지 같은 서비스만 이용하는 사용자에게 같은 제한을 두는 것은 불공평하다. 문자 메시지는 사용하는 대역폭이 워낙 작아서 이동통신사 입장에서는 거의 비용이 들지 않기 때문이다.

마지막으로, 인터넷 초기의 프로토콜과 프로그램이 사용자를 얼마나 신뢰했는지 주목하자. 텔넷은 비밀번호를 평문으로 전송한다. SMTP는 오랫동안 발신자나 수신자를 전혀 제한하지 않고 메일을 중계하곤 했다. 한편 이러한 '공개 중계open relay' 서비스는 스팸 메일 발송자에게 매우 유용했다. 수신자로부터 답장을 받을 필요가 없으면 발신자 주소를 거짓으로 넣을 수 있는데, 이는 사기 메일 발송과 서비스 거부 공격*을 수월하게 만든다. 인터넷을 구성하는 프로토콜과 그에 기반을 둔 프로그램들은, 신뢰할 수 있는 참여자로 구성된 정직하고 협조적이며 선의로 가득 찬 공동체를 상상하며 설계됐다. 하지만 오늘날 인터넷의 모습은 이와 거리가 멀어서, 다양한 영역에서 정보 보안과 인증 절차가 미흡한 부분을 만회하려 하고 있다.

이후에 여러 가지 공격 사례를 살펴보며 설명하겠지만, 인터넷에서 프라이버시와 보안을 지키기는 어렵다. 이 문제는 마치 공격자와 방어자 간의 군비 경쟁 같은데, 공격자가 더 자주 이기는 양상을 보인다. 데이터는 전 세계에 흩어져 있는 다양한 매체와 웹사이트를 통과하는데, 이들은 공유되어 있고 규제에서 자유롭기 때문에 이동 경로상의 어느 지점에서든 데이터를 정치, 상업, 범죄 목적을 위해 기록, 검사, 또는 저지할 수 있다. 그 과정에서 알 수 없는 공격자의 접근을 통제하고, 정보를 보호하기는 어렵다. 많은 네트워킹 기술이 브로드캐스트 방식을 사용하는데, 이는 도청에 취약하다. 유선 이더넷과 광케이블상에서 공격하려면 해당 케이블을 찾아 물리적으로 연결해야 하지만, 무선으로 하는 공격은 스누핑snooping†하기

* 웹의 보안 문제 중 서버에 대한 공격에 해당하며, 3부 후반부에 자세히 설명한다.

† (옮긴이) 네트워크상에서 남의 정보를 염탐하여 불법으로 가로채는 행위를 말한다. 소프트웨어 프로그램(스누퍼)으로 다른 컴퓨터에 침입하여 메신저 내용, 로그인 정보, 메일 등의 정보를 몰래 획득한다. *https://terms.naver.com/entry.naver?docId=2455057&cid=42346&categoryId=42346*

위해 대상과 직접 연결될 필요 없이 그저 일정 거리 내에 있으면 된다.

더 넓은 수준에서 보면, 인터넷은 전반적인 구조와 개방성 면에서 나라 안팎을 오가는 정보 흐름을 차단하거나 제한하는 국가 방화벽을 동원한 정부 통제에 취약하다. 인터넷 거버넌스internet governance* 에 대한 압력도 늘어나고 있어, 관료주의적 통제가 기술적 고려 사항보다 우선할 수 있다는 우려가 있다. 이러한 움직임이 강요될수록 인터넷이라는 보편 네트워크가 발칸화†되어 결국 본래 가지고 있던 가치가 훼손될 위험이 커진다.

* (옮긴이) 인터넷 거버넌스는 정부, 민간, 시민 사회가 맡은 역할을 통해 인터넷의 발전 및 이용에 관련한 원칙, 규범, 규칙, 의사결정 절차를 공유하며 인터넷을 발전시키고 활용하는 것이다. *ko.wikipedia.org/wiki/인터넷_거버넌스*

† (옮긴이) 발칸 반도처럼 어떤 나라나 지역이 서로 적대적이거나 비협조적인 여러 개의 작은 나라나 지역으로 쪼개지는 현상을 일컫는 지정학적 용어. 또한 다른 분야의 분열에도 비유적으로 쓰이는데, 예를 들어 인터넷이 고립된 여러 개의 섬처럼 나뉘어 있는 현상이나, 국제협력이 서로 적대적인 정책 때문에 깨지는 경우 따위가 해당된다. *ko.wikipedia.org/wiki/발칸화*

COMMUNICATIONS

072 월드 와이드 웹은 무료다

"월드 와이드 웹(W3)은 막대한 양의 문서에 범세계적으로 접근할 수 있는 시스템을 만드는 것을 목표로 하는 광역 하이퍼미디어 정보 검색 계획이다."*

인터넷에서 가장 눈에 띄는 부분은 월드 와이드 웹World Wide Web으로, 지금은 그냥 '웹'이라고 한다. 인터넷과 웹을 하나로 보는 경향도 있지만, 둘은 서로 다르다. 인터넷은 전 세계의 수많은 컴퓨터가 서로 쉽게 정보를 교환할 수 있도록 하는 통신 인프라 또는 하위 계층이다. 웹은 정보를 제공하는 컴퓨터(서버)와 정보를 요청하는 컴퓨터(여러분과 나 같은 클라이언트)를 연결한다. 웹은 인터넷을 '사용하여' 연결을 맺고 정보를 전달하며 다른 인터넷 기반 서비스에 접근하기 위한 인터페이스를 제공한다.

많은 훌륭한 아이디어가 그렇듯, 웹도 본질적으로 간단하다. 어디에나 있고 효율적이며 개방적이고 기본적으로 무료인 하부 네트워크가 존재한다는 전제하에(매우 중요한 조건이다) 중요한 것은 다음 네 가지뿐이다.

첫 번째는 URLUniform Resource Locator, 균일 자원 지시자이다. URL은 *http://www.amazon.com*처럼 정보의 출처에 대한 이름을 지정한다.

두 번째는 HTTPHypertext Transfer Protocol, 하이퍼텍스트 전송 프로토콜이다. HTTP는 상위 레벨 프로토콜의 예로 간략하게 언급한 바 있다. HTTP 클라이언트가 특정 URL에 대한 요청을 보내면 서버는 요청된 정보를 반환한다.

세 번째는 HTMLHypertext Markup Language, 하이퍼텍스트 마크업 언어이다. HTML은

* 최초의 웹페이지(*info.cern.ch/hypertext/WWW/TheProject.html*), 1990.

서버가 반환하는 정보 서식이나 표시 방식을 설명하기 위한 언어다. HTML도 간단하며 조금만 알아도 기본적인 사용법을 익힐 수 있다.

마지막으로 **브라우저**browser가 있다. 브라우저는 컴퓨터에서 실행되는 크롬, 파이어폭스, 사파리, 엣지 같은 프로그램으로, URL과 HTTP를 사용하여 서버에 요청을 보내고 서버에서 보낸 HTML을 가져와서 표시한다.

웹은 1989년에 탄생했다. 제네바 근처에 있는 CERNConseil Européenne pour la Recherche Nucléaire, 유럽 입자 물리 연구소에서 근무하던 영국인 컴퓨터과학자인 팀 버너스리Tim Berners-Lee가 인터넷을 통해 과학 문헌과 연구 결과를 더 쉽게 이용할 수 있는 시스템을 만들면서 웹이 시작되었다. 그의 설계에는 URL, HTTP, HTML이 포함되어 있었고, 자료를 보기 위한 텍스트 전용 클라이언트 프로그램이 있었다. CERN 웹사이트에서 그 버전의 시뮬레이션을 볼 수 있다.*

이 프로그램은 1990년 무렵에 사용되기 시작했다. 나도 1992년 10월 코넬 대학Cornell University을 방문했을 때 이 프로그램이 작동하는 것을 보았다. 쑥스러운 일이지만 당시에는 그다지 인상적이라고 생각하지 않았고, 그로부터 6개월도 지나지 않아 등장한 그래픽 브라우저가 세상을 바꾸게 될 줄은 정말 몰랐다. 앞날을 예측하기란 너무 어렵다.

최초의 브라우저인 모자이크Mosaic는 일리노이 대학University of Illinois의 학생들이 만들었다. 모자이크는 1993년 2월에 출시된 후 빠르게 성장했으며, 겨우 1년 만에 최초의 상용 브라우저인 넷스케이프 내비게이터Netscape Navigator가 나왔다. 넷스케이프 내비게이터는 초창기부터 성공을 거뒀는데, 이때까지 마이크로소프트는 인터넷에 대한 관심이 급증할 줄 인식하지 못하고 있었다. 곧 마이크로소프트는 정신을 차리고 경쟁 제품인 인터

* *line-mode.cern.ch/www/hypertext/WWW/TheProject.html*

넷 익스플로러IE를 신속히 출시했고, 이내 IE는 큰 격차를 벌리며 가장 널리 사용되는 브라우저가 됐다.

마이크로소프트의 PC 시장 지배는 여러 분야에서 반독점 우려를 불러일으켰고, 1998년에는 미국 법무부가 마이크로소프트에 소송을 제기했다. IE도 그 소송 절차의 일부였는데, 마이크로소프트가 넷스케이프를 인터넷 사업에서 몰아내기 위해 지배적인 지위를 이용하고 있다는 혐의가 제기되었기 때문이다. 마이크로소프트는 이 소송에서 패소했고, 일부 사업 관행을 변경할 수밖에 없었다.

오늘날 노트북, 데스크톱, 휴대전화에서 가장 널리 사용되는 브라우저는 크롬이다. 사파리와 파이어폭스는 훨씬 적게 사용된다. 2015년에 마이크로소프트는 윈도우 10용으로 IE를 대체할 엣지Edge라는 새로운 브라우저를 출시했다. 애초에 엣지는 마이크로소프트 자체 코드를 사용했지만, 2019년부터는 구글의 오픈소스 크로미움Chromium 브라우저 코드를 기반으로 구현된다. 엣지의 시장 점유율은 파이어폭스보다 낮고*, IE는 훨씬 더 낮다.

웹의 기술적 진화는 비영리 조직인 월드 와이드 웹 컨소시엄World Wide Web Consortium, 즉 W3C(*w3.org*)가 관리하거나 방향을 제시한다. W3C의 설립자이자 현재 책임자인 버너스리는 그의 업적이 불러온 인터넷과 웹의 유행에 많은 사람이 편승하여 매우 부유해졌음에도, 자신의 발명으로 이익을 얻으려고 하지 않았다. 관대하게도 그는 모든 사람이 인터넷을 무료로 이용할 수 있길 원했다. 버너스리는 2004년에 영국 엘리자베스 2세 여왕에게 기사 작위를 받았다.

* (옮긴이) 2021년 상반기 기준으로는 조사 기관이나 기준에 따라 엣지가 파이어폭스보다 점유율이 높게 나오기도 한다. *en.wikipedia.org/wiki/Usage_share_of_web_browsers*

COMMUNICATIONS

073 URL의 의미

웹의 기술적 구성 요소와 메커니즘을 좀 더 자세히 살펴보자. 우선 URL과 HTTP부터 시작해 보자.

자주 쓰는 브라우저로 간단한 웹페이지를 보고 있다고 상상해 보자. 그 페이지의 일부 텍스트는 파란색이고 밑줄이 그어져 있다. 해당 텍스트를 클릭하면 현재 페이지가 파란색 텍스트에서 연결되는 새 페이지로 바뀐다. 이처럼 페이지를 연결하는 것을 **하이퍼텍스트**hypertext(텍스트를 초월한)라고 한다. 이는 기존에도 있던 개념이지만, 브라우저 덕분에 모든 사람들이 하이퍼텍스트를 경험할 수 있게 됐다.

링크에 'W3C 홈페이지'라고 쓰여 있다고 가정해 보자. 마우스를 링크 위에 올리면 브라우저 창 하단의 상태 표시줄에 링크가 가리키는 URL이 *https://w3.org* 같은 식으로 표시된다. 어쩌면 도메인 네임 뒤에 추가 정보가 있을 수도 있다.

링크를 클릭하면 브라우저가 도메인 *w3.org*의 80번 포트로 TCP/IP 연결을 열고, URL의 나머지 부분에서 제공하는 정보에 대해 HTTP 요청을 보낸다. 가령 링크가 *https://w3.org/index.html*이라면 `index.html` 파일에 대한 요청을 보낸다.

*w3.org*의 서버가 이 요청을 받으면 수행할 작업을 결정한다. 요청이 서버에 이미 있는 파일에 대한 것이면 서버는 해당 파일을 보내 주고, 클라이언트인 브라우저는 이를 표시한다. 서버에서 반환되는 텍스트는 거의

항상 HTML 형식이다. HTML은 실제 내용과 더불어 서식을 지정하거나 내용을 표시하는 방법에 대한 정보도 포함한다.

현실에서도 이렇게 단순할 수 있겠지만, 보통은 이보다 더 복잡하다. HTTP 프로토콜을 사용하면 브라우저가 클라이언트의 요청과 함께 몇 줄의 추가 정보를 보낼 수 있으며, 서버의 응답에는 일반적으로 데이터의 양과 종류에 대한 정보를 담은 여분의 행이 포함된다.

URL 자체는 정보를 인코딩한다. 첫 번째 부분인 `http`는 사용할 특정 프로토콜을 알려 주는 몇 가지 선택지 중 하나다. HTTP가 가장 흔히 사용되지만 다른 종류도 볼 수 있는데, 웹에서 온 것이 아닌 로컬 컴퓨터에 있는 정보를 나타내는 `file`, 그리고 앞으로 자주 보게 되겠지만 HTTP의 안전한(암호화된) 버전을 나타내는 `https`가 있다. `https`에 대해서는 곧 다시 이야기하겠다.

URL에서 `://` 다음에는 서버의 이름을 지정하는 도메인 네임이 나온다. 도메인 네임 뒤에는 슬래시(/)와 문자열이 올 수 있다. 이 문자열은 서버에 그대로 전달되며, 서버는 문자열을 원하는 대로 처리한다. 가장 단순한 경우는 아무것도 없는 경우인데(슬래시조차도), 이 경우 서버는 `index.html` 같은 기본 페이지를 반환한다. 파일 이름이 있다면 그 내용이 있는 그대로 반환된다. 일반적으로 파일 이름 맨 앞부분 다음에 오는 물음표는 서버가 물음표 앞부분에 해당하는 이름의 프로그램을 실행하고 나머지 텍스트를 해당 프로그램에 전달해야 함을 뜻한다. 이는 웹페이지의 폼*에 입력된 정보가 처리되는 방법 중 하나다. 예를 들어, 검색 엔진 빙의 검색용 URL은 다음과 같은데, 브라우저 주소 표시줄에 직접 입력하여 확인할 수 있다.

* (옮긴이) 폼(form)은 서버로 보내서 처리할 데이터를 사용자가 입력하게 하는 HTML 구성 요소다.

```
https://www.bing.com/search?q=funny+cat+pictures
```

도메인 네임 뒤에 오는 텍스트는 한정된 문자 집합으로 작성된다. 공백을 비롯해 영문자와 숫자를 제외한 대부분의 문자가 허용되지 않으므로, 이러한 문자들은 인코딩되어야 한다. 플러스 기호 `+`는 공백을 인코딩하며, 다른 문자들은 퍼센트 기호 `%`와 두 개의 십육진 숫자로 인코딩된다. 예를 들어, 십육진수 `27`은 작은따옴표 문자, 십육진수 `22`는 큰따옴표 문자, 십육진수 `2D`는 마이너스 기호이므로 URL 조각 `5%2710%22%2D6%273%22`는 `5'10"-6'3"`을 의미한다.

COMMUNICATIONS 074 HTML과 CSS로 간단한 웹페이지 만들기

서버에서 오는 응답은 일반적으로 HTML 형식이다. HTML은 내용과 서식 정보가 결합된 형태다. HTML은 매우 간단하여 평소 자주 사용하는 텍스트 편집기로도 웹페이지를 쉽게 만들 수 있다(마이크로소프트 워드 같은 워드프로세서를 사용한다면 코드를 기본 포맷이 아닌 일반 텍스트 포맷으로 저장하고 `html` 확장자를 붙여야 한다). 서식 정보는 페이지 내 영역의 시작과 끝을 표시하고 내용을 기술하는 **태그**tag를 붙여 나타낸다.

아주 간단한 웹페이지의 HTML은 예제 III.1의 코드처럼 작성할 수 있다. 이 코드는 그림 III.19와 같이 브라우저에 표시될 것이다.

예제 III.1 간단한 웹페이지의 HTML

```
<html>
  <title> My Page </title>
  <body>
    <h2> A heading </h2>
    <p> A paragraph... </p>
    <p> Another paragraph ... </p>
      <img src="wikipedia.jpg" alt="Wikipedia logo" />
      <a href="http://www.wikipedia.org">link to Wikipedia</a>
      <h3> A sub-heading </h3>
        <p> Yet another paragraph </p>
  </body>
</html>
```

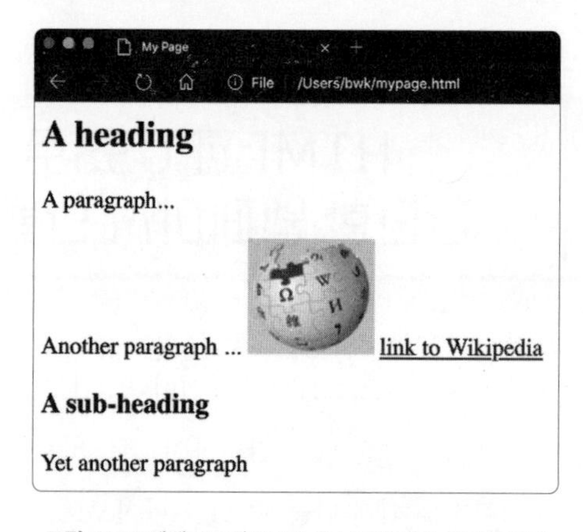

그림 III.19 예제 III.1의 HTML을 브라우저로 표시한 화면

이미지 파일은 기본적으로 HTML 파일과 같은 위치에서 가져오지만, 웹에 있는 어디서나 불러올 수 있다. 이미지 태그인 <img>에 적힌 이름의 파일에 접근할 수 없다면 브라우저는 이미지가 들어갈 위치에 '깨진' 이미지를 표시한다. alt= 속성은 이미지 자체를 보여 줄 수 없을 때 표시하는 대체 텍스트를 제공한다. 이 속성은 시각이나 청각에 문제를 겪는 사용자에게

도움을 주고자 고안된 웹페이지 기법의 간단한 예다.*

<img>처럼 단독으로 사용되는 태그도 있고, <body>와 </body>처럼 시작과 끝이 있는 태그도 있다. 또는 <p> 같은 태그는 실제로는 닫는 태그가 없어도 되지만, 엄밀한 정의에 따르면 예제 III.1에 작성한 것처럼 </p>를 필요로 한다. 들여쓰기와 줄 바꿈이 필수는 아니지만, 텍스트의 가독성을 높여 준다.

대부분의 HTML 문서에는 CSSCascading Style Sheets, 캐스케이딩 스타일 시트라는 또 다른 언어로 된 정보도 들어 있다. CSS를 사용하면 제목 서식 등의 스타일 속성을 한곳에서 정의하고 같은 스타일을 사용하는 모든 항목에 일괄적으로 적용할 수 있다. 예를 들어, 다음 CSS를 사용해 모든 h2와 h3 제목을 빨간색 이탤릭체로 표시한다.

```
h2, h3 { color: red; font-style: italic; }
```

HTML과 CSS 모두 '언어'이지만, '프로그래밍 언어'는 아니다. 정형화된 문법과 의미 체계가 있지만, 루프와 조건문이 없으므로 알고리즘을 표현할 수 없다.

여기서는 웹페이지가 어떻게 작동하는지 이해하는 데 필요한 정도로 HTML을 다뤘다. 상용 웹사이트에서 볼 수 있는 세련된 웹페이지를 만들려면 상당한 기술이 필요하지만, 기본 틀은 매우 간단해서 몇 분만 공부하면 괜찮은 웹페이지를 만드는 게 가능하다. 몇 가지 태그를 이용하면 텍스트만으로 이루어진 웹페이지를 작성할 수 있고, 다른 몇 가지를 더 활용하면 일반 사용자가 관심 가질 만한 거의 모든 기능을 담을 수 있다. 웹페이

* 시각이 불편한 사람을 위한 웹 접근성: *www.afb.org/about-afb/what-we-do/afb-consulting/afb-accessibility-resources/improving-your-web-site*

지를 직접 만드는 것도 간단하고, 워드프로세서에도 'HTML 만들기' 옵션이 있으며, 전문적으로 보이는 웹페이지를 만드는 데 특화된 프로그램도 있다. 진지하게 웹 디자인을 하려면 전문 도구가 필요하겠지만, 내부적으로 어떻게 작동하는지만 이해해도 충분히 도움이 된다.

HTML 설계 당시에는 브라우저에 표시할 일반 텍스트만 다뤘다. 하지만 얼마 지나지 않아 브라우저에 이미지를 표시하는 기능이 추가되었고, GIF 포맷으로 된 로고와 스마일 같은 간단한 아트워크나 JPEG 포맷 사진을 지원했다. 웹페이지는 내용을 입력하는 폼, 버튼, 팝업 창이나 새 창을 띄우는 기능을 제공했다. 곧 음향, 애니메이션, 동영상 재생 기능도 추가로 지원되었는데, 콘텐츠를 빨리 다운로드할 수 있는 대역폭과 이를 표시할 수 있는 처리 성능이 갖춰지면서 가능해진 일이었다.

이름이 그다지 직관적이지 않은 CGICommon Gateway Interface, 공용 게이트웨이 인터페이스라는 간단한 메커니즘도 있다. 이 기술은 클라이언트(브라우저)에서 서버로 정보를 전달하는 데 사용된다. 전달하는 정보로는 이름과 비밀번호, 검색 쿼리, 또는 라디오 버튼과 드롭다운 메뉴에서 선택한 항목 정보 등이 있다. 이 메커니즘은 HTML `<form> ··· </form>` 태그를 통해 제공된다. `<form>` 태그에는 텍스트 입력 영역, 버튼, 체크박스 등 흔히 쓰이는 사용자 인터페이스 요소를 포함할 수 있다. '제출' 버튼이 있는 경우, 이 버튼을 누르면 해당 데이터를 사용하여 특정 프로그램을 실행하라는 요청과 함께 폼 내의 데이터가 서버로 전송된다.

폼에는 제약이 있어서 몇 가지 종류의 인터페이스 요소만 지원한다. 폼 데이터는 자바스크립트 코드를 작성하거나 서버로 보내서 처리하지 않는 한 유효성을 검사할 수 없다. 입력된 문자를 별표로 대체하는 비밀번호 입력 필드가 있지만, 비밀번호가 암호화되지 않은 채로 전송되고 로그에 저장되므로 아무런 보안도 제공하지 않는다. 그렇더라도 폼은 웹에서 매우 중요한 부분이다.

COMMUNICATIONS

075 쿠키를 삭제하시겠습니까?

HTTP는 **무상태**stateless 프로토콜이다. 이는 HTTP 서버가 클라이언트 요청에 대해 아무것도 기억하지 않아도 된다는 것을 뜻하는 일종의 전문 용어다. 서버는 요청된 페이지를 반환하면 데이터 교환 기록을 모두 버려도 된다.

서버가 정말로 뭔가를 기억할 필요가 있다고 가정해 보자. 아마도 여러분이 이름과 비밀번호를 제공했다면 이후에 서버가 여러분과 상호작용할 때 계속 묻지 않도록, 같은 정보를 기존에 제공했다는 사실을 기억할 필요가 있을 것이다. 어떻게 해야 이렇게 작동하게 할 수 있을까? 문제는 첫 번째 방문과 두 번째 방문 사이의 간격이 몇 시간 또는 몇 주이거나, 다시 방문하지 않는 경우도 있다는 점이다. 이는 서버가 방문자가 언제 재방문할지 추측해서 정보를 보유하기에는 긴 시간이다.

이 문제에 대한 해결책으로, 1994년에 넷스케이프가 **쿠키**cookie라는 기술을 발명했다. 쿠키는 프로그램 간에 전달되는 작은 정보 조각을 뜻하며, 단어가 깜찍해 보일지 몰라도 의미가 확립된 전문 용어다. 서버가 브라우저에 웹페이지를 보낼 때, 브라우저가 저장하게 되어 있는 추가 텍스트 덩어리(각각 최대 약 4,000바이트)를 포함할 수 있다. 각각의 덩어리를 쿠키라고 한다. 이후에 브라우저가 같은 서버에 요청을 보낼 때, 브라우저는 그 쿠키를 도로 전송한다. 사실상 서버가 클라이언트 쪽 메모리를 사용하여 클라이언트의 이전 방문에 대한 정보를 기억하는 셈이다. 흔히 서버는 클라이언트에 고유한 식별 번호를 할당하고 이 번호를 쿠키에 포함한다. 해당 식별 번호와 관련된 영구적인 정보가 서버의 데이터베이스에 유지된다. 이 정보는 로그인 상태, 장바구니 내용, 사용자 설정 등이다. 사용자가 사이트를 다시 방문할 때마다 서버는 쿠키를 이용하여 사용자를 이전에 본 사람으로 식별하고, 정보를 설정하거나 복원한다.

나는 보통 모든 쿠키를 허용하지 않도록 설정한다. 그래서 아마존 웹사이트를 방문하면 첫 페이지에서 '안녕하세요.'라고 반겨 준다. 하지만 뭔가 사고 싶으면 로그인하여 장바구니에 상품을 추가해야 하고, 그러기 위해서는 아마존이 쿠키를 설정할 수 있도록 허용해야 한다. 그렇게 하면 아마존 웹사이트의 쿠키를 삭제하기 전까지는 방문할 때마다 '안녕하세요, 브라이언'이라고 한다.

각 쿠키에는 이름이 있으며, 한 서버에 방문할 때마다 여러 개의 쿠키가 저장된다. 쿠키는 프로그램이 아니며 액티브 콘텐츠가 없다. 쿠키는 완전히 수동적이다. 쿠키는 저장됐다가 이후에 도로 전송되는 문자열일 뿐이고, 서버에서 생겨나지 않은 어떤 것도 그 서버로 돌아가지 않는다. 쿠키는 자신이 생겨난 도메인으로만 도로 전송된다. 쿠키는 유효 기간이 있어서 그 이후에는 브라우저에서 삭제된다. 브라우저가 쿠키를 허용하거나 반환해야 한다는 요구사항은 없다.

컴퓨터에서 쿠키를 확인하는 방법은 간단하다. 브라우저 자체에서 찾아볼 수 있고, 다른 도구를 써서 확인하는 방법도 있다. 예를 들어, 그림 III.20은 파이어폭스 확장 프로그램인 Cookie Quick Manager를 통해 확인한 쿠키를 보여 준다. 최근에 내가 아마존을 방문했을 때 대여섯 개의 쿠키가 저장됐는데 아마존이 내가 광고 차단 프로그램을 사용하고 있는 것을 감지했다는 점에 주목하자(우측 하단 adb:adblk_yes 필드 이름을 보면 광고 차단(adblk)이 활성화(yes)된 것을 감지했음을 알 수 있다.

그림 III.20 아마존에서 온 쿠키

이론상으로는 이 모든 것이 무해해 보인다. 쿠키는 분명히 그런 의도로 만들어졌다. 하지만 선의를 악용하는 일이 생기듯이 쿠키는 별로 바람직하지 않은 용도로도 사용되도록 변질됐다. 가장 흔하게는 사람들의 웹 브라우징 활동을 추적하고 방문한 사이트 기록을 만든 다음, 표적 광고에 이용한다. 4부에서 이러한 추적의 작동 방식과 함께 웹 곳곳을 돌아다니는 여러분을 추적하는 여러 기법에 관해서 이야기할 것이다.

COMMUNICATIONS

076 어도비 플래시는 왜 퇴출됐을까?

웹의 초기 설계에서는 클라이언트가 성능 좋은 컴퓨터이고 범용 프로그램을 실행할 수 있는 장치라는 점을 특별히 활용하지 못했다. 초창기 브라우저는 사용자를 대신하여 서버에 요청을 보내고, 폼에 있는 정보를 전송하며, 확장 프로그램의 지원을 받아 특수한 처리가 필요한 사진이나 오디오 같은 콘텐츠를 보여 주는 기능을 했다. 하지만 곧 브라우저를 통해 웹에서 코드를 다운로드하여 실행할 수 있게 되었는데, 이를 **액티브 콘텐츠**active contents라고 부르기도 한다. 예상대로 액티브 콘텐츠는 의미 있는 결과를 가져왔는데, 좋은 점도 있지만 나쁜 점도 확실히 있다.

넷스케이프 내비게이터의 초기 버전에는 브라우저 내에서 자바 프로그램을 실행하는 방법이 포함되어 있었다. 당시에 자바는 비교적 새로운 언어였다. 이 언어는 가전제품처럼 컴퓨팅 성능이 그리 높지 않은 환경에 설치될 수 있도록 설계되어, 브라우저에 자바 인터프리터를 포함하는 것이 기술적으로 가능했다. 그 덕분에 브라우저에서 중요한 연산을 수행할 수 있게 되었고, 어쩌면 브라우저가 워드프로세서나 스프레드시트 같은 기존 프로그램을 대체하고 심지어 운영체제 자체를 대체할 수 있다는 전망을 밝혀 주었다. 이 아이디어는 윈도우 운영체제와 오피스Office 제품을 주력으로 삼고 있던 마이크로소프트 입장에서는 우려스러운 일이었다. 마이크로소프트는 자바의 사용 기반을 약화시키고자 일련의 조치를 취했다. 1997년에 자바 개발사인 썬 마이크로시스템즈가 마이크로소프트에 소송을 제기했고, 몇 년 후에 마이크로소프트가 썬 마이크로시스템즈에 십억 달러 훨씬 넘는 금액을 지급하는 조건으로 합의를 보았다.

여러 가지 이유로 자바는 브라우저를 확장하는 방법으로는 인기를 얻지 못했다. 자바 자체는 광범위하게 사용되지만, 브라우저와의 연동 기능은 제한적이며 오늘날에는 그런 용도로 거의 사용되지 않는다.

넷스케이프는 자사 브라우저에 사용할 새로운 언어를 만들었는데, 바로 1995년에 등장한 자바스크립트다. 이름과 달리(마케팅을 위해 선택된 이름이다) 자바스크립트는 자바와는 별로 관련이 없다(2부에서 살펴본 C 언어와 겉보기에 비슷해 보인다는 것을 제외하면). 두 언어 모두 가상 머신을 구현해 사용하지만, 기술적으로 중요한 차이점이 있다. 자바 소스 코드는 만들어진 곳에서 컴파일되고, 그 결과로 생성된 **오브젝트 코드**가 브라우저로 보내져 해석된다. 즉, 원래 자바 소스 코드가 어떻게 생겼는지 알 수 없다. 이와 대조적으로 자바스크립트는 **소스 코드**가 브라우저로 보내지고 거기에서 컴파일된다. 수신자는 실행 중인 소스 코드를 볼 수 있으며, 이를 실행할 수 있을 뿐만 아니라 연구해서 다른 용도에 맞춰 수정할 수 있다.

오늘날 거의 모든 웹페이지에는 자바스크립트가 어느 정도 포함되어 있다. 자바스크립트는 그래픽 효과를 제공하거나, 폼에 있는 정보의 유효성을 검사하거나, 유용하기도 성가시기도 한 팝업 창을 띄우는 등의 용도로 사용된다. 광고 팝업 창은 브라우저에 있는 팝업 차단기로 어느 정도 완화되었지만, 자바스크립트는 정교한 추적과 모니터링에도 널리 사용된다. 자바스크립트는 그야말로 어디에나 있어서 자바스크립트 없이는 웹을 쓰기 어렵지만, 노스크립트NoScript나 고스터리 같은 브라우저 애드온을 이용하면 어떤 자바스크립트 코드를 실행할지 약간의 통제권을 가질 수 있다. 아이러니하게도, 애드온 자체는 자바스크립트로 작성된다.

전반적으로 따져 보면 자바스크립트는 해로운 점보다는 이로운 점이 더 많지만, 반대쪽으로 생각이 기우는 때가 있다. 특히 자바스크립트가 추적을 목적으로 얼마나 많이 사용되는지 알게 되면 그렇다. 나는 일상적으로 노스크립트로 자바스크립트를 완전히 비활성화하는데, 그래도 관심 있는 사이트를 이용하려면 선택적으로 활성화해야만 한다.

다른 프로그래밍 언어와 콘텐츠도 브라우저 자체 코드 또는 어도비 플래시Adobe Flash 같은 **플러그인**plug-in을 통해 처리된다. 플러그인은 필요에 따라 브라우저에 동적으로 로드되는 프로그램으로, 일반적으로 서드 파티third party(외부 개발 업체)가 개발한다. 여러분이 방문한 웹페이지에 브라우저가 직접 처리할 수 없는 포맷의 콘텐츠가 있으면 '플러그인을 설치할지' 선택할 수 있다. 이 말은 브라우저와 긴밀하게 협력하여 컴퓨터에서 실행할 새 프로그램을 다운로드하는 것을 의미한다.

플러그인은 무슨 일까지 수행할 수 있을까? 기본적으로 플러그인이 하고자 하는 것은 무엇이든 할 수 있다. 여러분은 어쩔 수 없이 플러그인 제공자를 신뢰하거나, 콘텐츠 이용을 포기해야 한다. 플러그인은 컴파일된 코드로, 브라우저에서 제공하는 API를 사용하여 브라우저의 일부로 실행된다. 플러그인은 실행될 때 사실상 브라우저의 일부가 된다. 플래시는 비디오와 애니메이션용으로 널리 사용된다. PDF 문서용 어도비 리더Adobe Reader도 흔히 사용되는 플러그인이다. 간단하게 말하면 여러분이 그 출처를 신뢰한다면, 코드의 일반적인 위험(버그가 있거나 행동을 모니터링할 가능성 있음)을 감수하고 플러그인을 사용할 수 있다. 플래시에는 오랫동안 중대한 보안 취약점 문제가 있었고, 다행히도 이제 플래시는 사용되지 않는다. HTML5에서 플러그인(특히 비디오 또는 그래픽용)을 덜 사용할 수 있도록 하는 브라우저 기능을 제공하지만, 플러그인은 한동안은 사용될 것이다.*

2부에서 본 것처럼 브라우저는 전문화된 운영체제와 비슷해서 '사용자

* (옮긴이) 어도비 플래시 플러그인은 2021년 1월에 대부분의 주요 브라우저(크롬, 사파리, 파이어폭스 등)에서 지원이 중단되었다. 또한 플러그인을 구현하기 위한 API도 주요 브라우저에서는 지원이 중단되었거나 중단될 예정이다. 하지만 일부 중소형 브라우저에서는 아직까지 어도비 플래시를 포함한 플러그인을 지원하고 있고 앞으로도 한동안 지원할 예정으로 보인다. 이제 플러그인보다는 애드온, 즉 확장 프로그램(extension)이 주로 사용되며, 플러그인 대신에 확장 프로그램을 이용한 공격이 더 흔히 발생하고 있다.

들의 웹 브라우징 경험을 향상하기 위해' 더 풍부하고 더 복잡한 콘텐츠를 처리하도록 확장될 수 있다. 장점은 브라우저에서 실행되는 프로그램으로 많은 것을 할 수 있고, 계산이 로컬 환경에서 수행되는 경우 사용자 요청에 더 빨리 응답한다는 것이다. 단점은 이렇게 하려면 브라우저에서 제3자가 작성한 확장 프로그램을 실행해야 하는데, 그 사람이 어떤 사람인지 잘 모를 가능성이 크다는 것이다. 즉, 출처를 알 수 없는 코드를 여러분의 컴퓨터에서 실행해야 하는데, 이는 큰 위험을 내포하고 있다. '전 항상 낯선 사람들의 친절에 의지해 왔어요.'* 같은 태도는 신중한 보안 정책으로 적합하지 않다. 마이크로소프트에서 작성한 〈10가지 불변의 보안 법칙 10 Immutable Laws of Security〉†에서 첫 번째 법칙은 '악당이 여러분의 컴퓨터에서 자신의 프로그램을 실행하도록 허락한다면 그것은 더 이상 여러분만의 컴퓨터가 아니다.'라는 내용이다. 자바스크립트와 플러그인 허용에 보수적으로 접근해야 한다.

COMMUNICATIONS 077 이메일 첨부파일을 함부로 클릭하면 안 되는 이유

액티브 콘텐츠는 웹페이지가 아닌 다른 곳에도 나타날 수 있다. 이메일 서비스를 이용하는 상황을 생각해 보자. 메일이 도착하면 메일을 처리하는

* (옮긴이) 연극을 원작으로 하고 영화로도 유명한 〈욕망이라는 이름의 전차〉의 여주인공인 블랑쉬 드부아(Blanche DuBois)의 대사로 잘 알려져 있다.

† 마이크로소프트의 〈10가지 불변의 보안 법칙〉: *docs.microsoft.com/en-us/archive/blogs/rhalbheer/ten-immutable-laws-of-security-version-2-0*

프로그램이 내용을 표시해 준다. 분명히 메일 프로그램은 텍스트를 표시해야 한다. 그런데 메일에 다른 종류의 콘텐츠가 함께 들어 있을 때 이를 이 어디까지 처리해야 되는지 문제가 발생한다. 프라이버시와 보안에 큰 영향을 미치기 때문이다.

메일 메시지에 있는 HTML은 어떨까? 글자 크기나 폰트를 지정하는 태그를 해석하는 것은 별로 문제되지 않는다. 큰 빨간색 글자로 메시지에서 강조하고 싶은 내용을 표시하는 정도는 받는 사람 눈에 거슬릴지 모르지만, 위험하진 않다. 메일 프로그램이 이미지를 자동으로 표시해야 할까? 그렇게 하면 사진을 쉽게 볼 수 있지만, 콘텐츠가 다른 출처에서 왔다면 더 많은 쿠키를 받게 될 가능성이 커진다. 이메일 쿠키를 차단할 수는 있겠지만, 메일 발신자가 메시지나 수신자에 대한 어떤 정보를 인코딩한 URL을 포함하고 있는 1×1 투명 픽셀 이미지를 포함한다면 이를 막을 방법은 없다. 이러한 보이지 않는 이미지는 **웹 비콘**web beacon이라고도 한다(웹페이지에서 자주 사용된다). HTML을 지원하는 메일 프로그램에서 그 작은 이미지를 요청하면, 그 이미지를 제공하는 사이트에서는 여러분이 특정 메일 메시지를 특정 시점에 읽고 있음을 알게 된다. 이렇게 하면 메일을 읽는 시기를 쉽게 추적할 수 있어, 어쩌면 숨기고 싶은 정보가 드러난다.

메일 메시지에 자바스크립트가 포함되어 있으면 어떻게 될까? 워드, 엑셀, 파워포인트 파일이 포함되어 있으면 어떻게 될까? 메일 프로그램이 자동으로 해당 프로그램을 실행해야 할까? 메시지의 어떤 지점을 클릭하면 그렇게 작동하도록 간단한 방법을 제공해야 할까? 메시지에 있는 링크를 여러분이 직접 클릭할 수 있게 해야 할까? 메일 링크는 피해자가 어리석은 일을 하도록 유도할 때 악당들이 가장 선호하는 방법이다. PDF 문서는 자바스크립트 코드를 포함할 수 있다(처음 이 기능을 봤을 때 놀랐다). 그렇다면 메일 프로그램에서 자동으로 불러오는 PDF 뷰어가 이 코드를 자동으로 실행해야 할까?

문서, 스프레드시트, 발표용 슬라이드를 이메일 메시지에 첨부하는 것은 편리하고 대부분의 환경에서 표준화된 운영 절차이다. 하지만 이러한 문서는 바이러스를 포함하고 있을 수 있으며, 무턱대고 문서를 클릭하는 행위는 바이러스 전파로 이어진다.

메일 메시지에 윈도우 .exe 파일이나 이와 유사한 실행 파일이 포함돼 있다면 문제는 훨씬 더 심각하다. 그중 하나를 클릭하면 프로그램이 실행되는데, 사용자나 시스템에 피해를 끼칠 만한 종류일 확률이 높다. 악당들은 사용자가 그런 프로그램을 실행하게 만들려고 다양한 속임수를 쓴다. 예전에 나는 러시아의 테니스 선수인 안나 쿠르니코바Anna Kournikova의 사진이라고, 클릭을 유도하는 메일을 받았다. 파일 이름은 `kournikova.jpg.vbs`였지만 `.vbs` 확장자는 숨겨져 있어서(윈도우의 잘못된 기능), 파일이 사진이 아니라 비주얼 베이직 프로그램이라는 사실이 감춰져 있었다. 다행히 당시 유닉스 시스템의 오래된 텍스트 전용 메일 프로그램을 사용하고 있어서 사진을 클릭하는 선택지 자체가 없었고, 나중에 검사해 보기 위해 '사진'을 파일로 저장했다.

COMMUNICATIONS

078 바이러스 전파

안나 쿠르니코바 '사진'은 사실 바이러스였다. 바이러스와 웜worm에 대해 조금 이야기해 보자. 이 두 용어는 모두 한 시스템에서 다른 시스템으로 전파되는 (흔히 악성인) 코드를 말한다. 굳이 기술적으로 구분하자면, 바이러스는 스스로 전파될 능력이 없어서 사용자가 어떤 행동을 해야만 활성화되어 다른 시스템에 도달할 수 있는 반면, 웜은 사용자의 도움 없이도 전파될 수 있다.

이러한 프로그램이 가능하다는 것은 오래전부터 알려져 있었지만, 세간의 이목을 끈 첫 번째 사례는 1988년 11월에 로버트 모리스Robert T. Morris가 만든 '인터넷 웜Internet worm'의 등장이었다. 이 사건은 우리가 현대 인터넷 시대라고 부르는 시기보다 훨씬 전에 일어났다. 모리스가 만든 웜은 스스로를 한 시스템에서 다른 시스템으로 복사하는 데 두 가지 메커니즘을 사용했다. 시스템에 로그인하기 위한 사전 공격dictionary attack, 일반적인 단어를 비밀번호로 시도하는 방법과 널리 사용되는 프로그램의 버그를 이용하는 것이었다.

모리스는 악의가 없었다. 그는 코넬 대학의 컴퓨터과학과 대학원생이었으며, 인터넷 규모를 측정하기 위한 실험을 구상하고 있었다. 불행히도 프로그래밍 에러 때문에 웜은 예상보다 훨씬 더 빨리 전파되었고, 그 결과 많은 컴퓨터가 여러 번 감염된 데다 트래픽 양을 감당할 수 없어 인터넷과 연결을 끊어야만 했다. 모리스는 당시에 새로 제정된 컴퓨터 사기와 남용에 관한 법에 따라 중죄 혐의로 유죄 판결을 받았으며, 벌금을 내고 사회

봉사 활동을 수행했다.

1990년대까지는 감염된 플로피 디스크를 통해 바이러스가 전파되는 것이 흔한 일이었다. 인터넷이 널리 사용되기 전에는 플로피 디스크가 PC 간에 프로그램과 데이터를 교환하기 위한 표준 매체였다. 감염된 플로피에는 디스크가 로드될 때 자동으로 실행되는 프로그램이 포함되어 있었다. 프로그램은 자신을 로컬 컴퓨터에 복사해서, 이후 다른 플로피 디스크에 데이터가 기록될 때마다 바이러스가 함께 전달되도록 했다.

바이러스 전파는 1991년에 비주얼 베이직(이하 VB)이 마이크로소프트 오피스 프로그램, 특히 워드에 도입되면서 훨씬 쉬워졌다. 워드 대부분의 버전에는 VB 인터프리터가 들어 있으며, 워드 문서(`.doc` 파일)는 VB 프로그램을 포함한다. 엑셀과 파워포인트 파일도 마찬가지다. 문서가 열렸을 때 시스템 통제권을 얻는 VB 프로그램을 작성하기는 매우 쉽다. VB은 윈도우 운영체제 전체에 프로그램이 접근할 수 있도록 하므로, VB 프로그램은 무엇이든 원하는 대로 할 수 있다. 바이러스는 일반적으로 컴퓨터에 해당 바이러스가 없다면 자신을 설치하고, 다른 시스템에 자신을 전파하도록 준비하는 절차를 밟는다. 한 가지 공통적인 전파 유형은 다음과 같다. 감염된 문서가 열리면 바이러스는 현재 피해자의 주소록에 있는 모든 이메일 주소에 자신의 복사본을 메일로 보내는데, 무해해 보이거나 흥미를 끌 만한 메시지를 덧붙인다(안나 쿠르니코바 바이러스가 이 방법을 사용했다). 메일 수신자가 문서를 열면 바이러스가 새 시스템에 자기 자신을 설치하고 이 과정이 반복된다.

1990년대 중후반에는 VB 바이러스가 많이 있었다. 당시 워드의 기본 설정은 사용자의 허락을 구하지 않고 맹목적으로 VB 프로그램을 실행하도록 허용했으므로 바이러스가 급속하게 퍼졌고, 큰 회사에서는 컴퓨터를 다 끄고 바이러스를 완전히 없애기 위해 한 대씩 치료해야만 했다. VB 바이러스는 여전히 주변에 존재하지만, 워드나 다른 오피스 프로그램의 기본 작동 방식을 변경하는 것만으로 위험을 크게 줄일 수 있다. 또한 대부분의 메일 시스템은 이제 메일이 수신자에게 닿기 전에 들어오는 메일에서 VB 프로그램과 기타 의심스러운 콘텐츠를 제거한다.

VB 바이러스는 작성하기가 매우 쉬워서 경험이 별로 없는 프로그래머도 작성할 수 있고, 만든 사람들은 '스크립트 꼬마script kiddie'라고 불렸다. 들키지 않으면서 자기 임무를 수행하는 바이러스나 웜을 만들기는 이보다 좀 더 어렵다. 2010년 말에 스턱스넷이라는 정교한 웜이 다수의 처리 제어용 컴퓨터에서 발견됐다.* 이 웜의 주요 표적은 이란에 있는 우라늄 농축 설비였다. 웜의 접근 방식은 교묘했다. 원심 분리기 모터에 속도 변동을 일으켜서 평범한 마모처럼 보일 수 있는 손상 또는 파손을 발생시켰다. 게다가 웜이 모니터링 시스템에 아무 이상이 없다고 알려 누구도 문제를 알아채지 못하게 했다. 아무도 이 프로그램을 만들었다고 나서서 밝히지 않았지만, 이스라엘과 미국이 관여한 것으로 여겨지고 있다.

트로이 목마 Trojan horse는 유익하거나 무해한 것으로 가장하지만 실제로는 해로운 일을 하는 프로그램이다. 뭔가 도움이 되는 것처럼 속여 피해자가 트로이 목마를 다운로드하거나 설치하도록 유도한다. 한 가지 전형적인 예는 시스템 보안 분석을 해준다고 제안하면서 실제로는 악성코드를 대신 설치하는 수법이다.

대부분의 트로이 목마는 이메일로 배달된다. 그림 III.21의 메시지(약간 편집됨)에는 워드 첨부 파일이 있는데, 윈도우에서 아무 생각 없이 이 파일을 클릭하면 드리덱스Dridex라는 악성코드가 설치된다. 물론 이 공격을

* Kim Zetter, *Countdown to Zero Day*, Crown, 2014. 손에서 놓을 수 없을 정도로 흥미진진하게 스턱스넷에 관해 서술하고 있다.

받으면 바로 쉽게 알아챌 수 있는데, 발신인이 모르는 사람이고, 그 회사에 대해서도 들어 본 적 없으며, 적혀 있는 발신자 주소도 해당 회사와 관련이 없기 때문이다. 굳이 경계하고 살피지 않더라도 나는 리눅스에서 텍스트 전용 메일 프로그램을 사용하므로 꽤 안전하다. 이런 공격은 윈도우 사용자를 표적으로 삼는다(이후에도 이 메시지를 변형한 메일을 적어도 20개 정도 받았고, 내용의 정교한 정도만 차이가 있었다).

```
From: Efrain Bradley <BradleyEfrain90@renatohairstyling.nl>
Subject: Invoice 66858635 19/12
Hi,
Happy New Year to you !  Hope you had a lovely break.
Many thanks for the payment. There's just one invoice that hasn't
been paid and doesn't seem to have a query against it either.
Its invoice   66858635   19/12   ?4024.80   P/O ETCPO 35094
Can you have a look at it for me please?  Thank-you !
Kind regards
Efrain Bradley
Credit Control, Finance Department, Ibstock Group
Supporting Ibstock, Ibstock-Kevington & Forticrete
-----------------------------------------------
( +44 (0)1530 ddddddd
[ Attachment: "invoice66858635.doc" 18 KB. ]
```

그림 III.21 트로이 목마가 첨부된 메일*

플로피 디스크가 초창기에 바이러스를 전파한 매개체였다고 이야기했다. 요즘은 감염된 USB 플래시 드라이브가 같은 목적으로 이용된다. 플래시 드라이브는 단지 메모리이므로 수동적인 장치라고 생각할지도 모르겠다. 그러나 일부 시스템, 특히 윈도우는 CD, DVD 또는 플래시 드라이브가 연결될 때 '드라이브'에서 프로그램을 자동으로 실행하는 '자동 실행' 서비스를 제공한다. 이 기능이 활성화되면 어떤 경고를 띄우거나 개입할 겨를도 없이 악성 소프트웨어가 설치되고 시스템에 손상을 일으킨다. 대부분의

* (옮긴이) 송장에 대한 대금 지불이 되지 않았다는 내용의 메일인데, 끝에 있는 첨부 파일이 악성코드를 설치하는 트로이 목마라는 점이 중요하다.

회사에서는 업무용 컴퓨터에 USB 드라이브를 연결하는 것에 엄격한 정책을 시행하고 있지만, 회사 시스템이 이러한 방식으로 감염되는 일이 드물지 않게 일어난다. 가끔은 신상품 드라이브가 이미 바이러스가 있는 상태로 출하되기도 하는데, 이는 일종의 '공급망' 공격이다. 더 간단한 공격은 회사의 로고가 붙어 있는 드라이브를 회사 주차장에 두는 것이다. 드라이브에 '임원연봉.xls'같이 흥미를 끄는 이름의 파일이 있으면 자동 실행 기능조차 필요 없을 수 있다.

COMMUNICATIONS

079 곳곳에 도사리는 위험

웹은 상당수의 복잡한 보안 문제를 제기한다. 보안 위협은 대체로 세 가지 범주로 나뉜다. 클라이언트(여러분) 공격, 서버(가령 온라인 매장 또는 은행) 공격, 그리고 전송 중인 정보 공격(무선 통신을 스누핑하거나 NSA가 광케이블상의 모든 트래픽을 탈취하는 행위 등). 각각의 위협에 대해 순서대로 살펴보고, 어떤 곤란한 상황이 벌어질 수 있는지, 그리고 어떻게 하면 사태를 완화할 수 있는지 알아보자.

클라이언트 공격

여러분에 대한 공격에는 스팸이나 추적 같은 단순히 골칫거리를 만드는 공격뿐만 아니라 더 심각한 문제를 야기하는 공격, 특히 다른 사람이 여러분으로 가장할 수 있게 하는 신용카드 번호, 은행 계좌 번호 또는 비밀번호 같은 개인 정보 유출이 포함된다.

4부에서는 여러분이 웹에서 하는 활동을 관찰하기 위해(겉으로는 여러분과 관련 있는 광고를 제공하는 것처럼 하면서) 쿠키와 다른 추적 메커니즘이 어떻게 사용되는지 자세히 설명할 것이다. 추적을 줄이려면 **제3자 쿠키**third-party cookie(여러분이 방문한 웹사이트가 아닌 다른 웹사이트에서 온 쿠키)를 금지하고, 트래커*를 비활성화하는 브라우저 애드온을 사용하고, 자바스크립트를 차단하는 등의 방법을 쓸 수 있다. 방어 태세를 유지하는 것은 귀찮은 일인데, 보호 수준을 최대한으로 설정해 두면 많은 웹사이트를 제대로 사용할 수 없기 때문이다. 사이트를 이용하려면 일시적으로 보호 수준을 낮추고, 사용 후에는 재설정해야 한다. 하지만 개인적으로는 이 정도의 노력을 들일 만하다고 생각한다. 브라우저 개발사가 일부 쿠키와 다른 트래커를 더 쉽게 차단하는 기능을 제공하지만, 사용자가 기본 설정을 조정해야 가능하다. 별도로 설치하는 애드온 같은 차단 프로그램도 여전히 쓸모가 있다.

스팸spam은 부자 되는 방법, 주식 정보, 건강이나 각종 기능 개선 관련 정보, 원치 않는 상품과 서비스를 권하는 성가신 메일로, 너무 많이 쏟아져서 이메일 사용 자체를 위태롭게 만들 정도다. 나는 일반적으로 하루에 스팸 메일을 50개에서 100개까지 받는데, 필요한 메일보다 그 수가 더 많다. 스팸이 이토록 흔한 이유는 거의 무료로 보낼 수 있기 때문이다. 수백만 명의 수신자 중 극히 일부만 응답하더라도 수익을 유지하기에 충분하다.

스팸 필터는 알려진 패턴(최근에는 '여기 지방의 과도한 흡수를 막아 주는 맛있는 음료가 있습니다Tasty drink wipes out unwanted extra fat'라는 그럴듯한

* (옮긴이) 추적에서 트래커란 인터넷 추적에 사용되는 소프트웨어를 말한다.

제목을 한 메일을 받았다), 이상한 이름, 기묘한 철자(\/I/-\GR/-\), 또는 스팸 업자가 선호하는 주소 등을 찾기 위해 텍스트를 분석해서 진짜 메일과 스팸을 구별하려고 노력한다. 하나의 기준으로는 충분하지 않으므로 필터가 조합되어 사용된다. 스팸 필터링은 머신러닝의 주요 응용 분야다. 스팸 또는 스팸이 아닌 것으로 태그된 예시 훈련 집합이 주어지면 머신러닝 알고리즘은 훈련 집합 특성과의 유사성을 기반으로 이후에 입력되는 데이터를 분류한다. 이 내용은 4부에서 머신러닝을 다루며 더 자세히 알아본다.

스팸은 군비 경쟁과 비슷하다. 방어자가 한 가지 종류의 스팸에 대처하는 방법을 배우면 공격자는 새로운 방법을 찾아낸다. 스팸은 출처가 꼭꼭 숨겨져 있어서 원천적으로 중단시키기는 어렵다. 많은 스팸이 해킹된 개인용 컴퓨터에서 전송되며, 이런 컴퓨터는 흔히 윈도우 운영체제를 사용한다. 보안 허점이 존재하거나 사용자의 관리가 소홀해지면 컴퓨터는 **악성코드**malware를 설치하는 공격에 취약해진다. 여기서 악성코드란 시스템을 손상시키거나 작동을 방해하려는 악의적인 소프트웨어를 의미한다. 어떤 종류의 악성코드는 외부 시스템의 제어 명령에 따라 스팸 메일을 많은 대상 컴퓨터에 보내는데, 이 외부 시스템도 또 다른 컴퓨터에 의해 제어된다. 단계가 늘어날수록 문제의 근원을 찾기가 훨씬 더 어려워진다.

피싱phishing 공격은 도용에 사용할 수 있는 정보를 수신자가 자발적으로 넘겨주도록 설득하는 방법이다. 여러분 중에도 '나이지리아인' 사기 편지*를 받아 본 사람이 많을 것이다(이상하게도 내가 최근에 받은 몇 개는 그림 III.22처럼 프랑스어로 되어 있었다). 그렇게 말도 안 되는 내용에 누군가 답장을 보낸다는 것을 믿기 어렵지만, 실제로 아직 그런 사람들이 있는

* (옮긴이) 영미권에서 유행했던 스팸 메일 패턴으로, 예전 미국 드라마에 간혹 소재로 등장했다.

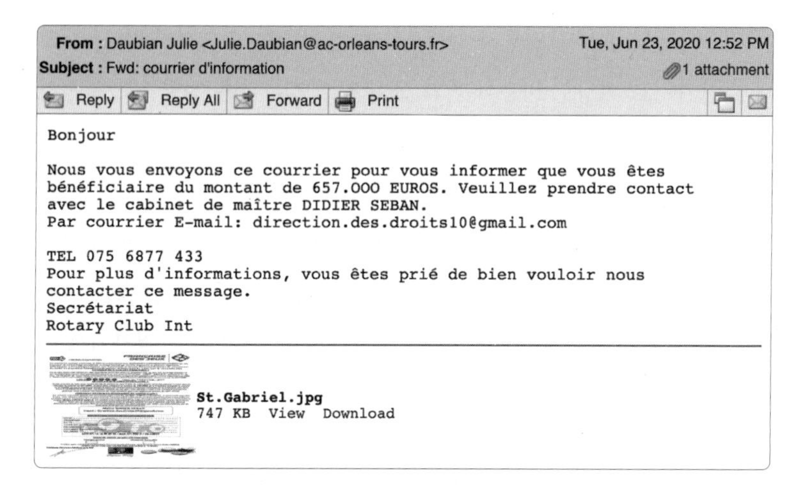

From : Daubian Julie <Julie.Daubian@ac-orleans-tours.fr> Tue, Jun 23, 2020 12:52 PM
Subject : Fwd: courrier d'information 1 attachment

Reply | Reply All | Forward | Print

Bonjour

Nous vous envoyons ce courrier pour vous informer que vous êtes
bénéficiaire du montant de 657.000 EUROS. Veuillez prendre contact
avec le cabinet de maître DIDIER SEBAN.
Par courrier E-mail: direction.des.droits10@gmail.com

TEL 075 6877 433
Pour plus d'informations, vous êtes prié de bien vouloir nous
contacter ce message.
Secrétariat
Rotary Club Int

St.Gabriel.jpg
747 KB View Download

그림 III.22 프랑스에서 온 피싱 공격

것으로 보인다.

대부분의 피싱 공격은 더 교묘하다. 표면적으로는 합법적인 기관 또는 친구나 동료가 보낸 것 같은 메일이 배달되어, 웹사이트를 방문하거나 문서를 읽거나 어떤 자격 증명credential*을 확인하도록 요청한다. 요청에 응하면 상대방은 이제 여러분의 컴퓨터에 뭔가 설치하거나 여러분에 관한 정보를 얻는다. 어느 쪽이든 상대방이 여러분의 돈이나 신원을 도용하거나 여러분의 회사 시스템을 공격할 가능성이 생긴다. 다행히 이런 메일은 문법과 철자법 실수가 잦기 때문에 조작한 티가 나기도 하고, 링크 위에 마우스를 올려 보면 수상쩍은 사이트로 연결됨을 알 수 있다.

회사 로고 같은 서식과 이미지를 실제 사이트에서 복사할 수 있으므로 공식적인 메시지로 보이게 만들기는 쉽다. 게다가 메일 시스템에서 발신

* (옮긴이) 자격 증명은 정보 시스템의 특정 응용 시나리오에서 사용하는 암호학적 개인 정보를 뜻한다. 비밀번호, 공개 키 암호 알고리즘에서 사용하는 공개 키와 개인 키 쌍, 공인 인증 기관이 발행하는 공개 키 인증서, 신뢰하는 루트 인증 기관 관련 정보, 인가 정보 등이 포함된다.

자 정보가 유효한지 확인하지 않으므로 발신 주소는 중요하지 않다. 스팸과 마찬가지로 피싱도 비용이 거의 들지 않으므로 낮은 성공률로도 수익을 올린다.

그림 III.23은 내가 메일로 주고받았던 일종의 표적 공격을 편집해서 옮긴 것이다. 겉으로 보면 JP라는 동료가 보낸 것처럼 되어 있다. 이 메일을 받기 몇 주 전에도 비슷한 공격을 경험했고 실제 메일 주소에 *jp.princeton.edu@gmail.com* 같은 속임수가 쓰였음을 알았기에 속아 주는 척하기로 했다.

JP: 뭐 하나만 부탁해도 될까?

BK: 무슨 일인가?

JP: 지금 회의에 참석 중인데, 이베이 기프트 카드를 사야 돼. 제일 가까운 가게에 가줄 수 있는지 알려 줘. 내가 구매할 수량과 가격을 알려 주겠네. 비용은 나중에 상환 신청하게. 고맙네.

BK: 무슨 가게 말인가? 제일 가까운 곳은 주류 판매점인데.

JP: 장당 200달러짜리 이베이 기프트 카드를 5장 사서 총 1000달러 어차리르 사다 조면 되네. 주변 아무 가게에서나 구할 수 있네. 카드 뒷면에 스크래치 카드를 긁으면 핀 코드가 나온다네. 카드를 모두 긁어 핀 코드를 보내 주게. 지금 가서 처리해 줄 수 있겠나?*

BK: 주류 판매점에 그런 종류의 카드는 없을 것 같은데. 게다가 나는 보통 맥주만 사서 말이야. 다른 건 필요 없나?

그림 III.23 설득력 없는 피싱 시도

* (옮긴이) 원서에도 이 부분에 오타와 문법 오류가 포함돼 있다.

악당들은 마침내 포기했다. 뭔가 알고 나를 노렸음이 분명했다. 이 공격은 나를 표적으로 했고 동료의 이름을 사용했기에 약간은 그럴듯해 보였다. 이처럼 정확한 표적 공격을 **스피어 피싱**spear phishing이라고 부르기도 한다. 스피어 피싱은 일종의 **소셜 엔지니어링**social engineering이다. 함께 아는 친구가 있다는 등 개인적인 관계가 있는 척하거나 같은 회사에서 일하는 척함으로써 피해자가 어리석은 일을 하도록 유도하는 것이다. 여러분이 페이스북이나 링크드인LinkedIn 같은 곳에서 자신의 모습을 더 많이 공개할수록 누군가가 여러분을 표적으로 삼기 더 쉬워진다. 활발한 SNS 활동은 소셜 엔지니어링 사기꾼에게 도움을 준다.

2020년 7월에 트위터는 난처한 공격을 겪었다. 빌 게이츠, 제프 베조스, 일론 머스크, 버락 오바마, 조 바이든 같은 많은 유명인의 계정에서 '비트코인으로 1,000달러만큼 송금하면 2,000달러를 도로 송금해 드립니다' 류의 트윗을 보내는 일이 생겼다. 여기에 속아 넘어가 비트코인까지 송금할 사람이 있을 것이라고 믿기 어렵지만, 트위터가 해당 계정을 차단하기 전까지 수백 명의 사람이 실제로 그렇게 한 것으로 보인다. 사건 이후에 트위터는 다음과 같이 발표했다.*

> "2020년 7월 15일에 일어난 소셜 엔지니어링은 휴대전화 스피어 피싱 공격으로 몇 명의 직원을 노렸습니다. 공격이 성공하려면 공격자가 트위터 내부 네트워크에 접근해야 할 뿐만 아니라, 내부 계정 관리 툴에 접근할 수 있는 특정 직원의 자격 증명 정보를 얻어야만 했습니다. 처음에 표적이 된 직원 모두가 계정 관리 툴 접근 권한이 있지는 않았지만, 공격자는 그들의 자격 증명 정보를 사용하여 내부 시스템에 접근했고 우리 프로세스에 대한 정보를 획득했습니다. 공격자는 이 정보를 이용하여 계정 관리 툴에 접근할 수 있는 직원을 대상으로 공격을 수행할 수 있었습니다."

* *blog.twitter.com/en_us/topics/company/2020/an-update-on-our-security-incident.html*

여기서 공격자가 내부 계정 관리 툴에 접근 권한이 없는 직원의 정보를 기반으로 실제로 접근 권한이 있는 직원까지 노릴 수 있었다는 점에 주목하라.

공격 배후에 있는 주범은 재빨리 밝혀졌는데, 플로리다에 사는 17세 소년이었다. 다른 두 명의 젊은 공범도 기소되었다.

CEO나 다른 고위 임원이 보낸 것처럼 꾸미는 스피어 피싱이나 소셜 엔지니어링 공격은 특히 효과적인 것 같다. 소득세 신고 마감 몇 달 전에 많이 이루어지는 스피어 피싱 중 한 가지는 표적이 된 사람에게 각 직원에 대한 세금 정보(미국의 W-2 양식 같은)를 보내도록 요청하는 것이다.* 이 양식에는 정확한 이름, 주소, 급여, 사회보장번호가 포함되어 있으므로 사기성 세금 환급을 신청하는 데 이용될 수 있다. 직원들과 세무 당국이 알아챌 때쯤에는 범인이 이미 돈을 가지고 사라진 지 오래일 것이다.

스파이웨어spyware는 컴퓨터에서 실행되면서 사용자에 대한 정보를 다른 곳으로 보내는 프로그램을 뜻한다. 이 중 일부는 명백히 악의적인 공격이지만, 가끔은 단순히 상업적인 스누핑도 있다. 예를 들어, 대부분의 최신 운영체제는 설치된 소프트웨어의 업데이트된 버전이 있는지 자동으로 확인한다. 보안 문제에 대한 버그가 수정된 업데이트 사항을 반영하도록 권장하므로 좋은 기능이라고 주장하는 사람도 있을 것이다. 하지만 이것 역시 프라이버시 침해라고 볼 수도 있다. 여러분이 어떤 소프트웨어를 실행 중인지 다른 사람이 알 필요는 없기 때문이다. 업데이트가 강제된다면 문제가 생기는 경우도 있다. 흔히 프로그램의 새 버전이 크기는 더 크지만 반드시 더 나은 것은 아니며, 기존 동작을 바꿔 놓거나 새로운 버그가 발생하기도 한다. 업데이트 때문에 수업에 필요한 뭔가가 바뀔 수도 있으므로 나는 학기 중에는 중요한 소프트웨어를 업데이트하지 않으려고 노력한다.

* 2016년에 시게이트(Seagate)는 CEO 이메일을 도용한 피싱에 당해서 모든 직원에 대한 W-2를 넘겨 줬다. *krebsonsecurity.com/2016/03/seagate-phish-exposes-all-employee-w-2s*

공격자가 개인용 컴퓨터에 **좀비**zombie를 설치하는 일도 흔히 일어난다. 좀비란 인터넷에 연결되어 잠에서 깨어나 스팸 메일 전송 같은 적대적 행위를 수행하라는 명령을 받을 때까지 기다리는 프로그램이다. 보통 이러한 프로그램은 **봇**bot이라 불리며, 공통으로 제어되는 봇의 네트워크를 **봇넷**botnet이라고 한다. 언제든지 임무에 투입될 수 있는 알려진 봇넷이 수천 개 있으며, 봇은 수백만 개 정도 있다. 잠재적인 공격자에게 봇을 판매하는 사업은 번성하고 있다.

악당이 클라이언트 컴퓨터를 해킹해서 정보가 입력되는 시점에 도용하기도 한다. 파일 시스템에서 정보를 찾거나, 몰래 설치된 **키 로거**key logger를 사용하여 비밀번호나 기타 데이터가 입력될 때 캡처하는 방식이다. 키 로거는 클라이언트에서 일어나는 모든 키 입력을 모니터링하는 프로그램으로, 키가 입력될 때 비밀번호를 캡처한다. 암호화는 이를 막는 데 도움이 되지 않는다. 악성코드로 컴퓨터의 마이크와 카메라를 켤 수도 있다.

악성코드가 컴퓨터에 있는 콘텐츠를 암호화하여 복호화 비밀번호에 대한 금액을 지급하기 전까지 사용할 수 없게 하기도 한다. 이러한 종류의 공격은 **랜섬웨어**ransomware*라고 불린다. 2020년 6월에 캘리포니아 대학 샌프란시스코UCSF 의과대학이 랜섬웨어 공격을 받았고, 다음과 같이 성명을 발표했다.†

> "암호화된 데이터는 우리가 공익을 제공하는 대학으로서 추구하는 학술 연구에 중요한 자료였습니다. 그래서 우리는 데이터 암호화를 해제하는 툴을 받고 그들이 획득한 데이터를 돌려받는 조건으로 악성코드 공격 배후자들에게 요구받은 금액의 일부인 약 114만 달러를 지불하기로 어려운 결정을 내렸습니다."

* (옮긴이) 'ransom'은 '몸값'이라는 뜻이다.

† *www.ucsf.edu/news/2020/06/417911/update-it-security-incident-ucsf*

이 사건이 있고 얼마 후에 내가 속한 과학 기관에서 메일을 받았다. 내용은 나에 대한 데이터가 포함됐을 가능성이 있는 랜섬웨어 공격이 있었음을 알려 주는 것이었다. 그 기관은 클라우드 컴퓨팅 같은 기능을 제공하는 블랙보드Blackbaud라는 회사의 서비스를 사용했다. 다음은 그 메일의 일부다.

> "블랙보드는 데이터를 보호하고 신원 도용 가능성을 줄이기 위해 랜섬웨어 공격자의 요구에 응했다고 우리에게 통보했습니다. 블랙보드는 공격자와 외부 전문가로부터 데이터가 파기되었다는 확인을 받았다고 알려 주었습니다.
>
> 우리는 왜 그들이 보안 침해를 발견한 시점과 우리에게 통보한 시점 간에 지연이 있었는지 확인하기 위해 블랙보드와 계속 협력하고 있습니다."

여기서 나온 '지연'은 약 2개월이었고, 그동안 블랙보드는 데이터 값을 다 지불했다. 해당 기관에서 회원들에게 그 사실을 알려 주는 데는 2주가 더 걸렸다. 악당들이 정보를 파기했다는 '확언'이 도대체 어떤 것인지도 궁금하다. 문제가 되는 사진을 없애겠다고 약속하는 협박범이 연상되지 않는가?

더 단순한 랜섬웨어는 그저 컴퓨터가 악성코드에 감염됐다고 주장하면서 협박하는 화면을 띄운다. 하지만 이는 제거할 수 있는데, 아무것도 건드리지 말고 거기 있는 수신자 부담 번호로 전화를 걸어 적당한 돈을 주면 구출된다. 이것은 일종의 **스케어웨어**scareware*다. 내 친척 중 한 명이 이 사기에 속아 넘어갔고 수백 달러를 지급했다. 다행히도 신용카드 회사에서 그 결제 건을 취소해 주었다. 모든 피해자가 이렇게 운이 좋은 것은 아니다. 비트코인으로 데이터 값을 지불한 경우 악당들이 합의 사항을 지키지 않으면 더 이상 의지할 수단이 없다.

사용 중인 브라우저나 소프트웨어에 악당들이 컴퓨터에 자신의 소프트

* (옮긴이) 'scare'는 '겁주다'라는 뜻이다.

웨어를 설치할 수 있도록 하는 버그가 있으면 위험이 더욱 커진다. 브라우저는 규모가 크고 복잡한 프로그램이며, 지금까지 사용자에 대한 공격을 허용하는 수많은 버그가 있었다. 브라우저를 최신 상태로 유지하는 것은 부분적인 방어책이며, 불필요한 정보를 공개하지 않거나 다운로드를 임의로 허용하지 않도록 브라우저 환경을 설정하는 것도 마찬가지다. 예를 들면, 브라우저에서 워드 또는 엑셀 문서 같은 유형의 콘텐츠를 열기 전에 확인을 요청하도록 설정할 수 있다. 다운로드한 파일로 무엇을 할지 주의하고, 웹페이지나 프로그램이 요청한다고 해서 그냥 클릭하지 말아야 한다. 뒤에서 더 많은 방어책에 관해 설명할 것이다.

휴대전화에서 무심코 저지르기 가장 쉬운 위험한 행동은 개인 정보를 내보내는 앱을 다운로드하는 것이다. 앱은 연락처, 위치 데이터, 통화 기록을 비롯한 휴대전화의 모든 정보에 접근 가능하며, 이 정보들을 여러분에게 불리하게 사용할 수 있다. 휴대전화 소프트웨어는 여러분이 자신을 방어하는 데 도움을 주는 방향으로 천천히 개선되고 있다. 예를 들면 각종 접근 권한을 더 세부적으로 제어할 수 있게 말이다. 하지만 여전히 변화는 '천천히' 일어나고 있다.

서버 공격

서버 공격은 여러분이 할 수 있는 일이 많지 않다는 점에서 직접적으로 여러분의 문제는 아니다. 하지만 이로 인해 여러분이 피해를 입을 수 있다.

서버는 클라이언트의 요청이 아무리 교묘하게 만들어졌더라도 인가되지 않은 정보를 유출하거나 무단 접근을 허용하지 않도록 주의 깊게 프로그래밍되고 설정되어야 한다. 서버는 크고 복잡한 프로그램을 실행하므로 버그와 환경 설정 오류가 자주 발생하는데, 둘 다 공격자에 의해 악용된다. 서버는 보통 데이터베이스의 지원을 받는데, 데이터베이스에는 SQL-Structured Query Language, 구조화 쿼리 언어이라는 표준 인터페이스를 사용해서 접근한다. 서버에 자주 일어나는 공격 중 하나는 SQL 주입SQL injection 공격이다. 사용자 접근을 신중하게 제한하지 않으면 영리한 공격자가 데이터베이스 구조를 드러내고 인가되지 않은 정보를 추출하며 심지어 공격자의 코드를 서버에서 실행하기 위한 쿼리를 제출한다. 공격자의 코드가 전체 시스템에 대한 통제권을 획득할 가능성도 있다. 이 공격은 잘 알려져 있으며 방어책도 마찬가지로 잘 알려져 있지만, 여전히 놀라울 정도로 자주 발생한다.

시스템이 해킹되면 피해를 입을 수 있는 범위에는 거의 제한이 없다. 특히 공격자가 최고 수준의 관리자 권한으로 접근할 수 있는 '루트' 권한을 획득했다면 더 그렇다. 이는 공격 대상이 서버든 개인용 컴퓨터든 마찬가지다. 공격자는 웹사이트 내부나 외관을 훼손하거나, 혐오 발언 같은 당혹스러운 자료를 게시하거나, 시스템을 파괴하는 프로그램을 다운로드하거나, 아동 포르노나 불법 복제 소프트웨어 같은 불법 콘텐츠를 저장하고 배포한다. 개인용 컴퓨터에 비해 서버에서는 데이터가 대량으로 도용될 가능성이 높다.

이러한 보안 침해 사고는 이제 거의 매일 일어나며, 때로는 대규모로 발생한다. 2017년 3월에 미국의 3대 신용보고기관 중 하나인 에퀴팩스Equifax에서 1억 5천만 명의 개인 식별 정보 수 테라바이트가 외부로 복사됐다.* 에퀴팩스 같은 신용보고기관에서는 데이터베이스에 민감한 정보를 대량으로 보유하고 있으므로 이 유출 사고는 심각한 문제가 될 수 있었다. 에퀴팩스는 보안 절차 면에서 태만했는데, 알려진 취약점에 대비해서 시스템을

* *epic.org/privacy/data-breach/equifax*

최신 상태로 유지하지 않았다. 더군다나 사고 이후에 보여 준 행동도 바람직하지 않았다. 이 기관은 9월까지 보안 침해 사실을 공개하지 않았고 일부 고위 임원은 그 사실이 공개되기 전에 주식을 매도했다.

2019년 12월에는 미국 편의점 체인인 와와Wawa에서 약 3천만 건에 달하는 대량의 신용카드 정보가 판매 단말기에 침투한 악성코드를 통해 유출됐다고 발표했다.* 도용된 카드 정보는 다크 웹에 판매용으로 올라왔다.

2020년 2월에는 주로 법 집행 기관에 얼굴 인식 소프트웨어를 제공하는 회사인 클리어뷰 AIClearview AI가 공격받았고 고객 데이터베이스가 유출됐다.† 회사는 고객 데이터베이스 이외에 사진과 검색 기록을 포함한 다른 정보는 전혀 유출되지 않았다고 주장했지만, 당시 뉴스 기사를 보면 사진도 유출되었음을 시사한다.

또한 같은 달에 메리어트 인터내셔널Marriott International 호텔 체인은 5백만 명 이상의 투숙객 정보가 유출됐다고 발표했다.‡ 도난 당한 정보에는 연락처 외에도 생년월일 같은 개인 정보가 포함되어 있었다.

서버는 DoSDenial of Service, 서비스 거부 공격의 대상이 되기도 한다. DoS 공격자는 순전히 트래픽 용량만으로 사이트를 마비시키기 위해 대량의 트래픽이 사이트로 향하게 만든다. DoS 공격은 흔히 봇넷으로 조정된다. 해킹된 컴퓨터들이 특정 시간에 특정 사이트로 요청을 보내라는 명령을 받고, 이는 조직화된 트래픽 범람으로 이어진다. 많은 출처에서 동시에 오는 DoS 공격을 DDoSDistributed Denial of Service, 분산 서비스 거부 공격이라고 한다. 일례로 2020년 2월에 아마존 AWS 클라우드 서비스에서 역대 최대 규모였다는

* 와와의 보안 침해 사고에 대한 성명서: *www.wawa.com/alerts/data-security*

† 클리어뷰 AI 데이터 유출 사고: *www.cnn.com/2020/02/26/tech/clearview-ai-hack/index.html*

‡ *https://news.marriott.com/news/2020/03/31/marriott-international-notifies-guests-of-property-system-incident*

DDoS 공격에 성공적으로 대처했는데, 최대 트래픽 속도가 2.3Tbps였다고 한다.*

대부분의 DoS 공격은 규모가 크고 대형 서버를 대상으로 하지만, 소규모로도 이루어진다. 예를 들어 프린스턴 대학은 내부적으로 개발해서 편리하게 쓰던 일정 예약 시스템을 최근 상용 시스템으로 교체했다. 사용자의 온라인 달력에 접근하여 빈 시간대를 찾고 일정을 채워 넣는 시스템이었는데, 개발사는 이 시스템을 '힘들지 않은 스케줄링'이라고 부른다. 사용자 식별 정보를 이용하여 웹 링크로 이동해서 빈 시간대를 클릭하고 확인용 이메일 주소를 제공하면 예약이 완료된다. 하지만 이 상용 시스템은 그야말로 '어떤' 확인 절차도 없어서 내가 여러분의 식별 정보를 추측할 수 있다면 익명으로 여러분의 빈 시간대를 모두 채울 수 있다. 이메일 주소 유효성 검사도 없어서, 달력 시스템을 매개체로 아무에게나 익명으로 성가신 메시지를 보낼 수 있다. 내 강의를 듣는 학생들이 조별 프로젝트에 그런 프라이버시나 보안 취약점을 남겨 두었다면 엄청나게 실망했을 것이다. 하물며 값비싼 상용 제품이라면 더 나은 수준을 기대하는 것이 당연하다.

전송 중인 정보 공격

전송 중인 정보에 대한 공격은 어쩌면 앞의 두 가지에 비해 크게 중요하게 여겨지지 않았던 것 같다. 하지만 여전히 이는 심각한 문제고 흔히 발생하는 것이 분명하다. 무선 시스템이 확산되면서 과거와는 양상이 변할 수도 있겠지만, 좋은 방향으로 바뀌지는 않을 것이다. 예를 들면 돈을 훔치려는 사람이 은행과 여러분 간의 대화를 도청하여 계좌 번호와 비밀번호를 수집할 수도 있다. 만약 사용자와 은행 간 트래픽이 암호화되어 있다면 도청

* 아마존 AWS DDoS 공격: *www.theverge.com/2020/6/18/21295337/amazon-aws-biggest-ddos-attackever-2-3-tbps-shield-github-netscout-arbor*

자가 내용을 이해할 수 없다. 하지만 개방형 무선 액세스 포인트를 제공하는 곳이면 어디서든 공격자가 암호화되지 않은 연결을 프로그램으로 스누핑하며, 거의 감지하기 어렵게 사용자를 가장한다. 신용카드 데이터 대량 도용 사건 중 하나는 매장에 있는 단말기 간 암호화되지 않은 무선 통신을 엿듣는 방법을 이용했다. 매장 바깥에 주차하고 있던 범인들은 신용카드 정보가 전송될 때 그 정보를 캡처했다.

HTTPS는 HTTP의 다른 버전으로, TCP/IP 트래픽을 양방향으로 암호화한다. HTTPS를 사용하면 도청자가 내용을 읽거나 대화 당사자 중 하나로 가장하는 일이 불가능해진다. HTTPS 사용이 빠른 속도로 늘어나고 있지만, 아직 모든 웹사이트에 광범위하게 적용된 것은 아니다.

중간자 공격이라는 공격도 있는데, 이는 공격자가 메시지를 가로채서 바꾼 다음, 마치 원래 출처에서 바로 온 것처럼 수신자에게 보내는 공격이다(3부 시작에서 언급한 '몬테크리스토 백작의 이야기'가 한 가지 사례다). 적절한 암호화는 이러한 종류의 공격도 막아 준다. 국가 방화벽은 또 다른 종류의 중간자 공격으로, 트래픽을 느리게 하거나 검색 결과를 변경한다.

VPNVirtual Private Network, 가상 사설망은 두 컴퓨터 간에 암호화된 통신 경로를 설정하여 일반적으로는 정보 흐름을 양방향으로 안전하게 보호한다. 기업에서는 직원들이 집에서 일하거나 통신 네트워크 보안을 신뢰할 수 없는 국가에서 일할 수 있게 하고자 VPN을 자주 이용한다. 개인 사용자는 VPN을 사용하여 개방형 와이파이를 제공하는 카페나 다른 장소에서 더 안전하게 작업할 수 있다. 하지만 사용 중인 VPN을 어느 업체가 운영하는지 확인하고, 사용자 정보를 공개하라는 정부 압력에 그 업체가 얼마나 맞설 수 있을지 생각해 보기 바란다.

실제로 VPN 업체의 기본적인 신뢰성과 운영 능력을 살펴야 한다. 2020

년 7월에 연결 기록을 남기지 않는다고 주장했던 다수의 무료 VPN 서비스에 보안 침해 사고가 일어났고 사용자 연결 기록 정보 1TB 이상이 유출되었다. 도난당한 정보에는 연결 날짜, 시간, IP 주소, 심지어 암호화되지 않은 비밀번호까지 포함되어 있었다.*

시그널Signal, 왓츠앱WhatsApp, 아이메시지iMessage 같은 **보안 메시징 앱**secure messaging app은 사용자 간에 암호화된 음성, 비디오, 텍스트 통신을 제공한다. 모든 통신에 종단 간 암호화가 적용되는데, 이 말은 서비스 제공 업체에는 없고 종단점에만 존재하는 키를 사용해서 메시지가 발신지에서 암호화되고 수신지에서 복호화된다는 뜻이다. 이렇게 하면 이론상으로는 아무도 도청하거나 중간자 공격을 가할 수 없다. 또 다른 메시징 앱인 페이스북 메신저Facebook Messenger는 암호화 옵션을 제공하기는 하지만, 현재는 종단 간 암호화를 기본으로 사용하지 않는다. 암호화를 적용하지 않으면 공격에 더 취약해진다.

시그널은 오픈소스 소프트웨어이며, 왓츠앱은 페이스북이, 아이메시지는 애플이 제공하는 서비스다. 에드워드 스노든은 선호하는 보안 통신 시스템으로 시그널을 지지해 왔고, 실제로도 시그널을 사용한다.

요즘 많은 사람이 사용하는 줌 화상 회의 시스템은 AES-256256비트 AES 암호화 알고리즘을 사용해서 종단 간 암호화를 제공한다고 주장해 왔다. 하지만 2020년에 미국 연방거래위원회Federal Trade Commission, FTC에서 제출한 소장에 따르면 실제로는 줌이 내부적으로 암호화 키를 보유했고, AES-128 암호화만 사용했으며, 사파리 브라우저의 보안 메커니즘을 우회하는 소프트웨어를 몰래 설치했다고 한다.†

* 무료인 '노 로그(no log)' VPN의 데이터 유출 사고: *www.theregister.com/2020/07/17/ufo_vpn_database*

† FTC의 줌 고소와 제안된 합의안: *www.ftc.gov/news-events/press-releases/2020/11/ftc-requires-zoom-enhance-its-security-practices-part-settlement*

COMMUNICATIONS

080 웹에서 나를 지키는 3단계 방어책

방어는 어렵다. 방어자는 가능한 모든 공격을 막아내야 하지만, 공격자는 약점 하나만 찾아내면 된다. 따라서 공격자에게 유리하다. 그럼에도 방어 확률을 높일 방법이 있다. 특히 현실적으로 잠재 위협을 평가한다면 그렇게 할 수 있다.*

스스로를 방어하려면 어떻게 해야 할까? 누군가 조언을 구할 때 알려 주는 내용을 아래에 정리해 보았다. 나는 방어책을 세 가지 범주로 나눈다. 매우 필수적인 방어책, 신중하고 조심스러운 방어책, 보안에 집착하는 방어책이다(미리 말하자면 나는 보안에 집착하는 쪽에 훨씬 가까운데, 사람들 대부분은 이 정도는 아닐 것이다).

매우 필수적인 방어책

- 비밀번호를 신중히 선택하라. 아무도 추측할 수 없고 컴퓨터로 가능한 많은 조합을 시도해도 빨리 드러나지 않는 것이어야 한다. 하나의 단어, 생일, 가족이나 애완동물 또는 배우자나 애인의 이름, 특히 놀라울 정도로 많은 사람이 비밀번호로 사용하는 'password'를 변형한 꼴보다 확실한 비밀번호가 필요하다. 대문자, 소문자, 숫자, 특수 문자가 포함된 여러 단어의 구를 만드는 것이 안전성과 사용 편의성 간의 적절한 절충안이다. 제안된 비밀번호의 강도를 평가해 주는 사이트가 많이 있

* Steven M. Bellovin, *Thinking Security*, Addison-Wesley, 2015. 《생각하는 보안》, 정보문화사, 2016. 위협 모델에 대한 광범위한 논고가 담겨 있다.

다. 비밀번호를 때때로 변경해야 한다는 통념이 있지만, 이에 대해서는 확신이 없다. 자주 바꾸는 것이 도리어 역효과를 낳을 수도 있다. 특히 원하지 않을 때 비밀번호를 변경하라고 강요당하면 마지막 숫자를 하나 증가시키는 것처럼 뻔하고 정형화된 방식으로 바꾸게 될 소지가 높기 때문이다.*

- 은행이나 전자 메일처럼 중요한 사이트에 온라인 뉴스나 SNS처럼 덜 중요한 곳과 동일한 비밀번호를 절대 사용하지 말라. 회사 시스템에 개인 계정과 동일한 비밀번호를 절대 사용하지 말라. 다른 사이트에 가입할 때 페이스북이나 구글 같은 단일 사이트 계정을 그대로 사용하지 말라. 이는 뭔가 문제가 생겼을 때 단일 장애 지점이 되며, 여러분은 자신에 대한 정보를 그냥 내주는 격이 된다. 비밀번호가 이미 유출됐는지 알 수 있는 사이트가 있다. 이는 보안 침해 사고에서 정보를 수집한다.
- 라스트패스LastPass 같은 비밀번호 관리 프로그램은 여러분이 사용하는 모든 사이트에 대해 안전한 무작위 비밀번호를 생성하여 저장한다. 여러분은 하나의 주 비밀번호만 기억하면 된다. 물론 그 비밀번호를 잊어버리거나, 비밀번호를 보유하는 회사나 소프트웨어가 해킹당하거나 강제로 정보가 유출되면 단일 장애 지점이 된다.
- 가능하다면 이중 인증을 사용하라. 이중 인증은 비밀번호와 함께 사용자가 소유하고 있는 실제 장치를 필요로 한다. 사용자가 뭔가 알고 있고(비밀번호) 뭔가 갖고 있기를(장치) 요구하므로 비밀번호만 사용하는 것보다 안전하다. 이중 인증에 사용되는 장치는 서버 쪽에서 같은 알고리즘으로 생성된 번호와 반드시 일치하는 번호를 생성하는 휴대전화 앱이나, 휴대전화로 전송되는 메시지이다. 혹은 그림 III.24에 있는

* 비밀번호를 고르는 일에 관한 유명한 xkcd 만화가 있다. *xkcd.com/936*

것처럼 난수를 생성해 비밀번호와 함께 입력하도록 하는 특수 목적 장치도 있다.

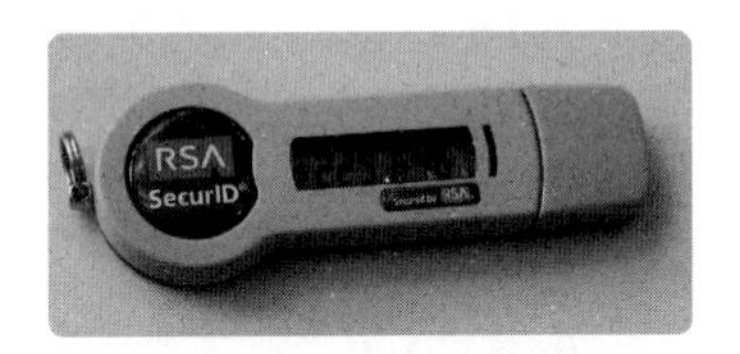

그림 III.24 RSA 시큐어ID 이중 인증 장치

아이러니하게도 시큐어ID SecurID라는 널리 사용되는 이중 인증 장치를 만드는 회사인 RSA가 2011년 3월에 해킹당했다. 그 결과 보안 정보가 도용되어 일부 시큐어ID 장치가 취약해졌다.

- 낯선 사람이 보낸 첨부 파일이나 친구나 동료가 보낸 예정에 없던 첨부 파일을 열지 말라. 마이크로소프트 오피스 프로그램에서 비주얼 베이직 매크로를 허용하지 말라. 요청을 받았다고 절대 무의식적으로 허용하거나, 클릭하거나, 설치하지 말라. 출처가 미심쩍은 프로그램을 다운로드하지 말라. 신뢰할 수 있는 출처에서 온 것이 아니라면 뒤에서 설명하는 방어용 애드온을 포함한 모든 소프트웨어를 다운로드하고 설치하는 것에 주의하라. 컴퓨터뿐만 아니라 휴대전화도 마찬가지다!
- 개방형 와이파이를 제공하는 곳에서 어떤 중요한 일도 하지 말라. 스타벅스에서 은행 업무를 보면 안 된다. 연결이 HTTPS를 사용한다는 것을 확인하되, HTTPS는 단지 내용만 암호화한다는 사실을 잊지 말라. 통신 경로에 있는 모든 사람은 발신자와 수신자를 알고 있다. 이러한 메타데이터는 사람들을 식별하는 데 매우 유용하게 쓰인다.

- 바이러스 검사 프로그램을 사용하고 최신 상태로 유지하라. 컴퓨터에 보안 검사를 실행하겠냐고 권하는 팝업을 클릭하지 말라. 브라우저와 운영체제 같은 소프트웨어는 보안 수정 업데이트가 자주 일어나므로 최신 버전을 유지하라.

- 애플의 타임머신Time Machine 같은 서비스를 사용하여 자동으로 백업하거나, 부지런하다면 직접 정보를 안전한 곳에 정기적으로 백업하라. 어쨌든 정기적으로 백업을 하는 것이 현명한 습관이고, 드라이브가 작동하지 않거나 악성코드가 디스크를 엉망으로 만들거나 데이터 값을 노리고 암호화하는 일이 생겼을 때 훨씬 마음이 놓일 것이다. 소중한 문서와 사진을 저장하는 데 클라우드 서비스를 사용한다면, 계정 정보를 잊어버려서 접근하지 못하게 되거나 서비스가 중단되는 일에 대비해 자신만의 백업 사본도 만들어라.

신중하고 조심스러운 방어책

- 제3자 쿠키를 차단하라. 귀찮게도 쿠키는 브라우저별로 저장되므로 사용하는 브라우저마다 방어 기능을 따로 설정해야 하며 쿠키를 활성화하는 방법에 대한 세부 사항도 브라우저마다 다르지만, 그만큼 수고할 가치가 있다.

- 애드블록 플러스, 유블록 오리진uBlock Origin, 프라이버시 배저Privacy Badger 같은 애드온을 사용하여 광고, 추적, 그리고 그로 인해 활성화될 수 있는 잠재적 악성 코드를 차단하라. 고스터리를 사용하여 자바스크립트 추적을 최대한 제거하라. 애드블록이나 그와 유사한 애드온은 알려져 있는 광고 사이트 목록에 포함된 URL로의 HTTP 요청을 필터링하여

제외하는 방식으로 작동한다.* 광고주들은 광고 차단 프로그램 사용자들이 대가 없이 사이트 정보를 이용하려 하기에 평등하지 않다고 주장하지만, 광고가 악성코드를 전달하는 주요 매개체 중 하나인 이상 광고를 비활성화하는 것이 웹 위생 면에서 깔끔하다. 이렇게 하면 브라우저도 더 빨리 작동하는 것처럼 느껴질 것이다.

- 브라우저를 비공개 브라우징 또는 익명 모드로 설정하고, 각 세션이 끝날 때 쿠키를 삭제하라. 단, 이는 자신의 컴퓨터에만 영향을 주므로 온라인에서는 여전히 추적당할 수 있다. 브라우저에 있는 '추적 안 함' 설정은 그다지 도움이 되지 않고 여러분을 더 식별하기 쉽게 만들기도 한다. 휴대전화에서 지도나 내비게이션이 필요하지 않다면 위치 서비스를 꺼라. 메일 프로그램에서 HTML과 자바스크립트를 비활성화하라.
- 사용하지 않는 운영체제 서비스를 꺼라. 예를 들어, 맥에서는 프린터, 파일, 장치를 공유하고 다른 컴퓨터에서 로그인하여 컴퓨터를 원격으로 관리할 수 있도록 허용하는 기능을 제공한다. 윈도우에도 비슷한 설정이 있다. 나는 그 기능을 모두 끈다.
- **방화벽**firewall은 들어오고 나가는 네트워크 연결을 모니터링하고 접근 규칙을 위반하는 연결을 차단하는 프로그램이다. 컴퓨터의 방화벽을 켜라.
- 비밀번호를 사용하여 휴대전화와 노트북을 잠그라. 지문 인식 장치가 있으면 사용하라.

보안에 집착하는 방어책

- 자바스크립트를 줄이기 위해 브라우저에서 노스크립트를 사용하라.

* *help.getadblock.com/support/solutions/articles/6000087914-how-does-adblock-work-*

- 화이트리스트(허용 목록)에 명시적으로 입력한 사이트를 제외한 모든 사이트의 쿠키를 차단하라.
- 사이트에 임시로 회원 가입할 때는 가짜 이메일 주소를 사용하라. 어떤 사이트에서 서비스나 정보에 접근하는 데 이메일 주소가 필요할 때 *mailinator.com*이나 *yopmail.com*을 사용하면 편리하다.
- 휴대전화를 사용하지 않을 때는 휴대전화를 꺼라. 휴대전화를 암호화하라. 이 기능은 iOS 최신 버전에서 자동으로 제공되며 안드로이드에서도 사용할 수 있다. 노트북도 암호화하라.
- 익명으로 웹 브라우징하기 위해 토어Tor 브라우저를 사용하라(4부에서 더 자세히 살펴본다).
- 암호화된 통신을 위해 시그널, 왓츠앱, 아이메시지를 사용하라. 하지만 이 앱들도 신중히 사용하지 않으면 여전히 악성코드를 전달할 수 있음에 유의하라.

휴대전화가 공격 대상이 되는 일이 점점 많아지고 있으므로 더 경계할 필요가 있다. 다운로드하는 앱과 콘텐츠를 특히 조심하라. 2018년 5월에 아마존 창립자 제프 베조스의 휴대전화가 해킹을 당했다.* 사우디아라비아 정부 첩보원의 소행으로 보이며, 왓츠앱 메시지에 포함된 악성 비디오를 통해 공격이 이루어졌다고 한다.

사물인터넷에도 틀림없이 비슷한 문제가 있다. 그러나 사용자 입장에서 사물인터넷 기기에 대한 통제권이 별로 없기 때문에 예방책을 마련하기 더 어렵다. 브루스 슈나이어의 책 《모두를 죽이려면 여기를 클릭하세요》는 IoT의 위험성을 훌륭하게 다루고 있다.†

* *www.theguardian.com/technology/2020/jan/21/amazon-boss-jeff-bezoss-phone-hacked-by-saudi-crown-prince*

† Bruce Schneier, *Click Here to Kill Everybody: Security and Survival in a Hyper-connected World*, W. W. Norton & Company, 2018. 《모두를 죽이려면 여기를 클릭하세요》, 에이콘출판사, 2019.

COMMUNICATIONS

081 요약

웹은 1990년에는 무에 가까운 상태였지만 오늘날 우리 삶의 필수적인 부분으로 성장했다. 웹은 각종 비즈니스를 변화시켰다. 검색, 온라인 쇼핑, 평가 시스템, 가격 비교 및 제품 평가 사이트가 생겨나면서 특히 소비자 입장에서 많은 변화가 일어났다. 웹은 우리 행동도 바꿔 놓았고, 친구나 공통 관심사를 가진 사람을 찾거나 심지어 배우자를 찾는 방법에까지 영향을 미쳤다. 웹은 우리가 세상을 알아 가는 방식과 새로운 소식을 접하는 경로를 결정한다. 자신의 관심사에 맞춰진 한정된 출처에서만 뉴스와 여론을 접하는 것은 바람직하지 않다. **필터 버블**filter bubble* 이라는 말은 실로 웹이 우리 생각과 견해를 형성하는 데 얼마나 영향력이 큰지 보여 준다.

웹은 무수한 기회와 혜택을 제공하지만, 동시에 악당들이 멀리 떨어진 곳에서도 악행을 벌일 수 있게 하였기에 여러 문제와 위험이 생겨났다. 우리는 멀리 있고 한 번도 만난 적 없는 사람들에게도 쉽게 노출되고, 그들이 가하는 공격의 대상이 된다.

웹은 해결되지 않은 관할권 문제를 제기한다. 예를 들어, 미국의 많은 주에서 주 경계 내 상품 구매에 판매세를 부과하지만, 온라인 매장은 보통은 구매자에게 판매세를 징수하지 않는다. 이는 주 내에 물리적으로 존재

* (옮긴이) 구글, 아마존, 페이스북 등의 인터넷 정보 제공자가 사용자에 맞추어 필터링한 정보를 제공함으로 인해, 사용자가 이미 필터링된 정보만을 접하게 되는 것을 말한다. 사용자의 정보(위치, 과거 클릭 동작, 검색 이력)에 기반하여 웹사이트 알고리즘이 선별적으로 어느 정보를 사용자가 보고 싶어 하는지 추측하며, 결과적으로 사용자들이 자신의 관점에 반하는 정보에서 분리돼 사실상 자신만의 문화적, 이념적 거품에 갇힌다. 이 단어는 미국의 인터넷 활동가인 일라이 페리저(Eli pariser)의 《생각 조종자들》이라는 저서에서 처음 등장하였다.

하지 않으면 그 주 세무 당국의 대리인으로 행동할 필요가 없다는 논리에 기초한 것이다. 구매자는 주 외부 구매를 신고하고 해당하는 세금을 내야 하지만, 아무도 그렇게 하지 않는다.

명예 훼손도 관할권이 불확실한 영역이다. 일부 국가에서는 다른 곳에서 호스팅되는 웹사이트를 해당 국가에서 볼 수 있다는 이유만으로 명예 훼손 소송을 걸 수 있다. 명예 훼손 혐의가 있는 사람이 해당 국가에 한 번도 방문한 적이 없더라도 그렇다.

한 국가에서는 합법이지만 다른 국가에서는 불법인 활동도 있다. 외설물 배포, 온라인 도박, 정부 비판이 일반적인 예다. 시민들이 국경 내에서 인터넷과 웹을 사용하여 불법적인 활동을 하면 정부는 그들에게 어떻게 자국의 규칙을 집행할까? 일부 국가는 국내외로 연결된 인터넷 경로를 제한적으로 제공하며, 이를 통해 승인하지 않은 트래픽을 차단하거나 필터링하거나 감속한다. 중국의 방화장성Great Firewall of China*이 가장 잘 알려진 사례지만, 유일하지는 않다.

인터넷상에서 사람들에게 신원을 밝히도록 요구하는 것은 또 다른 수법이다. 익명으로 욕설하고 타인을 괴롭히는 일을 막기에 좋은 방법인 것처럼 보이지만, 활동주의자나 반대론자의 사기를 저하시키기도 한다. 익명성을 적절하게 제공하는 동시에, 익명의 트롤†이나 봇이 생성한 트래픽을 제한할 수 있을까?

페이스북과 구글 같은 회사가 사용자에게 실명을 사용하도록 강요하려

* (옮긴이) 주로 서구권에서 중국의 인터넷 검열 시스템을 만리장성에 빗대어 부르는 이름이다. 금순공정 또는 황금방패라는 이름으로 알려져 있다.

† (옮긴이) 트롤(troll) 또는 인터넷 트롤은 인터넷 문화에서 고의로 논쟁을 일으키거나, 사람들을 선동하는 사람, 또는 엉뚱하거나 주제에서 벗어난 내용이나 공격적이거나 불쾌한 내용을 인터넷에 올려 사람들의 감정적인 반응을 유발하고 모임의 생산성을 저하시키는 사람을 가리킨다. 인조 미끼로 물고기를 유인하는 제물낚시를 영어에서 '트롤링(trolling)'이라고 부르는 데서 비롯된 용어다.

고 했던 시도는 강한 저항을 받았다. 사용자들이 그처럼 반대하는 이유는 정당했다. 온라인 익명성에는 많은 단점이 있지만(혐오 발언, 왕따 몰이, 트롤 행위 등), 사람들이 보복을 두려워하지 않고 스스로를 자유롭게 표현할 수 있는 것도 중요하다. 절충안이 존재할지는 아직 모르지만, 우리는 알맞은 균형을 찾지 못했다.

개인, 정부(자국 시민의 지지 여부와는 무관하다), 기업(흔히 이해관계가 국경을 초월한다)의 정당한 이해관계에는 항상 갈등이 존재한다. 물론 범죄자들은 관할권이나 다른 당사자의 정당한 이해관계를 별로 걱정하지 않는다. 인터넷은 이 모든 우려를 더 시급히 다뤄야 할 문제로 만든다.

UNDERSTANDING

THE DIGITAL WORLD

IV부 IT 근육 넷

데이터

이 책의 네 번째 부분은 데이터다. 책의 1판은 세 부분으로 구성돼 데이터가 통신과 섞여 있었다. 하지만 지난 몇 년간 데이터가 매우 중요해져서 별도의 영역으로 분리할 필요가 생겼다.

'데이터'는 흔히 다른 단어와 함께 쓰인다. 빅데이터, 데이터 마이닝, 데이터 과학, 그리고 새로운 직업 이름인 데이터 과학자처럼 말이다. 이들 주제에 대해 책, 튜토리얼, 온라인 강좌, 심지어 학위까지 존재한다. 각각의 의미를 간단히 살펴보자.

빅데이터big data는 우리가 다루는 데이터가 많음을 뜻하며, 이는 분명한 사실이다. 세상에 존재하는 데이터의 추정량은 갈수록 더 늘어나고 있다. 예전에는 데이터 추정량을 엑사바이트(10^{18})로 넉넉히 표현할 수 있었지만, 이제는 제타바이트(10^{21})가 필요하다. 가까운 미래에 요타바이트(10^{24})가 기다리고 있다고 예측해도 무리는 아니다. 요타yotta는 국제 단위계International System of Units, SI에서 가장 큰 접두어다. 결국 요타로도 부족해서 접두어를 더 추가해야 될 것이다(닥터 수스Dr. Seuss의 "On Beyond Zebra!"에서 영감받은 "On Beyond Yotta"처럼).*

데이터 마이닝data mining은 빅데이터에서 추출 가능한, 잠재적 가치가 있는 정보와 통찰력을 찾는 과정이다. **데이터 과학**data science은 데이터를 이해하고 데이터에서 의미를 추출하고 데이터를 기반으로 예측하기 위해 통

* 닥터 수스가 1955년에 발표한 동화 《제브라를 넘어서(On Beyond Zebra!)》는 상상으로 알파벳을 늘려가는 이야기를 들려준다.
(옮긴이) 'Zebra'는 영어에서 알파벳 Z를 나타내는 음성 기호로 사용되며, 《제브라를 넘어서(On Beyond Zebra!)》에서는 Z 이후의 알파벳을 상상으로 늘려 간다. 여기서는 '요타'보다 큰 가상의 접두어를 추가하는 일을 이 이야기에 빗댄 것으로 보인다. *en.wikipedia.org/wiki/On_Beyond_Zebra!*

계, 머신러닝을 비롯한 다른 기법을 적용하는 통합 학문 분야다. 자연스럽게 데이터 과학자는 그러한 일을 하는 사람을 말하며, 인기 있고 중요한 분야에서 일하는 만큼 높은 연봉을 받기를 바랄 것이다.

이 모든 데이터는 어디에서 올까? 그걸로 무엇을 할 수 있을까? 사적인 영역에 관한 데이터를 내주고 싶지 않다면 어떻게 거부할 수 있을까?

우선 데이터의 무수한 출처에 대해 알아본다. 우리가 온라인이나 오프라인에서 하는 활동이 어떻게 '데이터 잔해data exhaust'*라고 불리는 막대한 양의 정보로 이어지는지 살펴볼 것이다.

이어서 인공지능과 머신러닝을 다루면서, 이 모든 데이터 더미로 수행되는 일의 한 측면을 알아본다. 그중 일부는 우리에게 혜택을 주기 위해 사용된다. 예를 들면 학습 데이터가 워낙 많아져 영상 인식, 컴퓨터 비전, 음성 인식과 음성 처리, 언어 번역을 비롯한 유용한 응용 기술이 가능해졌다. 반면 학습 데이터가 많아질수록 컴퓨터가 우리에 관해서도 많은 것을 알게 된다는 단점이 있다. 여기에는 아무도 몰랐으면 하거나, 적어도 이용하지 않았으면 하는 개인정보가 주로 포함된다.

머신러닝이 광범위하게 사용되면서, 인종 차별, 사회적 차별, 또는 기타 윤리적 문제를 강화할 가능성이 있는 데이터를 기반으로 추론하는 현상에 대해 심각한 우려가 제기되고 있다. 마치 머신러닝이 객관적인 기준을 제시하는 양 생각하기 쉽지만, 많은 사례를 보면 머신러닝에서 이끌어 낸 결론은 암묵적 편견을 권위라는 겉치장으로 가리는 것에 불과하다.

마지막으로는 방어책에 대해 논한다. 우리가 부지불식간에 제공하는 데

* (옮긴이) 데이터 잔해 또는 잔해 데이터(exhaust data)는 온라인 활동, 행동, 거래 중에 인터넷 또는 다른 컴퓨터 시스템 사용자의 활동이 남긴 데이터의 흔적이다. 이는 지리 공간 데이터, 네트워크 데이터 및 시계열 데이터를 포함하는, 보다 광범위한 범주의 비전통적 데이터의 일부이며 예측 분석에 유용하게 사용된다. *en.wikipedia.org/wiki/Data_exhaust*

이터의 범위를 제한하고 그러한 데이터 활용을 줄이기 위해 무엇을 할 수 있는지 알아본다. 완전히 눈에 띄지 않거나 위험 요인으로부터 안전해지는 일은 불가능하지만, 개인 프라이버시와 보안 문제를 상당히 개선할 수는 있다.

DATA

082 제타바이트 시대

"당신이 인터넷을 쳐다보면 인터넷도 당신을 쳐다본다."*

여러분이 컴퓨터, 휴대전화, 또는 신용카드로 하는 거의 모든 일은 여러분에 관한 데이터를 생성한다. 그 데이터는 신중하게 수집되고, 분석되고, 영구히 저장되며, 흔히 여러분이 전혀 모르는 조직에 판매된다.

온라인에서 일상적으로 일어나는 상호작용을 생각해 보자. 여러분은 컴퓨터나 휴대전화를 사용하여 구매 물품이나 방문 장소, 알고 싶은 주제를 검색한다. 검색 엔진은 여러분이 무엇을 언제 검색했는지, 어디에 있었는지, 어떤 결과물을 클릭했는지를 기록하고, 가능한 한 구체적으로 여러분과 관련짓는다. 광고주는 그 정보를 사용하여 여러분을 표적으로 삼아 판매 제품이나 서비스를 홍보하는 메시지를 보낸다.

모두가 검색하고, 쇼핑하고, 온라인으로 영화와 TV 프로그램을 시청하며 즐거워한다. 이메일이나 문자로, 때로는 음성 통화로 친구나 가족들과 대화한다. 페이스북이나 인스타그램으로 친구나 지인과 연락하고, 링크드인으로 커리어에 도움될 만한 잠재적인 인맥을 유지하며, 데이트 사이트에서 연애 상대를 찾는다. 레딧, 트위터와 온라인 뉴스를 읽으며 주변 세상의 흐름에 발맞추기도 한다. 또한, 온라인으로 돈을 관리하고 요금을 지불한다. 우리가 어디에 있는지 항상 상세하게 알고 있는 휴대전화를 들고 끊임없이 움직인다. 우리가 타고 다니는 차는 우리 위치를 알고 있고 그

* 프리드리히 니체(Friedrich Nietzsche)에게 심심한 사과를 보낸다. 니체는 《선악의 저편》에서 "우리가 괴물의 심연을 오랫동안 들여다보면, 그 심연 또한 우리를 들여다보게 될 것이다."라고 말했다.

정보를 다른 이에게 전달한다. 물론 도처에 있는 카메라도 우리 차가 어디에 있는지 알고 있다. 네트워크에 연결된 온도 조절 장치, 보안 시스템, 스마트 가전 기기 같은 가정용 시스템도 우리의 모든 움직임을 관찰하고, 우리가 집에 있는지, 집에 있을 때 무엇을 하는지 알고 있다.

이렇게 끊임없이 흘러가는 개인 데이터 하나하나가 모두 수집된다. 네트워크 하드웨어 시장의 지배적인 제조 업체인 시스코Cisco가 2018년에 예측한 바에 따르면 2021년에는 연간 전 세계 인터넷 트래픽이 3제타바이트를 초과할 것이라고 한다.* 접두사인 '제타zetta'는 10^{21}으로, 틀림없이 어마어마한 용량이다. 이 모든 데이터가 어디에서 오고 어떻게 이용되는 것일까? 이 질문에 대한 답은 정신이 번쩍 들게 한다. 왜냐하면 데이터의 대부분이 우리를 위한 것은 아니면서, 우리에 관한 것이기 때문이다. 데이터가 더 많을수록 낯선 사람들이 우리에 대해 더 많이 알게 되고, 프라이버시와 보안이 약해진다.

상당량의 데이터 수집이 검색 엔진에서 시작되므로 먼저 웹 검색부터 살펴볼 것이다. 이어서 추적에 관해 설명하는데, 이는 곧 여러분이 어떤 사이트를 방문했고 방문하는 동안 무슨 일을 했는지 관찰하는 것이다. 다음으로, 사람들이 기꺼이 내주거나, 오락이나 편리한 서비스와 맞바꾸는 개인정보에 관해 이야기하겠다. 이 모든 데이터가 어디에 보관되는 것일까? 이 질문은 기업과 정부를 비롯한 온갖 유형의 당사자가 수집한 데이터의 집합을 의미하는 데이터베이스 개념과 더불어, 데이터 통합과 데이터 마이닝으로 이어진다. 왜냐하면 데이터는 다른 데이터와 결합돼서 새로운 통찰력을 제공할 때 한층 더 가치가 높아지기 때문이다. 또한 이 지점에서 중대한 프라이버시 문제가 발생하는데, 여러 출처에서 온 우리에 관한 데

* 시스코의 예측은 인터넷 트래픽이 대폭 증가할 것으로 예상하는 몇 가지 자료 중 하나다. *www.cisco.com/c/en/us/solutions/collateral/executive-perspectives/annual-internet-report/white-paper-c11-741490.html*

이터를 결합하면 다른 누구도 알아서는 안 되는 사실을 너무나 쉽게 알 수 있다. 마지막으로 클라우드 컴퓨팅에 관해 설명하겠다. 클라우드 컴퓨팅 서비스를 이용할 때, 우리는 우리 컴퓨터 대신 저장과 처리 기능을 수행하는 서버를 제공하는 회사에 모든 정보를 넘겨준다.

DATA 083 검색 엔진과 타깃 광고

웹 검색은 오늘날 기준으로 볼 때 웹이 매우 작았던 1995년에 시작됐다. 이후 몇 년 사이 웹페이지 수와 쿼리 수 모두 급격히 증가했다. 구글 검색 엔진에 대한 최초 논문인 세르게이 브린Sergey Brin과 래리 페이지Larry Page의 〈대규모 하이퍼텍스트 웹 검색 엔진 분석The anatomy of a large-scale hypertextual web search engine〉은 1998년 초에 출간됐다.* 논문에 따르면 성공을 거둔 초기 검색 엔진 중 하나인 알타비스타AltaVista는 1997년 말에 하루 2천만 건의 쿼리를 처리했다고 한다. 또한 논문은 2000년이 되면 웹에 십억 개 이상의 페이지가 존재할 것이고 하루에 수억 개 쿼리를 처리하리라는 것을 정확하게 예측했다. 어떤 추정치에 따르면 2017년에는 하루에 50억 개 쿼리가 만들어졌다고 한다.†

검색은 대규모 사업으로, 등장한 지 20년도 지나지 않아 아무것도 없는

* 구글 검색 엔진에 대한 최초 논문. 프로젝트 초기 이름은 '백럽(BackRub)'이었다. *infolab.stanford.edu/~backrub/google.html*

† 큰 수에 대해 이야기하는 사이트 2개: *www.domo.com/learn/data-never-sleeps-5*, *www.forbes.com/sites/bernardmarr/2018/05/21/how-much-data-do-we-create-every-day-the-mind-blowing-stats-everyone-should-read*

상태에서 주요 산업이 됐다. 예를 들면, 구글은 1998년에 설립되어 2004년에 상장했으며, 2020년 가을 기준으로 시가 총액이 1조 달러에 이르렀다. 애플보다는 많이 모자라지만 엑손 모빌Exxon Mobil과 AT&T(둘 다 2천억 달러 이하)처럼 오랫동안 사업을 지속해 온 기업들보다 훨씬 앞섰다. 구글은 수익성이 매우 높지만, 검색 시장은 경쟁이 치열하니 무슨 일이 일어날지는 아무도 모른다(여기서 밝혀 두는 편이 좋겠다. 나는 구글의 파트타임 직원이고 구글에 친구가 많다. 물론 이 책의 어떤 내용도 특정 주제에 대한 구글의 입장으로 간주돼서는 안 된다).

검색 엔진은 어떻게 작동할까? 사용자 관점에서 볼 때, 웹페이지 폼에 쿼리를 입력하고 서버로 보내면 거의 즉시 링크와 텍스트 조각의 목록이 반환된다. 서버 쪽에서 보면 더 복잡하다. 서버는 쿼리 단어들을 포함하는 페이지 목록을 생성하고, 관련도 순으로 정렬한 후, 페이지 텍스트 조각을 HTML로 감싼 다음 사용자에게 보낸다.

하지만 사용자 쿼리마다 웹 전체를 새로 검색하기에 웹은 너무 크다. 그래서 검색 엔진의 주된 작업은 페이지 정보를 미리 서버에 저장하고 구조화하여 쿼리에 답할 준비를 하는 것이다. 이 작업은 **웹 크롤링**web crawling으로 수행된다. 웹 크롤링은 페이지를 훑어보면서 관련 있는 내용을 데이터베이스에 저장하여, 이후 들어오는 쿼리에 신속하게 응답할 수 있도록 한다. 크롤링은 캐싱이 거대 규모로 이루어지는 사례다. 검색 결과는 인터넷 페이지의 실시간 검색이 아니라 캐싱된 페이지 정보의 미리 계산된 인덱스에 기반을 둔다.

그림 IV.1은 검색 엔진의 대략적인 구조를 보여 주며, 결과 페이지에 광고가 삽입되는 단계도 포함한다.

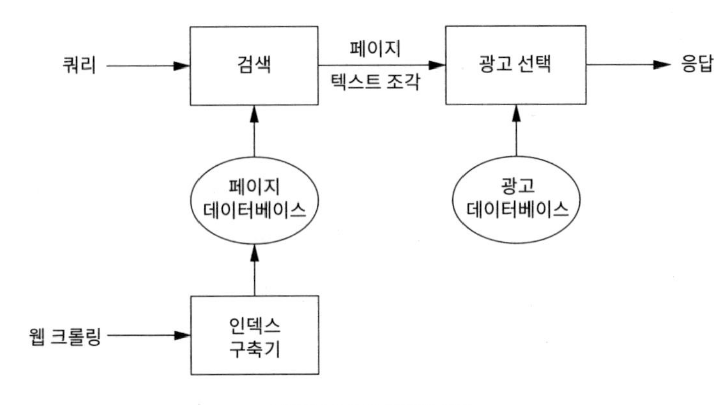

그림 IV.1 검색 엔진의 구조

문제는 규모다. 웹에는 수십억 명의 사용자와 수백억 개의 웹페이지가 있다. 구글은 인덱스를 구축하기 위해 크롤링하는 페이지 수를 발표하곤 했지만, 페이지 수가 100억 개를 초과한 후 언젠가부터 이를 중단했다. 일반적인 웹페이지 용량이 100KB라고 가정할 때 1천억 개의 페이지를 저장하려면 10페타바이트의 디스크 공간이 필요하다. 웹의 일부는 몇 달 또는 심지어 몇 년 동안 변하지 않는 정적인 페이지이지만, 상당 부분은 급속히 변하므로(뉴스 사이트, 블로그, 트위터 피드 등) 크롤링은 지속적이고 매우 효율적으로 수행되어야 한다. 인덱싱된 정보가 구식이 되지 않도록 하려면 검색 엔진은 쉴 틈이 없다. 검색 엔진은 하루에 수십억 개의 쿼리를 처리한다. 각각의 쿼리를 처리하려면 데이터베이스를 훑어보고, 관련된 페이지를 찾고, 적합한 순서로 정렬해야 한다. 또한, 검색 결과에 붙는 광고를 선택하는 작업, 검색 품질을 개선하고 경쟁 업체보다 앞서 나가며 더 많은 광고를 판매하기 위한 데이터를 얻기 위해 배후에서 모든 것을 기록하는 작업이 이루어진다.

검색 엔진은 알고리즘이 실제로 작동하는 훌륭한 사례지만, 막대한 양의 트래픽 때문에 단순한 검색이나 정렬 알고리즘으로는 검색 엔진이 충분히 빨리 작동할 수 없다.

어떤 부류의 알고리즘은 크롤링을 처리한다. 즉, 다음에 어떤 페이지를 볼지 결정하고, 거기서 인덱싱 가능한 정보(단어, 링크, 이미지 등)를 추출하여 인덱스 구축기로 전달한다. 인덱스 구축기는 페이지 URL을 추출하고, 중복되거나 관련없는 항목을 제거한 후, 남은 항목을 차례대로 검사할 목록에 추가한다. 크롤러가 한 사이트를 너무 자주 방문할 수 없다는 점 때문에 문제가 더 복잡해진다. 그렇게 하다가는 사이트의 트래픽 부담이 상당히 늘어나서 골칫거리가 될 수 있기 때문이다. 심지어 크롤러가 접근을 거부당할지도 모른다. 페이지별로 변경되는 속도가 크게 다르므로, 페이지 변경 빈도를 정확하게 평가하여, 상대적으로 느리게 바뀌는 페이지보다 빨리 바뀌는 페이지를 더 자주 방문하는 알고리즘을 이용하면 성능을 향상시킬 수 있다.

다음으로 할 일은 인덱스 구축이다. 크롤러에서 페이지를 가져온 뒤 각 페이지에서 관련 있는 부분을 추출하고, 각 부분을 그 URL과 페이지상 위치와 함께 인덱싱한다. 이 과정에서 세부 사항은 인덱싱 콘텐츠에 따라 다르다. 텍스트, 이미지, 스프레드시트, PDF, 비디오 등 콘텐츠에 따라 달리 처리된다. 사실상 인덱싱은 어떤 웹페이지에서 발견되는 단어나 인덱싱 가능한 항목을 표시하는 페이지와 위치 목록을 만들며, 이 목록은 특정 항목을 포함하는 페이지 목록을 빠르게 가져올 수 있는 형태로 저장된다.

마지막 작업은 쿼리 응답을 만드는 것이다. 기본 아이디어는 쿼리의 모든 단어를 가져와서 인덱싱 목록을 사용하여 일치하는 URL들을 빠르게 찾은 다음, (또한 신속하게) 가장 정확하게 일치하는 URL들을 선택하는 것이다. 세부 사항은 검색 엔진 회사의 핵심 자산이므로 웹에서 찾아봐도 특정 기법에 대해 많이 알아내기 어렵다. 다른 단계와 마찬가지로 여기서도 작업 규모가 가장 큰 문제다. 주어진 단어가 수백만 개의 페이지에 나타날 수도 있고, 단어 한 쌍으로 된 구라고 해도 여전히 백만 개의 페이지에 있을지 모른다. 수많은 가능한 응답 중에서 가장 잘 일치하는 10개 정도를 빠르게 골라내야 한다. 검색 엔진이 정확하게 일치하는 항목을 상위 결과로 표시하고 더 빨리 응답할수록 경쟁 업체의 검색 엔진보다 우위를 차지한다.

초기 검색 엔진은 단순히 검색어가 포함된 페이지 목록만 표시했지만, 웹이 커질수록 검색 결과는 관련성이 적은 페이지가 뒤죽박죽 섞인 상태가 됐다. 구글이 원래 사용한 **페이지랭크**PageRank 알고리즘은 각 페이지에 품질 측정값을 할당했다. 페이지랭크는 다른 페이지가 링크를 걸거나, 높은 순위가 매겨진 페이지에서 링크를 건 페이지에 더 높은 가중치를 부여했다. 이는 그런 페이지가 쿼리와 관련 있을 확률이 가장 높다는 이론을 바탕으로 한다. 브린과 페이지가 논문에서 설명한 바에 따르면 "직관적으로, 웹의 많은 곳에서 많이 인용된 페이지는 살펴볼 가치가 있다." 물론 품질이 높은 검색 결과를 만들려면 이보다 훨씬 더 정교한 작업이 필요하고, 검색 엔진 회사는 경쟁사보다 더 나은 검색 결과를 제공하기 위해 지속적으로 노력하고 있다.

완전한 검색 서비스를 제공하려면 막대한 컴퓨팅 자원이 필요하다. 수백만 개 프로세서, 수 테라바이트 메모리, 수 페타바이트 저장 장치, 초당 수 기가비트 대역폭, 수 기가와트의 전력, 그리고 많은 인력도 물론 필요하다. 이 모든 자원에 어떻게든 비용이 드는데, 보통은 광고 수익으로 비용을 마련한다.

가장 기본적인 수준에서 보면 광고주는 웹페이지에 광고를 표시하기 위해 비용을 지불한다. 그 가격은 얼마나 많은 사용자가, 그리고 어떤 부류의 사용자가 페이지를 보는지를 적절히 측정하여 결정된다. 가격은 페이지 뷰(노출impression이라고도 하며, 광고가 페이지에 나타나는 횟수를 집계함), 클릭(사용자가 광고를 클릭함), 또는 전환(사용자가 결국 뭔가 구매함)의 측면에서 결정된다. 광고 내용에 관심이 있는 사용자에게 노출되는 기회는 분명히 가치가 있으므로, 가장 일반적인 모델에서 검색 엔진 회사는 검색어 실시간 경매를 실시한다. 광고주는 특정 검색어에 대한 검색 결과 옆에 광고를 표시할 권리를 얻고자 입찰에 참여하고, 광고 회사는 사용자가 광고를 클릭하면 수익을 올린다.

구글 애즈Google Ads를 사용하면 구글에서 제안하는 광고 활동을 시행했을 때 발생하는 효과를 간단하게 시험해 볼 수 있다. 예를 들어, 이 서비스의 추정 도구(그림 IV.2)는 검색어 'kernighan'과 더불어 'unix', 'c programming'처럼 관련된 검색어에 대한 예상 비용이 클릭당 5센트가 될 것이라고 알려 준다. 즉, 누군가가 이 검색어 중 하나로 검색하여 내 광고를 클릭할 때마다 나는 구글에 5센트를 지불하게 된다. 구글 애즈는 또한 내

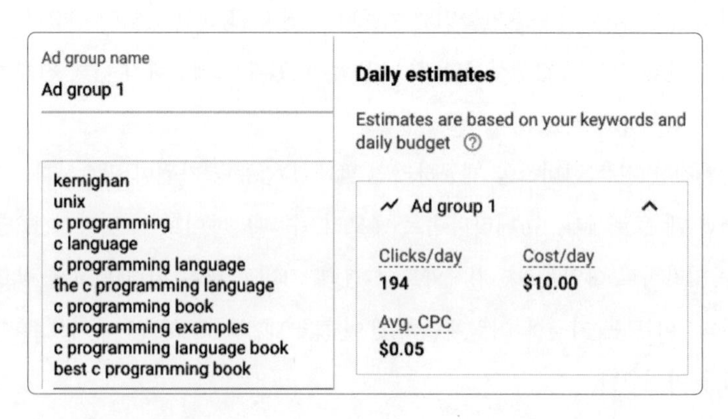

그림 IV.2 'kernighan'과 관련 검색어에 대한 광고 집행 금액 추정치(구글 애즈)

가 선택한 검색어에 대해 하루에 194건의 클릭이 일어날 것이고 하루에 10달러의 비용(한 달 비용에서 계산한 평균값)이 들 것으로 추정하지만, 실제로 얼마나 많은 사람이 내 광고를 클릭할지, 내가 구글에 돈을 얼마나 내게 될지는 아무도 모른다. 이를 확인하기 위해 실험해 본 적은 없다.

광고주가 비용을 지불해서 검색 결과를 자신에게 유리한 방향으로 치우치게 만들 수 있을까? 이 문제는 브린과 페이지가 우려했던 부분인데, 그들이 쓴 논문에 다음 내용이 나온다. "우리는 광고로 자금을 지원받는 검색 엔진이 본질적으로 광고주에게 유리하고 소비자의 요구에 덜 유리한 쪽으로 편향될 것이라고 예상한다." 구글은 수익의 대부분을 광고에서 얻는다. 다른 주요 검색 엔진과 마찬가지로 구글은 검색 결과와 광고를 구분해 표시하지만, 수많은 법적 이의 제기에서 구글 자사 제품에 유리한 불공정성 또는 편향성을 지적한 바 있다. 그에 대해 구글은 검색 결과가 경쟁 업체에 불리한 방향으로 편향되어 있지 않으며, 대신 사람들이 가장 유용하다고 여기는 것을 반영하는 알고리즘에 전적으로 기반한다고 답했다.

또 다른 형태의 편향성도 발생할 수 있다. 명목상 중립적인 광고의 결과가 인종, 종교 또는 민족에 관한 프로파일링을 기반으로 미묘하게 특정 그룹에 유리하게 치우쳐 있는 경우가 그렇다. 예를 들어, 어떤 이름은 인종적 배경이나 민족적 배경을 예측할 수 있어 광고주가 그 이름이 검색될 때 결과가 해당 집단에 우호적이거나 비우호적이 되도록 할 수 있다.*

미국에서는 특정 종류의 광고에서 인종, 종교, 성별에 따른 선호도를 나타내는 것은 불법이다. 페이스북은 매출의 거의 대부분을 광고에서 얻는 만큼, 많은 기준을 적용해 광고 타깃을 정교화하는 타기팅 툴을 광고주에

* 라타냐 스위니(Latanya Sweeney)는 이름 검색 시 '유색 인종임을 짐작할 수 있는' 이름으로 검색했을 때 '전과 기록과 관련된 광고'가 훨씬 더 많이 생성된다는 점을 알아냈다. 이 내용은 다음 논문에서 확인할 수 있다. *papers.ssrn.com/sol3/papers.cfm?abstract_id=2208240*

게 제공한다. 대부분은 수입이나 교육 수준처럼 간단한 기준이지만, 어떤 기준은 명백히 불법이고, 어떤 기준은 차별적 타기팅을 야기하는 매개체 역할을 한다. 2019년에 페이스북은 자사의 광고 플랫폼이 차별을 불러일으키는 광고를 허용했다는 혐의를 제기한 소송에 합의했다.*

그렇다면, 이렇게 세세하게 추적당하지 않으면서 웹을 검색하는 것이 가능할까? 덕덕고DuckDuckGo라는 검색 엔진은 여러분의 개인적인 검색 이력을 유지하지 않고 개인화된 광고를 전송하지 않는다고 약속한다. 덕덕고는 검색 일부를 자체 수행하고 그 결과를 많은 검색 엔진과 다른 출처에서 온 결과와 통합한다. 덕덕고도 광고로 돈을 벌지만, 애드블록 같은 프로그램으로 광고를 제거할 수 있다. 또한 비공개로 안전하게 웹 브라우징하고 휴대전화를 사용할 수 있는 몇 가지 유용한 지침을 제공한다.†

DATA 084 내가 인터넷을 보면 인터넷도 나를 본다

지금까지는 검색 광고 측면에서 설명했지만, 어떤 종류의 광고든 동일한 고려 사항이 적용된다. 더 정확하게 타기팅할수록 광고를 보는 사람이 호의적으로 반응할 가능성이 커지기 때문에 광고주는 더 기꺼이 대가를 지불한다. 여러분을 온라인에서 추적하면, 즉 무엇을 검색하고, 어떤 사이트

* *www.reuters.com/article/us-facebook-advertisers/hud-charges-facebook-with-housing-discrimination-in-targeted-ads-on-its-platform-idUSKCN1R91E8, www.propublica.org/article/facebook-ads-can-still-discriminate-against-women-and-older-workers-despite-a-civil-rights-settlement*

† 덕덕고의 프라이버시 관련 조언: *spreadprivacy.com*

를 방문하고, 방문하는 동안 무엇을 하는지 추적하면, 여러분이 누구이고 무슨 일을 하는지 놀라울 정도로 많이 알 수 있다. 오늘날 행해지는 추적의 목표는 대개 상품이나 서비스를 더 효과적으로 판매하는 것이지만, 그처럼 상세한 정보를 다른 용도로 사용하는 경우쯤은 어렵지 않게 상상해 볼 수 있다. 어쨌든 이번 주제는 주로 추적 메커니즘에 초점을 맞춰 설명하며, 여기에는 쿠키, 웹 버그, 자바스크립트, 브라우저 핑거프린팅(396쪽 참고)이 포함된다.

인터넷을 사용하는 동안 정보가 수집되는 것은 불가피하다. 흔적을 남기지 않고는 무언가를 하기가 어렵다. 다른 시스템을 사용할 때도 마찬가지다. 특히 휴대전화는 켜져 있는 동안에는 항상 우리의 물리적 위치를 알고 있다. 모든 스마트폰을 포함해서 GPS가 지원되는 휴대전화는 일반적으로 여러분이 야외에 있을 때 약 10m 이내 범위까지 위치를 알고 있고, 언제든지 여러분의 위치를 보고할 수 있다. 일부 디지털카메라에도 GPS가 포함되어 있어서 찍은 사진 각각에 지리적 위치를 인코딩할 수 있다. 이것을 **지오태깅**geo-tagging이라고 한다. 카메라는 사진을 업로드할 때 와이파이나 블루투스를 사용한다. 따라서 카메라가 추적 용도로 사용되지 못할 이유는 없다.

이러한 흔적이 여러 출처에서 수집되면 우리의 활동, 관심사, 재정 상태, 주변 인맥을 비롯하여 우리 삶의 여러 측면에 대한 상세한 그림이 만들어진다. 가장 양호하게 광고주가 우리를 더 정확하게 타기팅하는 데 그 정보를 사용할 것이고, 우리는 반응할 가능성이 높은 광고에 노출된다. 그러나 추적이 반드시 거기서 멈추리라는 법은 없으며, 그 결과는 각종 차별, 재정적 손실, 신원 도용, 감시, 심지어 신체적 상해 등 훨씬 불순한 목적으로 사용될 수 있다.

2019년과 2020년에 《뉴욕 타임스》는 프라이버시와 추적을 다룬 기사를 장기 연재했다.* 그중 가장 충격적이고 불편했던 내용은 미국의 여러 대도시에 사는 1천2백만 명의 휴대전화에서 얻은 500억 개의 휴대전화 위치 기록을 담은 데이터베이스를 연구한 것이었다.† 데이터는 익명의 출처에서 제공되었는데, 데이터 브로커 업체에서 일하는 사람이 제공했을 가능성이 크다. 기사 일부를 인용하면 다음과 같다.

> "여러분의 움직임에 대한 이 모든 정보를 수집하는 회사는 자신들의 사업을 정당화하고자 다음 세 가지를 주장합니다. 사람들이 추적당하는 데 동의했고, 데이터는 익명이며, 데이터가 안전하게 유지된다는 것이지요.
> 이 주장은 모두 사실이 아닙니다."

《뉴욕 타임스》는 기록된 일, 집 주소, 직장 주소 등을 관련지어서 상당수의 개인을 식별했다. 《뉴욕 타임스》는 500억 개의 기록을 가지고 작업했지만, 위치 데이터 회사는 '매일' 그보다 수십에서 수백 배 더 많은 정보를 수집한다고 한다. 수집되는 정보에는 인구 통계학적 데이터도 다수 포함되어 있어서 상호 연관과 식별이 더 쉬워진다. 이론상으로는 이 '익명' 데이터에 개인 식별 정보가 없지만, 실제로는 개인을 식별할 수 있을 만큼 데이터를 연결 짓기가 쉽고, 데이터의 출처가 결합되면 특히 더 그렇다. 이 기사는 심각한 경각심을 불러일으키며, 함께 연재된 다른 기사도 마찬가지다.

정보는 어떻게 수집될까? 브라우저에서 만들어지는 모든 요청과 함께 특정 정보가 자동으로 전송된다. 여기에는 IP 주소, 보고 있던 페이지(리

* *www.nytimes.com/series/new-york-times-privacy-project*

† *www.nytimes.com/interactive/2019/12/19/opinion/location-tracking-cell-phone.html*

퍼러referer*), 브라우저 유형과 버전(사용자 에이전트user agent), 운영체제, 언어 설정이 포함된다. 여러분이 이를 통제할 수 있는 범위는 제한적이다. 그림 IV.3은 전송되는 정보의 일부를 보여 주며, 지면 관계상 편집된 상태다.

```
HTTP_ACCEPT text/html,application/xhtml+xml,application/xml;
        q=0.9,image/webp,*/*;q=0.8
HTTP_ACCEPT_ENCODING gzip, deflate
HTTP_ACCEPT_LANGUAGE en-US,en;q=0.5
HTTP_CONNECTION keep-alive
HTTP_DNT 1
HTTP_HOST [...].princeton.edu
HTTP_REFERER http://[...].princeton.edu/env.html
HTTP_USER_AGENT Mozilla/5.0 (Windows NT 10.0;
        rv:68.0) Gecko/20100101 Firefox/68.0
QUERY_STRING [...]
REMOTE_ADDR 128.112.139.195
TZ America/New_York
```

그림 IV.3 브라우저가 보낸 정보 중 일부

게다가 서버 도메인에서 온 쿠키가 있다면 그 쿠키도 전송된다. 3부에서 설명한 것처럼 쿠키는 자신이 생겨났던 원래 도메인으로만 되돌아간다. 그렇다면 한 사이트가 다른 사이트에 대한 방문을 추적하는 데 쿠키를 어떻게 사용할까?

해답은 링크의 작동 방식에 내포되어 있다. 웹페이지에는 다른 페이지로 가는 링크가 포함되어 있고(하이퍼링크의 본질이다), 우리는 연결된 위치로 가기 위해 명시적으로 클릭해야 하는 링크에 익숙하다. 하지만 이미지와 스크립트 링크는 클릭할 필요가 없다. 그런 링크들은 페이지가 로드되는 동안 출처에서 자동으로 로드된다. 만일 웹페이지에 이미지의 참조 링크가 포함되어 있으면 해당 이미지는 명시된 도메인이 어디든 간에 그

* (옮긴이) 웹 브라우저로 하이퍼링크를 통해서 각각의 사이트를 방문할 때 남는 흔적(이전 페이지의 주소)을 말한다. HTTP 리퍼러를 정의한 RFC에서 'referrer'를 'referer'라고 잘못 입력한 것에서 기인하여 HTTP 리퍼러는 'HTTP referer'라고 불린다. *ko.wikipedia.org/wiki/리퍼러*

도메인에서 로드된다. 보통은 요청을 하는 페이지의 식별 정보가 이미지 URL에 인코딩되어 있다. 그렇게 하면 브라우저가 이미지를 가져올 때 이미지를 제공하는 도메인은 내가 어느 페이지에 접근했는지 알 수 있고, 내 컴퓨터나 휴대전화에 쿠키를 저장하고 이전 방문에서 생긴 쿠키를 가져온다. 자바스크립트로 작성된 스크립트도 마찬가지다.

이것이 추적의 핵심 원리이다. 그러면 더 구체적으로 들어가 보자. 나는 시험 삼아 모든 방어책을 해제하고 사파리를 사용하여 토요타 웹사이트(*toyota.com*)를 방문했다. 처음 방문했을 때 25개의 서로 다른 사이트에서 오는 쿠키, 다양한 사이트에서 오는 45개의 이미지, 50개 이상의 자바스크립트 프로그램을 다운로드했고, 전체 용량이 10MB를 넘었다.

이 페이지는 내가 거기에 남아 있는 동안 계속 네트워크 요청을 생성했다. 사실은 페이지가 백그라운드 연산을 너무 많이 돌리고 있어서 사파리가 경고를 띄울 정도였다(그림 IV.4).

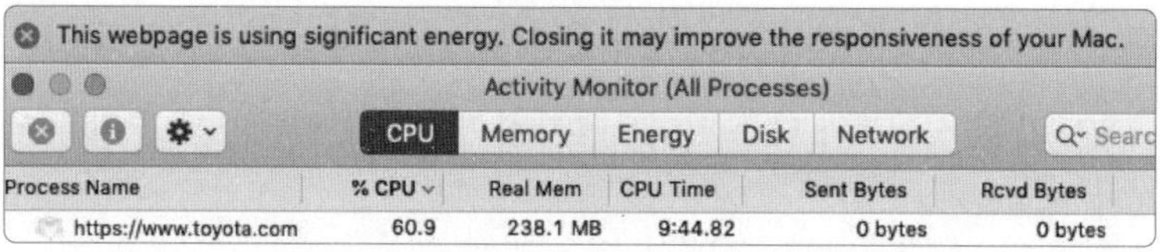

This webpage is using significant energy. Closing it may improve the responsiveness of your Mac.

Activity Monitor (All Processes)

CPU Memory Energy Disk Network Searc

Process Name	% CPU	Real Mem	CPU Time	Sent Bytes	Rcvd Bytes
https://www.toyota.com	60.9	238.1 MB	9:44.82	0 bytes	0 bytes

그림 IV.4 계속해서 연산 작업을 하는 웹페이지*

이 실험은 내가 학생들에게 쿠키의 수를 세어 보도록 지시했을 때, 왜 수천 개가 있다고 답하는지 설명해 준다. 또한 이런 페이지들이 가끔 느리게 표시되는 이유도 알 수 있다. (여러분도 실험해 볼 수 있다. 이 정보는 브라우저의 방문 기록과 개인정보 설정 같은 곳에서 찾으면 된다.) 데이터 사용량에 꽤 영향을 줄 수 있어서 휴대전화에서는 실험해 보지 않았다.

* (옮긴이) 맥OS에서는 활성 상태 보기(Activity Monitor), 윈도우에서는 작업 관리자를 실행하면 볼 수 있다.

평소에 내가 사용하는 방어책(고스터리, 애드블록 플러스, 유블록 오리진, 노스크립트, 쿠키 사용 안 함, 로컬 데이터 저장 사용 안 함)을 활성화하면 쿠키나 스크립트를 전혀 받지 않는다.

페이지에 있는 이미지 상당수는 그림 IV.5에 표시된 것과 같은 형식이었다. 토요타 웹페이지에는 페이스북으로 연결되어 이미지를 가져오는 링크가 포함되어 있다. 이 이미지는 너비와 높이가 각각 1픽셀이며 투명이므로 전혀 보이지 않는다.

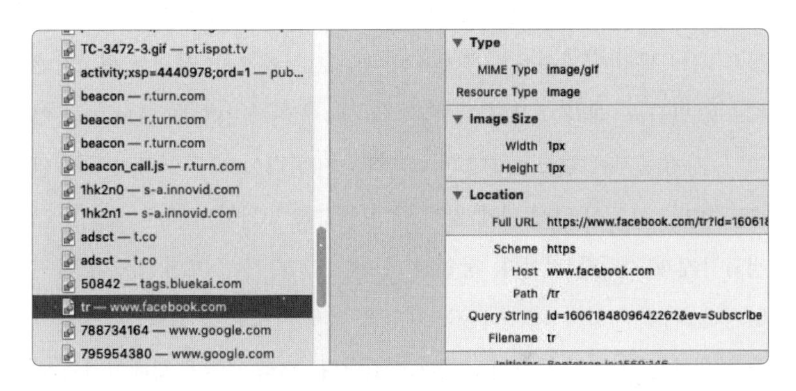

그림 IV.5 추적을 위한 단일 픽셀 이미지*

이러한 단일 픽셀 이미지를 흔히 **웹 버그**web bug 또는 **웹 비콘**이라고 한다. 이것의 유일한 목적은 추적이다. 내 브라우저가 페이스북에 그 이미지를 요청하면 페이스북은 내가 토요타 사이트의 특정 페이지를 보고 있다는 것을 알고 (만일 내가 허용한다면) 쿠키를 저장한다. 또 다른 사이트를 방문하면 추적 회사에서는 내가 무엇을 보고 있는지 그림을 그린다. 내가 가는 사이트가 대부분 자동차와 관련이 있다면 그 회사는 유망한 광고주에

* (옮긴이) 사파리에서는 '개발자용 - 페이지 리소스 보기', 크롬에서는 '개발자 도구(F12) - 소스 - 페이지', 엣지에서는 '기타 도구 - 개발자 도구(Ctrl+Shift+I) - 소스 - 페이지'를 통해 페이지에 포함된 리소스 목록을 볼 수 있다.

게 이 사실을 알리고, 나는 자동차 판매업자, 대출, 자동차 액세서리 광고에 노출되기 시작한다. 교통사고나 통증 완화에 관한 사이트를 방문한다면 수리 서비스, 변호사, 치료사 광고를 더 많이 보게 되고 말이다.

구글, 페이스북을 포함한 수많은 회사는 사람들이 방문한 사이트 정보를 수집한 다음, 토요타 같은 고객에게 광고 공간을 팔기 위해 이 정보를 사용한다. 그러고 나면 그 고객은 이 정보를 표적 광고에 활용할 뿐 아니라, (어쩌면) 나에 관한 다른 정보(IP 주소 이상의)와 이 정보의 상관관계를 찾아내려 할 수도 있다. 내가 더 많은 웹페이지를 방문하면 추적 회사들은 나의 특성과 관심사를 추정하여 예전보다 훨씬 더 상세한 데이터베이스를 만들고, 내가 남성이고, 기혼이고, 60세 이상이며, 몇 대의 차가 있고, 뉴저지 중부에 살고 프린스턴 대학에서 일한다는 것을 결국 추론해 낼 수도 있다. 그들이 나에 관해 많이 알면 알수록 그들의 고객은 광고를 더 정확하게 타기팅할 것이다. 당연히 타기팅 '그 자체는' 개인 식별과 같지 않지만, 어떤 시점이 되면 나라는 개인을 쉽게 식별할 수 있다. 그런 회사들은 대부분 그런 일을 하지 않는다고 말한다. 그러나 어떤 웹페이지에 내 이름이나 이메일 주소를 제공하면 그 정보가 여기저기 돌아다니지 않을 거라는 보장은 없다.

2016년에 《워싱턴 포스트The Washington Post》는 프라이버시에 대한 일련의 기사를 게재했다. 그중 한 기사는 "페이스북이 당신에게 광고를 타기팅하기 위해 사용하는 98가지 개인적인 데이터 포인트98 personal data points that Facebook uses to target ads to you"라는 제목이었다.* 98개의 데이터 포인트 중에는 위치, 나이, 성별, 언어, 교육 수준, 수입과 순자산 등 누가 봐도 광고주가 필요로 할 만한 정보도 있었지만, '민족적 관련성'처럼 부당한 차별에

* *www.washingtonpost.com/news/the-intersect/wp/2016/08/19/98-personal-data-points-that-facebook-uses-to-target-ads-to-you/*

사용될 수 있는 민감한 정보도 있었다.*

인터넷 광고는 복잡한 시장이다. 여러분이 웹페이지를 요청하면 웹페이지 게시자는 구글 애드 익스체인지Google Ad Exchange 또는 앱넥서스AppNexus 같은 광고 거래소에 해당 페이지의 공간을 이용할 수 있음을 알리고, 잠재적으로 광고를 볼 사람에 대한 정보를 제공한다. 가령 IT 기술에 관심 있고 맛집을 좋아하며 샌프란시스코에 사는 25~40세의 독신 여성이 이 광고를 볼 것이라는 정보가 제공된다. 광고주는 이 광고 공간 입찰에 참여하고 낙찰되면 광고가 페이지에 삽입되는데, 이 모든 일이 몇 백 밀리초 이내에 일어난다.

추적당하는 것이 마음에 들지 않으면 상당 부분 줄일 수 있지만, 약간의 노력이 따른다. 브라우저에서는 쿠키를 완전히 거부하거나 제3자 쿠키를 차단하는 기능을 제공한다. 언제든지 쿠키를 명시적으로 제거할 수 있으며, 브라우저가 닫힐 때 자동으로 제거되도록 설정하는 방법도 있다. 주요 추적 회사들은 옵트아웃opt-out† 메커니즘을 제공한다. 만일 그 회사가 컴퓨터에서 특정 쿠키(옵트아웃 쿠키)를 발견하면 여러분의 온라인 활동을 표적 광고를 위해서 추적하지는 않겠지만, 여전히 사이트 내에서 활용할 목적으로 여러분을 추적할 가능성이 매우 크다.

준準공식적인 '추적 안 함Do Not Track, DNT' 메커니즘이 있지만, 약속한 것보다는 미흡한 기능을 제공한다. 브라우저에는 보통 개인정보 및 보안 메뉴 내에 '추적 안 함'이라는 체크박스가 있다. 이 옵션을 설정하면 추가적인 HTTP 헤더가 요청과 함께 전송된다(그림 IV.3에 예가 포함되어 있다).

* *www.washingtonpost.com/technology/2020/01/28/off-facebook-activity-page*

† (옮긴이) 옵트아웃은 당사자가 자신의 데이터 수집을 허용하지 않는다고 명시할 때 정보 수집이 금지되는 제도이다. 예를 들어 기업 같은 단체가 광고 메일을 보낼 때, 수신자가 발신자에게 수신 거부 의사를 밝혀야만 메일 발송이 금지되고 수신 거부 의사를 밝히기 전에는 모든 수신자에게 메일을 보낼 수 있다. *ko.wikipedia.org/wiki/옵트아웃*

DNT 헤더를 준수하는 웹사이트는 여러분에 관한 정보를 다른 사이트에 전달하지는 않겠지만, 자체적으로 사용하려고 정보를 보유하는 것은 자유다. 어쨌든 방문자의 바람을 존중할지는 전적으로 업체가 자진해서 결정하는 것이며, 대부분의 사이트는 그 설정을 무시한다.* 예를 들어, 넷플릭스는 "현재 저희는 웹 브라우저의 '추적 안 함' 신호에 대응하지 않습니다."라고 말한다.†

비공개 브라우징private browsing 또는 **익명 모드**incognito mode는 브라우저 세션이 종료되면 브라우저가 방문 기록, 쿠키, 기타 브라우징 데이터를 지우도록 지시하는 클라이언트 측 메커니즘이다. 이렇게 하면 같은 컴퓨터를 쓰는 다른 사용자가 여러분이 무엇을 했는지 알 수 없지만, 여러분이 방문한 사이트에 기억된 내용을 지워 주지는 않는다. 따라서 사이트는 어쨌든 높은 확률로 여러분을 다시 알아볼 수 있다. 그럼에도 불구하고 어떤 사이트는 여러분이 익명 모드를 사용 중인 것으로 감지하면 콘텐츠 제공을 거부하기도 한다.

이러한 방어 메커니즘은 여러 브라우저 간에, 혹은 같은 브라우저의 서로 다른 버전 간에도 표준화되지 않은 상태지만, 공통적으로 기본 값은 사용자가 무방비 상태가 되도록 설정되어 있다.

유감스럽게도 많은 사이트가 쿠키 없이는 작동하지 않지만, 제3자 쿠키는 없어도 대부분 잘 작동하므로 항상 차단해야 한다. 쿠키의 사용 목적 중 일부는 타당하다. 가령 어떤 웹사이트는 여러분이 로그인한 상태인지

* (옮긴이) 이외에도 실효성이 부족하다는 이유로 2019년에 W3C에서 DNT 워킹 그룹을 해체하고 애플은 DNT 지원을 중단하기로 한 바 있다. 대신 2020년에 미국을 중심으로 한 인터넷 기업들이 '글로벌 프라이버시 제어(Global Privacy Control)'라는 새로운 헤더를 제안한 상태라고 한다. 하지만 이 헤더를 지원하는 브라우저나 검색 엔진은 2021년 상반기 기준으로 아직 소수에 불과하다. *en.wikipedia.org/wiki/Do_Not_Track*

† 넷플릭스 개인정보 보호 정책: *help.netflix.com/legal/privacy*(2020년 6월)

알아야 하고 장바구니 내용을 계속 파악하려고 한다. 하지만 보통은 쿠키가 추적 용도로만 사용되며, 이는 그런 사이트를 이용하기 싫어질 만큼 성가시다.

자바스크립트는 주요한 추적 도구다. 브라우저는 원본 HTML 파일에 있거나 `<script>` 태그 내에 `src="스크립트이름.js"`가 포함된 URL에서 로드된 모든 자바스크립트 코드를 실행할 것이다. 이는 특정 페이지 조회 방식을 관찰하는 '분석analytics'에 아주 많이 사용된다. 예를 들어, 기술 관련 뉴스 사이트인 슬래시닷(*slashdot.org*)을 방문하면 브라우저는 페이지 자체는 150KB 다운로드하지만, 다른 세 개의 사이트에서 오는 자바스크립트 분석 스크립트를 115KB 더 다운로드한다. 여기에는 구글에서 온 다음 코드도 포함된다.

```
<script>
  src="https://google-analytics.com/ga.js">
</script>
```

내 PC에서는 스크립트를 차단하는 애드블록과 고스터리 같은 확장 프로그램을 사용하고 있어서 슬래시닷을 방문해도 이러한 분석 스크립트 중 어느 것도 다운로드되지 않는다.

자바스크립트 코드는 자신이 왔던 사이트에서 온 쿠키를 설정하고 가져오며, 브라우저의 방문 페이지 기록 같은 다른 정보에 접근한다. 또한, 마우스 위치를 지속적으로 모니터링하여 서버에 보고하고, 서버는 웹페이지의 어느 부분이 사용자의 관심을 끄는지 그렇지 않은지 추측한다. 게다가 링크처럼 민감한 영역이 아니라도 클릭하거나 텍스트 블록으로 강조 표시한 위치를 모니터링한다.

예제 IV.1은 여러분의 마우스 움직임에 따라 커서 위치를 표시하는 자바스크립트 코드이다. 몇 줄을 더 추가하면 그 정보를 키보드 타이핑 위치, 마우스 클릭이나 끌어서 놓기 등 다른 이벤트와 함께 여러분이 보고 있는 웹페이지 제공자에게 보낸다. *clickclickclick.click*이라는 사이트는 이 같은 아이디어를 훨씬 더 세련되고 재미있게 만든 예다.

예제 IV.1 마우스 움직임에 따라 좌표를 표시하는 자바스크립트 코드

```
<html>
<script>
function move(event) {
  document.getElementById("body").innerHTML =
    "position: " + event.clientX + " " + event.clientY;
}
</script>
<body>
  <div id="body" style="width:100%; height: 500px;"
      onmousemove="move(event)">
  </div>
</body>
</html>
```

브라우저 핑거프린팅browser fingerprinting은 브라우저의 개별 특성을 사용하여 쿠키 없이도 사용자를 식별하는 기법으로, 이를 통해 종종 개인을 고유하게 식별하기도 한다. 운영체제, 브라우저 종류, 버전, 언어 설정, 설치된 글꼴과 플러그인 조합은 많은 특징적인 정보를 제공한다. HTML5의 새로운 기능을 사용하면 **캔버스 핑거프린팅**canvas fingerprinting*이라는 기법을 이용하여 개별 브라우저가 특정 문자 시퀀스를 어떻게 렌더링하는지 확인할 수 있다. 이러한 몇몇 식별 신호만 있어도 쿠키 설정과 무관하게 개별 사용자를 구별하고 인식한다. 당연히 광고주나 기타 기관에서는 브라우저

* 캔버스 핑거프린팅: *en.wikipedia.org/wiki/Canvas_fingerprinting*

사용자의 쿠키 차단 여부와 무관하게 개인을 정확히 식별하기를 원한다.

전자 프런티어 재단EFF은 파놉티클릭Panopticlick*이라는 유익한 서비스를 제공한다. 이는 제러미 벤담Jeremy Bentham의 '파놉티콘Panopticon'에서 아이디어를 얻은 것인데, 파놉티콘은 언제 감시당하는지 모르는 상태로 수감자를 계속 감시할 수 있도록 고안된 교도소다. 파놉티클릭 사이트(*panopticlick.eff.org*)를 방문하면 최근 방문자 중에서 여러분이 얼마나 고유하게 식별되는지 알 수 있다. 단단한 방어책을 갖추고 있더라도 여러분을 고유하게 식별하거나 최소한 근접하게 식별할 가능성이 있다. 또한 다음번에 여러분을 보면 알아볼 확률이 높다.

블랙라이트(*themarkup.org/blacklight*)는 무방비 상태의 브라우저를 시뮬레이션하며, 트래커(광고 차단 프로그램을 회피하기 위한 것을 포함해서), 제3자 쿠키, 마우스와 키보드 모니터링, 다른 의심스러운 행태를 알려 준다. 얼마나 많은 추적이 일어나는지 알게 되면 가끔 무섭기도 하지만, 얼마나 악랄한 추적자가 있는지 찾다 보면 재미날 때도 있다. 예를 들어 요리 사이트인 에피큐리어스(*epicurious.com*)는 키 입력과 마우스 클릭을 모니터링하면서 136개의 제3자 쿠키와 44개의 광고 트래커를 로드했고 방문 상태를 페이스북과 구글에 보고했다.

추적 메커니즘은 브라우저에 국한되지 않으며, 메일 프로그램이나 다른 시스템에서도 사용된다. 메일 프로그램이 HTML을 해석하도록 되어 있으면, 누군가 당신을 추적하는 단일 픽셀 이미지를 '표시'할 것이다. 애플 TV, 크롬캐스트Chromecast, 로쿠Roku, 티보, 아마존의 파이어 TV 스틱Fire TV

* (옮긴이) 2020년 11월에 Cover Your Tracks(*coveryourtracks.eff.org*)로 서비스 이름이 바뀌었다. 그렇지만 몇 가지 기능이 추가된 것을 제외하고는 브라우저 핑거프린팅과 트래커 정보를 식별하는 데 사용하는 서비스라는 본질은 같다. 책에 나온 *panopticlick.eff.org*로 접근하면 *coveryourtracks.eff.org*로 리디렉션된다(2021년 11월).

Stick은 모두 여러분이 무엇을 시청하는지 알고 있다. 이른바 스마트 TV도 그런 정보를 알고 있고, 여러분이 입력한 음성이나 카메라로 촬영된 이미지를 제조사로 보낼 가능성이 있다.* 아마존 에코Amazon Echo처럼 음성으로 작동하는 장치는 여러분이 말한 것을 분석하려고 서버로 전송한다.

앞에서 설명한 것처럼 모든 IP 패킷은 여러분의 컴퓨터에서 목적지까지 가는 동안 15~20개의 게이트웨이를 통과하며, 돌아오는 패킷도 마찬가지다. 해당 경로에 있는 게이트웨이는 각각의 패킷을 검사하여 패킷에 포함된 내용을 확인하고, 심지어 누군가가 패킷을 수정하기도 한다. 이는 정보의 헤더뿐만 아니라 실제 내용을 들여다보는 것이므로 **심층 패킷 검사**deep packet inspection라고 한다. 보통 이러한 침범은 ISP에서 일어나는데, 여러분을 가장 쉽게 식별할 수 있는 곳이기 때문이다. 심층 패킷 검사는 웹 브라우징에 국한되지 않고 여러분과 인터넷 간 모든 트래픽에 적용된다.

심층 패킷 검사는 악성코드를 골라서 제거하는 것처럼 타당한 목적으로 사용될 수 있지만, 표적 광고를 더 잘 겨냥하거나 어떤 국가에 들어가고 나오는 트래픽을 감시하거나 통신에 개입하려는 목적으로 사용되기도 한다. 중국의 방화장성이나 NSA의 미국 내 트래픽 도청이 후자에 해당한다.

심층 패킷 검사에 대한 유일한 방어책은 HTTPS를 사용해 종단 간 암호화하는 것이다. 종단 간 암호화는 전송되는 내용이 검사되거나 변경되지 않게 보호한다. 다만 출발지와 목적지 같은 메타데이터는 숨겨 주지 않는다.

어떤 개인 식별 정보가 수집 가능하고, 그 정보가 어떻게 사용될 수 있는지 통제하는 규칙은 국가마다 다르다. 지나치게 단순화한 설명일 수 있지만, 미국에서는 무슨 일이든 허용된다. 어떤 회사나 단체도 여러분에게 사전에 통보하거나, 거부할 기회를 주지 않고 여러분에 관한 정보를 수집

* 음성 인식 가능한 '스마트' TV의 스누핑 끄기: *www.consumerreports.org/privacy/how-to-turn-off-smart-tv-snooping-features/*

하고 배포할 수 있다.

EU에서는 (다시금 지나치게 단순화해서) 프라이버시 문제가 더 심각하게 받아들여진다. 회사는 개인의 명시적인 허가 없이는 개인에 관한 데이터를 합법적으로 수집하거나 사용할 수 없다. 2018년 중반에 발효된 GDPR에서 관련된 부분을 보면 개인이 명시적으로 동의하지 않는 한 각각의 개인 데이터를 처리할 수 없다고 되어 있다. 명시적으로 거부하지 않으면 동의한다고 간주하는 온라인 양식을 사용하더라도 충분히 동의한 것으로 간주되지 않는다. 또한 사람들은 자신의 개인정보에 접근할 권리와 그 정보가 어떻게 사용되는지 확인할 권리를 갖는다. 동의는 언제든 철회될 수 있다.

미국과 EU는 2016년에 EU 시민의 프라이버시권을 보호하면서 두 지역 간에 데이터를 이전하는 방법을 규정하기 위한 협약을 맺었다. 그러나 2020년 7월에 EU 최고 법원에서 이 협약이 EU 프라이버시권을 충분히 보호하지 못한다고 판결하면서 상황이 불확실해졌다.*

CCPACalifornia Consumer Privacy Act, 캘리포니아주 소비자 프라이버시 보호법는 2020년 초에 발효됐고, 그 목표와 특성은 GDPR과 유사하다. CCPA에는 '내 데이터를 판매하지 마시오'라는 옵션이 명시적으로 포함돼 있다. CCPA는 캘리포니아주 거주자에게만 적용되지만, 미국 내 다른 지역에 폭넓게 영향을 미치기를 바라는 이들도 있을 것이다. 캘리포니아주에는 미국 인구의 10퍼센트 이상이 살고 있으며, 사회적 이슈 대응에서 앞서갈 때가 많다.

하지만 GDPR과 CCPA가 잘 작동하고 있는지 판단하기에는 아직 너무 이르다.†

* *www.nytimes.com/2020/07/16/business/eu-data-transfer-pact-rejected.html*

† (옮긴이) 한국인터넷진흥원(KISA)에서 GDPR 대응 센터를 운영 중이다. *https://gdpr.kisa.or.kr/*

DATA

085 트윗을 올리기 전에

어떤 웹사이트를 방문하는지 추적하는 것이 우리에 관한 정보를 수집하는 유일한 방법은 아니다. 실제로 SNS 사용자는 오락거리를 얻거나 다른 사람들과 소식을 주고받는 대가로 놀랍도록 많은 프라이버시를 '자발적으로' 포기한다.

예전에 어떤 웹사이트에서 본 게시물 중에 이런 내용이 있었다. "취업 인터뷰에서 면접관들이 저에게 이력서에 언급되지 않은 내용을 물어봤어요. 그들은 제 페이스북 페이지를 봤던 겁니다. 페이스북은 제 사적인 공간이고 그들과 아무 관련이 없는 곳이기 때문에 너무나 충격적이었습니다." 이는 가슴 아플 정도로 순진무구한 이야기다. 고용 담당자와 대학 입학처가 지원자에 대해 더 많이 알아내기 위해 검색 엔진과 SNS를 비롯한 정보 출처를 예사롭게 활용한다는 사실이 잘 알려져 있음에도 불구하고, 우리는 단지 일부 페이스북 사용자만이 이런 일을 겪으리라고 생각한다. 미국에서는 취업 지원자에게 연령, 민족, 종교, 성적 지향, 혼인 상태나 기타 다른 개인정보를 물어보는 것이 불법이지만, SNS 검색으로 조용히 손쉽게 알아낼 수 있다.

검색 엔진과 SNS는 유용한 서비스를 제공하는 데다 무료다. 좋아하지 않을 이유가 있을까? 하지만 그들도 어떻게든 돈을 벌어야 하고, 여러분이 제품에 값을 지불하는 구조가 아니라면 '여러분 자신이' 제품이 된다는 점을 기억해야 한다. SNS의 비즈니스 모델은 다량의 사용자 정보를 수집하고 이를 광고주에게 판매하는 것이다. 따라서 거의 필연적으로 프라이버시 침해 문제가 발생할 수밖에 없다.

역사가 길지는 않지만, SNS는 규모와 영향력 면에서 극적으로 성장했다. 페이스북은 2004년에 창업했고 2020년 기준으로 매달 25억 명이 넘는 활성 사용자를 보유하고 있다고 하는데, 이는 전 세계 인구의 약 3분의 1에 해당한다(페이스북은 인스타그램과 왓츠앱도 소유하고 있으며, 서비스 간에 정보가 공유된다). 페이스북의 연 매출 700억 달러는 거의 전부 광고에서 나온다. 서비스가 이처럼 급격한 성장세를 이루는 경우, 각종 정책을 신중히 고려할 시간이 부족하고, 보안 면에서 견고한 컴퓨터 프로그램을 여유롭게 개발하기도 어렵다. 모든 SNS는 무분별한 기능, (자주 변경되는) 개인정보 설정이 유발하는 혼란, 소프트웨어 오류, 시스템 전반에 내재한 데이터 노출로 인한 비공개 정보 누설과 관련된 문제를 겪어 왔다.

가장 크고 성공적인 SNS인 만큼 페이스북의 문제가 가장 자주 이슈가 되었다.* 몇몇 문제는 페이스북이 페이스북 사용자 참여 환경에서 실행되는 애플리케이션을 작성할 수 있는 API를 서드 파티에 제공했는데, 그런 애플리케이션이 페이스북의 개인정보 보호 정책에 반하는 비공개 정보를 노출할 수 있게 작성되어 발생했다. 다시 한 번 말하자면 이러한 문제가 페이스북에만 해당하는 것은 아니다.†

지오로케이션geolocation 서비스는 사용자 위치를 휴대전화로 표시하여 친구를 직접 만나거나 위치 기반 게임을 하기 쉽게 한다. 표적 광고는 잠재 고객의 물리적 위치를 알면 특히 효과적이다. 신문에서 식당에 대한 기

* *www.pewresearch.org/internet/2019/01/16/facebook-algorithms-and-personal-data*

† 2019년에 《뉴욕 타임스》는 150개의 개인정보 보호 정책을 분석했다. "We Read 150 Privacy Policies. They Were an Incomprehensible Disaster." *www.nytimes.com/interactive/2019/06/12/opinion/facebook-google-privacy-policies.html*

사를 읽을 때보다 식당 밖에 서 있을 때 식당에서 권하는 서비스에 반응할 가능성이 더 크다. 한편으로는 휴대전화가 매장 내에서 여러분을 추적하는 데 사용되고 있다는 사실을 알면 조금 오싹해진다. 그럼에도 불구하고 **매장 내 비콘**in-store beacon을 사용하는 업체가 점점 늘고 있다. 보통은 특정 앱을 다운로드하고 추적되는 데 묵시적으로 합의함으로써 시스템 이용에 동의하면, 블루투스를 사용하여 휴대전화 앱과 통신하는 비콘이 매장 내에서 여러분의 위치를 모니터링하고 여러분이 특정 상품에 관심 있는 것 같아 보이면 구매를 권한다. 비콘 시스템을 만든 한 회사는 이렇게 말한다. "비콘은 실내 모바일 마케팅의 혁신을 이끌고 있습니다."

위치 프라이버시location privacy, 즉 자신의 위치를 비공개로 유지할 권리는 신용카드, 고속도로와 대중교통의 요금 지불 시스템, 그리고 휴대전화 때문에 위태로워진다. 지금까지 다녀간 어떤 장소든 흔적을 남기지 않기가 점점 더 어려워지고 있다. 휴대전화 앱은 최악의 공격 도구로, 통화 데이터와 물리적 위치를 포함하여 휴대전화가 여러분에 관해 알고 있는 모든 정보 접근을 요청할 때가 많다. 과연 손전등 앱에 내 위치, 연락처, 통화 기록이 필요할까?*

정보기관에서는 당사자 간에 무슨 이야기가 오갔는지는 모르더라도 누가 누구와 통신하는지 분석함으로써 많은 것을 알아낼 수 있음을 오래전부터 알고 있었다. NSA가 미국 내 모든 전화 통화의 메타데이터, 즉 전화번호와 통화 시각 및 통화 지속 시간을 수집해 온 것은 바로 이러한 이유 때문이다. 처음에 메타데이터 수집은 2001년 9월 11일의 테러 공격에 대한 성급한 대응의 일환으로 인가되었지만, 2013년에 스노든의 문서가 공개되고 나서야 데이터 수집 규모를 제대로 인식할 수 있었다. '그건 대화

* 위치 프라이버시: *www.eff.org/wp/locational-privacy*. 전자 프런티어 재단(*eff.org*)에서 프라이버시와 보안 정책에 관한 정보를 많이 얻을 수 있다.

가 아니라 메타데이터일 뿐이다.'라는 주장을 받아들인다 하더라도, 메타데이터는 놀랄 만큼 많은 정보를 드러낸다. 2013년 10월에 미국 상원 사법위원회 청문회의 한 증언에서 프린스턴 대학 에드 펠튼Ed Felten 교수는 어떻게 메타데이터가 개인적인 이야기를 완전히 공개적인 것으로 바꿀 수 있는지 설명했다.*

> "이 메타데이터는 얼핏 '누군가 걸었던 전화번호에 대한 정보' 정도로 보일 수 있지만, 전화 메타데이터를 분석하면 통신 내용을 알아야만 획득할 수 있는 정보가 드러나는 경우가 많습니다. 즉, 메타데이터는 흔히 내용을 알 수 있는 매개체가 됩니다.
>
> 매우 단순한 예를 들자면, 어떤 전화번호는 한 가지 목적으로만 사용돼서 그 번호로 연락한 것만으로도 발신자에 대한 기본 정보와 민감한 정보가 흔히 드러납니다. 가정폭력과 강간 피해자를 위한 지원 상담 전화가 한 사례입니다. 이와 비슷하게 응급 의료 요원, 참전 용사, 청소년 성소수자를 위한 서비스, 또는 자살을 생각하는 사람들을 위한 수많은 긴급 상담 전화도 있습니다. 알코올, 마약, 도박 등 다양한 형태의 중독을 겪는 사람을 위한 상담 전화도 있습니다.
>
> 유사하게, NSA를 비롯한 거의 모든 연방정부기관의 감찰관에게는 위법 행위, 자산 낭비, 사기 행위를 신고받는 전화가 있습니다. 수많은 주 세무국에는 세금 사기 신고 전화가 있습니다. 증오 범죄, 방화, 불법 화기, 아동 학대 신고 전화도 개설되어 있습니다. 이 모든 경우에 다른 추가 정보 없이도 메타데이터만으로 통화 내용에 대해 많은 것을 유추할 수 있습니다.
>
> 어떤 사람이 성폭력 상담 번호나 세금 사기 신고 번호로 전화를 건 기록만으로 통화 중에 어떤 말들이 오갔는지는 정확히 드러나지 않겠지만, 이러한 번호 중 하나로 30분간 통화했음을 나타내는 통화 기록은 누구라도 아주 은밀하게 여길 만한 정보를 드러낼 것입니다."

* *fas.org/irp/congress/2013_hr/100213felten.pdf*

SNS에서 명시적으로 또는 은연중에 이루어지는 연결도 마찬가지다. 사람들이 직접적인 활동을 할 때 사람들 간에 연결을 맺는 것이 훨씬 쉽다. 예를 들어, 페이스북의 '좋아요' 기능은 성별, 민족적 배경, 성적 지향, 정치적 성향 같은 특성을 정확하게 예측하는 데 사용된다.* 이는 SNS 사용자가 무료로 제공한 정보에서 이끌어 낼 수 있는 추론이다.

페이스북의 '좋아요' 버튼과 유사한 트위터, 링크드인, 유튜브, 기타 SNS의 기능들은 추적과 데이터 연계를 훨씬 쉽게 해준다. 여러분이 어떤 페이지에 있는 소셜 아이콘을 클릭하면 여러분이 그 페이지를 보고 있다는 것이 드러난다. 아이콘은 숨겨져 있지 않고 드러나 있지만 사실상 광고용 이미지이고, 광고 제공자에게 쿠키 사용 기회를 제공한다.

SNS와 다른 사이트에서는 사용자가 아닌 사람의 개인정보가 유출되기도 한다. 예를 들어, 어떤 친구가 파티에 초대하기 위해 보낸 전자 초대장을 받으면 초대장 전송 서비스를 운영하는 회사는 이제 나에 대해 확인된 전자 메일 주소를 갖게 된다. 내가 초대에 응답하거나 어떤 식으로든 내 이메일 주소 사용을 허용하지 않더라도 그렇다.

페이스북에 사진을 게시할 때 친구가 나를 태그하면 내 동의 없이 프라이버시 침해가 일어난다. 페이스북은 친구들이 서로 쉽게 태그를 지정할 수 있도록 얼굴 인식 기능을 제공하는데, 기본 값은 태그되는 사람의 허락 없이도 태깅할 수 있게 되어 있다. 내가 제어할 수 있는 유일한 부분은 페이스북이 사람들에게 나를 태그하도록 추천하는 것을 거부하는 것이지, 태깅 자체를 거부할 수는 없다. 페이스북의 설명에 따르면 다음과 같다.†

* Kosinski et al, "Private traits and attributes are predictable from digital records of human behavior", *www.pnas.org/content/early/2013/03/06/1218772110.full.pdf+html*

† (옮긴이) 페이스북은 동의 없는 생체 정보 불법 수집에 대한 미국 내 소송 합의금으로 6억 5천만 달러를 지급하였고, 사회적 우려 등을 이유로 2021년 말에 자동 얼굴 인식 및 태깅 기능을 폐지했다. *https://about.fb.com/news/2021/11/update-on-use-of-face-recognition/*, *https://zdnet.co.kr/view/?no=20211103062337* 이 단락의 내용은 책의 원서가 작성된 2020년 말 기준이다.

"얼굴 인식 기능을 설정하면 페이스북은 얼굴 인식 기술을 사용하여 회원님의 프로필 사진과 회원님이 이미 태그되어 있는 사진 등 회원님이 있다고 판단되는 사진과 동영상을 분석해 회원님에 대한 템플릿*을 만듭니다. 페이스북은 해당 템플릿을 사용하여 다른 사진과 동영상, 그리고 카메라가 사용된 페이스북의 다른 기능(라이브 방송 등)에서 회원님을 인식합니다.

이 설정을 해제하는 경우: [⋯] 얼굴 인식 기능을 사용하여 사람들에게 사진에서 회원님을 태그하도록 추천하지 않습니다. 사진에서 회원님을 태그할 수는 있지만 얼굴 인식 템플릿을 기반으로 한 태그 추천은 이루어지지 않습니다."

나는 페이스북을 전혀 사용하지 않기 때문에 어쩌다가 내가 페이스북 페이지를 '갖고 있다'는 것을 알고 놀란 적이 있는데, 아마 위키피디아에서 자동으로 생성된 것으로 보인다. 짜증 나는 일이지만, 사람들이 내가 홍보를 위해 만든 사이트라고 생각하지 않기를 바라는 것 외에 취할 수 있는 조치는 별로 없다.

사용자 수가 많은 어떤 시스템이든 사용자 간의 상호작용에 대한 '소셜 그래프'를 간단히 만들고, 동의하지 않거나 알지도 못한 채 간접적으로 불려온 사람들을 포함할 수 있다. 이 모든 경우에 개인이 문제를 사전에 피할 방법이 없으며, 일단 정보가 생성되고 나면 제거하기 어렵다.

자신에 관한 어떤 이야기를 세상에 전달하고 싶은지 생각해 보라. 메일을 보내거나 게시물이나 트윗을 올리기 전에 잠시 멈추고 여러분의 글이나 사진이 《뉴욕 타임스》의 첫 페이지에 나타나거나 TV 뉴스 프로그램의 머리기사로 등장한다면 마음이 편할지 스스로에게 물어보라. 메일, 게시

* (옮긴이) '템플릿'은 일종의 견본 데이터라고 할 수 있다. 원래 이 인용문이 있던 도움말 페이지 내용은 다음처럼 변경되었다. "얼굴 인식 설정은 더 이상 이용할 수 없으며 해당 설정을 통해 지원된 경험이 비활성화되었습니다. 설정을 사용 중인 경우 더 이상 회원님을 인식할 수 없으며 템플릿이 곧 삭제됩니다." 페이스북은 얼굴 인식 기능 폐지와 함께 사용자 10억 명 이상의 얼굴 인식 템플릿을 삭제할 것이라고 발표했다.

물, 트윗은 영원히 저장되며, 수년 후에 갑자기 나타나 여러분을 난처하게 만들기도 한다.

DATA 086 메타데이터에 관한 불편한 진실

인터넷과 웹은 사람들이 정보를 수집하고, 저장하고, 제공하는 방법에 혁신을 일으켰다. 검색 엔진과 데이터베이스는 모든 사람에게 막대한 영향을 미쳐서, 인터넷이 있기 전에는 어떻게 지냈는지 기억하기 어려울 정도다. 엄청난 양의 데이터(빅데이터)는 음성 인식, 언어 번역, 신용카드 부정사용 방지, 추천 시스템, 실시간 교통 정보를 비롯한 많은 유용한 서비스의 원료가 된다.

하지만 온라인 데이터의 급증에는 중대한 단점도 있다. 특히 우리에 관해 불편할 정도로 많은 사실을 드러낸다는 점이 그렇다.

어떤 정보는 분명히 공개적인 것이고, 일부 정보 모음은 검색 가능하며 인덱스가 붙어 있다. 이 책을 홍보하기 위한 웹페이지를 만든다면 검색 엔진에서 쉽게 찾을 수 있게 하는 편이 유리하다.

공공 기록은 어떨까? 법적으로 특정 종류의 정보는 일반 시민이라면 누구든 신청하면 구할 수 있다. 미국에서는 재판 기록, 대출 관련 문서, 주택 가격, 지방 재산세, 출생 및 사망 기록, 혼인 허가서, 선거인 명부, 정치 헌금 등이 여기에 포함된다(출생 기록에는 생년월일이 표시되며, 신원을 확인하는 과정에서 흔히 사용되는 '어머니의 결혼 전 이름'이 노출될 수 있다는 점을 주의하라).

예전에는 이러한 정보를 얻으려면 지방 관공서에 다녀와야 했으므로 엄밀히 말하면 '공공'이지만 약간의 노력을 들여야 이용할 수 있었다. 데이터를 찾는 사람이 직접 나타나서 아마도 자신의 신원을 밝혀야 했고, 물리적 사본 각각에 대해 수수료를 내야 하는 자료도 있었다. 반면 오늘날 이러한 데이터는 흔히 온라인으로 구할 수 있고, 집에서 편하게 익명으로 공공 기록을 검토할 수 있다. 심지어 데이터를 대량으로 수집하고 다른 정보와 결합하여 사업을 운영하기도 한다. 인기 있는 사이트인 질로우닷컴(*zillow.com*)은 지도, 부동산 광고, 공개된 시세나 매매 데이터를 결합하여 지도상에 주택 가격을 표시한다. 이 서비스는 부동산을 사거나 팔고자 하는 사람에게는 가치가 있지만, 나머지 사람에게는 프라이버시 침해로 여겨질 수 있다. 다른 유사한 사이트는 현재 또는 과거 거주자 정보와 그들의 유권자 등록 정보를 추가로 제공하기도 하고, 유료 서비스 결제 시 거주자의 범죄 기록까지(있는 경우) 제공한다고 암시한다. 연방선거위원회Federal Election Commission(*fec.gov*)의 선거 기부금 데이터베이스는 어느 입후보자가 친구나 유명 인사의 지원을 받았는지 보여 주는데, 그 과정에서 집 주소 같은 정보가 드러난다. 이는 개인의 프라이버시를 지킬 권리보다는 대중의 알 권리를 중시하는 쪽으로 치우친 불안정한 절충안이다.

그럼 어떤 정보가 쉽게 이용 가능해야 하는지 묻는다면 대답하기 쉽지 않다. 정치 기부금은 공개해야 하지만, 기부자의 집 주소는 아마도 감춰야 할 것이다. 사회보장번호 같은 개인 식별 정보는 신원 도용에 너무 쉽게 사용되므로 절대 웹에 올려서는 안 된다. 체포 기록과 체포 시 촬영한 사진은 때때로 공개되며 그런 정보를 표시해 주는 사이트가 있다. 이런 사이트의 비즈니스 모델은 사진을 제거하는 대가로 개인에게 비용을 청구하여 수익을 올리는 것이다! 기존 법률로는 이런 정보 유출을 항상 막지는 못하고, 이미 손을 쓰기 어려운 상태가 된 경우가 많다. 웹에 일단 올라가면 정보는 언제까지나 웹에 남아 있을 가능성이 크다.

서로 무관해 보이더라도 여러 출처에서 온 데이터가 결합되면, 자유롭게 이용해 오던 정보에 관한 우려가 더욱 심각해진다. 예를 들어, 웹 서비스를 제공하는 회사는 많은 사용자 정보를 기록한다. 검색 엔진은 모든 쿼리를 기록하며, 쿼리를 보낸 IP 주소와 이전 방문에서 생긴 쿠키도 함께 기록한다.

2006년 8월에 AOL은 연구용으로 사용할 수 있게 대량의 검색 로그 샘플을 좋은 의도로 공개했다. 3개월간 사용자 65만 명이 제출한 쿼리 2천만 건에 대한 로그는 익명화되었으므로 이론상으로는 개별 사용자를 식별할 수 있는 모든 정보가 완전히 제거된 상태였다. 좋은 의도에도 불구하고, 실제로는 AOL이 생각했던 것만큼 로그가 익명화되지 않았음이 금세 밝혀졌다. 각 사용자에게 무작위지만 고유한 ID 번호가 할당되었고, 이를 통해 같은 사람이 작성한 일련의 쿼리를 찾을 수 있었으며, 그 쿼리를 이용하여 적어도 몇 명의 개인을 고유하게 식별할 수 있었다. 공개된 쿼리에는 사람들이 자신의 이름, 주소, 사회보장번호와 다른 개인정보를 검색한 기록이 포함되어 있었다. 검색 간의 상관관계는 AOL이 생각했던 수준보다 더 많은 정보를 드러냈으며, 이는 원래 사용자들이 원치 않을 정도였을 것이다. AOL은 신속하게 웹사이트에서 쿼리 로그를 제거했지만 물론 너무 늦었다. 데이터는 이미 전 세계 곳곳에 퍼진 상태였다.

쿼리 로그에는 사업 운영과 서비스 향상에 필요한 귀중한 정보가 포함되어 있지만, 잠재적으로 민감한 개인정보도 분명히 포함되어 있다. 검색 엔진은 이러한 정보를 얼마나 오래 보유해야 할까? 여기에는 상충하는 외부적인 압력이 있다. 즉, 프라이버시 보호를 위해 짧게 보유해야 한다는 입장과 법 집행 목적으로 장기간 보유해야 한다는 입장 간의 대립이다. 데이터를 좀 더 익명화하려면 내부적으로 데이터를 얼마나 많이 처리해야 할까? 어떤 회사는 각 쿼리에 해당하는 IP 주소 중 일부(일반적으로 가장 오른쪽 바이트)를 제거한다고 주장하지만, 사용자를 비식별화de-identification*하기에 충분하지 않을 수도 있다. 정부 기관은 이 정보에 대해 어떤 접근 권한을 가져야 할까? 민사 소송에서 얼마나 많은 정보를 찾아낼 수 있을까? 이 질문들에 대한 답은 결코 명확하지 않다. AOL 로그 중 일부 쿼리는 무시무시한 것이어서(예를 들어, 배우자를 죽이는 방법에 대한 질문) 제한된 상황에서는 법 집행 기관에 로그를 제공하는 것이 바람직하겠지만, 어디까지 선을 그어야 할지 확실하지는 않다. 한편, 쿼리 로그를 유지하지 않는다고 하는 검색 엔진도 소수 있으며, 그중 덕덕고가 가장 널리 사용된다.

AOL 이야기는 데이터를 완전히 익명화하기 어려운 문제를 실제로 보여 준 사례다. 식별 정보를 제거하려고 시도했다고 하면 사람들은 '이 데이터에는 특정 인물을 식별할 수 있는 정보가 전혀 없으므로 무해하다'라고 생각하며 편협한 관점을 취하는 경향이 있다. 하지만 현실 세계에는 또 다른 정보 출처가 존재하며, 원래 정보 제공자에게 전혀 알려지지 않은 출처나 어쩌면 정보가 제공된 이후에 생겨난 여러 출처에서 온 사실을 결합하여 개인을 추론할 수 있을 때가 많다.†

이러한 재식별화re-identification‡ 문제를 뚜렷하게 표면화한 유명한 사건이

* (옮긴이) 특정 개인을 식별할 수 없도록 개인정보의 일부 또는 전부를 변환하는 일련의 과정 또는 방법을 말한다.

† Simson L. Garfinkel, "De-Identification of Personal Information", *dx.doi.org/10.6028/NIST.IR.8053*

‡ (옮긴이) 비식별화된 개인정보를 다른 정보와 조합, 분석 또는 처리하여 특정 개인을 다시 식별할 수 있게 하는 일련의 과정 또는 방법을 말한다.

있었다. 1997년에 MIT의 박사 과정 학생이었던 라타냐 스위니는 매사추세츠주 공무원 135,000명에 대해 표면상 비식별화된 의료 기록을 분석했다. 이 데이터는 주 보험위원회가 연구 목적으로 공개했으며 심지어 민간 기업에도 판매됐다. 무엇보다도 각 기록에는 생년월일, 성별, 현재 우편번호가 포함돼 있었다. 스위니는 1945년 7월 31일에 태어난 사람 여섯 명을 발견했는데, 그중 남성은 세 명이었고 케임브리지에 사는 사람은 한 명뿐이었다. 이 정보를 공개된 유권자 등록 목록과 결합했더니 그 사람이 당시 매사추세츠 주지사인 윌리엄 웰드William Weld임을 식별할 수 있었다.*

이는 결코 따로 떼어 놓고 볼 사건이 아니다. 2014년에 뉴욕 택시 리무진 위원회는 2013년 한 해 동안 뉴욕에서 있었던 택시 운행 1억 7천 3백만 건 전체의 익명화된 데이터셋을 공개했다. 하지만 익명화가 생각만큼 잘 이루어지지 않았고, 익명화 처리를 리버스 엔지니어링하여 택시 면허 번호를 토대로 어느 택시가 어떤 운행 건에 해당되는지 정보를 다시 연결할 수 있었다. 이때 한 기업에서 데이터 과학 업무를 하는 인턴이 어떤 유명인이 탄 택시에 면허 번호가 같이 찍힌 사진을 찾았다. 이것만으로 여남은 건의 탑승 정보에 대한 세부 사항을 재구성할 수 있었는데, 여기에는 해당 유명인이 팁으로 얼마를 줬는지까지 포함됐다.

작은 데이터로는 많은 것을 알 수 없으므로 아무도 여러분의 비밀을 알아내지 못할 것이라고 생각하는가? 지금까지 이야기한 사례들은 누구도 함께 사용될 것이라 여기지 않은 데이터셋을 결합하면 예상 밖의 많은 정보를 알아낼 수 있음을 시사한다. 적들은 이미 여러분이 생각하는 것보다 여러분에 관해 많이 알고 있으며, 당장은 아니더라도 시간이 지날수록 더 많은 정보를 입수하게 될 것이다.

* *georgetownlawtechreview.org/re-identification-of-anonymized-data/GLTR-04-2017*

DATA

087 클라우드와 프라이버시

일반적인 컴퓨터 사용 모델을 떠올려 보자. 개인용 컴퓨터를 한 대 이상 갖고 있고, 다양한 작업에 맞게 적합한 애플리케이션을 실행한다. 예를 들면 문서 작성용으로는 워드, 개인 재무 관리용으로는 퀵큰Quicken*이나 엑셀, 사진 관리용으로는 아이포토iPhoto를 실행한다. 이러한 프로그램은 컴퓨터에서 실행되지만, 일부 서비스를 사용하려면 인터넷 연결이 필요하다. 때로는 버그가 수정된 새 버전을 다운로드하기도 하고, 때로는 새로운 기능이 추가된 업그레이드 버전을 구매해야 한다.

이 사용 모델의 본질은 프로그램과 데이터가 개인이 소유한 컴퓨터에 존재한다는 것이다. 한 컴퓨터에서 파일을 변경했는데 다른 컴퓨터에서 그 파일이 필요하면 직접 전송해야 한다. 사무실에 있거나 여행 중일 때 집에 있는 컴퓨터에 저장된 파일이 필요하면 운이 없는 것이다. 윈도우와 맥 모두에서 엑셀이나 파워포인트가 필요하다면 두 컴퓨터를 위한 프로그램을 따로 구매해야 한다. 더구나 휴대전화는 이 모델에서 전혀 고려되지 않았다.

이제는 다른 사용 모델이 표준으로 자리 잡고 있다. 브라우저나 휴대전화를 사용하여 인터넷 서버에 저장된 정보에 접근하고 조작하는 방식이다. 지메일이나 아웃룩 같은 메일 서비스가 가장 널리 사용되는 예다. 다른 컴퓨터나 휴대전화에서도 메일에 접근한다. 로컬로 작성된 메일 메시지를 업로드하거나 메시지를 로컬 파일 시스템에 다운로드할 수는 있지만, 사용자

* (옮긴이) 외국에서 많이 사용되는 개인 재무 관리 툴이다. *en.wikipedia.org/wiki/Quicken*

는 주로 메일 서비스 제공 업체에 그냥 정보를 맡겨 둔다. 소프트웨어 업데이트 같은 개념은 없지만 이따금 새로운 기능이 생긴다. 친구와 계속 연락하고 그들의 사진을 볼 때는 흔히 페이스북 같은 SNS를 이용한다. 대화 내용과 사진은 여러분의 컴퓨터가 아닌 페이스북 서버에 저장된다. 이러한 서비스들은 대부분 무료다. 눈에 띄는 유일한 '비용'은 메일을 읽거나 친구들이 뭘 하는지 확인하려고 앱을 열 때 광고를 볼 수도 있다는 것이다.

이 모델은 흔히 **클라우드 컴퓨팅**cloud computing이라고 한다. 인터넷이 특정한 물리적 위치가 없는 '클라우드cloud, 구름(그림 IV.6)'이며 정보가 '클라우드 어딘가에' 저장되어 있기에 붙은 이름이다. 메일과 SNS가 가장 일반적인 클라우드 서비스지만, 드롭박스Dropbox, 트위터, 링크드인, 유튜브, 온라인 달력 같은 다른 서비스도 많다. 데이터는 로컬에 저장되지 않고 클라우드에, 즉 서비스 제공 업체에 저장된다. 메일과 달력은 구글 서버에, 사진은 드롭박스나 페이스북 서버에, 이력서는 링크드인 서버에 존재하는 식이다.

그림 IV.6 클라우드는 구름처럼 정해진 위치가 없다*

클라우드 컴퓨팅은 몇 가지 요인이 맞물려서 가능하다. 개인용 컴퓨터 성능이 더 강력해짐에 따라 브라우저 성능도 높아졌다. 브라우저는 이제 디스플레이 요구사항이 높은 대형 프로그램도 효율적으로 실행할 수 있다.

* *clipartion.com/free-clipart-549*

별도의 해석 과정이 필요한 자바스크립트가 프로그램 구현에 사용되더라도 마찬가지다. 대부분의 클라이언트와 서버 간 대역폭과 레이턴시가 10년 전보다 훨씬 더 나아져서 이제는 데이터를 빨리 보내고 받을 수 있다. 심지어 사용자가 입력하는 동안 개별 키 입력에 반응해 검색어를 추천하기도 한다. 결과적으로, 브라우저는 과거에 독립 실행형 프로그램에서나 가능했을 사용자 인터페이스 작업을 대부분 처리할 수 있게 되었으며, 대량의 데이터를 유지하고 대량 연산을 수행할 때 서버를 사용한다. 이 구조는 휴대전화에서도 잘 작동해서, 앱을 따로 다운로드할 필요가 없다.

브라우저 기반 시스템은 거의 데스크톱 시스템만큼 응답성이 좋으며, 어느 곳에서나 데이터에 접근할 수 있게 한다. 구글이 제공하는 클라우드 기반 '오피스' 도구를 생각해 보자. 워드프로세서, 스프레드시트, 프레젠테이션 프로그램을 제공하며, 동시에 여러 명의 사용자가 데이터에 접근하고 업데이트한다.

한 가지 흥미로운 문제는 이러한 클라우드 전용 도구가 궁극적으로 데스크톱 버전 도구를 완전히 대체할 만큼 잘 작동할 수 있느냐다. 예상했겠지만 마이크로소프트도 이 점을 우려하고 있다. 오피스 프로그램이 회사 수익의 상당 부분을 차지하고, 오피스는 나머지 수익의 대부분을 차지하는 윈도우에서 주로 실행되기 때문이다. 브라우저 기반의 워드프로세서와 스프레드시트는 마이크로소프트 제품을 전혀 필요로 하지 않으므로 마이크로소프트의 두 가지 핵심 사업 모두에 위협이 된다. 현재 구글 문서를 비롯한 클라우드 오피스 도구는 마이크로소프트 워드, 엑셀, 파워포인트의 모든 기능을 제공하지는 않는다. 그렇지만 기술 발전의 역사를 보면 성능이나 기능 면에서 열등한 시스템이 등장하고, 그 정도로 만족하는 새로운 사용자를 확보한 다음, 기존 시스템의 점유율을 잠식해 나간 사례가 많다. 마이크로소프트도 분명히 이를 잘 알고 있으며, 실제로 오피스 365Office 365라는 클라우드 버전을 제공하고 있다.

웹 기반 서비스는 사용자가 이용하려면 계속 요금을 지불해야 하는 구독형 과금 모델을 적용하기 쉽기 때문에 마이크로소프트나 제공 업체 입장에서는 매력이 있다. 그러나 소비자들은 소프트웨어를 한 번 구매하고 필요할 때만 업그레이드 비용을 지불하는 방식을 선호할지도 모른다. 나는 오래된 맥 컴퓨터에 설치된 마이크로소프트 오피스 2008 버전을 아직도 사용하고 있다. 아직 잘 동작하고 (마이크로소프트 덕분에) 여전히 보안 업데이트도 이따금 받고 있어서 업그레이드할 필요성을 느끼지 못한다.

클라우드 컴퓨팅은 클라이언트 측의 빠른 처리 능력과 충분한 메모리, 그리고 서버로 연결되는 높은 대역폭이 필요하다. 클라이언트 측 코드는 자바스크립트로 작성되며 대개 복잡하다. 자바스크립트 코드는 브라우저가 마우스 끌기 같은 사용자 동작과 콘텐츠 업데이트 같은 서버 동작에 반응하여 그래픽 요소를 신속하게 업데이트하고 표시하도록 많은 요청을 한다. 이것만 해도 어렵지만, 브라우저와 자바스크립트 버전 간의 호환성 문제 때문에 더 복잡해진다. 그래서 공급 업체는 클라이언트에 적절한 코드를 보낼 수 있는 최선의 방법을 찾아야 한다. 그래도 컴퓨터가 더 빨라지고 개발자들이 표준을 더 잘 따르면서 상황이 나아지고 있다.

클라우드 컴퓨팅에서는 서버와 브라우저 어느 쪽에서 계산을 수행하고 정보를 처리하는 것이 유리할지 트레이드오프를 고려할 수 있다. 예를 들어, 자바스크립트 코드를 특정 브라우저에 얽매이지 않게 독립적으로 만드는 한 가지 방법은 코드 자체에 검사를 포함한다. 이를테면 '브라우저가 파이어폭스 버전 75면 이걸 수행하고, 사파리 12이면 저걸 수행하고, 그것도 아니라면 다른 동작을 수행하라' 같은 검사를 포함한다. 이러한 코드는 부피가 크므로 자바스크립트 프로그램을 클라이언트에 보내는 데 더 많은 대역폭이 필요하며, 추가로 검사하느라 브라우저가 더 느려질 수도 있다. 대안으로는, 서버가 클라이언트에 어떤 브라우저를 사용 중인지 물어보고, 그 특정 브라우저에 맞춰진 코드를 보내는 방법도 있다. 이 코드는 더 크기가 작고 더 빨리 실행되지만, 프로그램 자체가 작다면 별로 차이는 없을 것이다.

웹페이지 콘텐츠는 압축되지 않은 상태로 전송되기도 한다. 이렇게 하면 서버와 클라이언트에서 처리할 일은 줄어들지만 대역폭이 더 많이 필요하다. 반대로 콘텐츠를 압축하면 대역폭은 더 적게 사용하지만 서버와 클라이언트 모두에서 처리가 필요하다. 가끔 압축은 한쪽에서만 이루어진다. 대형 자바스크립트 프로그램은 불필요한 공백을 모두 제거하고 변수와 함수에 한 자 또는 두 자로 된 이름을 사용하여 압축되는 경우가 많다.* 이렇게 만들어진 코드를 사람은 이해할 수 없지만, 클라이언트 컴퓨터는 문제 없이 처리한다.

아직은 기술적으로 어려움이 있지만, 여러분이 항상 인터넷에 접근할 수 있다고 가정하면 클라우드 컴퓨팅은 많은 편의를 제공한다. 소프트웨어는 항상 최신이고, 용량이 넉넉하고 전문적으로 관리되는 서버에 정보가 저장되며, 클라이언트 데이터는 항상 자동으로 백업되므로 데이터를 잃을 가능성이 별로 없다. 문서는 유일본으로만 존재하며, 서로 다른 컴퓨터에 내용이 다른 여러 복사본이 있는 것도 아니다. 또한, 쉽게 문서를 공유하고 실시간으로 공동 작업한다. 가격 면에서도 경쟁력이 있다. 회사 고객은 요금을 내야 할 수도 있지만 개인 고객에게는 흔히 무료다.

반면에 클라우드 컴퓨팅은 프라이버시와 보안에 관해 복잡한 문제를 제

* (옮긴이) 코드 경량화와 난독화에 해당한다.

기한다. 누가 클라우드에 저장된 데이터를 소유할까? 어떤 상황에 누가 데이터에 접근할 수 있을까? 정보가 뜻하지 않게 유출되면 과연 누군가 법적 책임을 질까? 사망한 사람의 계정은 어떻게 될까? 누군가 데이터 유출을 강제할 수 있을까? 예를 들어 정부 기관이나 법정에서(소송의 일부로) 여러분의 메일 내용 공개를 요구하면, 메일 서비스 제공 업체는 이에 응해야 할까? 만약 그렇게 했다면 여러분이 그 사실을 알아낼 수 있을까? 미국에서는 이른바 '국가 안보 서한National Security Letter'에 의거하여 정부가 개인에 대한 정보를 요청했음을 고객에게 알리지 못하게 할 수 있다. 이러한 질문에 대한 답은 거주 지역에 따라 어떻게 다를까? 여러분이 개인 데이터 보호 규칙이 비교적 엄격한 EU에 거주하지만, 사용 중인 클라우드 데이터는 미국에 있는 서버에 저장되고 애국자 법Patriot Act 같은 법의 지배를 받는다면 어떻게 될까?

이는 단지 가정적인 질문이 아니다. 대학교수로서 나는 어쩔 수 없이 학생에 관한 사적인 정보에 접근할 수 있다. 성적은 물론이고 민감한 개인정보와 가족에 관한 정보가 메일에 포함되어 있거나 대학 컴퓨터에 저장되기도 한다. 내가 성적 데이터와 이메일을 관리할 때 마이크로소프트의 클라우드 서비스를 사용하는 것이 합법일까? 만약 내가 실수를 저질러서 이 정보가 세상에 공유된다면 무슨 일이 일어날까? 정부 기관이 학생에 관한 정보를 얻기 위해 마이크로소프트에 관련 자료를 제출하도록 요구하면 어떻게 될까?* 변호사가 아니라서 정확한 답을 모르지만, 이러한 점이 걱정돼서 학생 기록을 보관하거나 연락을 주고받는 용도로는 클라우드 서비스를 사용하지 않으려고 한다. 자료를 모두 학교에서 제공하는 컴퓨터에 보관하므로, 학교 측의 과실로 학생들의 개인정보가 누출된다면 나는 손해

* 2016년 4월에 마이크로소프트는 이러한 요구사항에 대해 미국 법무부에 소송을 제기했다. *blogs.microsoft.com/on-the-issues/2016/04/14/keeping-secrecy-exception-not-rule-issue-consumers-businesses*

배상 청구에서 어느 정도 보호받을 것이다. 물론 내가 개인적으로 실수해서 문제가 생겼다면 데이터가 어디에 보관되어 있었는지는 아마 중요하지 않을 것이다.

누가 어떤 상황에 여러분의 메일을 읽을 수 있을까? 이는 부분적으로는 기술적인 문제이며, 부분적으로는 법적인 문제다. 법적인 부분에 대한 답은 여러분이 어느 관할 구역에 거주하는지에 달려 있다. 내가 알기로 미국에서는 여러분이 어떤 회사의 직원이라면 고용주가 여러분에게 통보하지 않고 회사 계정에 있는 여러분의 메일을 마음대로 읽을 수 있다. 이는 메일의 업무 관련성과 무관하게 적용되는데, 고용주가 시설을 제공하므로 고용주에게 그 시설이 업무 목적으로 회사의 요구사항과 법적 요구사항에 따라 사용되고 있는지 확인할 권리가 있다는 해석에 기반을 둔다.

내 메일은 보통 그다지 흥미롭지 않지만, 고용주에게 합법적인 권리가 있더라도 합당한 이유 없이 내 메일을 읽는다면 많이 신경 쓰일 것이다. 여러분이 학생이라면 대부분의 대학에서는 학생의 이메일은 학생의 우편물과 마찬가지로 사적인 것으로 보는 입장을 취한다. 내 경험상 학생들은 메일을 중계하는 용도 외에는 대학 메일 계정을 사용하지 않는다. 즉, 대학 메일로 받은 모든 것을 지메일로 전달한다. 이 점을 암묵적으로 인정하여 많은 대학에서는 학생 메일 서비스를 외부 업체에 위탁한다. 위탁된 계정은 학생의 프라이버시 보호에 관한 규정에 따라 일반적인 서비스와 분리하도록 하고 있으며 광고가 붙지 않지만, 데이터는 여전히 제공 업체 쪽에 저장된다.

대부분의 사람이 그렇듯이 여러분이 개인 메일로 ISP의 서비스나 클라우드 서비스(예를 들어 지메일, 아웃룩, 야후 등)를 사용한다면 프라이버시는 여러분과 업체 간의 문제다. 일반적으로 이러한 서비스에서는 고객의 이메일은 비공개이며 법적 요청 없이는 누구도 들여다보거나 내용을 밝힐 수 없다는 공식적인 입장을 취한다. 하지만 너무 광범위해 보이는 자료 제출 요구나 '국가 안보'의 탈을 쓴 비공식적 요청에 서비스 공급 업체가 얼마나 단호하게 저항할지는 분명하지 않다. 당신의 프라이버시는 공급 업체가 얼마나 강한 압력에 기꺼이 맞설지에 달려 있다. 미국 정부는 9.11 테러 이전에는 조직범죄에, 그 이후에는 테러에 더 효과적으로 대비하기 위해 이메일에 더 쉽게 접근하기를 원한다. 이러한 의도를 가진 접근 압력은 꾸준히 증가하고 있으며, 테러 사건이 발생한 후에는 급격하게 증가하는 경향을 보였다.

한 가지 예를 보자. 2013년에 고객에게 보안 메일 서비스를 제공하던 라바빗Lavabit이라는 소규모 회사는 미국 정부가 메일에 접근할 수 있도록 회사 네트워크에 감시 프로그램을 설치하라는 명령을 받았다. 또한 정부는 암호화 키를 넘길 것을 명령했고, 회사 소유주인 라다 레비슨Ladar Levison에게 "당신은 이러한 일이 일어나고 있음을 고객에게 이야기할 수 없다."라고 말했다. 레비슨은 그가 정당한 법적 절차를 거치는 것을 거부당했다고 주장하며 정부 요청을 거절했다. 결국 그는 라바빗 사업을 접기로 결정함으로써 정부가 고객 메일에 접근하는 것을 끝까지 거부했다.* 나중에야 정부가 한 사람의 계정, 즉 에드워드 스노든의 계정을 추적하고 있었음이 분명해졌다.†

요즘은 대안으로 프로톤메일ProtonMail을 쓰는 사람도 있다. 프로톤메일은 스위스에서 서비스를 운영하고, 프라이버시 보장을 약속하며, 다른 국가에서 오는 정보 요청 건을 무시하기에 확실히 유리한 조건을 갖추고 있

* *www.theguardian.com/commentisfree/2014/may/20/why-did-lavabit-shut-down-snowden-email*

† 정부의 문서 보안 편집 과정에서 일어난 실수로 인해 스노든이 표적이었다는 것이 드러났다. *www.wired.com/2016/03/government-error-just-revealed-snowden-target-lavabit-case*

다. 하지만 어떤 회사든 그 위치와 무관하게 정부 기관의 압박과 상업적, 재무적 압력에 시달릴 여지는 있다.

프라이버시와 보안 우려를 차치하고, 아마존이나 다른 클라우드 서비스 제공 업체는 어떤 법적 책임을 질까? 환경 설정 오류가 발생해 AWS 서비스가 하루 동안 용납할 수 없을 정도로 느려졌다고 가정해 보자. 이 서비스 고객은 어디에 의지할 수 있을까? 서비스 수준 협약은 계약 단계에 이러한 점을 자세히 기술하는 표준화된 방법이지만, 계약이 좋은 서비스를 보장하지는 않는다. 대신 심각한 문제가 발생했을 때 법적 조치를 취하기 위한 근거를 제공할 뿐이다.

서비스 제공 업체는 고객에게 어떤 의무를 질까? 업체가 '당국'의 법적 위협이나 은밀한 요청을 받으면 언제 맞서 싸우고, 언제 굴복할까? 이와 비슷한 질문은 끝없이 제기되는 반면 확실한 답은 별로 없다. 정부와 개인은 언제나 자신에 관한 정보는 남들이 되도록 이용하기 어려운 상태로 유지하려고 노력하는 반면, 나머지 주체에 관해서는 더 많은 정보를 얻기를 원한다. 아마존, 페이스북, 구글을 포함한 몇몇 대형 업체에서는 이제 '투명성 보고서'를 발표하고 있다.* 이 보고서는 정부가 요청한 정보 삭제, 사용자에 대한 정보 제공, 저작권 침해 자료 삭제 등의 활동이 얼마나 이루어졌는지 개략적인 집계를 제공한다. 하지만 이러한 보고서는 그다지 구체적이지 않아서, 주요 기업이 얼마나 자주 요구에 저항하고 어떤 근거로 그렇게 하는지 궁금증만 자아낸다. 예를 들어, 2019년에 구글은 정부에서 약 35만 개 사용자 계정 정보를 요구하는 16만 건 이상의 요청을 받았다. 구글은 요청의 약 70%에 대해 '어떤 정보'를 공개했다고 한다. 페이스북도 이와 유사한 규모의 정보 요청과 공개가 있었다고 보고했다.

* 투명성 보고서: *www.google.com/transparencyreport, govtrequests.facebook.com, aws.amazon.com/compliance/amazon-information-requests*

DATA

088

요약

우리가 디지털 기술을 사용할 때 방대하면서도 상세한 데이터 흐름이 생성되는데, 그 규모는 생각보다 훨씬 더 크다. 데이터는 모두 상업적 용도로 수집되어, 인식하는 것보다 훨씬 더 많이 공유되고, 결합되고, 연구되고, 판매된다. 이는 사실 검색, SNS, 휴대전화 앱, 무제한 온라인 저장소같이 우리가 대수롭지 않게 이용하는 무료 서비스에 대한 대가다. 데이터 수집 범위를 고려하는 대중의 인식이 (결코 충분하지는 않지만) 점점 높아지고 있다. 이제 광고 차단 프로그램은 광고주들이 알아차릴 만큼 많은 사람이 사용한다. 광고 네트워크가 흔히 의도치 않게 악성 코드를 퍼뜨린다는 사실을 감안하면 광고를 차단하는 것이 신중한 조치지만, 모든 사람이 고스터리와 애드블록 플러스를 사용하면 어떤 일이 생길지 예측할 수 없다. 우리가 아는 웹이 작동을 멈출까? 아니면 구글, 페이스북, 트위터를 지원하기 위한 대안적인 비즈니스 모델이 발명될까?

데이터는 또한 정부가 사용할 목적으로 수집되는데, 장기적으로는 더 해로워 보인다. 정부는 상업적 기업에 없는 권력을 보유하고 있어 더욱 저항하기 어렵다. 사람들이 정부의 행동을 바꾸려는 노력은 국가마다 크게 다르지만, 어떤 경우든 올바른 정보를 아는 것이 가장 중요한 첫걸음이다.

1980년대 초반에 나온 AT&T 광고에 '손을 뻗어 누군가에게 연락하세요 Reach out and touch someone'라는 매우 효과적인 카피가 있었다. 웹, 이메일, 문자 메시지, SNS, 클라우드 컴퓨팅 전부 이를 쉽게 할 수 있게 만든다. 쉽게 어딘가에 연결될 수 있는 것은 장점도 많은데, 평생 직접 만날 수 있는 것보다 훨씬 많은 사람이 있는 커뮤니티에서 친구를 사귀고 관심사를 공유할 수 있다. 동시에, 이렇게 손을 뻗는 행동은 여러분을 전 세계 어디서든 눈에 띄고 접근 가능하게 만드는데, 모든 사람이 여러분의 이익에 도움되지는 않는다는 것을 명심하자. 스팸, 신용 사기, 스파이웨어, 바이러스, 추적, 감시에 더 취약해지고, 신원 도용, 프라이버시 침해, 심지어는 금전적 손실까지 발생할 수 있다. 조심하는 게 좋다.

DATA

089 인간의 영역에 들어온 컴퓨터

"만일 컴퓨터가 생각하고 학습하고 무언가를 창조할 수 있다면, 이는 컴퓨터에 이러한 능력을 부여하는 어떤 프로그램 덕분일 것입니다. [중략] 그 프로그램은 일정한 방식으로 스스로 성능을 분석하고, 실패를 진단하며, 효율성을 개선하기 위해 변화를 일으키는 프로그램일 것입니다."

– 허버트 사이먼, 1960*

"제 동료들은 인공지능을 연구합니다. 대신 저는 타고난 어리석음을 연구하지요."

– 아모스 트버스키, 2019†

꾸준히 향상되는 컴퓨팅 성능과 메모리 기술을 막대한 양의 데이터에 적용하고, 여기에 복잡한 수학 공식을 섞으면 인공지능 분야에서 오랫동안 미해결 상태였던 많은 문제에 대처할 수 있다. 바로 우리가 인간의 영역이라고 생각해 왔던 방식으로 컴퓨터가 동작하게 하는 것이다.

인공지능의 역사적인 근원을 찾자면 1950년대까지 거슬러 올라가지만, 실제로 효과를 발휘하기 시작한 것은 비교적 최근의 일이다. 오늘날 인공지능 분야에는 상당수의 실제 업적도 있지만 이와 더불어 여러 가지 버즈워드, 과대광고, 희망사항이 뒤섞여 있다. 인공지능, 머신러닝, 자연어 처리는 게임(체스와 바둑 프로그램은 최고 수준의 선수보다 낫다), 음성 인식과 합성(알렉사와 시리를 생각하라), 기계 번역, 영상 인식과 컴퓨터 비

* Herbert A. Simon, *The New Science of Management Decision*, HarperCollins, 1960.

† *Nature*, 2019. 04.아모스 트버스키(Amos Tversky, 1937~1996)는 현대 행동 경제학의 창시자 중 한 명이다.

전, 자율주행 자동차 같은 로봇 공학 시스템에서 매우 성공적이었다. 넷플릭스나 굿리즈Goodreads 같은 서비스에서 사용하는 추천 시스템은 사람들에게 새로운 영화와 책을 제안하고, 아마존의 '관련 상품 목록'은 회사 매출에 확실히 기여한다. 스팸 발송 수법은 나날이 진화하기에 대응하는 일은 끝이 없지만, 스팸 탐지 시스템은 꽤 괜찮은 성능을 보여 준다.

영상 인식 시스템은 사진의 구성 요소를 분리하고, 어떤 사물인지 알아내는 데 대단히 효과적이지만, 가끔 조작된 영상에 속아 넘어가기도 한다. 암세포, 망막 질환 등을 식별하기 위한 의료 영상 처리는 때때로 평균적인 임상의만큼 훌륭하지만, 아직 최고 수준의 전문가에는 미치지 못한다. 얼굴 인식은 휴대전화나 출입문을 잠금 해제하기에는 충분하지만, 상업적, 정치적 목적으로 남용될 수 있고 실제로 자주 그렇게 이용된다.

이 분야에는 전문 용어가 많이 등장하는데, 서로 다른 개념이 가끔 혼재되어 있기도 하다. 들어가기 전에 용어를 간략히 짚어 보자.

인공지능Artificial Intelligence, AI은 보통 인간만 할 수 있다고 생각하는 일을 컴퓨터를 사용해서 하는 것을 포괄하는 개념이다. '지능'은 우리가 인간만의 특질로 간주하는 것인데, '인공'이라는 수식어를 붙여 컴퓨터도 인간처럼 지능적인 일을 하고 있음을 의미한다.

머신러닝Machine Learning, ML은 인공지능의 부분 집합으로, 알고리즘을 훈련하는 데 사용되는 광범위한 기술군을 일컫는다. 이러한 훈련을 통해 알고리즘이 자체적으로 결정을 내려서 'AI'라고 불리는 과제를 수행하도록 한다.

머신러닝은 통계와 겹치는 부분이 있기는 하지만 같지는 않다. 매우 단순화해서 이야기하자면, 통계 분석에서는 어떤 데이터를 만든 메커니즘을 설명하는 모델을 가정하고, 데이터에 가장 적합한 모델에 대한 매개변수를 찾는다. 이와는 대조적으로, 머신러닝 시스템은 모델을 가정하지 않고, 데이터에서 나타나는 관계를 찾는다. 일반적으로 머신러닝 시스템은 통계보다 더 큰 데이터셋에 적용된다. 통계와 머신러닝 둘 다 확률적이다. 맞을 확률이 있는 답을 도출하지만, 정답이라는 보장은 없다.*

딥 러닝 Deep Learning, DL은 머신러닝의 특정한 형태로, 비유적으로 말하자면 우리 뇌에 있는 신경망과 유사한 계산 모델을 사용한다. 딥 러닝 구현은 인간의 뇌가 수행하는 것으로 보이는 처리 방식을 (매우!) 느슨하게 모방한다. 딥 러닝에서는 어떤 뉴런 집합이 저수준 특징을 검출하면, 이 출력이 다른 뉴런 집합에 입력되어 저수준 특징을 기반으로 더 높은 수준의 특징을 인식하는 과정이 이루어지며, 이는 다음 뉴런 집합으로 계속 이어진다. 시스템이 학습함에 따라 어떤 뉴런 집합 간의 연결은 강화되고 다른 연결은 약화된다.

딥 러닝은 매우 생산적인 접근 방식이었고, 특히 컴퓨터 비전 분야에서 뛰어난 성과를 보였다. 컴퓨터 비전은 머신러닝 연구에서 가장 활발한 영역으로, 다양한 모델이 많이 있다.

이런 주제에 대한 책, 학술 논문, 뉴스 기사, 블로그 게시물과 튜토리얼이 무진장 많다.† 매일 이것만 들여다보더라도 따라잡기 힘들 정도다. 이어지는 주제로 머신러닝의 개요를 짧게 살펴볼 것이다. 기본적인 용어의 의미를 파악하는 것과 더불어 머신러닝이 어디에 사용되고, 주요 시스템이 어떻게 작동하고, 얼마나 잘 작동하며, 어떤 부분에서 실패할 수 있는지(중요하다) 이해하는 데 도움이 되기를 바란다.

* 머신러닝과 통계의 연관성에 대한 글: *www.svds.com/machine-learning-vs-statistics*

† 바실리 주바레프(Vasily Zubarev)는 블로그에 수학적 설명 없이 적절한 예시와 함께 머신러닝을 부담 없이 소개했다. *vas3k.com/blog/machine_learning/*

DATA

090 인공지능의 겨울

컴퓨터 개발 초기였던 20세기 중반, 사람들은 어떻게 하면 컴퓨터가 인간만 할 수 있는 과제를 수행하게 할 수 있을지 생각하기 시작했다. 한 가지 확실한 목표는 체커나 체스 같은 게임을 시켜 보는 것이었다. 이런 게임은 규칙이 완전히 명시되어 있으며, 관심 있는 사람이나 전문가가 많다는 이점이 있었다. 또 다른 목표는 번역으로, 게임보다는 분명히 더 어렵지만 더 중요한 과제였다. 예를 들어 냉전 시대에는 러시아어를 영어로 기계 번역하는 일이 중대한 사안이었다. 응용 가능한 다른 주제로는 음성 인식과 생성, 수학적 추론과 논리적 추론, 의사 결정, 학습 과정 연구 등이 있었다.

이러한 연구 주제를 위한 자금을 구하기는 수월했는데, 주로 미국 국방성 같은 정부 기관에서 지원을 받았다. 인터넷 개발을 가능하게 한 초기 네트워크 연구에 미국 국방성의 자금 지원이 중요한 역할을 했음을 앞서 확인한 바 있다. 인공지능 연구도 이와 비슷하게 동기 부여를 얻고 아낌없는 후원을 받았다.

1950년대와 1960년대의 인공지능 연구는 순진할 정도로 낙관적이었다고 표현하는 게 적절할 것 같다. 과학자들은 인공지능의 획기적인 혁신이 목전에 있다고 생각했다. 5년에서 10년 후엔 컴퓨터가 언어를 정확하게 번역하고, 최고 수준의 선수를 대상으로 체스 경기를 이기고 있을 거라고 말이다.

나는 당시에 그저 학부생이었지만, 이 분야가 보여 줄 잠재적인 성과가 몹시 기다려졌다. 그래서 인공지능을 주제로 졸업 논문을 쓰기도 했다. 안타깝게도 이후 어디선가 논문을 분실해서 사본을 갖고 있지 않아, 나도 당시 분위기처럼 낙관적이었는지는 기억나지 않는다.

하지만 거의 모든 인공지능 응용 연구가 생각보다 훨씬 더 어려운 것으로 밝혀졌고, 늘 '5년에서 10년 후'를 바라볼 뿐이었다. 연구 성과는 거의 없었고, 자금도 바닥나면서 10~20년 간 침체기를 겪었는데, 이때를 'AI 겨울'이라 불렀다. 이후 1980년대와 1990년대에는 다른 접근 방식인 **전문가 시스템**expert system 또는 **규칙 기반 시스템**rule-based system에 대한 연구가 시작되었다.*

전문가 시스템에서는 해당 분야의 전문가가 다량의 규칙을 작성하고 프로그래머가 그 규칙을 코드로 변환하면, 컴퓨터가 그 코드를 적용해 과제를 수행한다. 전문가 시스템에서 인기 있는 응용 분야 중 하나는 의료 진단 분야였다. 의사가 환자에게 어떤 문제가 있는지 결정하는 규칙을 만들면 프로그램이 진단을 수행했다. 이런 식으로 실제 의사를 지원하거나, 보완하거나, 심지어 이론상으로는 대체하는 것도 가능했다. 예를 들어, 전문가 시스템의 초기 사례 중 하나인 마이신MYCIN은 혈액 감염 여부를 진단하고자 설계되었다. 마이신은 약 600개의 규칙을 사용했으며, 적어도 일반적인 개업의와 비슷한 수준의 결과를 내놓았다. 마이신은 전문가 시스템의 선구자 중 한 명인 에드워드 파이겐바움Edward Feigenbaum과 그의 제자들이 개발했다.† 에드워드 파이겐바움은 인공지능 연구에 대한 업적으로 1994년 튜링상을 공동 수상했다.

* 전문가 시스템에 대한 컴퓨터 역사 박물관의 회고(2018): *www.computerhistory.org/collections/catalog/102781121*

† (옮긴이) MYCIN의 주 개발자는 에드워드 쇼틀리프(Edward Shortliffe)이며, 브루스 뷰캐넌(Bruce G. Buchanan)과 에드워드 파이겐바움 등이 지도 교수 및 프로젝트 고문으로 참여한 것으로 알려져 있다. *en.wikipedia.org/wiki/Mycin*

전문가 시스템은 고객 지원, 기계 시스템의 유지와 수리, 기타 중점 연구 분야에서 일부 실질적인 성공을 거두었지만, 결국 이 시스템 또한 중대한 제약이 있음이 분명해졌다. 실제로 모든 고려 사항을 종합한 규칙 집합은 모으기가 어렵고, 예외도 너무 많다. 더 큰 주제나 새로운 문제로 확장하기도 어렵다. 또한 조건이 바뀌거나 문제 이해 수준이 높아지면 컴퓨터에 알려 줄 규칙도 계속 업데이트되어야 한다. 예를 들어, 체온 상승, 인후통, 심한 기침이 있는 환자를 진단하는 의사 결정 규칙이 2020년에 어떻게 바뀌었는지 생각해 보라. 한때 약간의 합병증을 동반한 감기였을지도 모를 질환이, 이제는 환자들과 의료 기관에 심각한 위협을 초래하는 전염성이 높은 질환인 COVID-19일 수도 있다.

DATA 091 머신러닝의 학습 알고리즘

머신러닝의 기본 아이디어는 특정 문제 해결을 위해 미리 규칙을 제공하거나 명시적으로 프로그래밍하지 않은 상태에서, 알고리즘에 많은 예를 주고 스스로 '학습'하도록 하는 것이다. 가장 단순한 형태는 **훈련 집합**training set을 프로그램에 제공하는 것인데, 이 훈련 집합은 적절한 값이 레이블로 붙은 데이터로 구성되어 있다. 예를 들어, 손 글씨로 적힌 숫자를 인식하기 위한 규칙을 만들지 않고, 대량의 손 글씨 데이터에 답을 달아 제공해 학습 알고리즘을 훈련시킨다. 알고리즘은 훈련 데이터의 성공과 실패 결과를 활용하여, 최선의 결과를 얻기 위해 훈련 데이터의 특징을 조합하는 방법을 학습한다. 물론 '최선'은 확실함을 뜻하지 않는다. 머신러닝 알고리즘은 좋은 결과를 얻을 확률을 높이는 시도일 뿐, 완벽을 보장하지는 않는다. 훈련이 끝나면 머신러닝 알고리즘은 훈련 집합에서 학습한 내용을 기반으로 새로운 대상을 분류하거나 대상의 값을 예측한다.

레이블이 붙은 데이터를 기반으로 학습하는 것을 **지도 학습**supervised learning이라고 한다. 대부분의 지도 학습 알고리즘은 공통적인 구조를 띠는데, 올바른 범주로 레이블이 지정되거나 정확한 값이 주어진 많은 데이터를 처리하는 구조다. 가령 텍스트의 스팸 여부나 사진에서 나타나는 동물의 종류에 대한 레이블이 지정되거나, 주택의 적정 가격이 주어진 데이터가 훈련 집합으로 제공된다. 그러면 지도 학습 알고리즘은 이러한 훈련 집합을 바탕으로 최선의 분류 혹은 예측할 수 있게 하는 매개변수 값을 결정한다. 사실상 이 알고리즘은 개별적인 사례를 일반화하는 방법을 학습한다고 볼 수 있다.

물론 훈련 데이터에서 찾은 것 중에 어떤 '특징'이 올바른 결정을 내리는데 중요한 특징인지도 알고리즘에 알려 주어야 한다. 하지만 그런 특징 간에 어떻게 가중치를 둘지, 여러 특징을 어떻게 조합할지는 알려 주지 않는다. 예를 들어, 이메일 필터링을 학습시키고자 한다면, 스팸 메일에 주로 쓰이는 특징이 필요하다. 가령 스팸성 단어('무료!'), 잘 알려져 있는 주제, 이상한 문자, 철자 오류, 부정확한 문법 등이 될 수 있다. 이 특징 중 어느 것도 단독으로 스팸을 확정 짓지는 않지만, 레이블이 지정된 데이터가 충분하다면 알고리즘은 적어도 스팸 업자들이 알아채고 방법을 바꾸기 전까지는 스팸 이메일을 구분해 낼 수 있게 된다.

손 글씨 숫자 인식은 익히 알려진 문제다. 이 과제에 널리 사용되는 데이터셋 중 하나는 MNIST 데이터베이스*다. MNIST 데이터베이스는 훈련용 이미지 6만 개와 테스트용 이미지 1만 개로 구성된다. 그림 IV.7은 그중 일부를 보여 준다. 머신러닝 시스템은 이 데이터를 대상으로 좋은 성능을 보여 주는데, 공개 대회에 참가하는 머신러닝 시스템의 오류율은 0.25% 미만으로, 문자 400개마다 한 번꼴로 실수가 발생하는 정도다.

그림 IV.7 손 글씨 숫자 MNIST 샘플(위키피디아)

머신러닝 알고리즘이 실패하는 방식은 여러 가지다. 일례로 '오버피팅 over-fitting†'은 알고리즘이 훈련 데이터에는 좋은 성능을 보이지만, 새로운 데이터에는 훨씬 떨어지는 성능을 보이는 현상을 말한다. 훈련 데이터가 충분하지 않았거나, 특징 집합을 잘못 골랐을 수도 있다. 또는 알고리즘이 훈련 데이터에 있는 편향을 강화하는 결과를 낳기도 한다. 이 현상은 형을 선고하거나 재범 가능성을 예측하는 것처럼 형사 사법 제도에 적용될 때 특히 민감한 문제다. 하지만 이외에도 신용 평가, 대출 심사, 이력서 검

* (옮긴이) MNIST(Modified National Institute of Standards and Technology, 엠니스트) 데이터베이스는 손으로 쓴 숫자들로 이루어진 대규모 데이터베이스로, 영상 처리 시스템 훈련이나 머신러닝 알고리즘 훈련과 테스트에 널리 사용된다. NIST(National Institute of Standards and Technology, 미국 국립 표준 기술 연구소) 데이터셋 샘플을 머신러닝 실험에 적합하게 재혼합하여 만들어졌다. *ko.wikipedia.org/wiki/MNIST_데이터베이스*

† (옮긴이) '과적합' 또는 '과대적합'이라고도 한다.

토 등 알고리즘이 사람에 대해 결정을 내리는 어떠한 상황에서든 마찬가지다.

스팸 탐지와 손 글씨 숫자 인식은 **분류**classification의 예다. 분류는 항목들을 적합한 그룹으로 넣는 작업이다. 이와 달리 **예측**prediction 알고리즘은 주택 가격, 스포츠 경기 결과, 주식 시장 동향 등 어떤 숫자 값을 예측하는 데 사용된다. 예를 들어 우리는 집의 위치, 건축 연도, 전용 면적, 방 개수 같은 핵심 특징을 바탕으로 주택 가격을 예측하려고 한다. 질로우 같은 서비스에서 사용하는 복잡한 모델에서는 유사한 주택의 과거 매매 가격, 인근 지역 특성, 부동산세, 주변 학군 등의 특징도 추가로 고려한다.

지도 학습과 대조적으로, **비지도 학습**unsupervised learning에서는 레이블 없는 훈련 데이터, 즉 어떤 이름이나 값으로 레이블이 지정되지 않은 데이터로 학습한다. 비지도 학습 알고리즘은 데이터에서 패턴이나 구조를 찾고, 도출한 특징을 바탕으로 항목을 그룹화한다. 그중 유명한 k-평균 군집화 알고리즘k-means clustering algorithm을 보자. 이 알고리즘은 같은 그룹 내의 항목 간 유사도는 극대화하는 동시에 다른 그룹과의 유사도는 최소화하는 방식으로 데이터를 k개의 그룹에 나눠서 할당한다. 예를 들어, 여러 개 문서의 저자를 알아맞히는 문제에 두 명의 저자가 있다. 문장 길이, 어휘 규모, 구두점 스타일 등 잠재적으로 관련 있는 특징을 선택하고, 군집화 알고리즘이 문서를 두 그룹으로 최대한 잘 나누도록 둔다.

또한 비지도 학습은 데이터 항목의 특정 그룹에 있는 데이터 중 이상치를 식별하는 데 유용하다. 대부분의 항목이 명백한 방식으로 군집화되는 와중에 그렇지 않은 항목이 몇 개 있다면, 해당 항목들은 조사가 더 필요한 데이터일 것이다. 예를 들어 그림 IV.8의 점들이 신용카드 사용 양상을 보여 주는 데이터라고 가정해 보자. 대부분의 데이터 포인트는 두 개의 큰 군집 중 하나에 속하지만, 몇 개의 데이터 포인트는 그렇지 않다. 데이터가 완벽한 군집을 이룰 필요는 없으므로 별문제 없을 수도 있지만, 신용카드 사기나 처리 오류일 가능성도 있다.

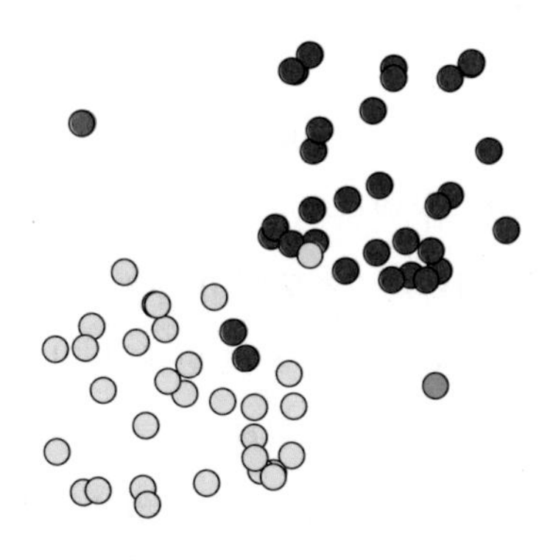

그림 IV.8 이상점을 식별하기 위한 군집화

비지도 학습은 레이블이 지정된 훈련 데이터가 필요하지 않아 비용이 많이 들지 않는다는 장점이 있지만, 모든 상황에 적용 가능하지는 않다. 비지도 학습에서는 군집을 이룰 만한 유용한 특징 집합을 파악해야 하고, 물론 군집이 몇 개 있을지도 잘 알고 있어야 한다. 개인적인 경험을 이야기하자면, 표준 k-평균 군집화 알고리즘을 사용하여 얼굴 이미지 5,000여 개를 두 개의 군집으로 나누면 무슨 일이 일어나는지 확인하는 실험을 한 적이 있다. 나는 순진하게 성별에 따라 그룹이 나뉠 것이라고 예측하였다. 실험 결과에 따르면 알고리즘은 90퍼센트 확률로 성별을 정확하게 분류했지만, 이 알고리즘이 무엇을 근거로 결론을 내렸는지 알 수 없었고, 오류에서 분명한 패턴도 찾지 못했다.

DATA

092 인간 뇌를 모방한 신경망과 딥 러닝

컴퓨터가 인간 뇌의 작동 방식을 모방할 수 있다면 지능이 필요한 과제에서 인간만큼 훌륭한 성능을 낼 수 있을 것이다. 이 명제는 인공지능에서 일종의 성배와 같고, 사람들은 오랫동안 이 접근 방식을 시도했다.

뇌 기능은 뉴런 간 연결에 기반을 두고 있다. 뉴런은 촉감, 소리, 빛, 또는 다른 뉴런에서 오는 입력 같은 자극에 반응하는 특별한 종류의 세포다. 입력 자극이 일정 수준 이상이 되면 뉴런은 '발화fire*'하여 출력으로 신호를 보내며, 이 출력은 다시금 다른 뉴런의 반응을 일으킨다(물론 이 설명은 엄청나게 단순화한 것이다).

컴퓨터 신경망은 뉴런의 연결 구조를 단순화한 버전으로, 일정한 패턴으로 연결된 인공 뉴런을 기초로 한다. 그림 IV.9에 개략적인 구조가 제시되어 있다. 각 뉴런에는 입력을 조합하는 방식에 대한 규칙이 있으며, 각 간선에는 그 간선을 따라 전달되는 데이터에 적용되는 가중치가 있다.

신경망은 새로운 아이디어가 아니지만, 연구 초기에는 그다지 유용한 결과를 내놓지 못해 힘을 잃었다. 그럼에도 1980년대와 1990년대에도 꾸준히 연구를 진행한 연구자들이 있었고, 2000년대 초반에는 인공 신경망이 영상 인식 같은 과제에서 기존 가장 우수했던 기법보다 더 나은 결과를 보인 뜻밖의 성과가 있었다. 머신러닝에서 가장 최근에 일어난 진보는 신경망을 기반으로 한다. 2018년 튜링상은 세 명의 끈기 있는 과학자, 요슈

* (옮긴이) 실제로 뉴런의 생물학적 작동 방식에서 신경 자극을 전달하는 것을 '발화'한다고 표현한다. *ko.wikipedia.org/wiki/활동전위*, *en.wikipedia.org/wiki/Biological_neuron_model*

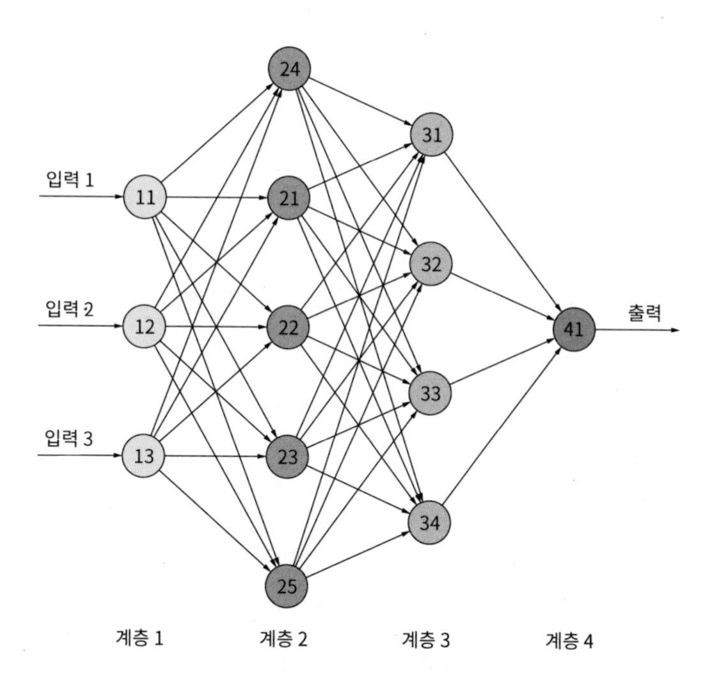

그림 IV.9 네 개의 계층으로 된 인공 신경망

아 벤지오Yoshua Bengio, 제프리 힌턴Geoffrey Hinton, 얀 르쿤Yann LeCun에게 수여됐다.*

인공 신경망의 핵심 아이디어는 다음과 같다. 먼저 초기 계층이 저수준 특징을 식별한다. 예를 들면 영상에서 물체의 가장자리에 있는 픽셀의 패턴을 인식한다. 이후 계층은 물체나 색상 영역 같은 고수준 특징을 식별하며, 마지막으로 최종 계층이 고양이나 얼굴 같은 개체를 식별한다. 딥 러닝에서 '딥'이라는 단어는 뉴런의 계층이 여러 개라는 점을 나타낸다. 계층의 수는 알고리즘에 따라 2~3개일 수도 있고, 여남은 개 이상일 수도 있다.

* 벤지오, 힌턴, 르쿤의 튜링상 페이지: *awards.acm.org/about/2018-turing*

그림 IV.9에는 신경망 내에서 수행되는 계산의 복잡성이 드러나 있지 않다. 또한 신경망에서 정보는 순방향forward뿐만 아니라 역방향backward으로도 흘러가서, 신경망은 처리를 반복하고 각 노드에서 가중치를 업데이트함으로써 각 계층의 인식 성능을 개선한다.

신경망은 계속해서 입력을 처리하고 출력을 생성함으로써 학습하는데, 매우 많은 횟수로 반복한다. 반복할 때마다 알고리즘은 신경망이 처리를 수행한 결과와 우리가 원하는 결과 사이의 오차를 측정하고, 다음 반복 시 오차를 줄이고자 가중치를 조정한다. 신경망은 훈련 시간이 끝나거나 가중치가 별로 바뀌지 않으면 작동을 중지한다.

신경망에서 결정적으로 중요한 점은 찾아야 할 특징 집합이 주어지지 않아도 된다는 것이다. 오히려 신경망은 그게 뭐가 됐든 알아서 특징들을 찾으며, 이 과정도 학습의 일부로 이루어진다. 이 점은 신경망의 잠재적인 단점으로 이어진다. 즉, 신경망은 자신이 식별한 '특징'들이 무엇인지 설명하지 않으며, 따라서 결과에 대해 구체적인 설명이나 근거를 제공하지 않는다. 이는 신경망을 맹목적으로 신뢰하기보다는 신중해야 하는 이유 중 하나다.

딥 러닝은 컴퓨터 비전과 관련된 과제에 특히 성공적이었다. 컴퓨터 비전이란 컴퓨터가 영상에 있는 물체를 식별하거나 사람 얼굴 같은 특정 개체를 인식하도록 하는 기술을 말한다. 예를 들어 구글 지도는 사람의 얼굴, 자동차 번호판, 혹은 스트리트 뷰Street View에 있는 주택 번호를 인식하여 흐리게 만든다. 얼굴이면 모두 흐리게 만드는 것은 특정인의 얼굴을 인식하는 것보다 훨씬 쉬운 일이고, 자동차 번호판이나 주택 번호는 흐리게 만들어도 서비스 이용에 지장을 주지 않는다.

컴퓨터 비전은 많은 로봇 공학 응용 분야의 핵심 기술이다. 그중에서도 자율주행 자동차에서 특히 중요한데, 주변의 환경을 해석하고 빠르게 처리할 수 있어야 하기 때문이다.

한편, 얼굴 인식 기술은 각종 우려를 불러일으키고 있다. 가장 명백한 문제는 정교해진 기술이 감시를 강화하는 데 기여할 수 있다는 점이지만, 얼굴 인식은 미묘한 차별도 가능하게 한다.* 대부분의 얼굴 인식 시스템은 유색 인종을 대상으로는 정확도가 떨어지는데, 이는 훈련용 이미지에 인종적 다양성이 부족하기 때문이다. 2020년에 전 세계적으로 인종 차별에 반대하는 시위가 진행되는 동안 주요 기업에서는 얼굴 인식 관련 사업에서 한발 물러나는 움직임을 보였다. IBM은 이 분야를 완전히 떠나겠다고 발표했고† 아마존과 마이크로소프트는 법 집행 기관에 얼굴 인식 기술을 제공하는 것을 유예하겠다고 발표했다. 이들이 관련 분야를 주도하는 기업은 아니어서 사업적 영향은 크지 않았지만, 이러한 상징적인 움직임 이후에 정말로 얼굴 인식 기술 연구를 완전히 접을지는 두고 볼 일이다.‡

딥 러닝의 극적인 성공 사례 중 하나는 체스와 바둑처럼 난이도가 매우 높은 게임을 프로 선수보다 더 잘하는 알고리즘을 만든 것이다. 이런 알고리즘은 사람보다 더 잘 둘 뿐만 아니라, 자가 대국으로 겨우 몇 시간 만에 이 정도 수준까지 학습했다.

알파고AlphaGo는 딥마인드DeepMind(나중에 구글에 인수됐다)에서 개발했고, 프로 바둑 기사를 상대로 승리한 첫 번째 프로그램이었다. 곧이어 나온 알파고 제로AlphaGo Zero는 그보다 상당히 우수한 성능을 보였고, 다음에 나온 알파제로AlphaZero는 바둑 말고도 체스나 쇼기shogi라는 일본 보드 게임

* *www.nytimes.com/2020/06/24/technology/facial-recognition-arrest.html*

† IBM은 얼굴 인식 기술 연구를 그만두었다. *https://www.ibm.com/policy/facial-recognition-sunset-racial-justice-reforms*

‡ 아마존은 얼굴 인식 기술 적용을 유예하였다. *yro.slashdot.org/story/20/06/10/2336230/amazon-pauses police-use-of-facial-recognition-tech-for-a-year*

으로도 확장되었다. 알파제로는 자가 대국으로 게임 방법을 학습했고, 하루 동안 훈련한 후에는 종래 최고의 체스 프로그램인 스톡피시Stockfish를 100전 28승 0패 72무의 성적으로 이겼다.

알파제로는 **강화 학습**reinforcement learning이라는 딥 러닝의 한 형태에 기반을 두고 있다. 강화 학습에서는 외부 환경(게임의 경우 이기는지 지는지)에서 오는 피드백을 통해 계속해서 자신의 성능을 개선한다. 강화 학습은 훈련 데이터가 필요하지 않다. 외부 환경이 알고리즘에 맞는 일을 하고 있는지, 혹은 적어도 맞는 방향으로 가고 있는지 알려 주기 때문이다.

머신러닝을 직접 경험하고 싶다면 구글의 티처블 머신(*teachablemachine.withgoogle.com*)에서 영상 인식이나 소리 인식 같은 과제를 쉽게 시험 삼아 시도할 수 있다.

DATA

093 인공지능과 사람이 쓴 시를 구별할 수 있을까?

자연어 처리natural language processing는 머신러닝의 하위 분야로, 컴퓨터가 인간의 언어를 처리하게 하는 방법을 다룬다. 즉, 어떤 텍스트가 주어졌을 때 그 의미가 무엇인지 이해하고, 내용을 요약하고, 다른 언어로 번역하고, 음성으로 변환하며(또는 음성을 텍스트로 변환), 심지어 사람이 작성한 것처럼 보이는 의미 있는 텍스트를 생성하기도 한다. 오늘날 시리나 알렉사처럼 음성으로 구동되는 시스템에 자연어 처리가 적용된다. 이러한 시스템은 음성을 인식하여 텍스트로 변환하며, 질문의 의미를 파악하고,

관련된 답을 검색한 다음, 자연스러운 음성 응답을 합성해서 출력한다.

어떤 문서가 무엇에 관한 것이고, 그 의미는 무엇이며, 하고 있는 일과 어떻게 관련되어 있는지 컴퓨터가 알려 줄 수 있을까? 긴 문서를 요약하거나 개요를 정확하게 생성할 수 있을까? 같은 소식을 다른 관점으로 다룬 뉴스처럼 서로 관련된 텍스트를 찾거나 밀접하게 연관된 법적 소송 사례를 대신 찾을 수 있을까? 표절을 안정적으로 탐지할 수 있을까? 이 모두가 컴퓨터가 언어를 더 잘 이해하게 된다면 해결할 수 있는 문제다.

감성 분석sentiment analysis은 언어 이해에서 특별히 흥미로운 영역이다. 감성 분석에서는 어떤 텍스트가 기본적으로 긍정적인지 부정적인지를 판별하려고 한다. 이 기술은 고객 의견과 사용 후기, 설문조사 응답, 뉴스 기사 등을 평가하는 데 이용된다.

얼핏 생각하면 긍정적인 단어(훌륭한, 대단한, 견실한, 천재적인 등)와 부정적인 단어(형편없는, 멍청한 등)의 수를 세고, 어떤 게 더 많은지 파악하는 것으로 충분해 보인다. 하지만 이 접근 방식은 기본적으로 언어의 미묘함을 제대로 담아내지 못한다. 단순한 부정형('그는 견실하지도 천재적이지도 않다')만 해도 까다롭고, 반어법과 비꼬기('그는 훌륭한 것과는 거리가 멀다')는 훨씬 더 어렵다.

인공지능의 또 다른 도전 과제는 사람과 거의 비슷한 수준으로 대화를 이어 가는 것이다. 이 문제는 컴퓨터 지능을 판별하는 튜링 테스트를 떠올리게 한다(1부 뒷부분에서 설명한 바 있다). 지능적인 대화를 하려면 상대방이 말한 내용을 이해하고 적절한 응답을 생성해야 한다.

자연어를 이용해서 컴퓨터와 소통하려 했던 초기 시도 중 하나는 일라이자Eliza라는 프로그램이었다. 일라이자는 로저스 학파* 심리 치료사가 환

* (옮긴이) 미국 심리학자 칼 로저스(Carl Rogers)가 개척한 인간 중심 치료 이론을 따르는 학파다. 상담을 통해 환자를 치료하는 방식을 취한다. *ko.wikipedia.org/wiki/인간_중심_치료*

자와 나누는 대화 방식을 모방한다. 일라이자는 1966년에 MIT 대학 교수인 요제프 바이첸바움Joseph Weizenbaum*이 만들었으며 의외로 효과적이었는데, 적어도 처음 사용할 때는 그랬다. 웹에 일라이자 시뮬레이터가 많이 있다. 몇 분 동안 갖고 놀기에는 재미있지만, 약점이 금방 드러난다. 그림 IV.10은 한 일라이자와 나눈 대화의 일부다.†

> 일라이자: 반갑습니다. 어떤 문제가 있는지 말씀해 주세요.
>
> 사용자: 책을 쓰는 건 어려운 일이야.
>
> 일라이자: 그것이 당신에게 어떤 의미가 있을까요?
>
> 사용자: 뭔가 다른 일을 해야 할까?
>
> 일라이자: 좀 긍정적일 수는 없나요?
>
> 사용자: 확실히 뭔가 다른 일을 해야겠어.
>
> 일라이자: 꽤 흥미롭군요.
>
> 사용자: 그래?
>
> 일라이자: 흥미로워요. 계속 얘기해 봐요.

그림 IV.10 일라이자와 나눈 '대화'

챗봇은 1966년 이래 성능이 좋아졌지만, 역시나 금방 한계를 알아챌 수 있다. 어떤 회사의 고객센터에 전화했을 때, 다음과 같이 말하는 ARS 서비스 안내 음성을 들은 적이 있을 것이다.

* (옮긴이) 요제프 바이첸바움은 독일계 미국인 컴퓨터과학자이자 MIT의 교수였다. 정보와 컴퓨터 윤리 분야에 공헌한 사람에게 주어지는 바이첸바움상(Weizenbaum Award)은 그의 이름을 따서 명명되었다. 현대 인공지능의 아버지 중 한 명으로 간주된다. *en.wikipedia.org/wiki/Joseph_Weizenbaum*

† *www.masswerk.at/elizabot*

"어떤 도움이 필요한지 말씀해 주세요. 결제대금 조회, 잔액 확인, 한도 조회, 또는 상담원 연결이라고 말씀하시면 됩니다."

음성 인식 소프트웨어는 사용자의 응답에서 키워드를 찾은 후, 사용자를 또 다른 불만스러운 절차로 보낸다. 그러나 프로그램이 실제로 의미를 이해한 것은 아니므로, 사용자가 겪는 문제가 키워드 중 하나와 정확히 일치하지 않으면 원하는 서비스로 가기 어렵다. 나는 대개 시키는 대로 하지 않고 계속 0번을 눌러서 전체 과정을 건너뛴다. 그렇게 하면 보통은 진짜 사람이 연결되어 도움을 받을 가능성이 훨씬 커진다.

대량의 텍스트로 훈련한 언어 모델에 기반을 둔 더 정교한 시스템은 더 나은 결과를 생성한다. 하지만 챗봇처럼 사람과의 특정한 상호작용을 통한 응답 형태로 결과를 생성하지는 않는다. 한 가지 흥미로운 예는 '토크 투 트랜스포머Talk to Transformer'라는 소프트웨어인데, 사용자가 어떤 문장을 제공하면 그럴듯하게 이어지는 문장을 생성한다.* 이 소프트웨어는 웹페이지 8백만 개에서 비롯된 데이터베이스를 기반으로 구현되었고, 이전에 나온 모든 단어에서 도출된 패턴을 바탕으로 다음에 나올 단어들을 예측한다. 다음은 '책을 쓰는 건 어려운 일이다.'를 첫 번째 문장으로 제공했을 때 나온 두 가지 결과다.

책을 쓰는 건 어려운 일이다. 뜻이 통하면서, 독특하고, 당신의 이름과 비전을 담은 내용을 찾아내려고 노력하라. 저작권자가 당신이 그들의 책을 허락 없이 베끼고 있다고 주장하거나 소송을 제기할 수도 있다. 그 모든 일을 처리하면서 가능한 한 최고의 책을 쓸 수 있어야 한다.

책을 쓰는 건 어려운 일이다. 그리고 이 일을 제대로 하는 것은 중요하다. 너무 많은 작

* *inferkit.com*

가들이 이 점을 이해하지 못한다. 나는 '내가 쓰고 싶은 책'을 내놓기 위해 인생의 오랜 시간을 투자했다. 작년 한 해 동안 신작 《처음에 제대로 하기》는 열렬한 지지와 함께 성공을 거뒀다. 나는 편집자와 독자에게 감사와 격려의 편지를 받았다.

뜻밖의 상황이 겹치면서 2020년 봄 학기에 '시와 컴퓨팅'이라는 과목을 공동으로 강의했다.* 수업에서 다음 주제로 토론을 했다. '컴퓨터가 사람만큼 시를 잘 쓸 수 있을까?' 이는 튜링 테스트를 더 좁은 영역에 적용한 사례이다. 이를 판단하기 위해서는 명확하게 정의하기 어려운 조건도 고려해야 하므로, 확실히 대답할 수 없다. 하지만 재미 삼아 그림 IV.11에 여러분이 감정할 수 있도록 세 편의 시를 담아 보았다. 사람이 썼을까, 프로그램이 썼을까? 답은 잠시 뒤에 밝히겠다.

기계 번역, 즉 컴퓨터로 한 언어를 다른 언어로 번역하는 것은 오래된 문제다. 1950년대에 사람들은 기계 번역이 1960년대에는 해결될 문제라고 확신했다. 1960년대에는 1970년대에 가능할 것이라고 예측했다. 안타깝게도 아직 그 수준에 도달하지 못했지만, 상황은 예전보다 훨씬 나아졌다. 컴퓨팅 성능이 좋아졌고, 머신러닝 알고리즘을 훈련하는 데 사용하는 대량의 텍스트가 마련된 덕분이다.

기계 번역에서 고전적인 도전 과제는 영어 표현 'the spirit is willing but the flesh is weak(정신은 기꺼이 하고자 하나 육체는 약하다)'를 러시아어로 번역했다가 다시 영어로 번역하는 것이다. 속설에 따르면, 초반에는 문장을 거듭 번역했을 때 'the vodka is strong but the meat is rotten(보드카는 세지만 고기는 썩었다)'라는 문장이 되었다고 한다. 요즘 구글 번역은

* (옮긴이) *humstudies.princeton.edu/courses/interdisciplinary-studies-in-the-humanities-when-worlds-collide-poetry-and-computation/*

(A)

Illegibility of this
World. All twice-over.
Robust Clocks
agree the Cracked-Hour,
hoarsely.
You, clamped in your Depths,
climb out of yourself
for ever.

판독 불가능한
이 세상. 두 번째 시도도 실패.
견고한 시계들도
갈라진 시간에 동의한다.
거친 소리를 내며.
당신, 내면 깊은 곳에 묶인 채,
자신에서 기어 나오라
영원히.

(B)

Listening to find
she hides deep within her
yet in mortal reach.

찾으려고 귀를 기울이며
그녀는 내면 깊숙이 숨지만
필멸의 손길을 벗어나지 못하네.

(C)

WHAT was the use of not leaving it there where it would hang what was the use if there was no chance of ever seeing it come there and show that it was handsome and right in the way it showed it. The lesson is to learn that it does show it, that it shows it and that nothing, that there is nothing, that there is no more to do about it and just so much more is there plenty of reason for making an exchange.

그것이 있을 자리에 그것을 걸어 두고 오지 않은 게 무슨 소용이 있었을까 그것이 그곳에 가서 자신이 멋지고 자신을 드러낸 방식 그대로 옳다는 것을 보여 주는 모습을 볼 기회가 없다면 무슨 소용이 있었을까. 교훈은 그것이 그것을 정말로 보여 준다는 점, 그것을 보여 준다는 점과 아무것도 없다는 점, 그곳에 아무것도 없다는 점, 그것에 대해 더 이상 할 일이 없고 맞바꿔야 할 이유가 그저 너무 많다는 점을 아는 것이다.

그림 IV.11 세 편의 시. 어느 것을 프로그램이 썼고 어느 것을 사람이 썼을까?

그림 IV.12처럼 번역한다.* 더 낫긴 하지만 결코 완벽하지는 않고, 기계 번역이 아직 해결되지 않은 문제라는 것을 명확히 보여 준다(구글의 알고리즘은 자주 바뀌므로 여러분이 시도했을 때는 다르게 나올 수도 있다).

the spirit is willing but the flesh is weak.	×	дух желает, но плоть слаба.
дух желает, но плоть слаба.	×	the spirit desires, but the flesh is weak.

그림 IV.12 영어에서 러시아어로 번역했다가 다시 영어로 번역하기

오늘날 기계 번역은 어떤 텍스트가 무슨 내용인지 개략적으로 파악하는 데 도움이 된다. 특히 여러분이 전혀 모르는 언어나 문자로 구성된 텍스트일 때 유용하다. 하지만 세부 내용이 틀릴 때가 많고 전반적인 뉘앙스는 원문을 완전히 벗어난다.

DATA 094 요약

머신러닝은 만병통치약이 아니며, 머신러닝이 얼마나 잘 작동하는지 알기 위해서 풀어야 할 문제가 많이 있다. 특히 머신러닝이 내놓는 결과를 어떻게 설명할지에 대한 의문은 해결되지 않았다. 그림 IV.13에 나오는 xkcd 만화는 이 점을 완벽하게 표현한다.

* (옮긴이) 그림 IV.12의 마지막 번역 결과를 우리말로 옮기면 '정신은 원하지만 육체는 약하다'이다.

그림 IV.13 머신러닝을 다룬 만화 xkcd.com/1838

인공지능과 머신러닝은 컴퓨터 비전, 음성 인식과 생성, 자연어 처리, 로봇 공학, 이외 다른 많은 영역에서 획기적인 발전을 가져왔다. 동시에 공정성, 편향성, 책임 소재, 적절한 윤리적 사용 문제에 관한 심각한 우려를 불러일으킨다. 아마도 가장 중요한 문제는 머신러닝 시스템이 내놓는 답이 '맞아 보일' 수 있지만 이것이 학습한 데이터에 내재한 편향성을 반영하고 있다는 점이다.

훈련 데이터에 존재하는 부수적 요소 때문에 머신러닝 알고리즘이 잘못된 방향으로 학습할 가능성도 있다. 일례로 어떤 연구에서 만든 알고리즘이 훈련용 사진에 있는 탱크는 아주 잘 탐지했지만 실제 탱크를 탐지하는 일에는 실력이 형편없었다고 한다. 나중에 원인을 알아보니 훈련용 사진 대부분이 밝은 날에 찍힌 것이어서 알고리즘이 탱크가 아니라 좋은 날씨를 인식하도록 학습한 것이었다. 유감스럽게도, 이 이야기는 그원 브란웬 Gwern Branwen*이 블로그(*www.gwern.net/Tanks*)에 정리한 것처럼 흥미로운 도시 전설에 불과하다. 하지만 이 이야기가 사실이 아닐지라도 한 가지 교훈을 전달한다. 본질과 무관한 부수적 요소 때문에 잘못된 방향으로 가지 않도록 유의해야 한다는 점이다.

머신러닝 알고리즘이 자신이 학습한 데이터보다 나은 결과를 내놓을 수 있을까? 아마존은 채용에 사용했던 내부 평가 도구를 폐기했는데, 여성 지원자에게 확실히 불리하게 작용하는 편향성을 보였기 때문이다. 아마존이 사용한 모델은 10년간 회사에 제출된 이력서 패턴을 관찰하여 채용 후보를 평가했다. 하지만 그 기간에는 대부분의 지원자가 남성이었고, 훈련 데이터는 현재 지원자 집단을 제대로 담아내지 못했다. 그 결과 시스템은 남성 지원자를 선호하도록 학습했다. 요약하자면 어떤 인공지능이나 머신러닝 시스템도 입력 데이터보다 나을 수 없고, 시스템이 데이터에 내재된 편향성을 강화하는 방향으로 학습할 확률이 심각할 정도로 높다.

예를 들어 보자. 컴퓨터 비전 시스템은 얼굴을 식별하고, 가끔은 상당히 높은 정확도를 보여 준다. 이 시스템은 휴대전화나 사무실 출입구 잠금을 푸는 등 좋은 목적으로 사용될 수 있지만, 더 우려스러운 용도로 쓰일 수도 있다. 아마존 링Amazon Ring 같은 스마트 도어벨 시스템은 여러분의 집 주변에서 무슨 일이 일어나는지 모니터링하고 뭔가 수상쩍은 일이 발생하면 여러분과 지역 경찰에게 경보를 보낸다. 만약 이 시스템이 백인이 주류인 동네에서 유색인종을 '수상쩍음'으로 표시하기 시작한다면 이는 인종차별을 기계화하는 것으로 볼 수 있다.

이러한 문제에 대한 우려 때문에 아마존은 2020년 중반에 경찰이 자사

* (옮긴이) 다크넷 마켓, 비트코인 개발에 참여했고 《와이어드(Wired)》를 포함한 다양한 매체에 기고하는 칼럼니스트이다. 개인 블로그를 운영하고 있다. *www.gwern.net*

의 레코그니션Rekognition 소프트웨어를 사용하는 것을 한시적으로 중단했다.* 이 조치는 미국에서 인종적 편견과 경찰의 과잉 진압에 반대하는 시위가 광범위하게 펼쳐지던 시기에 이루어졌다. 얼마 후 클리어뷰 AI라는 회사를 상대로 몇 건의 소송이 제기되었다.† 이 회사는 웹에 있는 수십억 장의 사진을 가지고 얼굴 데이터베이스를 만들어서 법 집행 기관이 사용하도록 제공했다. 클리어뷰 AI는 공개적으로 이용 가능한 정보를 수집하는 것은 미국 수정 헌법 제1조의 언론 자유 조항으로 보호된다고 주장하였다.

컴퓨터 비전 시스템은 다양한 감시 시나리오에 사용된다. 어떤 한계가 있을까? 테러 주동자일 가능성이 있는 인물의 위치를 파악하는 군용 시스템이 그런 인물을 식별했을 때 드론 공격을 요청할 수 있게 해야 할까? 이런 종류의 결정을 기계화하는 것을 어디까지 허용해야 할까? 더 일반적으로 보면, 자율주행 자동차, 오토파일럿‡, 산업용 제어 시스템, 그 외 다수의 안전 필수 시스템safety-critical system에서 머신러닝을 어떻게 다뤄야 할까? 평가 또는 검사 기준으로 삼을 만한 확실한 동작 방식이 보장되지 않는다면, 머신러닝 모델이 어떤 상황에서도 재난을 초래할 만한 절차(예를 들어 갑자기 자율주행 자동차를 가속하거나 군중에게 미사일을 발사하는 등)를 택하지 않을 것임을 어떻게 보장할 수 있을까?

가끔은 형사 사법 제도에서 범죄 혐의로 기소된 사람이 재범 가능성이 있는지 예측하고자 머신러닝 모델을 이용한다. 이 모델은 보석과 형량을 결정하는 데 영향을 준다. 여기서 문제는 훈련 데이터가 현재 상황을 반영

* 아마존 레코그니션: *www.nytimes.com/2020/06/10/technology/amazon-facial-recognition-backlash.html*

† 클리어뷰 AI 소송: *www.nytimes.com/2020/08/11/technology/clearview-floyd-abrams.html*

‡ (옮긴이) 선박, 항공기, 우주선 등을 자동으로 조종하기 위한 장치를 뜻한다. 전기차 회사인 테슬라(Tesla)의 '오토파일럿'은 당사의 주행 보조 시스템에 붙인 이름으로 일종의 고유명사이다.

한다는 것인데, 이는 곧 인종, 성별, 다른 특성에 기초한 제도적 불평등이 데이터에 반영됐을 가능성을 보여 준다. 이러한 데이터에서 편향성을 제거하는 것은 어려운 문제다.

여러 가지 면에서 인공지능과 머신러닝 연구는 여전히 초기 단계에 있다. 기술은 우리에게 계속해서 혜택을 주기도 하겠지만 결점 또한 계속 나타날 것이고, 우리는 이를 인식하고 통제하는 데 경계를 늦춰서는 안 된다.*

441쪽 그림 IV.11 문제의 답을 살펴보자. (A)와 (C)는 사람이 쓴 시로, 각각 파울 첼란Paul Celan의 〈판독 불능Illegibility〉과 거트루드 스타인Gertrude Stein의 〈걸려 있는 우산A Mounted Umbrella〉이라는 작품이다. (B)는 레이 커즈와일Ray Kurzweil의 사이버네틱 포엣Cybernetic Poet 프로그램이 생성한 시로, 그의 홈페이지(*www.kurzweilcyberart.com/poetry/rkcp_additional_poetry_samples.php*)에서 찾아볼 수 있다.

* 이 주제의 주요 아이디어는 솔론 바로카스(Solon Barocas), 모리츠 하르트(Moritz Hardt), 아르빈드 나라야난(Arvind Narayanan)이 쓴 온라인 책 《공정성과 머신러닝: 한계와 기회(Fairness and Machine Learning: Limitations and Opportunities)》를 참고했다.

DATA

095 숨길 게 없다면 괜찮을까?

"어쨌든 당신에게 프라이버시란 없다. 그냥 잊고 살아라."

– 스콧 맥닐리, 1999*

"기술 발달 덕분에 과거에는 상상력이 풍부한 SF 소설에서만 보던 전방위적인 감시가 이제 가능해졌다."

– 글렌 그린월드, 2014†

디지털 기술은 우리에게 엄청나게 많은 혜택을 가져다주었고, 그런 기술이 없다면 우리의 삶이 훨씬 덜 윤택할 것이다. 그러나 동시에 기술은 개인의 프라이버시와 보안에 크게 부정적인 영향을 주었고 (저자로서의 견해를 덧붙이면) 이러한 현상은 점점 악화되고 있다. 프라이버시 침해 현상 중 일부는 인터넷이나 인터넷이 지원하는 애플리케이션과 관련 있지만, 일부는 디지털 장치가 작아지고 저렴해지고 빨라지는 경향에서 비롯된 부산물일 뿐이다. 처리 성능 향상, 저장 용량과 통신 대역폭 증가가 결합되면서 여러 출처에서 개인정보를 수집, 보존하고, 효율적으로 통합, 분석하고, 널리 퍼뜨리는 일이 쉬워졌고, 이 모든 일이 아주 적은 비용으로도 가능해졌다.

프라이버시privacy는 한 사람의 개인적 삶의 여러 측면이 타인에게 알려지지 않도록 하는 권리와 능력이다. 나는 정부나 기업이 내가 뭘 사고, 누

* 스콧 맥닐리(Scott McNealy)는 썬 마이크로시스템즈의 공동 창업자다.

† Glenn Greenwald, *No Place to Hide*, Picador, 2014. 《스노든 게이트》, 모던아카이브, 2017.

구와 통신하고, 어디로 여행하고, 무슨 책을 읽고, 어떤 오락거리를 즐기는지 모조리 알기를 원하지 않는다. 이 모든 것은 내 개인적인 일이며, 내가 명시적으로 허락할 때만 다른 사람이 알 수 있어야 한다. 이 말은 내가 보통 사람에 비해 알려지면 곤란한 비밀이 많다는 뜻이 아니라, 기본적으로 자기 생활과 습관이 타인에게 공유되지 않음을 알고 안심할 수 있어야 한다는 뜻이다. 특히나 나에게 무언가 팔고 싶어 하는 사업 관계자, 또는 접근 의도와 무관하게 정부 기관에는 공유되지 않아야 한다.

사람들은 가끔 '난 신경 안 써요. 숨길 게 없거든요.'라고 말한다. 이는 순진무구하고 어리석은 생각이다. 누군가가 여러분의 집 주소, 전화번호, 납세 신고서, 이메일, 신용 평가, 의료 기록, 여러분이 걷거나 운전한 경로, 연락을 주고받은 사람들의 목록을 알고 있기를 바라는가? 아마 아닐 것이다. 하지만 그 모든 정보는(납세 신고서와 의료 기록까지는 아니어도) 데이터 브로커에게 제공될 가능성이 있고, 그들은 다른 이들에게 이 정보를 판매할 수 있다.

보안security이라는 단어는 사용 주체에 따라 의미가 달라진다. 정부는 보안을 '국가 안보'라는 의미로 사용한다. 즉, 국가 전체를 테러나 다른 국가의 위협에서 보호한다는 뜻이다. 기업은 보안을 범죄자나 다른 기업으로부터 자산을 보호하는 일을 나타내는 말로 사용한다. 개인에게 보안은 흔히 프라이버시와 함께 다뤄진다. 사생활의 많은 부분이 다른 사람에게 알려지기 쉽다면, 안전을 위협받는다고 느끼기 때문이다. 특히 인터넷은 개개인의 보안에 큰 영향을 미쳤는데(물리적인 면보다는 재정적인 면에서), 여러 곳에서 비공개 정보를 쉽게 수집할 수 있게 했고 침입자에게 우리 삶을 노출해 버렸기 때문이다.

개인 프라이버시와 온라인 보안 문제가 걱정된다면 다른 사람보다 최신 기술을 잘 익혀 두는 것이 필수적이다. 기본 지식이 있으면 정보가 적은 사람들보다 훨씬 더 잘 대처할 수 있다. 3부에서 보안 수준을 높이기 위해 웹 브라우저와 휴대전화를 설정하는 구체적인 방법을 알아보았다(363쪽 참고). 이후 살펴볼 주제는 프라이버시 침해 속도를 늦추고 보안을 개선하기 위해 개인이 취할 수 있는 대책에 관한 것이다. 하지만 프라이버시와 보안은 방대한 주제이므로, 이 책에 나온 이야기는 전체가 아닌 일부에 불과하다는 것을 명심하자.

DATA 096 둘이서만 공유하는 비밀 키 암호 기법

암호 기법cryptography, 즉 '남이 모르게 쓰는secret writing' 기술은 프라이버시 침해 공격에 대한 최선의 방어책이다. 암호 기법을 적절하게 적용할 때 그 효과는 놀랍도록 유연하고 강력하다. 유감스럽게도 좋은 암호 기법은 그만큼 어렵고 교묘하며, 인간의 실수 때문에 너무나 자주 실패한다.

암호 기법은 수천 년 동안 상대방과 은밀한 정보를 교환하는 데 사용됐다. 율리우스 카이사르Julius Caesar는 비밀 메시지에 있는 각 글자를 세 자리씩 옮기는 간단한 암호화 방식(카이사르 암호Caesar cipher)을 사용했는데, A는 D가 되고 B는 E가 되는 식이었다. 따라서 'HI JULIUS'라는 메시지는 'KL MXOLXV'로 인코딩된다. 이 알고리즘은 각 글자를 13자리만큼 옮기는 rot13이라는 프로그램으로 이어져서 남아 있다. 이 프로그램은 뉴스 그룹에서 스포일러와 불쾌한 자료를 어쩌다가 보지 않도록 숨기는 데 사용되지만, 암호 기법으로는 쓰이지 않는다(영문으로 된 텍스트를 13자리씩 옮기는 것을 두 번 해보면, 이 기법이 얼마나 허술한지 금방 눈치챌 것이다).

암호 기법의 역사는 길다. 암호 기법은 암호화하면 자신의 비밀이 안전하게 지켜지리라 믿었던 사람들에게 종종 예상 밖의 경험을 안겨 주었으며, 가끔은 그들을 위험한 지경에 몰아넣었다. 스코틀랜드의 여왕 메리Mary는 허술한 암호 기법 때문에 1587년에 참수됐다. 그녀는 엘리자베스 1세를 폐위시키고 자신을 왕좌에 앉히고 싶어 하는 공모자들과 메시지를 주고받았다. 하지만 암호 체계가 간파되었고 중간자 공격을 통해 모의 내용과 협력자의 이름이 밝혀졌다. 그들은 차라리 참수되는 편이 나을 정도로 끔찍한 최후를 맞았다.* 제2차 세계 대전 당시 일본 연합 함대의 총사령관이었던 야마모토 이소로쿠山本五十六 제독은 일본 암호화 체계의 보안성 부족 때문에 1943년에 목숨을 잃었다. 미국의 정보기관이 야마모토의 비행 계획을 알아내, 미군 전투기 조종사들이 그가 탄 비행기를 격추했다. 그리고 보편적으로 받아들여지지는 않지만, 에니그마Enigma 기계(그림 IV.14)로 암호화된 독일 군용 통신을 영국군이 앨런 튜링의 컴퓨팅 기술과 전문 지식을 사용하여 해독할 수 있었던 덕분에 2차 대전 기간이 크게 단축됐다는 주장이 있다.†

암호 기법의 기본 아이디어를 살펴보자. 앨리스Alice와 밥Bob이 통신을 하려고 한다. 그들은 교환되는 메시지를 적수가 읽게 되더라도 내용은 비공개로 유지하면서 메시지를 주고받기를 원한다. 그러기 위해서 앨리스와 밥은 다른 사람은 모르지만 둘만 이해할 수 있게 메시지를 변형했다가 복

* Simon Singh, *The Code Book*, Anchor, 2000. 《비밀의 언어》, 인사이트, 2015. 일반적인 독자가 즐겁게 읽을 만한 암호 기법의 역사. 배빙턴 음모 사건(Babington Plot, 스코틀랜드의 여왕 메리를 왕위에 올리려 했던 시도)은 매우 흥미진진하다.

† 1944년에 만들어져 독일 해군이 사용하던 에니그마가 2020년에 경매에서 437,000달러에 판매된 바 있다. *www.zdnet.com/article/rare-and-hardest-to-crack-enigma-code-machine-sells-for-437000*

그림 IV.14 독일군의 에니그마 암호 기계*

원할 수 있도록 일정하게 공유된 비밀을 가지고 있어야 한다. 이 비밀을 키key라고 한다. 예를 들어, 카이사르 암호에서 키는 알파벳이 옮겨지는 자릿수, 즉 A를 D로 바꾸기 위한 3 같은 값이 된다. 에니그마 같은 복잡한 기계식 암호화 장치에서 키는 여러 개의 코드 휠 설정과 한 벌의 플러그 배선 연결을 조합한 것이다. 현대 컴퓨터 기반 암호화 체계에서 키는 어떤 알고리즘에 사용되는 큰 비밀 수다. 이 알고리즘은 그 비밀 수를 모르면 메시지 복원이 불가능할 정도로 메시지의 비트를 크게 변형시킨다.

암호 기법 알고리즘은 다양한 방법으로 공격받을 수 있다. 각 기호의 출현 횟수를 세는 빈도 분석frequency analysis은 카이사르 암호나 신문 퍼즐의

* *commons.wikimedia.org/wiki/File:EnigmaMachine.jpg*

간단한 대체 암호*를 풀 때 잘 통한다. 빈도 분석에 대비하려면 모든 기호가 유사한 비율로 사용되도록 하고 암호화된 형태에서 분석해 낼 패턴이 없도록 만드는 알고리즘을 마련해야 한다. 또 다른 공격 방법에는 기지 평문known plaintext 공격과 선택 평문chosen plaintext 공격이 있다. 기지(이미 아는) 평문 공격은 이전에 사용된 평문과 암호 메시지 쌍을 입수하여 키를 추측하는 방식이며, 선택 평문 공격은 임의의 평문을 선택해 그 평문을 암호화한 메시지를 입수하여 키를 추측하는 방식이다. 좋은 알고리즘은 이러한 모든 공격을 견딜 수 있어야 한다.

암호 기법을 사용할 땐 암호 체계가 이미 알려져 있고 적수가 이를 완벽하게 이해하고 있어 모든 보안은 키에 달려 있다고 가정해야 한다. 그렇지 않고 어떤 암호 체계가 사용되었고 어떤 원리로 작동하는지 적수가 이해하고 있지 않다고 가정하는 것을 **모호함에 의한 보안**security by obscurity이라고 하는데, 혹시나 작동하더라도 결코 오래가지 않는다. 누군가가 자신의 암호 체계가 완벽하게 안전하다고 말하면서 어떻게 작동하는지 알려 주지 않는다면, 그 체계는 안전하지 않다고 확신해도 된다.†

암호 체계는 개방형 환경에서 개발하는 것이 필수적이다. 암호 체계의 취약점을 찾아내려면 가능한 한 많은 전문가의 경험이 필요하다. 그렇게 하더라도 체계가 제대로 작동할지 확신하기 어렵다. 알고리즘의 약점은 초기 개발과 분석 단계 훨씬 이후에 발견되기도 한다. 코드에는 버그가 있을 수 있는데, 실수로 또는 악의적으로 삽입된다. 게다가 의도적으로 암호 체계를 약화하려는 시도도 있다. 예를 들면 NSA가 중요한 암호 표준에 사

* (옮긴이) '신문 퍼즐의 간단한 대체 암호'는 '크립토그램(cryptogram)'이라고도 하며, 영미권 신문에 나오는 퍼즐에 사용되는 암호 방식이다. 이 퍼즐에서는 알파벳을 바꿔 놓은(가령 A를 H로, B를 T로) 문장이 제시되고 독자는 원래 문장을 알아내야 한다.

† 브루스 슈나이어는 왜 아마추어 암호 기법이 통하지 않는지 몇 개의 짧은 글을 썼다. *www.schneier.com/blog/archives/2015/05/amateurs_produc.html*

용하는 난수 발생기에 결정적인 매개변수를 정의하려고 했던 것이 이런 시도이다.*

비밀 키 암호 기법

오늘날에는 근본적으로 서로 다른 두 암호 체계가 사용되는데, 둘 중 더 오래된 방식은 보통 **비밀 키 암호 기법**secret-key cryptography 또는 **대칭 키 암호 기법**symmetric-key cryptography이라고 한다. '대칭 키'라는 이름이 암호화와 복호화에 같은 키를 사용한다는 특징을 더 잘 나타내지만, '비밀 키'라는 이름은 다른 암호 체계(비교적 최근에 등장한)의 이름인 공개 키 암호 기법public-key cryptography과 더 잘 대비된다. 공개 키 암호 기법은 97일 차에 다룬다.

비밀 키 암호 기법에서는 같은 비밀 키를 사용하여 메시지를 암호화하고 복호화한다. 이 비밀 키는 메시지를 교환하고자 하는 모든 당사자에게 공유된다. 모두 알고리즘을 완전히 이해하고 있고 알고리즘에 결함이나 약점이 없다고 가정하면, 메시지 암호를 해독하는 유일한 방법은 **무차별 대입 공격**brute force attack이다. 이는 가능한 모든 비밀 키를 시도해서 암호화에 사용된 키를 찾는 방법이다. 무차별 대입 공격은 보통 시간이 오래 걸린다. 만약 키가 N비트라면 키를 찾는 데 드는 노력은 대략 2^N에 비례한다. 하지만 무차별 대입이 어리석은 방법은 아니다. 공격자는 긴 키보다 짧은 키를 먼저 시도하고 가능성이 낮은 것보다 그럴듯한 키를 먼저 시도한다. 예를 들면, 공격자는 'password'와 '12345'같이 흔한 단어나 숫자 패

* 로널드 리베스트(Ronald Rivest)는 "Dual-EC-DRBG 표준은 사용자 주요 정보를 (다른 누구도 아닌) NSA에 명시적으로 유출할 수 있게 NSA가 설계했을 가능성이 매우 크다. 이 표준에는 분명히(거의 틀림없이) NSA가 비밀리에 접근할 수 있는 '백도어'가 있을 것이다."라고 말했다. *www.nist.gov/public_affairs/releases/upload/VCAT-Report-on-NIST-Cryptographic-Standards-and-Guidelines-Process.pdf*

턴을 기반으로 하는 **사전 공격**을 시도한다. 공격 대상자가 무성의하거나 부주의하게 키를 골랐다면 이런 공격은 매우 성공적이다.

2000년대 초반까지 가장 널리 사용된 비밀 키 암호 알고리즘은 1970년대 초에 IBM과 NSA가 개발한 DESData Encryption Standard, 데이터 암호화 표준였다. NSA가 DES로 암호화된 메시지가 쉽게 해독되도록 은밀한 백도어 메커니즘을 마련해 두었다는 의혹이 있었지만, 사실로 확인된 적은 없다. 어쨌든 DES는 56비트 키를 이용했는데, 컴퓨터 처리 속도가 빨라짐에 따라 56비트는 너무 짧은 길이가 되었다. 1999년에는 꽤 저렴한 특수 목적 컴퓨터를 사용하여 하루 동안 무차별 대입 연산을 수행하면 DES 키를 찾아냈다. 이 때문에 더 긴 키를 이용하는 새로운 알고리즘이 만들어졌다.

그중 가장 널리 사용되는 것은 AESAdvanced Encryption Standard, 고급 암호화 표준다. 이 표준은 미국국립표준기술연구소National Institute of Standards and Technology, NIST가 후원한 세계적인 공개 대회를 통해 개발됐다. 세계 곳곳에서 알고리즘 수십 개가 제출되었으며 치열한 공개 테스트와 평가가 이루어졌다. 벨기에 암호학자 조엔 데먼Joan Daemen과 빈센트 레이먼Vincent Rijmen이 만든 레인달Rijndael이 우승했고, 2002년에 미국 정부의 공식 표준이 됐다. 이 알고리즘은 공개되어 있어 누구나 라이선스나 수수료 없이 사용할 수 있다. AES는 128비트, 192비트, 256비트의 세 가지 키 길이를 지원하므로 쓸 수 있는 키가 많이 있으며, 어떤 약점이 발견되지 않는 한 한동안은 무차별 대입 공격이 통하지 않을 것이다.

약간의 계산을 통해 정말 그러한지 가늠해 보자. 만약 GPU처럼 전문화된 프로세서가 초당 10^{13}번의 연산을 수행한다면, GPU 100만 개로는 초당 10^{19}번의 연산을 수행할 수 있다. 이는 연간 약 3×10^{26}번이며, 2^{90} 정도 된다. 이 값은 2^{128}에 한참 못 미치므로 AES-128만 돼도 무차별 대입 공격에서 안전하다.

AES를 비롯한 비밀 키 체계에서 어려운 문제는 **키 분배**key distribution이다. 통신 중인 각 당사자가 키를 알아야 하므로 키를 각자에게 전달할 안전한 방법이 있어야만 한다. 쉽게 생각하면 저녁 식사를 하자며 모두를 집에 모이도록 하는 것만큼 간단할 수도 있지만, 일부 참가자가 적대적 환경에 있는 간첩이나 반체제 인사라면 비밀 키를 보내기 위한 안전하고 확실한 채널이 없을 수도 있다. 또 다른 문제는 **키 확산**key proliferation이다. 서로 관련 없는 여러 당사자들과 각각 은밀한 대화를 하려면 각 그룹에 별도의 키가 필요하므로 키 분배 문제가 더 어려워진다. 이 같은 까다로움 때문에 새로운 암호 체계인 공개 키 암호 기법이 개발됐다.

DATA 097 공개 키 암호 기법과 닫힌 자물쇠

공개 키 암호 기법

공개 키 암호 기법은 비밀 키 암호 기법과는 완전히 다른 아이디어로, 스탠퍼드 대학의 휫필드 디피Whitfield Diffie와 마틴 헬먼Martin Hellman이 랄프 머클Ralph Merkle*의 아이디어 일부를 사용하여 1976년에 발명했다. 디피와 헬먼은 이 업적으로 2015년 튜링상을 공동 수상했다. 이 아이디어는 영국 정보기관 GCHQGovernment Communications Headquarters의 암호학자인 제임스 엘리스

* (옮긴이) 랄프 머클은 미국의 컴퓨터과학자로, 공개 키 암호 체계의 초기 형태를 연구하여 공개 키 암호 기법 발명에 큰 영향을 주었으며, 현재는 공개 키 암호 기법의 공동 발명자로 인정받고 있다. 암호 해시 함수(cryptographic hash function)를 발명하기도 했다. *en.wikipedia.org/wiki/Ralph_Merkle*

James Ellis와 클리퍼드 콕스Clifford Cocks가 그보다 몇 년 전에 독자적으로 발견했지만, 이 작업은 1997년까지 비밀로 유지되어 내용을 발표할 수 없었기에 거의 공로를 인정받지 못했다.

공개 키 암호 체계에서는 사람마다 공개 키와 개인 키로 구성된 **키 쌍**key pair을 갖고 있다. 쌍으로 된 키는 서로 수학적으로 연관성이 있고, 둘 중 하나의 키로 암호화된 메시지는 다른 하나의 키로만 해독할 수 있으며 그 반대도 마찬가지다. 키가 충분히 길다면 공격자가 비밀 메시지를 해독하거나 공개 키에서 개인 키를 추론하는 것은 계산상 불가능하다. 공격자가 만약 알려진 알고리즘 중에서 최상의 알고리즘을 사용할 수 있더라도, 실행 시간이 키 길이에 따라 지수적으로 증가한다.

실제로 사용될 때 공개 키는 정말로 공개되며, 흔히 웹페이지에 게시되어 모든 사람이 이용한다. 개인 키는 엄격히 비공개로 유지되어야 하며, 이 키 쌍의 소유자만 아는 비밀이다.

앨리스가 밥에게 밥만 읽을 수 있도록 암호화된 메시지를 보내고 싶다고 가정해 보자. 앨리스는 밥의 웹페이지에서 그의 공개 키를 가져오고, 그에게 보낼 메시지를 암호화하는 데 사용한다. 그녀가 암호화된 메시지를 보내면 도청자 이브Eve는 앨리스가 밥에게 메시지를 보냈다는 것을 알 수 있을지 모르지만, 메시지가 암호화되어 있어서 그 내용은 알 수 없다.*

밥은 자신의 개인 키로 앨리스의 메시지를 해독한다. 이 개인 키는 밥만 알고 있는 정보이자 자신의 공개 키로 암호화된 메시지를 해독하는 유일한 방법이다(그림 IV.15 참고). 밥이 앨리스에게 암호화된 답신을 보내고자 한다면 '앨리스의' 공개 키로 메시지를 암호화한다. 이번에도 마찬가지로 이브는 답신을 볼 수는 있지만, 암호화된 형태로 보여서 이해할 수는 없

* 앨리스, 밥, 이브 이야기가 나오는 만화: *xkcd.com/177*

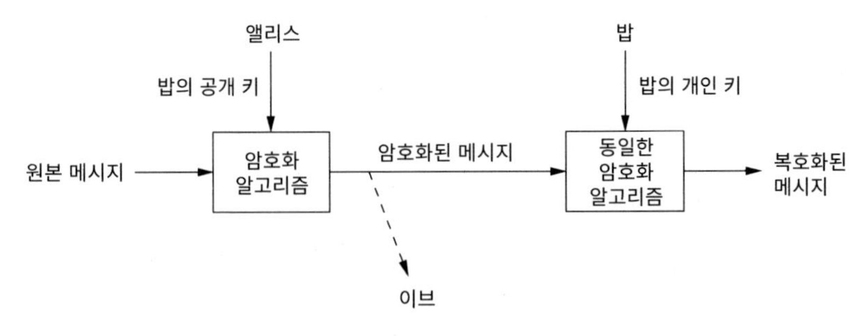

그림 IV.15 앨리스가 밥에게 암호화된 메시지를 보내는 과정

다. 앨리스는 그녀만 알고 있는 자신의 개인 키로 밥의 답신을 해독한다.

이 방식은 키 분배 문제를 해결해 준다. 왜냐하면 분배해야 할 공유된 비밀이 없기 때문이다. 앨리스와 밥은 자신들의 웹페이지에 각자의 공개 키를 올려 두었으며, 누구든지 사전 협의나 아무런 비밀 교환 없이 상대방과 비공개 대화를 진행할 수 있다. 또한 당사자들이 서로 만날 필요가 전혀 없다. 물론 앨리스가 암호화된 메시지를 밥 말고 캐롤이나 다른 사람에게도 보내고 싶다면 그녀는 각 수신자의 공개 키를 사용하여 메시지를 따로따로 암호화해야 한다.

공개 키 암호 기법은 인터넷에서 이루어지는 보안 통신의 필수 구성 요소다. 온라인으로 책을 산다고 가정해 보자. 나는 아마존에 내 신용카드 번호를 알려 줘야 하지만, 그 정보를 평문으로 보내고 싶지는 않으므로 암호화된 통신 채널이 필요하다. 아마존과 나한테는 공유된 키가 없으므로 AES를 직접 사용할 수는 없다. 공유된 키를 마련하기 위해 내 브라우저는 무작위로 임시 키를 생성한다. 그런 다음 브라우저는 아마존의 공개 키를 사용하여 임시 키를 암호화하고 아마존으로 안전하게 보낸다. 아마존은 자체 개인 키를 사용하여 임시 키를 해독한다. 아마존과 내 브라우저는 이제 이 공유된 임시 키를 사용하여 AES로 내 신용카드 번호 같은 정보를 암호화한다.

공개 키 암호 기법의 한 가지 결점은 알고리즘이 더 느린 경향이 있다는 것이다. 어쩌면 AES 같은 비밀 키 알고리즘보다 훨씬 더 느릴 수 있다. 따라서 일반적으로 모든 정보를 공개 키로 암호화하기보다는 2단계 절차를 이용한다. 먼저 공개 키를 사용하여 임시 비밀 키에 대해 합의한 다음, AES를 사용하여 대량으로 데이터를 전송한다.

이렇게 할 때 통신은 각 단계에서 보안이 유지된다. 처음에는 임시 키를 설정하기 위해 공개 키를 사용하고, 다음으로 대량의 데이터 교환을 위해 AES를 사용하므로 통신이 안전하게 보호된다. 인터넷 상점, 온라인 메일 서비스나 대부분의 웹사이트를 방문할 때 여러분은 이 기법을 사용한다. 이때 브라우저 HTTPS 프로토콜(보안 처리된 HTTP)로 연결되어 있다는 것을 보여 주고 연결이 암호화되었음을 나타내는 닫힌 자물쇠 아이콘을 표시하므로 이 기법이 작동 중임을 확인할 수 있다.

이제 대부분의 웹사이트가 기본적으로 HTTPS를 사용한다. HTTPS는 통신 처리를 약간 느리게 만들 수 있지만 미미한 수준이고, 보안 통신을 사용해야 할 직접적인 이유가 없더라도 평소에 보안 수준을 높이는 것은 중요하다.

공개 키 암호 기법에는 다른 유용한 속성이 있다. 예를 들면, 공개 키 암호 기법은 **디지털 서명**digital signature 방식을 구현하는 데 사용된다. 사기꾼이 아니라 앨리스가 메시지를 보냈음을 수신자가 확신할 수 있도록 앨리스가 메시지에 서명하고 싶다고 하자. 그녀가 자신의 개인 키로 메시지를 암호화하고 그 결과를 보내면 누구나 그녀의 공개 키로 메시지를 해독한다. 앨리스가 자신의 개인 키를 아는 유일한 사람이라면 메시지는 분명히 앨리스에 의해 암호화되었을 것이다. 이 방식은 앨리스의 개인 키가 해킹되지 않았을 때만 작동한다.

앨리스가 밥에게 보내는 비공개 메시지에 어떻게 서명할 수 있을까? 이는 메시지가 앨리스가 보낸 것임을 분명히 하는 동시에, 밥 이외의 다른 사람이 메시지를 읽을 수 없게 하려면 꼭 필요한 절차다. 앨리스는 먼저 밥에게 보낼 메시지에 자신의 개인 키로 서명한 다음에 그 결과를 밥의 공개 키로 암호화한다. 이브는 앨리스가 밥에게 무언가 보냈음을 알 수 있지만, 밥만 그 메시지를 해독할 수 있다. 밥은 바깥쪽 메시지를 자신의 개인 키로 해독한 다음에 안쪽 메시지를 앨리스의 공개 키로 해독하여 메시지가 앨리스에게서 왔음을 확인한다.*

물론 공개 키 암호 기법이 모든 문제를 해결해 주지는 않는다. 앨리스의 개인 키가 공개되면 이전에 그녀에게 전송된 모든 메시지를 해독할 수 있으며, 과거에 그녀가 했던 모든 서명은 신뢰할 수 없어진다. 대부분의 키 생성 방식에 키가 언제 만들어졌고 언제 만료될 예정인지 정보가 포함되어 있기는 하지만, 키 취소, 즉 특정 키가 더 이상 유효하지 않다고 하기는 어렵다. 이와 관련해서 **순방향 비밀성**forward secrecy 기법이 도움된다. 이 기법에서 개별 메시지는 앞서 설명한 것처럼 일회용 비밀번호로 암호화되고, 비밀번호는 폐기된다. 일회용 비밀번호 생성 방식이 적수가 다시 만들 수 없는 방식이라면, 개인 키가 해킹되더라도 한 메시지에 대한 비밀번호 하나를 아는 것만으로는 이전 또는 이후 메시지를 해독하기 어렵다.

* 디지털 서명과 공개 키 암호화 기법을 결합해서 사용할 때, 안쪽 암호화 층은 어떤 식으로든 바깥쪽 층에 의존해야 하는데, 이는 바깥쪽 층이 함부로 변경되는 것을 감지하기 위한 것이다. *world.std.com/~dtd/sign_encrypt/sign_encrypt7.html*

자주 쓰이는 공개 키 알고리즘

가장 널리 사용되는 공개 키 알고리즘은 RSA이다. RSA는 1978년에 MIT에서 이 알고리즘을 발명한 컴퓨터과학자인 로널드 리베스트Ronald Rivest, 아디 샤미르Adi Shamir, 레너드 애들먼Leonard Adleman의 이름을 딴 것이다. RSA 알고리즘은 매우 큰 합성수는 인수분해하기 어렵다는 점에 기반을 두고 있다. RSA는 큰 정수(최소 500자릿수)를 생성하는데 이 수는 큰 소수* 두 개의 곱이고, 각 소수의 자릿수는 큰 정수의 절반 정도로 되어 있다. RSA는 이 값들을 공개 키와 개인 키의 기준으로 사용한다. 인수를 알고 있는 사람(개인 키 보유자)은 암호화된 메시지를 빨리 해독할 수 있지만, 그 밖의 모든 사람은 사실상 큰 정수를 인수분해해야 하는데 계산적으로 실행 불가능하다. 리베스트, 샤미르, 애들먼은 RSA 알고리즘을 발명한 업적으로 2002년 튜링상을 받았다.

키의 길이는 중요하다. 우리가 아는 한, 크기가 비슷한 두 소수의 곱인 큰 정수를 인수분해하는 데 필요한 계산 시간은 정수의 길이에 따라 빠르게 증가하므로 인수분해는 거의 불가능하다. RSA 특허권을 가지고 있던 회사인 RSA 연구소RSA Laboratories는 1991년부터 2007년까지 인수분해 대회를 열었다. 해가 갈수록 길이가 늘어나는 합성수의 목록을 발표하고 각각을 가장 빨리 인수분해한 사람에게 상금을 제공했다. 가장 작은 수는 약 100자리였으며 꽤 빨리 인수분해됐다. 2007년에 대회가 끝났을 때, 인수분해된 가장 큰 수는 193자리(640비트)였고 2만 달러의 상금이 주어졌다. 2019년에는 RSA-240(240자리, 795비트)가 인수분해됐다. 한번 도전해 보고 싶다면 온라인에서 목록을 찾을 수 있다.

공개 키 알고리즘은 속도가 느리기 때문에 문서에는 간접적으로 서명할

* (옮긴이) 1과 자신 이외의 자연수로는 나눌 수 없는 자연수.

때가 많다. 이때 위조할 수 없는 방식으로 원본에서 도출한 훨씬 작은 값을 이용한다. 이 짧은 값을 **메시지 다이제스트**message digest 또는 **암호 해시**cryptographic hash라고 한다. 이 값은 어떤 입력 값의 비트를 뒤섞어서 고정 길이의 비트 시퀀스(다이제스트 또는 해시)로 바꾸는 알고리즘을 사용해 생성된다. 이 알고리즘의 속성은 같은 다이제스트를 갖는 또 다른 입력 값을 찾기가 계산적으로 실행 불가능하다는 것이다. 게다가 입력 값이 조금이라도 변경되면 다이제스트에 있는 비트의 절반 정도가 변경된다. 따라서 원본 다이제스트와 서명된 문서의 다이제스트 또는 해시를 비교함으로써 문서가 조금이라도 변조되었는지 효율적으로 검출할 수 있다.

예를 들어 설명하자면, 아스키코드로 문자 x와 X는 한 비트만 차이가 난다. 십육진수로는 78과 58이고 이진수로는 01111000과 01011000이다. 다음 비트 값은 MD5라는 알고리즘을 사용하여 구한 x와 X의 암호 해시다. 첫 번째 행은 x 해시의 앞쪽 절반이고, 두 번째 행은 X 해시의 앞쪽 절반이다. 3행과 4행은 각각의 뒤쪽 절반이다. 나는 프로그램을 사용했지만, 손으로도 몇 개의 비트가 다른지 간단하게 셀 수 있다(128개 중 66개가 다르다).

```
10011101 11010100 11100100 01100001 00100110 10001100 10000000 00110100
00000010 00010010 10011011 10111000 01100001 00000110 00011101 00011010
11110101 11001000 01010110 01001110 00010101 01011100 01100111 10100110
00000101 00101100 01011001 00101110 00101101 11000110 10110011 10000011
```

이 중 하나와 동일한 해시 값을 가진 또 다른 입력 값을 찾는 것은 계산적으로 실행 불가능하며, 해시를 보고 원래 입력 값을 알아낼 방법은 없다.

널리 사용되는 메시지 다이제스트 알고리즘이 몇 가지 있다. 위에서 예를 든 MD5는 로널드 리베스트가 개발했고, 128비트 결과를 생성한다. NIST에서 만든 SHA-1은 160비트 결과를 만든다. MD5와 SHA-1 모두 약점이 있는 것으로 증명돼 더 이상 사용되지 않는다. NSA에서 개발한 같은 계열의 알고리즘인 SHA-2에는 알려진 약점이 없다. 그럼에도 불구하고 NIST는 새로운 메시지 다이제스트 알고리즘을 만들기 위해 AES 때와 비슷하게 공개 대회를 열었고, 2015년 대회에서 지금은 SHA-3로 알려진 알고리즘이 우승했다. SHA-2와 SHA-3는 224~512비트의 다이제스트 크기 범위를 제공한다.

최신 암호 기법은 놀라운 성능을 보이지만, 이것만으로 충분하지 않고 실제로는 신뢰할 수 있는 제3의 기관이 존재해야 한다. 예를 들어, 책을 주문할 때 사기꾼이 아닌 아마존과 이야기하고 있다는 것을 어떻게 확신할 수 있을까? 사이트를 방문하면 아마존은 나에게 **인증서**certificate를 보내어 그 신원을 입증한다. 인증서란 아마존의 신원을 입증하는 데 사용할 수 있는 디지털 서명된 정보 모음으로, 독립적인 **인증 기관**certificate authority에서 발급한다. 브라우저는 인증 기관의 공개 키로 이를 확인하여 사이트가 다른 누군가의 것이 아닌 아마존의 것임을 입증한다. 이론상으로는 인증 기관이 아마존의 인증서라고 하면 정말로 그렇다는 것을 확신할 수 있다.

하지만 이렇게 하려면 인증 기관을 신뢰해야만 한다. 만약 인증 기관이 엉터리라면 그 인증 기관을 사용하는 누구도 신뢰할 수 없다. 2011년에 어느 해커가 네덜란드의 인증 기관인 디지노타DigiNotar를 해킹하여 구글을 비롯한 여러 사이트의 사기성 인증서를 만들었다. 만일 사기꾼이 나에게 디지노타가 서명한 인증서를 보냈다면 나는 그 사기꾼이 진짜 구글이라고 믿었을 것이다.

일반적으로 사용되는 브라우저는 놀라울 정도로 많은 인증 기관을 알고 있다. 내가 사용하는 파이어폭스에는 약 80개, 크롬에는 200개가 넘게 있다. 그중 대다수는 한 번도 들어 본 적 없고 멀리 떨어진 곳에 있는 기관이다.

렛츠 인크립트 Let's Encrypt는 누구에게나 무료 인증서를 제공하는 비영리 인증 기관이다. 그들의 아이디어는 인증서를 얻는 일이 쉬워지면 결국 모든 웹사이트가 HTTPS를 사용해서 작동하고 모든 트래픽이 암호화된다. 렛츠 인크립트는 2020년 초까지 인증서를 10억 개 발급했다고 한다.

DATA 098 인터넷에 흔적을 남기지 않고 거래할 수 있을까?

인터넷을 사용하면 여러분에 관한 많은 정보가 드러난다. 가장 낮은 수준에서는 IP 주소가 모든 상호작용에 필요한데, IP 주소를 보면 사용 중인 ISP를 알아서 누구나 여러분이 어디에 있는지 추측할 수 있다. 다만 인터넷 연결 방법에 따라서 차이가 난다. 가령 작은 대학의 학생이라면 꽤 정확하게 추측 가능하지만, 대규모 기업 네트워크 내부에 있다면 위치를 알기 힘들기도 하다.

브라우저를 사용하면 더 많은 정보가 드러난다(그림 IV.3, 389쪽). 브라우저는 참조하는 페이지 URL과 함께 브라우저 종류와 처리할 수 있는 응답 종류(예를 들어, 압축된 데이터 처리 여부 또는 허용되는 이미지 종류)에 대한 자세한 정보를 보낸다. 적절한 자바스크립트 코드를 사용하면 브라우저는 로드되는 글꼴 종류와 다른 속성들을 보고하는데, 이를 종합하면 그야말로 수백만 명 중에서 특정 사용자를 식별하는 게 가능하다. 이러한 종류의 브라우저 핑거프린팅이 보편화되고 있으며, 이런 추적을 벗어나기는 어렵다.

앞서 보았듯이, 파놉티클릭(*panopticlick.eff.org**)을 이용하면 자신이 얼마나 고유하게 식별되는지 추정해 볼 수 있다. 내가 노트북 한 대로 실험했을 때 크롬을 사용하여 사이트에 접속하면 나는 최근 사용자 28만 명 이상 중에서 고유하게 식별됐다. 나와 동일한 파이어폭스 설정을 사용하는 사람은 한 명 있었고, 사파리를 사용할 때도 설정이 같은 사람이 한 명 있었다. 이 값들은 광고 차단 프로그램 같은 방어 수단을 어떤 것을 쓰느냐에 따라 달라진다. 설정상 차이점은 대부분 자동으로 전송되는 사용자 에이전트 헤더(그림 IV.3, 389쪽)와 설치된 글꼴, 플러그인에서 비롯되는데, 이러한 정보는 거의 통제할 수 없다. 브라우저 공급 업체는 이러한 잠재적 추적 정보를 덜 보낼 수도 있지만, 상황을 개선하기 위해 이루어지는 조치는 거의 없는 것 같다. 다소 아이러니하게도, 만약 내가 쿠키를 차단하거나 '추적 안 함'을 활성화하면 내 브라우저 설정이 좀 더 분명하게 구분돼서 구체적으로 식별하기 더 쉬워진다.

일부 웹사이트는 익명성을 약속한다. 예를 들어, 스냅챗Snapchat 사용자는 지정된 짧은 시간 내에 콘텐츠가 사라진다는 보장하에 친구들에게 메시지, 사진, 비디오를 보낸다. 스냅챗은 법적 조치의 위협에 얼마나 저항할 수 있을까? 스냅챗의 개인정보 보호 정책에는 다음과 같은 부분이 있다. "당사는 유효한 법적 절차, 정부 기관 요청, 관련 법과 규칙 및 규정을 준수하기 위해 정보의 공개가 필요하다고 합당하게 판단되는 경우 귀하에 관한 정보를 공유할 수 있습니다."† 물론 이러한 종류의 표현은 모든 개인정보 보호 정책에 공통으로 나타나며, 사실은 여러분의 익명성이 별로 강하지 않고 여러분이 어느 국가에 있느냐에 따라 그 정도에 차이가 있음을 시사한다.

* (옮긴이) 바뀐 이름인 Cover Your Tracks로 연결된다.

† 스냅챗 개인정보 보호 정책: *www.snapchat.com/privacy*

토어와 토어 브라우저

여러분이 들키지 않고 어떤 부정행위를 알리려는 내부 고발자라고 가정하자(에드워드 스노든 같은 입장이라고 생각해 보라). 압제 정권에 맞서는 반체제 인사이거나, 동성애가 박해받는 국가에 사는 동성애자이거나, 그릇된 종교의 지지자라면 어떨까? 어쩌면 그저 감시를 어느 정도 피하면서 인터넷을 사용하고 싶은 경우도 있다. 자신을 식별하기 어렵게 하기 위해 무엇을 할 수 있을까? 3부에서 살펴본 제안들도 도움이 되겠지만, 꽤 수고롭기는 해도 효과적인 한 가지 다른 기법이 있다.

암호 기법을 사용하여 연결의 최종 수신자가 연결이 시작된 위치를 알 수 없을 정도로 대화를 감출 수 있다. 그중 가장 널리 사용되는 시스템은 토어Tor라고 하며, 원래는 '양파 라우터The Onion Router'라는 뜻이었다. 이는 대화가 한곳에서 다른 곳으로 전달될 때 대화를 겹겹이 둘러싼 암호화를 비유적으로 표현한 것이다. 그림 IV.16의 토어 로고에 그 어원이 드러나 있다.

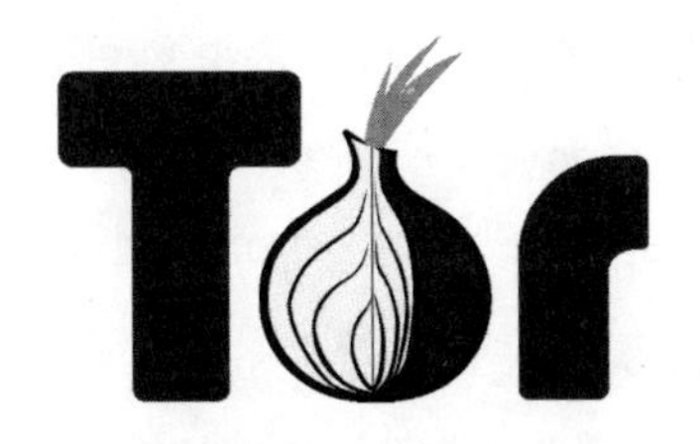

그림 IV.16 토어 로고

토어는 인터넷 트래픽을 일련의 중계 노드를 통해 전송하고자 암호 기법을 사용한다. 각 중계 노드는 경로상의 바로 인접한 중계 노드의 정체만 알고 나머지 중계 노드의 정체는 모른다. 경로상의 첫 번째 중계 노드는 발신자가 누구인지 알고 있지만, 최종 목적지는 알지 못한다. 경로상의 마지막 중계 노드(출구 노드)는 목적지를 알고 있지만, 누가 연결을 시작했는지 알지 못한다. 중간에 있는 중계 노드는 자신에게 정보를 제공한 중계 노드와 자신이 정보를 보내는 중계 노드만 알고 있고 그 이상은 모른다. 실제 콘텐츠도 각 단계에서 암호화된다.

메시지는 여러 겹의 암호화로 둘러싸여 있는데, 중계 노드마다 한 겹씩 암호화돼 있다. 각 중계 노드는 메시지를 다음 노드로 전송하면서 한 겹의 암호화를 제거한다(그래서 양파에 비유된다). 반대 방향으로도 같은 기법이 사용된다. 일반적으로 세 개의 중계 노드가 사용되므로 중간에 있는 중계 노드는 출발지 또는 목적지에 대해 아무것도 모른다.

어느 때든 전 세계적으로 약 7,000개의 중계 노드가 있다. 토어 애플리케이션은 중계 노드 집합을 무작위로 선택하고 경로를 설정한다. 그 경로는 때때로 바뀌며, 단일 세션 중에 변경되기도 한다.

토어를 사용하는 가장 일반적인 방법은 토어 브라우저를 쓰는 것이다. 토어 브라우저는 데이터를 전송할 때 토어를 사용하도록 구성된 파이어폭스의 수정 버전이며, 파이어폭스 개인정보 보호 설정도 적절히 지정한다. 토어 프로젝트 사이트(*torproject.org*)에서 다운로드하여 설치하고 일반적인 브라우저처럼 사용하되, 안전하게 쓰는 방법에 대한 경고문에 유의하라.

토어 브라우저의 사용성은 파이어폭스와 거의 같지만, 부가적인 라우터와 몇 겹의 암호화를 통과하는 데 시간이 걸리므로 어쩌면 약간 더 느릴 것이다. 일부 웹사이트는 토어 사용자를 차별 대우하기도 하는데, 때로는 자기방어를 위한 것이다. 왜냐하면 공격자들도 익명성을 중요하게 생각하므로 토어를 사용하고 있을 가능성이 있기 때문이다.

일반 사용자에게 익명화가 어떻게 나타나는지 예를 보자. 그림 IV.17은 토어(왼쪽)와 파이어폭스(오른쪽)에서 본 프린스턴의 날씨를 보여 준다.

나는 각 브라우저에서 야후 날씨 페이지(*weather.yahoo.com*)를 방문했다. 야후는 내가 어디에 있는지 안다고 생각하지만, 토어 브라우저에서는 틀렸다. 실험을 시도할 때마다 거의 매번 토어의 출구 노드는 유럽 어딘가에 있었다. 1시간 후에 페이지를 새로고침하면 내가 라트비아에서 룩셈부르크로 이동한 것으로 나타났다. 사용을 조금 망설이게 되는 유일한 점은 기온이 항상 화씨로 표시되는데 이 단위는 미국 밖에서는 별로 사용되지 않는다. 야후가 어떤 기준으로 온도 표시 방식을 결정했을까? 실제로 다른 날씨 사이트에서는 섭씨로 알려 준다.

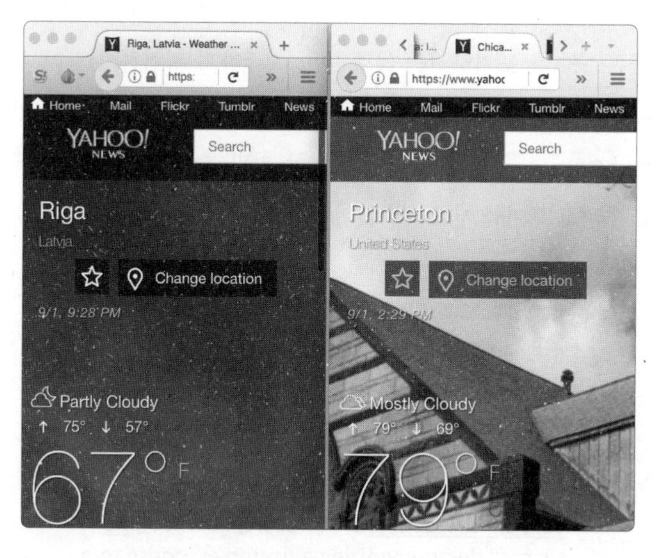

그림 IV.17 토어와 파이어폭스 브라우저 비교

파놉티클릭에 따르면 내가 토어 브라우저를 사용할 때 28만 명의 최근 방문자 중에서 약 3,200명이 나와 같은 특징을 갖고 있다고 했다. 그러므로 브라우저 핑거프린팅으로 나를 식별하기가 더 어렵고, 직접적인 브라우저 연결을 사용할 때보다 확실히 덜 구별된다. 그렇다고 하더라도 토어는 결코 모든 프라이버시 문제에 대한 완벽한 해결책이 아니다. 부주의하게 사용하면 여러분의 익명성이 훼손될 수 있다.[*] 브라우저와 출구 노드가 공격받거나 해킹된 중계 노드가 문제될 수 있다. 또한 토어를 사용하면 군중 속에서 더 눈에 띄리라는 것도 사실이다. 그래도 더 많은 사람들이 토어를 사용하면 나아질 것이다.

토어는 NSA나 비슷한 능력을 지닌 조직으로부터 안전할까?[†] 스노든이 공개한 2007년 NSA 발표 자료 슬라이드(그림 IV.18)에 "우리는 결코 모든 토어 사용자의 익명화를 항상 해제할 수는 없을 것이다."라는 문장이 나온다.[‡] 물론 NSA가 포기하지는 않겠지만, 지금까지 평범한 사람이 사용할 수 있는 최고의 개인정보 보호 도구는 토어인 것 같다(미국 정부 기관인 해군연구소Naval Research Laboratory에서 미국 기밀 통신 보안을 강화하는 데 도움을 주려고 토어를 처음 개발했다는 점은 다소 아이러니하다).

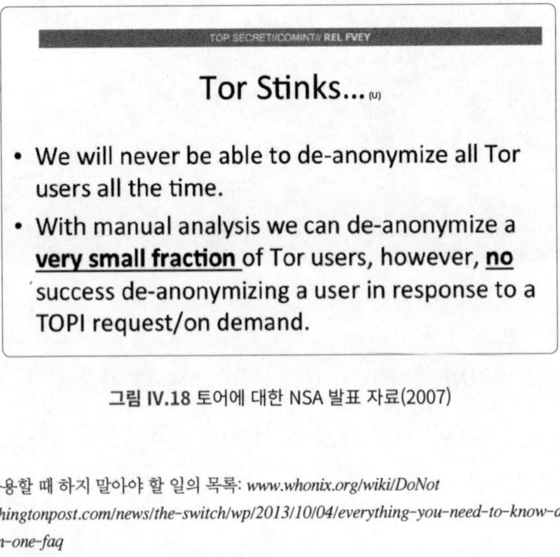

TOP SECRET//COMINT// REL FVEY

Tor Stinks... (U)

- We will never be able to de-anonymize all Tor users all the time.
- With manual analysis we can de-anonymize a **very small fraction** of Tor users, however, **no** success de-anonymizing a user in response to a TOPI request/on demand.

그림 IV.18 토어에 대한 NSA 발표 자료(2007)

* 토어를 사용할 때 하지 말아야 할 일의 목록: *www.whonix.org/wiki/DoNot*

† *www.washingtonpost.com/news/the-switch/wp/2013/10/04/everything-you-need-to-know-about-the-nsa-and-tor-in-one-faq*

‡ *www.aclu.org/nsa-documents-search*, *www.cjfe.org/snowden*

보안에 매우 집착하는 편이라면 테일즈Tails, The Amnesic Incognito Live System라는 운영체제를 사용해 보라. 테일즈는 DVD, USB 드라이브, SD 카드 같은 부팅 가능한 장치에서 실행되는 특별한 리눅스 배포판이다. 테일즈는 토어와 토어 브라우저를 실행하며, 실행되는 컴퓨터에 흔적을 남기지 않는다. 테일즈에서 실행되는 소프트웨어는 인터넷 연결 시 토어를 사용하므로 여러분은 익명으로 유지된다. 테일즈는 또한 로컬 저장 장치에는 아무것도 저장하지 않고 주기억 장치에만 데이터를 저장하며, 테일즈 세션 후에 컴퓨터가 종료되면 메모리 내용은 지워진다. 이 덕분에 호스트 컴퓨터에 어떤 기록도 남기지 않고 문서 작업을 할 수 있다. 테일즈는 메일, 파일, 다른 개체를 암호화하도록 해주는 OpenPGP를 비롯한 다른 암호 도구 묶음도 제공한다. 테일즈는 오픈소스이며 웹에서 다운로드할 수 있다.*

비트코인

돈을 보내고 받는 것은 익명성이 매우 중요시되는 또 다른 영역이다. 현금은 익명이다. 즉, 현금으로 지불하면 기록이 남지 않고, 거래 당사자를 식별할 방법이 없다. 하지만 이제는 자동차 연료를 넣거나 동네에서 식료품을 약간 구매하는 것을 제외하면 현금을 사용하기가 갈수록 어려워지고 있다. 렌터카, 항공권, 호텔, 온라인 쇼핑을 하려면 주로 신용카드나 체크카드를 써야 하는데, 이 과정에서 구매자가 식별된다. 카드는 편리하지만, 여러분이 온라인에서 카드를 사용하거나 쇼핑을 하면 흔적이 남는다.

기발한 암호 기법을 사용하면 익명 화폐를 만들 수 있다. 가장 성공적인 사례는 **비트코인**Bitcoin으로, 사토시 나카모토中本哲史가 창안하고 2009년에 오픈소스 소프트웨어로 공개한 기술이다(나카모토의 진짜 정체는 알려지

* 테일즈 웹사이트: *tails.boum.org*

지 않았는데, 익명성을 성공적으로 유지한 보기 드문 예다).

비트코인은 분산화된 디지털 화폐, 즉 암호화폐cryptocurrency다. 비트코인은 정부나 다른 기관에서 발행하거나 통제하지 않으며, 전통적인 화폐인 지폐나 동전과 달리 물리적 형태가 없다. 그 가치는 정부가 발행하는 돈처럼 명령에 의해 정해지거나, 금 같은 어떤 희소한 천연자원에 기반을 두지도 않는다. 그러나 금과 유사하게 사용자들이 상품과 서비스에 얼마만큼 비트코인을 지불하고 받으려고 하는지에 따라 그 가치가 결정된다.

비트코인은 두 당사자가 중개인이나 신뢰할 수 있는 제3의 기관을 거치지 않고 '비트코인' 그 자체를 교환할 수 있도록 하는 P2P 프로토콜을 사용한다. 이 교환은 현금을 모방한 방식으로 이루어진다. 비트코인 프로토콜은 비트코인이 정말로 교환되고(즉 소유권이 이전되고), 거래 과정에서 비트코인이 만들어지거나 없어지지 않으며, 거래를 뒤집을 수 없도록 보장한다. 그러면서도 거래 당사자는 서로에게, 그리고 외부 세상에도 모두 익명으로 남는다.

비트코인은 모든 거래는 **공개 장부**public ledger를 유지하는데, 이를 **블록체인**blockchain이라고 한다. 하지만 거래 배후에 있는 당사자들은 익명이고 사실상 암호 기법에서 공개 키에 해당하는 주소로만 식별된다. 비트코인은 지불 정보를 검증하고 공개 장부에 저장하기 위한 계산적으로 어려운 작업을 일정량 수행함으로써 생성된다(채굴된다). 블록체인의 블록들은 디지털 서명되고 이전 블록들을 참조하게 되어 있어서, 블록들을 만들기 위해 원래 했던 작업을 다시 수행하지 않고서는 이전 거래를 수정할 수 없다. 따라서 맨 처음부터 이루어진 모든 거래 상태가 블록체인에 함축되어 있으며, 이론상으로는 다시 생성할 수 있다. 하지만 그 모든 작업을 다시 수행하지 않고서는 아무도 새로운 블록체인을 위조할 수 없기 때문에 이 일은 계산적으로 실행 불가능하다.

블록체인이 완전히 공개되어 있다는 점에 주목해야 한다. 그러므로 비트코인의 익명성anonymity은 '가명성pseudonymity'에 더 가깝다. 모든 사람이 특정 주소와 연관된 모든 거래의 모든 정보를 알 수 있지만, 그 주소가 여러분의 것인지는 모른다. 하지만 주소를 적절히 관리하지 않으면 여러분은 여러분이 했던 거래와 연결되어 익명성을 잃는다. 또한 개인 키를 잃어버리면 비트코인을 영원히 잃게 될 수도 있다.

거래 배후의 당사자들이 주의하면 익명을 유지할 수 있으므로 비트코인은 마약 거래, 랜섬웨어 데이터 값 지불이나 다른 불법 행위용으로 인기 있는 화폐다.* 실크로드Silk Road라는 온라인 시장은 불법 마약 판매용으로 널리 이용되었으며, 지불 수단으로 비트코인을 사용했다. 실크로드 소유주의 정체가 밝혀진 것은 익명 소프트웨어의 결함 때문이 아니라 그가 온라인에 드물게 남긴 흔적 때문이었다. 부지런한 IRS미국 국세청 수사관이 그가 남긴 게시물과 댓글을 역추적해서 정체를 밝혀냈다. 작전 보안operations security, 정보 기관 용어로는 opsec은 제대로 수행하기 어렵고, 작은 실수 하나만으로도 비밀이 새어 나간다.

비트코인은 '가상 화폐'지만 전통적인 화폐와 서로 환전할 수 있다. 역사적으로 비트코인 환율은 변동성이 높았다. 미국 달러에 대한 비트코인 가치는 큰 비율로 오르락내리락했다. 그림 IV.19는 수년간의 비트코인 가격을 보여 준다.

* 불륜 서비스인 애슐리 매디슨(Ashley Madison)이 해킹을 당했는데 신원이 드러난 사람들 일부는 비트코인으로 2,000달러를 요구하는 협박을 받았다. *www.grahamcluley.com/2016/01/ashley-madison-blackmail-letter*

그림 IV.19 비트코인 가격(14년 9월~20년 9월)*

은행부터 페이스북 같은 기업에 이르기까지 여러 큰손들이 암호화폐 세계에 발을 담갔다. 그들은 각종 서비스를 제공하거나 심지어 자신들만의 블록체인 화폐도 만들었다. 물론 세무 당국도 비트코인에 관심이 있다. 익명 거래는 조세 회피 목적으로도 사용되기 때문이다. 미국에서는 비트코인 같은 가상 화폐가 연방 소득세 집계 대상 자산으로 취급되며, 따라서 비트코인 거래에 자본이득세가 과세된다.†

비트코인 기술은 간단하게 시험해 볼 수 있다. *bitcoin.org*가 시작하기 좋으며, 코인데스크(*coindesk.com*)에는 훌륭한 튜토리얼 정보가 있다. 관련 서적‡과 온라인 강좌도 있다.

* 비트코인 역대 가격 그래프는 야후 파이낸스(Yahoo Finance)에서 가져온 것이다. *finance.yahoo.com*

† *https://www.irs.gov/individuals/international-taxpayers/frequently-asked-questions-on-virtual-currency-transactions*

‡ Arvind Narayanan et al., *Bitcoin and Cryptocurrency Technologies*, Princeton University Press, 2016. 《비트코인과 암호화폐 기술》, 한티미디어, 2018.

DATA

099 요약

암호 기법은 최신 기술에서 필수적인 부분이다. 암호 기법은 우리가 인터넷을 사용할 때 프라이버시를 보호하고 보안을 유지하는 기본 메커니즘이다. 하지만 안타깝게도 암호 기법은 선한 사람, 악한 사람을 막론하고 모두에게 도움이 된다. 이 말은 범죄자, 테러리스트, 아동 음란물 제작자, 마약 범죄 조직과 정부 모두 여러분의 희생을 대가로 자신들의 이익을 위해 암호 기법을 사용한다는 뜻이다.

암호의 요정을 램프에 도로 넣을 방법은 없다. 세계적 수준의 암호학자는 소수에 불과하며 지리적으로 멀리 흩어져 있어, 어떤 국가도 암호학자를 독점할 수는 없다. 더욱이 암호 기법 코드는 대부분 오픈소스이므로 누구나 구한다. 따라서 특정 국가에서 강력한 암호 기법을 불법화하려고 시도하더라도 다른 나라에서 암호 기법이 사용되는 것을 막지 못한다.

암호 기법과 관련해서 주기적으로 벌어지는 논쟁이 있다. 암호화 기술이 테러리스트와 범죄자에게 도움이 되므로 불법화해야 하는지, 또는 더 현실적으로 암호 체계에 '백도어'를 마련하여 적합하게 인가된 정부 기관이 적수가 암호화한 모든 것을 백도어를 통해 해독할 수 있어야 하는지 열띠게 토론한다.

후자에 대해 전문가들은 예외 없이 나쁜 발상이라고 생각한다. 2015년에 특별히 공신력 있는 전문가 그룹 중 하나가 〈현관 매트 아래의 열쇠: 모든 데이터와 통신에 대한 정부 접근을 요구함으로써 불안전함을 의무화하기Keys under doormats: Mandating insecurity by requiring government access to all data and communications〉 보고서를 발표했다.* 제목에서 그들이 숙고해서 의견을 제시했음을 알 수 있다.

암호 기법은 우선 제대로 만들기가 대단히 어렵다. 의도적인 약점을 추가하는 것은 그 약점이 아무리 신중하게 설계됐다고 해도 더 큰 실패를 불러온다. 반복하여 이야기했듯이 정부(나의 정부든 여러분의 정부든)는 비밀을 지키는 데 서툴다(스노든과 NSA 사건을 생각해 보라). 따라서 정부 기관이 백도어 키를 안전하게 유지하고 적절히 사용하리라고 신뢰하는 것은 '굳이 경험하지 않더라도' 나쁜 발상이다. 정부가 선의로 그렇게 한다고 하더라도 마찬가지다.

근본적인 문제는 테러리스트들이 사용하리라 예상하는 특정 암호화 기술을 약화시킨다면 모든 사람이 약화된 기술을 이용하게 된다는 것이다. 애플의 CEO인 팀 쿡Tim Cook은 다음과 같이 말했다. "현실은 이렇습니다. 만약 제품에 백도어를 넣으면 그 백도어는 모든 사람들, 즉 좋은 사람과 나쁜 사람 모두를 위한 것이 됩니다." 물론 사기꾼, 테러리스트, 다른 국가의 정부는 약화된 버전을 어떻게든 사용하지 않을 것이므로 우리는 이전보다 못한 상황에 처하게 된다.

애플의 소프트웨어는 사용자가 제공하고 애플에게는 알려지지 않는 키를 사용하여 iOS를 실행하는 아이폰의 모든 콘텐츠를 암호화한다. 만약 정부 기관이나 판사가 애플에게 휴대전화 암호를 풀라고 명령하면 애플은 그렇게 할 능력이 없다고 사실대로 말한다. 이에 대해 정치인이나 법 집행 기관 어느 쪽도 애플의 편을 들지는 않았지만, 애플의 입장은 옹호할 만하다. 이윤 추구 관점에서도 말이 되는데, 상식 있는 고객이라면 정부 기관

* *dspace.mit.edu/handle/1721.1/97690*. 저자들은 정말로 뛰어난 암호 기법 전문가들이다. 이들 중 절반은 개인적으로 알고 있는데, 그들의 전문성과 집필 의도를 신뢰한다.

이 쉽게 콘텐츠와 대화를 스누핑할 수 있는 휴대전화를 구매하기 꺼릴 것이기 때문이다.

2015년 말에 두 명의 테러리스트가 캘리포니아주 샌버너디노에서 14명을 살해한 후 사살됐다. FBI는 테러리스트들이 사용하던 아이폰 중 한 대의 암호화를 해제하도록 애플에게 요구했다. 애플은 정보에 접근하기 위한 특수 목적 메커니즘까지 만들면 모든 휴대전화 보안을 심각하게 약화시킬 전례를 만들 것이라고 주장했다.

샌버너디노 사건은 FBI가 정보를 복구할 다른 방법을 찾았다고 주장하면서 결국 흐지부지됐지만, 이 문제는 2019년 말에 플로리다에서 일어난 또 다른 총격 사고 이후 다시 불거졌다. FBI는 도움을 요청했고, 애플은 보유한 모든 정보를 제공했지만 암호를 풀 수 있는 비밀번호는 없다고 했다.*

이런 주제를 둘러싼 논쟁은 격렬하고, 양측 입장 모두 타당한 관점이 있다. 개인적인 의견을 이야기하자면, 강력한 암호화는 일반인이 정부의 과도한 간섭과 범죄 가능성 있는 침해에 맞서 쓸 수 있는 몇 가지 방어책 중 하나이며, 이를 포기해서는 안 된다고 생각한다. 앞서 메타데이터에 관해 이야기할 때 언급했듯이 법 집행 기관이 정보를 얻는 데는 많은 방법이 있으며, 그들은 그 정당성만 적절히 입증하면 된다. 소수의 사람을 조사하기 위해 모든 사람의 암호화를 약화시켜서는 안 된다. 하지만 이는 판단하기 어려운 문제이며, 어떤 끔찍한 사건이 벌어진 후 정치적으로 또는 감정적으로 고조된 상황에서 재조명될 때가 많다. 따라서 단기적으로는 만족스러운 해결책을 찾지 못할 가능성이 크다.

모든 보안 시스템의 연결을 약화시키는 가장 큰 요인은 시스템과 관련된 사람들이다. 사람들은 시스템이 너무 복잡하거나 사용하기 어려울 때

* *www.nytimes.com/2020/01/07/technology/apple-fbi-iphone-encryption.html*

우발적으로 또는 의도적으로 시스템을 와해시키는 경향이 있다. 비밀번호를 변경하라고 요구받을 때 여러분이 어떻게 하는지 생각해 보라. 특히 새로운 비밀번호를 바로 만들어 내야 하는데, 영어 대문자와 소문자, 하나 이상의 숫자, 특수 문자를 포함하되 일부 특수 문자만 허용되는 이상한 요구사항을 충족해야 한다. 대부분의 사람은 일정한 공식에 의존하거나 비밀번호를 적어 두는데, 두 가지 다 잠재적으로 보안을 약화시킨다. 자신에게 물어보라. 사기꾼이 여러분의 비밀번호 중 두세 개를 알고 있을 때 다른 비밀번호를 추측하는 일이 어렵겠는가? 스피어 피싱을 생각해 보자. 뭔가를 클릭하거나 다운로드하거나 열어 보도록 만드는 아주 그럴듯한 이메일을 몇 번이나 받아 보았는가? 그 수법에 넘어갔는가?

아무리 보안을 철저히 하고자 열심히 노력하더라도, 단단히 마음먹은 사기꾼은 정보에 접근하기 위해 네 가지 B, 즉 뇌물 수수bribery, 협박blackmail, 절도burglary, 잔혹 행위brutality를 언제든지 사용할 수 있다. 정부가 요구한 비밀번호 공개를 거부하면 감옥에 보낼 것이라는 위협을 받을 수 있다. 그렇더라도 신중하게만 행동하면 자신을 적절히 보호할 수 있다. 항상 모든 위협에서 벗어나지는 못하겠지만, 현시대에 자기 역할을 수행하기에는 충분할 것이다.

DATA 100 사람은 빠르게 변하지 않는다

"예측은 어렵다. 특히 미래에 대해서라면."

– 요기 베라, 닐스 보어, 새뮤얼 골드윈, 마크 트웨인*

"교사는 자신의 과거가 아니라 학생의 미래를 위해 학생을 준비시켜야 한다."

– 리처드 해밍, 1996†

디지털 세상에 대한 많은 주제를 살펴보았다. 이 책에서 여러분은 무엇을 배워야 할까? 장차 무엇이 중요해질까? 5년 후, 또는 10년 후 우리는 어떤 컴퓨팅 문제와 씨름하고 있을까? 어떤 기술이 구식이 되어 있고 어떤 기술이 덜 중요해졌을까?

표면적인 세부 사항은 항상 변한다. 기술을 설명하기 위해 다룬 세부 내용도 대부분 핵심 기술 작동 방식을 이해하는 데 도움을 준다는 점 외에는 그렇게 중요하지 않다. 사람들은 대부분 추상적 개념보다는 특정 사례를 통해 더 잘 이해하는데, 컴퓨팅에는 대체로 추상적인 아이디어가 너무 많다.

하드웨어에서는 컴퓨터의 구성 방식, 컴퓨터가 정보를 표현하고 처리하는 방법, 일부 용어와 숫자의 의미와 그 의미가 시간이 흐르면서 어떻게 바뀌었는지 이해하는 게 도움이 된다.

소프트웨어에서는 계산 과정을 정확하게 정의하는 방법을 아는 것이 중

* 대표적으로 요기 베라(Yogi Berra), 닐스 보어(Niels Bohr), 새뮤얼 골드윈(Samuel Goldwyn), 마크 트웨인(Mark Twain)이 말한 것으로 알려짐.

† Richard Hamming, *The Art of Doing Science and Engineering: Learning to Learn*, 1996.

요하며, 여기에는 추상적인 알고리즘(계산 시간이 데이터 양에 따라 어떻게 증가하는지 가늠하는 감각과 함께)과 구체적인 컴퓨터 프로그램 둘 다 해당된다. 소프트웨어 시스템이 어떻게 구성되는지, 소프트웨어 시스템이 어떻게 다양한 언어로 된 프로그램과 여러 구성 요소를 토대로 만들어지는지 알고 있으면 잘 알려진 주요 소프트웨어 배후에 무엇이 있는지 이해하는 데 도움이 된다. 예제로 실린 간단한 프로그래밍을 따라 해보고는, 더 많은 코드를 직접 작성하고 싶어진 독자들도 있을 것이다. 꼭 그렇지 않더라도 프로그래밍과 관련된 내용을 알아 두면 좋다.

통신 시스템은 지역적으로, 또한 전 세계적으로 작동한다. 정보가 어떻게 흘러가는지, 누가 정보에 접근할 수 있는지, 그 모든 것들이 어떻게 제어되는지 이해하는 게 중요하다. 시스템이 상호작용하는 방식을 정의하는 규칙인 프로토콜 역시 중요하다. 왜냐하면 오늘날 인터넷에서 발생하는 사용자 인증 문제에서 볼 수 있듯이, 프로토콜 속성이 통신 시스템과 보안에 깊은 영향을 미칠 수 있기 때문이다.

일부 컴퓨팅 아이디어는 세상을 이해하는 데 유용하다. 예를 들어, 나는 논리적 구조와 물리적 구현을 자주 구분지어 왔다. 이 핵심 아이디어는 무수히 많은 형태에 적용할 수 있는데, 컴퓨터가 좋은 사례다. 컴퓨터가 만들어지는 방식은 빠르게 변하고 있지만, 그 핵심 구조는 오랫동안 거의 동일하게 유지됐다. 더 일반적으로 말하자면 모든 디지털 컴퓨터의 논리적 속성은 같다. 즉, 이론상으로 컴퓨터는 모두 같은 것을 계산한다. 소프트웨어에서 코드는 물리적인 구현을 숨기는 추상화를 제공한다. 다시 말하자면 구현 부분은 그것을 사용하는 상위 계층과 독립적으로 변경된다. 가상 머신, 가상 운영체제, 게다가 실제 운영체제까지도 모두 논리적 구조를 실제 구현에서 분리하기 위해 인터페이스를 사용하는 사례다. 프로그래밍 언어도 비슷한 기능을 제공한다. 마치 모든 컴퓨터가 같은 언어를 사용하고 있으며 사람들도 그 언어를 이해하고 있는 것처럼 컴퓨터와 대화할 수 있게 한다.

컴퓨터 시스템은 엔지니어링 트레이드오프를 보여 주는 좋은 예이며, 뭔가 얻으려면 대가가 필요하다는 점을 상기시켜 준다. 뭐든 공짜는 없는 법이다. 앞에서 본 것처럼 데스크톱, 노트북, 태블릿 PC, 휴대전화는 동등한 컴퓨팅 장치이지만, 크기, 무게, 전력 소모, 비용 등 제약 사항에 차이가 있다.

또한 컴퓨터 시스템은 크고 복잡한 시스템을 나눠서, 독립적으로 생성 가능한 더 작고 다루기 쉬운 조각으로 만드는 방법을 잘 보여 준다. 그 예로는 소프트웨어의 계층화, API, 프로토콜과 표준이 있다.

서론에서 언급한 네 가지 핵심 아이디어는 앞으로도 디지털 기술을 이해하는 데 중요할 것이다. 다시 요약해 보자면 다음과 같다.

첫 번째는 **정보의 보편적 디지털 표현**이다. 화학에는 100개 이상의 원소가 있다. 물리학에는 여남은 개의 기본 입자가 있다. 디지털 컴퓨터에는 0과 1 두 가지 요소가 있으며, 그 밖의 모든 것들이 이 두 가지로 구성된다. 비트는 어떤 종류의 정보든 표현한다. 참/거짓 또는 예/아니오 같은 가장 단순한 이진 선택부터 숫자와 문자, 또는 그 이상의 어떤 정보든 나타낸다. 큰 개체(가령 여러분의 웹 브라우징과 쇼핑, 전화 통화, 곳곳에 있는 감시 카메라에 찍힌 여러분의 흔적)는 개별 비트 수준에 이르는 더 단순한 데이터 항목이 모여서 이루어진다.

두 번째는 **보편화된 디지털 처리 장치**다. 컴퓨터는 비트를 다루는 디지털 장치다. 프로세서에 수행 작업을 지시하는 명령어는 비트로 인코딩되며, 일반적으로 데이터와 동일한 메모리에 저장된다. 명령어를 변경하면 컴퓨터가 다른 작업을 수행하고, 이 덕분에 컴퓨터는 범용 기계가 된다. 비트의 의미는 맥락에 따라 다르다. 어떤 이의 명령어는 다른 이의 데이터다. 복사, 암호화, 압축, 오류 검출 같은 처리는 비트의 의미와 무관하게 수행된다(어쩌면 특정 기법은 특정 종류의 데이터를 대상으로 더 잘 작동한다). 전문화된 장치를 범용 운영체제를 실행하는 범용 컴퓨터로 교체하려는 추세는 계속될 것이다. 미래에는 바이오 컴퓨터나 양자 컴퓨터, 또는 아직 발명되지 않은 무언가에 기반을 둔 처리 장치가 생겨날 수 있겠지만, 디지털 컴퓨터는 오랫동안 우리와 함께할 것이다.

세 번째는 **보편화된 디지털 네트워크다**. 이 디지털 네트워크는 세계 어디서나 하나의 처리 장치에서 다른 처리 장치로 데이터와 명령어를 모두 비트로 전송한다. 인터넷과 전화망은 오늘날 휴대전화에서 나타나는 컴퓨팅과 통신의 융합을 모방하여 보편화된 네트워크로 섞일 가능성이 있다. 인터넷은 분명히 발전하겠지만, 초창기처럼 생산성 높았던 자유분방한 서부 개척 시대 같은 모습을 유지할 수 있을지는 의문이다. 인터넷이 기업과 정부에 의해 더 제한되고 통제되는 '담장이 쳐진 정원walled garden'이 될까? 한편으로는 끌리는 면도 확실히 있지만, 어쨌든 우리는 담장 안에 갇히게 될 것이다. 짐작하건대 유감스럽게도 개방보다는 폐쇄 쪽으로 기울 것 같다. 우리는 이미 국가 전체가 일상적으로 인터넷 접근을 제한하거나, 사회적으로 불안정한 시기에 완전히 접근을 차단하는 사례를 봐왔다.

마지막은 **디지털 시스템의 보편적 가용성**이다. 디지털 장치는 향상되는 기술을 흡수하면서 계속 더 작아지고, 저렴해지고, 빨라지고, 생활 곳곳에 더 스며들 것이다. 저장 밀도 같은 하나의 기술이 향상되면 흔히 모든 디지털 장치에 영향을 미친다. 점점 더 많은 장치가 컴퓨터를 포함하고 네트워크로 서로 연결되면서 사물인터넷이 사방에 존재할 것이고, 이러한 추세 때문에 보안 문제는 악화될 것이다.

새로운 형태의 문제들

디지털 기술에는 핵심적인 한계와 발생 가능한 문제가 늘 따르는데, 이를 인식하고 있어야 한다. 기술은 여러 모로 긍정적인 영향을 주지만, 새로운 형태의 어려운 문제를 제기하고 기존 문제를 악화시킨다. 다음은 그중 가장 중요한 이슈다.

오정보misinformation와 **역정보**disinformation*, 온갖 종류의 **가짜 뉴스**는 인터넷에서 빠르게 증가하고 있는 문제다. SNS에는 틀렸거나 오해의 소지가 있는 뉴스 기사, 이미지, 비디오 등이 만연하며, SNS 기업은 위험을 불러일으킬 가능성이 있는 잘못된 콘텐츠를 억제하는 데 그동안 너무도 소극적이었다. 콘텐츠를 검열하고 표현의 자유를 간섭하지 않도록 경계하는 것도 타당한 면이 있지만, 내가 보기에는 지나치게 한쪽으로 추가 기울어져 있었다. 한 가지 예로, 2020년 COVID-19 대유행 시기에 페이스북은 3개월에 걸쳐 'CDCCenters for Disease Control and Prevention, 미국 질병통제예방센터와 다른 보건 전문가들이 알려 주는 가짜 예방책과 과장된 치료법은 위험하다'는 내용의 게시물 7백만 개를 삭제한 일은 가짜 뉴스의 엄청난 규모를 실감하게 했다. 또한 거의 1억 개의 다른 문제 있는 게시물에 경고를 추가하기도 했다.†

프라이버시는 상업적, 정치적, 범죄적 목적으로 프라이버시를 침해하려

* (옮긴이) 오정보는 고의성 없이 유포된 잘못된 정보이고, 역정보는 고의적으로 유포되는 잘못되었거나 부정확한 정보이다. *en.wikipedia.org/wiki/Misinformation, en.wikipedia.org/wiki/Disinformation*

† *www.msn.com/en-us/news/technology/facebook-says-it-removed-over-7m-pieces-of-wrongcovid-19-content-in-quarter/ar-BB17Q4qu*

는 시도 때문에 끊임없이 위협받는다. 개인에 관한 데이터의 광범위한 수집은 빠른 속도로 진행될 것이고, 그로 인해 개인의 프라이버시는 지금까지보다 더 많이 약화될 것이다. 원래 인터넷은 익명으로 사용하기 아주 쉬웠지만(특히 나쁜 일을 실행에 옮기려고), 오늘날에는 좋은 의도로도 익명을 유지하기가 거의 불가능하다. 시민들의 인터넷 접근을 통제하고 암호기법을 약화하려는 정부의 시도는 선한 사람들에게는 도움이 되지 않고, 오히려 악한 사람들에게 악용하기 쉬운 단일 장애 지점을 제공한다. 어떤 이들은 정부가 자국민들은 쉽게 식별하고 감시하기를 바라면서 다른 국가 반체제 인사들의 프라이버시와 익명성은 지원한다고 냉소적으로 말하기도 한다. 기업은 기존 고객과 잠재 고객에 대해 최대한 많이 알고 싶어 한다. 일단 정보가 웹에 올라가면 영원히 거기에 남는다. 현실적으로 회수할 방법이 없다.

도처에 있는 카메라, 웹 추적과 휴대전화 위치 기록까지, **감시**는 계속 증가한다. 게다가 저장과 처리 비용이 기하급수적으로 낮아지면서 전반적인 삶을 완전히 디지털 기록으로 남겨 유지하는 일이 점점 더 실현 가능해지고 있다. 지금까지 살면서 듣고 말한 모든 것을 기록하려면 얼마만큼의 디스크 공간이 필요하고, 저장 비용은 얼마나 들까? 여러분이 스무 살이라면 10TB 정도면 되는데, 2021년 기준으로 200달러가 들지 않는다. 전체를 비디오로 기록하는 데 필요한 용량은 그보다 10~20배인 100~200TB가 조금 안 된다.

개인, 기업, 정부의 **보안** 문제 또한 계속 진행 중이다. (사이버 전쟁을 비롯해서 사이버라는 용어가 크게 의미 있는지는 잘 모르겠지만) 개인이나 집단이 국가나 조직화된 범죄자들이 행하는 일종의 사이버 공격에 노출될 위험이 있고, 실제로 흔히 공격 대상이 되기도 한다. 보안 관리를 느슨하게 했다가는 정부와 기업의 데이터베이스에서 우리 모두에 관한 정보가 도용될 가능성이 있다.

디지털 자료를 비용을 들이지 않고 무제한으로 복사하여 전 세계에 배포할 수 있는 세상에서 **저작권** 문제는 다루기 어렵다. 전통적 저작권은 디지털 시대 이전의 창작물에는 그런대로 유효했는데, 책, 음악, 영화, TV 프로그램을 제작하고 배포하는 일에 전문 기술과 장비가 필요했기 때문이다. 하지만 그런 시절은 지나갔다. 저작권과 공정 사용은 라이선스와 DRM으로 대체되고 있으며, 이는 진짜 저작권 침해자를 저지하지는 못하면서 보통 사람들만 불편하게 한다. 어떻게 하면 콘텐츠 제작사가 저작권을 이용하여 경쟁을 억제하고 고객을 묶어 두는 것을 막을 수 있을까? 어떻게 하면 작가, 작곡가, 연기자, 영화감독, 프로그래머의 저작물을 영원히 제한하지 않으면서 그들의 권리를 보호할 수 있을까?

특허도 어려운 문제다. 소프트웨어로 제어되는 범용 컴퓨터가 각종 장치에 점점 더 많이 내장되는 상황에서, 너무 광범위하거나 연구가 불충분한 특허의 소유권자가 부당한 이익을 얻는 것을 방지하면서 혁신적인 발명가의 정당한 이익을 보호하려면 어떻게 해야 할까?

자원 할당resource allocation, 특히 스펙트럼처럼 희소성이 큰 자원 할당은 항상 경쟁이 치열할 것이다. 대형 통신 회사처럼 이미 자원을 할당받아 기득권을 가진 회사는 경쟁에서 훨씬 유리하며, 자신들의 위치를 이용하여 자금을 유지하고, 로비 활동이나 자연스러운 네트워크 효과를 활용해서 자원을 유지하기 쉽다.

반독점antitrust은 EU와 미국에서 중대한 이슈다. 아마존, 페이스북, 구글 같은 기업은 각자 영역에서 시장을 지배하는데, 이는 그들에게 지나치게 크고 집중된 권력을 준다. 그중 아마도 구글이 가장 반독점 조치에 취약하다. 2020년 말에 미국 법무부가 구글을 상대로 반독점 소송을 제기했다. 전 세계에서 70퍼센트 이상의 웹 검색이 구글을 통해 이루어진다(미국에서는 90퍼센트 이상이다). 구글은 광고 시장에서 중요한 입지를 차지하는 회사이며, 광고로 대부분의 수익을 얻는다. 다수의 휴대전화가 구글의 안드로이드 운영체제를 실행한다. 페이스북은 자체 서비스와 인스타그램 같은 자회사를 통해 SNS 시장을 지배한다. 페이스북과 구글은 작은 회사를 자주 인수하는데, 기술과 전문 인력을 얻으려는 의도도 있지만 그런 회사들이 성장하기 전에 잠재적인 경쟁 업체를 제거하려는 목적도 있다. 대형 기술 기업은 그들이 경쟁 업체보다 더 나은 서비스를 제공하기 때문에 사업이 잘된 것이고, 그들의 성공은 그 결과일 뿐이라고 주장한다. 그러나 정당한 방식으로 얻었든 아니든 간에 그들에게 너무 많은 권력이 있다고 보는 의견도 있다. EU와 미국은 둘 다 이 점을 우려하기 시작한 것으로 보이며, 경우에 따라 거대 기업의 권력을 통제하기 위한 조치를 취하기도 한다.

정보가 어디로든 이동할 수 있는 세상에서는 **관할권** 또한 까다로운 문제다. 어떤 관할권에서는 합법인 사업적, 사회적 관행이 다른 관할권에서는 불법이기도 하다. 법체계는 이런 변화를 전혀 따라가지 못하고 있다. 관할권 문제는 미국에서 주 경계를 건넜을 때 발생하는 과세 문제나 EU와 미국의 상충하는 데이터 개인정보 보호 규칙 같은 문제에서 찾아볼 수 있다. 또한 포럼 쇼핑forum shopping, 즉 위법 행위가 발생한 위치나 피고의 위치와 관계없이 원고에게 유리한 관할권에서 특허나 명예 훼손 소송 같은 법적 조치를 시작하는 관행도 이슈이다. 인터넷 관할권은 자신의 이익을 위해 더 많은 통제권을 갖기를 원하는 주체들 때문에 더욱 위협받는다.

통제는 아마도 가장 큰 문제다. 정부는 자국민들이 인터넷에서 말하고 행동할 수 있는 범위를 통제하기를 원한다. 물론 이러한 경향은 모든 매체에서 점점 더 비슷해지고 있다. 국가 방화벽이 더 흔해지고 회피하기 더 어려워질 수도 있다. 국가는 국내에서 기업이 사업을 계속하려면 의무적으로 해야 하는 일에 점점 더 많은 제약을 가할 것이다. 기업은 빠져나가기 힘들 정도로 담장이 쳐진 정원에 고객을 가둬 두기를 원한다. 여러분이 사용하는 장치 중에서 공급 업체에 묶여 자신이 직접 개발한 소프트웨어를 실행할 수 없는 장치가 몇 개나 되는지, 심지어 그 장치가 무엇을 하는지조차 확신하기 어려웠던 적은 없는지 생각해 보라. 개인은 정부와 기업의 접근 범위를 제한하려고 하지만, 맞서기에는 조건이 전혀 공평하지 않다. 앞서 언급한 방어책들이 도움되겠지만, 결코 충분하지 않다.

마지막으로, 기술은 빠르게 변해도 사람은 그렇지 않다는 것을 항상 기억해야 한다. 인간은 대부분의 측면에서 수천 년 전과 거의 비슷하고, 좋은 동기와 나쁜 동기를 갖고 행동하는 선한 사람과 악한 사람의 비율도 전과 비슷하다. 사회적, 법적, 정치적 메커니즘은 기술 변화에 적응하기는 하지만, 기술 변화 속도에 비하면 느리고, 전 세계의 다양한 지역에서 서로 다른 속도로 진행되며 서로 다른 해결책에 도달할 것이다. 앞으로 몇 년 동안 상황이 어떻게 전개될지는 모르겠으나, 여러분이 불가피한 변화를 조금이나마 예측하고 그러한 변화에 대처하며 변화를 긍정적인 방향으로 이끄는 데 이 책이 도움이 되기를 바란다.

용어 해설

"간혹 내가 설명할 수 없는 단어가 있는데, 그 의미를 이해할 수 없기 때문이다."

– 새뮤얼 존슨, 1755*

용어 해설은 책에 나오는 중요한 용어에 대한 간단한 정의 또는 설명을 제공한다. 일반적인 단어지만 특별한 의미로 쓰였거나 자주 보게 될 용어에 중점을 둔다.

컴퓨터와 인터넷 같은 통신 시스템은 매우 큰 수를 처리하기 때문에, 숫자가 때때로 익숙하지 않은 단위로 표현되곤 한다. 아래 표는 이 책에 나오는 모든 단위와 국제 단위계에 포함되어 있는 단위를 함께 정의한다. 앞으로 기술이 발전함에 따라 큰 수를 나타내는 단위를 더 자주 보게 될 것이다. 표는 가장 가까운 2의 거듭제곱 또한 보여 준다. 십진수와 이진수 간의 오차는 10^{24}에서 21% 정도에 불과하며, 이는 곧 2^{80}이 약 1.21×10^{24}임을 뜻한다.

국제 단위계(SI) 이름	10의 거듭제곱	일반적인 이름	가장 가까운 2의 거듭제곱
욕토(yocto)	10^{-24}		2^{-80}
젭토(zepto)	10^{-21}		2^{-70}
아토(atto)	10^{-18}		2^{-60}
펨토(femto)	10^{-15}		2^{-50}
피코(pico)	10^{-12}	1조 분의 1	2^{-40}
나노(nano)	10^{-9}	10억 분의 1	2^{-30}

* Samuel Johnson, *A Dictionary of the English Language*, consortium, 1755.

마이크로(micro)	10^{-6}	100만 분의 1	2^{-20}
밀리(milli)	10^{-3}	1,000 분의 1	2^{-10}
-	10^{0}		2^{0}
킬로(kilo)	10^{3}	1,000배	2^{10}
메가(mega)	10^{6}	100만 배	2^{20}
기가(giga)	10^{9}	10억 배	2^{30}
테라(tera)	10^{12}	1조 배	2^{40}
페타(peta)	10^{15}	1000조 배	2^{50}
엑사(exa)	10^{18}	100경 배	2^{60}
제타(zetta)	10^{21}		2^{70}
요타(yotta)	10^{24}		2^{80}

2차quadratic 어떤 변수나 매개변수의 제곱에 비례해서 수가 증가하는 관계. 예를 들면 정렬 항목의 수와 선택 정렬 실행 시간 간의 관계, 또는 원의 반지름과 면적 간의 관계가 있다.

4G 4세대. 2010년경부터 스마트폰에 사용되는 기술을 나타내는 다소 모호한 용어로, 3G의 후속 기술이다.

5G 5세대. 4G의 후속 기술로, 더 새롭고 명확하게 정의되었고 2020년경부터 사용되고 있다.

802.11 노트북과 홈 라우터에 사용되는 무선 시스템을 위한 표준. 와이파이라고도 한다.

AES Advanced Encryption Standard, 고급 암호화 표준 가장 널리 사용되는 비밀 키 암호화 알고리즘이다.

AM Amplitude Modulation, 진폭 변조 신호 진폭을 변경하여 신호에 음성이나 데이터 같은 정보를 추가하는 메커니즘. 보통 AM 라디오라는 표현에서 볼 수 있다. FM을 참고하라.

API Application Programming Interface, 애플리케이션 프로그래밍 인터페이스 라이브러리나 다른 소프트웨어 모음에서 제공하는 서비스에 대해 프로그래머에게 설명하는 것이다. 예를 들어, 구글 지도 API는 자바스크립트로 지도 표시를 제어하는 방법을 설명한다.

CPU Central Processing Unit, 중앙 처리 장치 프로세서를 참조하라.

DES Data Encryption Standard, 데이터 암호화 표준 최초로 널리 사용된 디지털 암호화 알고리즘. AES로 대체됐다.

DMCA Digital Millennium Copyright Act, 디지털 밀레니엄 저작권법 저작권이 있는 디지털 자료를 보호하는 미국 법률로, 1998년부터 시행됐다.

DNS Domain Name System, 도메인 네임 시스템 도메인 네임을 IP 주소로 변환하는 인터넷 서비스다.

DRM Digital Rights Management, 디지털 저작권 관리 저작권이 있는 자료의 불법 복제를 방지하기 위한 기술. 대개 성공적이지 않다.

DSL Digital Subscriber Loop, 디지털 가입자 회선 전화선을 통해 디지털 데이터를 전송하는 기술이다. 케이블과 비슷하지만 그보다 드물게 사용된다.

EULA End User License Agreement, 최종 사용자 라이선스 동의 소프트웨어나 다른 디지털 정보로 할 수 있는 작업을 제한하는 긴 법적 문서다.

FM Frequency Modulation, 주파수 변조 무선 신호의 주파수를 변경하여 정보를 전송하는 기술. 보통 FM 라디오라는 표현에서 볼 수 있다. AM을 참고하라.

GDPR General Data Protection Regulation, 일반 데이터 보호 규정 개인이 자신에 대한 온라인 데이터를 통제하게 하는 EU 법안이다.

GIF Graphics Interchange Format 색상이 있는 블록으로 이루어진 단순한 이미지를 위한 압축 알고리즘. 사진용은 아니다. JPEG, PNG를 참조하라.

GNU GPL GNU General Public License, GNU 일반 공중 사용 라이선스 소스 코드에 무료로 접근하는 것을 의무화하여 오픈소스 코드를 보호하고, 특정 개인이나 집단이 코드를 소유하는 것을 방지하는 저작권 라이선스다.

GPS Global Positioning System, 위성 항법 시스템 인공위성에서 오는 시간 신호를 사용하여 지구 표면 위의 위치를 계산하는 기술이다. 단방향으로 작동한다. 즉 자동차 내비게이터 같은 GPS 장치는 위성에 신호를 브로드캐스트하지 않는다.

GSM Global System for Mobile Communications, 글로벌 이동 통신 시스템 전 세계 대부분 지역에서 사용되는 휴대전화 시스템이다.

HTML Hypertext Markup Language, 하이퍼텍스트 마크업 언어 웹페이지의 내용과 형식을 기술하는 데 사용된다.

HTTP Hypertext Transfer Protocol, 하이퍼텍스트 전송 프로토콜, HTTPS HTTP Secure 브라우저 같은 클라이언트와 서버 간에 사용되는 프로토콜이다. HTTPS는 종단 간 암호화되므로 스누핑과 중간자 공격에 비교적 안전하다.

IC Integrated Circuit, 집적회로 평평한 표면 위에 제조되고, 밀폐된 패키지에 장착되며, 회로 내의 다른 소자에 연결되는 전자 회로 부품. 대부분의 디지털 장치는 주로 IC로 구성된다.

ICANN Internet Corporation for Assigned Names and Numbers, 국제 인터넷 주소 관리 기구 도메인 네임과 프로토콜 주소 등 유일무이해야 하는 인터넷 자원을 할당하는 단체다.

IP 주소 IP address 인터넷 프로토콜 주소. 인터넷상의 컴퓨터와 현재 결부된 고유한 숫자로 이루어진 주소. 전화번호와 약간 비슷하다.

IP Internet Protocol, 인터넷 프로토콜 인터넷을 통해 패킷을 전송하기 위한 기본 프로토콜. 지적 재산권의 약어도 'IP'이다.

IPv4, IPv6 현재 사용되는 IP 프로토콜의 두 가지 버전. IPv4는 32비트 주소를 사용하고 IPv6은 128비트 주소를 사용한다. IP의 다른 버전은 없다.

ISP Internet Service Provider, 인터넷 서비스 제공 업체 인터넷 연결을 제공하는 기업이나 단체. 예로는 대학, 케이블 회사, 전화 회사가 포함된다.

IXP Internet Exchange Point, 인터넷 익스체인지 포인트 여러 네트워크가 만나고 데이터를 교환하는 물리적 장소를 말한다.

JPEG 디지털 이미지를 위한 표준 압축 알고리즘과 표현 방식으로, Joint Photographic Experts Group을 따라 지어진 이름이다.

MD5 메시지 다이제스트 또는 암호 해시 알고리즘이다. 더 이상 사용되지 않는다.

MP3 디지털 오디오 압축 알고리즘과 표현 방식으로, 비디오용 MPEG 표준의 일부다.

MPEG 디지털 비디오용 표준 압축 알고리즘과 표현 방식으로, Moving Picture Experts Group을 따라 지어진 이름이다.

P2P peer-to-peer, 피어 투 피어 동등한 사용자 간 정보의 교환, 즉 클라이언트 서버 모델과 달리 대칭 관계를 이룬다. 파일 공유 네트워크와 비트코인에 사용된다.

PDF Portable Document Format 어도비에서 처음 만든 인쇄용 문서 표준 표현이다.

PNG Portable Network Graphics 무손실 압축 알고리즘. GIF에 대한 비특허 대체 기술로, 훨씬 많은 색을 지원한다. 텍스트, 선 그림, 또는 단색 블록으로 구성된 이미지에 사용된다.

RAM Random Access Memory, 임의 접근 메모리 컴퓨터의 주 기억 장치다.

RFID Radio-Frequency Identification, 무선 주파수 식별 전자 도어록, 애완동물 식별 칩 등에 사용되는 저전력 무선 시스템이다.

RGB Red/Green/Blue, 적색/녹색/청색 컴퓨터 디스플레이에서 색상이 세 가지 기본 색상 조합으로 표현되는 표준 방식이다.

RSA 가장 널리 사용되는 공개 키 암호화 알고리즘으로, 이 기술을 발명한 로널드 리베스트, 아디 샤미르, 레너드 애들먼의 이름을 딴 것이다.

SDK Software Development Kit, 소프트웨어 개발 키트 프로그래머가 휴대전화와 게임 콘솔 같은 장치나 환경을 위한 프로그램을 작성하도록 도와주는 도구를 모은 것이다.

SHA-1, SHA-2, SHA-3 보안 해시 알고리즘. 임의의 입력에 대한 암호 다이제스트를 만드는 데 사용된다. SHA-1은 더 이상 사용되지 않는다.

SSD Solid State Disk/Drive 플래시 메모리를 사용하는 비휘발성 보조 기억 장치. 회전하는 기계 장치에 기반을 둔 하드 디스크 드라이브를 대체하는 기술이다.

TCP Transmission Control Protocol, 전송 제어 프로토콜 IP를 사용하여 양방향 스트림을 만드는 프로토콜. TCP/IP는 TCP와 IP의 조합이다.

URL Uniform Resource Locator, 균일 자원 지시자 웹 주소 표준 형식이다(예시: *http://www.amazon.com*).

USB Universal Serial Bus, 범용 직렬 버스 외장형 디스크 드라이브, 카메라, 디스플레이, 휴대전화 같은 장치를 컴퓨터에 연결하기 위한 표준 커넥터다. USB-C는 더 최근 기술로 이전 버전과 물리적 규격이 호환되지 않는 버전이다.

VoIP Voice over IP 음성 대화를 위해 인터넷을 사용하는 방법으로, 일반 전화 시스템에 접근하는 방식을 흔히 사용한다.

VPN Virtual Private Network, 가상 사설망 양방향의 정보 흐름을 보안 처리하는, 컴퓨터 간의 암호화된 통신 경로다.

가상 머신 virtual machine 컴퓨터인 것처럼 작동하는 프로그램. 인터프리터라고도 한다.

가상 메모리 virtual memory 주 기억 장치가 무제한인 것처럼 보이게 추상화하는 소프트웨어 또는 하드웨어다.

강화 학습 reinforcement learning 현실 과제에 대해 컴퓨터가 보여 주는 성능을 기반으로 학습을 지도하는 머신러닝으로, 체스 같은 컴퓨터 게임에서 사용된다.

검색 엔진 search engine 웹페이지를 수집하고 그에 대한 쿼리에 응답하는 빙이나 구글 같은 서버다.

게이트웨이gateway 한 네트워크를 다른 네트워크에 연결하는 컴퓨터. 흔히 라우터라고 부른다.

기지국base station 무선 장치(휴대전화, 노트북)를 네트워크(전화망, 컴퓨터 네트워크)에 연결하는 무선 설비다.

다크 웹dark web 특별한 소프트웨어나 접근 정보로만 이용할 수 있는 월드 와이드 웹의 일부분으로, 대부분 불법 활동과 연관된다.

담장이 쳐진 정원walled garden 사용자를 시스템에서 제공하는 기능 영역에 가둬 두는 소프트웨어 생태계로, 시스템 외부에 있는 어떤 것도 접근하거나 사용하기 어렵게 한다.

대역폭bandwidth 통신 경로가 정보를 전송하는 속도로, 초당 비트 수(bps)로 측정된다. 예를 들어, 전화 모뎀은 56Kbps, 이더넷은 100Mbps다.

도메인 네임domain name 인터넷에 연결된 컴퓨터에 대한 계층적 명명 체계다(예시: *www.cs.nott.ac.uk*).

드라이버driver 프린터 같은 특정 하드웨어 장치를 제어하는 소프트웨어. 일반적으로 필요에 따라 운영체제에 로드된다.

등록 대행 업체registrar 개인과 회사에 도메인 네임을 판매할 수 있는 권한이 있는 회사. 이러한 권한은 ICANN에서 얻는다.

디렉터리directory 폴더와 같다.

디지털digital 불연속적인 숫자 값만 취하는 정보 표현 방식. 아날로그와 대조를 이룬다.

딥 러닝deep learning 인공 뉴런으로 구성된 네트워크에 기반을 둔 머신러닝 기법이다.

라우터router 게이트웨이를 나타내는 또 다른 단어. 한 네트워크에서 다른 네트워크로 정보를 전달하는 컴퓨터다. 무선 라우터를 뜻하기도 한다.

라이브러리library 프로그램을 만들 때, 미리 만들어 둔 소프트웨어 구성 요소를 사용할 수 있도록 모아 둔 것이다. 예를 들면, 브라우저 접근을 위해 자바스크립트가 제공하는 표준 함수가 있다.

랜섬웨어ransomware 피해자의 컴퓨터에 있는 데이터를 암호화하는 공격. 복구하려면 돈을 지불해야 한다.

로그logarithm 수 N이 주어졌을 때, N을 산출하기 위해 밑수에 붙는 지수. 이 책에서는 밑수는 2이고 로그는 정수다.

루프loop 프로그램에서 일련의 명령어를 반복하는 부분. 무한 루프는 일련의 명령어를 무한정 반복한다.

리눅스Linux 오픈소스 유닉스 계열 운영체제로, 서버에서 널리 사용된다.

마이크로칩microchip 칩이나 집적회로를 뜻하는 또 다른 단어다.

망 중립성net neutrality 인터넷 서비스 제공 업체가 트래픽을 경제적 또는 다른 비기술적인 이유로 한쪽에 유리하게 처리해선 안 되며(과부하가 걸린 경우는 제외하고), 모든 트래픽을 같은 방식으로 처리해야 한다는 일반적인 원칙이다.

모뎀modem 변조기modulator 또는 복조기demodulator. 아날로그 표현(음향 등)을 비트로 변환했다가 다시 아날로그 표현으로 변환하는 장치다.

무선 라우터wireless router 컴퓨터 같은 무선 장치를 유선 네트워크에 연결하는 전파 장치다.

바이러스virus 주로 악성으로 컴퓨터를 감염시키는 프로그램이다. 바이러스는 웜과 달리 한 시스템에서 다른 시스템으로 전파되는 데 도움이 필요하다.

바이트byte 8비트로, 문자, 작은 수, 또는 더 큰 값의 일부를 저장할 수 있는 용량이다. 현대 컴퓨터에서 하나의 단위로 취급된다.

방화벽firewall 컴퓨터 또는 네트워크에서 들어오고 나가는 네트워크 연결을 제어하거나 차단하는 프로그램으로, 하드웨어도 포함할 수 있다.

백도어backdoor 암호 기법에서 추가적인 정보를 가진 사람이 암호화를 깨뜨리거나 우회할 수 있게 해주는 의도적인 약점이다.

버그bug 프로그램 또는 다른 시스템의 오류다.

버스bus 전자 장치를 연결하는 데 사용되는 전선의 집합. USB도 함께 참고하라.

변수variable 주 기억 장치에서 정보를 저장하는 위치. 변수 선언은 변수 이름을 지정하고 초깃값이나 담고 있는 데이터 유형 등 변수에 대한 다른 정보를 제공한다.

복잡도complexity 계산 작업이나 알고리즘 난이도를 나타내는 척도로, N 또는 $\log N$ 처럼 N 개의 데이터 항목을 처리하는 데 걸리는 시간으로 표현된다.

봇bot, **봇넷**botnet 불법 행위를 계획한 사람의 통제를 받는 프로그램을 실행하는 컴퓨터. 봇넷은 같이 통제를 받는 봇들이 모인 것이다. 로봇에서 나온 말이다.

브라우저 핑거프린팅browser fingerprinting 서버가 사용자의 브라우저 속성을 이용하여 해당 사용자를 어느 정도 고유하게 식별할 수 있는 기법이다. 캔버스 핑거프린팅이 한 가지 메커니즘이다.

브라우저browser 대부분의 사용자에게 웹 서비스의 기본 인터페이스를 제공하는 프로그램으로, 크롬, 파이어폭스, 인터넷 익스플로러, 엣지, 사파리 등이 있다.

블록체인blockchain 비트코인 프로토콜이 사용한 모든 이전 거래의 분산 장부이다.

블루투스Bluetooth 핸즈프리 전화, 게임, 키보드 등을 위한 근거리 저전력 무선 기술이다.

비지도 학습unsupervised learning 레이블이나 태그가 지정된 사례 없이 학습하는 머신러닝 방식이다.

비트bit 켜짐 또는 꺼짐 같은 이진 선택에서 정보를 표현하는 이진 숫자(0 또는 1)이다.

비트코인Bitcoin P2P 네트워킹을 사용하여 익명으로 온라인 거래를 하게 하는 디지털 화폐 또는 암호화폐이다.

비트토렌트BitTorrent 대용량의 인기 있는 파일을 효율적으로 배포하기 위한 P2P 프로토콜. 다운로더들도 파일을 업로드해야 한다.

사용되지 않음deprecated 컴퓨팅에서 곧 대체되거나 구식이 될 예정이므로 사용하지 않아야 하는 기술을 나타낸다.

서버server 검색 엔진, 쇼핑 사이트, SNS 같은 웹사이트에서 클라이언트 요청에 따라 데이터 접근을 제공하는 컴퓨터 또는 컴퓨터들이다.

선언declaration 계산 중에 정보를 저장 변수 등 프로그램 일부분의 이름과 속성을 명시하는 프로그래밍 언어의 문법 구조다.

섬유fiber, **광섬유**optical fiber 장거리로 빛 신호를 전송하는 데 사용되는 매우 순수한 유리의 가느다란 가닥. 빛 신호가 디지털 정보를 인코딩한다. 대부분의 장거리 디지털 트래픽은 광섬유 케이블을 통해 전송된다.

소셜 엔지니어링social engineering 함께 아는 친구가 있거나 같은 회사에 다니는 등의 관계있는 사람인 척해서 피해자를 속여 정보를 공개하거나 어떤 행동을 하도록 하는 기법이다.

소스 코드source code 프로그래머가 이해할 수 있는 언어로 작성된 프로그램 텍스트. 오브젝트 코드로 컴파일된다.

스마트폰smartphone 프로그램(앱)을 다운로드하여 실행할 수 있는 아이폰 또는 안드로이드폰 같은 휴대전화다.

스팅레이stingray 휴대전화가 일반 전화 시스템 대신 자신과 통신하도록 휴대전화 기지국인 척 작동하는 장치다.

스파이웨어spyware 자신이 설치된 컴퓨터에서 발생하는 일을 자신이 만들어진 곳에 보고하는 소프트웨어다.

스펙트럼spectrum 휴대전화 서비스 또는 라디오 방송국 같은 시스템이나 장치의 주파수 범위다.

시뮬레이터simulator 어떤 장치나 다른 시스템인 것처럼 (모방하여) 작동하는 프로그램이다.

시스템 콜system call 운영체제가 프로그래머에게 자신의 서비스를 이용할 수 있게 하는 메커니즘. 시스템 콜은 함수 호출과 매우 비슷해 보인다.

신경망neural network 인간의 뇌에 있는 뉴런과 약간 비슷하게 인공 뉴런으로 이루어진 네트워크로, 머신러닝 알고리즘에서 사용된다.

십육진hexadecimal 16을 기수로 하는 표기법으로, 유니코드 표, URL, 색상 명세에서 가장 흔히 볼 수 있다.

아날로그analog 온도계 내부에 있는 액체의 높이처럼 어떤 변화에 비례하여 연속적으로 변하는 물리적 특성을 사용하는 정보 표현의 총칭. 디지털과 대조를 이룬다.

아스키코드ASCII, American Standard Code for Information Interchange 문자, 숫자, 구두점의 7비트 인코딩이다. 거의 항상 8비트인 바이트 단위로 저장된다.

아키텍처architecture 컴퓨터 프로그램, 시스템, 하드웨어의 조직 또는 구조를 나타내는 모호한 단어다.

악성코드malware 악의적인 속성과 의도가 있는 소프트웨어다.

알고리즘algorithm 계산 과정에 대한 정확하고 완전한 명세이지만, 프로그램과 달리 추상적이며 컴퓨터가 직접 실행할 수는 없는 형태다.

암호화폐cryptocurrency 암호 기법에 기반을 둔 디지털 화폐로, 물리적 자산이나 정부 명령에 의해 가치가 결정되는 통화가 아니다. 예로는 비트코인이 있다.

압축compression 디지털 표현을 더 적은 비트로 줄이는 것으로, 디지털 음악의

MP3 압축 또는 이미지의 JPEG 압축 등이 있다.

애드온add-on 추가 기능 또는 편의를 위해 브라우저에 포함된 작은 자바스크립트 프로그램. 애드블록 플러스와 노스크립트처럼 프라이버시를 지키기 위한 애드온이 있다. 확장 프로그램이라고도 한다.

앱app, **애플리케이션**application 어떤 작업을 수행하는 프로그램 또는 프로그램군. 예로는 워드 또는 아이포토가 있다. 앱은 달력과 게임 같은 휴대전화 애플리케이션을 나타내는 데 가장 흔히 사용된다. 예전에는 앱이 '킬러 앱Killer app'이라는 용어에서만 사용됐다.

어셈블러assembler 프로세서 명령어 레퍼토리에 있는 명령어를 컴퓨터 메모리에 직접 로드하기 위한 비트로 번역하는 프로그램. 어셈블리 언어assembly language는 여기에 상응하는 수준의 프로그래밍 언어다.

오브젝트 코드object code 주 기억 장치에 로드되어 실행될 수 있는 이진 형식의 명령어 또는 데이터로, 컴파일과 어셈블리를 거쳐 만들어진 결과다. 소스 코드와 대조를 이룬다.

오픈소스open source 프로그래머가 읽을 수 있는 소스 코드 형태로, 누구나 자유롭게 사용할 수 있도록 공개한 코드. 오픈소스를 사용해 만들어진 프로그램은 보통 GNU GPL 같은 라이선스하에, 타인에게도 소스 코드를 같은 조건으로 자유롭게 사용할 수 있도록 유지한다.

와이파이Wi-Fi, Wireless Fidelity 802.11 무선 표준의 마케팅용 이름이다.

운영체제operating system 프로세서, 파일 시스템, 장치, 외부 연결을 포함하여 컴퓨터 자원을 제어하는 프로그램. 예로는 윈도우, 맥OS, 유닉스, 리눅스가 있다.

웜worm 컴퓨터를 감염시키는 악성 프로그램이다. 웜은 바이러스와 달리 도움 없이 한 시스템에서 다른 시스템으로 전파된다.

웹 비콘web beacon 특정 웹페이지가 다운로드되었는지 추적하는 데 사용되는 작고 대개 보이지 않는 이미지다.

웹 서버web server 웹 애플리케이션에 중점을 둔 서버다.

유니코드Unicode 세계 모든 표기 체계의 모든 문자에 대한 표준 인코딩이다. UTF-8은 유니코드 데이터를 변환하기 위한 8비트 가변폭 인코딩이다.

유닉스Unix 오늘날의 많은 운영체제의 기반이 되는 운영체제로, 벨 연구소에서 개발되었다. 리눅스는 유닉스와 같은 서비스를 제공하지만 다르게 구현된 비슷한 운영체제다.

이더넷Ethernet 가장 일반적인 근거리 통신망 기술로, 대부분의 가정과 사무실 무선 네트워크에 사용된다.

이진binary 상태 또는 가능한 값이 두 개만 있는 것. 또한, 이진수는 기수가 2인 수를 나타낸다.

이진 검색binary search 정렬된 목록을 검색하는 알고리즘으로, 다음에 검색할 목록을 절반으로 반복해서 나누는 방식이다.

인증서certificate 웹사이트가 진짜인지 확인하는 데 사용할 수 있는 디지털 서명된 암호 데이터다.

인터페이스interface 두 개의 독립적인 개체 사이의 경계를 뜻하는 모호한 일반 용어. 프로그래밍 인터페이스는 API를 참조하라. 또 다른 용법은 (그래픽) 사용자 인터페이스user interface 또는 GUI로, 컴퓨터 프로그램에서 사람이 직접 상호작용하는 부분을 의미한다.

인터프리터interpreter 실제 또는 가상의 컴퓨터를 위해 명령어를 해석해서 컴퓨터의 작동 방식을 모방하여 작동하는 프로그램. 브라우저의 자바스크립트 프로그램은 인터프리터로 처리된다. 가상 머신을 참고하라.

자바스크립트JavaScript 주로 웹페이지에서 시각 효과와 추적을 위해 사용되는 프로그래밍 언어다.

제로 데이zero-day 방어하는 쪽에서 문제를 수정하거나 방어 태세를 갖추기 위한 패치를 아직 내놓지 못한 상태인 취약점을 가리키며, 이를 공격하는 기술을 제로 데이 공격이라고 한다.

주변 장치peripheral 외부 디스크, 프린터, 스캐너처럼 컴퓨터에 연결된 하드웨어 장치다.

중간자 공격man-in-the-middle attack 적수가 두 당사자 간의 통신을 가로채서 수정하는 공격이다.

지도 학습supervised learning 레이블이나 태그가 지정된 사례의 집합을 가지고 학습하는 머신러닝 방식이다.

지수exponential 정해진 단계의 크기 또는 기간마다 정해진 비율로 증가하는 관계. 예를 들어, 매달 6%씩 증가하는 것이 이에 해당한다. 흔히 '빠르게 증가하는' 현상을 비유하는 말로 사용된다.

지적 재산권intellectual property 저작권과 특허로 보호받을 수 있는 창조적 또는 독창적인 활동의 산물. 소프트웨어와 디지털 미디어가 포함된다. 간혹 혼동의 여지가 있는 약어인 IP로 축약 표기된다.

추적tracking 웹 사용자가 방문하는 사이트와 그 사이트에서 수행하는 작업을 기록하는 일이다.

칩chip 소형 전자 회로로, 평평한 실리콘 표면에서 제조되고 세라믹 패키지에 장착된다. 집적회로, 마이크로칩이라고도 불린다.

캐시cache 최근에 사용된 정보를 빨리 이용할 수 있게 하는 로컬 기억 장소다.

캡차CAPTCHA 사람과 컴퓨터를 구분하기 위한 테스트로, 봇을 감지할 용도로 사용된다.

커널kernel 운영체제의 핵심 부분으로, 운영과 자원 제어를 담당한다.

컴파일러compiler C 또는 포트란 같은 고수준 언어로 작성된 프로그램을 어셈블리 언어 같은 저수준 형태로 변환하는 프로그램이다.

케이블 모뎀cable modem 케이블 TV 네트워크를 통해 디지털 데이터를 보내고 받기 위한 장치다.

코드code 소스 코드에서처럼 프로그래밍 언어로 된 프로그램의 텍스트. 혹은 아스키코드에서처럼 인코딩을 의미한다.

쿠키cookie 서버에 의해 전송되는 텍스트로, 컴퓨터 브라우저에 저장됐다가 다음에 서버에 접근할 때 브라우저에 의해 반환된다. 웹사이트 방문을 추적하는 데 널리 사용된다.

크롬 OS Chrome OS 구글에서 만든 운영체제로, 로컬 컴퓨터 대신 주로 클라우드에 있는 애플리케이션과 사용자 데이터를 브라우저로 접근하여 사용하는 구조다.

클라우드 컴퓨팅cloud computing 서버에 저장된 데이터를 가지고 서버에서 수행되는 컴퓨팅으로, 데스크톱 애플리케이션을 대체하고 있다. 메일, 달력, 사진 공유 사이트가 그 예다.

클라이언트client 클라이언트 서버 모델에서처럼 서버에 요청을 하는 프로그램으로, 주로 브라우저에 해당한다.

키 로거key logger 컴퓨터에서 모든 키 입력을 기록하는 소프트웨어로, 대개 범죄 목적으로 사용된다.

튜링 머신 Turing machine 어떤 디지털 계산이라도 수행할 수 있는 추상적 컴퓨터로, 앨런 튜링이 고안했다. 범용 튜링 머신은 어떤 다른 튜링 머신이든 모방하여 작동할 수 있고, 따라서 어떤 디지털 컴퓨터든 모방하여 작동할 수 있다.

트로이 목마 Trojan horse 원래 하기로 되어 있는 일이 아닌 다른 일(보통 악의적인 일)을 하는 프로그램이다.

트롤troll 인터넷에서 고의적으로 갈등을 조장하는 일로, 명사이자 동사(트롤링)로 사용된다.

특허 괴물patent troll 특허를 사용할 목적이 아니라 다른 기업에 특허 소송을 제기하기 위해 특허에 대한 권리를 취득하는 회사다.

파일 시스템file system 디스크와 다른 보조 저장 매체에 정보를 조직화하고 정보에 접근하기 위한 운영체제의 일부분이다.

패킷packet 지정된 형식으로 된 정보의 모음으로, IP 패킷 등이 있다. 표준화된 우편 봉투나 배송 컨테이너와 약간 비슷하다.

폴더folder 파일과 폴더에 대한 정보(크기, 날짜, 권한, 위치 포함)를 저장하는 파일. 디렉터리와 동일하다.

표준standard 특정 환경에서 무엇이 작동하거나 구축되거나 제어되는 방식에 대한 공식 사양 또는 설명. 상호운용성을 보장하고 독립적인 구현을 가능하게 할 수 있을 정도로 정확하게 정의된다. 예로는 아스키코드와 유니코드 같은 문자 집합, USB 같은 플러그와 소켓, 프로그래밍 언어 정의가 있다.

표현representation 정보가 디지털 형식으로 표현되는 방법에 대한 일반적인 단어다.

프로그래밍 언어programming language 컴퓨터를 위한 일련의 작업을 표현하기 위한 표기법으로, 결국 주 기억 장치에 로드되는 비트로 변환된다. 예로는 어셈블리 언어, C, C++, 자바, 자바스크립트를 들 수 있다.

프로그램program 컴퓨터가 작업을 수행하게 하는 일련의 명령어. 프로그래밍 언어로 작성된다.

프로세서processor 컴퓨터에서 산술 및 논리 연산을 수행하고 컴퓨터 나머지를 제어하는 부분. CPU라고도 한다. 인텔과 AMD 프로세서는 노트북에 널리 사용되며, ARM 프로세서는 대부분의 휴대전화에서 사용된다.

프로토콜protocol 시스템이 상호작용하는 방식에 대한 합의. 인터넷에서 가장 흔히 볼 수 있다. 인터넷에는 네트워크를 통해 정보를 교환하기 위한 수많은 프로토콜이 있다.

플래시 메모리flash memory 전력을 소모하지 않고 데이터를 보존하는 집적회로 메모리 기술. 카메라, 휴대전화, USB 메모리 스틱, 디스크 드라이브 대용품으로 사용된다.

플래시Flash 웹페이지에 비디오와 애니메이션을 표시하기 위한 어도비 소프트웨어 시스템으로, 더 이상 사용되지 않는다.

플랫폼platform 기반 서비스를 제공하는 운영체제 같은 소프트웨어 시스템을 가리켜 이르는 용어다.

플러그인plug-in 브라우저 컨텍스트에서 실행되는 프로그램. 플래시가 흔히 사용되던 예다.

피싱phishing, **스피어 피싱**spear phishing 공격 대상의 개인정보를 얻거나, 대상과 어떤 관계가 있는 척하여 대상이 악성코드를 다운로드하거나 자격증명 정보를 드러내도록 하는 시도로, 대개 이메일을 통해 이루어진다. 스피어 피싱은 더 정확하게 대상을 겨냥한다.

픽셀pixel 화소. 디지털 이미지에서 단일 점이다.

필터 버블filter bubble 정보의 출처와 범위가 좁아지는 현상으로, 온라인 정보를 제한된 출처에 의존해서 구하는 데서 발생한다.

하드 디스크hard disk 자성을 띠는 소재로 된 회전하는 디스크에 데이터를 저장하는 장치. 하드 드라이브라고도 부른다.

함수function 프로그램에서 특정 목적에 초점을 맞춘 연산 작업을 수행하는 구성 요소. 예를 들면, 제곱근을 계산하거나 자바스크립트의 `prompt` 함수처럼 대화 상자를 띄운다.

옮긴이의 글

요즘 전 세계적으로 소프트웨어를 비롯한 컴퓨터 교육에 대한 관심이 높아지고 있고, 이런 흐름에 따라 대학에서도 비전공자를 위한 교양 강좌가 많이 개설되고 있다.

그중 미국 대학에서 높은 평가를 받거나 인기 있는 강의는 크게 두 가지 접근 방식으로 나뉜다. 우선 하버드 대학의 CS50처럼 컴퓨터과학 이론을 바탕으로 실제 활용에 주안점을 두는 강의가 있다. 반면 프린스턴 대학의 COS 109처럼 컴퓨터의 기술적 측면과 역사적 배경이나 현대 사회에 미치는 영향 같은 인문학적 측면을 동등한 비중으로 다루는 강의도 있다.

이 책의 원서인 《Understanding the Digital World》는 프린스턴 대학 COS 109 과목 교재로 사용되고 있다. 인문학, 사회과학, 예술 전공자를 대상으로 하는 만큼, 책에서는 컴퓨팅의 핵심 요소와 각각의 역사를 폭넓게 설명하여 컴퓨터 기술과 인문학의 접점에서 일어나는 일들을 짚고 생각해 볼 수 있게 한다.

저자인 브라이언 W. 커니핸은 벨 연구소에서 30년간 근무하면서 컴퓨터과학자로서 많은 업적을 남겼고 《C 언어 프로그래밍》과 《프로그래밍 수련법》 같은 컴퓨팅 고전을 공동 저술했다. 이후 모교인 프린스턴 대학에서 교수로 20년가량 재직하면서 COS 109뿐만 아니라 고급 프로그래밍 기법과 보안 세미나를 지도했으며 《Go 프로그래밍 언어The Go Programming Language》, 《유닉스의 탄생》 등을 집필하며 활발한 저술 활동을 이어 왔다. 또한 프린스턴 대학 디지털인문학센터Center for Digital Humanities와 정보기술

정책센터Center for Information Technology Policy 활동에도 관여한 바 있는데, 이때 있었던 학제 간 연구 경험과 결과가 이 책에 녹아 있는 것으로 보인다.

이 책은 2021년에 출간된 원서 2판을 새로 번역했다. 1판은 하드웨어, 소프트웨어, 통신의 세 부분으로 구성되어 있었으나 새로운 판에는 인공지능과 머신러닝을 다루는 새 장을 포함하는 데이터 부분이 추가됐고, 파이썬 프로그래밍 내용도 포함됐다. 풍부한 이야기를 담고 있고 완결된 구성을 보여 주고 있어서 교양서로 읽기에도 손색이 없는 책이라고 생각한다.

무수한 앱과 서비스가 일상을 연결하고 인공지능 기술이 생활 곳곳에 스며들면서 우리의 삶이 곧 디지털 인프라의 입출력 데이터가 되고 있다. 이로 인해 컴퓨터 기술의 사회적 영향력이 여느 때보다 더 커지고 있다. 이 책이 독자 여러분께 디지털 세계를 이해하고 살아가는 데 유용한 정보와 교훈을 드릴 수 있기를 바란다.

몇 분께 특별히 감사의 뜻을 표하고자 한다. 먼저 저자에게 깊은 감사의 마음을 전한다. 인연이 이어져 커니핸 교수님의 책을 다시 번역하게 되었는데, 멀리서도 여러 가지 질문에 기꺼이 답해 주셔서 번역하는 데 큰 도움이 되었다.

다음으로 이 책이 번역될 수 있게 도와준 인사이트 출판사 및 관계자 분들께 감사드린다. 여러모로 신경 써준 한기성 대표님께 감사드리며, 적절한 조언과 편집으로 책의 품질을 높이는 데 도움을 준 나수지 편집자와 김지희 편집자에게 감사드린다. 아울러 더 완성도 높은 책이 만들어지도록 수고해 준 디자이너에게도 감사하다.

멀리서 응원해 주신 부모님과 형님들께 감사드린다. 사랑하는 아내에게 번역하는 동안 많은 시간을 함께 보내지 못해 미안하다는 말과 고마운 마음을 전한다.

끝으로 독자 여러분께 감사드리며, 모두 건강히 지내시기를 바란다.

2021년 12월

하성창

찾아보기

"이 색인에 잘못된 부분이 있다면 컴퓨터의 도움을 받아 분류했기 때문이라고 할 수 있다."*

기호

<img> 태그 332-333
<script> 태그 209, 220, 395

숫자

0으로 나누기 99-100, 218
10의 거듭제곱 표 49
16진수 54, 256, 285, 496
2와 10의 거듭제곱 표 50, 486-487
2의 거듭제곱 표 48
2차 알고리즘 107, 110, 487
4G LTE 269
4G 휴대전화 269-270, 487
5G 휴대전화 270, 487
64비트 메모리 주소 56
802.11 무선 표준 260, 269, 279, 487
AAC 43, 273

A-B

ADSL('DSL' 참조)
AES 암호화 표준 454, 487
alert 함수 209, 221
AMD 프로세서 75
AOL 쿼리 로그 408
ARM 프로세서 75, 123, 200
AT&T 245-246, 263, 420
ATM 체크섬 알고리즘 275
bzip2 압축 272

C

C 프로그래밍 언어 131, 136, 158, 195, 339
C# 프로그래밍 언어 160-161
C++ 프로그래밍 언어 131, 136, 158, 195
CCPA(캘리포니아주 소비자 프라이버시 보호법) 399
CD 41-42
CD 인코딩 41-42
CD-ROM 20, 191
CERN(유럽 입자 물리 연구소) 327
CGI 334
COPPA(아동 온라인 프라이버시 보호법) 320
COVID-19 xxiii, xxvi, 93, 427
CPU(중앙 처리 장치) 13-14, 59, 488, 501
CSS(캐스케이딩 스타일 시트) 333
ctof 함수 143
CTSS 운영체제 166

D

date 애플리케이션 194
DDoS('서비스 거부 공격' 참조)
DEC 166
DHCP 프로토콜 287
DMCA 면책 조항 316
DMCA(디지털 밀레니엄 저작권법) 315, 488

* Donald E. Knuth, *The Art of Computer Programming, Vol 3*, 1973. 《컴퓨터 프로그래밍의 예술 3: 정렬과 검색》, 한빛미디어, 2013

DNS 역방향 조회 291
DoS('서비스 거부 공격' 참조)
DSL 253, 283, 488
DSL 모뎀 253
DVD 42, 191

E-G

EU(유럽 연합) xvii, 399, 416
F# 프로그래밍 언어 160-161
FAT 파일 시스템 192
ftoc 함수 143-144
GCHQ(영국 정보기관) 284, 455
GDPR(일반 데이터 보호 규정) xvii, 399, 488
GIF 압축 272, 334, 488
GNU 일반 공중 사용 라이선스(GPL) 159-160, 488
GNU 프로젝트 160
GOTO 명령어 66, 214
GPS xxxv, 262, 387, 489
GPU(그래픽 처리 장치) 80, 454
GSM 489

H

HTML 206, 326-327, 331, 489
HTML 태그 334
HTML 폼 334
HTML5 340, 396
HTTP 프로토콜 306, 326, 489
HTTPS 프로토콜 330, 361, 365, 398, 458, 489

I

IBM 6, 53-54, 128, 161, 200, 275, 289, 454
IBM 7094 컴퓨터 xiv
IBM OS/360 운영체제 166
IBM PC 컴퓨터 8, 29
IBM 시스템/360 166
ICANN 288, 294, 489
IEEE 260
IETF(국제 인터넷 표준화 기구) 287
ifconfig, ipconfig 256
if-else 문 216
IFZERO 명령어 66, 214
IMAP 프로토콜 311
IMEI(국제 모바일 기기 식별코드) 265
iOS 운영체제 167
IP 주소 285, 290-291, 489
IP 패킷 284
IPv4 주소 285, 489
IPv4 패킷 다이어그램 302
IPv4 프로토콜 285
IPv6 주소 285, 292, 489
IPv6 프로토콜 285
ISBN 체크섬 알고리즘 276
ITU(국제 전기 통신 연합) 260, 282
IXP 297, 490

J-N

JPEG 압축 43, 118, 273, 334, 490
k-평균 군집화 430
LP(장시간 연주 레코드) 39, 41
mailinator.com 368
MCAS(조종 특성 증강 시스템) 91
MD5 메시지 다이제스트 알고리즘 461, 490
MIME 311
MP3 압축 19, 43, 118, 273-274, 312, 490
MPAA(미국 영화 협회) 315
MPEG 압축 44, 118, 273, 490
MS-DOS 운영체제 190
N log N 알고리즘 110
NIST(미국 국립 표준 기술 연구소) 429, 454, 461-462
NP 문제 113
NSA(미국 국가안보국) xv, xxx-xxxi, 145, 284, 348, 398, 402, 452-454, 462, 468, 474
nslookup 명령 293

O-R

OpenPGP 469

P=NP 문제 116
parseInt 함수 215-216
PC('IBM PC 컴퓨터' 참조)
PDF 196-197, 382, 490
PDF에 있는 자바스크립트 342-343
PNG 압축 118, 272-273, 490
prompt 함수 211-212, 221
QR 코드 278
RAID 파일 시스템 193
RFC 287-288
RFID 261, 490
RGB 색상 표현 38, 55, 490
RGB 인코딩 55
RIAA(미국 음반 산업 협회) 315
rot13 암호화 알고리즘 449
RSA 공개 키 알고리즘 460, 490
RSA 보안 침해 365
RSA 인수 분해 대회 460

S

SD 카드 23
SD 카드 파일 시스템 191-192
SHA-1, SHA-2, SHA-3 메시지 다이제스트 알고리즘 461-462, 491
SMTP 프로토콜 309
speedtest.net 254
SQL 주입 공격 358
SSD 17, 186, 491
SSD 웨어 레벨링 186
SSH(시큐어 셸) 309

T

TCP 긍정 응답 304
TCP 부정 응답 304-305
TCP 세그먼트 다이어그램 304
TCP 포트 305
TCP(전송 제어 프로토콜) 287, 491
TCP/IP 287, 300, 314
TCP/IP 연결 다이어그램 307
TOP500 79
traceroute 명령어 298-299
TTL(타임 투 리브) 302

U-V

UDP(사용자 데이터그램 프로토콜) 301
URL 326, 329, 491
URL 인코딩 330
USB 바이러스 347-348
USB 파일 시스템 191-192
USB(범용 직렬 버스) 19, 491
UTF-8 인코딩 86, 498
VHS와 베타맥스 경쟁 157
VM웨어 가상 운영체제 173
VPN(가상 사설망) 361, 491

W-Z

W3스쿨즈 206
WEP 무선 암호화 279
while 루프 214
whois 명령어 291
WPA 무선 암호화 279
x86 프로세서 제품군 200
Xcode 141
yopmail.com 368
ZIP 압축 272

ㄱ

가상 머신 174, 197, 220, 232, 235, 339, 491
가상 머신 라이선스 174
가상 메모리 169, 236, 491
가상 운영체제 173
  VM웨어 173
  버추얼박스 173
  젠 173
가상 운영체제 다이어그램 173
가상 화폐 471-472
감성 분석 437
강화 학습 436, 491

개인 식별 정보 358, 388, 398, 407
개인정보 보호 정책 320, 401, 464
검색 엔진
　구글 119
　덕덕고 386, 409
　빙 119, 330
　알타비스타 379
검색 엔진 다이어그램 381
게이츠, 빌 130
게이트웨이 283, 296, 302, 307, 321-322, 398, 492
게이트웨이와 라우터 비교 283
겔만, 머리 95
겔만, 바턴 xxxi
고(Go) 프로그래밍 언어 160
고수준 프로그래밍 언어 125
고스터리 애드온 197, 339, 366, 391, 420
고슬링, 제임스 132
골드스타인, 허먼 8, 59, 76
공개 중계 324
공개 키 암호 기법 455
공격
　SQL 주입 358
　권한 확대 353-354
　무차별 대입 453
　사전 344, 453-454
　소셜 엔지니어링 353, 495
　스피어 피싱 353, 502
　중간자 242, 267, 361, 450, 499
　피싱 350, 502
공공 기록 406-407
관할권 370, 484
광섬유 27, 245, 248, 254, 269, 280, 495
구글 141, 160-161, 198, 316, 379
구글 검색 엔진 119
구글 광고 484
구글 문서 198, 413
구글 스트리트 뷰 434
구글 애드 익스체인지 393
구글 지도 218, 235
구글 코드 규모 139
구글 코랩 223
구글 클라우드 플랫폼 175
구글 투명성 보고서 419
구독형 과금 모델 414
구름 사진 412
구문 규칙 207
구문 오류 127
국제 단위계(SI) 374, 486
국제화된 도메인 네임 288
권한 확대 공격 353-354
그레이스케일 179
그린월드, 글렌 xxxi, 447
기가 15, 487
기지국
　무선 492
　휴대전화 263
깜박거림(flicker) 43

ㄴ

나노 28, 73, 486
나이지리아인 사기 편지 350
나카모토, 사토시 470
냅스터 312
네이피어, 존 2-3
네임 서버 293
네트워크 주소 변환(NAT) 292
네트워크 파일 시스템 193
네트워크 효과 10-11, 483
넷스케이프 134, 335
넷스케이프 내비게이터 브라우저 327, 338
넷플릭스 43, 175, 246, 315, 394, 423
노벨상 25, 27, 83
노스크립트 애드온 339, 368, 391, 497
노이스, 로버트 27
논리 게이트 24
누산기 61, 72, 77
《뉴욕 타임스》 262, 388, 405

뉴욕시 택시 데이터셋 410
니체, 프리드리히 377

ㄷ
다크 웹 359, 492
다항 112-113
닥터 수스 374
단대단 원칙 323
단위 표 486-487
담장이 쳐진 정원 480
대역폭 248-249, 269, 492
덕덕고 검색 엔진 386, 409
데이터 과학 374
데이터 마이닝 374
데이터 암호화 표준(DES) 454, 488
데이터 압축 266, 270-271, 415, 496-497
데이터 익명화 408
데이터 제너럴 166
도메인 네임 286, 330, 492
도메인 네임 등록 대행 업체 288, 294, 492
도메인 네임 시스템(DNS) 286, 289, 321, 488
도청 324, 360-361
동적 호스트 구성 프로토콜(DHCP) 287
동축 케이블 258
뒤마, 알렉상드르 242
드롭박스 412
드리덱스 악성코드 346-347
디렉터리('폴더' 참조)
디바이스 드라이버 178, 492
디버깅 142-143
디스크 블록 185
디지털 TV 274
디지털 서명 458
디지털 시계 34
디지털 저작권 관리(DRM) 148-149
디지털 표현 41
디지털과 아날로그 비교 34
디킨스, 찰스 xxvi
디피, 휫필드 455
딥 러닝 424, 492

ㄹ
라바빗 418
라우터('게이트웨이' 참조)
라우팅 286, 296
라이선스 152
가상 머신 174
크리에이티브 커먼즈 160
랜섬웨어 355, 493
러브레이스, 에이다 5
러스트 프로그래밍 언어 160
레드햇 161
레딧 377
레비슨, 라다 418
레이저 27, 42, 150
레이턴시 249
렛츠 인크립트 463
로그 2-3, 102
로우, 마이크 295
로쿠 397
루이스, 해리 103
루트 네임 서버 292
루프 66, 72, 76, 493
룬, 피터 275
르쿤, 얀 433
리눅스 운영체제 161, 172, 199, 493
리베스트, 로널드 453, 460-461
리치, 데니스 131, 166
링크드인 377, 404, 412

ㅁ
마이브리지, 에드워드 43
마이크로 28, 487
마이크로소프트 8, 56, 141, 166, 174, 189-190, 327-328, 413-414
마이크로소프트 반독점 소송 202, 328
마이크로소프트 보안 법칙 341
마이크로소프트 애저 175

마이크로소프트 팁즈 xxviii
마이크로칩 26, 493
망 중립성 246, 493
매장 내 비콘 402
맥OS 152
맥OS 운영체제 8, 167
맥OS 활성 상태 보기 168
맥닐리, 스콧 447
맥에서 윈도우 실행 173
머신러닝 350, 423-424
머클, 랄프 455
멀틱스 운영체제 166
메가 15, 487
메가픽셀 38
메리어트 보안 침해 359
메모리
가상 169, 236, 491
임의 접근(RAM) 16, 490
플래시 19, 191, 501
메모리상의 프로그램 다이어그램 71
메모장 210
메타데이터 xxxi, 311, 365, 398, 402, 475
메트칼프, 로버트 255
명령어
GOTO 66, 214
IFZERO 66, 214
nslookup 293
telnet 307
traceroute 298-299
whois 291
분기 65
숫자 값 70
점프 66
조건부 분기 66
명령어 레퍼토리 61, 73
명령어 집합 아키텍처 84
명령어의 숫자 값 70
모뎀 250, 269, 493
DSL 253
케이블 251, 258, 499
모리스 웜 344
모리스, 로버트 344
모바일 핫스팟 268
모스 부호 271
모스, 새뮤얼 243
모자이크 브라우저 327
모클리, 존 6
모형 컴퓨터 60-61, 123
모형 컴퓨터 시뮬레이터 62-63, 70-71, 220-221
모호함에 의한 보안 452
《몬테크리스토 백작》 242
몰도바, .md 290
무선 기지국 492
무선 라우터 292, 493
무선 범위 258
무선 암호화
WEP 279
WPA 279
무손실 압축 272
무어, 고든 27
무어의 법칙 28, 85
무지능 네트워크 322-323
무차별 대입 공격 453
무차별 모드 257
문
if-else 216
할당 212-214
미국 법무부 대 마이크로소프트 소송 202, 328
미국 작가 협회 대 구글 소송 317
밀리 28, 487
밑수 2인 로그 102

ㅂ

바그스, 데이비드 255
바둑(게임) 422, 435
바딘, 존 25
바이러스
USB 347-348

비주얼 베이직 345
안나 쿠르니코바 343-344
플로피 디스크 345
바이러스 검사 프로그램 366
바이러스와 웜 비교 344
바이어컴 대 구글 유튜브 소송 316
바이트 16, 53-54, 493
바코드 22, 277
반 로섬, 귀도 135
방화벽 367, 493
방화장성 370
배비지, 찰스 3-4
배커스, 존 128
백악관 219
버그 142, 218, 236, 344, 494
버너스리, 팀 327
버스 12, 21, 494
버추얼박스 가상 운영체제 173
벅스, 아서 8, 59, 76
벌레 사진 142
범용 컴퓨터 56
범용 튜링 머신 81
베이직 프로그래밍 언어 129-130
베조스, 제프 150, 368
벤지오, 요슈아 432-433
벨 연구소 25, 131, 166, 245
벨, 알렉산더 그레이엄 243, 248
변수 선언 214, 494-495
변조 250, 259
변환
십진수에서 이진수로 52
아날로그를 디지털로 36
이진수에서 십진수로 51-52
보안 메시징 시스템
시그널 362
아이메시지 362
왓츠앱 362
보안 침해
RSA 365
메리어트 359
시큐어ID 365
에퀴팩스 358
와와 359
클리어뷰 AI 359
보잉 737 맥스 91
보조 기억 장치 17
복잡도
알고리즘 111, 234, 494
점근적 116
봇, 봇넷 355, 494
부동 소수점 연산(플롭스) 79
부팅 176
부흐홀츠, 베르너 53-54
분기 명령어 65
분산 컴퓨팅 80
분할 정복 알고리즘 101, 107
브라우저
넷스케이프 내비게이터 327, 338
모자이크 327
사파리 196, 209, 327, 362
엣지 132, 196, 209, 327
인터넷 익스플로러 202, 327-328
크롬 132, 160, 196, 209, 327
토어(Tor) 368, 465-466
파이어폭스 132, 160, 196, 209, 327, 466
브라우저 핑거프린팅 396, 463, 494
브라우저 확장 프로그램('애드온', '플러그인' 참조)
브란웬, 그원 444
브래튼, 월터 25
브로드캐스트 네트워크 249, 324
브룩스, 프레더릭 164
브린, 세르게이 379
블랙라이트 트래커 모니터 397
블루레이와 HD-DVD 경쟁 157
블루스크린 169
블루투스 181, 261, 494
비공개 브라우징 394

비동기적 이벤트 196
비밀 키 암호 기법 453
비밀번호 인증 308, 324, 334, 355, 360, 362, 476
비식별화 409-410
비주얼 베이직 바이러스 345
비주얼 베이직 인터프리터 345
비주얼 베이직 프로그래밍 언어 130
비지도 학습 430, 494
비짓 47
비트 부식 146
비트의 기원 33, 47
비트의 의미 47, 50, 495
비트코인 블록체인 470, 494
비트코인 프로토콜 314, 353, 470, 495
비트토렌트 프로토콜 314, 491
빅데이터 406
빙 검색 엔진 119, 330
빛의 속도 268

ㅅ

사물인터넷 xvii, 79, 181, 319, 368, 480-481
사이먼, 허버트 422
사이버 전쟁 93, 482
사전 공격 344, 453-454
사파리 브라우저 196, 209, 327, 362
상표 147
샤미르, 아디 460
샤프, 클로드 241
섀넌, 클로드 33
서비스 거부 공격(DDoS) 359
서프, 빈트 306
선택 정렬 알고리즘 104
선형 알고리즘 100
소리 파형 다이어그램 40
소셜 그래프 405
소셜 엔지니어링 공격 353, 495
소스 코드 158, 339, 495
소프트웨어 개발 키트(SDK) 141, 155, 491
소프트웨어 계층 198
소프트웨어 구성 요소 139-140
손실 압축 272
쇼기(게임) 435-436
쇼클리, 윌리엄 25
순방향 비밀성 459
슈나이어, 브루스 xxxviii, 368
슈퍼컴퓨터 79
스냅챗 464
스노든, 에드워드 xv, xviii, 362, 402-403, 418, 465, 468
스니핑 257
스마트 따옴표 210
스마트폰 387, 495
스와핑 169-170
스위니, 라타냐 410
스위프트 프로그래밍 언어 160, 204-205
스카이프 245-246
스케어웨어 356
스코틀랜드의 여왕 메리 450
스크래치 프로그래밍 언어 205
스크립트 꼬마 346
스턱스넷 웜 346
스톤헨지 2
스톨만, 리처드 159
스트롭스트룹, 비야네 131
스팅레이 266, 495
스파이웨어 354, 495-496
스팸 349
스펙트럼 경매 260
스펙트럼 할당 260, 278
스포티파이 39, 315
스피어 피싱 공격 353, 498
시각 전신 241-242
시그널 보안 메시징 시스템 362
시리 422
시스템 콜 178, 496
시큐어ID 보안 침해 365
시티즌포 xxxi

신경망 424, 496
실리콘밸리 26
〈실리콘밸리〉 TV 시리즈 275
실크로드 471
심층 패킷 검사 398
십진수에서 이진수로 변환 52
썬 마이크로시스템즈 132, 155, 338, 447
썬 마이크로시스템즈 대 마이크로소프트 소송 338
쓰리컴 258

ㅇ

아날로그 시계 34
아날로그 홀 149
아날로그를 디지털로 변환 36
아마존 154, 167, 205, 289, 307, 336, 457, 483
아마존 링 444
아마존 에코 398
아마존 원클릭 특허 150
아마존 웹 서비스(AWS) 175
아마존 투명성 보고서 419
아마존 파이어 TV 397-398
아스키 문자 표 45
아스키 문자 표, 패리티 추가 277
아스키 표준 45, 57, 86, 158, 271, 311, 496
아웃룩 312
아이메시지 보안 메시징 시스템 362
아이크, 브렌던 134
아이튠즈 스토어 151, 315
아이패드 22
아이패드 SDK 141
아이폰 11, 164-165, 167, 323, 474-475
아이폰 SDK 141
아이폰 암호화 474-475
아카마이 303
아키텍처
  명령어 집합 84
  폰 노이만 13, 31
아파넷 282-283
아파치 웹 서버 160
악성코드 346, 350, 496
안나 쿠르니코바 바이러스 343-344
안드로이드 SDK 141
안드로이드 스튜디오 141
안드로이드 운영체제 160
안드로이드폰 11, 156, 167, 175, 323
안티키티라 기계 2
알고리즘
  2차 107, 110, 487
  ATM 체크섬 275
  ISBN 체크섬 276
  MD5 메시지 다이제스트 461, 490
  N log N 110
  rot13 암호화 449
  RSA 공개 키 460, 490
  SHA-1, SHA-2, SHA-3 메시지 다이제스트 461-462, 491
  분할 정복 101, 107
  선택 정렬 104
  선형 100
  이진 검색 101, 498
  지수 112, 456, 499
  퀵 정렬 107, 150
  페이지랭크 383
알고리즘 레시피 비유 95
알고리즘 복잡도 111, 234, 494
알고리즘 복잡도 그래프 109, 229
알고리즘 세금 양식 비유 96
알고리즘 정의 96, 234, 496
알고리즘과 프로그램 비교 120
알렉사 422
알타비스타 검색 엔진 379
알테어 컴퓨터 130
알토 컴퓨터 255
알파고, 알파제로 435
암호 기법 112, 118, 449
암호 기법 백도어 xviii, 454, 473-474, 493-494
암호 기법 키 451

암호 해시 461
암호화 148
AES 표준 454, 487
DES 표준 453, 488
rot13 알고리즘 449
WEP 무선 279
WPA 무선 279
아이폰 474-475
종단 간 362
암호화폐 470, 496
압축
bzip2 272
GIF 272, 334, 488
JPEG 43, 118, 273, 334, 490
MP3 19, 43, 118, 273-274, 312, 490
MPEG 44, 118, 273, 490
PNG 118, 272-273, 490
ZIP 272
데이터 266, 270-271, 415, 496-497
무손실 272
손실 272
허프만 코드 271
애국자 법 416
애드온
고스터리 197, 339, 366, 391, 420
노스크립트 339, 368, 391, 497
애드블록 플러스 197, 366, 391, 420, 497
유블록 366, 391
파이어폭스 336
프라이버시 배저 366
애들먼, 레너드 460
애플 8, 141, 151, 164-165, 200, 315
애플 TV 397
애플 부트 캠프 173
애플 타임머신 366
애플리케이션
date 194
앱 164-165, 205, 497
애플리케이션 레벨 프로토콜 300-301
애플리케이션 프로그래밍 인터페이스(API) 141, 154-155, 205, 218, 236, 401, 488
액티브 콘텐츠 338
앨런, 폴 130
앱 11, 165
앱넥서스 393
야마모토, 이소로쿠 450
야후 305, 417, 467
양파 라우터 465
어도비 339-340
어셈블러 123, 235, 497
어셈블리 프로그래밍 언어 123
얼굴 인식 xxix, 404-405, 423, 435
에니그마 450
에니악(ENIAC) 컴퓨터 6, 25
에델크란츠, 아브라함 241
에드삭(EDSAC) 컴퓨터 6, 122
에디슨, 토머스 39, 143
에이다 프로그래밍 언어 5
에이컨, 하워드 129
에커트, 프레스퍼 6
에퀴팩스 보안 침해 358-359
엑사 374
엔진엑스 웹 서버 160
엘리스, 제임스 455-456
엘리자베스 1세 여왕 450
엘리자베스 2세 여왕 328
엣지 브라우저 132, 196, 209, 327
여행하는 외판원 문제 113
역 튜링 테스트 82
연방선거위원회(FEC) 407
연방거래위원회(FTC) 362
연방통신위원회(FCC) 260
영상 인식 432
영업 비밀 147
오라클 대 구글 소송 155-156
오류
구문 127
의미 체계 127

오류 검출 118, 275
오류 수정 118, 193, 266, 277
〈오만과 편견〉 20
《오만과 편견》 19, 230, 271
오바마, 버락 204
오브젝트 코드 158, 339, 497
오브젝티브-C 프로그래밍 언어 132
오웰, 조지 xxxv, 154
오픈소스 159, 497
와와 보안 침해 359
와이어샤크 257
와이파이 181, 260, 279, 497
왓츠앱 보안 메시징 시스템 362
요리 로봇 121
요타 374, 487
우크라이나 사이버 공격 93
운영체제 164
CTSS 166
IBM OS/360 166
iOS 167
MS-DOS 190
가상 173
리눅스 161, 172, 199, 493
맥OS 8, 167
멀틱스 166
안드로이드 160
윈도우 8, 167, 172, 179, 200, 343-350, 413
윈도우 10 56, 172, 328
유닉스 166, 172, 195, 199, 498
크롬 OS 8, 198, 500
테일즈 469
운영체제 및 라이브러리 다이어그램 180
워너크라이 랜섬웨어 94
워프, 벤자민 137
월드 와이드 웹 컨소시엄(W3C) 328
웜
모리스, 로버트 344
스턱스넷 346
웹 비콘 342, 391, 497
웹 서버
아파치 160
엔진엑스 160
위치 프라이버시 402
위키피디아 160
윈도우 10 운영체제 56, 172, 328
윈도우 운영체제 8, 167, 172, 179, 200, 343-350, 413
윈도우 작업 관리자 168
윈도우 파일 복구 프로그램 189
윈텔 200
윌크스, 모리스 120
유니박(UNIVAC) 129
유니코드 도메인 네임 290
유니코드 표준 45, 54, 86, 158, 498
유니코드로 쓴 '세계' 54
유닉스 운영체제 166, 172, 195, 199, 498
유블록 애드온 366, 391
유튜브 316, 404, 412
음성 인식 422-423
의료 영상 시스템에 있는 컴퓨터 93
의미 체계 207
의미 체계 오류 127
이더넷 255, 498
이더넷 범위 258
이더넷 주소 256
이더넷 패킷 284
이더넷 패킷 다이어그램 258
이메일 프라이버시 417-418
이중 인증 364-365
이진 검색 알고리즘 101, 498
이진 곱셈 표 53
이진 덧셈 표 53
이진 산술 연산 53
이진 숫자 47
이진수 50-51, 85-86, 498
이진수에서 십진수로 변환 51-52
이탈리아, .it 290
익명 모드 394

인수분해 460
인스타그램 377, 484
인증
비밀번호 308, 324, 334, 355, 360, 362, 476
이중 364-365
키 451
인증 기관 462
인증서 462, 498
인출-해석-실행 사이클 61, 72
인코딩
CD 41-42
RGB 55
URL 330
UTF-8 86, 498
퓨니코드 294
인터넷 서비스 제공 업체(ISP) 269, 283, 296, 316, 398, 417, 463, 489-490
인터넷 시대 312
인터넷 익스플로러 브라우저 202, 327-328
인터넷 전화(VoIP) 246, 301, 491
인터넷 투표 93
인터넷 프로토콜(IP) 300, 489
인터페이스 236, 498
인터프리터 235, 498
인텔 27
인텔 프로세서 14, 74, 123, 200
일라이자 챗봇 437-438
일반 텍스트 210, 331
임베디드 시스템 132
임의 접근 메모리(RAM) 16, 490
임의 접근과 순차적 접근 비교 16

ㅈ

자동 실행 347
자동차에 있는 컴퓨터 91
자료 구조 98, 133, 141
자바 프로그래밍 언어 132, 204, 338
자바스크립트 추적 395
자바스크립트 프로그래밍 언어 134, 205, 338-339, 413, 498
자유 소프트웨어 재단 159
자율 시스템 296
자율주행 자동차 xxxii, 92, 423, 435, 445
자카르 직기 3
잘 알려진 포트 305
저작권 148, 159, 315
저작권 수명 148, 483
적외선 259
전기 전신 243
전문가 시스템 426
전자 프런티어 재단(EFF) 156, 397
점근적 복잡도 116
점으로 구분된 십진수 표기법 285
점프 명령어 66
정렬 시간 표 110
제3자 쿠키 349, 366
제록스 PARC 255
제타 374, 378, 487
젠 가상 운영체제 173
조건부 분기 명령어 66
조랑말 속달 우편 241
좀비 355
종단 간 암호화 362
주바레프, 바실리 424
주석 64
주소
IP 285, 290-291, 489
IPv4 285, 489
IPv6 285, 292, 489
이더넷 256
주파수 변조(FM) 260, 488
주피터 노트북 224
줌 xvi-xviii, 362
중간자 공격 242, 267, 361, 450, 499
지도 학습 428, 499
지메일 312, 411
지수 알고리즘 112, 456, 499

지연 249
지오로케이션 401
지오태깅 387
지적 재산권 146, 499
지터 249
진공관 7, 25
진폭 변조(AM) 260, 487
질로우 407, 430
집적회로 웨이퍼 26
집적회로(IC) 7, 25-26, 489

ㅊ

체스 422, 435-436
체크섬 알고리즘
  ATM 275
  ISBN 276
최근접 이웃 순회 114-115
최상위 도메인 289
최선형 프로토콜 302
최종 사용자 라이선스 동의(EULA) 152-153, 488
최초 판매 원칙 154
추상화 12, 20, 111, 169, 178, 191, 198, 236, 478, 491
추적 386, 499
추적 안 함(Do Not Track, DNT) 393
추적용 쿠키 335, 387
축음기 39-40
칩 26, 499

ㅋ

카이사르 암호 449
칸 아카데미 206
칸, 로버트 306
캐시 73, 76, 293, 499
캔버스 핑거프린팅 396
캡차(CAPTCHA) 82, 499
커널 199, 499
커누스, 도널드 58, 506
컴캐스트 246-247
컴파일 과정 다이어그램 126
컴파일러 125, 220, 232, 235, 499
컴퓨터
  IBM 7094 xiv
  IBM PC 8, 29
  모형 60-61, 123
  알테어 130
  알토 255
  에니악(ENIAC) 6, 25
  에드삭(EDSAC) 6, 122
  프로그램 내장식 15, 122
컴퓨터 비전 434
컴퓨터 사기와 남용에 관한 법 344
컴퓨터 아키텍처 72
컴퓨터 아키텍처 다이어그램 12
케이블 TV 251
케이블 모뎀 251, 258, 499
코드카데미 206
코볼 프로그래밍 언어 129
코언, 브램 314
콕스, 클리퍼드 455-456
쿠키 335, 389, 500
쿡, 스티븐 115
쿡, 팀 474
퀵 정렬 알고리즘 107, 150
크롤링, 크롤러 380
크롬 OS 운영체제 8, 198, 500
크롬 브라우저 132, 160, 196, 209, 327
크롬북 8, 198
크롬캐스트 397
크리에이티브 커먼즈 라이선스 160
클라우드 컴퓨팅 xvii, 175, 412-413, 500
클라이언트-서버 312-313, 326-327, 334, 495, 500
클레이 수학 연구소 116
클리어뷰 AI 보안 침해 359
클린 룸 개발 149, 155
키 로거 355, 500

키 분배 455
키 인증 456
킨들 전자책 단말기 154, 167, 182
킬더킨 58
킬로 29, 50, 487
킬비, 잭 27

ㅌ

타넨바움, 앤디 157
태그
〈img〉 332-333
〈script〉 209, 220, 395
HTML 334
폼 334
태블릿 9, 22
테더링 268
테라 19, 487
테일즈 운영체제 469
텍스트 연결 212, 216
텍스트에디트 210
텔넷 307, 320
텔넷 명령어 307
텔러, 에드워드 47
토르발스, 리누스 172
토어 프로젝트 466
토어(Tor) 브라우저 368, 465-466
토요타 390-391
토크 투 트랜스포머 439
톰프슨, 켄 166
투명성 보고서
구글 419
아마존 419
페이스북 419
투발루, .tv 290
투키, 존 33, 47
투표 기계에 있는 컴퓨터 93
튜링 머신 81, 136, 500
튜링 테스트 82
튜링, 앨런 81, 450
튜링상 83, 107, 115, 122, 128, 166, 306, 426, 432, 455, 460
트랜지스터 7, 25, 150
트레이드오프 73, 136, 265, 274, 414, 479
트로이 목마 346, 500
트롤 500
트버스키, 아모스 422
트위터 205, 353, 377, 381, 404, 412
특징(머신러닝 용어) 428, 433
특허 149-150, 281, 483
특허 괴물 151, 500
티보 167, 182, 397-398

ㅍ

파놉티클릭 397, 464
파워PC 프로세서 200
파이겐바움, 에드워드 426
파이썬 for 루프 228
파이썬 import 문 228
파이썬 matplotlib 227
파이썬 리스트 228
파이썬 프로그래밍 언어 135, 206
파이어폭스 브라우저 132, 160, 196, 209, 327, 466
파이어폭스 애드온 336
파이프라이닝 74
파인만 알고리즘 95
파일 공유 312
파일 시스템 20, 182, 501
FAT 192
RAID 193
SD 카드 191-192
USB 191-192
네트워크 193
파일 시스템 구성 다이어그램 185
팝업 차단기 339
패닝, 숀 312
패리티 코드 276

패킷 257, 284, 321, 501
IP 284
이더넷 284
퍼킨 58
페이스북 205, 289, 377, 400, 404, 483
페이스북 좋아요 404
페이스북 투명성 보고서 419
페이지, 래리 379
페이지랭크 알고리즘 383
페타 49, 487
펠튼, 에드 403
펫졸드, 찰스 24
포이트러스, 로라 xxxi
포트 305
포트란 프로그래밍 언어 127
폰 노이만 아키텍처 13, 31
폰 노이만, 존 8, 13, 58, 59-60, 76
폴더 182, 501
폴더 내용 186
폼(form) 태그 334
표
이진 곱셈 53
이진 덧셈 53
표준 156, 242, 497
802.11 무선 260, 269, 279, 487
AES 암호화 454, 487
DES 암호화 453, 488
아스키 45, 57, 86, 158, 271, 311, 496
유니코드 45, 54, 86, 158, 498
퓨니코드 인코딩 294
프라이버시 배저 애드온 366
프랑켄파인 266
프로그래밍 스타일 134
프로그래밍 언어
C 131, 136, 158, 195, 339
C# 160-161
C++ 131, 136, 158, 195
F# 160-161
고(Go) 160
고수준 125
러스트 160
베이직 129-130
비주얼 베이직 130
스위프트 160, 204-205
스크래치 205
어셈블리 123
에이다 5
오브젝티브-C 132
자바 132, 204, 338
자바스크립트 134, 205, 338-339, 413, 498
코볼 131, 136, 158, 195
파이썬 135, 206
포트란 127
함수 140
프로그램 내장식 컴퓨터 15, 122
프로그램 라이브러리 141, 208, 218, 235-236, 492-493
프로그램 테스트 69, 143-144, 217
프로세서
AMD 75
ARM 75, 123, 200
x86 200
인텔 14, 74, 123, 200
파워PC 200
프로토콜 281, 285, 300, 501
DHCP 287
HTTP 306, 326, 489
HTTPS 330, 361, 365, 398, 458, 489
IMAP 311
IPv4 285
IPv6 285
SMTP 309
비트코인 314
비트토렌트 314, 495
애플리케이션 레벨 300-301
프로토콜 계층 다이어그램 301
프로톤메일 418
플래시 메모리 19, 191, 501

플래시 플러그인 339-340, 502
플랫폼 178, 197, 502
플로피 디스크 20, 30
플로피 디스크 바이러스 345
피싱 공격 351, 502
피어 투 피어 313, 490
피처폰 11
픽셀 38, 342, 391, 502
필터 버블 369-370, 502
핑거프린팅
  브라우저 396, 463, 494
  캔버스 396

ㅎ

하드 디스크, 하드 드라이브 17, 502
하버드 마크 I, II 129, 142
하이퍼텍스트 329
할당문 212-214
함수
  alert 209, 221
  ctof 143
  ftoc 143-144
  parseInt 215-216
  prompt 211-212, 221
  프로그래밍 언어 140
  호출 140, 221
항공기에 있는 컴퓨터 91
허프만 코드 압축 271
헤로도토스 241
헤르츠(Hz) 14, 259
헤르츠, 하인리히 14
헬먼, 마틴 455
호스트 294
호어, 토니 107
호퍼, 그레이스 129, 142, 268
홀러리스, 허먼 5
화성 기후 궤도선 138
회로 기판 23-24
훈련 집합 427
휴대전화
  4G 269-270, 487
  5G 270, 487
휴대전화 기지국 263
휴대전화 셀 다이어그램 264
휴대전화 주파수 264-265
휴지통 188
휴지통 폴더 188
힌턴, 제프리 433